전통주 인문학

성협(미상)의 풍속화첩에 나오는 '야연 夜宴'.

술과 술안주, 술마심의 의미.

"관서 땅 시월에 눈이 한 자 넘게 쌓이면/ 겹겹이 휘장 부드러운 담요에 손님을 잡아 두고/ 삿갓 모양 솥뚜껑에 벌건 노루고기 구워놓고/ 나뭇가지 꺾어서 냉면에 퍼런 배추절임 먹겠지"

다산 정약용이 평북 서흥 도호부사 임성도에게 보낸 시다. '눈이 수북하게 쌓인 어느 날, 손님과 함께 고기를 구워 먹는다'는 난로회(煖爐會)의 풍경을 서정적으로 그렸다. 음력 10월 전립투(戰笠套)에, 쇠고기에 기름, 간장, 파, 마늘, 고춧가루로 조미하여 굽거나 볶아서 둘러앉아 먹었다. 난로회이다. 18세기 무렵 서울에서 유행하여 19세기 지방까지 퍼졌다. 전립투는 전골냄비인 셈이다. 무관의 모자인 전립 모양을 닮아 붙인 이름이다. 조선 후기 성협(미상)의 풍속화첩에 나오는 '야연 夜宴'(위 그림, 지본담채, 20.8×28.3cm)이 대표적이다. 5명의 벗들이 모여 야외 돗자리를 펴고 숯불에 고기를 구우며 술을 즐기는 음주문화가 요즘 퇴근 후 회식과도 유사하다. 김효찬 화백이 현대인의 야연 풍경을 모던하게 그렸다. 전립투를 중심으로 친구들이 모여 고기를 구워, 술 한 잔을 나누며 즐거운 시간을 보내고 있다.

술陽과 술안주陰, 술마심飮酒의 의미

전통주인문학

김상보 지음

헬스레터

우리의 음주문화 속에
꽃피운 술과 안주문화

||||||||||||||||||||||||||||||||||||||||||||||||||||||||||||||||||||||||||

우리 술 문화의 뿌리는 어디에 있을까? 우리 조상들이 지녔던 음주에 대한 기록은 고대 중국문헌에서 발견된다.

[부여국]

영고(迎鼓)라는 대회가 있어 연일 음식가무(飮食歌舞)가 있다. 음식을 먹을 때 조(俎), 두(豆)를 사용하고, 모임이 있을 때에는 작(爵)을 사용한다《후한서(後漢書)》.

[고구려]

10월 동맹(東盟)대회 때에 하늘[天]을 제사하고 남녀가 모여서 밤을 지새우며 창악(倡樂)한다. 음식을 먹을 때 조(俎), 궤(几) 및 변(籩), 두(豆), 보(簠), 궤(簋)를 사용한다《후한서》,《위서(魏書)》,《신당서(新唐書)》).

[예]

10월 무천(舞天) 때에는 하늘을 제사하고 밤낮으로 음주가무(飮酒歌舞)한다《후한서》,《삼국지(三國志)》).

[마한]

하늘에 제사하고 이 때 군집가무(群集歌舞)하고, 가무음주를 즐긴다《후한서》).

[백제]

음양오행법을 안다《주서(周書)》).

하늘에 제사하고 모여서 음주가무를 하는데, 조나 궤를 사용하여 음식을 차리고, 이 때 식기는 변, 두, 보, 궤를 사용하며 술은 작에 따라 마신다 했다. 또 백제는 음양오행법을 안다고 했다.

이상을 요약하면 지금으로부터 2,000-2,500년 전 경에는《예기(禮記)》에 등장하는 그릇들을 사용하여 음식을 차리고, 제사 후에는 음복연(飮福宴)이 있어 술 마시고 춤을 추며 밤낮으로 즐겼다는 내용이다. 이를 통해서 보면 우리나라의 술문화 뿌리는 음양사상(陰陽思想, 유학)이다.

음식(飮食)이란 '마시고 먹는 것'을 말한다. 현재의 음식은 문화가 응축되어 나타나는 결과물이다. 2,000-2,500년 전의 조상들이 《예기》 속의 그릇들을 사용하여 음복연하고, 음복연에서 군집가무로 신이 주신 기쁨을 나타내고자 했다면, 그것은 그 당시까지 퍼져 있었던 유학 사상에서 나온 문화가 응축되어 나타난 결과의 한 장면이라고 볼 수 있다.

음복연이 곧 연향(燕饗, 宴饗)인 구조는 1910년 한일병합이 이루어질 때까지 조선왕실의 가례연, 진연, 진찬연, 영접연으로 이어져 드러난다. 따라서 그 역사는 기록으로만 보아도 2,000-2,500년의 오랜 시간을 지닌 연속성 안에 있다. 누가 뭐라고 해도 술을 동반하는 우리 연회 문화의 뿌리는 음양사상이 깃들어 있는 유학 정신이다.

향(饗)은 은(殷, 1,700-1,100 B.C) 시대의 갑골문자에 등장한다. 두 사람이 마주 보고 무릎을 꿇고 앉아 굽다리 그릇인 두(豆)에 담겨있는 음식을 먹는 것에서 유래한다. '일상적인 공식관계(共食關係)가 아닌 가족 이외의 사람과의 공식'이다. 그러니까 향(饗)은 가족이 아닌 두 사람 이상이 모인 상태에서 함께 먹고 마시는 행위이기 때문에 단순히 먹고 마시는 것을 떠나 모임에서의 질서가 존재해야 했다.

음양사상이란 자연 현상을 기반으로 하여 생긴 철학인데, 질서[禮]가 있는 연회장을 만들어내기 위하여 음양사상에 입각한 다양한 논리를 적용시켰다. 우리가 놓여 있는 삶에 무엇 하나 걸리지 않는 것이 없는 정신이 음양사상이므로, 술과 악(樂)은 양(陽)에, 술안주와 예(禮)는 음(陰)에 귀속시켜 음주의례(飮酒儀禮) 즉 연회의례를 만들어냈다. 약 3,000년 전의 일이다.

술과 술안주는 연향에서 불가분의 관계가 있다. 연향에서 연(燕)은 함

전통주 인문학

께 술과 술안주를 나누며 즐기는 것이고, 향(饗)은 윗사람에게 술과 술안주를 올리는 것을 뜻한다. 나누며 올릴 때 예(禮, 의례)와 악(樂, 음악과 춤 등)이 동반되는 것으로, 술(양)과 안주(음)가 주인공이다. 술이 있는 곳에 반드시 술안주가 있는 것은 술은 정신(양)을 살찌우고 안주는 육체(음)를 살찌우기 때문이다. 양(술)과 음(술안주)이 결합해야 비로소 완성된 주도(酒道)를 이룰 수 있다. 이는 일상식에서 국(양)과 밥(음)이 상차림의 주인공이 되는 것과 같은 이치이다. '술 따로 안주 따로', '국 따로 밥 따로'가 될 수 없는, 바늘과 실의 관계와 같다는 이야기이다.

주도(酒道)란 무엇일까?

우리 조상들은 하늘을 우러러 부끄러움이 없는 삶, 상식적으로 사는 삶을 군자적 삶의 태도라 하여 이를 군자지도(君子之道)라 했다. 군자지도 속에는 음식지도(飮食之道)가 있어, 음식을 먹을 때나 술을 마실 때 이들을 대하는 올바른 마음가짐이 있어야 함을 끊임없이 일깨웠다.

음식지도란 음식과 술을 만드는 사람은 정성을 다해 만들고, 그것을 먹고 마시는 사람은 만드는 사람의 노고를 생각하면서 겸손하고 또 겸손하게 받아야 할 의무가 있다는 의미를 내포한다.

한[大] 항아리에 정성을 다해 술을 빚고, 또 정성을 다해 술안주를 만들어서 신에게 올리고, 신께서 드시고 남기신 것으로 복을 받고자 음복연을 할 때, 신이 주신 음식으로서의 가치는 일상식의 가치를 뛰어넘는다.

술은 사람으로 하여금 천도(天道)와 지도(地道)를 알게 해 주는 음료이다. 하늘을 우러러 부끄러움이 없는 삶, 상식적으로 사는 사람은 천도와 지도를 아는 군자이다. 즉 술은 군자들이 마시는 음료라는 뜻이다. 사람의 영혼을 술이 맑게 해주어 사람의 뜻과 신의 뜻을 화합하게 하는 매개체가 곧 술이다.

술을 마시는데 있어서 도(道)란 술과 술안주를 대할 때 만드는 사람의 노고를 생각함은 물론, 술을 통하여 깨닫고 깨달아 겸손하고 또 겸손한 맑은 영혼을 지니게 되어, 상식적으로 살아가는 것을 터득하고자 하는 데에 있다. 영혼을 살찌우는 것 곧 '술마심'의 의미이며 목적이다.

[음식 인문학 아카이브] 시리즈를 기획, 출판하는 헬스레터의 황윤억 대표로부터 집필 의뢰를 받았을 때, 뿌리 깊은 문화를 가지고 있는 우리의 술과 술안주 문화를 어떻게 쓸 것인가를 깊이 생각했다. 누룩의 제조에서부터 양주, 안주, 연향이라는 것을 역사 속에 넣고 집필하고자 했을 때, 그 방대한 작업을 과연 해낼 수 있을까에 대한 걱정이 많았다.

일단 누룩과 양주의 역사적 배경과, 술과 술안주를 동반으로 하는 음복연의 음양사상을 전제로 하고, 한반도 철기시대 이후 도교와 불교 유입이라는 문화적 변혁을 겪은 간략한 2,000년 사를 펼치기로 했다.

이 책이 독자들에게 '술마심'의 의미를 일깨우고, 우리의 음주문화를 좀 더 이해하는 계기가 되었으면 한다. 특히 '다연(茶宴)'이라는 1,500년 동안의 역사 속에서 전개된 연향문화의 가치를 인식하여 연향(연회)에서 술 뿐 만 아니라, 차가 지니는 의미를 일깨우는 데에도 도움이 되었으면 하는 기대가 크다.

끝으로 필자에게 선뜻 집필 의뢰를 해주신 음식 전문 출판사인 헬스레터의 황윤억 대표께 깊은 감사의 말씀을 드리지 않을 수 없다. 소중한 인연의 결과이다.

2022년 7월 大田 禾井齋에서

김상보

目차

II. 한반도

제3장 | 중세의 술과 안주문화

I. 중국

제4장 | 근세의 술과 안주문화

I. 원(元)과 《거가필용》

II. 조선시대

제5장 | 나가는 글

제1장

우리의 술과
안주 문화

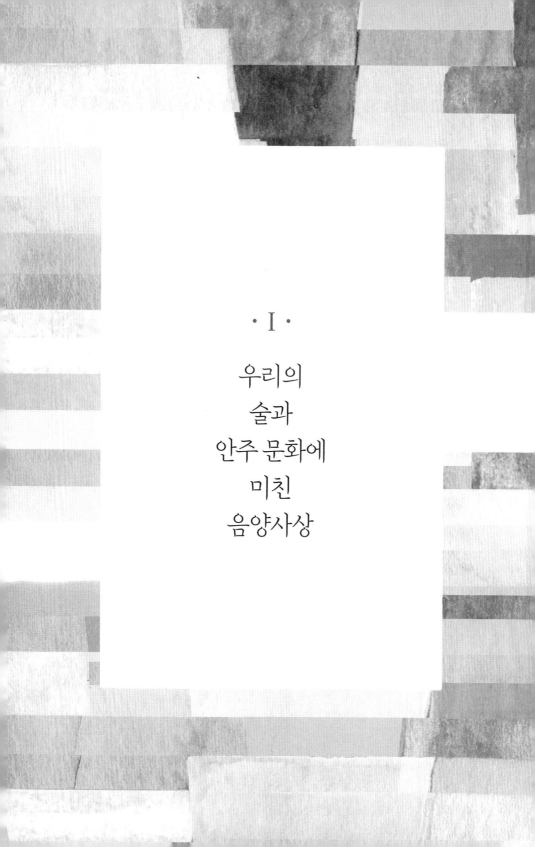

· I ·

우리의
술과
안주 문화에
미친
음양사상

1

상생(相生)과 상극(相剋), 예와 질서

1) 천도(天道)와 상생, 시간

팔괘(八卦)를 남긴 복희(伏犧)는[1] 음양이론을 만들게 한 창시자라는 점에서 위대하다.

음과 양의 뿌리는 원래 하나로서[陰陽同根], 태극(太極)이라는 하나의 기(氣)에서 나와, 광명으로 충만한 가볍게 떠오른 양기(陽氣)가 상승하여 하늘[天]이 되고, 무겁고 혼탁한 음기(陰氣)는 하강하여 땅[地]이 되었다. 이 양자의 기는 서로 왕래하고[陰陽往來], 서로 교합한다[陰陽

---

[1] 伏羲: 복희씨라고도 함. 중국 고대 전설상의 제왕으로, 삼황(三皇)의 한 사람. 재위 150년. 동이족(東夷族)이라고 전해지고 있음.

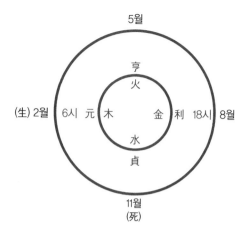

[그림 1] 1일과 1년의 음과 양 상생도

交合].

음과 양 2기의 교감과 교합에 의하여 생겨난 것이 천(天, 하늘, 金), 태(兌, 연못, 金), 이(离, 불, 火), 진(辰, 우뢰, 木), 손(巽, 바람, 木), 감(坎, 물, 水), 간(艮, 산, 土), 곤(坤, 땅, 土)의 팔괘이다. 木 火 土 金 水 5원소(原素)의 윤회작용이 오행(五行)인데. 행(行)이란 움직임 순환함을 의미하니, 오행의 순환작용이 우주원리이다.

복희는 하도(河圖)도 남겨 상생(相生)의 이론적 근거를 제시하였다. 상생이란 시간의 법칙 또는 천도(天道)라고도 한다. 木은 火를, 火는 土를, 土는 金을, 金은 水를, 水는 木을, 木은 또 火를 차례차례로 상대를 만들어 무한히 순환한다. 일년의 봄(木氣), 여름(火氣), 가을(金氣), 겨울(水氣), 하루의 아침(木氣), 점심(火氣), 저녁(金氣), 밤(水氣)도 모두 오행의 상생에 의함이다. 木生火, 火生土, 土生金, 金生水, 水生木이다.

1월 2월 3월은 봄, 4월 5월 6월은 여름, 7월 8월 9월은 가을, 10월,

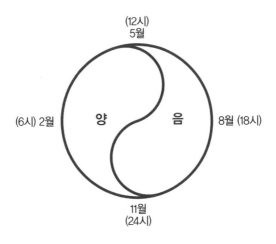

[그림 2] 1일과 1년의 음양도

11월 12월은 겨울이다. 하루는 아침(6시), 점심(12시), 저녁(18시), 밤(24시)으로 이어진다.

하루가 양→음으로 전개되고, 양→음→양→음→양→음→양→음...으로 계속 이어져 1달이 지나고 1년이 된다.

하루에서 자시(子時, 23~1시)는 하늘이 서서히 열리는 시간이고, 자시부터 양(밝음)이 차츰 생겨난다. 오시(午時, 11시~13시)는 하늘이 서서히 닫히는 시간이니, 오시부터 차츰 양이 사라지고 음(어두움)이 생겨난다.

1년에서 동지(冬至)는 하늘이 서서히 열리는 날이다. 이 때부터 해가 조금씩 길어진다. 하지(夏至)는 하늘이 서서히 닫히는 날이니, 이 때부터 해가 조금씩 짧아져 밤이 길어진다.

이렇듯 시간의 연속이란 양과 음의 변화(change)에 의하여 생겨난 것이며, 이것을 천도(天道)라고도 하고 상생(相生)의 법칙이라고도 한다.

봄→여름→가을→겨울→봄의 연속은 상생에 의하여 일어나는 시간의 법칙이고 음양의 법칙이다. 양이 가고 음이 온다는 것은 태어났다가 사멸한다는 말이다.

음과 양 즉 시간 속에는 생(生, 태어남)과 사(死, 사멸함)가 반드시 존재하며 그래서 음양의 법칙을 생사의 법칙이라고 말하기도 한다. 양은 生이고 음은 死이니 하루도 生과 死이고 1년도 生과 死이다. 세월이란 生과 死의 연속이다. 따라서 천도(음양)의 기를 받고 사는 지구상의 만물은 반드시 태어나면 죽는다. 이것을 사유종시(事有終始)라 한다. 즉 生하면 死한다는 이야기이다. 이 生死는 천도(天道)가 관장하는 시간 속에 있어 인명을 재천(在天)이라 했다. 하루도 양→음이니 生死요 1년도 양→음이니 生死이며, 인간도 천도가 주관하는 시간 속에 있으니 반드시 生死가 주어진다.

2) 지도(地道)와 상극, 공간

땅이라고 하는 공간에 살고 있는 우리는 양→음, 즉 生→死라고 하는 시간(相生)과 공간의 지배를 받고 살고 있다. 시간의 법칙이 상생이라면 공간의 법칙은 상극(相剋)이다. 이를 지도(地道)라고도 한다.

그러니까 인간의 삶은 상생과 상극을 피할 수 없는데, 다시 말하면 천도라고 하는 음양의 변화(시간)와 지도라고 하는 공간 사이에서 영위되는 것이다. 하루하루 시간이라는 변화를 하늘로부터 받으면서 땅이라는 공간에서 살고 있다. 상생과 상극을 받고 살아가는, 인간을 포함하는 땅

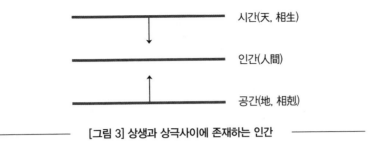

시간(天, 相生)

인간(人間)

공간(地, 相剋)

[그림 3] 상생과 상극사이에 존재하는 인간

위에서 사는 만물들의 숙명적인 삶을 물유본말(物有本末)이라고 한다.

우왕(禹王)[2]이 남겼다고 하는 낙서(洛書)가 상극(相剋)의 법칙인데, 공간의 법칙 또는 지도(地道)라고도 한다. 목기는 토기를, 토기는 수기를, 수기는 화기를, 화기는 금기를, 금기는 목기를 이긴다는 것으로 금기에 의하여 제압된 목기는 다시 토기를 이겨 순환을 반복한다. 金剋木, 木剋土, 土剋水, 水剋火, 火剋金이다.

삼라만상의 상징인 木 火 土 金 水 사이에 하늘의 도인 상생을 공간인 땅에서 받아들여 땅에는 땅만이 갖는 지도 상극이 만들어졌다. 그러니까 지구 위의 자연현상이란 천도인 상생과 지도인 상극이 서로 작용하여 비로소 온당한 순환을 얻을 수 있고 이 순환 즉 오행에 의하여 이 세상 만상의 영원성이 보존된다는 것이다.

사유종시(事有終始, 일에는 처음과 끝이 있음)가 태어나고 죽는 원리라면, 물유본말((物有本末, 만물에는 근본과 말단이 있음)은 땅 위의 공간 속

---

2 禹王: 중국 夏왕조의 창시자. 그는 치산치수를 잘한 왕으로 전해지고 있음. 洛水의 치수를 위해 몰두하다가 낙수에서 헤엄치고 있는 거북이의 등에 쓰인 숫자를 발견하고 기록으로 남김. 이 숫자가 洛書임.

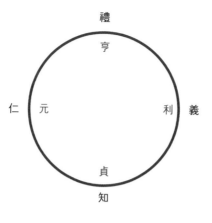

[그림 4] 원형이정과 인예의지

에서 죽을 때까지의 시간 동안 살아가는 원리이다.

3) 예(禮)와 질서

시간의 변화를 원(元), 형(亨), 이(利), 정(貞)이라고 하는데(〈그림 1〉), 이것을 인문적으로 해석한 것이 인(仁), 예(禮), 의(義), 지(知)이다.[3] 문명(文明)이 충실한 내용에 장식이 보태진 것이라면, 문명을 인문(人文)으로 나타낸 것이 예(禮)와 악(樂)이다. 예는 땅 위의 질서 음이며, 악은 하늘의 질서 양이다. 즉 인문이란 음의 질서와 양의 질서가 결합한 禮와 樂이라는 것이다.

---

3 《周易》〈文言〉을 통하여 공자가 元亨利貞을 仁禮義知로 해석함.

전통주 인문학

상도(常道)를 지닌 군자(君子)는 인문(人文)위에 올라 앉아 있는 사람이다.[4] 땅의 질서와 하늘의 질서를 터득하여 하늘을 우러러 부끄러움이 없이 살아가는 이상형이 군자인 셈이다.

아버지는 아버지답고, 자식은 자식다우며, 형은 형답고, 동생은 동생다운 것, 남편은 남편답고, 부인은 부인다운 것이 가정의 예이고 곧 가정의 질서이자 땅이라고 하는 공간 속에 살고 있는 인간 모두 삶의 이상적인 질서이기도 하다.[5]

---

4 《周易》〈山火賁〉
5 《周易》〈風火家人〉 父父子子兄兄弟弟夫夫婦婦而家道正正家而天下定矣.

2

유학에서의
인간에 대한 사유

《주역(周易)》에서는 인간을 성명적 존재(性命的存在)라고 말한다. 성(性)이란 인간만이 지니고 있는 하늘이 준 본래성(本來性)이다. 이 본래성은 부단한 학습을 통하여 나는 누구인가를 깨닫게 된다. 명(命)이란 인간만이 갖고 있는 역사적 사명이다. 인간은 저마다 각각 해야 할 일을 갖고 태어난다. 우리는 부단한 학습을 통해서 나는 누구인가에 대한 본래성을 깨달아 저마다 해야 할 일을 찾는 성명적 존재이다.

공자(孔子, 552-479 B.C)가 말한 "學而時習之면 不亦說乎아"란 때때로 익혀서[習] 깨우치면[學] 또한 기쁘지 않을 것인가이다. 깨우친다는 것은 부단한 습(習)을 통해서 이루어지고, 그래서 깨달아 얻은 지식에 즐거움을 느낀다는 것이다.

산 아래 물이 있는 것이 《주역》의 〈산수몽(山水蒙)〉 괘이다. 산골짜기의 물이 모이고 모여서 강을 이루고 최종의 목적지는 바다에 이른다. 군자(君子)의 최종 목적지는 바다와 같은 사람이 되는 것이다. 바다와 같은 사람이 되기 위해서는 물이 모이고 모여야 한다. 즉 물방울이 모이고 모이는 과정이 습(習)이다. 익히고 익혀[習] 깨우쳐[學] 바다와 같은 군자가 되는 것이 〈산수몽〉 괘의 요지이다.[6]

習을 거쳐 깨달아 본래성을 깨달은 군자는 하늘을 아버지로 하고[道], 땅을 어머니로 해서[德] 태어난 존재임을 안다. 하늘을 아버지로 하고 땅을 어머니로 해서 태어난 군자의 영혼은 천성(天性) 곧 도덕(道德)이 있는 존재이다. 천성이 좋다는 것은 하늘로부터 받은 성(性)인 인(仁), 의(義), 예(禮), 지(知)를 잘 지키고 있음을 의미한다.

사람의 몸에서 영혼은 양, 육체는 음이다. 각각의 사람은 각자가 지닌 고유한 영혼에 의하여 행동이 바뀌고 내 몸 상태도 바뀐다. 내 몸을 지배하는 것은 나의 마음 작용이다. 본래성을 깨달은 군자의 영혼은 인, 의, 예, 지를 갖추게 된다. 군자는 측은지심(惻隱之心, 仁)이 있고, 수오지심(羞惡之心, 義)이 있으며, 사양지심(辭讓之心, 禮)이 있고, 시비지심(是非之心, 知)이 있다.

이런 까닭에 군자는 하늘을 우러러 보아도 부끄러움이 없는 떳떳한 삶을 살고자 노력한다. 이를 상도(常道), 즉 중정지도(中正之道)라 한다.

자신을 갈고 닦는 학습이란 성인(聖人)의 가르침을 적은 글을 통하여 익히고 익혀 깨달아 중정(中正)으로 가는 길이다. 성인의 말씀을 통해

---

6 《周易》〈山水蒙〉

서 깨달아 내 영혼을 살찌우듯이 내 몸(육체)을 살찌우는 것은 음식이다. 그러므로 음식을 먹는 것은 성인의 말씀[道]을 먹듯이 해야 한다. 이것이 군자의 음식지도(飮食之道)이다. 다시 말하면 내가 어떻게 음식을 가려 먹느냐에 따라 음식 속에서 황금을 건질 수 있다는 것이다.[7]

7《周易》〈火雷噬嗑〉

3

예(禮)를 갖춘 상차림과
음식지도(飲食之道)

문명(文明)이란 충실한 내용에 장식이 보태어진 것이라고 앞서 기술하였다. 사람의 차림으로 예를 든다면, 벌거벗은 사람은 있는 그대로의 존재일 뿐이고 깨끗한 옷을 갖추어 입었다면 이를 '문명화된 사람'으로 표현이 가능하지 않을까 한다. 그러나 목걸이, 반지, 팔찌 등등 지나친 장식을 하여 자신을 더 돋보이고자 했다면 허식이 될 뿐만 아니라 유치한 모습으로 부각되어 상대방에게 거부감을 느끼도록 한다.

음식 상차림도 마찬가지이다. 덕(德)이 있는 사람이 음식을 차릴 때 禮를 갖춘 상차림이란 숟가락과 젓가락을 접시 위에 얹어서 오른편에 가지런히 놓고, 그 옆에 밥과 국을, 밥과 국 앞에는 종지, 종지 뒤에는 1~3 종류의 찬을 갖추어서 질서 있게 차리는 것이다. 옷차림에서 장식이 과하면 허식이 되듯이, 음식 가짓수도 지나치게 많이 차리면 예에서 벗어난다. 검박하나 내용이 충실하면서도 질서를 갖춘 상차림을 받는 것, 이러한 상에 차려진 음식은 먹고 나면 몸과 마음의 양식이 되며 이것이 군자의 음식지도이다.

한식에서 추구하는 음식지도는 어떠한 것일까.

군자가 되기 위해서는 곧고 반듯한 생활태도가 기본이다. 음식을 만들 때에 그 재료 하나하나도 반듯하게 썰고 정갈하게 정성을 다하여 만들어야 하며, 이렇게 만든 것으로 꾸밈[美]과 질서[禮]가 있게 차려서, 이것을 먹는 사람은 성인의 말씀을 먹듯이 겸손하고 공경스러운 마음으로 먹어야 한다.

이러한 관점에서 발달해 온 한식이 일관되게 추구해 온 가치는 정갈하고 반듯한 재료다루기, 예의를 갖추면서도 음양의 이론에 맞는 상차림법, 음식을 받는 자의 겸손한 마음가짐, 정성을 다해 만드는 음식 만드는 자의 마음가짐, 음식으로 몸을 다스리는 식치(食治) 등이다.

질병이란 평(平)했던 인체의 기(氣)가 한(寒) 또는 열(熱) 방향으로 불균형에 빠진 상태로서, 기의 불균형은 먹는 음식이나 스트레스와 같은 내인적 요소와 자연계의 기인 추위, 습기, 더위와 같은 외인적 요소가 결합하여 발생한다.[8]

아직 병이 생기지 않았지만, 평(平)한 기의 균형에 발작이 생긴 상태를 넓은 의미의 병으로 보고, 이 단계에서는 평소에 먹는 음식을 조절하는 것만으로도 기를 평하게 다스릴 수 있다고 보는, 즉 음식[膳]이 상약(上藥, 약 중의 약)이다.

---

8 김상보, 《약선으로 본 우리 전통음식의 영양과 조리》, 수학사, 2012, pp37-44.

식품은 대체로 한성(寒性)의 식품, 량성(凉性)의 식품, 평성(平性)의 식품, 온성(溫性)의 식품, 열성(熱性)의 식품으로 분류된다. 한성, 량성, 열성, 온성의 식품을 평성으로 만들기 위해서는 양념[藥鹽]을 넣어주어야 한다. 예를 들면 돼지고기는 한성 식품이다. 한성을 평성으로 만들기 위해서는 열성의 식품을 조미료로 넣어주어 평한 성질로 만든다. 소위 양념하도록 한다. 또 술은 열성에 속한다. 그럼으로 술 마실 때의 안주감은 열성을 평하게 해주는 한성 식품이 재료가 되어야 한다.

반드시 계절식품을 재료로서 활용하는(自然的) 한식 조리과정에서, 양념이란 음식을 평성으로 만들기 위한 가장 핵심적인 요소이다. 식치(食治)를 위해서 음식을 약선(藥膳)으로 만들기 위한 과정이 양념 과정이다.

양념 과정 이외에 음식차림을 평하게 하는 가장 중요한 것이 밥과 국의 배합이다. 국은 본디 소고기, 양고기 등과 같은 육류를 주재료로 한 양성 음식이며, 밥은 기장, 조, 쌀 등과 같은 곡류를 주재료로 한 음성 음식이다. 단백질과 탄수화물의 조합이 양과 음의 조합인데, 우리 밥상차림에서 가장 중요한 찬품인 밥과 국의 역사적 뿌리는 매우 깊다.

밥상차림에서 온도도 음과 양을 고려해야 하는 까닭에 밥은 봄처럼 따뜻하게, 국은 여름처럼 뜨겁게, 장은 가을처럼 서늘하게, 술은 겨울처럼 차갑게 하여 차리는 것이 원칙이다.

땅에 존재하는 모든 생명체는 천도(天道)라는 시간의 법칙[相生] 영향 하에 있는 지도(地道)라는 공간의 법칙[相剋] 속에서 살아간다.[9]

---

9 김상보, 《약선으로 본 우리 전통음식의 영양과 조리》, 수학사, 2012, pp37-44.

음과 양이 반복하면서 하루(아침, 점심, 저녁, 밤), 한달(삭, 망), 일년(봄, 여름, 가을, 겨울)이 흘러가고, 남(男, 양)과 여(女, 음)는 합덕(合德)에 의하여 잉태하여 출산, 성장, 죽음의 윤회를 가지며, 식물의 경우 봄에 씨는 싹터 성장하고, 가을에 열매는 익어 그 씨는 땅에 떨어져서 다시 싹튼다.

어디까지나 천도(天道, 相生)에 의하여 운행되는 시간 원리에 끊임없이 영향을 받는 지도(地道, 相剋) 속에서 벌어지는 인간의 삶은 성명적(性命的) 삶이다.

하루하루 살아가는 인간 삶의 연속성에서 빠질 수 없는 식생활도 음과 양의 법칙 속에 있어야 천명이 주어진 인간의 명(命)을 건강하게 보지할 수 있다.

4

밥과 국을 중심으로 한 상차림

　이러한 음양사상에 기초한 상차림법을 알려주는 문헌의 초출(初出)은 주공(周公)의 작이라고 전해지는 《의례(儀禮)》이다. 《의례》에는 손님맞이 예법에 대한 식례(食禮)를 기술한 〈빙례(聘禮)〉, 공(公)이 상대부(上大夫)와 하대부(下大夫)를 위해 식사를 대접하는 식례를 기술한 〈공식대부례(公食大夫禮)〉, 제후가 신하에게 접대하여 마시는 예인 〈연례(燕禮)〉 등이 기술되어 있다.

　이 중 밥과 국을 기본으로 한 상차림법의 초출(初出)로 보여 지는 〈공식대부례〉는 나라의 주인인 공이 예를 다해서 국정을 잡은 집정관 대부에게 음식을 대접하는 예를 기술하였다. 당시 사대부의 자격을 갖추는 가장 중요한 조건은 식사에 관한 예의와 지식이었다. 음식을 어떠한 그릇에 담고, 어느 위치에, 어떻게 차릴 것인가는 신(神)과 손님[賓]

을 대접하는 예에서 중요한 작법이었다.

반드시 차려야만 하는 음식인 정찬(正饌)과 존경하는 마음을 손님에게 나타나기 위하여 정찬 이외에 더 차리는 음식인 가찬(加饌)으로 나누어 차리는데, 정찬은 7번, 가찬은 2번에 나누어 진설하였다.

음식 진설에는 공(公), 사(士), 재부(宰夫)가 참여하였다. 공이 직접 차리는 것은 정찬 1의 혜장(醯醬, 육젓에 매실즙을 넣은 것, 일종의 초장)과 정찬 5의 국[湆, 소고기 맑은국, 대갱大羹이라고도 함] 그리고 가찬 1의 도(稻, 찹쌀밥)와 량(粱, 차조밥)이다.

대부(大夫)의 아래 신분에 처해 있었던 사(士)가 진설하는 것은 정찬 3의 소, 양, 돼지, 토끼, 생선의 수육[熟肉]과 가찬 2의 육회, 생선회, 곰국, 육적(肉炙)으로 구성된 16그릇의 반찬이다.

주방장격인 재부(宰夫)가 진설하는 것은 정찬 2의 채소소금절임[沈菜]과 육젓, 정찬 4의 서(黍, 기장밥)와 직(稷, 조밥), 정찬 6의 육류에 채소를 합하여 만든 갱인 우형(牛鉶), 양형(羊鉶), 시형(豕鉶), 정찬 7의 풍(豊)에다 받친 술잔 치(觶)에 담은 술, 그리고 밥 먹은 후 입가심으로 마시는 음료 장(漿)이다.

그러니까, 정찬과 가찬 중에서 공이 직접 대부를 위해 차린 밥과 국 그리고 초장이 상차림에서 가장 중요하면서도 기본임을 나타낸 것인데, 실제로 정찬과 가찬의 진설이 끝나면, 대부는 제일 먼저 차조밥[粱]을 국[湆] 및 초장[醯醬]과 함께 시식한다.

삼라만상이 음과 양으로 되어있듯이, 밥상차림도 예외가 아니다. 7차례에 걸쳐 진설된 정찬을 보면 밥은 음, 국은 양에 속하며, 야채소금절임 및 조밥과 기장밥은 음에, 수육과 대갱 그리고 술은 양에 속하게

끔 찬품 구성을 하였다.[10]

시대는 좀 내려와 한반도의 식생활 상황을 보자

우리 조상은 동이족(東夷族)의 한 갈래이다. 우리와 같은 동이족이지만 산동반도를 중심으로 정착하고 살면서 국가로 발전하여 최초로 중국을 통일한 나라가 은(殷, 1700-1100 B.C)나라이고, 대동강 이북에서 군림했던 단군(檀君), 기자(箕子), 위만(衛滿)의 나라가 고조선(古朝鮮)이다. 중국의 은나라와 우리의 고조선이 같은 동이족이라는 점에서, 앞서 언급한 〈공식대부례〉의 상차림을 재평가할 필요가 있다.

왜냐하면 문왕(文王)의 둘째 아들 무왕(武王)이 은나라를 멸망시키고 주(周)나라를 세우기 전 주공(周公, 文王의 셋째 아들)의 아버지인 문왕이 다스리던 주나라는 은나라에 복속되어 있었던 제후국이 지나지 않았기 때문이다. 다시 말하면 주공이 지은 《의례》는 적어도 은 왕조 말기의 식사예법을 집대성 했다고도 볼 수 있는 것으로, 〈공식대부례〉에서 등장하는 찬품은 은 왕조 말기의 찬품으로 생각해도 좋다.

이러한 맥락으로 본다면 유학이 정착하기 전 고조선시대 우리의 조상들이 먹었던 음식의 범주도 완전히 동류라고 말할 수는 없지만, 어느 정도 비슷한 범위 안에서 찾아볼 수 있지 않을까 한다. 즉 밥, 국, 초장, 수육, 채소소금절임과 육젓, 갱, 술 등이 일찍부터 우리 조상들도 공유한 음식의 범주였으리라고 보는 것이다.

한(漢)나라의 무제(武帝, 재위 141-87 B.C)[11]가 먹었던 축이(鰿鮧)라는

---

10 김상보, 《음양오행사상으로 본 조선왕조의 제사음식문화》, 수학사, 1996, pp.39-56.
11 무제(武帝): 중국 전한(前漢)의 제 7대 황제. 흉노를 내몰고 화남(華南)의 여러 종족을 평정, 위만을 멸하고 한사군을 설치하였음.

젓갈은[12] 바로 해안가에서 살던 동이족의 젓갈이다. 청상아리, 숭어의 내장에 소금을 넣고 발효시킨 것이다. 해안가의 동이족은 육젓 대신에 생선젓을 먹었다. 산동반도를 근거지로 해서 살았던 은의 초기에는 이들도 생선젓을 먹었으나 중국 내륙 깊숙이 들어가면서 생선젓 대신 육젓으로 대체 하였다고 생각된다.

밥과 국이 상차림에서 가장 중요한 찬품이었다고 하는 기록이 《삼국사기》에 등장한다. 《의례》이후 약 1300년이 지나고 내서의 일이다. 고구려 동천왕(東川王, 재위 227-247)[13] 원년(227) 왕후가 왕의 마음을 알아보기 위해 근시를 시켜 밥상을 올릴 때 왕의 옷에 국을 엎지르게 하였다[14]는 것이다.

고구려, 백제, 신라는 일찍부터 유학이 성립되어 있었다. 기원전 2세기 초 고조선은 위만(衛滿)에 의해 멸망되고, 이후 위만조선(衛滿朝鮮)은 전한(前漢) 무제와 무력충돌에서 패한다. 무제는 한사군(漢四郡)을 설치하고, 한사군 중에서 가장 큰 곳이었던 낙랑이 평양을 중심으로 펼치면서 한(漢)문화가 산동(山東)을 거쳐서 부단히 유입된다.

중국의 고서(古書)는 부여, 낙랑, 백제, 고구려, 신라가 당시 《의례》와 《예기(禮記)》에 등장하는 조(俎), 궤(几), 변(籩), 두(豆), 보(簠), 궤(簋), 상(觴), 작(爵) 등을 사용하고, 공자의 도가 있으며, 화식(火食)하지 않고 냉식(冷食) 하면서, 장양(藏釀)을 잘함을 기술하고 있다.[15] 청국장과 술

---

12 《齊民要術》
13 동천왕(東川王): 고구려 제 11대 왕. 산상왕(山上王)의 아들. 왕 21년(247) 평양성으로 천도하였고, 248년에는 신라와 통호(通好)하였음.
14 《三國史記》〈高句麗 東川王 條〉

그리고 젓갈 등은 장양의 범주에, 침채(沈菜, 소금절임야채 즉 김치) 그리고 각종 회 및 육포와 어포 등은 냉식의 범주에 해당될 것이다.

우리 음식문화 속에 자리한 음양사상은 이렇듯 뿌리 깊은 역사적 바탕이 존재한다.

삼국시대에 불교가 이 땅에 전래되어 통일신라 고려로 이어지면서 불교문화는 1000년 동안 만개되었으나 불교의 최전성기를 맞았던 고려마저도 유학은 국가적 차원의 공식적인 행사의 바탕이 되어 면면히 이어져 조선왕실이 개국되었다.

밥과 국을 중심으로 한 우리 밥상차림의 뿌리는 음양사상이다.

---

15 《漢書》〈地理志〉; 《後漢書》〈東夷傳〉; 《梁書》〈諸夷傳〉; 《隋書》〈百濟傳〉; 《南史》〈東夷傳〉

5

사람과 신을
화합하게 만드는 매개체,
양의 산물 술과 악

　연향의 한자명은 宴享 또는 燕享이다. 燕은 잔치 '연' 쉴 '연'으로 잔치를 베풀고 기뻐한다는 의미를 갖고 있고, 享은 헌(獻)으로 드릴 '향'이다. 대표적인 연향을 든다면 아무래도 조선왕실에서 행하던 연회일 것이다.

음(陰)	연(燕)	예(禮)	미(味)	안주	지(地)
양(陽)	향(享)	악(樂)	미(美)	술	천(天)

　조선왕조는 예악관(禮樂觀)에 기초하여 《주례(周禮)》에 비견하는 《경국대전(經國大典)》,《의례(儀禮)》에 비견하는 《국조오례의(國朝五禮儀)》를 성종 2년(1471)과 성종 5년(1474)에 완성했다. 이후 국가 차원의 연향

전통주 인문학

은《국조오례의》에 준했으나, 영조 20년(1744)에《국조오례의》의 내용을 보완하여《국조속오례의(國朝續五禮儀)》를 출간하였다. 양자 모두는 조선왕조 말까지의 의례에 적용되었다.

《국조오례의》는 가례(嘉禮, 혼례 생신연 등), 길례(吉禮, 제례), 빈례(賓禮, 손님맞이 영접례), 흉례(凶禮), 군례(軍禮)로 연향은 가례에 속한다.

조선왕실은 개국하고 나서 고려왕실에서 행했던 국가적 행사를 속례(俗禮)로서 받아 들여 그대로 적용하였다. 생일잔치 연향으로 예를 들면 〈풍정연(豊呈宴)〉은 고려왕실의 연향법이다. 이것이 태조(재위 1392-1398)부터 연산군(재위 1494-1506)까지 왕실 어른의 생일잔치 연향으로 정착되었다.

그러던 것이 중종(재위 1506-1544)부터 〈풍정연〉과 〈진연(進宴)〉으로 분류하여, 풍정연은 대왕대비와 왕대비 등을 위한 내연(內宴)으로, 진연은 왕을 위한 외연(外宴)으로 삼았다. 그러나 풍정연은 인조 8년(1630)을 마지막으로 막을 내리고 이후 모든 연회는 〈진연〉과 〈진찬(進饌)〉으로 바뀌었다. 물론 이들은 내진연(內進宴)과 외진연(外進宴), 내진찬과 외진찬으로 구분하였다.

그러니까 풍정연이 축소되어 진연 또는 진찬으로 열린 것이니, 풍정연은 진연이나 진찬 보다는 규모가 큰 연향일 뿐이고 연향에서 추구하는 가치는 풍정연이든 진연이든 모두 같다. 1630년의 풍정연을 들여다보면 고려왕실 풍정연의 성격 파악은 물론이고 조선왕실 말까지 행해졌던 진연 또는 진찬연 모두의 성격도 파악되면서, 연향에서의 가치체계가 일관성이 있음을 알게 된다.

풍정연향이든 진연과 진찬연향이든 연향 구성은 크게 두종류의 범주로 나뉜다. 하나는 신하가 왕에게 헌수주(獻壽酒)를 통하여 공검을 보이는 의례로 이는 향(享)에 속한다. 다른 하나는 왕이 신하에게 자혜를 들어내 보이는 의례로 이 때 행주(行酒)가 이루어지는데 이는 연(燕)에 속한다.

헌수주 부분이든 행주 부분이든 술과 악(樂), 안주와 의례(儀禮)는 반드시 동반된다. 술과 악은 양(陽)에 속하고 안주와 의례는 음(陰)에 속한다. 연향에서 반드시 동반되는 술과 악(樂), 안주와 의례를 통틀어 풍류(風流)라고 한다. 풍류는 탈속(脫俗)이다. 탈속이란 속태(俗態)를 벗고 세속(世俗)을 초월하는 행위이다.[16]

조선왕실의 연향에서 추구하는 풍류는 유교적, 도교적, 불교적인 것 모두가 보인다. 다만 본 장에서는 유학과 관련되는 점만을 취급하고자 함으로 군자가 되고자 하는 쪽에 초점을 맞춘다.

우선 양에 속하는 술과 악을 보자. 술[酒]은 천도(天道)가 가득한 양기(陽氣)이다. 〈공식대부례〉를 보면 공이 대부에게 술을 대접할 때 양기가 가득한 술을 담은 술잔 치(觶)를, 풍성함을 뜻하는 술잔받침 풍(豊)에 받쳐서 올려 예(禮)를 들어낸다. 豊이란 예(禮)의 고자(古字)이기도 하다. 풍성함이 있으려면 禮라고 하는 질서가 있어야 한다. 예를 상징하는 술잔받침 豊에 술잔을 올려놓고 수작하는 것이다.

천도가 가득한 양기의 술을 질서[禮, 陰]를 뜻하는 술잔받침 豊에 올려놓는 이유는 무엇일까. 다음의 글은 이들이 갖는 의미를 잘 나타낸다.[17]

16 김상보, 《사상으로 만나는 조선왕조음식문화》, 북마루지, 2015, p35.
17 《周易》〈繫辭上篇〉9章

顯道하고 神德行이라 是故로 可與酬爵이며 可與祐神矣니,

도를 들어내고 덕행을 신묘하게 한다. 그러므로 더불어 수작할 수 있고 더불어 神을 도울 수 있다.

도(道)는 양이고, 덕(德)은 음이다.

술이란 사람과 신을 화합케하여 도덕(道德)을 길러줌으로서 그 덕행으로 성인(聖人)의 반열에 오르게 하는 매개체이다. 악(樂)은 하늘의 소리이다. 악 또한 사람과 신을 화합하게 만드는 매개체이다.[18] 그러니까 술이든 악이든 사람과 신을 화합하게 만드는 것이다. 이들 양자 모두는 도덕을 길러 군자(성인)의 반열에 오르게 하는 중요한 요소이다.

고대 왕은 격(覡, 박수무당)이었다. 은(殷)나라에서는 상제(上帝)가 가장 큰 권위를 가지고 화복(禍福)을 내려주고 바람과 비를 관리한다고 생각하였다. 무술(巫術)을 가진 자가 권력자였다.

왕이 격이고, 그 격에 의하여 향연이 개최되었다면, 향연에서 최고의 손님[객]은 비록 눈에 보이지 않지만 신(神)이다. 연향은 제사에서 출발하였다. 조선왕실은 1910년까지도, 연향에서의 가장 지위가 높은 손님은, 연향의 주인공을 돌보아 주시는 신이었다. 연향이란 신과 인간이 화합하는 장(場)이었다.

신과 인간이 화합하여 한마당이 펼쳐지는 연향에서 술과 악은 신과 인간을 연결시켜 주는 중요한 요소가 되는 것이다. 그럼으로 최고의

---

18 김상보, 《음양오행사상으로 본 조선왕조의 제사음식 문화》, 수학사, 1996, p63.

산해진미로 차려진 신에게 올리는 간반(看盤, 신에게 올리는 다만 보기만

하는 음식)을 차려놓고 연향(燕享)은 진행 된다.

전통주 인문학

인간의 질서와 직결되는
음의 산물, 의례와 술안주

《의례》〈향례(鄕禮)〉는 상공(上公), 제후(諸侯), 대부(大夫), 사(士)의 직위에 따라 다음과 같이 구분하였다.[19]

상공	제후	대부	사
9헌(獻) 9거(擧)	7헌(獻) 7거(擧)	5헌(獻) 5거(擧)	3헌(獻)

이러한 법칙은 조선왕실로 이어져 연향에서 채택되었다.

연향에서 반드시 수반되는 의례는 상하의 위계질서를 분명히 함으로서 더 나아가 가정, 사회, 국가를 단합시키는 것이 목적이다. 연향에

---

19 김상보, 《음양오행사상으로 본 조선왕조의 제사음식 문화》, 수학사, 1996, p42.

모인 사람들의 위계질서[禮]에 따라 연향의례에서의 순서가 주어져 공표된다.

헌(獻, 드릴 헌)이란 술잔의 작수(爵數), 거(擧)는 들 '거'로 생육(牲肉)을 술의 작수에 따라 올리는 안주이다. 조선왕실은 거(擧)를 미수(味數)로 표현하였다. 고종 24년(1887)에 행한 대왕대비 탄생 축하 진찬연에서 5헌에 5미수를 차렸다. 제 1헌 초미(初味), 제 2헌 이미(二味), 제 3헌 삼미(三味), 제 4헌 사미(四味), 제 5헌 오미(五味)이다. 미수란 대체로 3품 이상의 음식을 차린 조그마한 술 안주상을 지칭한다.

의례와 술안주 모두는 술과 악에 대별되는 음(陰)에 속한다. 술과 악이 양이라면 연회장의 인간사회에서 벌어지는 질서[禮]를 갖춘 의례와 그 의례에 수반하여 인간이 먹게되는 술안주는 음의 산물이다.

· II ·

연향
속에서
펼쳐진
끽다문화

차[茶]의 음용 풍습은 중국 운남성(雲南省) 남부와 사천(四川)에서 시작하였다. 차는 조엽수림문화(照葉樹林文化)의 산물로 동백과에 속하는 상록의 넓은 잎나무이다. 대엽종(大葉種)과 소엽종(小葉種)이 있다.

차를 음용하기 이전에는 찻잎에 소금을 뿌려 절여서 먹던가 소금절임잎을 건조해 음료로 사용하였다. 이는 찻잎의 쓴맛[火]을 짠맛[水]이 극하므로 [水剋火] 쓴맛을 없애기 위한 수단으로 소금으로 절였다고 생각된다.

B.C 316년 진(秦)이, 사천을 점령하고 있었던 파촉(巴蜀)을 멸망시킴으로서 이후 사천은 급속히 중국문화에 동화되었다. 가장 오래된 다서(茶書)인 B.C 1세기에 왕포(王褒)가 지은 《동약(僮約)》에 의하면, 이미 B.C 1세기 사천에 차시장이 형성되어 있었다고 기술하고 있다.

불교가 중국에 전래된 시기는 B.C 2세기 경의 전한(前漢)시대이다. 이 시기 도교 역시 왕성히 전개되고 있었다. 이후 도교의 도사(道士)들은 무망(無妄, 망령됨이 없음)하고자 하였다.

인심은 오로지 위태롭고[人心惟危], 도심은 아주 작다[道心惟微] 조석으로 욕심내고 변하는 마음이 유위(惟危)일진대, 유위에서 벗어났을 때가 무망이며 도(道)의 세계가 보이기 시작하고 나는 누구인가를 깨닫게 된다 하였다. 이를 실행하기 위하여 다음의 《주역》에 나오는 존재원리를 실행하였다.[20]

---

20 《周易》〈易道〉

無思也無爲也寂然不動感而遂通天下之故《周易》〈易道〉

생각도 없고 행위도 없으며 고요한 채로 움직임이 없어야 느껴, 마침내
천하의 연고(존재 원리)에 통한다(《주역》〈역도〉).

도사들이 무망을 위한 음료로 채택한 것이 차이다. 후한(後漢) 때의
명의 화타(華陀)는 100살에도 정정할 정도로 장수 하였는데, 그는 차를
오랫동안 마시면 사고가 깊어지고 졸음을 쫓으며 몸이 가벼워지고 눈
이 밝아진다 하였다.

이 화타의 차에 대한 논리가 도사들에게도 채택되어져 무망을 위한
음료가 되었을지도 모르겠다. 한편 220년 경 후한 멸망 시기에는 불교
가 이미 사회의 상하층에 두루 침투하고 있었다. 드디어 누구나 해탈
하면 부처가 될 수 있다는 선종(禪宗)의 보급과 함께 차는 해탈을 위한
음료가 되었다. 불교의 좌선(坐禪)에 차는 필수 음료가 된 것이다.

한반도에서 차가 본격적으로 문헌에 등장한 시기는 불교가 융성했
던 고려이다. 사원(寺院)에는 차를 만드는 마을인 다촌(茶村)이 있었고,
궁중에는 차를 공급하는 관인 다방(茶房)이 존재하였다. 일반 백성들
집집에는 부처님을 모셔놓고 식사 전 부처님께 차 한 잔을 올리고 나
서 밥을 먹었으므로 일반 식사를 다반(茶飯)이라 하였다.

궁중에서 개최하는 연회일 경우, 〈팔관회〉로 예를 들면 소회(小會)와
대회(大會)로 나누었는데, 소회에서는 돌아가신 조상신에게 차와 과안
(果案)을 올리고 나서 술을 드린 다음, 음복(飮福)하여 복을 받았다. 이
후 본격적인 연회가 대회이다. 그래서 〈팔관회〉이든 〈연등회〉이든 이

46

때 개최되는 연회를 다연(茶宴)이라 했다.

연회에서 차와 함께 올리는 과안의 주요 찬품은 유밀과(油蜜果)라고 말하는 조과(造果)이다. 조과란 인위적으로 만든 과일을 뜻한다. 원래 유밀과는 과일 모양으로 만들었으나 고임으로 담기가 불편하여 납작한 형태로 변형되었다. 참기름[油]과 꿀[蜜]로 만든 조과[果]인 유밀과의 대 유행에는, 중국 당(唐, 618-907)시대에 조리용 도구로 철남비가 보급됨에 따라 각종 튀김음식이 발달한 데에서 기인한다. 튀김음식 중의 하나가 (밀가루+꿀+물)로 반죽하여 튀겨 만든 당과자(唐果子)이다. 유밀과의 발전에는 당과자가 그 바탕에 있다.

유밀과는 사치한 음식의 하나가 되어 고려왕조 내내 금했다 풀렸다를 반복하게 된다. 상황이 이러한지라 유밀과가 주요 찬품이 되어 차려졌던 과안에는 각종 떡 등도 조과류의 하나가 되어 올려 지게 되고, 생과일도 함께 차려졌다.

유밀과이든 떡이든 달콤한 음식이다. 이러한 음식이 차와 함께 차려진 배경에는 당시 마셨던 말다(抹茶)의 맛과도 밀접한 관계가 있다. 단다(團茶)를 불에 구워 깎아서 빻아 가루로 만든 후 이 가루를 찻잔에 점다(點茶)하여 뜨거운 물을 부어 휘저어 마시는 것이 말다이다.

이 말다는 대단히 맛이 쓸 뿐만 아니라 위를 지나치게 자극한다. 그래서 말다에 수반하여 차려지는 것은 과(果)였기 때문에 다과(茶果)란 말이 생겨났다.

조선왕조로 바뀌면서 단다(團茶) 작설다(雀舌茶)는 엽다(葉茶) 작설다로 바뀌고, 차는 불교와 함께 공존하였다는 이유로 배척하였다. 그러나 왕실에서 개최하는 큰 연회에서는 고려왕실의 다연을 속례(俗禮)로서 계승하여 조선왕조 말까지 이어진다. 다만 말다가 엽다로 대체된 것 만 다르다.

한편 차와 밀접한 관련이 있었던 유밀과 떡 등의 조과류는, 조선왕조에 들어서서 고려의 작은연회를 계승했다고 보여지는 다담(茶啖)이 등장하고, 이 상은 술상으로 변질되어 핵심 안주로 부각된다.

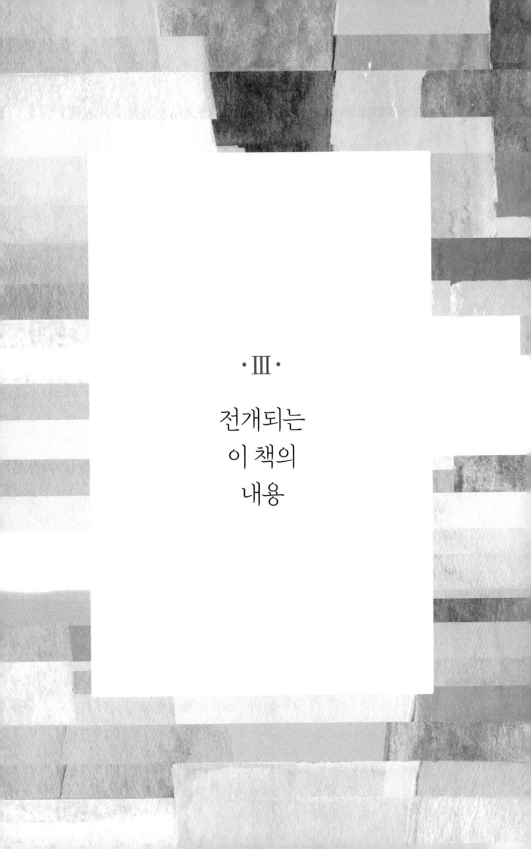

· Ⅲ ·

전개되는
이 책의
내용

음주문화(飲酒文化)란 술을 둘러싸고 전개되는 모든 문화적 요인을 포함한다. 그 범위는 너무도 광범위하여 그것을 전부 다루기에는 필자의 역량도 부족할 뿐 아니라 지면도 허락하지 않는다. 필자는 다만 이 땅에서 형성되어 전개된 것 중 지극히 일부분에 지나지 않는 술 제조에서 가장 기본적 재료인 누룩과, 양주 및 술안주의 형성 과정, 이를 둘러싼 음주생활이 삼국시대부터 조선시대에 이르기까지 어떻게 전개되어 왔는가를 문헌적 자료를 통하여 밝혀 기술할 것이다.

그러나 한반도라는 지정학적 위치는 유럽대륙과 연결되어 발달해 온 중국이 바로 이웃에 있어 지속적으로 중국의 영향을 받으면서 도도한 역사적 흐름 속에 놓여 있었다.

필자는 고대, 중세, 근세로 나누어, 중국의 고대는 은(殷) 왕조에서부터 《제민요술》이 나온 530년경까지, 한반도의 고대는 기원전에서부터 삼국시대까지로 설정했다. 아울러 중국의 중세는 수(隋)나라부터 송(宋)나라까지, 한반도의 중세는 통일신라시대부터 고려시대까지로 했다. 또 중국의 근세는 원(元)부터로 하고 한반도의 근세는 조선왕조로 설정했다. 이를 토대로 하여 먼저 중국의 술과 안주에 대한 개괄적인 것을 살펴본 후, 한반도의 음주문화를 기술함으로서 양국 술문화의 비교로 보다 넓은 이해를 도모하고자 하였다.

그러나 당시 중국의 무엇이 어떻게 한반도에 영향을 미쳤는가 하는 세세한 부분에 대한 고찰은 이 책을 읽는 독자들의 몫이다.

한반도는 한무제(漢武帝)의 한사군(漢四郡) 설치 이후 유교적 문화의 기반 위에 있었다. 여기에 다시 불교가 유입되어 고려왕조가 망할 때까지 1000년 동안 국가주도의 불교문화가 지속되었다. 이후 조선왕조가 건국되면서 척불숭유정책이 전개된다. 조선왕조의 숭유정책은 주(周)나라에로의 복고주의이다. 주나라 주공(周公)의 작품이라고 보여지는《주례》《의례》가《경국대전》과《국조오례의》의 기반이 되었다. 길례(吉禮), 가례(嘉禮), 빈례(賓禮), 상례(喪禮), 군례(軍禮)가 오례(五禮)인데, 이들 오례에서 군례를 제외한 나머지 사례(四禮)는 반드시 술과 술안주 예가 있다. 술과 술안주는 사례에만 적용된 것은 아니고 왕실의 일상식 또는 작은 연회에서도 빠질 수 없는 것이었다.

왕조의 오례는 민중들에게 관례, 혼례, 상례, 제례로 자리 잡게 되고 이를 줄여서 관혼상제라 하였다. 이로 인하여 봉제사(奉祭祀) 접빈객(接賓客)은 민중들 각 집안의 중요한 일로 자리잡게 된다. 물론 왕실이든 민중이든 술과 술안주가 동원되는 행사는 음양관(陰陽觀), 예약관(禮藥觀)에 의하여 유교라는 틀 속에서 진행되었다.

조선왕조에 들어서서 연향이든 제사이든 작은 연회이든 반드시 동원되는 술과 술안주의 발전에는 유교라는 구조가 자리 잡고 있었으며, 이들 유학정신이 곧 주례(酒禮)와 주도(酒道)를 탄생시키고 우리의 정신문화 뿐 만 아니라 음주문화 발전에 상당한 영향을 미쳤다. 특히 사대부들 각각에게 집집마다 자랑하는 술양주법이 탄생하고, 이를 고조리서에 기록으로 남겨 현재 이들을 가양주(家釀酒)라 부른다.

한편 우리의 음식문화에 지대한 영향을 미친 중국의 고조리서는《제민요술(齊民要術)》과《거가필용(居家必用)》으로 보고 있다.

산국(흩임누룩)시대를 지나 병국(떡누룩)시대가 되는 530년 경 산동반도에서《제민요술》이 나온다. 《제민요술》 시기는 요서를 백제 땅에 포함시켰던 가장 번창했던 백제시대와 맞물려 있다. 《제민요술》에 기록된 누룩제조법과 각종 술안주 만드는 법은 우리 음식문화를 유추하는 데에 있어서 빼 놓을 수 없는 연구 대상이다.

이후 끽다문화와 음주문화가 급속도로 발달한 수나라와 당나라를 거치면서 송나라로 이어진다. 송나라 다음은 《제민요술》만큼이나 많은 영향을 미친 《거가필용》이 나온 원나라시대가 된다.

원(元)나라는 잘 알려진 바와 같이 불교국이었던 고려사회에 육식문화를 안겨준 나라이기도 하다. 원나라의 공주가 고려왕의 부인이 될 정도로 원의 부마국이었던 고려 말, 궁중 안에서는 남편이었던 왕이 드시는 음식을 위해 원의 공주가 적극적으로 관여했으리라고 짐작하는 것은 지극히 당연하다. 조선왕실에서 사용하였던 왕의 진지를 뜻하는 수라(水刺)라는 말은 원나라에서부터 유래된 언어로서 그 실예 중 하나이다. 《거가필용》에 등장하는 각종 음식과 만드는 법은 조선시대 내내 막대한 영향을 미쳤고, 지금도 우리는 《거가필용》 문화의 잔재 속에 살고 있다.

원나라가 망하고 명나라와 청나라가 들어섰지만, 명과 청의 음식문화가 한반도로 유입된 흔적은 그다지 많지 않다. 또 명, 청도 원나라로부터 물려받은 《거가필용》적 음식문화에서 크게 벗어나지 못하였다. 그럼으로 중국의 음주문화에 대한 분석은 《거가필용》에서 그치고, 명 청의 것은 다음 기회로 미룬다.

한편 우리의 고대 음주문화는 중국에서 한반도로 전파된 산국(撒麴)인 흩임누룩부터 개시되었다고 생각된다. 그러던 것이 《제민요술》을 전후로 해서 병국(餅麴)인 떡누룩 시대가 도래한다. 조선시대에 등장하는 이화주(梨花酒)는 병국을 starter로 해서 만든 백제문화의 산물일 가능성이 높다. 삼국이 통일 된 통일신라시대 역시 병국으로 법주(法酒)를 만들어 먹었을 것이다.

고려 말에는 포도주, 소주 등 《거가필용》의 영향을 받은 각종 술이 이 땅에 전해진다. 고려 시대에는 불교의 영향으로 왕실에서 개최되는 각종 연회는 다연(茶宴)으로 치러지고 끽다문화의 발달과 각종 유밀과 또는 떡 등이 술안주로 각광 받는다. 비록 고려왕실의 연향이 불교의 영향을 많이 받았다고는 하나, 그 의례구조는 음양사상이 바탕이 되었다.

고려의 왕실연향은 고스란히 조선왕실로 이어졌다. 물이 높은 곳에서 낮은 곳으로 흐르듯 왕실문화는 양반사회 뿐 만 아니라 일반 민중에게로 전해졌다.

조선왕실의 연향에서 보여주는 연례는 주인(왕)이 겸손한 덕으로 도리를 다하여 손님(신하)을 위하여 극진히 대접하는 손님 접대 예이다.

다시 언급하지만 조선시대에는 사대부는 물론이고 일반 민중에 이르기까지 봉제사(奉祭祀)와 접빈객(接賓客)을 위해서 최선을 다하는 삶을 살았다. 현재 전해지고 있는 고조리서(古調理書)는 최선을 다하는 봉제사 접빈객을 목적으로 집안의 가장이 후대에 비법을 물려주기 위하여, 혹은 시어머니가 며느리에게 전하고자 쓴 필사본이 대부분이다. 이들 고조리서 속의 가장 핵심 부분은 집안의 다양한 술 만드는 법, 술안주 만드는 법이다. 제사나 손님접대 때, 맛있는 술과 안주 제공을 위해 극진했던 마음가짐이 고조리서를 통해 엿볼 수 있다.

조선시대의 음주문화에 대해서는 고조리서 속에 기록되어 있는 다양한 가양주(家釀酒)를 살펴보고, 조선왕실의 술과 술안주를 애워 싸고 전개된 연향문화를 음양적 사고의 관점에서 들여다 볼 것이다.

제2장

고대의 술과
안주 문화

· I ·

중국

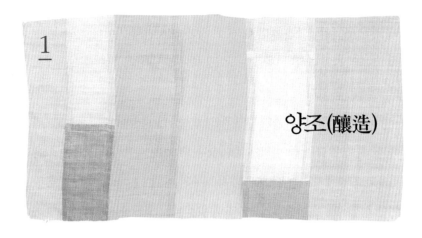

1

양조(釀造)

양(釀)이란 술항아리를 의미하는 유(酉)자와, 항아리 속에 물질을 담는다는 양자(襄)자가 합쳐진 것으로, 항아리에 원료를 넣고 술, 식초, 된장, 간장 등을 빚는 것을 뜻한다. 酉는 '만물이 늙었음(숙성되었음)'을 말하고, '익었다'를 의미한다. 주(酒)자는 유(酉)자로 만든 것이다.《설문해자(說文解字)》에서는 '8월에 기장이 익으면 기장으로 酒(술)를 만들어 세 번 빚을 수 있다 하였다'(八月黍成可爲酎酒).[1]

미생물을 이용한 발효에 의하여 술, 식초, 간장 등을 제조한다는 양조는 발효공업의 한 분야이다. 그러나 미생물이 발견되어 발효가 이것

1《說文解字》〈酉〉

에 의하여 일어난다는 것을 알게 된 것은 19세기 후반이다. 양조는 민족 고유의 기호음식이 미생물을 이용하여 전통적 기술로 제조된 것으로 정의할 수 있다.

양조로 만들어진 식품의 탄생과 양조기술의 형성에는 기후풍토, 민족 신앙, 생활습관 등이 크게 관여한다. 겨울은 다습하고 여름은 고온 건조한 지중해기후는 맥(麥, 밀과 보리)류의 재배에는 적합하지만, 곰팡이는 성장하기가 어렵다. 그래서 맥아(麥芽, 보리싹, 발아맥)의 전분당화력을 이용한 맥아주(麥芽酒, 맥주)가 탄생되었다.

여름에 고온다습한 조엽수림문화(照葉樹林文化) 지대에서는 곰팡이가 생기기 쉬워, 곡물에 곰팡이를 생기게 한 누룩 국(麴)을 당화제로 이용한 양주법이 히말라야 지역에서부터 중국, 동남아시아, 한반도, 일본으로 확대되었다.

포도의 재배는 서아시아에서 비롯하여 그 재배지는 위도 북위 30~50도, 남위 20~40도 사이, 평균기온 9~21℃의 건조지대에 분포한다. 이스라엘 주변 건조지대의 민속자료이기도 한 성서에, 포도주가 발효 되지 않은 과즙과 함께 드문드문 발견된다. 이들은 사막민의 갈증을 해소시켜주는 음료였다. 포도과즙을 가죽주머니에 넣어 여행하면 자연히 발효하여 포도주가 된다.[2]

---

2 김상보, 《한국의 음식생활문화사》, 광문각, 1997, pp210-211.

2

동아시아 누룩의 기원

1) 곡물 싹 얼(蘖)을 이용해서 만든 술

곡물 싹을 지칭하는 얼(蘖)에 대한 기록상의 초출(初出)은 공자(孔子, 552-479 B.C)가 쓴 《서경(書經)》에 등장하는 〈국얼(麴蘖)〉이다. 은(殷, 1700-1100 B.C)나라의 무정(武丁, 高宗)이 신하인 전설(傳說)을 주(酒)와 예(醴)를 만드는데 빼놓을 수 없는 〈국얼〉과 같다고 평한 것이다.

당시 술의 원료는 기장이 상등(上等)으로 인식되어져 있었다. 이 때 술과 감주를 위한 starter로서 국얼을 사용했다는 이야기이다.

국얼에 관해서는 첫째 넓은 의미로서의 누룩이라고 하는 설. 둘째 국은 구(糗, 미숫가루)를 단단하게 반죽하여 곰팡이를 생기게 한 병국(餅麴)이고 얼은 찐 곡식에 곰팡이를 입힌 산국(撒麴)이라는 설. 셋째 국은

곰팡이를 자라게 한 곡물 즉 산국이고 얼은 발아곡물이라는 세가지의 다른 해석이 있다.[3]

사전을 찾아보니 얼은 '누룩 얼'로 되어 있고, 원래는 술을 만들 때에 쓰는 주효(酒酵) 즉 주매국(酒媒麴)이라 한다. 糵은 설(薛)과 미(米, 열매씨)로 되어 있다. 설(薛)은 뢰(籟)와 같아서 다북쑥 뢰, 덮일 뢰, 그늘질 뢰의 뜻을 포함하고 있다. 그러니까 얼이란 열매씨 米를 덮개로 덮어 만든 주효라고 해석한다면 위의 셋째 논리에 가깝지 않을까 한다.

지금까지 알려진 학설에 의하면 糵의 기원은, 화북(華北, 중국 북부의 통칭)[4]의 신석기시대 유적에서 곡물저장 혈(穴)이 발견됨에 따라, 이 곡물을 담아 둔 혈저장고에 빗물이 침투하여 싹이 생긴 것에서 유래되지 않나 하여[5] 糵은 〈곡물의 싹〉이라고 단정하였다.[6] 자연 발생적으로 생긴 곡물의 싹을 이용하여 신석기시대에 술을 이미 만들어 먹었다는 이야기이다.

그렇다면 황하(黃河)의 중 하류 유역을 중심으로 하여 화북의 고대 문명을 지탱한 재배 작물은 좁쌀과 기장이기 때문에, 이들 싹으로 만든 alcohol 도수가 낮은 술이 가장 오래된 중국술인 셈이다.[7] 좁쌀과 기장이 싹을 낼 때의 당화효소 작용은 맥주 양조에 사용되는 보리싹과 비교 했을 때 약한 것으로 알려져 있다.

3 김상보, 《한국의 음식생활문화사》, 광문각, 1997, p211.
4 화북(華北): 북경시(北京市), 하북(河北), 산서(山西), 산동(山東), 하남(河南)과 강소(江蘇), 안휘(安徽)의 북부가 포함됨. 대략 황하(黃河) 하류 지역을 가리킴.
5 花井四郎, 《黃土に生まれた酒, 中國酒その技術と歷史》, 東方書店, 1992, pp38-62.
6 篠田統, 〈日本酒の原流〉《米の文化史》, 社會思想社, 1977, pp237-239.
7 石毛直道, 《酒と飲酒の文化》, 平凡社, 1998, p47.

보리 싹으로 만든 맥아주(麥芽酒, 麥酒) 제조는 그 역사가 매우 깊다. 이란의 서부에서 남부에 걸쳐 뻗어 있는 자그로스산맥(Zagros Mts.)의 초기 슈메르 유적에서 발굴된 토기 부착물에서 맥주 양조의 부산물인 수산이온이 나왔다. 이에 B.C 4000년 후기에 맥주를 마셨다고 생각되고 있다. 그 원료는 터키와 이라크에 걸쳐 흐르는 강인 티그리스강 (Tigris R)과, 터키 동부의 아르메니아 산지에서 발원하여 시리아를 횡단하여 이라크에 들어가 메소포타미아 평야를 거쳐 페르시아만으로 흘러드는 유프라테스강(Euphrates R.)의 충적평야에서 재배되고 있었던 보리이다.[8]

원래 밀이 보급되기 이전의 주요 작물은 보리였다. 보리 싹[麥芽]을 우리는 엿기름이라고 부른다. 그러니까 엿을 제조하는데 없어서는 안 되는 것이 보리 싹이기 때문에 엿기름이라고 이름을 붙인 것이다. 밀 싹 보다도 보리 싹의 당화력은 훨씬 높다.

앞서 좁쌀 싹과 기장 싹을 주효로 해서, 화북에서 자생적으로 만들게 되었다는 자생설을 소개했는데, 이와 달리 요시다슈지(吉田集而)는 전파설을 제창하였다.[9]

티그리스강과 유프라테스강 주변에서 기원하는 맥아주 즉 맥주제조법 기술이 도작(稻作) 지대의 앗삼(Assam, 인도 동부)에 전해졌을 때, 맥아 대신에 겉겨를 떨어내지 않은 벼뉘를 발아시켜 도아주(稻芽酒)가 만들어지고, 이 도아주 제조 때에 벼뉘에 붙은 곰팡이를 술 제조에 사용

8 김상보, 《한국의 음식생활문화사》, 광문각, 1997, p99.
9 吉田集而, 《東方アジアの酒の起源》, ドメス出版, 1993.

하게 된 것이 쌀누룩[稻麴]의 기원이라고 한다.

또 신석기시대에 화북은 좁쌀과 기장 외에 보리도 B.C 2700년 경에 이미 재배되고 있었던 것[10]에 기초하여, 화북 최초의 술은 맥아주이고, 이것이 황하와 양자강 사이의 잡곡과 도작(稻作)지대에서, 앗삼과는 계보를 달리하는 도아주가 만들어졌다. 이에 따라 자연스럽게 양자강 유역에서 쌀누룩이 성립하게 되었다 한다.

아무튼 요시다슈지의 설이 아니라도, 중국 은(殷, 1700~1100 B.C) 나라의 갑골문자에서 맥(麥)을 나타내는 래(來)가 나오기 때문에, 일찍이 화북에서 기장 싹과 좁쌀 싹으로 만드는 술이 있었을 때 맥아주도 있었을 가능성은 농후하다.

2) 산국과 병국의 성립

중국 누룩의 기원은 자생설에 의하면 화북에서는 좁쌀 싹과 기장 싹을 제조하는 과정에서 이들 곡물에 생긴 곰팡이를 술 제조에 이용하게 되었다 하고,[11] 전파설에서는 도아주 제조 과정에서 만들어진 벼 뉘에 붙은 곰팡이가 쌀누룩의 기원임을 소개하였다. 좁쌀과 기장이든 쌀이든 이들로 만든 누룩은 흩임누룩인 산국(撒麴)이다. 분명한 것은 자생설, 전파설 양자 모두는 누룩술의 전 단계는 곡물 싹이 술 양조에 사용

---

10 김상보, 《한국의 음식생활문화사》, 광문각, 1997, p99.

11 花井四郎, 《黃土に生まれた酒, 中國酒その技術と歷史》, 東方書店, 1992, p38~62.

되었다는 사실이다.

　이시게 나오미찌(石毛直道)는 양자강 하류 주변은 신석기시대부터 쌀을 쪄서 먹는 입식(粒食)문화가 성립되어 있었고, 신석기시대 이후 쌀누룩을 이용해 술을 만들어 먹는 것이 전통이었다는 가설에 기초하여 다음과 같이 정리하였다.

　"찐 쌀밥을 방치해 두면 몬순 기후인 이 지역에서는 쉽게 곰팡이가 생긴다. 이것이 쌀로 만든 산국의 기원이며, 이를 이용하여 술 제조가 개시되었다. 그 기술이 북방의 잡곡지대에 도입되어, 처음에 좁쌀과 기장의 산국, 뒤에는 보리로 만든 산국이 나오게 되었다. 이들 누룩을 이용한 술 제조는 적어도 B.C 1000년에는 확립되어 있었다. 전국(戰國, 453-221 B.C)시대 말 Silkroad를 경유하여 화북평야에 밀과 회전식 맷돌이 전해지게 된다. 드디어 기원 전후에 밀 제분이 보편화 되고 거칠게 빻은 밀가루를 덩어리 형태로 성형하여 띄운 떡누룩[餠麴]이 만들어진다. 그러나 5세기에 기술된《방언(方言)》에 좁쌀산국과 보리산국이 소개되고 있는 점에서 적어도 5세기까지 산국과 병국은 오랫동안 공존하였다. 화북의 병국기술은 양자강 주변에 도입되어, 도작지대에서 만들게 된 것이 초국(草麴)이며 이 기술은 동남아시아와 히말라야 산기슭까지 전파되었다"는 것이다.[12]

　초국이란 분말로 만든 향모(香茅, 피의 일종)가루나 쌀가루를 원료로 한다. 이것에 식물잎이나 나무껍질가루를 혼합하여 작은 단자나 원판

---

12 石毛直道,《酒と飮酒の文化》, 平凡社, 1998, p49.

상 형태로 만들어 거미집곰팡이나 털곰팡이를 번식시킨 것이다. 중국에서는 초국을 주약(酒藥)이라고 부른다.[13]

---

13 石毛直道, 《酒と飮酒の文化》, 平凡社, 1998, p45.

전통주 인문학

3

흩임누룩인
산국(撒麴)시대

1) 은왕조(殷王朝)

용산(龍山)문화[14]의 후기가 하 왕조(夏王朝)에 해당된다. 하 왕조 다음이 은 왕조(殷王朝)로, B.C 1700년 경부터 B.C 1100년 경까지 약 600년 간이다. 은 왕조 다음은 B.C 1100년 경부터 B.C 221년 경까지의 약 900년 간이 주 왕조(周王朝)시대이다.

하 왕조가 황하(黃河)와 분수(汾水) 및 위수(渭水)가 합류하는 산간을

---

14 용산문화(龍山文化): 중국의 신석기시대 후기의 문화. 산동성용산진(山東省龍山鎭)의 성자애(城字崖)유적에서 발견되었기 때문에 용산문화라 함. 앙소문화(仰韶文化)에서 파생한 문화라는 설도 있다. 흑도(黑陶)를 특징으로 하고 농경과 목축을 주로 하였음. 산동과 하남(河南)을 중심으로 섬서(陝西), 산서(山西), 요동반도(遼東半島)등에 분포함.

근거로 하고 있었던 것에 반하여, 은 왕조는 시조 탕왕(湯王) 이후 계속 황하 하류 대평원을 영역으로 하였다. 수도는 몇 번이고 옮겼지만, 후기의 대부분은 하남성(河南省) 안양(安陽)을 수도로 하였다.

이 은 왕조에 복속하였던, 은의 여러 제후국 중 한 나라가 주(周)다. 주는 융적(戎狄, 야만의 북녘 오랑캐)의 공격을 피하여 각지를 전전한 끝에 기산(岐山) 기슭에 안착하였다.[15] 그곳은 주원(周原)이라고 불리던 땅이었다. 후직(后稷)의 자손으로 불리는 희성(姬性) 부족이 주원에서 안정된 정권을 세웠을 때 지명(地名)에 따라 국호를 주(周)라고했다.

문왕(文王)시대 주원에서 섬서성(陝西省)의 풍(豊)이라고 하는 곳으로 천도하였다. 문왕은 은 왕조로부터 서백(西伯) 즉 서쪽의 제후(諸侯)라는 칭호를 받고 있었다. 천도한 풍(豊)과 구별하여 주원을 기주(歧周)라 했는데, 기주 유적의 하나인 움에서 17,000여 편의 갑골(甲骨)이 출토되었다. 갑골이란 구갑수골(龜甲獸骨)의 약칭으로 소의 견갑골(肩胛骨)과 거북이 등딱지인 구갑을 말한다. 이들에 문자를 적어(복사, 卜辭) 불로 그것을 구웠을 때 생기는 금에 의하여 사물을 점쳤던 도구로 쓰였다. 이 갑골은 은 왕조에서 갑자기 생긴 것이 아니라 용산 문화 유적에서도 이러한 복골(卜骨)이 발견되고 있다. 기주에서 출토된 갑골의 복사(卜辭) 중에는 주의 문왕이 은 왕조의 시조인 탕왕(湯王)을 제사했다는 내용과, 은 왕조의 마지막 왕인 주왕(紂王)의 아버지 제을(帝乙)에 관한 기록도 있다.[16]

---

15 《史記》
16 陳舜臣, 《中國發掘物語》, 平凡社, 1984, p87.

문왕이 풍으로 천도한 후, 기주 땅은 문왕의 아들 셋째 단(旦)이 다스렸다. 기주 땅은 주(周)의 국호 발상지이기 때문에 단을 주공(周公)이라 불렀다. 단의 형 무왕(武王)은 무력혁명으로 은 왕조를 멸망시켜 주 왕조(周王朝)를 탄생시켰는데 이후 무왕이 사망하자, 주공은 무왕의 아들인 어린왕 성왕(成王)을 보좌하였다. 이 때 주왕조의 기초가 되는 예악(禮樂)이 정비되고 도량형이 반포되었으며, 제도 대부분은 주공에 의하여 만들어졌다. 《주례(周禮)》《의례(儀禮)》《주역(周易)》은 이 때 완성되었다.[17] 이러한 업적으로 주공이 죽자 성왕은 주공의 아들 노공(魯公)에게 자손 대대로 천자(天子)의 예와 같이 주공을 제사하도록 명하기에 이른다.

이상은 하 왕조를 계승한 것이 은 왕조이고, 은 왕조의 제후국 중 하나였던 주 왕조는 은의 문화를 계승하였음을 개괄적으로 밝히고자 한 것이다.

三代之禮一也民共由之《禮記》〈禮器〉

夏殷周 3대의 예는 근본적으로 하나이다. 사람들은 공통의 마음으로 예를 지켰다《예기》〈예기〉

은 왕조에서 주작물로 재배되고 있었던 곡물은 갑골문자를 통하여

---

17 김상보, 《음양오행사상으로 본 조선왕조의 제사음식문화》, 수학사, 1996, pp15-23.

밝혀진 것에 의하면 좁쌀[禾] 기장[黍], 보리[來]였다. 화(禾)는 후에 곡식을 나타내는 문자가 되었지만 은 왕조 때에는 좁쌀을 가리켰다. 태고(太古)의 농작물은 좁쌀을 주작물로 하고 기장이 포함되는 작은 낱알 곡물뿐이었지만 언제부터인가 서쪽[西方]에서 큰 낱알 곡물이 들어와 이것을 래(來)라고 했다.

원래 來란 먼데서 온 곡물을 가리키는 것이었으나. 언제부터인지 '온다'라는 동사로 병용되었기 때문에 나중에는 맥(麥)을 사용하게 되었다. 래(來)는 중앙아시아 고지를 원산지로 하는 보리이다.[18]

갑골문을 통한 점복(占卜) 기록에 의하면 은왕은 국토의 4개 방향인 동토(東土), 서토(西土), 북토(北土), 남토(南土)의 좁쌀 수확에 항상 커다란 관심을 기울였고 또 은왕의 제부(諸婦) 및 제자(諸子) 그리고 제후(諸侯)들 영지로부터 나오는 좁쌀 수확에도 관심을 기울였다.[19] 즉 좁쌀이 가장 중요한 물자였다.

은왕은 갑골로 점을 쳐 제사를 지낼 때 술을 마시고, 신인공음(神人共飲)에 의하여 신의(神意)를 만나고자 하였다. 그래서 은 왕조의 멸망은 과도한 음주(飲酒)가 그 원인이 되었다.[20]

서쪽의 제후국이었던 주(周) 무왕(武王)이 무력혁명을 일으켜 은 왕조를 멸망시킨 후, 주 왕조의 지도자는 은의 멸망이 사치와 만취에 있음을 거울삼아 그 전철을 밟지 않기 위해 엄중히 경계하였다. 은 왕조는 만취로 인하여 천명(天命)으로부터 버려졌다는 것이다. 이러한 분위기

18 篠田統,《中國食物史》, 柴田書店, 1998, pp13-15.
19 張光直,《中國靑銅時代》, 平凡社, 1989, p32.

에서 나온 책이 주공의 작품이라고 되어있는《주례(周禮)》와《의례(儀禮)》이다.

그러면 은 왕조가 마셨다는 술 제조방법은 어떠하였을까.

신석기시대 좁쌀 싹, 기장 싹 등을 starter로 해서 양조해 마셨던 술은, 이시게 나오미찌의 논거에 의하면 은 왕조 중·후기에 이르러서는 좁쌀, 기장, 보리로 산국을 만들어 이를 starter로 해서 주조해 마셨을 것이다. 물론 곡물 싹을 이용한 술도 있었다고 본다.《주례》를 통하여 유추해 본다.

2) 주왕조(周王朝) 의《주례》와《의례》

주(周)는 은 왕조에 소속된 작은 제후국에 지나지 않았다. 이 제후국 마지막 왕이었던 문왕(文王)의 아들 무왕이 B.C 1127년 은을 멸망시키고 섬서성의 서안(西安)을 수도로 정하여 나라를 세우니 서주(西周)이다.

서주 건국 후 257년이 지난 다음 주변 이민족의 압박에 견디지 못하여 B.C 770년 하남성의 낙양(洛陽)으로 수도를 옮긴다. 그 이후를 동주(東周)라 한다.

동주시대 전반부가 춘추(春秋, 770-453 B.C)이고, 후반부가 전국(戰國, 453-221 B.C)이다. 춘추시대는 강력한 제후가 천자를 옹립하여 천

---

20 《書經》, 〈酒誥〉

하를 호령하였다. 춘추 12열국은 노(魯), 위(衛), 진(晉), 정(鄭), 조(曹), 채(蔡), 연(燕), 제(齊), 진(陳), 송(宋), 초(楚), 진(秦)이다.

진(晉)나라의 대부(大夫)인 위(魏), 조(趙), 한(漢) 삼씨(三氏)가 집정(執政) 지백(知伯)을 쓰러트리고 나서 위나라, 조나라, 한나라로 분립한, 주(周)나라 정정왕(貞定王) 18년부터 진(秦)나라 시황제가 중국을 통일할 때까지의 시대가 전국시대이다.

전국시대부터 전한(前漢)시대의 300년에서 400년 동안에《주례(周禮)》《예기(禮記)》《의례(儀禮)》《논어(論語)》《맹자(孟子)》《전국책(戰國策)》《여씨춘추(呂氏春秋)》 등이 나온다.

《주례》와《의례》의 원작자는 주공(周公) 단(旦)의 작품이나 후대에 증보하였다. 앞서도 언급하였듯이 이들 책은 주공이 어린왕 성왕을 보좌하던 시절의 작으로 알려져 있다. 그러니까 B.C 1100년 경의 작품이다.

(1) 450명이 동원된《주례》의 양조

《주례》는 국가 제도를 기록한 책이다. 이에 의하면 천자가 베푸는 공식적인 연향에 오르는 식품에는 삼주(三酒), 사음(四飮), 사제(四齊)., 오곡(五穀), 육축(六畜), 육수(六獸), 육금(六禽), 육청(六淸), 팔진(八珍), 구곡(九穀), 십이정(十二鼎), 백이십장(百二十醬) 등이 있다 했다.

당시 여자는 봉재가 본분이었기 때문에, 음식 담당은 원칙적으로 남자들의 몫이었다(〈표1〉).선부, 포인, 내옹, 외옹, 팽인, 석인, 주정, 주인, 장인, 능인, 변인, 해인, 혜인, 염인으로 구성된 조리사 직종에서 다만 주정(酒正)의 지휘 아래에 있는 주인(酒人), 장인(漿人), 변인(籩人), 해인(醢人), 혜인(醯人), 염인(塩人) 즉 발효와 관계가 있는 부분에 한정

하여 여자가 고용되었다.[21]

이들 전문 직종들은 상사, 중사, 하사, 부, 사, 서, 도, 엄, 여, 해를 거느리고 일에 종사하였다. 사(士)는 사관(士官), 부(府) 사(史) 서(胥)는 하사관(下士官))이고, 도(徒)는 병사에 해당된다. 여(女)와 해(奚)는 서(胥)와 도(徒)에 해당되는 여성 관원이고, 엄(奄)은 환관(宦官)으로 서(胥)에 해당되는 관원이다.[22]

선부(膳夫)는 지금으로 말하면 상등의 숙수(熟手)이다. 포인(庖人)은 도살책임자이며 내옹(內饔)과 외옹(外饔)은 조리사, 팽인(烹人)은 삶는 것을 맡은 자, 석인(腊人)은 포(脯)를 담당한 자이다.

주정(酒正)은 주조(酒造)의 정(正)에 해당되는 자이니, 술 양주에 관여하는 자들 중 우두머리이다. 주인(酒人)은 주정의 지휘 하에서 양주를 담당했던 자로 엄(환관) 10명, 여주(女酒) 30명, 여해(女奚) 300명이 배정되었다.

장(漿)은 익힌 전분을 물에 담가 5~7일 놔두어 유산발효를 일으킨 신맛의 청량음료라고 알려져 있으나,[23] 기장 싹이나 좁쌀 싹 또는 보리 싹을 이용해 발효시킨 약한 alcohol성 미음 음료일지도 모른다. 이 장을 만드는 장인(漿人)으로 엄 5명, 여장(女漿) 15명, 여해 150명이 고용되었다.

능인(凌人)은 얼음 저장을 담당하는 사람이다.

---

21 篠田統, 《中國食物史》, 柴田書店, 1998, p29.
22 篠田統, 《中國食物史》, 柴田書店, 1998, p30.
23 篠田統, 《中國食物史》, 柴田書店, 1998, p30.

변인(籩人)은 대나무로 만드는 굽다리그릇인 변(籩)을 담당하는 자이다. 이 변에는 마른 찬류를 담았다. 엄 1명, 여변(女籩) 10명, 여해 20명이 배정되었다.

해인(醢人)은 육젓을 담당하는 자이다. 당시 소, 돼지, 사슴, 노루 등이 젓의 재료로 동원되었다. 뼈가 있는 채 썰거나 고기만을 썰어 소금, 누룩, 술을 합하여 100일 동안 발효시켰다. 엄 1명, 여해(女醢) 20명, 여해(女奚) 40명이 고용되었다.

혜인(醯人)은 초를 담당하는 자이다. 엄 2명, 여혜(女醯) 20명, 여해(女奚) 40명이 고용되었다.

염인(塩人)은 소금을 담당하는 자이다. 엄 2명, 여염(女塩) 20명, 여해(女奚) 40명이 배정되었다.

주정(酒正), 주인(酒人), 장인(漿人), 해인(醢人), 혜인(醯人)에 고용된 사람을 보니, 주정이 110명, 주인이 340명, 장인이 170명, 해인이 61명, 혜인이 62명이다.

주정과 주인 모두가 양주에 관여한 자들이기 때문에 술 양주에 만 고용된 인원은 450명이 되며, 장인(170) 해인(61) 혜인(62)에 비하면 엄청난 사람이 동원되었음을 알 수 있다.[24]

---

24 《周禮》

[표 1] 《주례》에 기술된 조리사 직종과 정원수

직종	상사 上士	중사 中士	하사 下士	부 府	사 史	서 胥	도 徒	엄 奄	여 女	해 奚	기타
선부 膳夫	2	4	8	2	4	12	120				
포인 庖人		4	8	2	4	4	40				賈人
내옹 內饔		4	8	2	4	10	100				
외옹 外饔		4	8	2	4	10	100				
팽인 烹人			4	1	2	5	50				
석인 腊人			4	2	2		20				
주정 酒正		4	8	2	8	8	80				
주인 酒人								10	30 女酒	300	
장인 漿人								5	15 女漿	150	
능인 凌人			2	2	2	8	80				
변인 籩人								1	10 女籩	20	
해인 醢人								1	20 女醢	40	
혜인 醯人								2	20 女醯	40	
염인 鹽人								2	20 女塩	40	

: 사(士)는 사관(士官), 부(府) 사(史) 서(胥)는 하사관(下士官), 도(徒)는 병사에 해당.
: 엄(奄)은 환관으로 胥에 해당되는 관원, 여(女)와 해(奚)는 胥와 徒에 해당되는 여성관원

[표 2] 《주례》에 기술된 의사 직종과 정원 수

직종	상사	중사	하사	부府	사史	도徒
의사醫師	2		4	2	2	20
식의食醫		2				
질의疾醫		8				
역의瘍醫			8			
수의獸醫			4			

《주례》의 시절은 B.C 1100년 경으로 누룩[麴]을 사용한 술이 만들어졌을 것으로 보인다.[25] 따라서 좁쌀누룩, 기장누룩, 보리누룩이 양주의 starter가 되었을 것이며, 물론 이들 모두는 흩임누룩 즉 산국이다. 그러니까 좁쌀, 기장, 보리를 수확하여 쪄서 산국을 만들고 양주하여 걸러 용기에 담아 저장 관리 감독하는데 동원된 인원이 450명이 되는 셈이다.

고대인에게는 가열도 하지 않았음에도 불구하고 자연적으로 거품이 생기면서 전혀 다른 물질이 생성되는 발효라는 현상과, 그리고 발효에 의하여 생긴 물질이 사람을 취하게 하는 힘이 있다는 것은 신비한 것이었고, 이것에 주술적 의의를 느꼈다. 원시종교에서 의식을 담당하는 자가 대부분 여성인 바와 같이 의식에 사용되는 신성한 술을 만드는 역할도 여성이 담당한 것이다.

한편 조리에 깊게 관여했던 식의(食醫) 소위 영양사는 의사 바로 밑의 서열을 차지하고 있다(〈표 2〉). 질의(疾醫)는 내과의사, 역의(疫醫)는

25 石毛直道,《酒と飲酒の文化》, 平凡社, 1998, p49.

외과의사, 수의는 수의사인데, 식의는 내과 이하의 의사보다도 상석에 위치하고 있다.[26]

식의가 짠 식단에 따라서 〈표 1〉의 조리사들은 움직였을 것이다.

(2) 《의례》〈공식대부례〉에서의 음주문화

① 술 중에 가장 상등이었던 기장술

《주례》와 거의 비슷한 시기에 나온 역시 주공(周公)의 작으로 알려진 《의례》〈공식대부례(公食大夫禮)〉에는 음식을 차려 대접하는 방법이 기술되어 있다.

나라의 주인인 공(君, 공작)이 청해서 부른, 격이 낮은 손님 소빙(小聘) 인 집정관(국정을 맡은 관원) 하대부(下大夫)에게 식사를 접대하는 예가 〈공식대부례〉이다.

검은 비단을 깔아 놓은 손님 자리는 북쪽이다. 손님[賓]의 남쪽에 정찬(正饌)은 7번에 걸쳐서, 가찬(加饌)은 2번에 걸쳐서 차렸다. 정찬은 반드시 차려야만 하는 음식이고 가찬은 대부를 존경하는 공의 마음을 들어내기 위하여 진설하는 음식이다.

정찬 1은 공이 직접 진설하는 혜장(醯醬, 초장)이다. 두(豆, 나무로 만든 굽다리그릇)에 담았다.

정찬 2는 구저(韭菹, 부추소금절임)와 탐해(醓醢, 소고기젓), 창본(昌本, 창포뿌리소금절임)과 미니(麋臡, 노루고기젓), 청저(菁菹, 순무소금절임)와 녹니(鹿臡, 사슴고기젓)를 두에 담아 재부(宰夫, 조리장)가 진설한다.

---

26 篠田統, 《中國食物史》, 柴田書店, 1998, p31.

정찬 3은 소[牛], 양(羊), 돼지[豕], 어(魚, 川魚), 석(腊, 토끼 등과 같은 작은 짐승으로 말린 포), 장위(腸胃, 소와 양의 장과 위), 부륜(膚倫, 돼지삼겹살)을 삶아 익힌 수육(熟肉)으로 조(俎)에 담아 차렸다.

소, 양, 돼지는 오른쪽 절반을 어깨[肩], 팔뚝[臂], 앞다리 무릎 위 마디[臑], 엉덩이[肫], 넓적다리[骼], 등[脊], 갈비[脅]의 7부로 나누어 삶아 등 쪽을 북쪽으로 가게하고 머리 쪽을 오른쪽에 오도록 각각을 조에 담는다.

이렇듯 7조, 7편 등 7로 하는 것은 손님[賓, 대부]의 지위가 빙례(聘禮)[27]에서 상개(上介)가 7에 해당되기 때문이다.[28]

어는 선어(鮮魚)로서 야생어(野生魚) 7마리이다.

석은 작은 동물을 통째로 말려서 삶은 것 7마리이다.

장위는 소와 양의 장과 위를 삶은 수육이다. 소와 양의 장 7편(牛)씩 합하여 14편과 소와 양의 위 7편 씩 합하여 14편으로 하여 모두 28편을 1조에 담는다.

부륜은 돼지 삼겹살[脅革肉]이다. 삶아 7편으로 하여 1조에 담는다.

이상의 수육은 사(士, 四民[29]의 위이며 大夫의 아래에 처해 있던 신분)가 진설한다.

정찬 4는 궤(簋, 대나무로 만든 원형의 밥그릇)에 담은 서(黍, 기장밥)와 직(稷, 메조밥) 6그릇이다. 재부가 진설한다.

---

27 성대한 방문을 빙(聘)이라고 한다. 빙례(聘禮)란 방문 때에 선물 하는 예이다. 빙례에서는 방문하는 손님을 수행하는 자가 있으며 이를 개(介)라 했다. 개의 사람 수는 상공(上公)은 7介, 후백은 5介, 자남(子男)은 3介이다.

28 김상보, 《음양오행사상으로 본 조선왕조의 제사음식문화》 수학사, 1995, p41.

29 사민(四民): 주(周)나라 때 백성의 사(士), 농(農), 공(工), 상(商)의 4가지 신분.

정찬 5는 공이 진설한다. 질그릇 등(甄)에 담은 소고기육즙으로 만든 급(湆)이다. 간을 하지 않은 소미(素味)를 귀하게 여겼기 때문에 이를 대갱(大羹)이라 한다.

정찬 6은 재부가 진설한다. 채소를 넣고 만든 4그릇의 갱(羹)이다. 형(鉶)에 담아서 형갱이라고도 한다. 우형(牛鉶)은 소고기에 콩잎을 넣고 끓인 국이고, 양형(羊鉶)은 양고기에 씀바귀를 넣고 끓인 것이며, 시형(豕鉶)은 돼지고기에 고비를 넣고 끓인 국이다.

정찬 7은 술[酒]이다. 재부가 오른손에 술잔 치(觶)를, 왼손에 술잔받침 풍(豊)을 잡고 진설한다.

이상 정찬 차리기가 끝나면 공은 손님 대부에게 먹도록 권유하고, 대부는 정찬 2(소금절임야채와 젓), 정찬 4(조밥과 기장밥), 정찬 3(수육), 정찬 6(형갱), 정찬 7(술)을 차례로 제사 올리고 먹는다.

다음은 가찬을 진설한다.

공이 보(簠, 대나무로 만든 사각형 밥그릇)에 담은 도(稻, 찹쌀밥)와 량(粱, 차조밥)을 진설한다. 가찬 1이다. 가찬 2는 소, 양, 돼지의 왼쪽 절반으로 만든 반찬 16그릇이다. 두에 담아 사가 진설한다. 우지(牛脂, 소기름), 우자(牛胾, 소고기육회), 양자(羊胾, 양고기육회). 시자(豕胾, 돼지고기육회) 각각을 해(醢, 육젓)와 한 조가 되게 차리며 어회(魚膾, 생선회)는 겨자장[芥醬]과 한 조가 되게 차린다. 간을 해서 구운 우적(牛炙, 소고기꽂이구이), 양적(羊炙, 양고기꽂이구이), 시적(豕炙, 돼지고기꽂이구이)과 경(膷, 소고기곰국), 훈(臐, 양고기곰국), 효(膮, 돼지고기곰국)도 진설한다.

가찬의 진설이 끝나면 손님은 도와 량을 제사하고 나서 서수(庶羞, 맛있는 반찬) 16그릇의 음식을 조금씩 모아 합하여 하나로 해서 제사한다.

제사를 올리고 나서 손님 대부는 가찬 1의 찹쌀밥과 차조밥을, 정찬 1의 혜장(초장)과 정찬5의 급(대갱)과 함께 먹는다.

손님이 먹기를 마치면 재부가 오른손에 장(漿)이 들어있는 치(觶)를 들고 왼손에 치를 받치는 풍을 들고서 손님에게 입을 가시도록 권한다. 장은 다만 입을 가시는 데에만 사용한다. 손님은 치를 받아들고 재부는 풍을 도(찹쌀밥)가 차려진 서쪽에 놓는다. 손님은 무릎꿇고 앉아 장을 제사한 후 입가심을 위하여 마시고 치를 풍 위에 놓는다[30] (제4장 〈그림 1〉 참조).

《의례》가 쓰여질 당시 술의 종류는 서주(黍酒, 기장술), 량주(梁酒, 차조술), 도주(稻酒, 찹쌀술)가 있었다. 〈공식대부례〉에서 대부(大夫)를 접대할 때의 술 종류도 서주, 량주, 도주였다.[31]

은 왕조(殷王朝)의 갑골문자에 쌀을 가리키는 도(稻)자가 있는가 없는가에 대해서는 지금까지도 논의가 많다.[32] 그러나 〈공식대부례〉에 등장하는 서, 직, 도, 량은 춘추 말 공자(孔子, 552-479 B.C)의 시대까지도 연결되어져 조밥[稷]이나 기장밥[黍]부터 먼저 먹고 찹쌀밥[稻]과 차조밥[梁]은 그 다음에 먹었다.[33] 이는 〈공식대부례〉에서 서와 직이 정찬, 도와 량이 가찬인 것과 같다. 아마 은 왕조 말기 경에도 이러한 양상은 비슷하였을 것이다.

---

30 김상보, 《한식의 道를 담다》, 와이즈북, 2017, pp91-93.
31 林巳奈夫, 〈漢代の飲食〉, 《東方學報 48册》, 京都大學人文科學硏究所, 1975, p24: 篠田統 《中國食物史の硏究》, 八坂書房, 1978, p45: 김상보, 《음양오행사상으로 본 조선왕조의 제사음식문화》, 수학사, 1995, p55.
32 篠田統, 《中國食物史》, 柴田書店, 1998, p15.
33 篠田統, 《中國食物史》, 柴田書店, 1998, p27.

메조, 차조, 기장, 찹쌀을 먹었다면, 좁쌀과 기장 등으로 만든 흩임 누룩을 starter로 해서 시루에서 쪄낸 이들 곡물로 만드는 술 양조는 가능하다. 어쨌거나 전국시대를 거쳐서 한(漢)대까지도 이들 술은 지속되었고, 가장 상등(上等)의 술은 기장술인 서주(黍酒)였다.[34] 점액질이 적은 기장 쪽이 신속하게 맑아져 이 맑은 술을 선호한 까닭이다(八月黍成可爲酎酒).[35]

② 풍(豊)에 받친 술

풍(豊)이란 풍성하게 담을 수 있는 굽다리그릇 두(豆)이다. 그 모양은 두(豆)와 비슷하지만 낮고 크다 하였다. 〈공식대부례〉의 豊은 작(爵)을 받치는 것[承爵]이다.[36] 술잔인 치를 올려놓는 예기(禮器)로 쓰인 것이다. 왜 술잔을 풍에 받쳐 올렸을까.

顯道하고 神德行이라 是故로 可與酬酢이며 可與祐神矣니[37]

도를 들어내고 덕행을 신묘하게 한다. 그러므로 더불어 수작(行酒)할 수 있고, 더불어 神을 도울 수 있다.

술은 정찬7에 해당된다. 공이 대부에게 권하는 술을 《주역》이 의미

---

34 林巳奈夫, 〈漢代の飮食〉, 《東方學報 48冊》, 京都大學人文科學硏究所, 1975, p24.
35 《說文解字》: 篠田統, 《中國食物史》, 柴田書店, 1998, p28.
36 《說文解字》
37 《周易》〈繫辭上篇 9章〉

79

하는 대로 해석한다면 공[성인, 양]과 대부[군자, 음]사이에 말과 뜻이 오고 간다는 의미이다.

공[양, 天]과 대부[음, 地]가 서로 대응하여 공이 대부에게 베푸니 공이 돕는 것이고, 공이 하고자 하는 바를 대부가 따르니 공을 돕는 것이다. 이는 다시 말하면 신[天]과 인간[地] 사이에 말과 뜻이 오고 가 신이 돕는 것이며, 신이 하고자 하는 의도를 인간이 따르니 신을 돕는 것이다.

술을 통하여 공과 대부 사이에 도[道, 天] 덕[德, 地]이 이루어 졌다.

술은 천도(天道)가 가득한 양기(陽氣)의 음료이고,[38] 이 양기의 음료인 술을 담은 술잔 치는, 예(禮, 음陰)를 행하는 그릇 풍(豊)에 받쳐서 수작한다. 즉 주도(酒道)란 술잔(양)을 잔받침(음)에 담아 행주하는 것이며, 이 때 잔받침 풍은 번영과 풍성함을 뜻한다.

복희(伏犧)[39]가 황하(黃河)에서 용마(龍馬)가 출현할 때 그 등에 나타난 1에서 10까지의 문(紋)을 도(圖)로 만든 것이 하도(河圖)이고, 이 수의 합은 55이다. 또 우왕(禹王)[40] 때 낙수(洛水)에 출현한 거북의 등에 나타난 1에서 9까지의 숫자가 낙서(洛書)이다. 이 수의 합은 45이다.《주역》에서는 하도의 수 55를 천수(天數)라 하고 낙서의 수 45수를 지수(地數)라 한다.[41]

그런데《주역》의 55번째의 괘에〈뢰화풍괘(雷火豊卦)〉가 등장한다.

38《禮記》〈郊特牲〉
39 복희씨(伏羲氏)라고도 함. 고대 중국의 제왕, 팔괘(八卦)를 처음으로 만듦.
40 중국 하(夏)나라 때의 왕.
41 김상보,《한식의 道를 담다》, 와이즈북, 2017, p22.

豐이란 글자는 禮를 행하는 그릇 豆에 담겨진 음식물이 풍만한 것을 나타낸 것이다.[42] 그래서 도리(道理)를 아는 자는 반드시 번성하여 (得其所歸者必大)[43], 풍성해진다(豊者大也)[44] 하였다.

밝은 지혜인 진리[火]로서 행하는 [雷] 까닭에 풍성하게 된다는 것이니, 진리로서 행하는 밝은지혜란, 돌아갈 바를 얻은 자 즉 도리를 자각한 자이다. 술은 도리를 아는 자가 번성을 위하여 매개체로서 사용하는 음료이다. 이를 주도(酒道)라 했다. 술[酒, 陽, 道]을 풍(豊, 陰, 德)에 받쳐 수작하는 것이 주도이다. 술은 도덕의 완성에 절대적으로 필요한 음료였으며, 德(禮, 질서)을 상징한 것이 술잔받침 풍이다.

(3) 술안주 포, 수육, 적, 회

〈공식대부례〉의 경우는 식사작법에서 술이 정찬의 하나로서 들어간 것이지만, 술 마시는 것이 주가 되는 작법인 《의례》〈연례(燕禮)〉를 보면 술안주는 말린고기 포(脯)와 여러 가지 음식 서수(庶羞)인데 대표적인 것이 개고기의 어깨고기인 견육(肩肉)과 팔뚝고기 비육(臂肉)의 수육[熟肉]이었다.[45] 그러니까 수육과 포가 대표적인 술안주인 셈이다.

어찌되었던 〈공식대부례〉에서는 밥반찬과 술안주를 동시에 차린 형태이다. 기장밥[黍], 메조밥[稷], 차조밥[梁], 찹쌀밥[稻]을 먹기 위하여 동원된 음식이 국[湆], 양형, 우형, 시형, 구저, 창본, 청저, 탐해,

---

42 《說文解字》
43 《周易》〈序卦〉
44 《周易》〈雷火豐〉
45 김상보, 《음양오행사상으로 본 조선왕조의 제사음식문화》, 수학사, 1995, p51.

미니, 녹니, 경, 훈, 효이다.

이들 외에 소, 양, 돼지, 어, 석, 장위로 구성된 수육과 수육을 찍어 먹도록 한 조가 되게 차려진 초장[醢醬] 및 우적(牛炙), 양적(羊炙), 시적 (豕炙), 회류인 우지, 우자, 양자, 시자, 그리고 회를 찍어 먹도록 배선 된 해(醢) 및 생선회와 겨자장[芥醬]은 술안주와 밥반찬 겸용이라고 볼 수 있다.

수육[熟肉]은 각종 고기를 삶거나 쪄서 만든 것이고, 고기를 잘게 썰 어 꽂이[串]에 꿰서 양념하여 불에 구운 것이 적(炙)이다.[46] 소, 양, 돼 지의 고기를 얇게 썰어 초로 버무린 것이 회(膾)인데[47] 이들을 우자, 양 자, 시자라 했다. 소의 경우 우지(牛脂)도 횟감이었다. 이들 회는 육젓 [醢]에 찍어 먹었다. 육젓은 육회와 소금절임야채에 반드시 곁들여 지 는 것으로 초[醋]와 함께 중요한 조미료 였다.

야채를 소금에 절인 것이 저[菹, 沈菜]이다. 《의례》의 〈빙례(聘禮)〉와 〈연례〉에서는 아욱으로 만든 규저(葵菹)와 모저(茆菹, 순채저)도 등장한 다. 《의례》의 시절 귀족층에서 먹는 야채소금절임 재료는 순무, 부추, 창포뿌리, 아욱, 순채였다.

육회와 야채소금절임 저(菹)는 당시 냉식(冷食)의 양대 산맥이었다.[48]

(4) 《의례》 〈연례(燕禮)〉의 헌작, 초작, 수작

제후(諸侯)[49]가 그 신하와 연(燕)하는 예인 〈연례〉는 접대를 마시는 것

46 篠田統, 《中國食物史》, 柴田書店, 1998, p21.
47 篠田統, 《中國食物史》, 柴田書店, 1998, p21.
48 篠田統, 《中國食物史》, 柴田書店, 1998, p21.

에 중점을 둔다. 燕이란 연희(燕喜)로 '잔치를 베풀고 기뻐한다'는 의미가 내포되어 있다. 그러니까 제후가 신하에게 잔치를 베풀어 자혜를 드러내 보이는 연향에서의 예법이 〈연례〉다.

신하인 빈(賓)을 둘러싼 연례의 구성은 헌작(獻爵), 초작(酢爵), 수작(酬爵)이다.

주인이 빈에게 헌(獻)한다.
포(脯)와 해(醢, 육젓), 그리고 개의 팔뚝고기 비육(臂肉)으로 삶은 수육을 조(俎)에 차려 권한다.
빈이 포, 해, 개고기수육, 술을 제사한 후 먹고 마신다(獻爵)

주인이 빈에게 술을 올린다. 빈이 술을 마시지 않고 그대로 술잔을 주인에게 돌려준다(酢爵)

주인 술은 마시고 일동에게 술을 보낸다(酬爵)

여수(旅酬)가 끝나면 생(笙)을 연주하는 4인이 들어와서 3편을 연주한다. 공이 빈 모두를 자리에 앉게 하여 서수(庶羞, 여러 가지 음식)를 권한다. 사정(司正)이 명을 받아 "여러분 마음껏 취하십시오"라고 알린다.[50]

---

49 제후(諸侯): 봉건시대에 일정한 영토를 가지고, 그 영내의 인민을 지배하는 권력을 가진 사람.
50 《儀禮》〈燕禮〉: 김상보, 《음양오행사상으로 본 조선왕조의 제사음식문화》, 수학사, 1995, pp52-54.

이상은 〈연례〉 내용중 헌작, 초작, 수작으로 진행되는 요점만 적은 것이다. 술안주로 개고기수육이 차려지는 이유는《대대례(大戴禮)》〈역본명(易本命)〉에 의하면 개는 三개월 만에 태어나고, 사람은 三인대, 三은 두성(斗星)[51]을 담당하고 두성은 개를 담당한다는 것이며, 하늘[天]은 一, 땅[地]은 二, 사람[人]은 三이라[52]하였다. 사람과 개는 상통(相通)한다고 본 것이다.

3) 춘추(春秋)시대 시판된 술과 술안주 포

공자(孔子, 552-479 B.C)의 말씀과 제자 등과의 문답을 기술한 책인《논어(論語)》에는 당시의 음식문화를 판가름 할 수 있는 글이 실려 있다.[53]

곡물은 정백할수록 좋다.

회는 잘게 썰수록 좋다.

쉰밥, 냄새나는 생선, 썩은 고기는 먹지 않는다.

냄새가 나쁘면 먹지 않는다.

거칠게 썬 것은 먹지 않는다.

---

51 두성(斗星): 남두육성(南斗六星)과 북두성(北斗星)의 별칭.
52《대대례(大戴禮)》: 전한(前漢)의 대덕(戴德)이 역은 중국의 경서(經書). 주(周) 진(秦) 한(漢)대의 예설(禮說)을 모은 것.
53《論語》〈鄕党編〉

국이 없으면 먹지 않는다.

고기가 지나치게 많고, 밥과 맞지 않으면 먹지 않는다.

시간 외에는 먹지 않는다.

술만은 그 양이 아무리 많아도 좋지만 무례하면 안 된다.

가게에서 파는 술과 건육(乾肉, 脯)은 불결함으로 먹지 않는다.

일상식은 밥과 국이 한 조가 되고, 술을 마실 때는 포가 일반적인 술 안주였으며, 가게에서는 술과 포를 판다 하였다.

당시 주식과 부식에 있어서 보리밥은 양고기, 콩밥은 닭고기, 마씨 밥은 개고기, 조밥은 소고기, 기장밥은 돼지고기로 짜여져 있었다.[54] "밥과 맞지 않으면 먹지 않는다."는 말은, 밥 종류 별로 한 조가 되게끔 짜여진 고기를 먹는 것이 식사의 법도였다는 말이다.

밥을 먹을 때도 각종 밥의 종류 별로 고기를 달리 한 바와 같이, 술을 마실 때 가장 상등의 술안주는 소→양→개→돼지→생선의 순이었다. 국군(國君)은 소, 대부(大夫)는 양, 사(士)는 개 또는 돼지, 서민은 생선 식이다. 양고기는 진수성찬 때 먹는 것이었다.

송(宋)의 장군 화원(華元)은 출전 전야(前夜), 양을 죽여 병사들에게 성 찬을 먹게 하였다. 그러나 화원은 전차 담당자를 잊어버려 누락시켰 다. 원망에 찬 전차 담당자는 전투를 시작하기 바로 전 화원을 태운 채 로 적진에 들어갔다. 화원은 포로가 되었다.[55]

---

54 《禮記》〈月令〉
55 篠田統, 《中國食物史》, 柴田書店, 1998, p32.

4) 전국(戰國), 진(秦), 한(漢)의 탁주문화

전국시대를 지나 한(漢)대에 이르기까지, 여전히 점액질이 적어 신속하게 맑아지는 기장술이 상등의 술로 여겨져 〈효건주징(肴乾酒澄)〉이란 말이 유행하였다. 포는 술안주로 먹고 술은 맑게 해서 마셨다. 왕족을 포함하는 귀족층이 마시는 술은 여전히 탁주였다. 몇 시간 놓아두어 술찌게미[糟]를 침전시켜 위가 맑아지면 마셨다. 물론 쌀로 만든 도주 (稻酒)도 있었다.

떡누룩인 병국(餠麴)시대

1) 전한(前漢)에서의 병국 전개

밀은 서남아시아의 〈비옥한 삼일월(三日月, 초생달)〉 지대에서 B.C 7000년 경 재배화되었다. 밀은 오래된 역사를 지닌 작물이다. 현재 세계에서 재배되고 있는 밀의 70%가 빵밀(제빵용)이고, 나머지가 마카로니밀이다.

황하유역에 전래된 실용적 밀은 빵밀이며 동시에 맷돌을 이용하는 제분기술도 전해졌다. 물론 중앙아시아를 경유하여 B.C 2000년 경에 전파된 적도 있었지만 그 밀은 대단히 작은 종자인 〈고대의 밀〉이다. 빵밀과는 달라 식물사(食物史)적인 면에서는 무시해도 좋다 한다.[56]

빵밀과 동시에 제분기술이 전래된 시기는 전국시대 말 경이라고는 하나 본격적인 도입은 Silkroad를 경유하여 온 전한(前漢) 시대이다. 제분기술이 전래되기 전, 중국에는 곡물을 생대로 가루로 만드는 풍습은 없었다. 시루로 쪄 낸 곡물을 햇볕에 말려 건조한 후 대충 굵게 찧은 미수가루 구(糗, 미숫가루 "구"), 및 비(糒, 말린 밥 "비")는 있었지만, 보통은 조와 기장을 낱알 채로 쪄서 주식으로 먹었다.[57]

밀은 보리나 쌀과 달리 종자의 외벽이 단단하고 중심이 무르기 때문에 탈각(脫殼) 및 정백을 위하여 조금이라도 압력을 가하면 곧 부셔진다. 따라서 밀을 이용하고 있는 지역은 일찍부터 분식(粉食)을 했고 또 그렇게 할 수 밖에 없었다.

밀가루를 면(麵)이라고 한다. 후세에 그 의미를 넓혀서 곡물가루 모두를 면이라 했다. 좁쌀가루도 기장가루도 모두 면이라 했다. 원래 분(粉)은 〈얼굴에 바르는〉것을 가리켜서, 밀이 도입되기 이전의 곡물로 만든 분은 식품이 아니라 화장품으로 사용되고 있었다.[58] 다시 말하면 밀의 전래와 함께 분식기술을 알았던 전한 말 이후 분식하는 습관이 형성되고 나서 어느 시기 쯤부터 비로서 중국에서는 밀을 생대로 갈아 그 가루를 단단하게 반죽하여 곰팡이를 생기게 한, 병국을 사용하는 술 제조법이 주류를 이루게 된다. 그래서 《제민요술》시대에는 술제조에 100% 병국을 쓰기에 이른다.

밀가루분식 습관이 완전히 정착한 시대에 가사협(賈思勰)이 530-

56 篠田統, 《中國食物史》, 柴田書店, 1998, p53.
57 김상보, 《한국의 음식생활문화사》, 광문각, 1997, p211.
58 篠田統, 《中國食物史》, 柴田書店, 1998, p54: 《說文解字》

550년 경에 저술한 《제민요술(齊民要術)》에 열거된 30여종의 술에 사용된 누룩은, 주로 밀을 원료로 하여 날것으로 혹은 볶아서 혹은 찐 밀을 가루로 만들어 혼합하여 만든 병국이다.

밀과 대두콩을 낱알 채 그대로 쪄서 곰팡이를 입힌 산국(撒麴)은 황의(黃衣)라 불렸고, 이것은 오로지 맥장(麥醬)과 시(豉) 등의 장 제조에 사용되었다. 입식(粒食)으로부터 분식(粉食)으로의 식습관 변혁이 양주에 불가결한 누룩 형태를 변화시켰다고 말할 수 있다.[59] 이러한 현상은 널리 퍼져 있었던 듯 동위(東魏)도 술 제조에는 병국을, 장 제조에는 산국을 가려서 사용하였다.[60]

어쨌든 빵밀과 제분기술이 남방의 해상 경유가 아니라, 북방의 Silkroad에 의하여 한(漢) 땅에 전해져, 분식은 북방에서 먼저 정착했다. 분식은 맷돌을 돌리는 노예에 의하여 갈아진 밀가루가 그 재료가 되었기 때문에[61] 곱게 분쇄하든 거칠게 분쇄하든 밀가루는 사치품이었으므로 거칠게 갈아서 만든 밀누룩 병국도 사치한 재료였음에는 틀림이 없다.

술과는 연관이 없지만 장 제조용 누룩도 술 제조용 누룩과 상당한 연관성이 있기 때문에 잠깐 주제를 바꾸어 살펴보도록 한다.

현재 우리가 알고 있는 된장 누룩인 병국 '메주'는 술 제조용 병국이 탄생하고 나서 출현한 것으로 필자는 판단하고 있다. 그러니까 '메주'

59 김상보, 《한국의 음식생활문화사》, 광문각, 1997, p211.
60 김상보, 《한국의 음식생활문화사》, 광문각, 1997, pp213~214.
61 篠田統, 《中國食物史》, 柴田書店, 1998, p56.

가 등장하기 이전에는 찌거나 삶아낸 콩에 곰팡이를 발효시킨 흩임누룩 산국이었을 것으로 생각되기 때문에, 술 양조 때 starter로서 산국에서 시작하여 병국으로 진행 된 것과 같은 이치이다.

대두콩으로 만든 흩임누룩 산국을 시(豉)라고 한다. 시는 지금의 청국장류이다. 문헌상으로 시 제조법의 초출은 후한(後漢) 때에 허신(許愼)이 찬한《설문해자(說文解字)》이다. 여기에서 시는 배염유숙(配鹽幽菽)이라 했다.[62] 콩을 어두운 곳에서 발효시켜 소금을 합한 것이 배염유숙이고, 배염유숙한 것을 건조시킨 것이 함시(鹹豉)이다.

후한(後漢, 25-220) 시대에 들어와《설문해자》외에《한서(漢書)》,《석명(釋名)》,《광아(廣雅)》,《논형(論衡)》등의 책들이 등장하는데 반고(班固)가 대성한《한서》에서는 '얼국염시천합(糱麴鹽豉千合)'이라 했다.[63] 얼, 국, 염시가 1000홉이라는 내용이다. 또 왕충(王充)이 지은《논형》에서는 시는 콩만을 가지고 만든다 했다.[64]

이상의 문헌에서 보이는 시(豉)는 콩 만으로 만들 되 주로 소금을 합하여 만든 염시(塩豉, 함시)가 주류를 이루었던 것 같다. 염시는 사유(史游)가 편찬한《급취편(急就篇)》에서도 등장한다.[65] 약용으로 쓸 경우에는 소금을 넣지 않는 담시(淡豉)도 있었다.

중국에 콩 재배가 보급되고 나서 언제부터 시가 만들어지게 되었는지는 지금으로서는 분명하지 않다. 다만 한(漢) 대에는 시를 만들어 조

---

62 《說文解字》
63 《漢書》: 중국의 전한(前漢) 고조(高祖)에서 왕망(王莽)까지 229년 간의 역사를 기록한 책.
64 《論衡》: 중국 후한의 왕충(王充)이 지은 책.
65 《急就篇》: 중국 한나라의 사유(史游)가 편찬한 자서(字書).

미료로서 즐겼다는 사실이다. 그런데 유희(劉熙)가 지은《석명(釋名)》의 〈석음식(釋飮食)〉에서 "시(豉)는 시(嗜, 즐길 시)이다. 오미를 조화하는데 시를 쓰면 그 맛을 즐길 수 있다. 따라서 제(齊)나라 사람들은 嗜와 같은 음인 豉를 쓴다"하여[66] 시가 어디에서 왔고 역사가 어느 정도 되는지를 암시하는 글을 밝히고 있다.

제(齊)나라는 산동성 일대를 영토로 하여 존속했던 나라이다. 15대 왕 환공((재위 685-643 B.C)이 만주 남부지방에 있던 산융(山戎)을 정복하여 콩을 가져와서 융숙(戎菽)이란 이름을 붙였다 했는데, 이 나라의 시가 중국 전역으로 보급되어 豉란 이름으로 고착되었다는 이야기이다. 그런데 그 시는 즐길 嗜에서 와서, 제나라 사람들이 조미료로서 즐겨먹은 데에서 생긴 명칭이라는 것이다. 이를 근거로 한다면 중국에서의 시 역사는 춘추시대로 거슬러 올라간다.

전한(前漢)시대에 시는 이미 상당히 인기가 있어 전문업자가 만들어 판매하였다. 사마천(司馬遷)이 지은《사기(史記)》〈화식전(貨殖傳)〉에는 "큰 도읍에서 1년 동안 시를 판매하는데 그 이윤이 많을 때는 5/10이고 적을 때는 3/10이 된다. 다른 잡업(雜業)의 이윤은 2/10가 되지 않으니 시를 제조하는 자가 어찌 부자가 되지 않겠는가?" 하였다.[67]

후한이 망하고 삼국시대에 이르러서 조조(曹操)[68]의 아들 조비(曹丕)는

66《釋名》: 후한의 유희(劉熙)가 지은 책.

67《史記》: 한(漢) 나라 사마천(司馬遷)이 지은 책. 한 무제(武帝)까지의 역대 왕조의 사적(史跡)을 기술함.

68 曹操: 중국 삼국시대 위(魏)나라의 왕. 후한 말기에 황건의 난을 평정하고 동탁(董卓)을 죽인 후 실권을 장악. 208년에 호북적벽(湖北赤壁)에서 유비(劉備)와 손권(孫權) 연합군에게 대패함. 219년 위왕(魏王)에 오르고 화북(華北)을 지배함(154-220).

황제가 된 후, 문명(文名)이 높은 아우 조식(曹植)을 처형하고자 했다. 그는 아우에게 일곱 걸음을 걸을 동안에 시(詩) 한 수를 지으면 용서한다 하였다. 조식이 지은 〈칠보시(七步詩)〉에는 다음의 내용이 등장한다.[69]

> 콩를 삶아 이것으로 국을 끓이고
> 콩으로 만든 시(豉)로 조미한다.
> 콩을 삶는데 콩깍지를 태우니
> 솥 속의 콩이 운다.
> 다 같이 같은 뿌리에서 생겼는데
> 서로 삶기 무엇 그리 급할소냐.

그러니까 빵밀과 제분기술이 전래된 한 대(漢代) 이전, 술 양조나 장 양조 모두 starter로서 산국을 사용했지만 한대 이후 술 양조에는 병국을, 장 양조에는 여전히 산국을 starter로서 사용했다는 이야기이다.

2) 《제민요술(齊民要術)》의 술과 안주

(1) 개요

위(魏)의 조조(曹操), 촉한(蜀漢)의 유비(劉備), 오(吳)의 손권(孫權) 시대가 가고, 중국 땅에 육조(六朝) 시대가 열린다. 남북조(南北朝)시대라고

---

69 이성우, 《한국식품문화사》, 교문사, 1995, p148 인용.

도 불린다. 남북조란 서진(西晉), 동진(東晉), 송(宋), 제(齊), 양(梁), 진(陳)의 육왕조(六王朝)이다. 이 시기 《신농본초경(神農本草經)》을 비롯하여 많은 음식 책이 출간된다. 후술할 《제민요술(齊民要術)》에서 인용한 《식경(食經)》도 육조시대의 작품이지만 오늘날 전해지고 있지 않다.

서진이 망하고 나서 서로 공격하고 멸망하는 136년 동안 이어진 오호십육국(五胡十六國)의 혼란은 439년 북위(北魏, 386-534)에 의하여 통일된다. 이후 북조(北朝)는 100년 정도의 안정기를 거치지만, 북위 534년에 동서로 갈라지고, 동위(東魏, 534-550)는 북제(北齊, 550-577)가 된다. 그러나 북제와 서위(534-556) 모두는 북주(北周)에 패망되었다.

북위 때인 5세기 중반부터 6세기 초에 걸쳐 남조(南朝)에서는 송(宋), 제(齊), 양(梁) 왕조가 교대됨에 따라 왕족 살해가 계속되어, 송 최후의 왕 순제(順帝)는 "다음 생은 국왕 가문에 태어나고 싶지 않다"고 탄식할 정도였다. 뿐 만 아니라 중신을 포함한 귀족층에서도 살해되는 숫자가 엄청났다. 그 때문에 귀족층은 난을 피하여 북으로 북으로 피난하였다.

북위는 효문제(孝文帝) 때 평성(平成, 만리장성 밖으로 大同부근)에서 낙양(洛陽)으로 수도를 옮긴 이후 한인(漢人) 문화를 대거 흡수하였다. 태화(太和) 18년(494) 제(齊)나라의 명족이었던 왕숙(王肅)이 난을 피하여 귀화 했다. 그는 항상 붕어로 만든 국을 먹고 명(茗)[70]을 마셨음으로 낙양 사람들은 그를 루두(漏斗)라 불렀다.

---

70 茗: 탕(湯)에 차잎[茶葉]을 넣어 만든 죽과 같은 형태의 음료. 일종의 다갱(茶羹). 이 다갱은 "一飮一斗"했다 한다.

몇 년이 지난 후 효문제는 양고기와 락(酪)으로 베푸는 연회에 왕숙을 초대하였다. 효문제가 그에게 羊과 魚, 茗과 酪은 어떻게 다른가 라고 물었다. 그가 답하기를

양고기는 육지에서 생산되는 최고의 음식[最]이고
물고기는 물에서 나는 으뜸 음식[長]입니다
나라로 치면 양고기는 큰 나라이지만 물고기는 작은 나라입니다.
茗飮은 酪에 비하면 노예입니다.

라고 하였다.[71]

북방의 주식 곡물은 기장과 좁쌀이고, 남방의 주식 곡물은 쌀이었던 시절에, 북방은 酪을, 남방은 茗을 마셨으며, 부식으로 북방은 양고기, 남방은 잉어나 붕어 같은 민물고기를 먹었다는 이야기이다.

남과 북의 음식문화 교류는 이렇듯 서서히 전개되어, 《제민요술》이 쓰였던 당시 상당한 교류의 진전이 이루어져서 남조는 북조음식을, 북조는 남조음식을 귀하게 여겨 남조 송(宋)시대에는 종묘제사에 면(麵) 제품을 올렸고, 제(齊) 무제는 조부 제사에서 만두를 올렸다. 북조에서는 자(鮓, 식해)를 가장 맛있는 음식 1위로 삼았다.[72]

《제민요술》의 저자 가사협(賈思勰)이 산동(山東) 고양(高陽)에 발령을 받아 안착한 시기는 북위말(北魏末)에 가까운 6세기 초엽이다. 그는 반

---

71 篠田統, 《中國食物史》, 柴田書店, 1998, p62.
72 篠田統, 《中國食物史》, 柴田書店, 1998, p64.

전통주 인문학

복되는 전쟁 때문에 황폐해진 임지를 부흥시킬 의지로 책을 썼다.[73] 그것이 530년 경에 나온《제민요술》이다. 목차는 다음과 같다.

1~3권, 농업

4~5권, 원예

6권, 축산

7~9권, 농산물 가공

10권, 외국산 품종

이중 7~9권에 등장하는 농산물 가공 부분을 발췌해서 소개한다.[74]

(2) 누룩[麴]

① 신국(神麴)

㉠ 보리병국(麥麴) 1

蒸炒生各一斛炒麥黃莫焦生麥擇治甚令精好種各別磨欲細磨訖合和
之七月取甲寅日使童子
汲水二十斛...團麴當日使訖
其房欲得板戶密泥途之勿令風入至七日開當處翻之還令泥戶至二七日
聚麴澤令塗戶莫使風
入至三七日出之盛著甕中塗頭至四七日穿孔繩貫日中曝欲得使乾然

---

73 篠田統,《中國食物史》, 柴田書店, 1998, p73.
74《齊民要術》

後內之其麴餅手團二寸

半厚九分

　찐 것, 볶은 것, 생 것 각각 1곡(약 10말) 씩 사용한다. 보리를 볶을 때에는 황색이 되도록 볶고 태워서는 안된다. 날보리는 좋은 것으로 선택하여 깨끗이 손질한다. 각각은 따로따로 곱게 간다. 끝나면 합하여 섞는다. 7월 갑인일에 동자로 하여금 물 20곡(약 200말)을 긷도록 한다.... 단자로 만드는 병국은 당일에 마치게 한다.

　병국 넣는 방은 판자로 만든다. 문은 진흙을 발라 밀봉한다. 절대로 바람이 들어가서는 안 된다. 7일이 되면 열어서 그 자리에서 뒤집은 다음 문은 다시 원래대로 진흙을 발라 봉한다. 14일 째에 문을 열어서 누룩을 모아 놓고 다시 원래대로 진흙을 발라 봉하여 바람이 들어가지 않도록 한다. 21일 째에 꺼내어 항아리에 담고 주둥이를 봉한다. 28일 째가 되면 꺼내어 병국에 구멍을 뚫어 노끈으로 꿰어서 햇빛에 말린다. 좋은 누룩을 얻고자 하면 바싹 말려서 넣어 둔다. 손으로 단자를 만들 때 병국 크기는 지름이 2½치이고 두께가 9푼이다.

Ⓛ 보리병국[麥麴] 2

其麥蒸炒生三種齊等與前同.....麥三種合和細磨之七月上寅日作麴溲
欲剛擣欲紛
細作熟餅用圓鐵範令經五寸厚一寸五分扵平板上令壯士熟踏之以杙
刺作孔淨掃東向開戶

屋布麴餠於地閉塞窓戶密泥縫隙勿令通風滿七日翻之二七日聚之皆
還密泥三七日出外日
中曝令燥麴成矣任意擧閣亦不用甕盛者則麴烏腸烏腸者遶孔黑
爛...此麴一斗殺米三石

보리는 찐 것, 볶은 것, 생 것 3종류를 같은 양으로 하여 보리병
국 1 만드는 법과 같이한다...보리 3종을 합하여 곱게 간다. 7월 상
인일에 누룩을 만든다. 곱게 빻아, 아주 되게 반죽하여 지름 5치
두께 1치 5푼 되는 둥근 철형틀을 평평한 판자 위에 놓고 반죽을
담는다. 힘센 남자가 잘 디뎌 밟아 병국을 만든다.

이것에 꼬챙이를 꽂아 구멍을 뚫는다.

동쪽으로 문이 있는 방을 깨끗이 청소하여 병국을 바닥에 깐다.
창문을 꼭 닫고 진흙으로 틈새를 단단히 발라 바람이 절대로 통하
지 않게 한다. 만 7일에 뒤집는다. 14일 째에 창문을 열고 모은다.
문을 다시 진흙으로 틈새를 단단히 바른다. 21일 째에 꺼내서 햇볕
에 바싹 말리면 병국이 완성된 것이다. 다락에 올리는 일은 임의대
로 한다. 그러나 항아리에 담지는 않는다. 병국이 오장(五腸)이 되
기 때문이다. 오장이란 것은 구멍 주위가 검어지고 무르다는 것이
다...이 누룩 1말로 米 6말을 삭힐 수 있다.

ⓒ 보리병국[麥麴] 3

以七月上寅日...麥多少分爲三分蒸炒二分正等其生者一分一石上加一
斗半各細磨和之溲

時微令剛足手熟揉爲佳使童男小兒餅之廣三寸厚二寸須西廂東向開戶

屋中淨掃地地上布

麴十字立巷令通人行四角各造麴奴一枚訖泥戶勿令泄氣七日開戶翻

麴還塞戶二七日聚又

塞之三七日出之作酒時治麴如常法細剉爲佳

　7월 상인일에 만든다...보리를 3등분한다. 볶은 것, 찐 것은 똑같
이 나누고 생 것은 나눈 것이 1섬이라면 1⅓말을 더한다. 각각 곱
게 갈아 화합한다.

　반죽할 때에는 조금 되게 하고 발과 손으로 충분히 비벼준다. 어
린 남자 아이가 만들도록 한다. 병국의 크기는 지름 3치 두께 2치
로 한다. 집이 서쪽에 있되 동쪽으로 문이 향해있는 방을 사용한
다. 방안을 깨끗이 청소하고 바닥 위에 병국을 널어놓는다. 십자로
길을 만들어 사람이 다닐 수 있게 한다. 네 길 모퉁이에 국노(麴奴)
를 만들어 1장씩 놓아둔다. 끝나면 진흙으로 문을 발라 절대로 기
가 새지 않도록 한다. 7일 만에 문을 열어 누룩을 뒤집는다. 다시
문을 진흙으로 막는다. 14일 째에 모으고 또 다시 문을 막는다. 21
일 째에 꺼낸다. 술을 빚을 때 누룩 다루는 법은 일반 방법과 같다.
곱게 가루로 만드는 것이 좋다.

ⓔ 밀병국[小麥餅麴] 4

以七月中旬已前作麴爲上時...大率小麥生炒蒸三種等分曝蒸者令乾

三種合和碓臼市淨

簸擇細磨羅取麩更重磨唯細爲良麤則不好刮胡莫葉煮三沸湯待冷接

取清者溲麴以相着爲限

代都欲小剛勿令太澤擣令司團使止亦不必滿千杵以手團之大小厚薄

如蒸餠劑令下微涅涅

刺作孔丈夫婦人皆團之不必須童男

其屋...令淨掃地布麴餠於地上作行伍勿令相逼當中十字通...布麴訖閉戶

密泥之勿使漏氣一七日開戶翻麴還着本處泥閉如初二七日聚之若止

三石麥麴者但作一聚

多則分爲兩聚泥閉如初三七日以麻繩穿之五十餠爲一貫懸着戶內開戶

勿令見日五日後出

着外許懸之晝日曬夜受露霜不須覆盖久停亦爾但不用被雨此麴得三

年停陳者彌好

7월 중순 이전에 국을 만들어야 가장 좋다...대체로 밀은 생 것, 볶은 것, 찐 것, 3종으로 등분한다. 찐 것은 햇볕에 바싹 말린다.

3종을 합하여 방아에 찧는다. 깨끗이 까불러서 곱게 갈아 발이 가는 고운 체로 쳐내고 다시 맷돌에 곱게 간다. 곱게 갈수록 좋다. 거칠게 갈면 좋지 않다. 호시잎(도꼬마리잎)을 썰어 물과 함께 충분히 끓인다. 차게 식혀서 맑은 액을 취하여 누룩에 넣고 반죽한다. 반죽은 서로 붙을 정도로 하고 약간 되게 한다. 절대로 질어 지면 안 된다. 찧어서 손으로 뭉칠 정도로 한다. 천 번이나 많이 찧을 필요는 없다. 크기와 두께는 증병 정도로 해서 손으로 뭉친다. 아래를 약간 불룩하게 만들어 아래에 꼬챙이로 찔러 구멍을 만든다. 장부, 부인 모두 뭉쳐 만든다. 반드시 사내아이일 필요는 없다.

방은…바닥을 깨끗이 청소하여 병국을 바닥 위에 줄을 맞추어 널어 둔다.

절대로 서로 닿아서는 안 된다. 중앙에 십자 길을 만들어 통행하도록 한다.

너는 것이 끝나면 문을 닫고 진흙으로 밀폐시켜 절대로 기가 새지 않도록 한다. 7일에 문을 열어 누룩을 뒤집고 다시 문을 닫아 진흙으로 밀폐시킨다. 14일 째에 모은다. 모을 때 누룩이 3섬 미만이면 한 무더기로 하고, 많으면 나누어 두 무더기로 한다. 모으고 나서 문을 처음과 같이 밀폐시킨다. 21일 째에 삼[麻]끈으로 꿰어 50개를 한 두름으로 해서 방안에 걸어둔다. 문을 열 때 절대로 햇빛에 노출되면 안 된다. 5일 후 꺼내어 밖에 널어 둔다. 낮에는 햇빛을 쪼이고 밤에는 이슬과 서리를 맞도록 한다. 덮개는 하지 않는다. 오래 두는 것도 그렇게 한다. 그러나 비를 맞아서는 안 된다. 이 누룩은 3년을 둘 수 있다. 오래 둘수록 좋다.

ⓜ 하동의 보리병국[河東神麴] 5

七月初治麥七日作麴七日未得作者七月二十日前亦得麥一石者六斗炒三斗蒸一斗生細磨

之桑葉五分蒼耳一分艾一分茱萸一分若無茱萸野蓼亦得用合煮取汁令如酒色漉去滓待冷

以和麴勿令太澤擣千杵餅如凡麴方範作之

7월 초 보리를 손질하여 7일에 누룩을 만든다. 7일에 만들지 못하면 7월 20일 전까지는 만들 수 있다. 보리가 1섬이면 6말은 볶고 3말은 찌며, 1말은 생으로 하여 곱게 간다. 뽕잎 5푼, 도꼬마리잎 1푼, 쑥 1푼, 수유 1푼, 만약 수유가 없을 때는 들여뀌도 가능하다. 합하여 술 빛깔이 되도록 끓여 즙을 취한다. 찌끼는 걸러낸다. 식기를 기다렸다가 누룩에 합하여 버무린다. 절대로 질어서는 안 된다. 천 번 찧어 병국으로 만드는 것은 보통 누룩과 같다. 사각틀로 누룩을 디뎌낸다.

② 백료국(白醪麴)

밀병국〔황보이부가법 皇甫吏部家法〕
取小麥三石一石熬之一石蒸之一石生三等合和細磨作屑煮胡菓湯經宿
使冷和麥屑擣冷熟
踏作餠圓鐵作範經五寸厚一寸餘....七日翻二七日聚三七日收曝令乾作
麴屋密泥戶勿
令風入

밀 3섬을 취해 1섬은 볶고, 1섬은 찌고, 나머지 1섬은 생으로 쓴다. 이들을 같은 양으로 화합하여 곱게 갈아 가루로 만든다. 호시잎에 물을 합하여 끓여 밤새워 차게 식혔다가 밀가루에 섞어 찧는다. 둥근쇠로 지름 5치 두께 1치의 틀을 만들어, 틀에 담아 잘 밟아 덩어리로 만든다....7일 째 뒤집는다. 14일 째에 모은다. 21일 째에 꺼내어 햇볕에 바싹 말린다. 누룩방은 문을 진흙으로 단단히 봉하여 절대로 바람이 들어가지 않게 한다.

③ 분국(笨麴)

밀병국(진주의 춘주국 秦州[75]春酒麴)

七月作之....小麥...緩小微炒...候麥香黃便出不用過焦...磨不求細者
酒不斷麤剛

强難押...溲麴欲剛灑水欲均初溲時手溺不相著者佳溲訖聚置經宿
來晨熟擣作木範之令餅方一赤厚二寸使壯士熟踏之餅成刺作孔堅槌
布艾橡上臥麴餅艾上

以艾覆之大率下艾欲厚上艾梢薄密閉窓戶三七日麴成打破看餅內乾
燥五色衣成便出曝之

...反覆日曬令極乾然後高廚上積之此麴一斗殺米七斗

7월에 만든다. 밀을 약한 불에서 살짝 볶는다. 밀이 향기가 나고
누렇게 되면 꺼낸다. 지나치게 탄 것은 쓰면 안 된다... 곱게 갈지
않아도 된다. 고운 것은 술이 잘 걸러지지 않고 되어져서 짜기가
힘들다. 누룩반죽을 질지 않고 되게 하려면 처음 반죽 할 때 손으
로 비벼 서로 들러붙지 않을 정도로 한다. 끝나면 모아 밤새 재워
놓는다.

다음날 아침 잘 찧는다. 사방 1적(赤), 두께 2치 되게 나무틀을 만
들어, 이 속에 담아 힘센 남자가 잘 밟아 병국을 만든다. 구멍을 뚫

---

75 진주(秦州)는 사천(四川) 부근 지방.

는다. 시렁을 만들어 세워 서까래 위에 쑥을 편다. 쑥 위에 누룩을 놓힌 다음 또 쑥으로 덮는다. 대체로 아래 쑥은 두껍게 하고 윗 쑥은 약간 얇게 한다. 창문을 밀폐시킨다. 21일이면 완성된다. 깨트려 보아 덩어리 속이 마르고 오색의 곰팡이가 생겼으면 꺼내어 말린다.

...반복하여 햇빛에 바싹 말려 부엌의 높은 곳에 쌓아둔다. 이 누룩 1말로 쌀 7말을 삭힌다.

④ 대주백타국병방(大州白墮[76]麴餅方)

穀三石蒸雨石生一石別磑之令細然後合和之也桑葉胡莫葉艾各二赤

圍長二赤許合煮之使

爛去滓取汁以冷水和之如酒色和麴燥濕以意酌量日中擣三千六百杵訖

餠之安置暖屋牀上

先布麥稭厚二寸然後置麴上亦與稭二寸覆之

閉戶勿使露見風日一七日冷水濕手拭之令遍卽翻之至二七日一例側之

三七日籠之四七日

出置日中曝令乾作酒之法淨削刮去垢打碎末令乾燥十斤麴殺米一石

五斗

쌀 3섬 중 2섬은 찌고 1섬은 생으로 한다. 따로 따로 맷돌에 곱게 갈아 합한다. 뽕잎, 호시잎(도꼬마리잎), 쑥을 각각 둘레 2적(赤) 길

---

76 大州白墮: 大州는 지금의 사천(四川), 白墮는 사천에 살고 있었던 주조의 명인.

이 2적으로 잘라 물을 합하여 문드러지게 삶는다. 찌꺼기는 버리고 즙을 취한다. 냉수를 섞어 술 빚과 같이 만든다.

이 액을 쌀가루에 축축할 정도로 섞는다. 낮에 3600번 찧어 덩어리로 만든다음 따뜻한 방의 평상 위에 놓는다. 먼저 보리속짚을 두께 2치 되게 편 다음 그 위에 병국을 올려놓고 또 보리속짚 두께를 2치로 하여 덮는다.

문을 닫고 절대로 바람과 햇볕에 노출되지 않도록 한다. 7일 째 되는 날 냉수로 손을 닦고 곧 뒤집어 놓는다. 14일 째에 옆으로 일열로 세운다. 21일 째에 광주리에 담는다. 28일 째에 꺼내어 햇빛에 바싹 말린다.

술 빚을 때 병국의 겉은 깎아서 버리고 깨끗하게 한 후 부수어 가루로 만들어 말린다. 10근의 누룩으로 쌀 1섬 5말을 삭힌다.

신국은 보리 또는 밀을 재료로 하여, 볶은 것, 찐 것, 생 것을 고운 가루로 만들어 합하고 되게 반죽하여 이것을 일정한 크기의 틀에 넣어 발로 밟아 디디거나 단자로 만들어 띄운 것이다. 총 5종에서 4종이 보리병국, 1종이 밀병국이다(〈표 3〉).

보리병국 1은 보리를 삼등분하여 1/3은 찌고, 1/3은 볶고, 1/3은 생것 그대로 곱게 가루로 만들어 물을 넣고 되게 반죽한 것을 지름 7.5cm, 두께 2.7cm 정도 크기의 단자로 빚어서 28일 째 되는날 꺼내어 햇빛에 말린다.

보리병국 2는 역시 보리를 삼등분하여 1/3은 찌고, 1/3은 볶고, 1/3은 생것 그대로 곱게 가루로 만들어 물을 넣고 되게 반죽하여 지름

전통주 인문학

15cm, 두께 4.5cm 정도 되는 원형틀에 넣고 발로 밟아 디뎌낸 것을 누룩방에 널어 21일 만에 꺼내서 햇빛에 말린 것이다.

보리병국 1과 보리병국 2의 차이는 전자는 단자로 빚은 것이고 후자는 틀에 담아 디뎌낸 것이며, 전자는 숙성기간이 28일, 후자는 숙성기간이 21일이다. 후자 쪽이 병국의 크기가 2배 정도 크다.

보리병국 3은 삼등분한 보리를 찌고 볶고 생것으로 하여 곱게 갈아 합하는데 , 다만 생것은 양을 15% 더 늘렸다. 이것에 물을 넣고 되게 반죽하여 지름 9cm, 두께 6cm 정도 되는 떡 형태로 빚어서 누룩방에 넣고 21일 동안 발효시킨 것이다. 누룩의 크기는 보리병국 2 보다 작고, 보리병국 1보다는 두께가 2배 정도 크다.

밀병국 4는 삼등분한 밀을 쪄서 말린 것, 볶은 것, 생것으로 하여 곱게 갈아 합하고, 차게 식힌 도꼬마리잎탕을 넣어 되게 반죽한 다음 증병 크기로 손으로 빚어서 누룩방에 넣고 21일 동안 숙성시킨 것이다.

보리병국 5는 하동지방의 신국이다. 6:3:1로 보리를 나누어 볶고 찌고 생것으로 하여 곱게 갈고, 차게 식힌 (뽕잎+도꼬마리잎+쑥+수유)탕을 넣고 되게 반죽하여 사각틀에 담아 디뎌낸 것을 누룩방에 넣고 21일 동안 숙성시킨 것이다.

도꼬마리는 창이(蒼耳)라고도 한다. 그 열매 창이자는 치통, 피부병, 비연(鼻淵) 등의 약재로 쓰인다. 엉거시과에 속하는 일년초이다. 과거 우리 조상들은 풍습(風濕)을 없앤다하여 도꼬마리잎을 쌀가루에 섞어서 시루떡 창이병(蒼耳餠)을 만들어 먹었다.

뽕잎 상엽(桑葉)은 잘 알려진 바와 같이 한방에서 이뇨제 등으로 쓰이는 뽕나무잎이다.

[표 3] 신국(神麴)의 종류와 만드는 방법(《제민요술》)

누룩	재료		재료분량			가루상태	형태			숙성기간
	주재료	반죽용액체	찐것	볶은것	생것		지름	두께	모양	
보리병국1	보리	물	1	1	1	고운가루	2 ½치	9푼	단자	28
보리병국2	보리	물	1	1	1	고운가루	5치	1 ½치	원형(틀)디디기	21
보리병국3	보리	물	1	1	1.15	고운가루	3치	2치	원형의 병	21
밀병국4	밀	도꼬마리잎탕	1	1	1	고운가루			증병	21
보리병국5	보리	(뽕잎+도꼬마리잎+쑥+수유)탕	3	6	1	고운가루			사각형(틀)디디기	21

쑥 애(艾)는 잘 알려진 약재이다.

수유(茱萸)는 건위(健胃), 수렴(收斂) 등의 약재로 쓰인다. 따라서 하동신국(河東神麴)인 보리병국 5는 병국에 약효를 가미시켜 약주를 만들기 위하여 의도적으로 약초를 넣고 병국을 만든 것이라고 볼 수 있다.

이러한 관점에서 본다면 밀병국 4에서 도꼬마리잎을 넣고 만든 것도 같은 이유에서 출발했을 것이다.

다음 백료국을 보자(〈표 4〉).

백료(白醪)란 빛갈이 뽀얗고 맛이 좋은 술이라는 뜻이다. 백료국은 이

[표 4] 백료국(白醪麴) 밀병국 만드는 방법(《제민요술》)

누룩	재료		재료분량			가루상태	형태			숙성기간
	주재료	반죽용액체	찐것	볶은것	생것		지름	두께	모양	
밀병국	밀	도꼬마리잎탕	1	1	1	고운가루	5치	1치	원형(틀)디디기	21

러한 술을 만드는데 쓰는 누룩을 의미한다. 필자의 소견으로는 신국의 밀병국 4와 별로 다르지 않다. 다만 병국의 모양과 크기에서 차이가 나는데 신국의 밀병국 4는 증병 크기, 백료국의 밀병국은 지름 15cm 정도 두께 3cm 정도의 원형틀을 사용하여 디뎌낸 차이 밖에 없다. 이들 국은 어찌되었든 양자강유역의 누룩제조 기술을 채택한 것이다.

분국(笨麴)에서 笨이란 '투박할 분'이니, 분국은 투박하게(거칠게) 가루를 만들어서 병국으로 만들었다는 뜻이다. 분국 밀병국은 살짝 볶은 밀을 100%로 하여 거칠게 갈아 되게 반죽하여 사각형 나무틀에 담아 발로 밟아 디뎌낸 것을 쑥 사이에 넣고 21일 동안 발효시킨 것이다. 현재 한국에서 쓰는 병국은 바로 이 분국 밀병국류계이다. 다만 한국은 밀을 볶지 않고 생대로 쓰는 것이 다르다(〈표 5〉).

[표 5] 분국(笨麴) 밀병국 만드는 방법(《제민요술》)

누룩	재료		재료분량			가루상태	형태			숙성기간
	주재료	반죽용액체	찐것	볶은것	생것		사방	두께	모양	
밀병국	밀	물	×	1	×	거친가루	1척(赤)	2치	사각형(틀)디디기	21

그런데 이 분국을 〈진주춘주국법〉이라 했다. 진주(秦州)는 사천(四川) 부근의 지방이기 때문에 강남의 병국이다. 《제민요술》 시절 강남에서도 밀로 만든 병국을 술의 starter로서 사용하고 있었다는 것을 알려준다.

대주백타국방병법(大州白墮麴方餠法)에서 대주는 지금의 사천(四川)이다. 사천의 백타란 사람이 만들던 유명한 병국 제조법을 《제민요술》에서 소개한 것이다. 사천은 도작(稻作)지대이기 때문에 곡(穀)이란 쌀을

[표 6] 대주(大州)의 백타병국(白墮餠麴) 만드는 방법(《제민요술》)

누룩	재료		재료분량			가루 상태	형태			숙성 기간
	주재료	반죽용액체	찐것	볶은것	생것		지름	두께	모양	
쌀병국	쌀	(뽕잎+도꼬마리 잎+쑥)탕	2	×	1	고운가루	·	·	단자	28

가리킨다. 따라서 이 병국은 쌀누룩이다(〈표 6〉). 이 누룩의 뿌리는 양
자강 주변 도작지대에서 만들던 초국(草麴)으로 보인다. 분말로 만든
쌀가루에 식물잎을 혼합하여 단자 모양으로 만들어서 곰팡이를 번식
시킨, 소위 주약(酒藥) 계열이 아닐까 한다.

떡누룩인 병국(餠麴). 빵밀과 제분기술이 전래된 한 대(漢代) 이전에는 술 양조나 장 양조 모두 starter
로서 산국을 사용했다. 한 대 이후 술 양조에는 병국, 장 양조에는 여전히 산국을 starter로서 사용했다.

이 백타병국과 비슷한 것이 우리의 이화주국(梨花酒麴)이다. 백타병국은 찐쌀과 생쌀을 2:1로 해서 합하여 가루로 만들고, 이 속에 쑥탕 등을 넣고 반죽해서 발효했다면, 이화주국은 생쌀로 가루를 만들어 오리알 크기로 빚어서 쑥꾸러미에 1개씩 넣어 발효시키고 있다.

(3) 술(酒)

① 신국(神麴)으로 빚은 술

  ㉠ 출서미주(秫黍米酒), 차조와 기장으로 빚은 술이다. 누룩물을 만든 다음 밥을 지어 차게 식혀 합하는데 4번 덧술 한다.

  ㉡ 나미주(糯米酒), 찹쌀로 빚은 술이다. 누룩물에 찐 찹쌀밥을 합하는데 3번 덧술 한다.

  ㉢ 서미주(黍米酒) 1, 기장으로 빚은 술이다. 누룩물에 밥을 지어 차게 식혀 합하여 밑술하고 3번 덧술 한다.

  ㉣ 서미주 2, 기장으로 빚은 술이다. 누룩물에 밥을 지어 합하고 2번 덧술 한다.

  ㉤ 서미주 3, 기장으로 빚은 술이다. 누룩물에 지은밥과 찐밥을 반반으로 하여 합해서 밑술하고, 6~9번 덧술 한다.

  ㉥ 갱미료주(粳米醪酒), 멥쌀로 빚은 탁주이다. 누룩물에 밥을 지어 밑술하고 2번 덧술 한다.

  ㉦ 청국주(淸麴酒), 기장으로 빚은 술이다. 누룩물에 밥을 지어 밑술 하고, 6번 덧술 한다.

② 백료국(白醪麴)으로 빚은 술

  ㉠ 백료주, 찹쌀로 빚은 술이다. 누룩물에 밥을 지어 합하여 단양주로 만든 탁

주 계열이다.

③ 분국(笨麴)으로 빚은 술

ⓐ 춘주(春酒), 기장으로 빚은 술이다. 누룩물에 밥을 지어 넣고 밑술을 만든다. 7번 덧술 한다.

ⓑ 하동이백주(河東頤白酒), 기장으로 빚은 술이다. 누룩물에 밥을 지어 합하여 밑술하고 1번 덧술 한다.

ⓒ 상락주(桑落酒), 뽕잎이 떨어질 때 담그는 술이다. 기장으로 빚은 술이다. 누룩물에 쪄낸 밥을 넣어 밑술하고 6번 덧술 한다. 단 덧술 6회일 경우에 앞의 3회는 쪄낸 밥, 뒤의 3회는 뜸들인 밥으로 한다.

ⓓ 《식경》의 백료주, 차조로 빚은 탁주 계열이다. 누룩물에 쪄낸 밥을 넣어 빚는다.

ⓔ 촉인도주(蜀人酴酒), 쌀로 빚은 술이다. 누룩물에 밥을 지어 넣고 단양주로 만드는 탁주 계열이다.

ⓕ 양미주(粱米酒), 차조로 빚은 술이다. 누룩물에 묽은 차조죽을 넣어 밑술을 만들고 쪄낸 차조로 3번 덧술 한다.

ⓖ 제미주(穄米酎), 기장으로 빚은 술이다. 기장을 가루로 만든다. 일부는 죽을 쑤어 누룩물을 합하고 여기에 가루로 쪄낸 기장떡을 합하여 단양주로 만든다.

ⓗ 서미주(黍米酎), 기장으로 빚은 술이다. (밥+누룩가루)로 빚어 단양주로 만든다.

ⓘ 속미주(粟米酒) 1, 차조로 빚은 술이다. 쪄낸 밥에 누룩 물을 합하여 밑술하고 4번 덧술 한다.

ⓙ 속미주 2, 차조로 빚은 술이다. 쪄낸 밥에 누룩 물을 합하여 밑술하고 덧술을 하는데 덧술 횟수는 제한이 없다.

ⓒ 속미노주(粟米爐酒), 차조로 빚은 술이다. 밥을 지어 춘주국가루를 합하여 단
양주로 만든다.

ⓔ 위무제가 마신 구온주[魏武帝上九醞法]: 기장으로 빚은 술이다. 누룩물에
밥을 지어 합하여 밑술하고 9번 덧술 한다. 청주도 즐기지만 탁주로도 마실
수 있다.

ⓜ 침약주(浸藥酒), 기장으로 빚어 오가피 등의 약을 넣고 침출시킨 술이다. 누
룩물에 기장밥으로 빚는데 하루에 한번 씩 7번 덧술하여 술을 빚어서 약재
를 넣어 침출시킨다.

ⓗ 박물지호초주(博物志胡椒酒), 건생강 1냥, 후추 70알을 가루로 만들고, 안석
류(安石榴) 5개의 즙을 짜서, 이들을 춘주 5되에 합하여 마신다. 몸을 따뜻하
게 하고 기를 내리는 술이다.

ⓐ 화주(和酒), 후추 60알, 건생강 1푼, 정향 1푼, 필발(畢撥, 필발의 열매로 온중溫
中 하기下氣의 약재로 쓰임) 6매를 가루로 만들어 비단주머니에 담아 술 1말에
넣는다. 하룻밤 지나 꿀 1되를 합한다.

ⓑ 백료주, 누룩물에 기장밥을 합하여 빚은 술이다. 밑술에 덧술 한다.

ⓒ 동미명주(冬米明酒), 멥쌀로 빚은 술이다. 쌀가루에 끓는 물을 부어 죽을 만
들어 누룩가루를 합하여 3일 동안 삭힌 다음 밥을 지어 덧술 하는데 누룩,
쌀밥, 물을 합한다.

ⓓ 하미명주(夏米明酒), 차조로 빚은 술이다. 누룩물에 밥을 합하여 밑술하고
다시 밥을 넣고 덧술하여 이틀 후에 마신다.

ⓔ 낭릉하공의 하봉청주(郞陵何公夏封淸酒), 기장으로 빚은 술이다. (누룩가루
+밥+물)로 단양주법으로 만든다.

ⓕ 유학주(俞虐柱), 차조로 빚은 술이다. 밥을 지어 누룩물을 합하여 단양주법

으로 만든다.

ⓐ 영주(酃酒), 차조로 빚은 술이다. 영은 호남성 형양현리 령호의 물을 가리킨
것으로 영주란 이 물을 사용하여 차조로 빚은 술이다. 밥을 지어 누룩물에
합하여 단양주법으로 만든다. 연잎과 대나무껍질로 덮어 술에 향기가 나도
록 한다.

ⓞ 하계명주(夏鷄鳴酒), 차조로 빚은 술이다. 죽을 만들어 누룩가루와 합하여
물을 더한다. 오늘 만들면 내일 아침 닭이 울 때 익으므로 하계명주라 한다.

ⓩ 선주(楢酒), 기장으로 빚는 술이다. 발효시킨 선잎[楢葉]과 꽃을 끓여 그 액
과 밥 및 누룩가루와 합하여 밑술하고 하룻밤 지나 밥을 넣어 덧술 한다.

ⓩ 가이주(柯柂酒), 차조로 빚은 술이다. 밥을 지어 누룩물을 합하여 단양주법
으로 만든다.

ⓣ 서미법주(黍米法酒) 기장으로 빚은 술이다. 밥을 지어 7일 동안 삭힌 누룩물
을 합하여 밑술하고, 덧술은 2회 이상 계속 할 수 있다. 보통은 청주로 마시
지만 탁주로 마셔도 좋다.

ⓣ 당량법주(當梁法酒), 들보[當梁] 밑에 술독을 놓기 때문에 당량법주라 한다.
(기장밥+누룩가루+물)로 밑술하고 덧술을 2회 이상 계속 할 수 있다.

ⓟ 갱미법주(秔米法酒), 멥쌀로 빚은 술이다. 찹쌀이면 더욱 좋다. (밥+누룩가
루+물)로 밑술하고 3번 덧술 한다. 청주로 마시지만 탁주로도 마신다.

ⓗ 《식경》의 7월 7일에 빚는 법주[食經七月七日作法酒], 기장으로 빚은 술이
다. 한섬의 누룩과 한섬의 기장으로 단양주법으로 만든다.

ⓐ′ 법주(法酒), 기장으로 빚은 술이다. (기장밥+볶은누룩가루+물)로 밑술하고 2
번 덧술 한다.

ⓒ′ 삼구주(三九酒), 기장으로 빚은 술이다. 3월 3일에 술을 빚고 9일 만에 덧

전통주 인문학

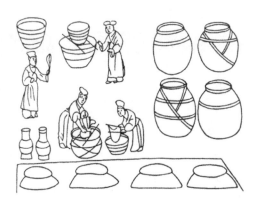

[그림 1] 술 거르는 모습(후한, 〈화상석〉, 산동성)

술을 함으로 삼구주라 한다. (기장밥+볶은누룩가루+물)로 밑술하고 9일 만에 덧술한 후 3일 만에 다시 한 번 덧술하고 그 후 3일 만에 덧술 한다.

④ 백타국으로 빚은 술

㉠ 상락주(桑落酒), 기장으로 빚은 술이다. 기장밥에 누룩물을 합하여 밑술하고 2번 덧술 한다.

이상 거의 대부분 물누룩[水麴]을 starter로 해서 양주하는 신국으로 빚은 술 7종, 백료국으로 빚은 술 1종, 분국으로 빚은 술 30종, 백타국으로 빚은 술 1종을 검토해 보았다. 분국(거칠게 간 밀로 만든 국)으로 빚은 술이 압도적으로 많다는 것은 《제민요술》 당시 분국이 보통의 양주 starter로서 사용되었음을 의미한다.

총 39종의 술에서 단양주법이 12종, 중양주법이 27종이니, alcohol

[표 7] 신국으로 빚은 술(《제민요술》)

술종류	곡류	양조법	덧술횟수	곡류다루기
출서미주	차조 기장	중양주법	4	밥
나미주	찹쌀	중양주법	3	지에밥
서미주1	기장	중양주법	3	밥
서미주2	기장	중양주법	2	밥
서미주3	기장	중양주법	6~9	밥과 지에밥
갱미료주	맵쌀	중양주법	2	밥
청국주	기장	중양주법	3	밥

※ 발효 starter는 물누룩[水麴] 사용

도수를 높이기 위하여 중양주법을 선호했다. 따라서 alcohol 도수를 높이기 위한 중양의 횟수도 4회 이상 하는 것이 대부분이고, 2~3회로 그치는 중양주는 소수에 불과하다.

술을 빚는 곡류의 재료는 기장이 압도적으로 많아서, 기장으로 빚은 술이 22종, 차조로 빚은 술이 10종, 맵쌀로 빚은 술이 4종, 찹쌀로 빚은 술이 2종, 차조와 기장을 합하여 빚은 술이 1종이다. 이러한 사실로 미루어보면 기장으로 빚은 술의 선호에 대한 역사는 은대(殷代)는 제외하고라도《제민요술》시대까지 1500년 이상이 된다.

한가지 밝혀야 될 사실은《제민요술》원문에 기술된 미(米)에 대한 해석이다. 오늘날 米하면 쌀로 해석되고 있으나《제민요술》이 쓰여질 당시만 해도 米는 오곡의 인(仁) 즉 오곡의 열매를 가리켰다.

따라서 원문의 米는 앞 뒤 문맥을 잘 살펴 그것이 기장을 가리키는지 좁쌀을 가리키는지 판단이 요구되는데, 〈표 7-10〉에 나타난 곡류

전통주 인문학

[표 8] 백료국으로 빚은 술(《제민요술》)

술종류	곡류	양조법	덧술횟수	곡류다루기
백료주	찹쌀	단양주법	.	밥

※ 발효 starter는 물누룩[水麴] 사용

는 앞뒤 문맥을 잘 살펴 번역한 결과물 이라는 것을 밝힌다.

분국으로 빚은 술에서 〈침약주〉, 〈박물지호초주〉, 〈화주〉는 약으로 마시는 술 소위 약주(藥酒) 계열이다. 일단 분국을 starter로 하여 중양 주법으로 술을 빚고나서 오가피, 건생강, 후추, 정향, 필발 등을 넣어 침출시키고 있다. 이러한 계열의 술은 현재 한반도에서도 채택하여 약 주로 마시고 있다.

쌀로 빚은 술이 적다고 하는 것은, 아직 화북(華北)에서는 쌀이 보편 화되지 못했음도 관련이 있어 보인다. 쌀은 원래 양자강 주변의 작물 로서 화북은 은(殷)대부터 후한(後漢)까지도 차조와 더불어 진수성찬에 속했다. 삼국(三國, 魏, 吳, 蜀)이 되자 오(吳)나라와 촉(蜀)나라 모두는 강 남(江南)에 나라를 열었기 때문에 쌀을 비롯한 양자강 주변 작물이 급 격히 화북으로 알려졌다. 또한 화북은 전쟁으로 많은 땅이 황폐화되어 사람들은 남방으로 이주하여 쌀식을 하기에 이른다.

화북 사람들이 쌀을 보통으로 접하게 된 시기는 삼국시대 이후의 일 이기는 하나 500년을 전후해서도 화북은 여전히 쌀을 기장과 좁쌀 보 다는 귀한 곡물로 여겨 오곡의 범주에도 들어 있지 않았다.

이러한 각도에서 본다면 멥쌀과 찹쌀로 양주한 신국으로 빚은 〈갱미 료주〉, 백료국으로 빚은 〈백료주〉, 분국으로 빚은 〈촉인도주〉 〈동미명

[표 9] 분국으로 빚은 술(《제민요술》)

술종류	곡류	양조법	덧술 횟수	곡류 다루기	약재	발효 starter
춘주	기장	중양주법	7	밥		누룩물(수국)
하동이백주	기장	중양주법	1	밥		누룩물
상락주	기장	중양주법	6	지에밥		누룩물
백료주	기장	중양주법	1	밥		누룩물
《식경》 백료주	차조	단양주법	.	지에밥		누룩물
촉인도주	맵쌀	단양주법	.	밥		누룩물
양미주	차조	중양주법	3	묽은죽, 지에밥		누룩물
제미주	기장	단양주법	.	죽, 떡		누룩물
서미주	기장	단양주법	.	밥		누룩가루
속미주 1	차조	중양주법	4	지에밥		누룩물
속미주 2	차조	중양주법	7	지에밥		누룩물
속미노주	차조	단양주법	.	밥		누룩가루
구온주	기장	중양주법	9	밥		누룩물
침약주	기장	중양주법, 침출주법	7		오가피침출	
박물지호초주	기장	중양주법, 침출주법	7		건생강, 후추 안석류	
화주	기장	중양주법, 침출주법	7		건생강, 후추, 정향, 필발	
동미명주	맵쌀	중양주법	1	죽, 밥		누룩가루
하미명주	차조	중양주법	1	밥		누룩물
유학주	차조	단양주법	.	밥		누룩물
영주	차조	단양주법	.	밥		누룩물
하계명주	차조	단양주법		죽		누룩가루
선주	기장	중양주법	1	밥	선잎과 꽃즙	누룩가루
가이주	차조	단양주법	.	밥		누룩물
하봉청주	기장	단양주법	.	밥		누룩가루
당량법주	기장	중양주법	2회 이상	밥		누룩가루
갱미법주	맵쌀	중양주법	3	밥		누룩가루
《식경》 법주	기장	단양주법	.	밥		
법주	기장	중양주법	2	밥		누룩가루
삼구주	기장	중양주법	3	밥		누룩가루
서미법주	기장	중양주법	2회 이상	밥		누룩물

[표 10] 백타국으로 빚은 술(《제민요술》)

술종류	곡류	양조법	덧술횟수	곡류다루기	발효 starter
상락주	기장	중양주법	2	밥	누룩물

주〉〈갱미법주〉는 양자강 주변에서 빚었던 술 제조법을 인용했을 가능성이 있다. 〈촉인도주〉와 〈갱미법주〉에 대한 원문을 자세히 들여다보자.

촉인의 도주〔蜀人作酴酒〕
十二月朝取流水五斗漬小麥麴二斤密泥封至正月二月凍釋發漉去滓但取汁三斗殺米三
斗炊作飯調强軟合和復密封數十日便熟合滓餐之甘辛滑如甛酒味不能醉人多喍溫溫小
煖而面熱也

12월 아침에 흐르는 물 5말을 취한다. 이것에 밀누룩 2근을 넣고 진흙으로 단단히 봉하여 1월, 2월에 이르기까지 둔다. 얼음이 녹으면 발효함으로 찌꺼기를 걸러 버리고 즙 3말을 취한다. 쌀 3말을 물에 불려 삭힌 다음 된 정도가 적당한 밥을 지어서 누룩즙을 화합하여 밀봉한다. 수 십일이 지나면 쉽게 익는다. 찌꺼기와 합하여 마신다. 달면서도 쓴 것이 첨주(甛酒)맛 같이 매끄럽다. 쉽게 취하지 않는다. 사람이 많이 마시면 따뜻하고 또 따뜻하여 약간 후끈거려서 얼굴에 열이 난다.

갱미법주(秔米法酒)

糯米大佳三月三日取井花水三斗三升絹篩麴末三斗三升秔米三斗三升
稻米佳無者早稻米
亦得充事再鎦弱炊攤令小冷先下水麴然後殿飯七日更殿用米六斗六
升二七日更殿用米一
石三斗二升三七日更殿用米二石六斗四升乃止量酒備足便止

찹쌀이면 더욱 좋다. 3월 3일에 정화수 3말 3되를 취한다. 누룩가루 3
말 3되를 깁체에 내린다. 멥쌀 3말 3되(좋은 멥쌀이 없으면 올벼미도 좋다)
로 뜸들여 밥을 지어 펼쳐 널어 약간 식힌다.
먼저 물에 깁체에서 내린 누룩가루를 넣고 다음 밥을 넣는다.
7일 후에 다시 쌀 6말 6되로 밥을 지어 덧술 한다.
14일 후에 다시 쌀 1섬 3말 2되로 밥을 지어 덧술 한다.
21일 후에 다시 쌀 2섬 6말 4되로 밥을 지어 덧술 한다.

촉인(蜀人)이란 중국 양자강 상류의 사천을 중심하여 살던 사람을 가
리킨다. 삼국시대 때 사천(四川)을 중심으로 하여 유비가 세운 나라가
촉(蜀, 221-263)이기 때문에 蜀人作酴酒라 했다. 도(酴)란 '술밑 도'임으
로 도주는 주모(酒母)의 성격을 가진 술이란 뜻이다.
쌀 3말로 밥을 지어 밀누룩즙 3말을 합하여 단양주법으로 숙성시킨 술
이니 그 농도는 상당히 된 상태의 걸쭉한 술로서, 마신다기 보다는 떠서
먹는 술에 가깝다. 유비가 다스리던 때 쌀누룩으로 빚어 마셨던 사천에
서도 화북의 밀누룩병국을 양조의 starter로서 사용했다는 이야기이다.

전통주 인문학

법주란 법대로 정확하게 빚은 술을 가리킨다. 통상은 멥쌀로 담그지만 찹쌀이면 더욱 좋다 했다. 밑술 1번, 덧술 3번으로 담그는데, 현재 우리나라의 〈백일주〉에 가까운 술이다. 100일 후에 술을 쓰면 alcohol 도수가 꽤 높고 맑은 상등의 술이 될 것이다.

촉인의 도주이든, 갱미법주이든 3이란 숫자를 중시하여 담근 술이다. 3월 3일은 삼짇날로 알려져 있지만, 원래 양자강 중 하류의 세시풍속이었던 것이 전해져 우리도 세시풍속의 하나가 되었다. 종름(宗懍, 498-565)이 지은 초국(楚國, 704-202 B.C)의 《형초세시기(荊楚歲時記)》를 보면 3월 3일 맑은 물에 술잔을 띄워 곡수지음(曲水之飮, 일명 곡수연曲水宴)을 하고 꿀을 넣고 시루떡[屑米餠]을 만들어 먹어 계절병을 누른다 했다.[77]

다음 역시 사천에서 만들던 백타국(쌀가루로 만든 병국인 초국草麴)으로 빚은 술을 보도록 한다.

상락주(桑落酒)
大州白墮麴末一斗熟米二斗其米令精細淨淘水淸爲度用熟水一斗限三酘便止漬麴候麴
向發便酘行得失時勿令小児人狗食黍作春酒以令水漬麴餘各同冬酒

백타국가루 1말에 익힌 기장 2말로 한다. 기장은 물이 맑아질 때 까지 깨끗이 씻는다. 끓인물 1말을 쓴다. 3번 빚는다. 누룩을 물에 담갔다가

77 宗懍, 《荊楚歲時記》

괴기 시작하면 덧빚는다. 때를 놓쳐서는 안된다. 어린이나 개가 절대로 기장밥을 먹게 해서는 안된다.

춘주는 누룩을 냉수에 담근다. 그밖에는 겨울에 담그는 양주법과 같다.

술빚을 때 쓰는 백타국가루는 원래 숙성시킨 병국단자의 겉을 깎아버린 다음 가루로 만들어 말린 것이다. 기장밥 대신 멥쌀가루로 죽을 만들어 넣어 빚으면 《수운잡방》의 이화주가 되지 않을까 한다. 다만 상락주는 중양주이고 이화주는 단양주인 점이 다르다.

(4) 안주

술안주와 밥반찬에 대하여 명확히 구분한다는 것은 사실 어려운 문제이다. 앞서 〈공식대부례〉에서도 술안주와 밥반찬이 혼용되어 있었음을 언급하였다. 다만 술안주 쪽이 밥반찬 보다 진수성찬에 가깝다. 《제민요술》에 기술된 음식 중, 필자는 발효조미료(장, 초, 시), 소금 등 양념을 제외한 부분을 술안주 범위에 넣고 간략하게 기술한다.

① 식해(食醢) 자(鮓)류

어자(魚鮓), 과자(裹鮓), 포자(蒲鮓), 장사포자(長沙蒲鮓), 건어자(乾魚鮓), 저육자(猪肉鮓)가 기술되어 있다.

　㉠ 어자: 저며서 소금에 절인 잉어 등의 선어(鮮魚, 싱싱한 생선)를 돌로 눌러 밤새도록 물기를 완전히 뺀 다음, (소금간한 밥+수유+귤피+좋은 술)을 더하여 항아리에 담아 익힌다.

ⓛ 과자: 연잎에 담아 익힌 어자이다.

ⓒ 포자: 저며서 소금에 절여 물기 뺀 잉어에 소금 간한 밥을 합하여 익힌다.

ⓔ 장사포자: 통째로 소금에 절인 큰 선어에 소금간한 밥을 합하여 익힌다.

ⓜ 건어자: 말린 생선을 물에 불려 건져서 사방 4치 크기로 잘라 밥을 합하여 한달 정도 익힌다. 술안주, 밥반찬에 모두 좋다.

ⓗ 저육자: 삶아 익힌 어린 돼지고기를 저며서 소금간한 밥과 수유열매를 합하여 한 달 정도 익힌다. 지져서도 먹고 구워서도 먹는다.

후한(後漢)에서 부터 삼국(三國)시대의 화북(華北)에서는 빵밀이 제분기술과 결합하여 분식(粉食)이 널리 보급되고, 동시에 화남(華南)의 쌀이 점차로 주식으로서 중요한 위치를 점하게 된다. 양자강 주변에서 벼농사와 함께 전개된 자(鮓, 식해) 역시 한인(漢人) 사이에 보편화 되어 《제민요술》에 기술되기에 이른다.

100년 경 허신(許愼)이 쓴 《설문해자(說文解字)》에는 자(鮓)를 기(鮨)의 속어(俗語)라 하여 鮓와 鮨는 같음을 설명하였다.

기(鮨)는 어(魚)의 젓갈이다.

사천성(四川省)에서 나온다.

속(俗)으로 자(鮓)라고 쓴다.[78]

후한 말에 유희(劉熙)가 쓴 《석명(釋名)》을 보니

78 許愼, 《說文解字》

자(鮓)는 소금 절임이다.

소금과 쌀로 어(魚)를 발효시킨 소금 절임류이며 익으면 먹는다.[79]

하였다. 이상의 두 권의 문헌에서 우리가 식해(食醢)라 부르는 《제민요술》에서 등장하는 자(鮓)의 위치가 분명해진다. 자는 사천에서 나오고 원래는 기(鮨)인데 세간에서는 자(鮓)라고 했으며, 생선에 소금과 밥을 넣어 발효시킨 음식이다.

호북성(湖北省)의 식해가 낙양(洛陽)으로 운반되고 있었던 후한(後漢) 때, 식해는 아직 상당히 귀한 진수성찬으로 간주되고 있었다. 육조(六朝)시대가 되자 식해는 화북 대부분의 지역으로 널리 퍼져,[80] 가사협은 《제민요술》을 통하여 진수성찬에 속하지만 널리 퍼져 애식되고 있었던 식해를 소개한 것이다.

한반도에로의 식해 전래는 춘추(春秋)시대 양자강 하류 남부를 중심으로 패권을 자랑했던 월(越, B.C 334년에 초楚나라에 멸망)로부터 전래되었다고 보기 때문에,[81] 《제민요술》이 쓰여졌을 당시 한반도에는 이미 상당히 보급되어 있었을 것이다.

② 어포(魚脯)와 육포(肉脯)류

오미포(五味脯) 1, 오미포 2, 도하백포(度夏白脯), 첨엽포(甛䐑脯), 예어포(鱧魚脯), 취포(脆脯), 읍어(浥魚)가 기술되어 있다.

---

79 劉熙,《釋名》
80 篠田統,《中國食物史》, 柴田書店, 1998, p65.
81 김상보,《한식의 道를 담다》, 와이즈북, 2017, p37.

㉠ 오미포 1: 소, 양, 노루, 사슴, 멧돼지, 집돼지의 고기를 결에 따라 길고 좁고 넓적하게 저민다. 끓여낸 소와 양의 뼛국물에 알맞게 소금간을 한 시(豉), 곱게 다진 총백(蔥白, 파의 흰뿌리)과 생강, 후추와 귤피가루를 합한다. 이것에 앞서의 고기를 넣고 주물러 말린다. 이런 방법으로 말린 것에 속하는 포류는 편포(片脯), 조포(條脯), 촉포(瘃脯)가 있다. 편포는 조포 보다 잘게 저며 3일 동안 즙에 재웠다 꺼내어 말린 것이고, 조포는 길게 저민 고기를 맛이 들 때 까지 재웠다 꺼내어 끈으로 꿰어 딱딱해질 때까지 그늘에서 말린 것이며, 섣달(음력 12월)에 말린 조포가 촉포이다.

㉡ 오미포 2: 섣달 초에 만든다. 거위, 기러기, 닭, 집오리, 왜가리, 넉새, 능애오리, 꿩, 토끼, 집비둘기, 메추리 등이 재료가 된다. 각각의 재료는 통채로 내장과 기름을 없애고 깨끗이 한다. 소나 양의 뼈와 고기로 고아서 국물을 만들어 시를 넣고 간을 하는데, 오미포 1과 같은 법으로 만든 다음, 이 국물에 4~5일 동안 고기를 담가서 맛이 들게한 후 발 위에 넣어 그늘에서 말린다. 먹을 때는 불에 구워서 먹는다. 닭, 꿩, 메추리 등은 내장 만 제거하고 가슴을 열어서는 안 된다.

㉢ 도하백포: 냉수에 담가 주물러 피를 뺀 소, 양, 노루, 사슴의 편육(片으로 썬 고기)을 소금과 후춧가루를 푼 물에 담가 이틀 밤동안 재워서 건져 내어 그늘에서 말린다. 어린 염소도 통째로 이 방법대로 하여 말린다.

㉣ 첨업포: 섣달에 잡은 노루나 사슴고기를 손바닥 두께 만큼씩 져며서 그늘에서 말린다.

㉤ 예어포: 음력 11월 초부터 12월 말까지 잡은 가물치의 비늘을 없앤다. 입에서 꼬리까지 막대기를 찔러 넣고, 소금을 극히 짜게 푼 미지근한 물에 생강과 후춧가루를 충분히 넣어 휘저어, 이 물을 가물치의 입으로 가득 차도록 흘려 넣

는다. 대꼬치로 10마리 씩 눈을 꿰어서 주둥이가 위로 오게 하여 북쪽 처마 밑에 걸어 말린다. 겨울 내내 얼기와 마르기가 반복되어 2월에서 3월이면 완성된다. 완성된 것은 배를 갈라 내장을 꺼내 버리고 초에 담갔다가 먹는다. 또 짚으로 싸서 진흙을 발라 잿불 속에서 구워 먹는데 밥반찬도 되고 술안주도 진미이다.

ⓑ 취포: 생선을 제외한 육류 전부로 만들 수 있다. 섣달 초 끓는 물에 거품을 제거하면서 삶아 익힌 다음 발 위에 널어 그늘에서 말린다.

ⓐ 읍어: 메기를 제외한 모든 생선으로 만든다. 아가미를 없애고 비늘은 남겨둔 채 배를 갈라 펴서 깨끗이 씻고 소금을 뿌린다. 2마리씩 배 쪽을 마주 포개어 비린즙액이 빠지도록 하고 독에 담아 밀봉하여 살이 붉게 될 때까지 숙성시킨다. 먹을 때 소금을 씻어내고 끓이거나 찌거나 굽는다.

기장으로 빚은 술이 상등의 술로 여겨지던 시절에는 술안주로서 가장 각광을 받았던 것이 육포(肉脯)였다. 그래서 효건주징(肴乾酒澄)이란 말이 생겨났음은 이미 기술한 바 있다.

《주례(周禮)》《예기(禮記)》《의례(儀禮)》가 증보되어 나왔던 삼례(三禮)의 시대 때에 천자(天子)라 해도 공식적인 연회에서는 냉식(冷食)이 제공 되어 술안주 효(肴)의 중심은 포(脯), 수(脩), 석(腊), 수(鱐)이었다.[82] 얇게 두껍게[脯], 길이로 길게 [脩], 통째로 말린 작은 동물[腊], 말린 생선[鱐]으로 구분하였는데, 양념에 관해서는 구체적인 것이 남겨져 있지 않아 불분명하다. 다만 수(脩)는 《의례》에 의하면 생강과 계피 등

---

82 篠田統, 《中國食物史》, 柴田書店, 1998, p27.

전통주 인문학

────── [그림 2] 포(脯), 석(腊)을 만드는 모습(후한, 〈화상석〉, 요녕성) ──────

[그림 3] 화덕 위에서 육류와 어류를 훈연하여 말리는 모습(후한, 〈화상석〉, 산동성)

을 섞어 조미한 육포로 알려져 있다.[83] 시(豉)라는 조미료가 보급됨에

─────────────

[83] 《儀禮》: 김상보, 《조선왕조 혼례연향 음식문화》, 신광출판사, 2003, p257.

따라《제민요술》은 포를 만들 때 육즙에 소금간한 시를 넣어 소스를 만들어, 이 즙액에 육포감을 담갔다가 말리는 방법을 채택하고 있다.

오미포와 도하백포는 생육고기를 말린 것이고 취포는 익힌 육고기를 말린 것이며, 예어포는 생선으로 말린 건어류, 읍어는 숙성시킨 염장어이다.

③ 탕(湯)류

우자산확(芋子酸臛), 압확(鴨臛), 별확(鼈臛), 양제확(羊蹄臛), 토확(兔臛), 예어확(鱧魚臛), 이어확(鯉魚臛), 저제산갱(猪蹄酸羹), 산갱(酸羹), 호갱(胡羹), 호마갱(胡麻羹), 호엽갱(瓠葉羹), 계갱(鷄羹), 순가압갱(筍笴鴨羹), 순갱(蒪羹) 1, 순갱 2, 초저아압갱(醋菹鵝鴨羹), 고균어갱(菰菌魚羹), 순어갱(筍魚羹), 예어탕(鱧魚湯), 타확탕(鮀臛湯), 폐손(肺䐃), 양반장자곡(羊盤腸雌斛), 양절해(羊節解), 강자(羌煮), 검첩(腅臘), 참담(槧淡), 손신(損腎), 난숙(爛熟)이 기술되어 있다.

⊙ 우자산확: 토란인 우자(芋子)와 식초인 산(酸)이 특별 재료가 되어 끓인 확이다. 삶아 익힌 돼지고기와 양고기에 쪄낸 토란과 총백을 넣고 끓이고, 멥쌀, 소금, 시즙(豉汁), 식초, 생강을 넣어 조미하여 끓인다.

⊙ 압확: 집오리인 압(鴨)이 주재료가 된 확이다. 술을 넣고 삶은 집오리와 양고기에 쪄낸 토란과 파를 넣고 끓이다가 좁쌀[米], 시즙, 생강, 귤피, 목란(木蘭)을 넣어 조미하여 끓인다.

⊙ 별확: 자라인 별(鼈)로 끓인 확이다. 자라를 통째로 삶아서 등딱지와 내장을 제거하고 양고기, 파, 시, 멥쌀, 생강, 목란, 술을 넣고 끓인다. 자라는 소금과

식초로 조미한다.

㉣ 양제확: 양의 족 양제(羊蹄)가 주재료가 된 확이다. 무르게 삶은 양족(羊足)에 양고기를 넣고 끓이고, 좁쌀, 파, 시즙, 생강, 귤피를 넣어 조미하여 끓인다.

㉤ 토확: 토끼인 토(兎)로 끓인 확이다. 대추 크기로 자른 토끼고기에 물을 넣고 끓이다가 술, 목란, 파, 좁쌀, 염시, 식초를 넣어 조미한다.

㉥ 예어확: 가물치인 예어(鱧魚)로 끓인 확이다. 1자 크기의 커다란 가물치를 끓는물에 튀하여 비늘을 제거한 다음, 어슷어슷 썰어서 시즙과 갈은 좁쌀[米]즙을 합하여 끓인다. 익으면 소금, 생강, 귤피, 산초가루, 술을 넣어 조미한다.

㉦ 이어확: 잉어 이어(鯉魚)로 끓인 확이다.

㉧ 저제산갱: 돼지족인 저제(猪蹄)와 식초인 산(酸)을 넣고 끓인 갱이다. 뼈를 추려 낸 무르게 삶은 돼지족에 파, 시즙, 식초, 소금을 넣어 조미하여 끓인다.

㉨ 산갱: 삶은 양창자에 엿, 박잎, 파, 달래, 밀가루 ,시즙, 생강, 귤피를 넣어 조미하여 끓인다.

㉩ 호갱: 양고기와 양갈비로 끓인 갱이다. 양갈비와 양고기를 삶아서 갈비는 건져내고 파, 고수, 안석류즙을 넣어 조미하여 끓인다.

㉠ 호마갱: 참깨[胡麻]즙에 파, 좁쌀[米]을 넣고 끓인다.

㉡ 호엽갱: 박잎인 호엽(瓠葉)에 양고기를 합하여 끓인 갱이다. 양고기를 삶아 박잎, 파, 염시를 넣어 조미하여 끓인다.

㉤ 계갱: 닭[鷄]으로 끓인 갱이다. 뼈를 발라낸 닭고기는 썰고, 뼈는 푹삶아 건져내어 국국물로 쓴다. 국물에 고기, 파, 대추를 넣고 끓인다.

㉭ 순가압갱: 죽순인 순가(筍笴)와 집오리[鴨]로 끓인 갱이다. 저며 썬 집오리고기에 소금물에서 삶아낸 죽순, 달래밑둥, 총백, 시즙을 넣고 다시 끓인다.

㉠′ 순갱 1: 순채 순(蓴)으로 끓인 갱이다. 생선회를 먹을 때 곁들인다. 4~6월

의 순채를 통째로 뜨거운 물에서 데쳐내고, 별도로 시즙을 넣고 끓인 것에 순채를 넣는다. 한소끔 끓으면 거품을 건져내고 꺼낸다.

ⓒ′ 순갱 2: 순채에 가물치를 넣고 끓인 갱이다. 순채가 끓으면 2치 길이로 자른 가물치나 뱅어를 넣고 끓인다. 함시로 조미한다.

ⓒ′ 초저아압갱: 초절임야채 초저(醋菹)에 거위(鵝)나 집오리 [鴨]를 넣고 끓인 갱이다. 사방 1치 크기로 자른 거위나 집오리고기를 볶다가 시즙과 좁쌀즙, 잘게 썬 초절임채소, 소금을 넣어 조미하여 끓인다.

ⓔ′ 고균어갱: 버섯 고균(菇菌)에 생선[魚]을 합하여 끓인 갱이다. 끓는물에 데 쳐낸 버섯에 물을 붓고 끓이다가 1치 길이로 자른 생선을 넣고 끓인다. 파와 시로 조미한다.

ⓜ′ 순어갱: 죽순 순(筍)에 생선[魚]을 합하여 끓인 갱이다. 끓는 물에 데쳐낸 죽순을 가늘게 채쳐서 물을 더하여 끓인다. 펄펄 끓을 때 생선을 넣고 염시로 조미한다.

[그림 4] 부엌에서 도마질하는 모습(후한, 〈화상석〉, 산동성)

전통주 인문학

ⓑ´ 예어탕: 가물치에 물, 시즙, 멥쌀가루를 넣고 끓인다. 익으면 소금, 생강, 후추, 귤피, 쌀가루를 넣어 조미하여 한소큼 끓인다.

ⓢ´ 타확탕: 모래무지를 뜨거운 물에 튀하여 뱃 속의 내장을 꺼내고 깨끗이 씻어서 1치 길이로 잘라 볶은 다음, 맑은 시즙을 넣고 끓이다가 파, 생강, 귤피, 호근, 달래, 소금, 초로 조미한다.

ⓞ´ 폐손: 삶아 낸 양의 폐를 잘게 썰어서, 양고기국에 합하여 멥쌀, 생강을 넣고 끓인다.

ⓩ´ 양반장자곡: 깨끗이 처리한 양의 장(소장과 대장) 속에 양피, 잘게 썬 양, 겨드랑이에 붙은 지방, 생강, 귤피, 후춧가루, 두장청(豆醬淸), 시즙, 밀가루, 좁쌀을 합하여 만든 소를 넣고 채운다. 이것을 쪄서 익혀 1치 크기로 썰어 초장[苦酒醬]에 찍어 먹는다.

ⓒ´ 양절해: 양의 위에 좁쌀[米]과 파를 넣고 반쯤 익혀 삶아 건진다. 집오리고기, 양고기, 돼지고기를 썰어서 확을 만들어서 꿀로 달게 조미한 다음 익을 때 쯤 양의 위를 넣고 끓인다. 두소큼 끓으면 양피(羊皮)를 합하여 끓인다.

ⓚ´ 강자: 사슴머리를 푹 삶아 물에 씻어서 잘게 썰어 놓는다. 잘게 썬 돼지고기로 확을 만들고 총백, 생강, 귤피, 후추, 염시, 식초로 조미하여, 사슴머리고기를 넣고 한소끔 끓인다.

ⓣ´ 검첨: 돼지의 소장과 대장을 3치 길이로 잘라 째서 벌려 썰어 볶고 물을 부어 끓이다가, 시청(豉淸), 좁쌀즙[米汁], 파, 생강, 후추, 호근, 달래, 겨자, 소금, 초, 마늘로 조미한다.

ⓟ´ 참담: 거위나 집오리를 삶아 고기만을 썰어 놓는다. 끓는 물에 목이버섯을 넣고 끓이다가 양고기와 오리고기를 넣고 끓이고 염시, 호근, 달래로 조미한다.

ⓔ′ 손신: 소나 양의 위를 썰어 염시를 넣고 끓이고 생강가루와 자소로 조미한다. 신(腎, 콩팥)도 같은 방법으로 한다.

ⓖ″ 난숙: 무르게 푹 익힌 고기를 건져 썰고, 고기 끓인 육즙에 파, 생강, 후추 귤피, 호근, 달래, 소금으로 조미한다.

확(膗)이란 일종의 곰국으로《의례》〈공식대부례〉에서는 경(脛, 소고기곰국), 훈(膗, 양고기곰국), 효(膮, 돼지고기곰국)가 가찬에서 올랐음은 이미 기술하였다. 이 경, 훈, 효는 100% 육류로 만든 곰국이다.《의례》의 이 고음(膏飲, 곰국)은 세월이 1500년 정도 흘러서 확으로 소개되어 7 종으로 나타나고 있다(〈표 11〉).

4종은 수조육류로 만든 확, 3종은 어류로 만든 확인데, 대부분은 주재료 부재료 모두 수조어육류이지만, 〈우자산확〉만은 토란이 주재료

[표 11] 확(膗)의 종류와 재료구성(《제민요술》)

음식명	주재료	부재료	양념										
			멥쌀	좁쌀	시(豉)	식초	소금	생강	술	파	귤피	목란	산초
우자 산확	토란	돼지고기, 양고기	○		○ (시즙)	○	○	○		○			
압확	집오리, 양고기	토란		○	○ (시즙)			○	○	○	○	○	
별확	자라	양고기	○		○		○	○		○			
양제확	양족	양고기		○ (좁쌀즙)	○ (시즙)			○		○	○		
토확	토끼고기			○	○ (염시)	○			○	○		○	
예어확	가물치			○	○ (시즙)		○	○			○		○
이어확	잉어			○									

이다. 조미는 거의 대부분 시(豉), 시즙, 염시(塩豉)가 대세를 이루면서 멥쌀이나 좁쌀을 넣고 끓여 걸쭉한 형태로 만들고 있다. 다만 필자는 멥쌀이라 기록 하지 않고 미(米)라고 한 부분은 좁쌀로 해석했기 때문에, 이 좁쌀 부분도 쌀일 가능성을 배제할 수 없다. 양념은 생강과 파가 주류를 이룬다. 식초, 소금, 술, 귤피, 목란, 산초도 양념이 되었다.

[표 12] 갱(羹)의 종류와 재료구성(《제민요술》)

음식명	주재료	부재료	좁쌀	시	식초	소금	생강	파	귤피	박잎	엿	달래	밀가루	고수	안석류즙	대추
저제산갱	돼지족			○(시즙)	○	○		○								
산갱	양창자			○(시즙)					○	○	○	○	○	○			
호갱	양고기	양갈비							○						○	○	
호마갱	참깨		○						○								
호엽갱	양고기			○(염시)					○			○					
계갱	닭								○								○
순가압갱	집오리	죽순		○(시즙)					○				○				
순갱 1	순채			○(시즙)					○								
순갱 2	순채	가물치나 뱅어		○(함시)					○								
초저아 압갱	거위나 집오리	초절임 채소	○(좁쌀즙)	○(시즙)		○										
고균 어갱	버섯	생선		○			○										
순어갱	죽순	생선		○(염시)		○											

〈공식내부례〉에는 대갱(大羹)을 읍(湆)이라 하여, 소고기맑은국을 가리켰고, 갱(羹)은 우형(牛鉶, 소고기에 콩잎을 넣고 끓인 국), 양형(羊鉶, 양고기에 씀바귀를 넣고 끓인 국), 시형(豕鉶, 돼지고기에 고비를 넣고 끓인 국)으로 나누고 있다.

[표 13] 탕(湯)의 종류와 재료구성(《제민요술》)

음식명	주재료	양념										
		멥쌀	시	식초	소금	생강	파	귤피	목란	후추	달래	호근
예어탕	가물치	○ (멥쌀가루)	○ (시즙)		○	○		○		○		
타확탕	모래무지		○ (시즙)	○	○	○	○	○			○	○

羹은 羔(양새끼 '고')와 美(아름다울 '미')가 합하여, 원 뜻은 양고기로 끓인 맛있는 국이다 라는 것을 함축한다. 그러니까 대갱이든 갱이든 육류가 주재료이되, 원래 대갱은 100% 육류, 갱은 육류에 채소를 섞은 국이다.

《제민요술》의 갱은 12종이다.

7종은 수조육류로 만든 갱이고, 4종은 채소로 만든 갱이며, 1종은 참깨로 만든 갱이다. 확과 마찬가지로 《의례》에서 보여 주는 형갱의 모습은 완전히 사라졌다. 오히려 현재 우리가 먹는 갱의 형태와 흡사하다.

확과 달리 갱은 멥쌀이나 좁쌀을 그다지 사용하지 않았다. 좁쌀[米]은 넣어도 좁쌀로 갈아 만든 습 정도를 넣는 것에 그치고 있다. 조미는 거의 대부분 확과 마찬가지로 시, 시즙, 염시로 하고 있으며 양념은 파를 많이 쓰고 있고, 식초, 소금, 생강, 귤피, 엿, 박잎, 달래, 고수, 대

132

[표 14] 기타 탕류의 재료구성(《제민요술》)

음식명	주재료	부재료	양념																	
			멥쌀	좁쌀	시	두장	소금	생강	식초	파	귤피	목란	후추	밀가루	꿀	호근	달래	겨자	마늘	자소
폐손	양의 폐	양고기	○					○												
양반장자곡	양의 장	양의 피, 양의 지방		○	○(시즙)	○(두장청)	○	○		○	○		○	○						
양절해	양의 위	집오리, 양고기, 양피(羊皮), 돼지 고기			○					○				○						
강자	사슴 머리	돼지 고기			○(염시)			○	○	○	○		○							
검첨	돼지의 장				○(좁쌀즙)	○(시청)	○	○	○				○				○	○	○	
참담	목이 버섯					○(염시)											○	○		
손신	소나 양의 위	거위나 집오리, 양고기				○(염시)				○										○
난숙	모든 육류	소나 양의 콩팥					○	○			○		○					○	○	

추, 밀가루 등이 맛을 내는데 쓰였다.

삼국(三國) 때의 위나라 사서로 서진(西晉)의 진수(陳壽)가 편찬한《위지(魏志)》에는 '탕(湯)이란 약을 달인 것'이라 했다. 시대는 한참 내려와서 원(元)대에 나온《거가필용(居家必用)》에서도 '국은 갱이고 탕은 약용이다'라 했다. 이로 미루어 보면 탕(湯)은 상당히 오랫동안 약용으로 쓰였음이 틀림이 없다. 그렇다면《제민요술》에 등장하는 2종의 탕은 식치(食治)에 쓰였을 가능성이 있다. 시즙으로 조미하는 이 2종은 전부

주재료가 어류인 가물치와 모래무지로 육류는 배제되었다.

〈표 14〉에서의 양반장자곡은 좁쌀밥에 밀가루와 양기름, 양의 피를 합해서 생강, 귤피, 후춧가루, 시즙, 두장액으로 양념하여 소를 만들고 이것을 양의 소장과 대장에 채워 넣어 쪄서 익힌 일종의 순대이다. 양 창자순대인 셈이다.

그 밖의 양의 폐로 만든 폐손, 사슴머리로 만든 강자, 돼지 장으로 만든 검첨, 목이버섯으로 만든 참담, 소나 양의 위로 만든 손신 등이 있는데 이들도 시즙과 염시로 조미했다.

이상 《제민요술》에 나타난 탕류 모두의 조미에는 대두콩으로 만든 시(豉)가 대세를 이루고 있음을 알았다. 함시(鹹豉)이든 담시(淡豉)이든 모두는 시(豉)계열이다.

앞서도 간단히 기술하였지만 《제민요술》이 나온 530년 경에도 여전히 화북과 화남의 음식문화는 구분되어 있었다. 북위 효장제(孝莊帝) 영안(永安) 2년(529), 남조의 양(梁) 무제(武帝)가 시중(侍中)인 남방(南方)의 명사 진경지(陳慶之)를 낙양으로 보냈다. 몇일 후 진경지가 아프자 낙양의 명사인 원신(元愼)이 방문하여 진경지가 먹던 음식을 열거하면서 위로하는 다음과 같은 말을 했다.[84]

줄과 피로 밥을 만들어 먹고
장(漿) 대신에 명(茗)을 마시며
순채국과 게[蟹]알을 먹는다.

84 篠田統, 《中國食物史》, 柴田書店, 1993, p62.

전통주 인문학

魚를 그물로 잡고 자라를 잡는다.

마름, 연근, 가시연밥을 먹으며

와갱(蛙羹, 개구리국)에 방확(蚌臛, 조개국)이라

이것이 진수성찬이다....

생선, 게, 개구리, 조개, 마름, 연근, 가시연밥, 순채, 줄, 피는 화남 사람들이 즐겨먹는 식재료이며, 북방의 음료는 장(漿)이고 남방의 음료는 명(茗)임을 분명히 하고 있다.

그렇다면 〈표 11〉의 예어확, 이어확, 〈표 12〉의 순갱 1, 순갱 2, 순어갱, 〈표 13〉의 예어탕, 타확탕은 남방의 탕문화를 받아들였을 가능성이 크다.

④ 찜[蒸]류

증웅(蒸熊), 웅증(熊蒸), 증순(蒸肫), 증계(蒸鷄). 증양(蒸羊), 증저두(蒸豬頭), 현숙(懸熟). 아증(鵝蒸), 과증(裹蒸), 모증어채(毛蒸魚菜), 증우(蒸藕), 부저육(缹[85]猪肉), 부돈(缹豚), 부아(缹鵝), 호포육(胡炮肉)이 기술되어 있다.

㉠ 증웅 1: 곰고기로 만든 찜이다. 익을 정도로만 삶은 곰고기를 맑은 시즙(豉汁)에 황적색이 될 때까지 하루밤 정도 담가둔다. 차조밥, 총백(파의 흰뿌리), 생강, 귤피, 소금에 곰고기를 합하여 시루에서 쪄낸다. 양, 어린돼지, 거위, 집

---

85 부(缹)란 부(缶)와 화(火)가 결합한 자(字)이다. 缶는 장군을 가리켜 장군에 음식을 담아 불에 올려놓아 익힌 것을 말한다. 여기서는 장군 대신에 동당(銅鐺)을 사용하고 있다. 동당은 정(鼎)에 속하는 양쪽에 손잡이 역할을 하는 귀가 달린 노구이다.

오리로 만드는 찜도 이와 같은 방법으로 한다.

ⓛ 웅증 2: 곰고기로 만든 찜이다. 토막 낸 곰고기를 익도록 쪄서 사방 2치 정도로 썰어 시즙을 넣고 끓여낸다. 차조, 염교, 귤피, 호근(胡芹), 달래, 소금, 쌀가루와 끓여낸 고기를 합하여 다시 쪄낸다.

ⓒ 증순: 정성스럽게 만든[肫] 찜요리라 증순이라 했다. 어린 돼지고기찜이다. 살찐 어린 돼지 1마리를 절반 정도로 삶아 익혀 시즙에 담가 둔다. 차조 1되를 진한 시즙에 황색이 될 때까지 담갔다가 밥으로 지은 후 이것에 다시 시즙을 붓는다. 1되의 생강과 4되의 총백, 귤피 1되와 모두 함께 섞어서 시루에 담아 쪄낸다. 양, 돼지, 거위도 이와같은 방법으로 한다.

ⓔ 증계: 닭고기찜이다. 살찐 닭 1마리와 돼지고기 1근에 총백, 소엽[蘇葉], 시즙, 소금을 합하여 쪄낸다.

ⓜ 증양: 양고기찜이다. 시즙을 넣고 버무린 잘게 썬 양고기에 총백을 합하여 쪄낸다.

ⓗ 증저두: 돼지머리고기찜이다. 끓는 물에 튀하여 돼지머리뼈를 발라낸 다음 잘게 썰어서 청주와 소금을 뿌려 쪄서 익힌다. 건강과 산초를 뿌려 먹는다.

ⓢ 현숙: 돼지고기찜이다. 썬 돼지고기에 총백, 생강, 귤피, 차조, 시즙을 합하여 쪄낸다.

ⓞ 아증: 거위고기찜이다. 만드는 방법은 증순과 같다.

ⓩ 과증: 생선찜이다. 사방 5치로 자른 생선을 시즙에 삶아서 차조와 합하여 증웅 1과 같은 방법으로 만든다.

ⓩ 모증어채: 생선찜이다. 뱅어나 방어를 사방 1치 또는 5~6치 되게 썰어 염시즙에 담갔다가 즉시 건져서 호근과 달래를 얹어서 찐다. 또는 1자 정도의 생선을 비늘은 그대로 둔 채 염시와 잘게 썬 호근 및 달래를 생선 뱃속에 넣고

쪄낸다. 또는 대바구니에 생선을 담고 그 위에 호근, 달래를 얹어서 쪄낸다.

㉠ 증우: 연근찜이다. 마디를 잘라낸 연근의 구멍에 꿀을 부어 채우고는, 밀가루반죽으로 아래와 위를 봉한 다음 쪄낸다. 밀가루반죽은 제거하고 꿀을 따라 버린 후 껍질을 벗겨서 썰어 먹는다.

㉢ 부저육: 돼지고기찜이다. 기름을 걷어 버리면서 삶아 낸 돼지고기를 사방 1치 길이로 썰어서 다시 새로운 물에 넣고 술을 합하여 기름을 걷어 내면서 삶는다. 건져서 노구[銅鎗]에 고기 한 겨, 뼈 한 켜씩 담고, 훈시(渾豉)[86], 소금, 생강, 후추, 물을 합하여 불에 올린다. 고기가 호박색이 되면 먹는다.

㉣ 부돈: 돼지고기찜이다. 돼지 1마리에 물과 감주(甘酒)를 넣고 끓여 익혀 건져서 뼈를 추려 낸다. 멥쌀밥에 생강, 귤피, 총백, 시즙, 장청(醬淸)을 합하여 삼(糝)을 만들어서 돼지고기와 합하여 쪄낸다.

㉤ 부아: 거위고기찜이다. 거위고기를 사방 2치로 잘라 차조밥에 시즙, 귤피, 총백, 장청, 생강을 합하여 삼을 만들어서 거위고기와 합하여 쪄낸다.

㉠´ 호포육: 양고기찜이다. 낳은 지 1년 되는 양고기를 곱게 채로 썰어 훈시, 소금, 총백, 생강, 산초, 필발(蓽撥)[87]을 합한다. 깨끗이 씻은 양의 밥통을 뒤집어서 앞의 고기를 가득 넣고 봉합한 후 숯이 들어 있는 구덩이 속에 넣고 재를 덮어 굽는다.

돼지고기찜이 5종, 곰고기찜이 2종, 양고기찜이 1종, 거위고기찜이 2종, 닭고기찜이 1종, 생선찜이 2종, 연근찜이 1종이다.

---

86 훈시(渾豉): 渾은 '섞일 훈' '흐릴 훈'이다. 여기서는 거르지 않은 시를 말한다.
87 필발(蓽撥): 후추과에 속하는 풀. 열매는 후추 냄새와 비슷하고 맛은 쓰다.

5종의 돼지고기찜을 분류하면, 어린돼지, 돼지머리, 돼지고기로 나누어 각 찜의 이름을 증순(어린돼지), 증저두((돼지머리), 현숙, 부저육, 부돈이라 하였다. 부저육과 부돈은 장군에 속하는 동당을 사용하는 찜이라 '부(缹)'가 붙은 것이고, 현숙은 껍질 벗긴 돼지고기를 썰어 찜한 것이다. 이들 찜이 각기 어떻게 다른지를 〈표 15〉부터 〈표 19〉를 통하여 본다.

[표 15] 《제민요술》의 돼지고기찜

음식명	주재료	밑간양념	곡류	양념								
				생강	총백	귤피	청주	후추	소금	훈시	감주	장청
증순	어린 돼지	시즙	시즙에 담갔다가 만든 차조밥	○	○	○						
증저두	돼지 머리						○		○			
현숙	돼지 고기	시즙	차조	○	○	○						
부저육	돼지 고기			○				○	○	○		
부돈	돼지 고기	시즙	멥쌀밥	○	○	○					○	○

〈표 15〉는 돼지고기 찜이다. 양념에서 가장 중요한 것이 시즙 인데, 5종류의 찜에서 3종류가 밑간으로 시즙이 동원되었다. 그 밖의 양념으로는 생강, 총백, 귤피가 주류를 이룬다. 또 하나의 특징은 소위 삼(糝)이라고 부르는, 양념을 가미한 멥쌀밥이나 좁쌀밥이 찜의 부재료가 되어 주재료와 합하여 쪄내고 있다.

[표 16] 《제민요술》의 곰고기찜

음식명	주재료	밑간양념	양념							
			곡류	생강	총백	귤피	소금	염교	호근	달래
증웅	곰고기	시즙	차조밥	○	○	○	○			
웅증	곰고기	시즙	차조, 쌀가루		○	○	○	○	○	○

〈표 16〉의 곰고기찜 역시 밑간은 시즙이며 삼과 함께 찜하였다.

[표 17] 《제민요술》의 양고기찜

음식명	주재료	양념				
		밑간양념	생강	총백	필발	소금	산초
증양	양고기	시즙		○			
호포육	양고기, 양밥통	훈시	○	○	○	○	○

〈표 17〉의 양고기찜 또한 밑간은 시이다. 이 밖에 생강과 총백 등으로 양념하였다.

[표 18] 《제민요술》의 거위고기찜과 닭고기찜

음식명	주재료	양념							
		밑간양념	곡류	생강	총백	귤피	장청	소금	소엽
이증	거위고기	시즙	시즙에 담갔다가 만든 차조밥	○	○	○			
부아	거위고기	시즙	시즙에 담갔다가 만든 차조밥	○	○	○	○		
증계	닭고기 돼지고기	시즙			○			○	○

〈표 18〉은 가금류로 만든 찜 3종이다. 거위고기는 차조밥에 생강, 총백, 귤피로 양념한 삼과 함께 쪄낸 것이고, 닭고기는 밑간을 시즙으로 하여 총백, 소금, 소엽을 양념으로 하였다.

[표 19] 《제민요술》의 생선찜

음식명	주재료	양념							
		밑간 양념	곡류	생강	총백	귤피	소금	호근	달래
과증	생선	시즙	차조	○	○	○	○		
모증어채	방어	염시즙						○	○

〈표 19〉는 생선찜 2종이다. 모두 시즙을 밑간으로 하고, 과증은 양념한 차조와 함께 찜하였다.

이밖에 나오는 연근찜 1종은 연근에 꿀을 넣고 쪄낸 것이다.

이상 15종의 찜음식에서 증순, 증저두, 현숙, 증웅, 웅증, 증양, 아증, 증계, 과증, 모증어채, 증우는 시루에 담아 찌는 방법이고, 부저육, 부돈, 부아는 노구에 담아 익히는 방법이며, 호포육은 숯이 들어있는 구덩이에 담아 익히는 방법이다.

⑤ 조림[煮]과 볶음[炒]류

정어자(腒魚鮓), 정자(腒鮓), 오후정(五侯腒), 순정어(純腒魚), 암계(腤雞), 암백육(腤白肉), 암저(腤猪), 암어(腤魚), 밀순전어(密純煎魚), 압전(鴨煎), 늑압소(肋鴨消)가 기술되어 있다.

㉠ 정어자: 식해조림이다. 정(胜)이란 고기 지질 '정'이다. 어자(魚鮓)[88]를 재료로 하여 지진 음식이 정어자이다. 소금, 훈시, 파에 돼지고기, 양고기, 소고기와 물을 합하여 불에 올리고, 두 번 끓어 오르면 생선식해(어자)를 넣고 달걀을 풀어서 줄알을 친다.

㉡ 정자: 식해조림이다. 푼 달걀에 시즙과 생선식해를 넣고 끓인다.

㉢ 오후정: 여러 종류의 식해조림이다. 여러 종류의 생선식해를 잘게 썰어서 물을 합하여 끓인다.

㉣ 순정어: 생선조림이다. 생선의 내장과 아가미를 제거하고 비늘은 있는 상태에서 함시(鹹豉)[89] 총백, 생강, 귤피, 초를 합하여 끓인다.

㉤ 암계: 닭볶음이다. 암(腤)은 지질 '암'이다. 곧 전(煎)의 뜻이다. 훈시, 총백, 생소엽을 통닭과 함께 넣고 무르게 삶아 조린다. 닭을 건져내어 넓이 1치로 찢어 그릇에 담는다. 파와 소엽을 고기 위에 얹어 낸다.

㉥ 암백육: 오리고기볶음이다. 백육(白肉, 거위, 오리, 닭고기)에 염시를 넣고 끓인다. 익을 즈음에 꺼내서 넓이 1치, 길이 2치로 해서 얇게 포로 뜬다. 이것에 물, 총백, 달래, 맑은 염시즙을 합하여 끓이다가, 길이 2치로 썬 염교잎, 파, 생강을 넣고 끓인다.

㉦ 암저: 돼지고기볶음이다. 조리방법은 암백육과 같다.

㉧ 암어: 붕어조림이다. 비늘이 붙어있는 붕어에 잘게 썬 파와 시를 합하여 끓인다. 익으려고 할 때 생강, 호근, 달래를 넣는다.

㉨ 밀순전어: 붕어조림이다. 내장은 빼고 비늘은 있는 상태에서 붕어를 밀폐된

---

88 어자(魚鮓): 생선에 소금간한 밥을 넣고 숙성시킨 생선식해.
89 함시(鹹豉): 소금을 넣고 만든 시. 염시라고도 함.

용기에 담고, 초와 소금을 1:1로 하여 촛물을 만들어 부어 재운다. 건져서 받쳐 물기를 뺀 다음 붉어질 때까지 진한 기름으로 볶아낸다.

㉦ 압전: 오리고기볶음이다. 잘게 자른 집오리에 총백, 염시즙(塩豉汁)을 합하여 볶고 산초가루와 생강가루를 넣는다.

㉧ 늑압소: 오리고기볶음이다. 오리의 갈비살을 곱게 다진다. 기장밥에 생강, 귤, 산초, 호근, 달래를 넣고 삶을 만들어서 염시즙과 오리고기를 합하여 검은색이 되도록 볶는다. 토끼, 꿩고기, 붉은살고기, 잉어고기도 이와 같은 방법으로 한다.

생선식해를 주재료로 한 것이 3종, 생선을 주재료로 한 것이 3종, 오리고기를 주재료로 한 것이 3종, 닭고기를 주재료로 한 것이 1종, 돼지고기를 주재료로 한 것이 1종이다.

[표 20] 《제민요술》의 생선식해조림류

음식명	주재료	부재료	양념			
			소금	훈시	시즙	파
정어자	어자(식해)	돼지고기, 양고기, 소고기, 달걀	○	○		○
정자	어자	달걀			○	
오후정	각색식해	물				

[표 21] 《제민요술》의 생선조림류

음식명	재료	양념										
		함시	시	생강	귤피	초	총백	파	호근	달래	소금	기름
순정어	생선	○		○	○	○	○					
암어	붕어		○	○				○	○	○		
밀순전어	붕어					○					○	○

전통주 인문학

[표 22] 《제민요술》의 오리고기볶음류와 닭볶음

음식명	재료	양념											
		곡류	염시즙	훈시	염시	소엽	달래	총백	염교잎	생강	산초	귤	호근
암백육	오리		○		○		○	○	○				
압전	오리		○					○		○	○		
늑압소	오리 갈비살	기장 밥	○				○			○	○	○	○
암계	닭			○		○		○					

[표 23] 《제민요술》의 돼지고기볶음

음식명	재료	양념			
		염시즙	염시	달래	총백
암저	돼지	○	○	○	○

〈표 20〉에서 〈표23〉에 나타난 바와 같이 시(豉)류인 훈시, 시즙, 함시, 염시가 주요 밑간이 되고 있는 것은 앞서의 찜류와 같고, 그밖에 주요 양념류로 생강과 파가 되고 있는 것도 같은 흐름이다.

이들 찜, 조림, 볶음류는《원행을묘정리의궤(園幸乙卯整理儀軌)》(1795)의 조치류(助致類)로 이어지는 것에 주목할 필요가 있다. 물론 1000년 이상의 시대 차와 한 쪽은 산동, 다른 한쪽은 한반도라는 지역적 차가 있어서 익숙하지 않은 양념과 재료가 등장하기는 하지만, 조리의 맥은 1000년을 훌쩍 넘어《원행을묘정리의궤》〈조치류〉로 이어지고 있다.

밑간으로 하는 시(豉) 류는 현재 우리들이 먹고 있는 된장과 간장의 모체이다.《제민요술》집필 당시 대두콩으로 만든 시는 거의 전체 음식 양념에 빼놓을 수 없는 중요한 조미료로서 자리 잡고 있었다.

⑥ 초절임 육류

백저(白菹), 저초(菹肖), 녹육(綠肉), 백약순(白瀹肫), 산순(酸肫), 선포저 (蟬脯菹)가 기술되어 있다.

⑦ 백저: 저(菹)란 침(沈)한 것을 가리킴으로 포괄적으로 '절임'을 통칭한다. 거위 또는 집오리나 닭고기와 같은 흰색 고기를 재료로 하여 담그었음으로 백저 라 했다. 백육을 삶아내 뼈를 발라내고 길이 3치, 넓이 1치 되게 썰어서 그릇 에 담아, 깨끗한 채(菜, 채소) 3,4편을 합하여 그 위에 소금과 초, 육즙을 끼얹 어 절인다.

ⓛ 저초: 초(肖)란 작을 '초'이다. 돼지고기, 양고기, 사슴고기를 가늘게 채로 썰 고 잘게 썬 염교잎을 합하여 볶은 후, 염시즙, 잘게 썬 채소, 5치 길이로 채로 썬 저채(菹菜, 침채)를 밑에 깔고, 저채즙을 많이 넣어 절인다.

ⓒ 녹육: 돼지, 닭, 집오리고기를 사방 1치 되게 썰어 볶아 염시즙을 넣고 졸인 다음, 파, 생강, 귤, 호근, 달래를 잘게 썰어 합하고 초를 넣어 절인다.

ⓔ 백약순: 약(瀹)은 담글[漬] '약', 지질[煮] '약'이다. 순(肫)은 정성스러울 '순'이 다. 백약순은 정성스럽게 지져 만든 음식을 뜻한다. 수유기의 살찐 돼지를 깨끗이 씻어 비단주머니에 넣어 촛물을 합하여 삶는다. 두 번 끓으면 급히 꺼내어 뜨거울 때 찬물에 담갔다 꺼낸다. 이것을 비단주머니에 담아 물에 밀 가루를 탄 면장(麵漿)에 넣어 익도록 삶아 낸다.

ⓜ 산순: 수유기의 돼지를 뼈와 껍질이 붙은 채로 잘게 잘라, 총백, 시즙과 멥쌀 밥을 합하여 물을 넣어 삶는다. 익은 후 산초와 초를 넣는다.

ⓗ 선포저: 불에 구운 매미를 잘게 뜯어 초를 합하여 절인다.

144

백저는 삶아낸 거위고기, 오리고기, 닭고기를 약간의 채소와 함께 소금과 촛물을 합한 육즙에 절인다. 녹육은 볶은 닭고기, 오리고기, 돼지고기에 염시즙을 넣고 다시 졸여서 파, 생강, 귤, 호근, 달래를 합한 촛물에 절인다.

[표 24] 《제민요술》의 초절임 조류

음식명	재료	부재료	절임액	양념						
				소금	염시즙	파	생강	귤	호근	달래
백저	거위, 집오리, 닭	채소	초, 육즙	○						
녹육	닭, 집오리		초		○	○	○	○	○	○

저초는 채로 잘게 썬 돼지고기, 양고기, 사슴고기에 염교잎을 합하여 볶아서 염시즙, 소금절임야채, 채소, 저채즙(침채국물)을 넣어 절인다. 백약순은 수유기의 돼지를 주머니에 담아 촛물에 삶아낸 것을 다시 밀가루를 풀어 넣은 물에 삶아 낸다. 산순은 수유기의 돼지에 파, 시즙, 멥쌀밥을 합하여 삶아낸 후 산초를 넣은 촛물에 절인다.

[표 25] 《제민요술》의 초절임 육류

음식명	재료	부재료	절임액	양념								기타
				염교잎	염시즙	파	생강	귤	호근	달래	멥쌀밥	
저초	돼지, 양, 사슴	소금절임야채, 채소	소금절임야채즙	○	○							
녹육	돼지		초			○	○	○	○	○		
백약순	수유기 돼지		촛물									밀가루를 탄 면장
산순	수유기 돼지		초, 산초			○	○				○	

이상의 초절임육류는 한반도 고대사회에서는 먹었으리라고 생각되나, 현재에까지 이어지지는 못하였다.

⑦ 구이[炙]류

적돈(炙独), 봉적(捧炙), 남적(腩炙) 1, 남적 2, 간적(肝炙), 우현적(牛胘炙), 관장(灌腸), 조환적(跳丸炙), 박적돈(膊炙独), 도적(擣炙), 함적(銜炙), 병적(餅炙) 1, 병적(餅炙) 2, 양적백어(釀炙白魚), 저육자(豬肉鮓), 담적(啖炙), 도적(擣炙), 범적(範炙), 적감(炙蚶), 적려(炙蠣), 적차오(炙車熬), 적어(炙魚)가 기술되어 있다.

ㄱ 적돈: 돈(独)은 어린돼지 '돈'이다. 적돈은 어린돼지구이이다. 살찐 수유기 돼지의 배를 갈라 내장을 제거하고 깨끗이 씻은 다음 모여(茅茹. 꼭두서니)를 배에 가득 채워 넣고 떡갈나무로 꿰어 은근한 불로 멀리서 빨리 돌려가면서 굽는다. 청주를 여러번 바르고 참기름을 발라가면서 색이 호박색이 될 때까지 굽는다.

ㄴ 봉적: 봉(捧)은 받들 '봉'이다. 큰 소의 등성마루뼈나 어린 송아지의 다리고기를 불에 가깝게 놓고 받들어 한쪽 만 굽는다. 그 면이 흰색이 될 때 잘라 다시 굽는다.

ㄷ 남적 1: 남(腩)은 간남(肝南) '남' 지짐질할 '남'이다. 여기서는 간남 '남'으로 남적이란 구이 중에서 가장 맛있는 적이란 뜻이다. 양, 소, 노루, 사슴고기는 모두 가능하다. 사방 1치로 잘라, 다진 총백과 합하여 이것을 잠길 정도로 만 염시즙에 잠깐 담가 두었다가 불에 급히 돌려가면서 굽는다.

ㄹ 남적 2: 집오리고기를 저며서 술, 어장즙, 생강, 파, 귤피, 시즙을 합하여 30분 정도 재워 두었다가 굽는다. 어린 거위도 이와같이 조리한다.

전통주 인문학

ⓜ 간적: 소, 양, 멧돼지의 간은 모두 가능하다. 길이 1½치, 넓이 5푼으로 저미며 서 파와 염시즙에 재워 지진 다음 양의 밥통기름을 발라 가로로 꽂이에 꿰어 굽는다.

ⓑ 우현적: 현(胘)은 소천엽 '현'이다. 우현적은 소천엽구이를 말한다. 늙은 소의 천엽은 두껍고 연함으로 늙은 소의 천엽을 재료로 한다. 꽂이에 꿰어 모아서 가까운 불에서 표면이 쪼개질 때 까지만 급히 굽는다.

ⓢ 관장: 관(灌)은 물댈 '관'이다. 관장이란 물대어 씻은 창자이다. 양의 반장(盤腸)을 관장한다. 잘게 썬 양고기에 총백, 염시즙, 생강, 산초가루, 소금을 합하여 관장한 창자에 채워 넣고 굽는다.

ⓞ 조환적: 조(跳)는 건널 '조', 뛸 '조'이다. 양고기와 돼지고기 각각을 10근 씩 채로 썰어 생강, 귤피, 장과(蔣瓜), 총백을 합하여 다져서 둥근 단자로 만들어 굽는다[丸炙]. 양고기확[羊臛, 양고기국]이 끓을 때 환적(丸炙)을 넣어 끓이기도 한다.

ⓩ 박적돈: 박(膊)이란 저민고기 '박'이다. 작은 돼지 1마리를 얇게 저민다. 돼지고기 3근, 오리고기 2근을 합하여 잘게 저민다. 어장즙(魚漿汁), 다진 총백, 생강, 귤피를 합하여 얇게 저민 돼지고기 표면에 붙여서 대꽂이로 꿴다음 약한 불로 굽는다. 꿀을 발라가면서 황적색이 될 때까지 굽는다.

ⓒ 도적: 도(擣)는 찧을 '도'이다. 어린 거위고기나 돼지고기를 저며 썬다. 초, 오이소금절임(瓜葅), 총백, 생강, 귤피, 산초를 합하여 짓찧어서 고기와 함께 버무린다. 이것을 대꽂이에 꿰어 달걀흰자를 바르고 노른자를 발라 강한 불에서 굽는다.

ⓖ 함적: 함(銜)은 쌀 '함'이다. 어린 거위 1마리를 절반 정도 익도록 끓여 뼈를 빼낸 다음 살을 얇게 저민다. 대두초(大豆酢), 오이소금절임, 생강, 귤피, 달래,

어장즙(魚醬汁), 산초를 합하여 섞어 짓찧어서 저민 거위살에 싸서 굽는다.

ⓔ 병적 1: 뱅어[白魚]의 뼈를 제거한 후 다진다. 익힌 돼지고기 다진 것과 합하여 초, 오이소금절임, 생강, 귤피, 어장즙, 소금을 넣고 두께는 5푼, 크기는 1되 들이 술잔 정도의 단자로 만든다. 약한 불에서 색이 붉어질 때까지 기름으로 지져 익힌다.

ⓕ 병적 2: 뱅어의 살을 저며 절구에 담아 짓찧는다. 생강, 귤피, 후추, 염시를 합하여 둥근 단자로 만들어 쪄낸다.

ⓖ 양적백어: 길이 2자 되는 뱅어의 배를 갈라 내장을 없애고 소금을 친다. 어린 집오리 1마리 고기를 잘게 썰어 초, 오이소금절임, 어장즙, 생강, 귤피, 파, 시즙을 넣고 구워 익힌다. 이것을 뱅어 뱃 속에 넣고 꽂이에 꿰어 약한 불에서 굽는다. 절반 정도 익으면 초에 어장, 시즙을 합하여 생선 표면에 발라 굽는다.

㉠´ 저육자: 멧돼지고기를 저며 소금으로 간을 한 후 밥을 넣어 발효시킨다. 신맛이 생기면 먹는다.

㉡´ 담적: 담(啖)은 씹을 '담', 삼킬 '담'이다. 거위, 집오리, 양, 송아지, 노루, 사슴, 멧돼지고기를 잘게 다져 볶는다. 신맛이 나는 오이소금절임, 죽순소금절임, 생강, 산초, 귤피, 파, 호근, 염시즙을 고기에 합하여 크기가 1½치 되게 둥근 환으로 만든 후 멧돼지의 밥통기름을 발라 대꽂이에 2조각 씩 꿰어 굽는다. 소고기와 닭고기는 쓰지 않는다.

㉢´ 도적: 통적(筒炙) 또는 황적(黃炙)이라고도 한다. 거위, 집오리, 노루, 사슴, 멧돼지, 양고기를 곱게 다져 익힌 후 신맛이 나는 오이소금절임, 죽순 소금절임, 생강, 산초, 귤피, 파, 호근, 염시즙을 고기에 합한다. 푸른 껍질을 벗기고 마디를 없앤 길이 3자, 둘레 6치의 대나무 통에 고기를 집어넣고 얇게 펴서 고기가 손에 묻지 않을 정도로 굽는다. 그런 다음 달걀이나 집

오리 알의 흰자를 부어 하얗게 마를 때까지 굽고, 노른자를 넣어 재빨리 여러 번 돌려 익힌다.

ⓔ´ 범적: 범(範)은 법식(法式) '범'이다. 범적은 법대로 만든 구이이다. 거위나 집오리의 가슴살에 생강, 산초, 귤피, 파, 호근, 달래, 염시 합한 것을 발라 굽는다.

ⓜ´ 적감: 감(蚶)은 살조개 '감'이다. 살조개를 철판 위에 올려놓고 구워 초를 곁들인다.

ⓗ´ 적려: 려(蠣)는 굴 '려'이다. 굴을 철판 위에 올려놓고 구워 초를 곁들인다.

ⓢ´ 적차오: 가재를 철판 위에 올려놓고 굽되, 가재의 즙이 나오면 한쪽 껍질과 똥을 제거하고 나서 생강과 귤피가루를 넣어 굽는다. 초를 곁들인다.

ⓞ´ 적어: 비늘을 없앤 작은 방어나 뱅어[白魚]에 잔 칼집을 넣는다. 생강, 귤, 산초, 파, 호근, 달래, 차조기, 마귀나무열매를 잘게 썰어 소금을 합하여 뜨거운 철판 위에 올려놓고 볶은 다음 초를 넣는다. 이것에 생선을 하룻밤 동안 재워서 굽는데, 구울 때 향채(香菜)즙을 발라가면서 굽는다.

——— [그림 5] 고기를 썰어서 굽고 있는 모습(후한 〈화상석〉) ———

적돈, 봉적, 남적 1, 남적 2, 간적, 우현적, 박적돈, 도적, 양적백어, 담적, 범적은 꽂이구이이고 적감, 적려, 적차오, 적어는 철판구이이다. 조환적, 병적 1, 병적 2는 동그랗게 단자로 만들어 구워낸 것인데,

[표 26] 《제민요술》의 수조육류구이

음식명	재료	부재료	양념															
			모여	청주	호근	기름	염시즙	달래	총백	죽순저	※과저	생강	산초	소금	귤피	장과	어장즙	꿀	대두초
적돈	수유기돼지		○	○	○														
조환적	돼지, 양								○			○			○	○			
박적돈	돼지, 오리								○			○			○		○	○	
저육자	멧돼지	밥												○					
담적	멧돼지, 노루, 사슴, 송아지, 양, 거위, 오리				○	○	○	○	○	○	○	○	○		○				
봉적	송아지, 소																		
남적1	소, 양, 노루, 사슴							○	○										
남적2	집오리, 새끼거위			○					○			○			○		○		
우현적	소천엽																		
관장	양창자							○	○			○	○	○					
도적	돼지, 새끼거위								○			○	○	○	○				
함적	어린 거위								○			○			○		○		○
간적	소간, 양간, 돼지 간, 멧돼지 간					○	○		○										
도적	노루, 사슴, 멧돼지, 양, 거위, 오리	달걀 오리알			○		○		○			○	○	○	○				
범적	거위, 오리				○			○	○			○			○				

※ 과저는 오이소금절임을 말함

전통주 인문학

[표 27] 《제민요술》의 어패류구이

음식명	재료	부재료	양념														
			초	과저	생강	귤피	어장즙	소금	후추	염시	파	산초	호근	달래	차조기	향채즙	마귀나무열매
병적1	뱅어	돼지	○	○	○	○	○	○	○								
병적2	뱅어				○	○			○	○							
양적백어	뱅어	새끼오리	○		○	○			○	○							
적감	살조개		○														
적려	굴		○														
적차오	가재		○		○	○											
적어	방어, 뱅어		○		○	○		○			○	○	○	○	○	○	○

병적 1은 기름에 지져낸 고기전이다.

이밖에 관장은 양창자로 만든 일종의 순대로서 찌지 않고 굽는 요리이다. 저육자는 구이류가 아니고 저민 멧돼지고기에 소금 간을 한 밥을 합하여 발효시킨 식해(食醢)류이다.

⑧ 병(餅)류

백병(白餠), 소병(燒餠), 수병(髓餠), 찬(粲), 고환(膏環), 계자병(鷄子餠), 압자병(鴨子餠), 세환병(細環餠), 절병(截餠), 부유(餢飳), 수인(水引), 박탁(餺飥), 기자면(箕子麵), 부쇄죽(豍䴷粥), 분병(粉餠), 돈피병(豚皮餠), 종(緵), 열(糫)이 기술되어 있다.

㉠ 백병: 백미 7∼8되로 죽을 만들어 백주(白酒, 막걸리) 6∼7되를 합해서 효(酵,

酒母)를 만든다. 뭉근한 불 위에 효를 얹어 꽈리가 일면서 괴어오르면 찌꺼기를 없애고 밀가루 1섬에 섞는다. 부풀어 오르면 병을 만든다.

ⓛ 소병: 양고기 2근에 총백 1홉, 시즙, 소금을 합하여 볶아 익힌 후 이것을 밀가루 1말에 넣고 반죽하여 굽는다.

ⓒ 수병: 수(髓)는 뼈골 '수'이다. 밀가루에 골수와 꿀을 넣고 두께 4〜5푼, 넓이 6〜7치 정도의 모양을 만들어 호병로(胡餠鑪)에서 굽는다.

ⓔ 찬: 찬(粲)은 밥 '찬'이다. 꿀과 물을 1:1로 합하여 찹쌀가루에 넣고 반죽한다. 반죽 농도는 국자로 떠 보았을 때 흐를 정도로 한다. 대나무국자 바닥에 구멍을 뚫고는 반죽을 담아 기름이 들어있는 솥 안에 떨어트려 튀겨낸다. 일명 난적(亂積)이라고도 한다.

ⓜ 고환: 일명 거녀(粔籹)라고도 한다. 찹쌀가루를 물과 꿀로 되게 반죽하여 늘려서 길이 8치 정도로 만든 다음 양 끝의 모양을 구부려서 기름에 튀겨낸다.

ⓗ 계자병: 달걀을 사발에 깨트려 넣고 소금 간을 하여 기름으로 지져낸다.

ⓢ 압자병: 오리알을 사발에 깨트려 넣고 소금 간을 하여 기름으로 지져낸다.

ⓞ 세환병: 한구(寒具)라고도 한다. 밀가루에 꿀과 물을 넣고 반죽한다. 만약 꿀이 없으면 삶은 대추즙을 넣는다. 소기름이나 양기름으로 튀겨낸다.

ⓩ 절병: 밀가루에 우유를 넣고 반죽하여 소기름이나 양기름으로 튀겨낸다.

ⓒ 부유: 부(餢)는 부풀린 병 '부'이고 유(飳)는 대답할 '유'이다. 밀가루반죽 부풀리는 효 만드는 법은 〈백병〉에서 기록한 바와 같다. 밀가루에 효를 넣고 반죽하여 쟁반에 담아 부풀린 다음 다시 주물러서 기름에 넣어 튀겨낸다.

ⓚ 수인: 밀가루에 소금 간을 한 육수를 넣고 반죽한 것을 손으로 비벼 젓가락 굵기 정도로 만든다. 1자 길이로 잘라 물에 담그어 놓는다. 이것을 물이 끓고 있는 솥 위에서 손으로 부춧잎 같이 얇게 밀어 넣어 익힌다.

ⓔ 박탁: 밀가루에 소금 간을 한 육수를 넣고 반죽한 것을 손으로 비벼 엄지손가락 굵기 크기로 만들어 2치 길이로 자른다. 이것을 물이 들어있는 자배기에 넣고 자배기 가장자리에서 극히 얇게 늘린다. 물이 끓을 때 넣어 익힌다.

ⓜ 기자면: 절면죽(切麵粥)이라고도 한다. 밀가루를 되게 반죽하여 손으로 비벼 새끼손가락 굵기의 크기로 만든다. 마른 밀가루를 묻혀 커다란 젓가락 길이로 비벼서 바둑돌 크기만하게 썰어 시루에서 쪄내고는 채반에 담아 널어 음지에서 말린다. 시루에 담아 걷어둔다. 먹을 때 끓는 물에 삶아 그릇에 담고 뜨거운 확을 붓는다.

ⓗ 부쇄죽: 꼬들꼬들하게 찐 조밥을 물에 담갔다가 바로 건진다. 밀가루를 넣고 손으로 비벼 호두(胡豆) 크기로 만든다. 이것을 쪄서 햇볕에 말린다. 먹을 때 끓는물에 삶아내어 건져서 그릇에 담아 확을 붓는다.

ⓐ´ 분병: 녹말에 끓는 고기국물을 넣고 반들거릴 정도로 반죽한다. 쇠뿔에 굵은 삼베실이 통할 정도의 구멍을 뚫어 반죽을 담아 끓는 물 위에 얹어 놓고 짜내어 익힌다. 그릇에 담아 확을 붓거나 락(酪) 또는 깨즙을 붓는다.

ⓒ´ 돈피병: 녹말에 끓는 물을 넣고 묽은 죽 정도로 반죽한다. 구리그릇에 담아 끓는 물 속에 넣고 그릇을 돌려가면서 익힌다. 단단해지면 꺼내어 그릇을 기울여 끓는 물속에 넣는다. 완전히 익으면 건져서 냉수에 담가낸다. 마치 돼지껍질과 흡사하여 돈피병이라 한다. 확, 깨즙, 락을 부어 먹는다.

ⓒ´ 종: 종(樱)은 주악 '종', 각서(角黍) '종'이다. 차기장을 줄풀잎에 싸서 진한 회즙(灰汁)에 삶아 익힌다.

ⓔ´ 열: 열(糧)은 송편 '열'이다. 찹쌀가루에 물과 꿀을 넣고 되게 반죽한다. 손으로 주물러 늘려서 넓이 2치, 길이 1자 정도가 되게 한 것을 넷으로 잘라 대추와 밤살을 아래위에 붙인다. 기름 바른 댓잎으로 싸서 쪄낸다.

《제민요술》에서는 병(餠)이라고 하면 떡과 과자류를 통틀어 부르는 명칭이다. 우리나라는 현재 밀가루를 제외한 곡류로 만든 떡류에 한하여 병(餠)이라는 한자를 채택하고 있다.

밀가루가 주재료가 되는 병은 백병, 수병, 소병, 세환병(한구), 절병, 부유, 수인, 박탁, 기자면인데 이 중 백병은 찐빵류이고 소병, 수병, 세환병, 절병, 부유는 조과류이며 수인, 박탁, 기자면은 국수류이다.

찹쌀가루가 주재료가 되는 병은 찬, 고환, 열이다. 찬과 고환은 기름으로 튀긴 조과류이다.

한구라고도 하는 세환병(細環餠)은 작은 원형 과자로 밀가루에 꿀과 물을 넣어 반죽하여 튀겨내는 우리의 약과 만드는 기법과 아주 유사하다.

열은 시루에서 쪄낸 떡이다.

떡류로는 차기장으로 만든 종도 등장한다.

[표 28] 《제민요술》의 밀가루로 만든 병

음식명	재료	효모	반죽	양념				튀김기름	분류
				양고기	총백	시즙	소금		
수인	밀가루		육수						국수류
박탁	밀가루		육수						
기자면	밀가루		물						
소병	밀가루		물	○	○	○	○		과자류
수병	밀가루		꿀, 골수						
세환병	밀가루		꿀, 물					소, 양기름	
절병	밀가루		우유					소, 양기름	
부유	밀가루	백미죽, 막걸리						소, 양기름	
백병	밀가루	백미죽, 막걸리							찐빵류

[표 29] 《제민요술》의 찹쌀과 차기장으로 만든 병

음식명	주재료	반죽	고명	튀김기름	기타	분류
찬	찹쌀가루	꿀, 물		기름		튀김떡
고환	찹쌀가루	꿀, 물		기름		튀김떡
열	찹쌀가루	꿀, 물	대추, 밤			쪄낸떡
종	차기장				줄풀잎	삶아낸 떡

[표 30] 《제민요술》의 녹말로 만든 병

음식명	주재료	반죽	곁들이는 음식	분류
돈피병	녹말	물	확, 깨즙, 락	녹두묵류
분병	녹말	육수	확, 깨즙, 락	분탕류

[표 31] 《제민요술》의 기타 병

음식명	주재료	부재료	곁들이는 음식	양념	지짐기름	분류
부쇄죽	조밥	밀가루	확			탕류
계자병	달걀			소금	기름	달걀후라이
압자병	오리알			소금	기름	오리알후라이

녹말이 주재료가 되는 병은 분병과 돈피병이다. 분병은 분탕이고 돈피병은 녹두묵이다.

계자병과 압자병은 현재의 달걀후라이와 오리알후라이이다.

그밖에 부쇄죽이라는 독특한 조리법의 음식도 등장한다. 밀가루와 조밥을 합하여 빚어서 쪄낸 다음 햇볕에 말렸다가 먹을 때 삶아내어 고기국물과 함께 먹도록 한 것이 부쇄죽이다.

⑨ 소선[素食]류[90]

총구갱(葱韭羹), 호갱(瓠羹), 유시(油豉), 고전자채(膏煎紫菜), 해백증(薤
白蒸), 소탁반(蘇托飯), 밀강(蜜薑), 부과호(缹瓜瓠), 부한과(缹漢瓜), 부균
(缹菌), 부가자(缹茄子)가 기술되어 있다.

ⓘ 총구갱(파부추국): 물에 기름을 넣고 끓인다. 끓을 때 파와 부추 썬 것, 호근,
   염시, 삼(糝, 좁쌀. 쌀 등의 곡식 낱알)을 함께 넣어 끓인다.

ⓛ 호갱(박국): 물에 기름을 넣고 끓인다. 끓을 때 3푼 두께의 박고지, 염시, 호근
   을 함께 넣어 끓인다.

ⓒ 유시(기름 양념장): 시 3말에 기름 1되, 초 5되, 생강, 귤피, 파, 호근, 소금을 합
   하여 섞어서 쪄낸 다음 기름 5되를 부어 화합한다.

ⓔ 고전자채(다시마, 미역, 김튀김): 마른 자채(紫菜)를 기름에 튀겨낸다.

ⓜ 해백증(염교찰밥): 찹쌀을 물에 불려 건져 시즙 속에 담가 둔다. 여름에는 반나
   절 겨울에는 하룻동안 담가 놓는다. 건져서 파, 염교, 호근, 기름을 합하여 찐
   다. 김이 오르면 시즙을 뿌려 익힌다. 완성되면 기름을 뿌려 더울 때 먹는다.

ⓗ 소탁반(들깨소스를 끼얹은 떡국): 소(蘇)는 들깨 '소'이고, 탁(托)은 떡국 '탁'이
   다. 백미를 볶아 탁과 합하여 끓인 다음 들깨소스를 넣는다.

ⓢ 밀강(생강정과): 생강을 젓가락 굵기로 썰어 물과 합하여 끓인다. 끓으면 거품
   을 걷어 버린다. 꿀을 넣고 다시 거품을 걷어 버리면서 끓여 조린다.

ⓞ 부과호(과와 박찜): 아직 털이 떨어지지 않은 어린 동아, 월과, 박 또는 크고
   살이 많은 한과(漢瓜)의 껍질을 벗겨서 넓이 1치, 길이 3치 정도 되게 자른다.

---

90 《제민요술》에서는 소식(素食)이라 함.

구리솥에 총백, 훈시, 소금, 산초가루를 넣고, 다음에 들기름, 다음에 박 순서로 거듭 층층이 넣어 그릇 가득히 담아 소량의 물을 넣고 불에 올린다.

ⓩ 부한과(한과찜): 한과에 향기 나는 장(醬), 총백, 참기름을 합하여 구리솥에 담아 불에 올린다.

ⓩ 부균(버섯찜): 구리솥에 끓는 물로 데쳐 낸 버섯을 담아 총백과 참기름을 합하여 볶아서 다시 총백, 훈시, 소금, 산초가루를 넣고 불에 올린다.

㉠ 부가자(가지찜): 네 쪽으로 쪼갠 어린 가지를 끓는 물에서 데쳐낸다. 구리 솥에 총백을 넣고 들기름으로 볶아서 가지, 향기나는 장, 총백을 합하여 불에 올린다. 산초, 생강가루를 넣는다.

소선의 주재료는 파, 부추, 박고지, 시, 김(다시마, 미역), 쌀, 동아, 월과, 박, 한과, 버섯, 가지, 생강이다. 생강을 재료로 해서 만든 소선은 꿀과 합하여 끓여 만든 일종의 정과류이지만 나머지는 거의 대부분 밥반찬으로서 들기름, 참기름을 듬뿍 넣고 조리하는 형태이다. 갱(총구갱, 호갱, 소탁반), 튀김(고전자채), 찜(유시, 해백증, 부과호, 부한과, 부균, 부가자), 조림(밀강)으로 구성되었다.

[표 32] 《제민요술》의 〈소식〉 중 갱류

음식명	재료	부재료	양념					
			파	부추	호근	기름	염시	들깨
총구갱	삼		○	○	○	○	○	
호갱	박고지				○	○	○	
소탁반	백미	탁						○

157

[표 33] 《제민요술》의 〈소식〉 중 튀김

음식명	주재료	양념
고전자채	다시마, 미역, 김	기름

[표 34] 《제민요술》의 〈소식〉 중 찜류

음식명	재료	부재료	양념											
			기름	초	생강	귤피	파	호근	소금	시즙	염교	흔시	산초	장
유시	시	기름	○	○	○	○	○	○	○					
해백증	쌀	기름	○				○	○		○	○			
부과호	동아, 월과, 박, 한과		○ 들기름				○ 총백	○		○	○	○	○	
부한과	한과		○ 참기름				○ 총백							○
부균	버섯		○ 참기름				○ 총백	○				○	○	
부가자	가지		○ 들기름		○		○ 총백						○	○

[표 35] 《제민요술》의 〈소식〉 중 조림

음식명	주재료	부재료
밀강	생강	꿀

⑩ 절임채소(菹) 류

규함저(葵鹹菹), 숭(菘)함저 1, 숭함저 2, 무청(蕪菁)함저, 촉개(蜀芥)함저, 탕저(湯菹) 1, 탕저 2, 규저(葵菹) 1, 규저 2, 양저(釀菹), 졸저(卒菹), 초저(酢菹), 저소(菹消), 포저(蒲菹), 장과(藏瓜), 장월과(藏越瓜) 1, 장월과 2, 장매과(藏梅瓜), 과저(瓜菹), 과저주(瓜菹酒), 과개저(瓜芥菹), 고순자채

저(苦笋紫菜菹), 죽채저(竹菜菹), 즙저(戢菹), 숭근함저(菘根鹹菹), 한저(爆菹), 호근저(胡芹菹), 소산저(小蒜菹), 숭근라복저(菘根蘿蔔菹), 자채저(紫菜菹), 이저(梨菹), 목이저(木耳菹), 장궐(藏蕨), 궐저(蕨菹), 행저(荇菹), 밀강(蜜薑), 매과(梅瓜)가 기술되어 있다.

⑦ 규함저: 규(葵)는 아욱 '규'이다. 아욱을 소금물에 담갔다가 꺼내어 항아리에 담는다. 아욱을 담근 소금물은 다시 항아리에 부어 아욱을 절여서 씻어 놓는다. 기장가루로 묽은죽을 쑤고, 보리누룩을 빻아 고운 가루로 만든다. 항아리에 절인 아욱을 한 켜 깔고 보리누룩가루를 얇게 뿌리고 뜨거운 기장죽 붓는 것을 반복하여 항아리가 찰 때까지 넣는다. 익혀 먹는다.

⑥ 숭함저 1: 숭(菘)은 배추 '숭'이다. 만드는 법은 규함저와 같다.

ⓒ 무청함저: 무청은 순무이다. 만드는 법은 규함저와 같다.

② 촉개함저: 촉개(蜀芥)는 갓이다. 만드는 법은 규함저와 같다.

⑩ 탕저 1: 배추나 순무를 끓는 물에 넣고 데쳐서 냉수에 헹구어 물기를 짠다. 소금과 초 및 참기름을 합하여 볶는다.

⑭ 탕저 2: 어린 파와 순무를 끓는 물에 데쳐내어 뜨거울 때 소금과 초를 합하여 그릇에 담는다.

⊗ 규저 1: 항아리에 말린 아욱을 한 켜 깔고 소금을 화합한 보리건반을 한 켜 깔고를 반복하여 넣고는, 맑은 물을 가득 붓는다. 7일이면 익는다.

⊙ 규저 2: 10일 간 된서리 맞은 아욱을 씻어 물기를 뺀다. 차기장으로 밥을 지어 식힌다. 독에 아욱을 담고 이 위에 차기장밥 담는 것을 반복하여 담아 익힌다.

㉩ 숭함저 2: 배추를 씻어 소금물(소금 3되+물 4말)에 침한다. 또 다른 방법은 배추를 넣을 때 배추 한 켜 마다 여국(女麴)을 넣어 소금물에 침한다. 여국 만드

는 법은 차게 식힌 찹쌀밥 속에 누룩을 박아 떡을 만들어 푸른 다북쑥으로 아래와 위를 싸서 띄운다. 21일 만에 황의(黃衣. 곰팡이)가 입혀지면 햇볕에 말려 쓴다.

ⓧ 양저: 순무를 끓는 물에 데쳐내어 바로 깨끗이 씻는다. 소금물에 담갔다가 깨내어 발 위에 하룻밤 동안 올려 놓는다. 이것에 고은 맥흔가루를 뿌리고 항아리에 한 켜 담은 후, 기장가루로 만든 묽은죽 뿌리는 것을 반복하여 담는다. 소금물을 잠길 정도로 붓는다. 항아리는 진흙으로 봉하여 짚으로 싸서 둔다. 7일이 지나면 익는다.

ⓣ 졸저: 아욱을 초장(酢漿)에 삶아 내어 찢어서 초를 친다.

ⓔ 초저: 쌀뜨물에 쌀겨를 넣고 죽을 만든다. 독 안에 채소를 넣고 죽과 쌀뜨물을 부어 하룻밤 재워둔다. 청호(靑蒿)[91]와 염교를 다시 넣고 마비탕(麻沸湯)[92]을 붓는다.

ⓜ 저소: 채로 썬 양고기와 돼지고기에 저(菹, 침채류), 시즙, 총백을 합하여 볶는다.

ⓗ 포저: 포(蒲)는 부들을 말한다. 부들의 싹이 나기 시작하면 곧 땅에 박힌 중심 부분을 취해서 끓는 물에 데쳐 내어 저(菹)로 하거나 자(鮓)로 한다.

ⓐ′ 장과: 쌀로 만든 죽에 소금간을 한다. 씻은 오이를 항아리에 한 켜 담고 죽 한 켜 놓고 하기를 반복하여 항아리에 담는다. 항아리 주둥이를 잘 봉하여 발효시킨다. 또는 오이를 시와 소금으로 절인다. 3일이 되면 먹을 수 있다.

ⓑ′ 장월과 1: 술지게미에 소금을 합하여 이것에 월과를 절인다.

ⓒ′ 장월과 2: 가는 월과를 10일 정도 짜게 절였다가 꺼내어 그늘에서 말린다.

---

91 청호(靑蒿): 국화과에 속하는 제비쑥. 도한, 골증, 외과의 약으로 쓰임.
92 마비탕(麻沸湯): 삼의 잎, 줄기, 뿌리 등을 달인 물.

볶은 붉은팥에 볶은 차기장을 합하여 빻아 가루로 만들고 술을 부어 풀어서 여기에 말린 월과를 넣는다.

ⓡ′ 장매과: 껍질 벗긴 동아를 손바닥만하게 썰어 회에 묻는다. 꺼내어 넓이 3푼 길이 2치 되게 썰어 끓는 물에 살짝 데친다. 오매(烏梅)[93] 끓인 즙에 항피(杭皮) 끓인 즙을 합하여 데쳐낸 동아를 담아 삭힌다. 수일이면 먹을 수 있다.

ⓜ′ 과저: 칼로 쪼갠 월과를 소금으로 문질러 햇볕에 꾸덕꾸덕 말린다. 4월에 담은 술지게미에 소금을 합하여 말린 월과를 넣고 저장한다. 며칠 후 소금, 꿀, 여국, 술지게미를 합하여 넣고 항아리주둥이를 봉해서 저장한다.

ⓗ′ 과저주: 찹쌀밥에 누룩을 합하여 밑술하고 다시 쌀로 두 번의 덧술을 하여 익으면 거르지 않는다. 소금으로 문질러서 햇볕에 말린 오이에 소금을 합한다. 이것을 거르지 않은 술에 넣고 3일 정도 절인다.

ⓢ′ 과개저: 겨자에 호근(葫芹)씨를 조금 넣고 갈아서 초와 소금을 합한다. 이것을 길이 3치, 넓이 1치, 두께 2푼 되게 자른 동아에 부어 삭힌다.

ⓞ′ 고순자채저: 껍질을 벗겨 잘게 썬 죽순에 김, 소금, 초유(酢乳)를 합하여 절인다.

ⓩ′ 죽채저: 죽채를 끓는 물에 살짝 데쳐서 냉수에 담갔다가 물기를 꼭 짜 버리고 잘게 썬다. 썰은 호근과 소산 및 소금, 초를 합하여 절인다.

ⓒ′ 즙저: 즙(蕺, 삼백초)을 끓는 물에서 데쳐 내어 소금을 뿌려 절인다. 물에 씻어서 물기를 짠다. 소금을 합한 촛물에 넣는다.

---

93 오매(烏梅): 껍질을 벗기고 짚불 연기에 그을려서 말린 매실. 설사, 기침, 소갈에 쓰며 살충약으로도 쓰임.

ⓒ´ 숭근함저: 끓는 물에 살짝 데쳐낸 배추뿌리를 뜨거울 때에 소금을 합한 촛물에 넣고 채로 썬 귤피를 넣는다.

ⓔ´ 한저: 끓는 물에 데쳐낸 말린 채소를 뜨거울 때 소금을 합한 촛물에 넣고 그 위에 호근씨를 넣고 담근다.

ⓟ´ 호근저: 끓는 물에서 살짝 데쳐낸 호근을 냉수에 담갔다가 꺼내어 잘게 썰어서 소금을 합한 촛물에 넣는다.

ⓗ´ 소산저: 끓는 물에서 살짝 데쳐낸 소산(달래)을 냉수에 담갔다가 꺼내어 잘게 썰어서 소금을 합한 촛물에 넣는다.

ⓒ˝ 숭근라복저: 배추뿌리와 무를 끓는 물에 살짝 데쳐내어 따뜻한 소금물에 절인다. 귤피를 합하여 담는다.

ⓛ˝ 자채저: 김(다시마, 미역)에 파를 합하여 소금을 합한 촛물에 넣어 담는다.

ⓒ˝ 이저: 작은 배를 통째로 소금물에 침하여 주둥이를 봉해서 저장한다.

ⓔ˝ 목이저: 목이버섯을 다섯 번 삶아 냉수로 씻는다. 이것을 다시 촛물에 담가 건진다. 잘게 썬 고수풀, 총백, 시즙, 맑은장, 초를 합하고 생강가루와 산초가루를 넣는다.

ⓜ˝ 장궐: 항아리에 고사리 한 켜 소금 한 켜 씩 넣고 묽은죽을 부어 절인다.

ⓗ˝ 궐저: 끓는 물에 살짝 데쳐낸 고사리를 잘게 썰어 소금을 합한 촛물에 넣는다.

ⓢ˝ 행저: 마름풀을 초에 절인다.

ⓞ˝ 밀강: 껍질을 제거한 생강을 10월에 담근 술지게미에 넣어 담그면 10일이면 익는다. 꺼내어 꿀에 잰다.

ⓩ˝ 매과: 껍질과 씨를 제거하여 3치 길이로 가늘게 썬 동아를 베주머니에 넣고 가볍게 짜서 물기를 제거한 다음 원즙(杬汁)을 넣어 따뜻한 곳에 놔두어 하

룻밤 재워 두었다가 꺼낸다. 오매 1되에 물 2되를 넣고 1되가 되게 다려 체로 받쳐서 가라앉혀 맑게 한 즙에 꿀, 원즙, 귤즙을 섞어서 끓여 식힌다. 이것에 앞서의 동아를 넣고 석류, 현구자(懸鉤子), 생강가루를 합하여 절인다.

[표 36] 《제민요술》의 소금물절임 채소류

음식명	주재료	절임	양념
			귤피
숭근라복저	배추뿌리, 무	소금물	○
포저	부들	소금물	
이저	배	소금물	
숭함저 2	배추	소금물	

[표 37] 《제민요술》의 술과 술지게미절임 채소류

음식명	주재료	부재료	절임	양념		
				소금	꿀	여국
장월과 1	월과		술지게미와 소금			
장월과 2	월과	팥, 차기장	술과 소금			
과저	월과		술지게미와 소금	○	○	○
과저주	오이		술지게미와 소금			
밀강	생강		술지게미		꿀	

[표 38] 《제민요술》의 기타 절임 채소류

음식명	주재료	부재료	절임	양념		비고
				시즙	총백	
숭함저 2	배추	여국	소금물			
저소	침채류	양, 돼지		○	○	볶음류

[표 39] 《제민요술》의 초절임 채소류

음식명	주재료	부재료	절임	양념																	비고
				소금	현구자	참기름	꿀	호근씨	소산	염교	청호	귤	귤피	초	고수	총백	시즙	생강	산초	석류	
탕저1	배추, 순무			○		○								○							볶음류
탕저2	어린파, 순무		소금, 초																		
과개저	동아		소금, 초, 겨자					○													
죽채저	죽채		소금, 초					○	○												
졸저	아욱		초																		
초저	채소	쌀겨죽								○	○										
즙저	삼백초		소금, 촛물																		
숭근함저	배추뿌리		소금, 촛물										○								
한저	말린채소		소금, 촛물					○													
호근저	호근		소금, 촛물																		
소산저	달래		소금, 촛물																		
자채저	김, 파		소금, 촛물																		
목이저	목이버섯		초												○	○	○	○	○		
궐저	고사리		소금, 촛물																		
행저	마름풀		초																		
매과	동아	원즙	오매즙	○		○					○						○		○	○

164

[표 40] 《제민요술》의 곡류절임 채소류

음식명	주재료	부재료	절임	기타	
숭함저 1	배추	기장죽	소금, 물	보리누룩	맥혼가루
무청함저	순무	기장죽	소금, 물	○	
촉개함저	갓	기장죽	소금, 물	○	
규함저	아욱	기장죽	소금, 물	○	
규저 1	말린아욱	보리건반	소금, 물	○	
규저 2	아욱	차기장밥			
양저	순무	기장죽	소금, 물		○
장과	오이	쌀죽	소금		
장과	오이	시	소금		
장궐	고사리	묽은죽	소금		

(5) 요약

이상 《제민요술》을 통하여 술과 안주를 살펴보았다.

나미주, 서미주, 갱미료주, 청국주, 백료주, 춘추, 이백주, 상락주, 도주, 양미주, 제미주, 속미주, 구온주, 호초주, 화주, 약주, 영주, 유학주, 선주, 가이주, 청주, 법주, 삼구주를 신국, 백료국, 분국, 백타국으로 양조하였다.

백타국은 쌀가루로 만든 병국이다. 신국은 보리와 밀로 만든 병국이고, 백료국과 분국은 밀로 만든 병국이다. 술 양주에 동원된 누룩은 거칠게 빻은 밀가루로 만든 분국이 대부분인데, 1번에서 7번까지 덧술을 하여 만든 단양주법과 중양주법이 양주법으로 동원되었으니, 현재 양주법의 기반이 《제민요술》의 시절 완성된 셈이다.

다음 안주를 보자

생, 확, 탕뷰로 구성된 국은 오리 ,거위, 닭, 소, 돼지, 양, 사슴, 토끼, 가물치, 잉어, 자라, 뱅어, 모래무지, 토란, 죽순, 순채, 버섯, 참깨 등을 재료로 해서, 국물 간은 주로 시(豉) 또는 염시로 하고 있고 생강과 파가 주요 양념원이다. 시는 지금 된장의 전신이기 때문에 시를 넣고 끓여 만든 이들 국류는 지금의 된장국과 가깝다.

찜류는 돼지, 양, 곰, 거위, 닭, 방어, 연근 등이 주재료이다. 탕류와 마찬가지로 밑간 역시 시와 염시로 해서 생강과 파가 주요 양념원이 되어, 시루에 담아 찌거나 노구에 담아 졸이거나 숯이 들어있는 구덩이에 넣어 익히는 방법을 채택하였다.

생선식해, 붕어, 오리, 닭, 돼지가 재료가 되고 있는 조림과 볶음류도 주요 양념이 시와 염시이고, 생강과 파가 주요 양념이다.

조선시대까지도 많이 먹었던 생치침채(生雉沈菜, 꿩김치)와 비슷한 유형의 음식이 초절임을 한 육류이다. 거위, 오리, 닭, 양, 돼지, 사슴고기를 삶거나 졸이거나 해서 소금간을 한 촛물에 절이는 방식이다.

거위, 오리, 돼지, 멧돼지, 양, 노루, 사슴, 송아지, 소, 뱅어, 방어, 굴, 조개, 가재가 재료인 구이류는 꽂이구이와 기름에 지진 고기완자류가 대부분이다. 밑간은 염시로 하고 주 양념은 역시 생강과 파이다. 어패류구이에서는 대부분 초를 양념으로서 넣고 있다.

잉어, 선어, 말린생선, 삶아 익힌 돼지고기를 주재료로 해서 소금 간한 밥에 수유, 귤피 등을 합하여 항아리에 담아 발효시켜서 먹은 것이 식해(食醢) 자(鮓)이다.

어포는 메기를 제외한 모든 생선을 말린 것이다. 육포는 노루, 사슴, 소, 양, 멧돼지, 돼지, 토끼, 거위, 기러기, 닭, 오리, 왜가리, 꿩, 비둘기 등을 말린 것이다.

병(餠)에는 밀가루로 만든 것, 찹쌀과 차기장으로 만든 것, 녹두로 만든 것이 있다. 수인·박탁·기자면은 국수류(밀가루), 백병은 찐빵(밀가루), 세환병·절병·부유는 튀김과자(밀가루), 수병은 과자(밀가루)이다. 찬과 고환(거여)은 기름에 튀긴 찹쌀떡(찹쌀가루), 열은 찐 찹쌀떡(찹쌀가루), 종은 삶아낸 떡(차기장)이다. 이밖에 돈피병은 녹두묵(녹말), 분병은 분탕(녹말)이며, 계란후라이와 오리알후라이를 계자병, 압자병이라 했다.

소선(素膳)을 소식(素食)이라고 표기하여 소개하였는데, 이들의 주재료는 파, 부추, 박고지, 시, 김, 쌀, 동아, 월과, 박, 한과, 버섯, 가지, 생강이다. 대부분은 들기름이나 참기름을 듬뿍 넣고 조리하여 국, 튀김, 찜, 조림의 방법을 채택하였다.

침채류에는 소금물절임류, 술과 술지게미절임류, 초절임류, 곡물절임류로 대략 나누어진다. 부들, 배, 배추, 배추뿌리, 무, 순무, 동아, 아욱, 호근, 달래, 김, 파, 버섯, 고사리, 갓, 오이가 주재료이다.

현재 우리가 술누룩으로 사용하고 있는 것과 거의 비슷한 거친 밀가루로 만든 병국인 분국과 이 누룩을 이용하여 단양주 혹은 중양주법을 채택하고 있는 술은 지금으로부터 약 1500년 전의 술이라고 생각 할수 없을 정도로 친숙하다.

이 뿐 만 아니라 밑간을 시로하고 주요 양념을 생강과 파로 하고 있는 탕, 찜, 조림, 볶음, 구이, 식해인 자, 어포, 육포, 각종 침채, 밀가루로 만든 국수와 찐빵 그리고 과자 및 튀김과자, 찹쌀가루로 만든 찹쌀떡과 튀긴 찹쌀떡, 녹두묵, 분탕, 계란후라이, 육류를 전혀 넣지 않고 튀기거나 볶아서 만든 각종 소선류 역시 지금 우리들이 먹고 있는 음식과 별로다르지 않다.

우리의 음식문화는《제민요술》의 그것에서 벗어나지 않는 틀 안에서 계승 발전했다고 볼 수 있다.

3)《제민요술》이 나오기까지 음식문화적 배경

《의례》의 시절 최상류층의 주식은 조밥[稷], 기장밥[黍], 찹쌀밥 [稻][94], 차조밥[粱]이었다. 조밥과 기장밥은 정찬(正饌)에 속하고 찹쌀 밥과 차조밥은 가찬(加饌)에 속하여, 조밥과 기장밥부터 먼저 먹고 찹 쌀밥과 차조밥은 나중에 먹었다. 이는 조밥과 기장밥은 상식(常食)의 주식이며 찹쌀밥과 차조밥은 상등(上等)의 주식이었음을 의미한다. 물 론 곡물은 정백할수록 상등으로 삼았다.

국류에는 급(湆)[95]인 대갱(大羹)과 갱(羹)인 형갱(鉶羹) 그리고 곰국[膏 飮]류인 경(臐, 소고기곰국), 훈(臐, 양고기곰국), 효(膮, 돼지고기곰국)가 있 다. 대갱인 급은 소미(素味)를 귀하게 여겨 맛의 조화를 하지 않은 소고 기국이다. 갱인 형갱은 채소를 넣고 만든 국으로, 소고기에는 콩잎, 양 고기에는 씀바귀, 돼지고기에는 고비를 넣고 끓였다.

야채에 소금을 넣고 절인 것이 저(菹, 침채沈菜)이다. 부추, 순무, 창포

---

94 도(稻)는 쌀로 해석되고 있지만,《의례》가 쓰여 졌던 당시의 도는 찹쌀이었음.
95 급(湆)을 한반도에서는 '국'이라 칭함.

뿌리, 아욱, 순채류가 침채의 대상이었다. 부추절임은 탐해, 순무절임은 녹니(鹿醢, 사슴젓), 창포뿌리절임은 미니(麋醢, 노루젓), 아욱절임은 와해(蝸醢, 달팽이젓), 순채절임은 미니를 곁들였다. 침채와 육젓이 한 조가 되어 먹게끔 한 것이다.

당시 이들 침채류는 회(膾)와 함께 냉식(冷食)의 양대 산맥이었다.

수육[熟肉]은 소, 양, 돼지, 천어(川魚), 석(腊, 작은 동물 말린 것), 소와 양의 장과 위, 돼지 삼겹삽, 개, 꿩, 토끼, 메추리, 비둘기를 재료로 했다. 이들을 임(飪)이라 했는데, 자(煮) 또는 팽(烹)을 거쳐 삶던가 찜[蒸]을 했다.

회(膾)는 잘게 써는 것을 선호했다. 어(魚, 물고기), 우지(牛脂, 소기름), 소, 양, 돼지 등을 재료로 했다. 어를 제외한 나머지는 해(醢)에 찍어 먹었고, 물고기는 겨자장[芥子]을 곁들였다.

소, 양, 돼지고기의 회는 얇게 썰어서 초로 배합하여 우자(牛羘), 양자(羊羘), 시자(豕羘)라 했다. 우지, 어회(魚膾) 역시 얇게 썰어 담았다.

《의례》에서는 건육(乾肉)으로서 포(脯)와 석(腊)이 등장한다. 석은 토끼와 같은 작은 동물을 말린 것이고, 포는 소 등과 같은 큰 동물의 살을 저며서 말린 것이다. 이 포는 술안주로 제공되었다. 당시 천자(天子)라 해도 작은 연회에서는 술안주가 포였다. 포, 석 이외에도 수(脩), 수(膴) 등 다양한 명칭이 등장하지만, 이들 모두는 햇볕에 말린 육류이다. 얇게 저며서 말렸는가(脯), 양념하여 말렸는가(脩), 두껍게 썰어서 말렸는가(膴), 뼈가 붙어있는 채로 말렸는가(腊) 등의 차이 밖에 없다.[96]

《논어(論語)》의 시절, 술과 건육은 가게에서 팔았다. 《논어》는 가게에

---

96 김상보, 《음양오행사상으로본 조선왕조의 제사음식문화》, 수학사, 1995, pp41-55: 《儀禮》.

서 파는 술과 건육은 불결함으로 먹지 말라고 쓰고 있다.[97] 건육은 신선한 고기로 만든 음식 보다는 하급에 속하였던 듯, 건육을 먹고 나서 신선한 고기로 만든 음식을 먹는 것이 관례였다.

불에 굽는 음식에서 직화로 구운 것을 번(燔), 점토로 싸서 구운 것을 포(炮), 꽂이에 꿰서 구은 것을 적(炙)이라 했다. 적은 육젓으로 양념하여 구웠는데 소, 양, 돼지가 주재료이다. 한말(漢末) 후한(後漢) 초, 유희(劉熙)가 쓴《석명(釋名)》에는 적의 종류로 적(炙), 포적(脯炙), 부적(釜炙), 맥적(貊炙), 함적(脂炙)이 있다 하였다.[98]

조미료는 혜장(醯醬, 초장), 개자(芥子, 겨자장), 해(醢, 육젓)가 있었다. 혜장이라는 조미료는 요즘의 초장이 아니다. 초는 술이 있으면 반듯이 있는 것임으로 있었을 것이지만, 육젓 해에 신 매실즙을 넣어 만든 것이 혜장이다. 훈제 매실인 오매(烏梅)도 조미료로 사용할 정도로 매실의 이용은 폭 넓어서 음식에 맛을 내는 것을 '염매(塩梅)한다'라고 했다. 혜장은 수육 등을 찍어 먹기 위하여 곁들이는 것이었다.

육젓 해에는 여러 종류가 있었다. 해(醢)와 니(臡)는 소, 사슴, 노루, 달팽이 등으로 만든 육젓류이다. 뼈를 넣어 만든 육젓을 니, 고기만으로 만든 육젓을 해, 해이지만 즙이 많은 것을 탐해(醓醢)라 했다.

해이든 니이든 제조 방법은 우선 살[肉]을 말려서 빻아 부신 다음 좁쌀로 만든 누룩과 소금을 혼합한 후 양질의 술을 합하여 밀봉하고서 100일 동안 숙성시켰다.

---

97 《論語》〈鄕堂編〉
98 《釋名》

전통주 인문학

개자(芥子)는 오늘 날의 겨자장과 같다.

술[酒]은 상차림에서 많으면 많을수록 잘 차린 것으로 간주되어져, 서주(黍酒, 기장술), 양주(梁酒, 차조술), 도주(稻酒, 찹쌀술)가 있었다. 후한 (後漢) 때 나온《설문해자(說文解字)》에서는 주(酒) 류이지만 하룻밤 만에 익힌 술을 예(醴)라고 했다. [99] 肴乾酒澄이란 표현에서 나타나듯이 술안주는 말린 것, 술은 맑은술이 당시에 보편적이었던 것 같다. 맑은술이란 청주(淸酒)가 아니라 탁주를 부어서 몇시간 동안 놓아둔 술을 뜻한다. 조(糟, 술지게미)가 침전하여 위가 맑아진 것이다. 맑은술을 선호한 까닭에 기장으로 만든 술을 가장 고급술로 여겼다. 기장술은 점액질이 적어 신속하게 맑아지기 때문이다.

술 외에 식후에 입가심을 위한 음료로는 장(漿)이 있었다. 곡물(좁쌀)을 물에 담그어 5~7일 동안 놓아두면 유산 발효되어, 신맛이 생긴 청량음료이다. [100]

이밖에 맛을 내는 중요한 감미료로서 대표적인 것은 꿀과, 곡물에 얼(糵, 엿기름)을 합하여 조린 엿[飴]이 있었다. [101] 꿀은 양봉에 의한 것이 아니라 천연 야생꿀에 의지하였다. 야생꿀에 의지했던 단맛은 지극히 귀한 것이었음으로 보리싹 얼(糵)을 이용해서 만든 당(糖) 즉 엿의 수요는 상당하였으리라고 생각된다. 초(楚, 704-202 B.C)에서는 잠자리를 잡을 때 엿을 실에 붙여 그곳에 잠자리가 붙으면 때려잡았다고

99《說文解字》
100 김상보,《음양오행사상으로 본 조선왕조의 제사음식문화》, 수학사, 1995, pp41-55:《儀禮》.
101《說文解字》

한다.[102]

이와 달리 중국 남방에서는 석장(柘漿)이 애식되고 있었다. 석(柘)은 서(蔗)로 사탕수수이다. 석장은 끓인 사탕수수시럽이다. 꿀 정도의 농도라 한다.[103]

전국시대에 나온 《한비자(韓非子)》에는 어린이가 소꿉놀이하는 기사가 있다.

> 어린이가 놀고 있는 것을 보면
> 티끌을 밥으로 삼고
> 진흙으로 갱(羹)을 만들며
> 목편(木片)을 편육(片肉)으로 한다.
> 저녁이 되면 식사하러 집에 온다.
> 진반니갱(塵飯泥羹)은 놀이로는 좋지만 결국은 먹을 수 없다《한비자》).

건육과 술을 가게에서 팔고, 밥, 갱, 편육을 중심으로 생활했던 춘추전국시대를 거쳐 한(漢)나라에 와서 말[馬]과 silk 교역이 번성했다. Silk road 관문 부근에는 주관(酒館, 술집)이 번성해 있었다고 한다.[104]

한 대에 빵밀의 보급과 함께 도입된 제분기술로 인하여 후한(後漢)시대에 이르러서는 북방 화북(華北)에 분식(粉食)이 널리 보급된다. 뿐 만 아니라 화남(華南)의 쌀이 주식으로서 중요한 위치를 자리하게 되었다.

---

102 《戰國策》〈楚條〉
103 篠田統, 《中國食物史》, 柴田書店, 1998, p39, p58.
104 篠田統, 《中國食物史》, 柴田書店, 1998, p37.

귀한 가찬의 하나로 먹었던 쌀밥은 정찬의 쌀밥으로 자리 바꿈하니 조밥과 기장밥이 자리했던 정찬의 위치가 쌀밥으로 대체되었다. 이와 더불어 사천을 중심으로 즐겨 먹고 있었던 식해 자(鮓)가 보편화 된다.

후한대에 나온 《이아(爾雅)》《설문해자(說文解字)》《광아(廣雅)》《석명(釋名)》에는 자에 대한 여러 글이 실려있다.

어(魚)라면 기(鮨)
육(肉)이라면 해(醢)(《이아》).

기(鮨)는 어의 젓갈이다. 촉(蜀, 사천)에서 나온다.
속(俗)으로 자(鮓)라고 쓴다(《설문해자》).

자(鮓)는 소금절임이다. 소금과 쌀로 魚를 발효시킨 소금절임류이다.
익으면 먹는다(《석명》).

기(鮨)는 자(鰽)이다(《광아》).

자(鮓)는 호북성(湖北省)에서 낙양(洛陽)으로 운반되어 보급되고 있었지만, 아직 화북(華北)에서는 여전히 귀한 음식이었다. 전한(前漢) 무제(武帝)가 동쪽의 오랑캐[東夷]를 쫓아 산동에 갔을 때 그곳에서 동이가 두고 도망친 젓갈을 먹어본 이후[105] 그 젓갈과 호북(湖北)의 자는 귀한

---

[105] 《齊民要術》

식품으로 간주되어져 조상께 올리는 귀한 음식의 하나가 되고 있었다.

정현(鄭玄)은 《주례(周禮)》에 붙인 주(註)에서 ˝사시에 만드는 선식(膳食)에서 호북의 자어(鮓魚), 산동의 젓갈은 언제나 있는 것은 아니지만 이것을 올리는 것이 조상께의 효행(孝行)이다˝라고 했다.[106]

곡물을 가루로 만든 것을 분(粉)이라 하고, 이 분은 얼굴에 바르는 것을 가리켰다.[107] 빵밀이 도입되기 이전의 곡물가루는 식품이 아니라 화장품이었다. 비(糒)는 곡물을 쪄서 또는 구워서 햇빛에 말린 말린밥[乾飯]이다.[108] 이것은 물에 넣어 불려 먹었다. 비를 찧어 가루로 만든 것을 구(糗)라 했다. 소위 미수가루이다. 이렇듯 粉, 糒, 糗는 있었지만, 조리하기 전 조리를 위해서 가루로 만들어 두는 분식은 후한시대가 되어 본격화된다.

《석명》에는 "병(餠)은 밀가루를 반죽하여 함께 모은 것이다. 조리 방법이나 모양에 의하여 증병(蒸餠), 탕병(湯餠), 갈병(蝎餠), 수병(髓餠), 금병(金餠), 삭병(索餠) 등이 있고 호병(胡餠)은 거북등과 같이 만든 것으로 참깨를 위에 붙인 것이다"라고 했다.[109] 그러니까 밀가루로 만든 음식을 병(餠)이라 한다는 것이다.

제분기술의 발달은 밀 이외의 쌀을 포함한 곡물도 가루로 만들어 제품화 되었고, 이를 이(餌)라 했다. 물로 반죽하여 찐 것을 고(餻, 糕), 반죽하여 둥글게 만들어 찐 것을 원(䭐)이라 했으며 원은 원자(圓子)와 단

---

106 《周禮》에 나오는 鄭玄의 주(註).
107 《說文解字》
108 《說文解字》
109 《釋名》

전통주 인문학

자(團子)로 구분하여 원자는 속에 소를 넣지 않은 것, 단자는 속에 소를 넣은 것을 가리켰다.

위(魏), 오(吳), 촉(蜀) 삼국시대에는 전쟁으로 화북의 많은 땅이 황폐화 되었음으로 많은 사람들이 화남으로 이주함에 따라 자연스럽게 남방의 주식인 쌀을 접하게 된다. 이(餌)는 폭넓은 계층에서 만들어 먹을 수 있게 되었다.

육조(六朝)시대에는 남조(南朝)의 송(宋), 제(齊), 양(梁) 왕조가 교대된다. 많은 귀족들은 환란을 피하여 화북으로 피난하였다. 전쟁통이긴 하지만 화북과 화남의 음식문화 교류가 활발히 전개 되어 자(鮓)는 대부분의 지역으로 널리 퍼졌다.

선어(鮮魚)를 소금에 절여, 선어 뱃 속에 소금간한 쌀밥을 넣어서 밥이 유산발효를 일으키는 몇주간 동안 돌로 눌러 발효시킨 다음에 먹는 식해(食醢) 자의 주재료는 잉어나 붕어였다. 경우에 따라서는 야채와

[그림 6] 가루를 빻는 연자매.
밀과 벼, 보리, 조, 수수 등의 곡식을 대량으로 찧는 연장이다.

향료를 소금간한 밥에 혼합하여 발효시키기도 하였다. 그 양이 엄청나서 "흰밥에 짠 소금, 야채, 열매를 혼합하여 선어의 뱃 속에 넣고 돌로 눌러 놓아 쌓여있는 상태는 작은 산과 같다" 하였다.[110]

이상 《제민요술》이 탄생하기 이전까지의 음식 역사를 간단히 살펴보았던 바. 《제민요술》 속에 포함된 식품은 고대부터 육조까지의 화남 음식문화와 화북 음식문화의 복합체라고 보여지며, 여기에 동이족(東夷族)들이 먹던 음식까지도 포함되어 있다고 판단된다.

---

110 楊泉, 《五湖賦》

· II ·

한반도

1

고대의 술문화

1) 한반도로 전파한 산국과 '숟가락으로 떠서 먹는 술'

제 2장의 'Ⅰ 중국' 항목에서 동아시아 누룩의 기원을 설명하였다. 화북(華北)에서 좁쌀 싹과 기장 싹 얼(蘖)을 제조하는 과정에서 좁쌀과 기장에 생긴 곰팡이를 술 제조에 이용하게 되는데, 처음에는 곡물 싹이 다음 단계에서는 산국이 술 양조의 starter가 되었다는 내용이다.

다른 한편에서는 화남(華南) 특히 양자강 하류 주변은 신석기시대부터 쌀을 쪄서 먹는 입식(粒食)문화가 성립되어 있었다. 몬순 기후인 이 지역에서는 찐 쌀밥을 방치해 두면 쉽게 곰팡이가 생김에 따라 이것이 산국의 기원이 되고, 이를 이용한 화남의 술 양주 기술이 화북의 잡곡 지대에 도입되어 처음에는 좁쌀과 기장으로 만든 산국, 뒤에는 보리로

전통주 인문학

만든 산국이 나오게 되었다고 하였다.

어찌되었든 국(누룩)이라고 부르는 최초의 것은 산국이며, 이 산국을 이용한 술 제조는 적어도 B.C 1000년 경에는 확립되어 있었다.

한반도의 경우 신석기시대와 청동기시대의 주작물은 좁쌀이었지만, B.C 2400년 무렵에서 B.C 2100년 무렵 사이에 벼를 재배하고 있었다.[111] 당시의 벼는 밭벼 즉 육도(陸稻) 쟈바니카(Javanica)이다. 이후 B.C 800년 무렵을 전후하여 한반도 서북지방을 중심으로 본격적인 농경생활이 이루어진다.

B.C 700−600년의 것으로 추정되는 부여군 송국리 유적 수혈식(竪穴式) 주거 내에서 400g 정도의 단립(短粒) 자포니카(Japonica)형 탄화미와 반달형돌칼 등이 출토되었다. 이 탄화미는 수전도작(水田稻作)의 산물로 보고 있다.[112]

한편 청동기시대의 것으로 보이는 경남 울산시 무거동 옥현 유적에서는 50동 이상의 주거와 함께 소규모의 수전유구(水田遺構)가 확인되었다. 이것은 용수로(用水路)와 휴반(畦畔, 밭도랑)을 수반하고 있었다.[113]

당시 논농사를 했다 하더라도 수전에 의한 벼재배 보다는 화전(火田) 밭에서 일군 육도 재배가 훨씬 많이 분포되어 있었을 것이다. 육도는 내건성(耐乾性)이 강하여 동남아시아의 산악 지역을 중심으로 수리시

---

111 경기도 고양시 및 경기도 김포군의 토탄층에서 볍씨가 출토되었는데, B.C 2400년 무렵에서 B.C 2100년 것으로 추정되고 있다.
112 박순발, 〈갑천의 고대문화〉《갑천의 문화유산》, 대전서구문화원, 1995, pp7~48.
113 原田信男, 《コメを選んだ日本の歴史》, 文化新書, 2006, p56.

설이 되어 있지 않는 곳에서 많이 재배되는 중요한 밭작물이다.[114]

밭벼에서 논벼로 이행되는 과정을 간단히 보자. 산에 조성된 화전[燒田]에서는 좁쌀농사를 계단경작으로 하고 있었기 때문에, 계단경작을 이용하여 밭벼[陸稻]가 개시 되었다. 이 밭벼는 3월에 파종하여 초가을에 이삭이 나오고 11월 말 경에 수확하는 품종으로, 점차 건답(乾畓)재배로 이행된다.[115]

건답재배란 화전농경을 하다가 산 밑의 저습지에서 자라는 벼를 천수답(天水畓)에서 재배하기도 하고, 밭에 씨를 뿌려서 밭벼처럼 재배하다가 우기(雨期)에 접어들면 논벼처럼 재배하는 것을 말한다.

당시의 육도는 적미(赤米)이다. 적미 육도는 생산성이 수도에 비하여 현저히 떨어진다. 수전도작 기술이 발달되지 않았거나 수분이 적은 산악지대에는 쟈바니카를 선호할 수밖에 없다. 그러나 수평이 유지되는 평지의 조건, 풍부한 노동력, 용수로와 배수로 설비를 갖출 수 있는 기술적 조건만 존재한다면 생산력이 떨어지는 육도보다는 수전도작에로의 전환을 꾀하고자 하였을 것이다. 아마도 한반도에서의 쟈바니카 육도는 중국 남쪽 혹은 동남아시아에서 이주해 온 집단에 의하여 전파되어 재배되었을지도 모른다.

청동기시대 송국리유적과 울산시 무거동유적에서 나온 온대계열의 쟈포니카 및 수전(水田)은 논 만들기, 모내기, 수량조절, 벼베기 등 다양한 과정을 거쳐서 형성된 것이며, 육도로서 재배되고 있었던 남방

---

114 山崎耕子 外, 《世界有用植物事典》, 平凡社, 1989, pp750-756.
115 이성우, 《동아세아 속의 고대식생활사 연구》, 향문사, 1992, pp102-121.

전통주 인문학

계열의 쟈바니카와는 다른 전파 경로를 거쳐 한반도에 들어온 새로운 품종군이다. 이 새로운 온대 계열의 쟈포니카는 중국 양자강 하류에서 해양을 통하여, 혹은 요동반도나 산동반도를 경유하여 한반도 서해안 중부에 전해졌을 가능성이 있다.

이 땅에서의 시루 출현은 청동기시대에 들어와서이다. 함북의 서포항 윗층, 나진, 초도, 오동 및, 황해도의 석탄리, 봉산 신흥리, 황주 심촌리 등지에서 유물이 발견되었다. 이들 시루의 등장은 곡물을 죽의 단계에서 찌는 단계로 이행되었음을 의미 한다. 일본의 경우도 야요이 (弥生, B.C 3-A.D 3 金石 병용의 농경문화)시대 말 경 시루가 출현하면서 죽 단계에서 찌는 단계로 이행되었다.[116]

시루가 발명되기 전에 만들어 먹었던 찌는 밥 형태가 쟈바섬에서 발견되었다. 물에 씻은 쌀을 보통의 원추형 대나무소쿠리에 담아, 물을 넣은 바닥이 깊은 토기냄비에 겹쳐 넣고는 대나무뚜껑을 덮어 쪄내는 방식이다.

쟈바섬의 이러한 소쿠리를 이용한 밥짓기에서 생각할 수 있는 것은, 한반도에서도 시루가 출현하기 이전에 죽에서 생기는 토기 냄새를 조금이라도 감소시키면서, 조리가 되는 찌는 밥을 만들어 먹었을지도 모른다. 쟈바니카가 전래되면서 소쿠리밥짓기도 함께 들어왔을 가능성이 있다.

이 찌는 밥의 전파 경로에 대하여, 중국 남부 산간부(사천 부근)를 가

---

116 中尾佐助,《料理の起源》, NHK BOOK, 1993, pp14-16.

설적인 발생 중심지로 상정하고, 그곳에서 동쪽으로 전파한 것이 고대의 한반도와 일본의 찌는 밥이 되고, 남쪽으로 전파한 것의 최남부는 쟈바의 소쿠리밥짓기가 되었으며, 중심부로 전파된 것이 타이 북부, 라오스, 미얀마 동북부라는 것이다. 따라서 찌는 밥[蒸飯法] 중심지는 바로 조엽수림문화 속에 위치하기 때문에, 찌는 밥은 조엽수림문화(照葉樹林文化)라고 설명하였다.[117]

양자강 주변에서 신석기시대부터 쌀을 쪄서 먹는 입식(粒食)문화가 성립하면서 쌀로 만든 쌀누룩[撒麴]을 이용해 술을 만들어 먹는 것이 전통이었다는 가설에, 찌는 밥 전파설을 적용하면 찌는 밥이 전파하면서 산국제조법도 함께 전파되었을 가능성이 있다.

한반도의 경우 청동기시대 때 쌀누룩 산국이 보편화 되지는 않았을 것이다. 좁쌀 또는 기장이 누룩 제조에 동원되었을 것이다. 왜냐하면 본격적인 논농사가 개시되기 이전에는 쌀의 수확량이 매우 적었기 때문이다.

어쨌든 중국의 사서(史書)는 한반도에서의 술 존재를 알게 해 주는 최초의 문헌 자료이다.[118]

부여국(夫餘國)

12월 영고(迎鼓)라는 대회(大會) 때에 연일 음식가무(飮食歌舞)한다. 회동 시 작(爵)을 배(拜)하고 작을 씻는다.

---

117 中尾佐助, 《料理の起源》, NHK BOOK, 1993, pp18-19.
118 《後漢書》〈東夷傳〉: 《三國志》〈魏志〉〈東夷傳〉

예(濊)

10월에 무천(舞天)이라는 제천(祭天)이 있고 밤낮으로 음주가무(飮酒歌舞)한다.

한(韓)

천신(天神)을 제사한다. 이 때 군집가무(群集歌舞)하며, 가무음주(歌舞飮酒)를 즐긴다.

부여족은 퉁구스(Tungus)의 한 종족이다. 중국의 전국시대부터 남만주에서 살다가 세운 나라가 부여이다. B.C 1200년부터 약 1000년 간 존속하였다. 지금의 장춘(長春) 북방인 농안현(農安縣) 부근이 그 중심지이다.

중국의 영향을 받아 은력(殷曆)을 사용하고 철기문명을 수입했던 부여의 지리적 문화적 상황을 고려한다면, 12월에 열렸던 제천(祭天) 영고대회 때 마신 술의 starter는 좁쌀이나 기장으로 만든 산국일 가능성이 있다. 병국 제조는 기원을 전후하여 성립되었기 때문이다.

예는 예맥(濊貊)을 말한다. 고구려의 전신(前身)으로 고조선 안에 있었던 한 나라이다. 동은 압록강과 훈강(渾江)에서부터 서는 중국 동북부에까지 걸친 광대한 지역을 지배하여 강성하였으나, 연(燕)의 진개(秦開)에게 패하여 강원도로 물러나고 이를 동예(東濊)라 하였다.

예 역시 한반도 북쪽에 자리 잡은 지리적 환경 등을 고려한다면, 10월 무천 때 마신 술의 starter는 좁쌀이나 기장으로 만든 산국이라고 본다.

한은 마한(馬韓)을 지칭한다. B.C 400년에서 B.C 300년 경, 지금의 충청남노와 전라남북도에 걸쳐 50여의 부족국가로 이루어져 있던 나라이다. 부여 송국리 유적과, 대전 구성동유적으로 보면 천신 제사 때 마신 술의 starter는 쌀로 만든 산국일 가능성이 크다.

요약하면 중국 사서가 지적한 부여, 예, 한에서의 음주문화는 주조 starter로서 흩임누룩 즉 산국을 썼고, 북쪽은 좁쌀이나 기장, 남쪽은 쌀이 주재료가 되었다고 생각한다.

한반도 남부에서 전개된 벼농사[稻作]는 바닷길에 의해서 양자강 하류로부터 전래되었다는 설과, 산동반도 경유로 전해졌다는 설이 있다. 어느 쪽으로 전해졌든 원래 벼농사의 근원지는 사천을 중심으로 하면서 점차 양자강 하류에 이르른 것이기 때문에, 한반도 벼농사의 기원지는 근본적으로 양자강 하류 지역이라고 보는 것이 옳다.

양자강 하류 지역에서는 신석기시대부터 술양주가 행해졌음을 밝혀 주는 다수의 술그릇[酒器]들이 출토되고 있다. 출토된 주기들에 의하여 이 지역에서는 당시부터 쌀을 이용한 산국과 찐 밥으로 술을 만들었다고 되어있다. 그럼으로 한반도 남부 송국리 유적에서 들어난 쌀농사 지대에서는 쌀농사의 전래와 함께 쌀로 만든 산국을 사용하는 양주 기술이 양자강하류 지역으로부터 전래 되었을 것이다. 쌀농사가 도입이 되면 그 때부터 쌀을 주식으로 먹을 뿐 만 아니라 쌀로 술 만드는 방법도 동시에 전해진다고 하는 이시게나오미찌[石毛直道]의 논문이 있다.[119]

---

119 石毛直道,《酒と飲酒の文化》, 平凡社, 1998, p51.

전통주 인문학

일본의 경우 고훈(古墳, 4-6세기)시대부터 헤이안(平安, 794-1192)시대에 걸쳐서 한반도로부터 전해진 〈수혜기(須惠器)〉가 유적에서 출토되고 있다. 작은 병 정도 크기의 이 그릇은 배에 작은 구멍이 뚫려있는데, 이 구멍에 대나무로 만든 빨대를 꽂아 넣고 사용했던 것으로, 술을 담아 술을 빨아 마시게끔 만든 도구라고 한다.

이 〈수혜기〉 출현에 의하여 당시의 한반도인과 일본인은 술을 마시는 것이 아니라 빨아 먹었다는 것을 추정케 하였다.

'먹는 술'이란 액체를 분리하지 않고 거르지 않은 상태의 술을 그대로 먹어 버리는 술이다. 대형의 양주용 용기가 발달하지 않는 단계에서는 물을 거의 첨가하지 않고 발효시키는 쪽이 용량 당 alcohol 생산량 효율이 좋다.[120]

〈수혜기〉는 alcohol 발효한 거르지 않은 술을 넣는 병이다. 쌀로 만든 산국에 찐밥을 첨가하여 두면 alcohol 도수가 낮은 술이 된다. 이것을 베주머니에 담아 짜지 않을 경우 점조성이 높은 술이 되어 액체와 고형성분의 분리가 어렵다.[121] 이 술을 숟가락으로 떠서 먹거나, 빨대를 꽂아 빨아 먹는 것이다. 물을 거의 첨가하지 않고 거르지 않는 술, '먹는 술' '빨아 먹는 술'의 단계는 한반도의 경우에는 일본 보다 앞서거나 일본과 비슷한 시기에 전개되었을 것이다.

---

120 石毛直道, 《酒と飲酒の文化》, 平凡社, 1998, p54.
121 石毛直道, 《酒と飲酒の文化》, 平凡社, 1998, p55.

2) 병국시대가 도래하다

(1) 개요

기원전 2세기 초 위만(衛滿)에 의해 고조선은 멸망하고 위만조선이 들어선다. 그런데 얼마 안있어 위만조선(衛滿朝鮮)은 전한(前漢) 무제(武帝)와의 무력충돌에서 패한다. 무제는 한사군(漢四郡)을 설치하는데 한사군 중에서 가장 큰 곳이었던 낙랑이 평양을 중심으로 펼쳐지면서 한(漢)문화가 산동을 거쳐 부단히 유입된다.

한편 패배한 위만조선의 유민집단은 한반도 남쪽으로 단조철기기술(鍛造鐵器技術)을 가지고 내려온다. 한(漢)의 발달된 철기기술도 한사군을 통하여 유입되어 기원 전후에 한반도에는 삼국시대가 돌입된다.

B.C 37년에 북부여(北扶餘)의 주몽(朱蒙) 동명왕(東明王)이 고구려를 세운다. 28대 보장왕(寶藏王) 27년(668)에 이르러 신라와 당나라 연합군에 의하여 멸망할 때 까지. 700여 년 동안 만주 일대와 한반도의 넓은 국토를 통치한다. 낙랑은 미천왕(美川王) 14년(313)에 고구려에 병합되었는데, 최소한 이 시기까지 부단히 낙랑 속의 한(漢)문화를 수용하였다.

B.C 18년에 고구려 주몽의 차남 온조(溫祚)가 백제를 세우고, 이후 풍왕(豊王) 3년(663)에 이르러 신라와 당나라 연합군에 의하여 패망한다.

B.C 57년에 박혁거세(朴赫居世)가 영남지방을 중심으로 건국한다. 29대 태종 무열왕(武烈王) 때 백제와 고구려를 멸하고 삼국을 통일함에 따라 신라시대의 최성기를 이룩한다. 56대 경순왕(敬順王) 9년(935)에 멸망함으로서 992년 간의 통치 기간을 마감한다.

중국의 사서는 당시의 음주문화 상황을 알려준다.

고구려[122]

송백(松柏, 잣)을 심는다.

장(藏) 양(釀)을 잘한다.

혼례 때 남가(男家)는 돼지와 술을 보내고 빙례(聘禮)가 없으며 자유 결혼한다.

백제[123]

부세(賦稅)는 베(布), 견(絹), 마(麻), 미(米) 등으로 한다. 오곡과 소, 돼지, 닭이 있으며 대부분 화식(火食)하지 않는다.

거율(巨栗), 잡과, 채소, 주례(酒醴), 효찬(肴饌)이 있다. 대부분 중국과 같다.

신라[124]

신라는 진한(秦韓)에 이어진 나라이다. 진인(秦人)이 피난 와서 세운 나라이다.

물산(物産)은 중국과 비슷하다.

오곡이 재배된다.

---

122 《三國志》〈魏志〉〈東夷傳〉:《梁書》〈諸夷傳〉:《北史》,〈東夷傳〉
123 《周書》〈異域傳〉:《隋書》〈百濟傳〉:《北史》〈東夷傳〉
124 《梁書》〈諸夷傳〉:《隋書》〈新羅傳〉:《北史》〈東夷傳〉:《新唐書》〈東夷傳〉

혼례 때 주식(酒食)이 있다.

술을 상(觴)으로 마신다.

여름에는 음식에 얼음을 두고 먹는다.

화식(火食)하지 않는다.

(2) 산국과 병국을 동시에 사용한 고구려

고구려에서는 장(藏, 청국장 등)과 양(釀, 술양주 등)을 잘하고 술을 혼례 때 쓰며 이 때 술 안주로 돼지를 선호하고 아울러 잣을 많이 먹었다 했다.

본고에서는 술이 주제이므로 장에 대해서는 다음 기회로 미루고, 양을 살펴본다. 고구려에서의 술 양주는 백제와 달리 기장이나 좁쌀이 주원료가 되었을 것이다.

전국(戰國, 453–221 B.C) 시대 말 Silk road를 경유하여 화북(華北)에 밀과 회전식 맷돌이 전해진다. 드디어 기원 전후에 밀제분이 보편화되고 거칠게 빻은 밀가루를 덩어리 형태로 성형하여 띄운 병국(餠麴) 떡누룩이 만들어 진다. 그러나 5세기의 작품 《방언(方言)》에 좁쌀산국과 보리산국이 소개되고 있는 점에서 적어도 5세기까지 산국과 병국은 공존하고 있었다.

그러니까 평양을 중심으로 펼쳤던 낙랑으로, 산동을 거쳐 한(漢)문화가 유입되었기 때문에 낙랑은 패망한 313년 까지 부단히 산국과 병국 제조기술을 고구려민에게 제공하였을 것이다.

산동(山東) 고양(高陽)의 태수였던 가사협(賈思勰)이 530년 경에 저술한 《제민요술(齊民要術)》에는 보리와 밀로 만든 신국(神麴), 밀로 만든 분국

(菜麴)이 소개되고 있다. 신국에는 보리병국이 4종 밀병국이 1종으로 보리가 압도적이며, 분국은 거칠게 빻은 밀가루로 만든 병국이다.

아마도 고구려인들은 당시 오곡이 삼, 기장, 조, 보리, 콩이었기 때문에 밀이 워낙 귀하였음으로 거의 대부분 보리로 만든 병국을 starter로 하거나 기장이나 좁쌀로 만든 산국도 starter가 되었을 것이다. 이들 starter를 기장밥 혹은 좁쌀밥에 합하여 술을 빚었다고 본다.

송(宋)나라 태종(太宗)의 명으로 이방(李昉)이 977년에 착수하여 983년에 완성시킨 백과사서인《태평어람(太平御覽)》에는 고구려의 술맛이 좋음을 지적한 다음과 같은 글이 실려있다.

《양무여하동행기(梁武興賀東行記)》에서 말하기를 단도(丹徒)에 고려산(高麗山)이 있다. 전하는 바에 의하면 옛날 고구려 여인이 이곳에 왔을 때 동해신(東海神)이 술을 가지고 와서 그 여인을 맞이하고자 하는데, 이에 응하지 않자 노한 동해신이 술동이를 뒤엎어 버리니 술은 곡아호(曲阿湖)에 흘러 들어갔다. 그래서 곡아주(曲阿酒)는 맛이 좋다.[125]

(3) 백제의 이화주(梨花酒)와 예주(醴酒)

① 쌀을 주식, 발효음식을 부식

백제는 부세로 쌀을 국가에 바치고 주(酒)와 예(醴)가 있으며 오곡, 소, 돼지, 닭, 밤, 채소, 잡과, 효찬이 있는데, 대부분 익혀 먹지 않고

---

125 《太平御覽》, 卷 46

냉식(冷食)한다 했다.

백제에 관한 기술에서 등장하는 오곡 역시 삼, 기장, 조, 보리, 콩이다. 일반 민중이 거두어 들이는 곡식을 뜻하는 오곡이란 전국시대 때 오행사상이 발달하면서 그 영향으로 주식이 되는 중요한 곡물을 다섯 가지로 묶은 데에서 기인한다. 《삼국지》〈위지 동이전〉에는 "변진에 오곡 및 벼[稻]가 있다"란 말이 나온다. 벼는 오곡에서 제외되어 있었다.[126]

다루왕(多婁王) 6년(33) 국남(國南)의 주(州)와 군(郡)에 영을 내려 도전(稻田)을 만들게 하였다는 《삼국사기》의 기록은[127], 그 때까지 육도와 소형의 수전도작(水田稻作, 논농사)이 병행되던 것을, 본격적으로 대형의 수전도작으로 국가적인 차원에서 전환하였음을 의미한다. 이로서 수확량이 적은 쟈바니카 육도가 잡곡이고 주식이 좁쌀이었던 청동기 시대와 달리, 수확량이 많은 수전도작에 의한 쟈포니카가 점차 주식이 되어지는 시대가 도래하였다.

《주서(周書)》〈백제전〉에서 "賦稅以布絹絲麻及米等量歲豊儉差等輸之"라 한 바와 같이 백제는 조세로 쌀을 걷우어 들였다.

그러나 쟈바니카에 비해 쟈포니카가 수확량이 많다 하더라도 현재 수확량의 1/5에도 미치지 못하는 양이다.[128] 따라서 쌀만으로는 백제 사회를 유지시킬 수 없었다. 당시 오곡이라 지칭했던 삼, 기장, 조, 보

---

126 김상보, 《한국의 음식생활문화사》, 광문각, 1997, p241.
127 《三國史記》〈百濟本紀〉
128 原田信男, 《コメを選んだ日本の歴史》, 文化新書, 2006, p76.

리, 콩 등도 여전히 중요한 작물로 재배되고 있었다.[129]

일본에 온대 쟈포니카형의 수전도작을 전해준 집단은 한반도 서쪽에서 논농사를 하면서 살던 사람들이다. 그 시기는 죠몬[繩文] 말기이며, 한반도에서 건너간 사람들에 의하여 새로운 야요이[彌生: B.C 2-3세기부터 A.D 2-3세기] 문화를 구축하는 원동력이 되었다. 실제적으로 남방 계열이었던 죠몬인과 달리 야요이인들은 형질과 문화적으로 한반도에서 살고 있었던 사람들과 가까워서[130], 이 시기 한반도와 일본은 왕성한 교류를 하고 있었다.[131]

호수나 하천과 불가분의 관계가 있는 수전에서는 담수어업이 발전한다. 이시게나오미찌(石毛直道)는 일찍이 식해(食醢)와 어장(魚醬)이 수전과 밀접한 관계가 있음을 간파하고, 이들 식해와 어장은 몬순기후 조건을 갖추면서 이모작, 삼모작이 가능한 동남아시아에서 행한 수전도작문화의 산물임을 보고한 바 있다. 계보적으로 식해와 어장은 동남아시아로부터 전해졌다고 한다.[132]

이색(李穡, 1328-1396)이 쓴《대사구두부래향(大舍求豆腐來餉)》에서 "…물고기순채는 남방 월나라를 생각나게 하고 양락(羊酪)은 북방 오랑캐를 생각나게 하네"라고 하였다.

---

129 《三國史記》에는 다음과 같은 내용이 기록되어 있다.
  卷 23, 기루왕 14년 봄 3월 '크게 가물어 보리 수확이 없었다'
  卷 23, 기루왕 23년 가을 8월 '서리가 가을의 콩을 손상시켰다'
130 原田信男, 《コメを選んだ日本の歴史》, 文化新書, 2006, p54, 57.
131 原田信男, 《コメを選んだ日本の歴史》, 文化新書, 2006, p56에서 북규슈유적에서는 한반도 토기가 출토되고, 부산시 동삼동유적에서는 죠몬만기의 토기가 발굴되었음을 지적하고 있다.
132 石毛直道, 《魚醬となれずしの研究》, 岩波新書, 1990.

월(越, 601-334 B.C)[133]로부터 수입된 〈물고기 순채〉를 식해(食醢) 즉 자(鮓)로 해석한다면 식해는 월나라로부터 한반도에 유입된 음식이다. 이 한반도 식해가 수전도작과 함께 일본으로 전해졌다고 하였다.[134]

식해가 있는 사회에서는 생선으로 만든 젓갈 어장(魚醬)도 반드시 존재한다. 중국의 사서는 "백제인 대부분 화식(火食)하지 않는다"고 하였다.[135] 화식하지 않는다는 의미는 냉식(冷食) 즉 발효음식과 회(膾), 김치, 포(脯)를 즐긴다는 뜻이다.

백제사회는 초기부터 유학문화 속에 있었다. 백제의 전신인 부여는 음식을 전부 조(俎)와 두(豆)로 사용하였다 했는데[136] 백제 역시 인월(寅月)을 세수(歲首)로 하고 음양오행을 알았다.[137] 조, 두, 인월, 음양오행은 전부 유학과 통한다.

밥과 함께 차리는 발효음식에 대한 초출(初出)은 《의례》〈공식대부례〉이다. 이에 의하면 야채소금절임인 저(菹, 침채류)와 해(醢, 육장), 육회(肉膾)와 해, 겨자장과 어회(魚膾)를 한 조로 해서 차리고 있다. 〈공식대부례〉속의 육장(肉醬) 해는 동이족이 먹던 어장인 생선젓갈이 육장으로 대체되어 발전한 것으로 보인다. 생선에 소금만을 넣고 발효시킨 어장(魚醬)에 대한 기록이 530년 경에 기술된 《제민요술》에 있다.[138]

---

133 越은 중국 춘추시대 열국의 하나이다. B.C 601년부터 사서(史書)에 그 이름이 있으나 B.C 5세기 구천(句踐) 때에 북방의 오(吳)를 멸망시키고 강소(江蘇)와 산동(山東)에 진출하였다. B.C 334년 초(楚)에게 멸망되었다.
134 原田信男,《コメを選んだ日本の歴史》, 文化新書, 2006, p72.
135 《隋書》,〈百濟傳〉
136 《三國志》,〈魏志, 東夷傳〉
137 《周書》〈異域傳〉:《隋書》〈百濟傳〉
138 賈思勰,〈齊民要術〉, 530년 경.

한무제(漢武帝)가 동쪽의 오랑캐인 동이(東夷)를 쫓다가, 동이가 만들어 먹었던 조기, 상어, 숭어 등의 내장에 소금을 넣고 발효시킨 젓갈을 먹어 보고 축이(鱁鮧)라는 명칭을 붙였다는 내용이다. (생선내장+소금)으로 만들어 발효시킨 젓갈을 축이라고 한 것은 동이가 한족이 먹는 것과는 다른 특별한 음식을 먹고 있음을 암시하는 것이다. 축이로서 유추해 보았을 때 동이족들이 먹었던 저류(菹類, 침채류)는 (채소+소금)이었을 가능성이 크다.

《제민요술》에 기술된 저류 중에서 대표적인 세 종류를 들면, 하나는 (채소+소금)저, 다른 하나는 (채소+소금+쌀죽)저, 또 다른 하나는 (채소+소금+초)저 이다. (채소+소금+쌀죽)저는 (채소+소금+곡물)저로도 해석 가능하다.

《제민요술》은 (채소+소금+쌀죽)저에 대하여 촉인(蜀人)이 담가 먹던 방법을 채택한 것임을 분명히 하고, 갓을 재료로 하여 담근 〈촉개함저(蜀芥醎菹)〉, 오이를 재료로 하여 담근 〈촉인장과(蜀人藏瓜)〉를 기술하고 있다. (생선+소금+쌀밥)이 식해 자(鮓)라면, (갓+소금+쌀죽)이 촉개함저이다. 다시 말하면 주재료에 소금과 쌀을 넣고 발효시킨 촉개함저와 자(鮓)는 중국의 남쪽 문화이며, 그 문화의 중심 센터는 사천(四川)이다.[139]

(채소+소금+곡물)저를 일본에 전해 준 백제인은 수수보리(須須保理)이다. 수수보리는 저 뿐만 아니라 270년에서 312년 사이 술도 전하였다.[140] 수수보리지(須須保利漬)는 순무에 소금과 대두를 넣어 만들거나,

---

139 김상보, 〈식생활〉, 《한성백제사 5》, 서울특별시사편찬위원회, 2008, p280.
140 《古事記》

순무에 소금과 쌀을 넣고 만든 저(菹)이다. 수수보리지라는 단어가 기록된 유물은 나라(奈良, 710-784)시대의 목간(木簡)이다. 그러니까 백제인 수수보리가 전한 (순무+소금+쌀 또는 대두)는 백제인이 당시에 먹던 김치류 중 하나이다.

수수보리가 일본에 전한 양주에 사용한 누룩은 산국일까 병국일까. 앞서 고구려 항목에서, 고구려인들은 보리로 만든 병국과, 기장 및 좁쌀로 만든 산국이 술 양주에 동원되었을 가능성이 있음을 기술하였다.

② 쌀병국과 '숟가락으로 떠서 먹는 술' 이화주

다루왕(多婁王) 11년(38) 국가적인 차원에서 백성이 사사로이 술빚는 것을 금한 사실은,[141] 국가의 금주령에 의하여 백성들의 술빚기가 규제 받을 정도로 백제 초기에 이미 민중들은 보편적으로 술을 빚고 있었다는 사실을 알려준다.

일본 역시 야요이[彌生]시대의 유공악부토기(有功鍔付土器)가 술제조용 토기인데, 수전도작에 의하여 생산된 쌀을 원료로 양주하여 술을 만들어 마셨을 가능성을 제기하였다.[142]

백제 다루왕 6년(33) 남쪽의 주와 군에 영을 내려 수전도작을 보급한 사실은 본격적으로 다양한 곡물로 술 제조가 가능한 사회에 진입되었음을 암시한다. 술밥을 찔 때 사용되는 시루는 이미 청동기시대의 제기적(祭器的) 성격에서 벗어나 일반적 조리도구가 되어 있었음으로 다

---

141 《三國史記》 卷 23, 多婁王 11년
142 原田信男, 《コメを選んだ日本の歴史》, 文化新書, 2006, p69.

루왕 11년의 술도 그 재료 속에 지에밥(찐밥)도 포함되었을 것이다.

다루왕 6년 이후 수전도작의 보급과 확대에 따라 쌀을 세금으로 국가에 바칠 정도로 쌀은 보편화 되어 있었다. 이 시기에 자비(煮沸) 방식의 획기적인 변화가 일어났다. 벽면을 따라 판석을 터널 형식으로 잇대어 연도를 만든 형태의 안정된 부뚜막이 만들어지고 보급되었다. 부뚜막의 보급에 따라 시루 또한 전국적으로 크게 확산되었다.

풍납토성에서 발견되는 시루의 밑지름은 15cm에서 23cm의 비교적 큰 찜기이다.[143] 구연부가 넓은 바리[鉢]형의 경질무문토기인 단면삼각형점토대토기이다. 영산강 유역이나 낙동강 유역의 시루 보다 기능이 향상된 형태로, 이 때 시루 밑에 붙여 물 끓이는 삼각구연점토대토기는 장란형(長卵型)의 항아리이다.[144] 시루를 사용해서 찐 지에밥[强飯]은 떡과 술의 재료가 된다.

쌀이 보편화된 조건 하에서 술제조의 starter는 어떤 종류가 있었을까. 고구려인들의 보리로 만든 병국 그리고 기장이나 좁쌀로 만든 산국과 달리, 쌀이 풍부했음으로 주로 쌀로 만든 병국이나 쌀로 만든 산국을 starter로 삼았을 것으로 생각된다.

270년에서 312년 사이 수수보리가 일본에 전한 술 양주법에 동원된 누룩은 쌀로 만든 산국일 가능성이 있다. 왜냐하면 일본은 현재까지 쌀로 만든 산국이 starter가 되고 있기 때문이다.

---

143 신희권, 〈풍납동 백제왕성 백제토기의 형성과 발전〉, 《서울 풍납동 백제왕성연구 국제학술세미나》, 동양고고학연구소, 2003, p49.

144 복천박물관, 《선사고대의 요리》, 2005, p93.

여기서 다시 중국으로 돌아가 보자. 《제민요술》에도 등장한 화북(華北)에서의 거친 밀가루로 만든 병국(餅麴, 羍麴)제조 기술이 양자강 주변으로 도입되어, 양자강 도작(稻作) 지대에서 만들게 된 것이 초국(草麴)임은 이미 기술한 바 있다. 이것은 분말로 만든 향모(香茅, 피의 일종) 가루나 쌀가루를 원료로 하여 이것에 향초잎이나 나무껍질가루를 혼합하여 작은 단자나 원판상 형태로 만들어 거미집곰팡이나 털곰팡이를 번식시킨 것이다.

초국의 유형이라고 볼 수 있는 병국이, 조선시대에 들어와서도 보인다. 〈이화주국(梨花酒麴)〉이 그것이다. 《수운잡방(需雲雜方)》(1500년대 초)에 나타난 〈이화주조국법(梨花酒造麴法)〉을 보자.

梨花酒造麴法
當梨花開時白米多少任意百洗浸水經宿細細作末重篩以水酒少許合和極力堅作槐如鴨卵大箇箇蒿草裹如鷄卵裹空石入置七日後飜置三七日後見其色黃白相雜則出暫去風藏置用之《需雲雜方》

이화주국 만드는 법
배꽃이 필 무렵, 멥쌀의 많고 적음을 임의대로 마련하여 아주 여러번 씻어서 하룻밤 물에 담가둔다. 아주 곱게 가루로 만들어 겹체로 쳐서 내린다. 물을 조금 섞어서 힘을 많이 주어 오리알 크기의 단단한 덩어리로 만든다.

다북쑥으로 만든 꾸러미에 계란 싸는 것 같이 한 개 한 개 씩 넣어 싸서 빈섬에 넣는다. 7일 동안 놓아 둔 후 뒤집어 놓는다.

전통주 인문학

21일 뒤에 그 빛깔을 보아 황색과 백색이 서로 섞여 있으면 꺼내어 잠간 바람을 쏘였다가 저장해 놓고 쓴다(수운잡방).[145]

《수운잡방》보다 1000년 정도 앞서 나온,《제민요술》에도 이와 비슷한 병국 만드는 법이 제시되어 있다. 다시한번 보도록 한다.

大州白墮麴餠方
穀三石蒸兩生一石別磑之令細然後合和之也桑葉胡葈葉艾各二赤圍長二赤許合煮之使爛去滓取汁以冷水如之如酒色和麴燥濕以意酌量日中擣三千六百杵 訖餠之安置暖屋牀上
先布麥稭厚二寸然後置麴上亦與稭二寸覆之
閉戶勿使露見風日一七日冷水濕手拭之令遍卽翻之至二七日一例側之三七日籠之四七日
出置日中曝令乾作酒之法淨削刮去垢打碎末令乾燥十斤麴殺米一石五斗(齊民要術)

대주백타병국 만드는 법
쌀 3섬 중 2섬은 찌고 1섬은 생것으로 한다. 따로 따로 맷돌에 곱게 갈아 합한다. 뽕잎, 도꼬마리잎, 쑥을 각각 둘레 2적(赤), 길이 2적(赤)으로 잘라 문드러지게 삶는다. 찌꺼기는 버리고 즙을 취한다. 냉수를 섞

---

145 金綏,《需雲雜方》, 1500년대 초.

어 술 빛깔과 같이 만든다.

이것을 쌀가루에 축축한 정도로 섞는다. 낮에 3600번 찧어 덩어리로 만든 다음 따뜻한 방의 평상 위에 놓는다. 먼저 보리속짚을 두께 2치 되게 편 다음 그 위에 병국을 올려 놓고 또 보리속짚 두께를 2치로 하여 덮는다.

문을 닫고 절대로 바람과 햇볕에 노출되지 않도록 한다. 7일 째 되는 날 냉수로 손을 딲고 곧 뒤집어 놓는다. 14일 째에 옆으로 일렬로 세운다. 21일 째에 광주리에 담는다. 28일 째에 꺼내어 햇빛에 바싹 말린다.

술 빚을 때는 병국의 겉은 깎아서 버리고 깨끗하게 한 후 가루로 만들어 말린다. 10근의 누룩으로 쌀 1섬 5말을 삭힌다《제민요술》.[146]

대주(大州)는 지금의 사천(四川)이고, 백타(白墮)는 사천에 살고 있었던 주조의 명인이다.[147] 산동에 살고 있었던 《제민요술》의 저자 가사협은 사천에서 만들던 쌀로 만든 이름난 병국을 소개한 것이다. 이는 앞서 기술한 〈촉개함저〉 및 〈촉인장과〉와 같은 맥락이다.

수수보리가 살던 백제시대 사람들이 사천의 침채인 (순무+소금+쌀)로 만든 것을 먹었다면, 마찬가지로 사천의 누룩인 〈대주백타병국〉을 이용하여 술을 빚어 마셨을 가능성이 크다. 〈백타병국〉이 찐쌀과 생쌀을 2:1로 해서 합하여 가루로 만들고 이 속에 뽕잎탕 등을 넣고 반죽하여 빚어서 발효시킨 것이라면, 〈이화국주〉은 생쌀로 가루를 만들어

---

146 賈思勰, 《齊民要術》, 530년 경.
147 賈思勰, 《齊民要術》, 530년 경.

오리알 크기로 빚어서 쑥구러미에 1개 씩 넣어 발효시켰다. 시대의 차이를 감안해서 볼 때 〈백타병국〉이나 〈이화주국〉은 양자강 주변 도작 지대에서 만들던 초국(草麴)계열이라고 판단해도 좋다.

그런데 이 〈이화주국〉으로 만든 〈이화주〉는 단양주 탁주인데 너무도 걸쭉하여 냉수를 넣어 타서 마신다 했다.[148] 백제시대에는 쌀로 산국 이나 병국을 만들어 이를 starter로 해서 '먹는 술'을 만들어 숟가락으로 떠서 먹거나 빨대로 빨아 먹었을 가능성이 있다.

일본의《고사기(古事記)》에 의하면 응신천황(應神天皇, 270-312) 때 백제 사람 수수보리(須須保利, 仁番)가 와서 누룩을 이용한 술 빚는 법을 가르쳐, 그는 일본의 주신(酒神)이 되었다고 하였다. 이성우는 수수보리가 전해준 술누룩은 산국일 가능성이 있음을 제시하였다.[149]

③ 백제 예주(醴酒), 고대 일본의 왕실에서 즐긴 술

중국 사서에 '주례(酒醴)가 있다'라고 한 주례에서 례(醴)는 예주를 말한다.

예주(醴酒)에 대해서는 조선시대의 조리서에 다수 소개 되어 있다.[150] 조선왕실은 향온주(香醞酒)라는 예주를 만들어 진연 또는 진찬 때에 임금께 올렸다.

---

148 金綏,《需雲雜方》〈梨花酒〉, 1500년대 초.
149 이성우,〈한국식품문화사〉, 교문사, 1984, p200.
150《需雲雜方》,《攷事撮要》,《飲食知味方》,《酒方文》,《要錄》,《治生要覽》,《歷酒方文》,《山林經濟》,《增補山林經濟》,《攷事十二集》,《閨閤叢書》,《酒饌》,《林園十六志》,《양주방》,《群學會騰》,《술만드는법》,《朝鮮無雙新式料理製法》

《산림경제(山林經濟)》(1715)는 〈대궐 안 약국에서 향온주 빚는 법〉을 다음과 같이 소개하였다.

밀을 갈아 체로 내리지 않는다. 거친 밀가루 1말에 녹두 간 것 1홉을 합하여 디뎌서 병국을 만든다. 멥쌀 10말과 찹쌀 1말을 아주 여러 번 씻어 쪄서 지에밥을 만든다. 끓인물 15병을 부어 합하여 밥알에 그 물이 다 먹을 때까지 기다린 다음 대자리 위에 펴서 차게 식힌다. 이것에 누룩가루 1말 5되와 술밑 부본(腐本, 삭힘의 원료) 1병을 합하여 빚는다.

《음식지미방(飮食知味方, 한글은 음식디미방 표기)》〈향온주〉도 《산림경제》 양주법과 일치한다. 다만 술밑 부본으로 엿기름가루 1되를 쓴다했다. 거친 밀가루에 거친 녹두가루를 합하여 만든 병국에 엿기름을 합하여 이를 발효 starter로 삼아 짧은 숙성 기간을 갖는 술이다.

일본의 〈정창원문서(正倉院文書)〉(752)에 의하면 술의 종류로서 청주(淸酒), 탁주(濁酒), 조주(糟酒, 母酒), 분주(粉酒, 예주)가 있다 했다. 청주와 탁주, 조주는 술의 맑은 정도에 의하여 구분하여 나눈 것이기 때문에, 엄밀히 따지면 술 종류는 일반술과 예주 2종류이다.

이 예주 만드는 법이 《연희식(延喜式)》에 기술되어 있다. 예주 6되를 빚을 때 쌀 4되, 누룩 2되, 술 3되를 쓰고, 궁중에서는 여름철에 예주를 만든다 하였다. 여기에서는 부본 대신에 술을 넣음으로서 발효를 촉진시키고 있다.

이렇듯 백제인의 예주는 고대 일본의 왕실에서도 즐겨 마시는 술이었다.

전통주 인문학

제3장

중세의 술과
안주문화

·I·

중국

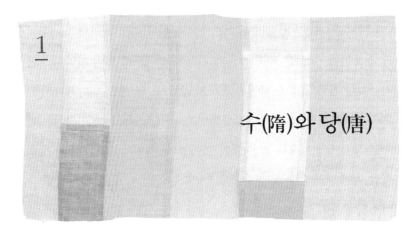

1

수(隋)와 당(唐)

1) 개요

580년 북주(北周)를 멸망시킨 수(隋, 580-618)는 593년 남조(南朝) 진 (陳)도 정복하여 남북을 통일한다. 그러나 수나라는 오랫동안 존속하 지 못하고 618년 당(唐, 618-907)에 의해 멸망한다.

수나라 2대 왕 양제(煬帝)는 양자강안(揚子江岸)의 진강(鎭江)에서 양 주(揚州)와 개봉(開封)을 경유하여 회하(淮河)로 통하는 거대한 운하를 만들었다. 이 운하에 의하여 화남의 쌀을 황하 유역에 까지 운반하게 된다. 후에 회안(淮安)에서부터 천진(天津), 북경(北京)을 연결하는 대운 하(大運河)로 조성되어 원(元) 이후 명(明)나라와 청(淸)나라의 수도가 되 었던 북경(北京)을 먹여 살렸다.

운하로 올라오는 쌀이 보편적으로 이용됨에 따라 재미있는 이야기도 전해진다. 화북은 원래 좁쌀과 기장을 상식으로 하던 지역이라 끈적끈적한 쟈포니카 종 쌀에 익숙하지 않았다. 당 현종(玄宗, 재위 712-756) 시대에는 화남산 쌀이 보급되어 동궁어소(東宮御所)의 숙식을 담당한 사람에게 나오는 밥은 백미 밥이었다. 설령지(薛令之)란 자가 숙직실 벽에 시를 썼는데 숟가락에 들러붙는 점성이 강한 밥에 대한 푸념조의 내용이 들어 있었다.

다음날 아침 이것을 본 현종은 크게 화를 내고 그 옆에 "그렇게 싫은 것을 먹어야 하나"라고 답시를 썼다. 그리고는 면직시켜서 고향으로 추방했다. 현종은 설령지 고향의 지사에게 명하여 설령지의 봉급이었던 쌀을 그가 살아 있는 동안 지급하지 않게 하였다. 관리로서 부적합했던 까닭이다.[1]

지금의 서안(西安)에 해당되는 장안(長安)을 수도로 삼았던 수나라와 당나라는 수 양제의 운하 건설로 인하여 남쪽에서 생산되는 쌀이 원활하게 조달됨에 따라 식량 걱정은 상당히 덜었다. 이 현상은 쌀 뿐만 아니라 여러 종류의 화남산 식품 조달도 원활하게 해주었다.

화남(華南) 강남(江南)은 수확량이 높은 벼가 주작물인 반면, 황하 이북은 기후가 혹독한 관계로 좁쌀과 기장이 주작물이었다. 게다가 만리장성 밖에서 일어나는 전투 또한 계속되어 백성들은 궁핍해 있었다. 수나라나 당나라의 문화는 유목민의 혈통을 이은 완전히 북방형인데

---

1 篠田統, 《中國食物史》, 柴田書店, 1998, p90.

전통주 인문학

운하 건설로 식생활에 혁명이 일어난 것이다.

당나라 왕조는 북조(北朝) 출신이면서도 서방과의 교섭 또한 활발히 진행하였다. 당 태종(太宗, 재위 626-649)부터 고종(高宗, 재위 649-683)에 걸쳐서 군사를 크게 일으켜 서역 중앙아시아 방면으로 영토를 확장하였다. 그리하여 양잠과 제지(製紙) 등의 기술이 유럽으로 전파되고 유럽의 각종 문물도 중국으로 유입되었다. 서방 유럽에서 전래된 문물 중 하나가 대량 제분에 절대적으로 필요한 연애(碾磑)이다. 이 연애를 수연(水碾) 또는 수차(水車)라고도 하는데 이것의 덕분으로 제분업이 기계화되어, 밀가루는 더 이상 귀족 계층의 전유물이 아니었다.(제2장 〈그림6〉 참조)

손으로 돌리는 맷돌로 하는 밀 제분 작업은 노예 계층이었으며, 이것을 먹는 사람은 노예를 소유한 귀족들 만의 특권으로 서민들이 먹는

[그림 1] 돈황 막고굴 437 굴벽화,
晚唐(田中淡, 〈古代中國畵像の割烹と飮食〉《東アジアの食事文化》, 平凡社, 1985, p296)

다는 것은 정말 드문 일이었지만, 수차 덕분에 분식은 서민들의 주식이 되어 중당(中唐)과 만당(晚唐) 시대에는 빵집과, 밀가루를 재료로하여 만든 음식 파는 노점상이 즐비하였다 한다. 이와 함께 수리권(水利權)은 상층계급의 유력한 상속 재산이기도 하였다.[2]

음식사에서 볼 때 수차 도입 이외에 또 하나의 획기적인 사건은 당이후부터 전개된 발 높은 식탁에 음식을 차려 놓고 의자에 앉아 서양식으로 식사하는, 서역 기원의 의자식 가구가 사용되기 시작한 것이다. 당 번성기의 장안에서는 이들 가구를 사용하여 식사하였다.

돈황막고굴(敦煌莫高窟) 437 굴벽화(窟壁畫)에는 연음도(宴飮圖)가 있다. 휘장이 쳐진 아래 중앙에는 길고 큰 탁자가 놓여있고, 탁자를 앞으로 하여 4명의 남자와 5명의 여자가 각각 등받이가 없는 의자에 걸터앉아 서로 마주보고 앉아있다. 식탁 위에는 커다란 접시와 작은 접시, 그리고 사람 숫자 대로 구성된 한 조의 숟가락과 젓가락이 배치되어 있다. 이 숟가락과 젓가락의 배치 모양은 중국식이라기보다는 서양식이다(〈그림 1〉).

당대에 이르러 커다란 사방식탁과 의자 사용은 지금까지의 좌식용 밥상인 안(案), 궤(几), 반(盤)을 사용했던 연석(宴席) 개념이 없어졌음을 의미한다. 중국 사회에서 좌식용 밥상은 점차 소멸되었다.[3] 그럼으로 그 때까지 좌식용 밥상을 중심으로 존속되었던 음식차림법 등은 튀김 음식의 본격적인 등장과 함께 사라지게 되었고 식사예법과 식기 등에

---

2 篠田統, 《中國食物史》, 柴田書店, 1998, p91.
3 김상보, 《한국의 음식생활 문화사》, 광문각, 1997, pp263-264.

전통주 인문학

도 엄청난 영향을 미쳤다.

본격적인 국수 출현, 불교의 빠른 전파와 함께 확산된 중국 전역에 걸친 음다(飮茶) 풍습, 이에 따른 다관(茶館)의 설치, 발높은 식탁 등은 오늘 날 중국에서 보여주는 것과 매우 유사하다. 현재 중국음식문화는 당나라 때에 형성된 문화의 계승이라고 볼 수 있다. 무엇보다도 중국음식에서 보여주는, 현재와 같은 기름에 튀긴 것을 기본으로 하는 양상은 당 이후의 산물이다.

밀가루 또는 쌀가루를 꿀로 반죽하여 기름에 튀겨낸 과자는《제민요술》에서 세환병, 절병, 부유, 찬, 고환으로 등장한다.《제민요술》이전 한나라에서는 튀김과자가 어찌나 귀했던지 공자님께 제사 올릴 때 고환[粔籹]을 올렸다.[4] 이 거여는 청동기를 조리도구로 사용하지 않았나 생각된다. 물론 한 시대에도 철은 존재하였다. 그러나 아직 조리용 도구로서 사용되는 철남비는 보급되고 있지 않았다. 당시대에는 조리용 도구로 철남비가 보급되어 튀김음식이 발달하게 된 것이다. 특히 밀가루가 재료가 된 튀김음식을 우리는 당과자(唐菓子)라고 부르는데, 불교의 번창과 더불어 다과공양(茶菓供養)에서 빠질 수 없는 품목이 되었다. 당과자는 우리나라에 유입되어 유밀과로 발전한다.

전성기 당 현종(玄宗, 재위 712-756) 치세에서 755년에 일어난 안록산(安祿山, ?-757)과 사사명(史思明, ?-761)이 일으킨 대란은 천하를 혼란에 빠뜨렸다. 안록산은 만주족 무장(武將)으로 현종의 총애를 받은 자

---

4 김상보,《한국의 음식생활 문화사》, 광문각, 1997, pp244.

이다. 하동절도사(河東節度使)로 있을 때 군대를 증강하고 사유화를 도모하여, 중앙의 양국충(陽國忠)과 반목하게 된다. 755년 북경에서 군사를 일으켜 낙양(洛陽)을 공략한 후 대연(大燕) 황제라고 스스로 칭하였지만, 둘째 아들 안경서(安慶緒)에게 살해 되었다.

사사명은 요녕성(遼寧省) 출신의 터키계 무장이다. 안록산과 친하여 난에 관계한 후 당에 항복했으나 안록산의 아들 안경서를 죽이고 대연 황제가 되었다. 후사(後嗣) 문제로 아들 사조의 (史朝義)에게 교살 된다.

안록산과 사사명의 대란으로 인하여 현종이 사랑하던 양귀비(楊貴妃, 719-756)도 무참히 교살되는데 양귀비는 사천 출신이다. 본명은 양옥환(楊玉環)이다. 처음에는 수왕(壽王) 모(瑁)의 비(妃)였으나 재색이 뛰어나 754년에 궁녀로 불러 들여 현종의 총애를 받아 귀비가 되었다. 일족이 부귀영화를 누렸다고는 하나 안록산의 난이 일어나자 육군(六軍)의 지탄을 받아 목을 매는 죽임을 당하게 된다.

현종 자신도 태자 숙종(肅宗, 재위 756-762)에게 왕위를 양도하고 사천 땅으로 망명하지만 투르크 및 티베트족의 도움으로 대란이 평정된 763년에는 현종과 숙종 모두 사망한 뒤였고, 현종의 손자 대종(代宗, 재위 762-779)이 왕위에 올랐다.

이후 당 소속 영토의 대부분은 전란에서 공을 세운 장군의 몫이 되어, 절도사는 자신의 아들에게 그 땅을 세습해 주게 된다. 당나라가 망할 때까지 하북(河北) 각지의 절도사 57명 중 정부가 임명한 자는 겨우 4명뿐이었다. 화려하고 번성했던 당의 모습은 사라지고 점차 쇠망의 길로 접어들어, 907년에 황소(黃巢)[5]의 적도(賊徒) 출신 주전충(朱全忠, 852-912)에 의해 멸망하니, 후량(後梁)의 시작이다.

후량은 16년 만에 후당(後唐)으로 이어지고, 계속 진(晉) 한(漢) 주(周)가 성립되었지만 53년 만에 5왕조는 흥망하고 송(宋)나라로 이어진다. 이 5왕조가 오대(五代)이다. 오대의 영역은 수도를 둔 낙양(洛陽)과 개봉(開封)을 애워 싼 작은 지역에 지나지 않았다. 주위에는 북한(北漢), 후촉(後蜀), 남당(南唐), 오(吳), 월(越) 등의 나라들이 세워지고 멸망했다. 그래서 오대십국(五代十國)이라고도 불린다.[6]

당 문화의 특징은 유럽, 중앙아시아, 투르크족, 티베트족, 만주족, 신라 등과 같은 이민족(異民族) 문화의 유입과 그 문화를 적극적으로 받아들여 발전시킨 것이다.

당의 도움을 받아 신라가 삼국을 통일한 시기가 676년이니, 이 시기는 당 고종(高宗, 재위 646-683) 때의 일이며, 신라가 멸망한 시기가 935년이니 당나라 멸망 후 28년이 지나고 나서의 일이다.

서역 및 기타의 여러 민족과 활발한 교류를 가졌던 당 번성기 동안 통일신라는 당의 음식문화를 받아들이고, 불교문화를 크게 발전시켰으며, 서역과도 활발한 교류를 갖고 번창하였다. 당나라가 현재 우리가 향유하고 있는 음식문화에 미친 영향은 실로 크다 하겠다.

---

5 황소(黃巢): 중국 당나라 말기 군웅(軍雄)의 한 사람. 관리에 뜻을 두었으나 이루지 못하고 소금 밀매상인이 됨. 왕선지(王仙芝)가 난을 일으키자 이에 따르다가, 왕선지의 사후(死後) 남아있던 민중을거느리고 각지를 공략함. 장안(長安)을 함락시키고 왕위에 올라 국호를 대제(大齊)라 함. 그후 이극용(李克用)에게 패망하여 도망쳐서 자살함.
6 篠田統, 《中國食物史》, 柴田書店, 1998, p105.

2) 끽다문화와 당과자, 설탕

(1) 끽다(喫茶)문화

차(茶)는 조엽수림문화(照葉樹林文化)의 산물이다. 동백과에 속하는 상록의 넓은 잎나무로 대엽종(大葉種)과 소엽종(小葉種)이 있다. 중국 운남성(雲南省) 남부와 사천(四川)에서 시작되어 동과 서로 퍼진 차 마시는 풍습은 현재 전세계에 퍼지게 되었지만, 차를 마시기 이전에는 차잎을 소금으로 절여 먹던지, 혹은 소금절임찻잎을 건조시켜 음료로 만들어 먹었다.

B.C 316년 진(秦)은 사천땅을 점유하고 있었던 파촉(巴蜀)을 멸망시킨다. 파촉은 중국 본토와는 다른 독립된 나라로서 존재했지만, 진에 의해 흡수된 후 급속히 중국문화에 동화되어 차를 중국 땅에 활발히 전파시켰다. B.C 1세기에 쓴 가장 오래된 다서(茶書)인 왕포(王褒)가 지은 《동약(僮約)》에 의하면, B.C 1세기에 사천에는 이미 다시장(茶市場)이 형성되고 중국 각지로 차가 팔려 나갔다고 쓰고 있다.

후한(後漢) 때의 의사 화타(華陀)는 100살에도 정정하여 조조(曹操)의 시의(侍醫)가 될 정도로 명의였는데, 《청낭비결(靑囊秘訣)》이라는 책을 남겼다. 후에 조조의 노여움을 사서 살해된 그는 평소 끽다(차를 마심)를 즐겼다. 차를 오랫동안 마시면 사고가 깊어지고 졸음을 쫓으며 몸이 가벼워지고 눈이 밝아진다 하였다.

이렇듯 몸이 가벼워지고 사고가 깊어지는 차는 전한에서 후한에 걸쳐 발전한 도교(道敎) 도사(道士)들에게도 선식(仙食)중의 하나가 되었다. 무망(無妄)의 세계 속에서 깨달음을 얻고자 하는 도사들에게는 없어서는 안 될 음료가 된 것이다.

无思也无爲也寂然不動이라가
感而遂通天下之故《周易》〈易道〉

생각도 없고 행위도 없으며 고요한 채로 움직임이 없어야
느끼고 마침내 천하의 연고(존재원리)에 통한다《주역》〈역도〉

도사들의 무망이란, 사람의 마음은 유위(惟危, 오로지 위태로움)하고,
도심(道心, 깨달은 다음에 얻는 正心)은 유미(惟微, 오로지 작음)한데, 조석
(朝夕)으로 욕심내고 변하는 유위의 마음에서 벗어났을 때 도(道)의 세
계(존재원리)가 보이기 시작하고, 이때에 동원되는 음료가 차가 된다는
것이다. 《주역》〈역도〉의 방법을 채택하여 도사들이 무망(無妄)의 세계
로 들어가고자 할 때 음료로 채택한 것이 차다.

이 차는 불교(佛敎) 선종(禪宗) 사회에서 좌선(坐禪)을 위한 필수 음료
가 된다. 무망과 좌선은 거의 같은 의미이다. 불교가 중국에 전래된 시
기는 도교의 번성과 거의 맞먹는 시기이다. B.C 2세기 전한 시대에 전
파된 후 후한 환제(桓帝, 재위 146~167) 때에는 궁중에 큰 누각을 만들
어 금동불상을 모시고 호화로운 의례를 열었다. 왕후와 귀족들 사이에
서는 부처님 오신 날 등 때에 성대한 의식을 가졌다. 그리하여 220년
후한 멸망 시기 전후에 이미 사회 상하층에 불교는 두루 침투되어 있
었다.

위(魏), 오(吳), 촉(蜀) 삼국(三國)시대에서 촉은 사천(四川)을 중심으로

하여 제갈공명의 도움을 받아 유비(劉備, 재위 221-223)가 연 나라이다 이 와중에 사천 차는 양자강 중류를 거쳐 화북과 양자강 하류로 보급 되었다. 촉나라의 원명은 촉한(蜀漢)이다.

촉한이 망하고 얼마 되지 않아 265년 화북에 서진(西晉, 265-316)이 들어선다. 그러나 316년 서진은 흉노의 손에 들어가고, 서진의 한사람 이 남경(南京)에서 나라를 세우고 제위에 오르니 동진(東晉, 317-420)이 다. 이 사건으로 화북 한인(漢人)의 문화가 남방으로 진출하게 된다. 서 진의 다생활(茶生活)은 고스란히 동진의 다생활로 연결되었다.

백제에 불교가 전파된 시기는 침류왕(枕流王, 재위 384) 원년(384)이 다. 호승(胡僧) 마라난타가 동진으로부터 와서 왕에게 전파하였다. 백 제불교는 처음부터 궁중불교로서 시작되었다.

동진 귀족층에서 사용되었던 동진 산(産) 찻잔과 차병이 당시 백제의 담로 지역이었던 공주 담로수장(首長)의 무덤에서 출토되었다. 평상시 에 고인이 즐겨 사용하고 아꼈던 찻잔과 차병 한 조를 죽음과 함께 땅 에 묻은 것이다. 차병의 주둥이가 닭머리(봉황) 모양인 까닭에 계수호 (鷄首壺)라 한다.

계수호는 다죽(茶粥)을 담았던 병으로 알려지고 있다. 다죽은 다갱(茶 羹)이라고도 한다. 다병(茶餠)을 볶아 가루로 만들고 계수호에 넣어서 뜨거운 물을 붓고 흔들어 파, 생강 등을 곁들인다. 정신을 맑게 하여 술을 빨리 깨게 해주는 음료로서 찻잔에 따라 마셨다고 한다. 다병은 찐 찻잎을 절구에 담아 찧어서 쌀풀을 합하여 만든 것이다.

당대 육우(陸羽, ?-804)가 지은《다경(茶經)》에는 239년에서 294년 경 낙양(洛陽, 後漢과 西晉 및 北魏의 수도) 시장에서 다죽을 쑤어서 팔고, 사

천 출신의 할머니는 다병을 팔았다고 기술하고 있다. 즉 다병과 다죽
은 서진에서 동진으로 이어진 차문화의 일면이다.

불교와 함께 선종사회에서 좌선을 통하여 차가 채택된 시기는 정확
히 언제부터인지는 불분명하다. 현종(玄宗)조에 태산(泰山, 산동 소재)에
있는 영엄사(靈嚴寺) 소속의 강마사(降魔師)란 승이 선종을 받아 들여
좌선 중에 잠을 쫓기 위하여 음다(飮茶)한 것이 북방에서 음다유행의
시작이라고 하지만, 화북에서의 차는 일찍부터 선종과 관계하면서 퍼
져나갔다. 강남에서 운반된 차는 일반인에게 널리 퍼져 있었으며 산동
(山東)과 하남(河南)에서 장안(長安, 西安)에 이르는 사이의 성시(城市)에
서는 다점(茶店)이 열리고 있었다.[7]

당대의 9세기 이미 차는 중국인들의 생활필수품이 되고 있었다. 9
세기 전까지만 해도 차는 도(荼, 씀바귀 "도")라고 썼으나 9세기 이후 차
(茶)란 한자어가 등장한다.

음다법(飮茶法)의 확립은 육우에 의해서이다. 그는 물 감식이 훌륭했
던 사람이었다. 호주(湖州) 태수 이계경(李季卿)이 육우를 불러 차를 끓
이도록 했을 때 그가 도복(道服)을 입고 종장(宗匠)인 것처럼 하고 나왔
기 때문에 이계경은 그를 천박한 사람으로 대하였음으로 육우는 너무
도 수치스러워 절강성(浙江省) 천목산(天目山) 부근에 은거하여 저술에
만 몰두하였다 한다. 이 시기가 760년 전후이다.[8]

육우가 쓴《다경 (茶經)》에는 다(茶)의 종류를 추다(觕茶, 번다番茶라고

---

7 篠田統,《中國食物史》, 柴田書店, 1998, p103.
8 篠田統,《中國食物史》, 柴田書店, 1998, p111.

도 함), 산다(散茶, 전다煎茶라고도 함), 말다(末茶), 단다(團茶, 병다餠茶 또는 편다片茶라고도 함)로 들고 있다. 이 중 단다 제조방법과 음용방법을 발췌한다.

청명한 날에 야생 茶싹을 따서 시루에 넣고 찐다. 절구에 담아 절구공이로 잘 갈아서 틀에 넣어 눌러 충분히 말린다. 이것을 단다 또는 전다(甎茶)라 한다.

마실 때에는 불로 건조시켜 식힌 다음 약연(藥硏)으로 갈아 가루로 만든다. 물이 충분히 끓으면 소금을 적당히 넣고 가루차를 넣는다. 위에 떠오르는 찌꺼기는 버리고 마신다.

단다로 만든 말차[末茶]를 설명한 것인데, 송(宋)대 이후의 말차와는 다르다 소금을 넣고 먹는다는 점에서 프로토타입(prototype,原形)에 가깝다.

(2) 당과자(唐果子)

당과자는 당시대에 갑자기 만들어진 것이 아니다. 앞에서 언급하였듯이 한대(漢代)에도 찹쌀가루를 꿀물에 반죽하여 기름에 튀긴 〈고환(거녀)〉이라는 과자는 있었고, 《제민요술》에도 역시 쌀가루를 꿀물에 반죽하여 튀긴 〈고환〉과 〈찬〉이 등장한다. 《제민요술》에는 밀가루에 꿀물이나 우유 등을 넣고 반죽하여 소기름이나 양기름에 튀긴 〈세환병〉〈절병〉〈부유〉도 소개하고 있다.

그러니까 한대부터 만들어 먹고 있었던 튀김과자가 당시대에 철남

216

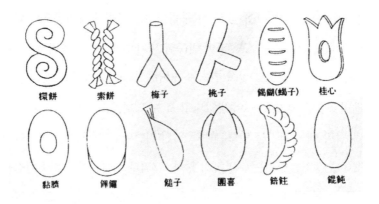

환병(環餅) 색병(索餅) 매자(梅子) 도자(桃子) 알호(餲餬,蝎子) 계심(桂心)

점제(黏臍) 필라(餲羅) 퇴자(魋子) 단희(團喜) 배즙(餢飳) 혼돈(餛飩)

────── [그림 2] 당과자(이성우, 《동아시아 속의 고대 한국식생활사 연구》, ──────
향문사, 1992, p394)

비가 대중 속에 널리 보급되고 제분기술이 대중화 되면서 곡물가루 특
히 밀가루의 상용화가 이루어져 더욱 대중화 보편화된 것이다.

일본은 견당사(遣唐使)가 당나라에 드나들면서 당문화를 받아들였
다. 문헌에는 당나라로부터 받아들인 당과자 8종과 과병(果餅) 14종이
나온다.

당과자: 매자(梅子) 도자(桃子), 알호(餲餬), 계심(桂心), 점제(黏臍), 퇴자
(魋子), 필라(餲羅), 단희(團喜)

과병: 부주(餢飳), 환병(環餅), 결과(結果), 엽두(捻頭), 삭병(索餅), 분숙
(粉熟), 혼돈(餛飩), 담모(膁膜), 박탁(餺飥), 어형(魚形), 춘병(椿餅), 병향
(餅餉), 거녀(粔籹), 전병(煎餅)

《제민요술》의 〈세환병〉은 꿀물로 반죽한 밀가루 반죽을 〈그림 2〉에

서 보여주는 〈환병〉 모양대로 작게 빚어 소기름이나 양기름으로 튀겨 낸 것이고, 〈부유〉는 효를 넣어 반죽한 밀가루반죽을 부풀려서 〈그림 2〉의 〈부주〉 모양으로 빚어 튀겨낸 것이라고 생각되기 때문에, 이들은 《제민요술》의 방법을 이어 받았다고 볼 수 있다.

당나라 때 당과자를 만드는데 동원된 기름이 소기름 또는 양기름인 지, 식물성기름인지는 분명하지 않다. 그러나 서아시아로부터 튀김문 화를 받아들였다고 본다면 당시대에 식물성기름이 튀김용으로 쓰였을 가능성이 있다. 《제민요술》에서도 돼지고기를 불에 굴 때 참기름을 발 라가면서 굽는다 하였음으로 참기름은 조미료로서 이미 활용되고 있 었다.

당말(唐末) 오대(五代)의 사람인 한악(韓鄂)이 저술한 세시기 《사시찬 요(四時纂要)》에는 당시에 먹었던 식재료가 열거 되어 있다.

보리, 쌀, 찹쌀, 좁쌀, 기장, 율무, 메밀

대두, 소두, 완두, 녹두, 참깨, 들깨, 마

과, 월과, 동아, 가지, 표주박

순무, 무, 우엉, 토란, 산마(서여), 백합, 연근, 올방개, 칡, 택사뿌리전분

부추, 염교, 마늘, 파, 죽순, 아욱, 갓, 거여목, 상추, 여뀌, 명하(茗荷), 호

유(胡荽), 평지, 순채, 난향(蘭香), 버섯, 목이버섯, 생강, 산초, 느릅나무

열매

가공품

오디, 밤, 호두, 오동나무열매, 복숭아, 매실, 살구, 오얏, 배, 모과, 석류,

전통주 인문학

대추

잉어, 가물치, 숭어, 붕어, 망둥어〔鯊〕

돼지, 개, 양, 소, 말, 사슴, 노루, 토끼, 닭, 거위

꿀, 유부(乳腐), 락(酪), 건락(乾酪), 장(醬), 어장(魚醬), 토장(兎醬), 행락

(杏酪), 두시(豆豉), 염시(鹹豉), 누룩, 신국(神麴), 엿기름, 초, 지황전(地黃

煎), 차〔茶〕, 술(《사시찬요》).[9]

서역 산물인 평지가 보이는 바, 평지는 기름을 짤 수 있는 유채작물
이다. 이밖에도 들깨, 참깨도 있기 때문에 이들로 짠 식물성기름이 각
종 튀김음식을 만들기 위한 재료가 되었을 것이다.

(3) 설탕

《제민요술》 이전에 남방에서는 꿀 정도 묽기의 사탕수수시럽을 먹고
있었다. 사탕수수는 과일류로 취급되어 줄기 말단의 물기가 많은 부분
을 먹었다. 이렇듯 시럽 상태나 사탕수수 자체를 즐겼지만, 당에 들
어서서 비로소 덩어리 상태의 사탕[砂糖] 만드는 제당법을 확립하게
된다.

서당(蔗糖) 제조 때 결정 석출(析出)을 방해하는 것은 즙액 중에 있는
보호 colloid 단백질이다. 일찍이 페르시아에서는 보호 colloid 단백질
제거를 위해 초산연(酢酸鉛, 鉛糖)을 사용하여 사탕 제조를 하고 있었다.

---

9 韓鄂, 《四時纂要》

낭 태종(太宗, 재위 626-649)은 인도에 사신을 파견하여 제당법을 배워 오게 하였다. 단백질 제거에는 생석회(生石灰)를 사용하였다. 대종(大宗, 재위 762-779) 시기인 766년에서 780년 사이 사천성(四川省) 수녕(遂寧)에서 제당업이 일어났다.

산산(繖山)근처에 암자를 갖고 있던 추화상(鄒和尙)이란 사람이 사육하고 있었던 당나귀가 도망가 근처의 사탕밭을 황폐화 시켰다. 추화상은 그 대가로 결정사탕[糖霜] 제조방법을 가르쳤고, 이것이 계기가 되어 제당법 발생의 계기가 되었다 한다. 잘 익은 사탕수수즙을 짜서 석회(石灰)로 중화시킨 후 졸여 단지에 옮겨 식히면 결정이 된다.[10]

이러한 역사적 사실이 뒷받침 되었는지 모르겠지만 조선왕실의 연회상에 올랐던 밀조(蜜棗), 팔보당(八寶糖), 금전병(金箋餠), 추이당(椎耳糖), 이포(梨脯), 진자당(榛子糖), 청매당(靑梅糖), 인삼당(人蔘糖), 오화당(五花糖), 빙당(氷糖), 설당(雪糖), 건포도(乾葡萄) 등을 당당(唐糖)이라 했다.[11]

3) 술과 안주

(1) 술

당시대에 들어서서 사람들은 탁주와 청주(淸酒)를 즐겼다. 그러나 탁

---

10 篠田統, 《中國食物史》, 柴田書店, 1998, p103, 113.
11 김상보, 《조선왕조 궁중의궤 음식문화》, 수학사, 1995, p432.

주는 청주에 비하여 대접을 받지 못하였다. 현종(玄宗, 재위 712-756)조 때 죽은 이적지(李適之)는 청주를 성인(聖人)에 비유하고 탁주(濁酒)를 현인(賢人)으로 비유할 정도였다.[12]

청주이든 탁주이든 기장으로 만든 술이 여전히 상등의 술이었고 그 다음이 쌀 또는 좁쌀로 만든 것이었는데, 이외에 포도로 만든 술도 등장한다.

술은 대개 9월 9일 중양절에 빚었다. 이 술은 겨울을 지나 다음 해 꽃구경을 할 때 걸렀다. 빨리 짜는 술은 정월(正月)에도 짰다. 거르는 방법이 거칠어 술지게미가 떠 있어 그 모습이 마치 봄 연못에 청록색 (靑綠色)의 녹조가 떠있는 듯하다 해서 녹주(綠酒)라 했다. 녹주가 맑아 지면 대나무잎[竹葉]과 비슷한 색깔의 술이 되기 때문에 이것을 죽엽청(竹葉靑)이라 했다.

양자강 하류를 점하고 있는 절강성(浙江省) 주변에서는 집집 마다 홍주(紅酒)를 담았다. 이 홍주는 당대에 처음으로 생산된 것은 아니고 547년에 나온 《낙양가람기(洛陽伽藍記)》에도 기술되어 있으니 당 보다는 이른 시기의 술이다. 이하(李賀)[13]가 쓴 다음의 시 속에 나오는 술은 홍주이다.

유리술 잔에 호박색 짙고
작은 술 거르는 틀에서는 술이 떨어지는데

12 篠田統, 《中國食物史》, 柴田書店, 1998, p105.
13 李賀(791-817): 唐代의 시인, 감숙성(甘肅省)사람. 시집편 《歌詩篇》이 있음.

진주홍이네

이 홍주는 막 걸렀을 때는 주홍색이고 1년 정도 지나면 호박색이 되기 때문에 이하가 막 마시려고 유리술 잔에 따른 호박색의 술은 1년 정도 지난 술이다.

홍주와 녹주는 널리 애음(愛飮)하여 마셨던 술인 듯, 서역에서 온 피부가 하얗고 눈이 파란 여자들이 장안(長安)의 주방(酒房)에서 홍주와 녹주를 팔았다 한다.[14]

대개 청주 계열에 속한 술은 그 이름에 청(淸) 또는 춘(春)을 붙여, 아파청(阿婆淸), 랑관청(郎官淸), 토굴춘(土窟春), 석동춘(石凍春), 이화춘(梨花春), 소춘(燒春) 등이라 했다. 春자가 붙은 술은 alcohol 도수가 높은 술이다. 소춘(燒春)은 사천성(四川省)에서 생산된 술이다. 백낙천(白樂天, 772-846)은 소춘을 소주(燒酒)라 하고 시를 남겼다.[15]

荔枝新熟鷄冠色燒酒初開琥珀香
새로 익은 여지가 계관색(닭벼슬색)이고 소주 비로서 항아리를 여니 호박 향기가 나네

백낙천의 시 속에 나오는 술이 증류주인가 아닌가에 대해서는 논란

---

14 篠田統, 《中國食物史》, 柴田書店, 1998, p105.
15 白樂天(772-846): 원이름은 백거이(白居易)이다. 자가 낙천이다. 《長恨歌》, 《琵琶行》, 《白氏文集》의 시문집이 있음.

전통주 인문학

이 많다.

당 말기에 단성식(段成式)이 편찬한《유양잡저(酉陽雜俎)》에는 안록산(安祿山)이 현종황제로부터 받은 진품 항목에 상락주(桑落酒)와 청주가 들어있고, 이 밖에 사주(蛇酒)에 대한 기록도 있어, 이로 미루어 청 또는 춘이 붙은 술을 좋은 술이라고 단정하기는 어렵다.

이 밖에 당 말기에 한악(韓鄂)이 쓴《사시찬요(四時纂要)》에는 모든 병을 다스린다는 건주법(乾酒法)이 기술되어 있다.

> 찹쌀 5말로 밥을 짓는다. 좋은 누룩 7½근, 바곳뿌리 5개, 생오두(生烏頭) 5개, 생강 5냥, 건강 5냥, 계심(桂心) 5냥, 산초 5냥을 합하여 가루로 만들어 앞의 찰밥과 혼합한 다음 항아리에 담아 밀봉해 두면 7일 만에 술이 완성된다.
> 술지게미는 꿀로 반죽하여 구슬 크기로 둥글게 만든다. 이것을 1말의 물에 넣으면 맛있는 술이 된다.[16]

물을 전혀 넣지 않고 만드는 일종의 약주이다.

정월(正月)에는 액막이를 위해 도소주(屠蘇酒)를 마셨다. 이 술은《형초세시기》에도 등장하는 액막이 술로 세시주로서의 역사가 깊다.

《제민요술》에도 제조법이 실려 있는 포도주는《북제서(北齊書)》에도 실려 있다. 서위(西魏)에 해당하는 북제(北齊)에서 세종(世宗)이 이지충

---

16 韓鄂,《四時纂要》

(李之忠)에게 포도주(葡萄酒)를 선물했다는 기록이 있다.

당 태종(太宗, 재위 626-649)이 고창(高昌)[17]을 정벌했을 때 포도를 가지고 돌아와 장안에 심어 포도주를 생산하였다고 전해진다.[18] 왕한(王翰)[19]은 "포도로 만든 미주(美酒) 야광배(夜光杯)에 담네" 라 하였다.

(2) 술안주

수나라와 당나라의 음식문화에 대한 특징을 논한다면 북방 유목 민족풍이라고 말할 수 있으나, 당대로 진입해서는 서역과의 활발한 교류로 기름에 튀기는 음식이 보편화 되고, 《제민요술》에서 보여주는 음식문화는 점차 퇴색된다. 여기에는 일반 민중에게까지 널리 보급된 철남비의 등장도 한 몫을 한다. 이러한 변화된 환경에서도 여전히 몇몇의 유목풍의 술안주는 즐겼다. 수와 당시대에 즐겨 먹고 있었던 술안주를 기술한다.

① 양갱(羊羹)과 게[蟹]

북방 음식(만주족 또는 몽고식 음식)을 즐겼던 수(隋)나라 때인 600년경 사풍(謝風)이 쓴 《식경(食經)》에 나타난 음식을 보니 병(餠)과 면(麵) 등 밀가루제품 13예, 밥(飯, 쌀밥 또는 조밥)이 2예, 양(羊)과 유(乳)제품 9

---

17 高昌: 5~7세기에 Traim분지 동부의 Turfan 지방에 있었던 漢人의 식민지 국가. 前漢이 高昌壁에 屯田한 기원 전 1세기 이래 중국과 교섭을 가졌으며, 중국이 혼란하면 피난하여 이곳으로 이주하는 자가 많았음. 특히 국씨(麴氏) 고창국(高昌國, 498-640)은 중국문화, 서방문화, 북방문화를 융합한 특이한 문화를 갖고 있었음.
18 篠田統, 《中國食物史》, 柴田書店, 1998, p102.
19 王翰: 성당기(盛唐期)의 시인.

예, 어(魚)와 자(鮓, 식해)가 4예 들어 있어, 밀가루제품과 양 및 유제품이 대부분이다.

양제품에 들어있는 양갱(羊羹)은 완전히 북방적 요리풍이다.

양갱

사람 수에 맞추어서 거위를 장만한다. 통째로 깨끗이 다룬 거위의 뱃속에 향신료와 조미료로 화합한 멥쌀밥을 채워 넣는다.

양 뱃 속에 멥쌀밥을 채워 넣은 거위를 집어넣고 통째로 굽는다. 익으면 꺼내서 거위만을 먹는다. 양은 다만 거위의 맛을 내기 위하여 사용하는 것으로 먹지 않는다.

수 양제(煬帝, 재위 604~617) 시절, 강남에서는 술지게미에 담근 게와 당(糖)에 조린 게를 양제에게 올렸는데, 게딱지 하나 하나에 금박으로 용봉(龍鳳) 모양을 장식해서 올렸다.

수나라 때의 북방풍 음식은 당으로 이어진다. 측천무후(則天武后) 말경인 700년 쯤, 위거원(韋巨源)이 쓴 《식보(食譜)》에 나타난 천자(天子)에게 바친 음식도 밀가루제품 17예, 밥과 죽(粥) 2예, 양(羊)과 유(乳)제품 11예, 어(魚)와 자(鮓) 5예, 돼지·곰·사슴·토끼 등 12예, 새우·게·조개 등 5예로 북방적이다.

② 식해[鮓]

식해(食醢)를 중국에서는 자(鮓)라고 부른다. 문헌에 처음 등장한 것은 2세기 초에 후한(後漢)의 허신(許慎)이 찬한 《설문해자(說文解字)》로

"鮓란 외래어이다"라 하였다. 화북(華北)을 차지하고 있었던 중국인들은 양자강 유역에서 사는 사람들과 접촉하기 전까지는 식해를 모르고 있었다.

양자강 유역은 쌀 재배지로, 논농사에 수반되는 민물생선과 쌀밥 그리고 소금이 어우러져 탄생한 것이 식해이다. 강남의 식해는 북방에서는 진미로 여겨져 616년 강소성(江蘇省)[20]의 소주(蘇州)[21]에서는 한 항아리에 300마리 분량이 들어 있는 이자(鯉鮓, 잉어식해) 40항아리를 왕에게 올릴 정도였다[22]. 당시의 사람들은 식해를 고급 안주로 해서 술을 마셨다.

당시대로 들어서자 식해는 수나라 때 보다 더 대중화되고, 식해 만드는 재료 또한 다양해졌다. 생선 뿐 만 아니라 무, 멧돼지 등도 재료가 되었다. 안록산이 현종황제로부터 받은 선물이 기록되어 있는《유양잡저》에는, 선물 물목 중 하나로 멧돼지식해[野豬鮓]가 들어 있다. 잉어식해를 진공했던 강소성에서는 여전히 식해가 진공품의 하나가 되어 있었다. 다만 잉어식해 대신 용상어식해로 바뀌어 왕에게 올렸다.[23]

두보가 죽기 3년 전인 767년 두보(杜甫)[24]는《괴엽냉도(槐葉冷淘)》란 시를 썼다. 이 시 속의 "향반포로(香飯包蘆)"는 향기 있는 밥과 식해 자를 말한다. 〈포로(包蘆)〉는 사천의 방언으로 자(鮓)를 가리키며 '꼭두서

---

20 江蘇省: 중국 동부의 해안 지대를 차지하는 성, 上海와 南京을 중심으로 방적, 화학, 기계공업이 발달되었음.
21 蘇州: 江蘇省 양자강 남쪽에 있는 港都.
22 篠田統,《中國食物史》, 柴田書店, 1998, p99.
23 篠田統,《中國食物史》, 柴田書店, 1998, p99.
24 杜甫(712~770): 李白, 高適 등과 詩酒로 교제함, 대표작으로《北征》《兵車行》등이 있음.

전통주 인문학

니 잎에 싸다'라는 뜻이다. 그는 현종황제에게 사랑을 받았으나 안록
산의 난으로 만년에는 사천성 등지에서 빈곤하게 살았다. 사천에서는
식해 자를 로(蘆) 즉 꼭두서니잎에 싸서 만들어 포로란 말이 나오지 않
았나 한다.

백낙천도 시에서 "연잎으로 어자를 싼다"라고 한 것으로 보아 이 시
절 어자는 꼭두서니 잎이나 연잎에 싸는 것이 유행이었던 것 같다.

③ 병(餠)

중국에서는 밀가루[麵]로 만든 것을 병(餠)이라 하고 밀가루 이외의
쌀, 조, 기장의 가루제품 등을 원료로 해서 만든 떡을 이(餌)라고 한다.
이는 고(餻, 가루를 시루에 담아 찐 것), 원(飯 작고 둥글게 만들어 찐 것), 단
(團, 원 속에 소를 넣은 것, 당대에는 대추를 소로 넣었음), 자(餈, 쌀을 쪄서 절
구에 친 것)로 구분하였다.

화북문화의 소산인 병(餠)이란 면(麵)에 물 등을 넣고 반죽하여 만
든 것이다. 병에는 증병(蒸餠, 찐 것), 소병(燒餠, 구운 것), 탕병(湯餠, 끓인
것), 유병(油餠, 기름에 튀긴 것)으로 분류된다.

증병은 소를 넣고 찐 포자(包子,起溲)와 소를 넣지 않고 찐 백병(白餠)
이고, 소병은 전병(煎餠)과 호병(胡餠)으로 대개는 깨를 뿌려서 구운 일
종의 빵류이다. 탕병은 국수나 물만두류이다. 유병은 환병(環餠)이나
절병(截餠) 등의 과자류로 당과자로 발전한다. 탕병에 대하여 좀 더 살
펴보자.

후한(後漢, 25-220) 때 최식(崔寔)이 연중행사를 기술한《사민월령(四
民月令)》에 〈수수병(水溲餠)〉이 등장한다. 이 〈수수병〉은《제민요술》에

서 〈수인병(水引餠)〉으로 명칭 변경되어 등장한다. 밀가루에 고기국물을 넣고 반죽하여 손가락으로 젓가락 굵기만큼 밀어서 1자 정도 길이로 잘라 부추잎 만큼 얇게 눌러[托] 삶아낸 것이다.

당시대에 들어서서 손가락이나 손바닥으로 누르지 않은[不托] '전도면(剪刀麵)'이 등장한다. 한반도에서는 전도면을 칼국수라 하였다. 홍두깨, 밀판, 도마, 칼을 사용하는 문화의 소산이 칼국수 전도면이다. 전도면의 등장은 국수를 보다 가늘고 길게 만들 수 있게 하여, 긴 국수처럼 수명이 길어지기를 바라는 마음에서 탄생한 '장수면(長壽麵)'이 등장한다. 뿐 만 아니라 긴 국수는 납면(拉麵), 괘면(掛麵) 등으로 발전한다. 또한 《제민요술》에서도 보이는 녹말을 재료로 한 당면(唐麵)도 유행하였다.

다시 두보로 돌아오자.

두보가 먹었던 〈괴엽냉도(槐葉冷淘)〉에서 냉도는 냉면을 가리킨다. 이것은 송나라와 원나라로 이어져 송대(宋代)의 진원정(陳元靚)이 쓴 《사림광기(事林廣記)》에는 칼국수로 냉면 만드는 법이 기술되어 있다.

괴엽냉도

느티나무의 어린 잎을 으깨어 즙을 취하고 그 즙으로 밀가루를 잘 반죽하여 얇게 펴서 실처럼 썰어 끓는 물에 익혀내어 냉수에 담갔다 꺼낸다. 그릇에 담아 좋아하는 것을 끼얹어서 먹는다.[25]

---

25 《事林廣記》

전통주 인문학

다음《거가필용》의〈취루면〉을 보자

취루면

연한 느티나무잎〔槐葉〕을 따서 갈아 밀가루에 넣고 반죽하여 아주 가
늘게 썰어 끓는물에 삶는다. 익으면 찬물에 담갔다가 꺼내어 그릇에
담아 양념을 넣어 먹거나 그냥 먹기도 한다. 표고버섯을 넣으면 더욱
좋다. 맛은 달고 빛은 푸르다.[26]

그러니까《거가필용》의〈취루면〉은 두보의〈괴엽냉도〉이자《사림광
기》의〈괴엽냉도〉이다. 두보는 여름철 식품으로서 가미(佳味)라고 극찬
하였다.

〈괴엽냉도〉는 한반도에도 전해져, 오는날 우리가 먹는 냉면의 원조
가〈괴엽냉도〉가 아닐까 한다. 조선왕조 순조(純祖, 재위 1800-1834)
때 조재삼(趙在三)이 쓴《송남잡식(松南雜識)》에는 다음과 같은 글을 남
겼다.

두보는 괴엽냉도란 시를 남겼고, 소동파의 시에도 괴아면(槐芽麵)이 있
다. 이것은 오늘날의 평양냉면과 비슷하다.[27]

856년 양화(揚曄)가 지은《선부경수록(膳夫經手錄)》에는 절면근(切麵

26《居家必用》: 洪萬選,《山林經濟》, 1710.
27《松南雜識》

筋, 일종의 우동), 냉도(冷淘), 삭병(索餠) 등의 국수류가 등장한다. 성당 (盛唐) 이후 장안(長安)에서부터 시골에까지 병 파는 집이 성행할 정도 로 병을 많이 먹었다.

당대에는 만두를 만들 때 가능한한 크게 만들어 먹는 풍조가 유행했 었던 듯 선종(宣宗, 재위 847-860) 때 궁에서 병을 만들었는데 소를 넣 을 때 소(酥)와 락(酪)을 한 사발이나 넣어 만들어 이것을 많이 먹은 학 사(學士)는 몇일 동안이나 설사를 계속 할 정도였다.[28] 이 병은 증병인 포자(包子)일 것이다. 소와 락을 한 사발이나 넣을 정도면 그 병은 대병 (大餠)임에 틀림없다. 사천성(四川省)에 사는 조웅무(趙雄武)는 6L의 밀 가루로 한 개의 병을 만들어 조대병(趙大餠)이라 불렀다.[29]

앞서《유양잡저》에는 안록산이 현종으로부터 받은 선물 물목에 멧 돼지식해가 있음을 기술하였다. 이것 외에도 물만두인 혼돈(餛飩), 종 (粽), 필라(饆饠)도 들어 있었다. 이로미루어 혼돈, 필라, 종은 사치한 음식의 범주에 들어 있었음을 알 수 있다. 필라는 밀가루를 재료로 하 여 기름에 튀긴 과자이다.

메밀은 중당(中唐) 이후 점차 확산되어 백낙천의 시에서도 시의 대상 이 되었다.

달 밝은데 메밀꽃이 구름과 같네
끊임없이 핀 하얀 메밀 꽃

---

28 篠田統,《中國食物史》, 柴田書店, 1998, p108.
29 篠田統,《中國食物史》, 柴田書店, 1998, p108.

전통주 인문학

백낙천의 시는 메밀을 많이 심는 당시의 풍물을 보여준다. 메밀로 가루를 만들어 병(餅)으로 만들어 먹었음이 틀림이 없다. 그 병의 대부분은 칼국수였을 것이며 한반도에도 영향을 미쳐 통일신라 이후 우리의 국수문화에 지대한 영향을 미쳤을 것으로 사료된다.

④ 소(酥)와 락(酪), 엿

소와 락이 일반인에까지 널리 퍼져 애식 되었다. 북방 민족과의 왕성한 교류 결과이다. 목령(穆寧)은 974년에 사망하였는데 목령전(穆寧傳)에 의하면 그의 네 아들에 대해 사람들은, 장남 정(貞)은 제호(醍醐)[30], 차남 질(質)은 소(酥, butter), 삼남 찬(贊)은 락(酪, yohgurt와 cheese의 중간), 막내 하(賀)는 가장 떨어지기 때문에 유부(乳腐, 부패한 yohgurt)라고 불렀다고 한다.[31] 차남과 삼남은 괜찮고, 그 다음이 장남, 가장 뒤떨어지는 아들이 사남이라는 이야기이다.

태종(太宗, 재위 626-649)조에 서역에서부터 전해진 마유(馬乳)로 만든 마락(馬酪)은 귀한 음식이었다. 현종황제가 안록산에게 선물한 것 중 하나에 마락도 들어있다. 락류이지만 금방 만든 락을 신락장(新酪漿)이라 했다. 신락장은 요즘의 yohgurt이다.

842년 71세였던 백낙천은 "적미반(赤米飯, 흑미반)에 락을 뿌려 먹다."라는 시를 남겼다. 죽의 맛을 증진시키기 위하여 엿을 죽에 넣어 섞어 먹는 것이 유행이었던 듯, 백낙천은 또 그의 나이 70세인 841년

---

30 醍醐: 양젖이나 소젖에 갈분을 타서 쑨 죽.
31 篠田統, 《中國食物史》, 柴田書店, 1998, p110.

〈계구당죽(鷄毬餳粥)〉이란 시를 썼는데, 엿을 넣은 죽과 닭고기단자란 뜻이다. 백낙천이 70세와 71세 노인으로 접어들어 쓴 시이니 어쩌면 락, 엿을 넣은 죽, 닭고기단자는 노인식일지도 모르겠다.

⑤ 여지, 수박, 포도

매실, 복숭아, 살구, 감, 대추, 사과, 앵두, 비파, 감귤, 여지 등을 먹었다. 이들 과일 중에서 가장 유명한 것은 아무래도 양귀비가 즐겨 먹었던 여지(荔枝)가 아닐까 싶다. 현종은 양귀비를 위하여 사천에서부터 장안까지 밤새 역마로 날라 공납케 하였다. 덜 익은 것은 맛이 없고 익은 것은 썩기 쉬웠기 때문이다. 이 공납으로 연도가 피폐해져 안록산의 난을 쉽게 만들었다 한다.[32]

포도는 태종 조에 서역으로부터 전해졌지만, 수박은 오대(五代) 시대 서방에서 들어와, 점차 즐겨 먹는 과일이 되었다.

⑥ 미나리초무침과 두부

파, 시금치, 무[大根], 순무[蕪菁], 고사리, 버섯, 거여목[苜蓿], 아욱, 미나리, 서여(薯蕷, 薯藥) 등이 있었다.

순무와 무 그리고 시금치는 지중해 쪽에서 들어온 작물이다. 시금치를 파릉초(菠稜草)라고 한다. 파릉은 페르시아를 뜻함으로 페르시아의 초(草)가 시금치인 셈이다. 거여목은 국 건더기로 해서 먹었다. 미나리

---

32 篠田統,《中國食物史》, 柴田書店, 1998, p99.

는 대개 초무침으로 먹었다.[33]

두부(豆腐)는 전한(前漢) 회남왕(淮南王)이 처음으로 만든 것으로 알려져 있지만, 두부가 문헌에 출현한 것은 오대말(五代末)에서 송(宋) 초에 도곡(陶穀)이 지은 《청이록(淸異錄)》이다. 이 책 속에는 안휘성(安徽省) 지주부(池州府)에 속한 청양현(靑陽縣)의 승(丞) 시집(時戢)이 검소하여 매일 몇 모의 두부로 고기 대신 먹었기 때문에 현민(縣民)들은 두부를 부지사양(副知事羊, 부지사가 즐겨 먹는 양고기)이라고 불렀다 한다. 두부는 유제품(乳製品) 대용(代用)이었다.

서여를 서약이라고도 한다. 원명은 서여이지만 薯蕷가 대종(代宗)의 휘(諱)와 같다고 해서 서약(薯藥)으로 고치게 되었다.[34]

33 篠田統, 《中國食物史》, 柴田書店, 1998, p98.
34 篠田統, 《中國食物史》, 柴田書店, 1998, p110; 揚嘩, 《膳夫經手錄》, 856.

2

북송(北宋)과 남송(南宋)

1) 개요

오대(五代) 최후의 왕조 후주(後周)의 세종(世宗)이 죽은 후, 병사에게 옹립된 어린 황제 조광윤(趙匡胤)은 960년에 개봉(開封)³⁵을 수도로 정하고 나라를 송(宋)이라 하였다. 이후 서하(西夏)³⁶와 거란[契丹]³⁷의 끊임없는 침입과 여기에 왕안석(王安石) 등의 개혁파와 사마광(司馬光) 등

---

35 開封: 五代의 4王朝와 北宋의 수도. 河南城의 수도.

36 西夏: 唐나라 夏州 節度使 후예인 拓拔氏라 부르는 李元昊가 甘肅省에서 내몽고 서부에 걸치는 땅에 세운 나라. 몽고에게 망함(1038–1227).

37 거란: 4세기 이래 내몽고의 시라무렌강 유역에 유목하고 있었던 부족. 10세기 초에 추장 야율 아보기(耶律阿保機)가 내외 몽고 및 만주의 여러 부족을 통일하고 그 아들 太宗 때 국호를 遼라 하였음.

의 보수파 간에서 벌어진 당쟁으로 국력은 쇠퇴의 길로 접어든다.

휘종(徽宗, 재위 1100-1125)은 태자 흠종(欽宗)에게 황위(皇位)를 양위하고 상황(上皇)이 된다. 그로부터 2년이 지난 1127년 만주에서 일어난 금(金)에 의하여 상황과 황제 흠종이 체포되니 드디어 수도 개봉은 금군에 의하여 함락되었다.

난을 피한 흠종의 동생 고종(高宗)은 강남(江南)으로 가 절강성(浙江省) 항주(杭州)를 수도로 하여 남송(南宋)시대를 열었지만 1279년 원(元)제국에 의하여 멸망되어 남송시대는 152년 통치로 끝이났다.

찬란했던 당나라문화를 고스란히 이어받은 송시대의 식생활은 당의 것이 그대로 재현되었다. 북송(北宋) 초 식생활을 알려주는 문헌으로는 오대(五代) 말부터 북송 초에 생존했었던 도곡(陶穀)이 쓴 《청이록(清異錄)》이 있다. 도곡은 대학 총장급의 직위에 있었던 사람으로, 당시 상류층 식생활문화를 《청이록》을 통해서 밝히고 있다. 몇 개의 예를 통하여 들여다 보기로 한다.

운영초(雲英麨)

연근, 연밥, 가시연밥, 마름, 토란, 쇠기나물, 올방개, 백합 등을 취해서 익도록 쪄내어 돌절구에 담아 짓찧는다. 이것에 사탕과 꿀을 첨가하여 다시 한번 짓찧어 차게 식혀서 잘라 먹는다.

일종의 과자류이다. 이 밖에 《규합총서》에도 등장하는 〈어아주(魚児酒)〉와 목단꽃 모양으로 아름답게 차려 담은 식해도 나온다.

어아주(魚兒酒)

진국(晉國)³⁸의 공(公) 배도(裴度)는 겨울에 어아주를 마셨다. 한 덩어리의 용뇌(龍腦)³⁹로 작은 물고기를 만들어 열한주(熱爛酒, 뜨겁게 데운 술) 한 잔에 용뇌 물고기 한 마리를 넣어 마셨다.

령롱목단자(玲瓏牧丹鮓)

얇게 편으로 썬 식해를 목단꽃 모양으로 아름답게 배열해 담는다.

북송 중기로 오면 시인 소동파(蘇東坡, 1036-1101)가 등장한다. 동파는 호이고 이름은 소식(蘇軾)이다. 아름다운 시로 그는 당송팔대가(唐宋八大家)의 한사람이 되었다. 그가 46세에 지은 《적벽부(赤壁賦)》는 호북성(湖北省) 적벽의 아름다운 양자강 연안을 노래한 것이다. 그는 양자강 하류의 절강성(浙江省)에서 모든 사(事)에는 시작(始)과 끝(終)이 있음을 시를 통해서 나타낼 정도로 심오한 식견을 갖고 있었다.

到得還來無別事 廬山烟雨浙江湖
진리를 깨우치고 돌아오니 事를 구별치 못하겠더라.
여전히 여산에는 안개비가 내리고 절강의 물은 흐르고 있네.

소동파는 당쟁으로 1079년 호북성 황주(黃州)의 단련부사(団練副使)

---

38 晉國: 五代 진국
39 龍腦: 용뇌수(龍腦樹)로부터 채취한 방향이 있는 무색 투명한 板狀結晶. 구강제, 방충제 등으로 쓰임.

로 좌천되어 이곳에서 거의 5년 동안 생활한다. 그는 친구로부터 빌린 땅을 경작하며 살면서 45세 되는 1081년 동파거사(東坡居士)란 이름을 얻는다. 그의 시 속에는 여러 음식이 등장하지만 소동파가 먹었다고 하는 〈동파갱〉은 소박한 팥밥에 어우러진 야채국이다.

동파갱(東坡羹)

순무, 무, 냉이 등을 잘 씻어서 기름 두른 솥에 물과 함께 넣는다. 약간 의 쌀과 생강을 넣고 약간의 기름을 넣어 준다. 쌀과 팥을 1:1로 하여 시루에 담아 불에 올려 놓고 찐다.

북송 말의 상황을 알려주는 기록물은 《동경몽화록(東京夢華錄)》이다. 맹원로(孟元老)가 북송이 멸망한 다음, 항주에서 번화했던 개봉의 생활을 그리워하면서 쓴 책이다. 당시 화려했던 술집은 요즘의 술집 모습과 같다(제3장-Ⅱ-2-1 참조).

한편 음식점에는 큰 음식점과 작은 음식점이 있었다. 보통 밥 파는 큰 음식점을 분다(分茶)라 하였다. 이곳에서는 면(麵), 밥[飯] 외에 두갱(頭羹)이 있었고, 백육(白肉, 닭 오리 등), 양, 콩팥, 위 등으로 조리한 음식을 팔았다.

食店

大凡食店,大者謂之分茶則有頭羹石髓羹白肉胡餅軟羊大小骨角炙犒 腰子石肚羹入爐羊罷生軟羊麵桐皮麵薑潑刀回刀冷淘碁子寄爐麵飯 支類

喫全茶饒薑頭羹更有川飯店則有挿肉麵大燠麵大小抹肉淘煎燠肉雜

煎事件生熟燒飯

更有南食店魚兜子桐皮熟膾麵煎魚飯

又有瓠羹店門前以枋木及花樣杏結縛如山棚上掛成邊猪羊相間

三二十邊《東京夢華錄》.

음식점

대체로 큰 음식점을 분다(分茶)라고 부른다. 이곳에는 두갱, 석수갱, 백

육, 호병, 연양, 크고작은 뼈고기, 각자호요자, 석두갱, 입로양, 엄생연

양면, 동피면, 강발도, 회도, 냉도, 기자, 기로면, 반 등의 음식을 판다.

전다(全茶)를 먹으면 절임과 두갱이 따라 나온다.

또 사천음식점이 있다. 이곳에는 삽육면, 대욱면, 대소말육도, 전욱육,

잡다한 지짐류, 생숙, 소, 반 등을 판다.

또 남쪽지방음식점이 있다. 이곳에는 어두자, 동피숙회면, 전어, 반 등

을 판다.

호갱을 파는 음식점도 있다. 문 앞에 방목과 다양한 꽃을 겹겹이 해서

산붕과 같이 묶어놓고, 위에는 잡아놓은 돼지와 양을 통째로 20-30

덩어리 걸어 놓았다《동경몽화록》.

麵與肉相停謂之合羹又有單羹乃半箇也舊只用匙今皆用筯矣

更有挿肉撥刀炒羊細物料碁子餛飩店

及有素分茶如寺院齋食也又有菜麵胡蝶齏肫燋及賣隨飯荷包白飯旋

切細料餶飿兒瓜齏蘿蔔之類《東京夢華錄》.

전통주 인문학

국수와 고기가 비슷하게 있으면 합갱이라 하고, 한쪽만 있으면 단갱이라 한다.

옛날에는 다만 숟가락을 사용하였는데 지금은 모두 젓가락을 사용한다.

또 삽육, 발도, 초양, 세물료기자, 혼돈 등을 파는 음식점도 있다.

사원(절)에서의 재식(齋食)과 같은 소선(素膳)을 파는 큰음식점도 있다.

채면, 호접제홀달이 있고, 연잎에 싼 밥이 따라 나온다.

백반, 선절세료골돌아, 과제(오이소금절이), 무 등의 음식도 있다(《동경몽화록》).

분다라는 음식점 외에 사천음식을 파는 곳, 남방음식을 파는 곳, 소선음식을 파는곳에 대한 설명이다. 국수와 고기의 비율이 1:1 정도 있으면 합갱이라고 하고, 한쪽만 있으면 단갱이라 하는 등의 다양한 국수류와 만두, 육류로 구성된 외식문화를 엿 볼 수 있다. 아마도 국수가 널리 보급되면서 젓가락 사용이 보편화 된 듯, "옛날에는 다만 숟가락을 사용하였는데 지금은 모두 젓가락을 사용한다."는 것이다.

남송(南宋)에 이르러서는 오늘날의 커피집과 거의 비슷한 다방(茶房)이 있어서 기다이탕(奇茶異湯)을 팔았다. 기다(奇茶)란 순수한 말차(末茶)가 아니라, 차에 용뇌 등의 향료나 소금을 혼합한 차다. 이탕(異湯)은 약탕(藥湯, 여름에 더위를 쫓는 탕)과 염시탕(塩豉湯) 등을 말한다. 물론 다방에서는 점다(点茶)는 필수였고 매화주(梅花酒) 등의 술도 팔았다.[40]

40 篠田統,《中國食物史》, 柴田書店, 1998, p175.

차[茶]는 술, 소금과 함께 전매품이었다.

술의 경우 누룩은 관(官)의 몫이었다. 관에서 누룩을 만들면, 민중은 그 누룩을 사서 술을 빚었다. 획일적인 관누룩에 술맛을 못 느끼는 민중들 사이에서는 사사로이 누룩을 빚어 담그는 일이 빈번하였다. 성 안에 사는 사람들이 사사로이 술을 빚어 그 술 양이 10근을 넘을 경우 또 시골에 사는 사람들이 사사로이 술을 빚어 그 양이 30근을 초과하면 시장에서 요참(腰斬, 허리를 잘름)하여 그곳에 버렸다. 또 서울 경성에서부터 50리 이내에로 사사로이 빚은 술 5말을 가지고 나가면 죄를 물어 죽였다.[41]

북송 인종(仁宗, 재위 1041~1063) 때의 경력(慶曆, 1041-1048) 초에 술 제조는 군비(軍費)로 충당했기 때문에 술값은 더욱 비싸졌고, 사사로이 빚는 술에 대한 벌은 더욱 심해졌다. 남송(南末)에 이르러서는 술 제조의 이권은 군벌(軍閥)의 주요 재원이 되었다.[42]

항주(杭州)[43]로 예를 들어 보자

새로 만든 술 뚜껑을 열어보는 행사는 일 년에 두 번 있었다. 청주(清酒) 개봉(開封)은 9월 초, 자주(煮酒)[44] 개봉은 4월이었다. 임안부(臨安府)[45] 점검소(点檢所) 소관의 주고(酒庫)인 경우 자주 개봉 날짜는 각각 술창고[酒庫]와 의논을 거쳐서 결정되었다. 날짜가 결정되면 당일

41 篠田統, 《中國食物史》, 柴田書店, 1998, p176.
42 篠田統, 《中國食物史》, 柴田書店, 1998, p176.
43 杭州: 중국 浙江省의 성도, 西湖에 임한 경승지, 南末의 수도.
44 煮酒: 술병을 시루 위에 올려 놓고 수증기로 살균한 술.
45 臨安: 현재의 杭州.

아침 일찍 각각의 술창고에서부터 부(府)의 연병장(練兵場)까지 행진하는데, 선두에는 '某庫選到有名高手酒匠 醞造一色上等醲竦無比高酒呈中第一'이라고 쓴 일종의 플래카드를 들고 가고, 이어서 큰북, 악대, 견본으로 꺼내 내온 몇 개의 술통이 따랐다. 팔선도인(八仙道人)[46]을 선두로하여 생선가게집 주인, 과자가게집 주인, 상인무리 등등이 따르고, 다음에 관기(官妓), 사기(私妓)가 따르며 주변에는 금슬(琴瑟) 등의 악대가 애워 쌓다.

이후 연병장에서는 품평회가 있었다. 품평회에서 수위를 차지하면 그 술을 아름답게 장식하여 각각의 술 창고로 돌아왔다. 지나는 길에서는 술을 마시게 하거나 과자를 나누어 주거나 하여 모든 성내(城內)가 왁자지껄 했다 한다.[47]

아무튼 술을 관(官)에서 관리한 까닭에 이러한 모습이 나타날 수 있지만 대단한 술문화의 모습이다.

2) 끽다문화

채양(蔡襄, 1012-1067)이 쓴《다록(茶錄)》에 의하면 당시의 병다(餅茶, 圃茶)는 대부분 표면에 고(膏, 기름)를 발라 파란색을 띄웠으며, 보통 상

---

46 八仙道人: 8선의 도인. 여기서는 唐나라 杜甫가 〈飮中八仙歌〉 속에서 노래한 賀知章, 王璡, 李適之, 崔宗之, 蘇晉, 李白, 張旭, 焦遂의 8명을 가리킴. 이 8인의 醉態를 〈음중팔선도〉라 함.
47《夢梁錄》

용되는 병다에는 사향이나 용뇌를 소량 넣었다. 명산지는 복건성(福建省)의 건안(建安)이었다. 복건성에서는 다향(茶香)이 손상된다 하여 향료를 넣지 않았다.

단다는 귀하였던 듯 오래된 것도 버리지 않고 점다(点茶)했다. 표면의 기름기 있는 부분을 1냥 정도 깎아 버린 다음 불 위에 올려놓고 건조시켜 분쇄해서 가루로 만들면 새로 만든 차 신다(新茶)와 같다고《다록》은 기술하고 있다.

휘종(徽宗, 재위 1100-1125)황제는 점다한 후 차 표면이 하얗게 보이는 백차[白茶]를 좋아했다. 그 후 궁중에서는 이 방법대로 점다하여 마셨다.[48]

남송(南宋)에서도 여전히 건안은 차명산지로서 이름이 높아 건안의 북원(北苑)은 황제어원(黃帝御園)이 되어, 이곳에서 생산된 차는 진공(進貢)되었다. 북원다(北苑茶)의 공납은 태종(太宗, 재위 976-997) 초부터의 일이라고 알려져 있다.

진공다(進貢茶)의 제조방법은 황유(黃儒)가 쓴《다품요록(茶品要錄)》과 작자 미상의《북원별록(北苑別錄)》에 의하여 잘 알려져 있다.

> 채다(采茶), 차 잎은 새벽 혹은 해 뜨기 전 밤이슬이 있는 동안에 딴다.
> 증다(蒸茶), 딴 차 잎을 몇 번이고 씻어서 찐다. 솥의 탕(湯)이 말라 타
> 지 않도록 한다.

---

48 篠田統,《中國食物史》, 柴田書店, 1998, p174.

전통주 인문학

착다(搾茶), 쪄지면 살짝 짜서 습기를 없앤 다음 다시 세게 짜서 가슬가슬할 정도로 즙기가 없어지도록 한다.

연다(研茶), 착다한 것에 물을 첨가하여 찧어서 잘 간다.

조다(造茶), 연다한 것을 틀에 담아 압착하여 형태를 만든다.

과황(過黃), 조다한 것을 뜨거운 불에 그슬려서 끓는 물 끼얹는 것을 3회 한 후 약한 불에서 말린다. 연기를 쏘이면 색도 향도 나빠지므로 연기를 쏘이지 않도록 한다.[49]

그런데 진공다(進貢茶)는 《다록》을 쓴 채양(1012~1067) 전에는 용봉다(龍鳳茶)이었으나, 채양 때부터 크기가 1치 각(角)의 소룡봉다(小龍鳳茶)를 만들고 이후 이 작은 소룡봉다는 진공품으로 자리하게 된다.

중춘(仲春, 음력 2월) 상순이 되면 복건으로부터 그 해 처음으로 단다(團茶)가 진공된다. 이를 〈북원시신(北苑試新)〉이라고 하였다. 1치 각의 작은 단다로 다만 100개만 올렸다. 황색의 얇은 견으로 포장하여 붉게 칠한 작은 상자에 넣어서 보내지는데 겨우 참새 혓바닥 크기의 차싹인 작설(雀舌)로 만들어 가격은 대단히 비쌌다. 1단(團)의 가격은 40만 전(錢)이었다 한다.

연회가 있을 때는 단다에 금박을 입혀서 오색 과일로 용봉(龍鳳) 형태로 장식하고 이를 '수다(繡茶)'라 했다. 수다는 일종의 간반(看盤)으로 보기만 하는 것이었다.[50]

---

49 《茶品要錄》:《北苑別錄》
50 周密, 《武林旧事》

음다(飮茶) 풍은 성행하여, 상류층에서는 말차[末茶]를 마실 때 표범 가죽 깔자리를 깔고 금이나 은으로 만든 탕기(湯器, 茶器) 사용을 선호하였다.[51]

3) 술과 안주

(1) 술

북송(北宋) 말, 1116년 구종석(寇宗奭)이 쓴 《본초연의(本草衍義)》에서는 술을 북주(北酒)와 남주(南酒)로 나누고 있다.

> 북주: 나주(糯酒), 자주(煮酒), 소두국주(小豆麴酒), 녹두주(鹿頭酒), 향약국주(香藥麴酒), 양고주(羊羔酒)
>
> 남주: 병자주(餅子酒)

북주는 밀가루로 만든 누룩으로 빚은 술이다. 양고주는 밀누룩으로 빚은 술에 쪄 익힌 어린 양고기를 침한 것이다.[52]

남주는 쌀가루 혹은 찹쌀가루에 약초를 혼합하여 만든 누룩 소위 초국(草麴)으로 빚은 술로[53] 이 국이 병자국(餅子麴)이다. 병자국으로 만든

---

51 篠田統, 《中國食物史》, 柴田書店, 1998, p135.
52 《淸異錄》
53 篠田統, 《中國食物史》, 柴田書店, 1998, p150-151.

전통주 인문학

술이 병자주인데 병자국주(餠子麴酒)라고도 한다. 병자국주는 당시 강남(江南, 양자강)의 명물이었다. 김수(金綏, 1481-1552)가 쓴 《수운잡방(需雲雜方)》에 나오는 〈이화주국(梨花酒麴)〉이 바로 병자국에 해당된다.

① 《북산주경(北山酒經)》의 술

《북산주경》은 《본초연의》보다 1년 뒤인 1117년에 나온, 《제민요술》의 흐름을 이어받은 책이다. 주익중(朱翼中)이 썼다. 주익중은 진사(進士)이었으나 달주(達州, 사천성)에서 귀양살이를 하는 등 관운이 없었다. 이후 항주(杭州)로 가서 조주업(造酒業)을 하게 된다.

㉠ 누룩

《북산주경》의 누룩은 쌀가루가 아닌 밀가루에 창이(蒼耳)와 백출(白朮) 등의 약초를 혼합하여 물을 넣고 골고루 섞는다. 이것을 누룩틀에 담아 단단히 디뎌 밟아내어 짚으로 싸서 국실(麴室)에서 숙성하여 건조시킨다.

약초를 혼합한 누룩 만드는 방법은 《제민요술》의 국 만드는 법을 이은 것이지만 남방의 병자국(초국법)을 차용한 것이기도 하다.

그런데 누룩 말리는 방법에 따라 명칭을 달리하여, 디뎌 밟은 것을 짚으로 싸매서 띄운 것은 암국(腤麴), 종이주머니에 넣어서 매달아 말린 것은 풍국(風麴), 직접 바람을 쏘여 건조시킨 것은 폭국(曝麴)이라 하고 술에 따라 누룩을 달리 하였다. 또 금파국(金波麴)이라는 누룩을 쓸 때에는 보조로 맥아를 합하여 양주하기도 하였다.

ⓒ 주모

《북산주경》에는 장(漿)을 사용하여 담그는 술이 등장한다. 이 술은
음력 6월에 양주하였다. 밀가루를 죽으로 만들어 물과 합하여 유산발
효를 일으키면 신맛의 장(漿)이 된다. 이 장이 충분히 끓어오르면 찹쌀
밥을 소량씩 넣어주는데 추울 때에는 24회에 걸쳐서 더울 때에는 21
회에 걸쳐서 넣어 준다. 끓어오르는 것이 멈추면 항아리 주둥이를 밀
봉하여 둔다. 여름에는 10일, 한 겨울에는 40일이면 술이 된다 하였
다.[54] 이 신맛의 장[酸漿]이 와장(臥漿)이라 하는 주모(酒母)이다.

또 다른 주모 만드는 법도 등장한다. 찐밥에 누룩과 물을 합하여 일정
한 온도를 유지시키면 감주(甘酒)와 같은 단맛의 당액(糖液)이 생긴다.[55]
여기에 공기 속에 있던 유산균이 침입하게 되면 당분의 일부가 유산발
효 되어 산성 당액이 된다. 효모(酵母, yeast)는 산성 당액을 좋아하기 때
문에 산성 당액에 효모가 번식하게 되면서 잡균의 번식이 억제된다. 이
것이 주모이다. 조선시대에는 주모를 부본(腐本, 酵, 삭힘)이라 했다.[56]

주모로 술을 빚으면 이상발효(異常醱酵)를 막아 술밑[醅]이 실패 없이
발효된다.[57]

《제민요술》에서는 누룩을 물에 담가 부글부글 거품이 일면 이것을

---

54 朱翼中,《北山酒經》, 1117
55 篠田統,《中國食物史》, 柴田書店, 1998, p154.
56 《산림경제》에는 《作酒腐本法》이 다음과 같이 기술되어 있다. "멥쌀 1말을 깨끗이 씻어 겨울에
는 10일, 봄과 가을에는 5일, 여름에는 3일 동안 물에 담가 쌀알 속속들이 불려 건져서 푹 찐
다. 여기에 약간의 누룩을 넣고 손으로 비벼 골고루 섞어 항아리에 담아 주둥이를 봉한다. 겨
울에는 따뜻한 곳에 두고 여름에는 서늘한 곳에 두어 삭아서 술이 되면 떠 쓴다. 그 맛은 약간
시큼털털하면서도 미끌거린다."
57 朱翼中,《北山酒經》, 1117: 이성우,《한국 식품사회사》, 교문사, 1995, pp205-206.

주모로 삼았으니, 《북산주경》의 주모는 《제민요술》시대 보다 많이 발전한 모습이다.

와장이라는 주모의 영향을 받았을 것으로 추측되는 술이 김수(金綏, 1481~1552)가 지은 《수운잡방(需雲雜方)》 〈감향주(甘香酒)〉에서 등장한다.

甘香酒
白米五升百洗細末作孔餠熟烹待冷眞末五升細紵布重下和釀楮葉均
包第三日粘米五斗
百洗熟水一盆沈宿又三日拯出以沈水酒蒸待冷出前酒和納甕五六日
方熟用之

감향주
멥쌀 5되를 아주 여러번 씻어서 곱게 가루로 만든다. 구멍떡을 만들어서 삶아 익힌다. 식기를 기다렸다가 밀가루 5되를 겹세모시체로 내려서 떡과 화합한다.
닥나무 잎으로 고르게 싸서 발효시킨다.
제 3일째 되는 날 찹쌀 5말을 아주 여러 번 씻어서 끓인 물 1동이에 담가 놓는다. 다시 3일 후에 쌀을 건져낸다. 쌀 담갔던 물로 뿌려 가며 쪄서 찐 밥을 만든다. 식기를 기다렸다가 앞서의 술과 화합하여 항아리 속에 담는다. 5~6일 후 잘 익었으면 쓴다.[58]

---

58 金綏, 《需雲雜方》, 1500년대 초.

《북산주경》과 같이 밀가루죽을 유산발효시켜서 주모로 만드는 것이 아니라 묽은 쌀떡에 밀가루를 합하여 유산 발효시키는 점이 다르다. 3일 동안 유산 발효시켜서 이것을 밑술로 삼고 덧술하는 이양주법 술이다.

ⓒ 술 빚기

깨끗이 여러 번 씻은 찹쌀을 시루에 담아 쪄내어 차게 식힌다. 이것에 누룩과 주모를 버무려 넣는다. 때로는 당화 보조를 위하여 찹쌀밥에 엿기름을 넣어 당화시킨다(밑술). 밑술에 지에밥을 소량씩 겨울에는 24회, 여름에는 21회에 걸쳐 덧술 한다. 끓어오르는 것이 멎으면 진흙으로 항아리 주둥이를 밀봉하여 공기를 차단한다. 여름에는 10일, 겨울에는 40일 후에 거른다.[59]

ⓓ 저온살균

술을 거른 다음 2-3일 동안 놔두어 찌꺼기를 침전시킨 후, 병 주둥이까지 술을 담고 랍(蠟)으로 밀봉한다. 술병을 밀실(密室)에 진열하여 넣고 숯 3롱(籠, 바구니) 분량에 불을 붙여 늘어 놓는다. 밀실의 입구를 밀봉하여 7일 동안 둔다. 이것을 화박(火迫)이라고 한다. 일종의 불넣기법으로 행하는 저온살균법(pasteurization)이다. 밀실 속의 온도가 높아 랍이 녹아서 주면(酒面)을 덮으므로 잡균이 들어가지 않는다.

술병을 직접 시루 위에 올려놓고 수증기로 살균하기도 하는데 이를

---

59 朱翼中,《北山酒經》, 1117

자주(煮酒)라 했다.[60]

화박으로 하는 저온살균을 하는 등의 과학적인 양주법은 원(元), 명(明), 청(淸)에 이어질 정도로 많은 영향을 미쳤을 뿐 만 아니라 조선사회의 술빚기에도 지대한 영향을 미치게 된다.

ⓜ 술종류

무릉도원주(武陵桃源酒), 냉천주(冷泉酒), 지황주(地黃酒), 약주(藥酒) 등이 있다.

무릉도원주는 신국(神麴) 20냥을 10되의 물에 넣어 물누룩[水麴]으로 만들어 발효시켜 starter로 한 술이다. 찹쌀 10되로 만든 지에밥에 수국을 합하여 죽과 같이 만들어 밑술을 만든다. 발효되기를 기다렸다가 20되의 쌀로 만든 밥에 수국을 합하여 넣어 덧술 한다(1차 덧술). 다시 발효되기를 기다렸다가 20되의 쌀로 밥을 지어 수국을 합하여 덧술 한다(2차 덧술). 발효되면 30되의 쌀로 밥을 지어 수국을 합하여 덧술(3차 덧술) 후 익기를 기다렸다가 마시는 사양주(四釀酒)법 술이다.

② 《동파주경(東坡酒經)》의 술

《동파주경》은 소동파(蘇東坡)가 남긴 술에 관한 작은 책이다.

---

60 篠田統, 《中國食物史》, 柴田書店, 1998, p152: 朱翼中, 《北山酒經》, 1117

병국주(餠麯酒)

우선 찹쌀 또는 멥쌀가루에 몇 종의 약초를 혼합하여 병국(병자국)을
만든다.

밀가루로 만든 면국(麵麴) 또한 충분히 건조해서 준비한다.

쌀과 병국과 면국으로 술을 빚는다. 쌀 50되를 기준하여 30되를 1무
더기로 하고 5되 짜리를 4무더기로 나눈다. 30되는 밑술을 하고 5되
짜리는 3번에 걸쳐서 덧술 한다.

술을 거르기 한 나절 전에 남겨 둔 5되의 쌀로 죽을 만들어 병국과 면
국 4냥을 합하여 술지게미에 다시 빚어 넣어 5일 만에 걸러낸다(《동파
주경》).

소동파의 병국주는 북방식과 남방식을 결합한 술이다. 쌀로 만든 병
국과 밀가루로 만든 병국을 동시에 쓰고 있는 점에서 그렇다.

그가 남긴 시 속에는 밀주(蜜酒), 계주(桂酒), 송료주(松醪酒), 천문동
주(天門冬酒)가 등장하고 그밖에 과일주인 포도주, 매주(梅酒), 여지주
(荔支酒), 동정춘색(洞庭春色)이 나온다.

동정춘색은 밀감의 명산지인 동정호(洞庭湖) 일대에서 딴 밀감으로
만든 술이라 이러한 명칭이 생긴 것인데, 소동파는 집에서 양주한 술
에 만가춘(萬家春), 라부춘(羅府春) 등, 당대(唐代) 풍의 '春' 자 붙이는 것
을 즐겨했다.

시노다오사무(篠田統)는 당시의 과일주들은 쌀과 누룩을 합하여 빚
거나, 좋은 술에 과일을 침지한 것으로 추정된다 하였다.[61]

250   전통주 인문학

③《무림구사(武林旧事)》의 술

남송으로 넘어오면 술은 크게 2종류로 나뉘어 봄에서 가을까지 양주하여 마시는 술을 소주(小酒)라 하고, 겨울에 양주하여 초여름에 마시는 술을 대주(大酒)라 했다. 소주 보다는 대주가 양질의 술인 듯, 비싼 금어주(金魚酒)는 대주에 속하였다.

《무림구사》속에 등장하는 술이름을 보면 술이름에 당대 풍의 춘(春)도 있지만, 당(堂)이 훨씬 많다.《무림구사》의〈람교풍월〉양주법이《거가필용(居家必用)》보다 20~30년 후에 나온《사림광기(事林廣記)》에 기술되어 있음으로 소개한다.

장미로(薔微露), 유향(流香), 옥련퇴(玉練槌)

사춘당(思春堂), 육객당(六客堂), 황화당(皇華堂), 원자당(爰咨堂), 유미당(有美堂), 중화당(中和堂), 청심당(淸心堂)

유도춘(留都春), 황도춘(皇都春), 십주춘(十洲春), 부옥춘(浮玉春)

경화로(瓊花露), 은광(銀光), 옥배(玉醅), 진주천(眞珠泉), 설배(雪醅)

경원당(慶遠堂), 청백당(淸白堂), 람교풍월(藍橋風月), 자금천(紫金泉), 만상개춘(萬象皆春)《무림구사》).

람교풍월(藍橋風月)

찹쌀 1말로 밥을 만들어 보통 법대로 장(漿)에 담근다.

---

61 篠田統,《中國食物史》, 柴田書店, 1998, p154.

장이란 밀가루죽을 물에 담그어 유산발효를 일으켜 시어진 액체이다. 누룩 3 ½ 냥에 장 3말을 잘 혼합한다(《사림광기》).

《북산주경》의 장(漿)을 사용하여 담그는 양주법을 계승하면서 누룩도 넣어 양주한 술이다.

(2) 술안주

앞서 《동경몽화록》을 통하여 북송 말의 음식점을 살펴 봄으로서 민중들을 애워싸고 있는 외식문화를 엿보고자 하였다. 이번에는 《동경몽화록》에 나타난 휘종의 상수연(上壽宴) 연회로 왕실의 술과 안주문화를 보기로 한다(〈표 1〉).

천자 휘종의 생일을 축하하기 위하여 재상과 백관이 참석한 가운데 열린 상수연은 9작(爵)의 술로 진행되었다. 본격적인 술안주는 제3의 잔부터 줄타기, 허리비틀기, 접시돌리기, 재주넘기, 경대(擎戴), 축병기(蹴瓶技) 등으로 구성된 잡기(雜技, 百戱)가 공연되는 가운데 제공 되었다.

줄타기는 간(竿, 대줄기, 횃대)타기와 망(網)건너기이고, 허리비틀기는 절요(折腰)라 하여 몸을 거꾸로 만곡시켜서 손과 발을 땅에 대거나 그대로의 자세로 지상의 그릇을 입에 물도록 하는 곡예이다.

접시돌리기는 완주기(椀珠技)라 하여 양(梁)나라 때부터 시작한 곡예이다. 그릇과 옥(玉)을 막대 끝으로 회전시키는 기예로서 요첩자(要碟子)라고도 한다.

재주넘기는 양손을 땅에 짚고 두 다리를 공중으로 쳐들어서 반대 방향으로 넘는 공중제비(tumbling)이다.

경대는 머리 위에 거꾸로 선 사람을 손으로 받쳐서 걸어가는 곡예이다.

축병기는 발로 던져 올린 병(瓶)을 철로 씌운 막대 끝으로 받아 세워서 회전시키는 곡예이다.[62]

백희(百戲)라는 말은 고려왕실에서 행하였던 〈팔관회〉나 〈연등회〉에서도 등장한다.[63]

조선왕조의 경우에도 중국사신이 입경하면 광화문에서 사신맞이 백희가 공연되었다. 이 백희를 〈산디놀이〉라 하였다. 사신 일행을 태운 거마(車馬) 소리가 광화문에 이르면 광화문 밖 동과 서에서는 산디놀음[鰲山, 산대(山臺)놀음][64]의 두 자리가 벌어졌다. 이때의 상황을 잠깐 들여다보자.

자라는 산을 이고 봉영(蓬嬴)의 바다 해를 싼다.

원숭이는 아들을 안고 무산협(巫山峽)의 물을 마신다.

두 사람이 어깨에서 춤 추는 어린 남자아이를 세운다.

한편에서는 많은 줄을 세우고 외나무다리를 밟듯 미인(美人)처럼

사뿐사뿐 밟으니 사람들은 날뛰는 산귀신인가 놀라서 바라보고 있다.[65]

62 人矢義高, 梅原郁 譯, 孟元老著《東京夢華錄》, 岩皮書店, 1983, p321.

63 《高麗史》;《高麗史節要》

64 鰲山: 고려시대부터 조선왕조를 통하여 성행하던 가면극. 중국사신을 맞이하기 위하여 도감(都監)을 두고 상연하였음. 산대도감극(山臺都監劇)이라고도 함.

65 《新增東國輿地勝覽》券 1

그러니까 〈표 1〉의 제 3잔에 등장하는 백희 잡기는 〈팔관회〉나 〈연등회〉 때의 잡기 및 중국사신 영접 때의 산디놀음과 완전히 일치하지는 않았겠지만 어느 정도 유사성이 있다.

《동경몽화록》에 기록된 제 3의 잔에서 나오는 안주는 쌍하각자(雙下角子), 육함시(肉鹹豉), 폭육(爆肉)이다.

쌍하각자는 낙타 등에 쌍(雙)으로 붙어 있는 혹 모양으로 만든 일종의 찐만두이다. 각자란 현재의 교자(餃子)에 해당되며, 남송에서는 각자를 각아(角兒)라고도 하였다. 쌍하각자는 낙타 등에 있는 2개의 혹모양 같이 2개를 한 조로 올린 찐만두라고 해석된다.

고려에서는 쌍하각자를 쌍하(雙下)라 하고 〈팔관회〉나 〈연등회〉때에 역시 세 번째의 진작(進爵)에서 술안주가 되었다[66]. 고려가요인《쌍화점(雙花店)》에서 "雙花店에 雙花 사라 가고신던 回回아비 내 손모글 주여이다."라 한 것으로 미루어 대중들은 쌍화(雙花)라고 불렀던 것 같다. 조선시대에 들어와 쌍하는 상화(床花, 찐만두)라 불렀다.

雙下角子 → 雙下 → 雙花 → 床花

육함시는 소금간을 한 시로 양념하여 만든 고기찬품이다.

폭육은 불에 군 고기로 적(炙)류이다.

제4의 잔 안주는 백육호병(白肉胡餠), 합적자(欱炙子), 골두삭분(骨頭索粉)이다.

---

66 《高麗史》

[표 1] 《동경몽화록》 〈천녕절〉의 연회구성

구분	술잔회수	참석자	음악과 춤	술안주	비고
전반부	제 1의 잔	천자 재상 백관	중공(中腔)노래 경배(傾盃)연주 삼대(三台)춤		모든 좌석의 한 사람마다 환병, 유병, 대추가 수북이 담겨져 차려지고, 대료의 사절에게는 뼈가 붙어 있는 채로 삶은 돼지, 양, 거위, 닭이 더 첨부되어 간탁(看卓)으로 차린다. 생파, 부추, 마늘, 초가 한 접시씩 배선된다.
	제 2의 잔	천자 재상 백관	중공노래 만곡자(慢曲子)연주 삼대춤		
	제 3의 잔	천자 재상 백관	잡기[百戲]	쌍하각자(雙下角子) 육함시(肉鹹豉) 폭육(爆肉)	
	제 4의 잔	천자 재상 백관	축언(祝言)과 창화 (唱和) 대곡(大曲)춤	백육호병(白肉胡餅) 합적자(榼炙子) 골두삭분(骨頭索粉)	
	제 5의 잔	천자 재상 백관	비파연주 방향(方響)연주 삼대춤 군무(群舞)춤	건반(乾飯) 누육갱(縷肉羹) 연화육병(蓮花肉餅) 태평필라(太平饆饠)	
	휴식				
후반부	제 6의 잔	천자 재상 백관	만곡자 연주 삼대춤	가원어(假元魚) 밀부사내화(蜜浮斯柰花)	
	제 7의 잔	천자 재상 백관	만곡자연주 삼대춤	호병(胡餅) 적금장(炙金腸)	
	제 8의 잔	천자 재상 백관	삼대춘 곡파(曲破) 군무 답가(踏歌)	독하만두(獨下饅頭) 두갱(肚羹) 가사어(假沙魚)	
	제 9의 잔	천자 재상 백관	만곡자연주 삼대춤	수반(水飯) 여러 가지 반찬	

백육호병은 밀가루에 닭고기나 오리고기를 넣어서 반죽하여 군 소병(燒餅)이다.

합적자는 주합을 사용하여 군 고기라고 생각된다.

골두삭분은 두골을 넣고 만든 국수이다.

제5의 잔 안주는 건반(乾飯) 누육갱(縷肉羹), 연화육병(蓮花肉餅), 태평필라(太平饆饠)이다.

건반은 수반(水飯, 물에 만 밥)에 대응 되는 것으로 찐 밥이다.

누육갱은 가늘게 채로 썬 고기를 넣고 만든 국이다.

연화육병은 연꽃 모양으로 만든 육병(족편)이다.

태평필라는 소를 넣고 만든 일종의 찐빵이다. 북방인들은 소가 들어간 찐빵을 파파(波波)라 하기도 하고, 불불(餑餑)이라고도 한다.

제6의 잔 안주는 가원어(假元魚), 밀부사내화(蜜浮斯柰花)이다.

가원어는 자라는 아니나 맛이나 형태 모두 자라를 먹는 것처럼 만든 가짜(假) 자라요리이다. 어육을 사용하지 않는 대신 식물성 기름을 많이 사용하고 곡류를 교묘하게 조리하여 자라맛에 가깝게 만들어 낸 것이다.

밀부사내화는 사과를 꽃 모양으로 만들어 꿀을 넣고 조린 일종의 정과류이다.

제7의 잔 안주는 호병(胡餅), 적금장(炙金腸)이다.

호병은 소병(燒餅)이다.

적금장은 적쇠에 구운 소나 양의 내장이다.

제8의 잔 안주는 독하만두(獨下饅頭), 두갱(肚羹), 가사어(假沙魚)이다.

독하만두는 적자(炙子)만두 즉 군만두이다.

두갱은 소의 위인 양을 넣고 만든 국이다.

가사어는 사어는 아니나 맛이나 형태 모두 사어를 먹는 것처럼 만든 가짜 사어요리이다. 곡류를 교묘하게 조리하여 사어맛에 가깝게 만들어 낸 것이다.

현재도 중국에서는 이러한 음식이 현존한다. 소삼생(素三牲)이라고 하는데 이들 소선(素膳) 음식은 밀가루, 찹쌀, 낙화생 등을 재료로 하여 돼지, 닭, 물고기는 아니나 맛이나 형태 모두 이들은 먹는 것처럼 만든 찬품들이다.[67] 앞서 《동경몽화록》에 나타난 음식점에 대한 기술에서 "사원에서의 재식(齋食)과 같은 소선을 파는 큰 음식점이 있다"라 한 사실에서, 북송말 일반음식점에서도 소삼생류를 팔지 않았을까 한다.

제9의 잔 안주는 수반(水飯)이다.

수반은 물에 만 밥이다.

북송(北宋) 말에서 남송(南宋)으로 옮아가는 시기에는 《제민요술》에 기록된 음식은 사라지고 새로운 음식이 많이 등장한다. 철로 만든 냄비가 당(唐) 대에 보급되어 기름에 튀긴 각종 음식이 상당수 발달 보급되어 있긴 하였지만, 송 시대에는 공업이 더욱 번창하였기 때문에 철 도구가 민중들에게까지 보급 확산된 까닭이다.[68]

《동경몽화록》에 나타난 상수연의 향연 형식은 남송(1127–1279)에 들어서서도 거의 비슷하게 진행되었다. 도종(度宗, 재위 1264–1274)이 자신전(紫宸殿)에서 개최한 황태후 상수연에서 안주를 중심으로 살펴본다.[69]

　　제1의 잔

　　제2의 잔

67 原田信男, 〈精進料理と日本の食生活〉, 《日本の食事の文化》, 味の素食の文化センタ, 1999, p190.

68 篠田統, 《中國文化と日本の風俗》, 13卷 4号, 1975.

69 陶文台, 《中國烹飪史略》, 江前進印刷廠, 1983.

제3의 잔: 시(豉), 쌍하타봉각자(雙下駝峰角子)

제4의 잔: 적자(炙子), 골두삭분(骨頭索粉), 백육호병(白肉胡餅)

제5의 잔: 군선적(群仙炙), 천선병(天仙餅), 태평필라(太平饆饠), 건반(乾飯), 누육갱(縷肉羹), 연화육병(蓮花肉餅)

제6의 잔: 가원어(假元魚), 밀부소날화(蜜浮酥捺花)

제7의 잔: 배취양(排炊羊), 적금장(炙金腸)

제8의 잔: 가사어(假沙魚), 독하만두(獨下饅頭), 두갱(肚羹)

제9의 잔: 수반(水飯), 여러 가지 반찬

《동경몽화록》보다 150년 뒤의 기록임에도 불구하고 거의 비슷한 흐름으로 진행되고 있음을 알 수 있다.

제3의 잔 안주에서 시(豉)라고만 했는데, 육함시를 시로만 쓴 것이 아닐까 한다. 쌍하타봉각자에서 타봉(駝峰)은 낙타 등에 붙어 있는 혹을 지칭하는 것임으로 휘종 상수연에서의 쌍하각자나 쌍하타봉각자는 같은 음식이다.

제4의 잔 안주에서 골두삭분, 백육호병은 휘종의 상수연에서와 같다. 적자는 합적자가 아닐까 한다.

제5의 잔 안주에서 건반, 누육갱, 연화육병, 태평필라는 휘종의 상수연에서와 같다. 군선적은 맛있는 여러 구이를 한 그릇에 담은 각색적(各色炙)이며 천선병은 밀가루로 복숭아 형태로 만든 찐 빵이다.

제6의 잔 안주에서 가원어, 밀부소날화도 휘종의 상수연에서와 같다. 밀부소날화는 밀부사내화와 같은 정과류이다.

제7의 잔 안주에서 적금장은 휘종 상수연에서의 안주와 같고 배취양은 일종의 양고기찜이 아닐까 한다.

　제8의 잔과 제9의 잔 안주는 휘종 상수연에서의 안주와 같다.

　이상에서 살펴 본 바와 같이 안주류는 〈군선자〉 〈천선병〉 〈배취양〉
을 제외하고 다른 것은 《동경몽화록》의 내용과 같다. 밀부사내화가 밀
부소날화로, 쌍하각자가 쌍하타봉각자로 약간의 명칭 변화가 생긴 것
은 150년이 흐른 뒤의 자연스러운 변화라고 보는 것이 타당하다.[70] 북
송의 궁중음식에 약간의 변화는 보이지만 남송으로 그대로 전개되었
음을 알 수 있다.

　북송이든 남송이든 왕실에서의 안주류는 《제민요술》풍, 북방풍, 남
조 양(梁)나라 이후에 전개된 소선 찬품, 당나라 이후 설탕의 생산 보급
과 함께 발달한 찬품들로 구성되어 있다.

---

70 김상보, 《사상으로 만나는 조선왕조음식문화》, 북마루지, 2015, pp92-97.

· II ·

한반도

1

통일신라시대

1) 사회적 배경

신라 역시 백제와 마찬가지로 냉식하고 술을 혼례 때에 쓰며 술잔으로 상(觴)을 사용하고 오곡이 있었다. 여름에는 겨울철에 저장해 둔 얼음을 사용하여[석빙고] 음식이 상하지 않도록 하였다.

《삼국사기》에 의하면 "파사왕(婆娑王, 재위 80-112) 때 임금이 이찬 허루(許婁)에게 '맛있는 음식과 술을 마련하여 잔치를 열어 즐겁게 해주었음으로…' 주다(酒多)라는 직책을 주어 이찬 보다 위에 있게 하였고, 주다는 후에 각간(角干)이라 했다" 한다.[71] 이는 신라 초기의 술을 빚고

71 《三國史記》〈新羅本紀〉卷 1

안주를 준비하는 책임자들에 대한 특별 예우이다.

중고기 궁중 내성(內省)[72]에 소속된 음식문화와 관련된 관사를 보니

조전(租典): 궁중의 쌀곳간 업무를 맡은 관청. 대사(大舍) 1명, 사(史) 1명

빙고전(氷庫典):얼음 창고를 담당한 관청. 대사 1명, 사 1명

육전(內典): 경덕왕 때 상선국(尙膳局)으로 잠시 개칭. 조리를 담당한 관청. 간(干) 2명.

포전(庖典): 동궁의 조리소. 대사 2명, 사 2명, 종사지(從舍知) 2명

철유전(鐵鍮典):철기, 유기를 제조하던 관청

칠전(漆典): 경덕왕 때 식기방(飾器房)으로 잠시 개칭. 기용(器用)의 옻칠을 맡은 관청

마전(磨典): 경덕왕 때 신인방(梓人房)으로 잠시 개칭. 음기(飮器) 등의 제작을 맡은 관청

궤개전(机槪典): 경덕왕 때 궤반국(机盤局)으로 잠시 개칭. 밥상 등을 제작한 관청. 간 1명, 사 6명

양전(楊典): 경덕왕 때 사비국(司篚局)으로 잠시 개칭. 소쿠리, 죽기(竹器) 등을 제작한 관청. 간 1명, 사 6명

남도원궁(南桃園宮): 궁성 남쪽의 복숭아 과수원을 담당하던 관청. 옹(翁) 1명.[73]

---

72 內省: 궁정 업무를 총괄하고 근시 집단을 통솔하는 관청, 후대의 궁내부(宮內府)에 상당함.
73 《三國史記》卷 39: 정구복 외 4인 《역주삼국사기》 주석편 下, 한국정신문화연구원, 1997, pp512-535.

으로 직원 구성은 간(干), 사(史)의 계열과 옹(翁), 조(助), 모(母), 여자(女子)의 유형으로 나누어지고, 간(干)→궁옹(宮翁)→대척(大尺)→사(史)와, 대사(大舍)→사지(舍知)→사(史)의 지위로 나누어 졌다.[74]

간(干)은 대사(大舍)에 버금가는 지위로 생각할 수 있으나 각간(角干)에서 보았듯이 또 육전의 부속인 것으로 보이는 포전에 소속되어 있는 관리가 대사인 점으로 미루어 대사 보다 상위이었을 것이다.

즉 궁중의 조리는 간 2명에게 책임을 맡긴 육전과, 대사 2명에게 책임을 맡긴 포전에 의해서 지휘되었다. 간과 대사 밑에는 4두품 정도의 사(史)와 사지(舍知)가 있었으며, 이들 밑에는 다수의 전문직 종사 노비들이 있어 사와 사지를 도왔다.

당시의 노비들 상황에 대해서는 《신당서(新唐書)》에 실려있는 다음의 글이 뒷받침 한다.[75]

재상가에는 록(祿)이 끊이지 않으며 노동(奴童)이 3000명이다. 갑병우 마저(甲兵牛馬猪)도 이와 비슷하다. 바다 가운데 산에서 목축을 하는데 오로지 식용으로 할 때만 쏘아 잡는다. 곡식은 다른 사람에게 빌려주어 이식을 붙이고, 이를 갚지 못하면 노비로 삼는다.

당시 귀족과 권력층은 많은 수의 노비를 거느리고 먹거리에 종사시켰다는 내용이다.

---

74 박남수, 《신라수공업사》, 신서원, 1996, pp124-125.
75 《新唐書》卷 220, 〈列傳〉, 145 〈新羅〉

한편 조리 종사 장인들은 불교사상과 관련하여 비교적 높은 사회 경제적 지위를 누렸다. 법흥왕 때 불교가 공인된 이후 불교사원에서 수행하는 사회사업에는 자비, 보시, 복전(福田), 일여평등(一如平等) 등의 불교적 근본 사상이 바탕이 되어 시행되었다.

이에 따라 승려들에 의한 음식문화 발전을 들 수 있다. 승려들이 조리기술을 익히는 것은 '보살의 보시'를 수행하기 위한 방편이었다. 이러한 사상적 기반은 9세기 중엽 중국의 선종(禪宗)이 신라에 전래된 이후 더 급속히 확산되었으며, 승려들이 수공업기술을 익힐 수 있는 사상적 기반이 되었다.

신라의 사건은 아니지만 고구려 영양왕(嬰陽王, 재위 590-617) 21년(610) 일본에 건너간 고구려 승려 담징(曇徵)이 연자방아 만드는 방법에 능하여 이를 일본에 전한 것도[76] 비슷한 맥락이 아닌가 한다.

9세기 초엽이 되면 승장(僧匠)들에 대하여 각 직능 별로 박사, 조박사, 대장, 부장 등으로 칭했다. 4-6두품의 기술관들에게 칭했던 박사(博士)란 명칭이 관등이 없는 승장이나 일반 장인들에게도 칭하였음으로[77] 양주기술을 지닌 술 제조자(승장 또는 일반인)에게도 박사라 불렀을 것으로 짐작된다.[78]

76 《日本書紀》卷22, 推古天皇 18年 3月
77 박남수, 《신라수공업사》, 신서원, 1996, pp238-303.
78 김상보, 〈통일신라시대의 식생활〉, 《신라문화제학술논문집》 제 28집, 2007, pp191-193.

2) 왕실의 음주문화

(1) 동궁 월지에서 발굴된 주령구(酒令具)와 곡수연(曲水宴)

연회장에서 흥을 돋우기 위한 놀이기구의 하나로 육각형이 8면, 정사각형이 6면의 14면체로 구성되어 있는 참나무로 만들어진 것이 있다. 이것은 지름이 6cm 정도 되는 작은 주령구(酒令具)이다. 동궁의 처소로 알려진 동궁월지에서 발굴되었다(〈사진 1〉).

14면에는 주령구를 굴린 사람에게 어떠한 행동을 지시하는, 한자로 된 글이 새겨져 있다. 연못에 배를 띄우고 연회를 하든, 실내 연회장에서의 연회이든 주령구를 던져서 나오는 글에 따라 행동을 달리하며 왁자지껄 웃고 노래하는 왕실의 풍류를 느끼게 한다.

주령구를 던져서

유범공과(有犯空過)가 나오면, 덤벼드는 사람이 있어도 가만히 있어야 한다.

월경일곡(月鏡一曲)이 나오면, 월경을 한 곡조 불러야 한다.

자창자음(自唱自飲)이 나오면, 스스로 노래 부르고 스스로 마셔야 한다.

임의청가(任意請歌)가 나오면, 누구에게나 마음대로 노래를 청하고, 청함을 받은 사람은 노래를 해야 한다.

음진대소(飲盡大咲)가 나오면, 술을 다 마신 다음 크게 웃어야 한다.

양잔즉방(兩盞則放)이 나오면, 술 2잔을 쏟아 버려야 한다.

롱면공과(弄面孔過)가 나오면, 얼굴을 간질어도 꼼짝하지 않아야 한다.

금성작무(禁聲作儛)가 나오면, 소리 없이 춤을 추어야 한다.

추물막방(醜物莫放)이 나오면, 더러운 것을 버리지 않아야 한다.

삼잔일거(三盞一去)가 나오면, 술 3잔을 한 번에 마셔야 한다.

곡비즉진(曲臂則盡)이 나오면, 팔뚝을 구부린 채 술을 다 마셔야 한다.

중인타비(衆人打鼻)가 나오면, 여러 사람이 코를 때려야 한다.

공영시과(空詠詩過)가 나오면, 시 한수를 읊어야 한다.

자창괴래만(自唱怪來晩)이 나오면, 스스로 괴래만(노래이름)을 불러야
한다.

월경일곡(月鏡一曲) 자창자음(自唱自飮) 임의청가(任意請歌) 공영시과
(空詠詩過) 자창괴래만(自唱怪來晩)이 노래로 벌을 주는 것이고, 음진대
소(飮盡大哭) 삼잔일거(三盞一去) 곡비즉진(曲臂則盡)이 술을 강제로 마시
도록 하는 벌이며, 춤을 추도록 한 것이 금성작무(禁聲作儛)이다.

신라왕실은 풍류를 즐겼다. 전복 모양으로 만든 포석정지(鮑石亭址)
는 가장자리에 물이 흐르도록 하여, 그 흐르는 물 위에 술잔을 잔받침
과 함께 띄워 놓는 형태이다. 주위에 앉아있는 사람들은 자기 앞으로
떠 내려오는 술잔을 차례 차례 마시며 즐겼다. 곡수연(曲水宴)이다. 이
때에도 주령구를 던져가며 즐겼을 가능성이 있다. 유상곡수(流觴曲水)
라고도 하는데, 경애왕(景哀王, 재위, 924-926)이 포석정에서 잔을 띄우
고 즐기고 있는 동안 견훤의 군사가 쳐들어 와 마침내 왕비가 욕을 당
하게 되었다.[79]

---

79 이성우, 《한국식품문화사》, 교문사, 1984, p203.

[사진 1] 경주동궁월지에서 발굴된 주령구

(2) 법주와 술안주

《삼국사기》와《삼국유사》를 통하여 당시의 음주문화를 유추한다.

문무왕(文武王, 재위 661-681)

안길(安吉)을 위해 연회를 베풀 때 50미(味)의 찬(饌)을 준비하다(《삼국유사》).

신문왕(神文王, 재위 681-691)

신문왕 3년(683) 신문왕이 김흠운의 딸을 왕비로 맞이할 때 납채 품목으로 미(米), 주(酒), 유(油), 밀장(蜜醬), 시(豉), 포(脯), 갑(醢, 醯의 오기?)이 합해서 135여(轝), 조(租)가 150차(車), 폐백(幣帛)이 15여 였다(《삼국사기》).

효소왕(孝昭王, 재위 692-701)

설병(舌餠) 1홉, 주(酒) 한 항아리를 가지고《삼국유사》).

성덕왕(聖德王, 재위 702-736)

성덕왕 4년(705) 노인에게 주식(酒食)을 사(賜)하다. 하교하여 살생(殺生)을 금하다.

성덕왕 10년(711) 도살(屠殺)을 금하다.

성덕왕 30년(731) 노인에게 주식을 사하다《삼국사기》).

경덕왕(景德王, 재위 742-764)

경덕왕 5년(746) 대포(大脯)를 도승(度僧) 150인에게 사(賜)하다《삼국사기》).

애장왕(哀莊王, 재위 800-808)

금과 은의 기용(器用)을 금하다《삼국사기》).

흥덕왕(興德王, 재위 826-835)

대렴(大廉)이 당에 들어갔다 돌아올 때 차 종자를 가지고 왔기 때문에 이것을 지리산에 심고 비로소 음다(飮茶) 풍습이 성행하게 되었다《삼국사기》).

헌강왕(憲康王, 재위 875-885)

취반에 장작을 사용하지 않고 탄(炭)을 사용하다《삼국사기》).

① 50종류의 찬을 갖추어 연회하다.

문무왕이 배 다른 동생 차득공(車得公)을 불러 총재(冢宰)로 삼았을
때, 차득공이 국내를 시찰하던 중 무진주(武珍州, 海陽)에 이르러 그 고
을의 아전인 안길(安吉)로부터 극진한 대접을 받았다. 후에 안길이 차
득공이 살고 있던 궁궐로 찾아가자, 차득공이 급히 나와 안길의 손을
이끌고 궁중으로 들어가 안길에게 잔치를 베풀었는데, 50종류의 찬을
갖추어 대접했다고 한다.[80]

50미(味) 찬은 하나의 상에 차린 것이 아니라 다섯 개의 상에 차린 오
미수(五味數) 술안주이다.[81] 다섯 상에 음식을 차렸다면 공식적인 술 작
수는 5잔이 될 것이다. 이러한 신라 궁중의 음식문화는 신라가 통일되
기 전 고구려, 백제, 신라 삼국에서 형성되어 있었던 문화라고 보아도
좋다. 《위서(魏書)》〈백제전(百濟傳)〉은 "백제의 음식은 고구려와 같다"
라 했고, 《남사(南史)》〈동이전(東夷傳)〉에서는 "신라의 풍속이 백제와
같다" 하였다. 삼국의 문화가 혼용되고 있었던 것이다.

이 혼용되고 있었던 삼국문화의 바탕은 음양사상이다. 《의례(儀禮)》
에 나타난 음식의례에 의하면 상공(上公)의 경우 술잔의 주고받음을 9
회할 때 고기를 차린 술안주는 9거(舉), 제후(諸侯)의 경우 술잔의 주고
받음을 7회 할 때 고기를 차린 술안주는 7거, 대부(大夫)의 경우 술잔의
주고받음을 5회할 때 고기를 차린 술안주는 5거를 올린다 하였다.[82]

---

80 《三國遺事》〈문호왕 법민〉
81 김상보, 〈통일신라시대의 식생활문화〉, 《신라문화제학술논문집》 제28집, 동국대학교, 2007,
   p187.
82 《儀禮》: 김상보, 《음양오행사상으로 본 조선왕조의 제사음식문화》, 수학사, 1995, p42.

9거 7거 5거는 술안수로 9번의 상차림, 7번의 상차림, 5번의 상차림을 올린 것으로 해석되기 때문에, 이는 조선왕실에서의 술안주 9미수, 7미수, 5미수와 같다.

고대 중국은 손님을 대접할 때 안(案, 네모난 밥상) 또는 선(橠, 둥근 밥상)에 음식을 차려 하인이 내왔다. 일미(一味)를 올리고 다시 새로운 이미(二味)를 올리며 또 새로운 삼미(三味)...를 올렸다.[83] 술의 헌수에 따라 술안주를 바꾸어 올리는 것이다.

그러니까 안길이 받은 5미수는, 중국 상류사회에서 통용되던 손님 접대법과 같은 맥락이다.

② 분국(笨麴)과 법주(法酒)

신문왕 때 납채 품목은 미(米), 주(酒), 포(脯), 밀장(密醬), 갑(醢)이었다.

쌀[米]이 납채 품목에 들어갔다는 것은 여전히 쌀은 귀한 곡식으로 존중 받았음을 뜻한다. 왕의 결혼 납채 품목 중 술[酒]도 역시 쌀로 양조된 술일 것이다.

그러면 양주에 사용한 누룩 종류는 어떤 것이었을까.

530년 경에 나온 《제민요술》에 신국(神麴)과 분국(笨麴)이 기술되어 있음은 전기한 바 있다. 신국은 보리로 만든 병국 4종, 밀로 만든 병국 1종이고, 분국은 거칠게 빻은 밀로 만든 병국이다. 현재 우리가 술양주 때 쓰는 병국 대부분은 바로 이 분국계열이다. 《제민요술》에는 분

---

83 김상보, 《한국의 음식생활문화사》, 광문각, 1997, pp200−201.

전통주 인문학

국을 사용한 술 중에 〈갱미법주〉가 나온다.

秔米法酒
糯米大佳三月三日取井花水三斗三升絹篩麴末三斗三升秔米三斗三升
稻米佳無者早稻米亦得充事再鎦弱炊攤令小冷先下水麴然後酘飯七
日更酘用米六斗六升二七日更酘用米一石三斗二升三七日更酘用米二
石六斗四升乃止量酒備足便止《齊民要術》

갱미법주
찹쌀이면 더욱 좋다. 3월 3일에 정화수 3말 3되를 길어온다. 누룩가루
(분국) 3말 3되를 비단체로 내린다. 멥쌀 3말 3되로(좋은 멥쌀이 없으면
올벼쌀도 좋다) 무르게 밥을 지어 펼쳐 넣어 식힌다.(항아리에) 먼저 물과
누룩을 붓고 밥을 넣는다.
7일 후에 다시 덧빚는다. 쌀 6말 6되를 사용한다. 이칠일에 쌀 1섬 3말
2되로 덧빚는다.
삼칠일에 다시 쌀 2섬 6말 4되로 덧 빚는다. 그것으로 그친다. 술의 양
을 보아 충분하면 그친다《제민요술》.

멥쌀 또는 찹쌀로 밑술을 1번하고 이후 3번 덧술하는 사양주(四釀酒)
로서 원료비(原料比)가 일정한 규정에 의하여 빚은 농후주(濃厚酒)이다
(〈표 2〉).
오늘날 경주 최씨(崔氏)의 문중비주(門中秘酒)로 알려진 〈경주법주(慶
州法酒)〉와는 어떤 연관이 있으며 이 술은 역사성이 있는 술일까. 원래

〈경주법주〉는 찹쌀로 만들었다. 술 1말을 빚기 위해서는 찹쌀 1말을 쓰니 10말의 술을 빚고자 한다면 10말의 찹쌀이 소용된다.

10말의 술을 빚을 때 먼저 찹쌀 1말로 무른 떡을 만들어서 가루로 만든 밀누룩 병국[분국]을 고르게 섞어 밑술을 만들고, 일정한 기간을 두고 나머지 찹쌀 9말을 쪄서 덧술하는데, 이양주(二釀酒) 또는 삼양주(三釀酒)로 한다는 것이다.[84] 이 술은 밑술할 때 무른떡으로 만들어 하나, 《제민요술》〈갱미법주〉는 밥을 만들어 하는 것이 다르다. 신문왕 납채에 나오는 술이 어떠한 누룩으로 빚었는지 현재로서는 알 길이 없다. 다만 메주[密醬]가 출현한 것으로 볼 때 술 양주 때 병국을 starter로 했음이 분명하다. 그 병국의 원료는 보리 또는 밀이다.

[표 2] 《제민요술》〈갱미법주〉의 원료비

	물	분국가루	멥쌀 또는 찹쌀	
밑술	33되	33되	33되	
7일 후 덧술			66되	2배
14일 후 덧술			132되	4배
21일 후 덧술			264되	8배

《제민요술》에는 장 제조법도 있다. 메주와 같은 병국(餅麴, 콩으로 만든 병국)은 하나도 없고 전부 산국으로 만들고 있다. 이러한 사실은 현

---

84 이성우, 《한국식품문화사》, 교문사, 1984, p247.

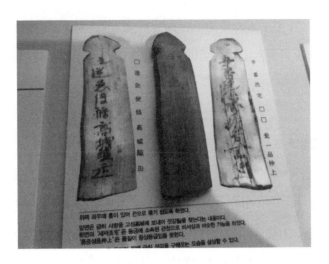

[사진 2] 경주동궁월지에서 출토된 목간

재 〈메주〉라 부르는 콩으로 만드는 병국 제조는 술누룩 병국 이후에
전개된 것이라는 점을 시준한다. 즉 술누룩 병국은 밀과 맷돌이 중국
에 보급되고 나서 화북(華北)에서의 전개 상황이다. 이후 〈메주〉 제조
에 영향을 준 것으로 볼 수 있다.

신문왕 납채 품목에 메주에 해당하는 밀장(密醬)이 들어있는 사실은
매우 흥미롭다. 신문왕 시절 〈메주〉와 같은 병국이 장제조에 이용되었
다면 술 양주에도 당연히 병국이 starter로서 활용되었을 것이다. 그
술은 《제민요술》의 영향을 받은 〈갱미법주〉일 수도 있다.

북송(北宋) 때 나온 《북산주경(北山酒經)》[85]에 의하면 어주(御酒, 임금이

---

85 朱翼中, 《北山酒經》

273

마시는 술)나 관주(官酒)를 법주(法酒)라 한다 하였으니 비록 〈법주〉에 대한 정확한 기록은 없다 하더라도 그 제조 시기는 신문왕 때로 거슬러 올라가지 않을까 한다.

③ 젓갈과 포

고대 중국에서 가장 각광 받는 술안주는 포(脯)였다. 이 포가 납채 품목의 하나가 되고 있다. 당시 귀족사회에서 포는 고급 술안주였다. 바다 가운데 산(섬)에 방목한 가축을 쏘아 잡아 포로 만들었을 것이다.

갑(醢)의 원래 뜻은 '술그릇 갑'이다. 그런데 신문왕의 납채 품목에 술그릇이 들어간다는 것은 상식에서 벗어남으로 그동안 이 醢을 해(醢)의 오기로 보고 학자들 간에 많은 논의가 있었다. 필자도 醢를 잘못써 醢이 되지 않았나 한다.

醢을 醢로 본다면 醢는 젓갈을 뜻한다. 그것이 육젓[肉醬]이었을까 생선젓[魚醬]이었을까에 관해서, 필자는 양쪽다 해당된다고 보지만, 분명한 것은 당시 젓갈은 고급 음식의 하나로 귀족사회에서나 먹을 수 있는 것이었다.

소금은 바닷물을 쪄서 농축시키는 해수직자식(海水直煮式)법으로 제조되었다. 소금 제조는 소금만을 전업으로 만드는 염노(鹽奴)들의 몫이었다.[86] 만들어진 소금은 창고로 옮겨져 별도로 저장되었다.[87] 하지만

---

86 《三國史記》卷 45 〈昔于老〉에서 우로가 왜국의 사신 갈나고(葛那古)를 객관(客館)에서 대접할 때 왜사신에게 "조만간에 너희 왕을 소금 만드는 노예로 만들고 왕비를 밥짓는 여자로 삼겠다" 함

소금은 상당히 고가였다.

8세기에는 해인(海人)이라는 잠수를 전업으로 하는 자가 특정 해조류를 채취하는, 해양 전업 집단이 있었다. 배를 이용하여 다시마를 따서 그것을 배 위에서 건조시켜 저장용 다시마를 만들기도 하였다.[88]

전문적으로 분업화된 집단이 생산 활동에 종사하는 사회였다면, 해산물젓갈(어장) 제조 역시 배 안에서 어장 만드는 전업집단에 의하여 소금을 이용하여 행해졌을 것이다. 이 전업집단은 조선왕조 말까지 이어졌다.

창고로 옮겨져 별도로 저장된 소금 일부는 육장 해(醢)를 만드는 데에도 쓰였으리라고 본다. 동궁월지에서 출토된 유물 중에는 음식물을 담은 항아리목에 매었던 목간들이 있다. 이 목간에는 가오리젓, 돼지고기젓이 표시되어 있다. 이로 미루어 해산물젓과 육젓이 상류층에서 애식되고 있었음을 알 수 있다(〈사진 2〉).

④ 정진음식의 발달, 시루떡 등장

살생과 도살을 금했다는 것은, 식재료로서 육류를 사용하지 않았으며 이에 따라 정진음식(精進飲食)이 발달하였음을 뜻한다.

삼국이 통일되고 신라사회는 안정이 되어, 자비 등과 같은 불교적 근본사상을 실천하고자 하는 국가적 의지가 강화됨에 따라 왕명으로

---

87 애장왕 10년(809) 6월 西兄山城의 소금창고가 울었는데 그 소리가 소우는 소리와 같았다고 함.(《三國史記》〈新羅本紀〉卷 10)
88 《本草拾遺》pp 713~741;《南海藥譜》, 8세기

살생을 금하는 등의 일련의 조치가 단행되었다.

천재지변이 일어나면 불교적 사상에 입각하여 왕은 정진생활을 하였다.[89] 악행을 버리고 선행을 닦으며, 잡념을 버리고 한 마음으로 불도를 닦아 게으름이 없게 함으로서, 몸을 깨끗이 하고 마음을 가다듬으며, 어육을 삼가하고 채식하는 것이다.[90]

정진음식이란 어육 대신에 농산물로 만든 음식이다. 나물류, 김치류, 장류, 과자류, 두부류, 떡류 등이 대표적인 정진음식이다. 효소왕(孝昭王, 재위 692–701) 조에 등장하는 설병(舌餠)은 설병(屑餠)으로 시루떡류이다.[91] 시루떡류는 차의 보급과 함께 조과(造果)의 한 종류로서 한층 더 보급 발달한 결과물이다.

89 《三國史記》〈新羅本紀〉 卷 4, 진평왕 條
90 김상보, 〈통일신라시대의 식생활문화〉, 《신라문화제학술논문집》, 제 28집, 동국대국사학과, 2007, p186.
91 《三國遺事》

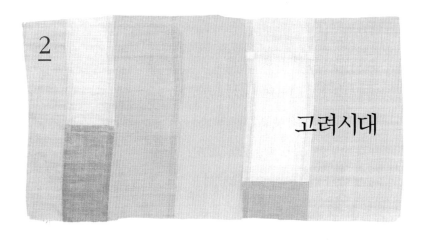

2

고려시대

1) 시문(詩文)으로 본 음주문화

고려시대에는 중국 송(宋, 960-1279)[92]나라와 빈번한 교류가 있었다.

이에 따라 송나라의 양주방법이 도입되고, 송나라의 주점문화(酒店文

化)도 고려사회에 어느 정도 영향을 끼쳤을 것이다.

맹원로(孟元老)가 지은 북송(北宋)의 개봉[93] 풍속 등을 묘사한《동경몽

화록(東京夢華錄)》속에 나오는 〈주루(酒樓)〉를 보자.

---

92 960년에서 1127년까지를 송(宋)또는 북송(北宋)이라 하고 1127년부터 1279년까지를 남송(南宋)이라 한다. 고려는 918년 태조(太祖) 이래 1392년 까지 지속되었다.

93 개봉(開封): 중국 하남(河南) 대평야의 중심에 있는 하남성(河南省)의 수도. 오대(五代)의 4왕조와 북송의 수도.

酒樓[94]

凡京師酒店門首皆縛綵樓歡門...

向晚燈燭熒煌上下相照濃妝妓女數百聚於主廊

楼面上以待酒客呼喚望之宛若神仙...

在京正店七十二戶..其餘皆謂之脚店...

凡店內賣下酒廚子謂之茶飯量酒博士

爲酒客換湯斟酒俗謂之焌糟...

見子弟少年輩飲酒...買物命妓...謂之閑漢

又有向前換湯斟酒歌唱..客散得錢謂之廝波.

술집

일반적으로 동경(개봉)의 술집문 앞에는 모두 오색 비단을 묶어 장식
한 환문이 있다...

밤이 되면 등촉이 휘황찬란하게 아래와 위를 비추고, 진하게 화장한
기녀 수백명이 주랑 기둥 앞에 모여 주객들이 불러주기를 기다리고 있
는데, 마치 신선과 같다...

개봉에는 고급 술집이 72집이 있고... 이외의 다른 술집들은 모두 각점
이라고 부른다.

일반적으로 술집에서 안주를 파는 주자(숙수)를 다반박사, 양주박사
라 한다.

---

94 孟元老,《東京夢華錄》卷 2, 1187.

주객을 위해 술안주 탕을 바꿔 주고 술을 권하는 자를 준조라 한다...
술을 마시는 젊은 자제들을 보고... 기녀도 불러주는데... 이들을 한한
이라 한다...
또 앞에 와서 탕을 바꾸어 주고 술을 권하며 노래를 하고... 손님들의
술자리가 끝나면 돈을 얻었는데 이들을 시파라 한다.

다반(茶飯)이란 여기서는 술안주를 뜻한다. 북송시대에는 전문직에
종사하는 자에게 박사란 칭호를 붙여, 다반박사(茶飯博士)는 음식 만드
는 일에 종사하는 숙수를 존칭한 것이다. 양주박사(量酒博士)는 술을 만
들면서 술과 안주를 파는 자에 대한 존칭이다.

준조(焌糟)를 소조(燒糟)라고도 한다. 술을 불에 올려 데우는 자이다.
한한(閑漢)은 술 마시고 있는 부자집 자제들 곁에 다가가 시중드는 자
이다. 시파(厮波)는 주점이나 기루에서 손님들에게 붙어 약간의 서비스
를 해주고 돈을 구걸하는 자이다.

이상의 짧은 글에서 당시 개봉의 술집 주변 상황이 여실이 들어나고
있다. 사람 사는 곳은 어디에도 마찬가지임으로 고려의 술집 주변도
〈주루〉의 상황과 똑같지는 않지만 어느 정도 비슷하게 전개되었을 것
이다.

어찌되었던 준조와 시파의 중요한 일은 술손님에게 술안주로 제공
된 탕을 바꾸어 주는 일이었다. 탕이 가장 중요한 술안주였음을 보여
준다. 시대는 한참 내려와서 조선왕실의 경우에도 가장 중요한 술안주
는 탕이었다.

고려의 고급 주점도 색견으로 화려하게 장식하고 아름다운 기녀가

서비스하는 곳이었을까. 성종(成宗, 재위 981-997)은 처음으로 개성에 주점을 두고 주점 이름을 성례(成禮, 예식을 이룸), 악빈(樂賓, 음악과 손님), 연령(延齡, 연년익수延年益壽), 영액(靈液, 생명력을 주는 영묘한 물), 옥장(玉漿, 옥 같은 음료), 희빈(喜賓, 기쁨과 손님) 등으로 불렀다. 이후 목종(穆宗, 재위 997-1009) 5년에는 다점(茶店)과 주점(酒店)에서 돈[錢]을 사용하도록 하였는데 숙종(肅宗, 재위 1095-1105) 또한 개성에 주점을 두게하고 각 주(州)와 현(縣)에도 주점과 식점(食店)을 내도록 하였다.[95]

사원(寺院)에서도 술을 팔았다. 고려시대의 사원은 사원경제(寺院經濟)라고 말하는 거대한 부(富)를 소유하고 있었다. 그 중 가장 커다란 비중을 차지하는 것이 대토지(大土地)소유였다. 왕실 및 귀족과 밀착되어 있었던 사원은 토지 이외에도 각종 장사업, 직포업(織布業), 제와업(製瓦業), 양조업(釀造業), 제염업(製鹽業) 등을 통하여 거대한 재력을 갖고 있었다.[96]

고려시대의 사원전(寺院田)은 조선 초기의 기록에 의하면 전국 토지의 1/6에 해당하는 거대한 양이었다. 이미 8세기에 지증(智證)대사가 기부하여 바친 안락사(安樂寺)는 선종사원의 전장(田莊)으로, 고려시대에 들어와서는 교종과 선종 모두에게서 사원의 대토지 소유가 이루어지고 있었다.[97]

국왕에 의한 하사, 시주, 기부, 개간, 매입, 투탁(投托) 등에 의하여 형

---

95 《高麗史》成宗條, 肅宗條: 이성우, 《한국식품문화사》, 교문사, 1984, p218.

96 이병희, 〈고려전기 寺院田의 分給과 경영〉, 《한국사론》, 서울대출판부, 1988, p29.

97 김창석, 〈통일신라기 田莊에 관한 연구〉, 《한국사론》, 서울대출판부, 1991, p62.

성된 사원전은 특정 사원 주위의 영역 표시로서 4개에서 12개의 장생표(長生標)를 세웠다. 47000보(步) 규모의 농장을 소유하고 12개의 장생표를 설치한 통도사(通度寺)[98]의 농장 경영 방식을 사례로 들면, 120인의 직간(直干, 지대의 수납과 감독을 담당한 중간 관리인)들로 하여금, 전답과 다원(茶園)을 경작, 감독하게 하여서 농산물과 차를 거두어 들였다.[99]

사원전에 전장(田莊)이 있음은, 사원이라는 권력이 있으며, 이에 따라 경영에 필수적으로 동반되는 노동력이 충분히 존재하였음이 전제조건이 된다. 사원에서 종사했던 경작농민은 사원에 경제적으로 예속되어 있었다. 그들은 땅을 빌어 농사 짓는 전객농민(佃客農民), 소작료를 지불하는 전호농민(佃戸農民), 노비(奴婢), 하급 승려로 구성된 사적인 예속민이다.[100]

국가로부터 사원에 토지가 분급될 경우 토지를 경작하는 민(民)도 그대로 사원의 사적인 예속민이 되었고 노비도 함께 지급되었다. 노비지급은 국가로부터 뿐 만 아니라 개인이 시주하는 경우에도 시주 형태로 이루어졌다.[101]

토지로부터 생산된 쌀, 밀, 보리, 조, 참깨, 들깨, 대두, 소두 등의 곡류, 그리고 마늘, 파 등의 각종 채소류, 버섯류, 산나물, 산약, 산초, 차, 꿀 외에 재생산하여 만든 참기름, 메주, 청국장, 된장, 간장, 두부,

---

98 통도사(通度寺): 경상북도 양산군 하북면 지산리 영취산에 있는 25교구 본사의 하나. 신라 선덕(善德)여왕 15년(646)에 자장법사(慈藏法師)가 세웠음.
99 김창석, 〈통일신라기 田莊에 관한 연구〉, 《한국사론》, 서울대출판부, 1991, p68.
100 이병희, 〈고려전기 사원전의 분급과 경영〉, 《한국사론》, 서울대출판부, 1998, p66-67.
101 이병희, 〈고려전기 사원전의 분급과 경영〉, 《한국사론》, 서울대출판부, 1998, p68.

장과(장아찌) 등은 자가 수요를 제외하고는 판매의 대상이 되었으며 양주(釀酒)도 하여 이를 판매하였다. 유명한 고려가요《쌍화점(雙花店)》은 당시의 술 판매 상황을 반영한다.

쌍화점(雙花店)에 雙花 사라 가고신댄
술파는 집에 술을 사라 갔는데

경제적 부를 축적한 사원의 주요 역할과 기능은 향사(享祀) 즉 재(齋)였다. 재를 올릴 때 마련되는 공양음식은 대토지에서 생산된 풍부한 농산물이 재료가 되어져 노비 등 사원에 예속된 노동력을 이용하여 정성스럽게 만든 정진음식(精進飮食)이다. '상주재죽(常住齋粥) 비용 충당이 고려시대 사원의 주요 지출이었다.'[102]는 말은 극도의 내핍생활을 하며 정진(精進)할 때 중이 먹는 정진음식인 죽(粥)과, 재(齋)를 올릴 때 드는 많은 노동력을 동원하여 만든 고임음식에 드는 비용이 사원의 주요 지출이라는 의미로, 재가 사원의 중요한 역할 중의 하나였음을 뜻한다.[103]

다원(茶園)을 경작하여 거두어들인 차는 가장 중요한 정진음료였다. 사원의 경치 좋은 곳에 세워진 다정(茶亭)이 술을 동반하는 작은 다연(茶宴)을 베풀었던 공간이라면 다점(茶店)은 주점(酒店)과 마찬가지로 고

---

102 이승휴(李承休)는 간장사(看藏事)에 7,8결(結)의 토지를 시주하여 상주재죽(常住齋粥)의 비용으로 삼게 하였다(李承休, 〈看藏事記〉, 《高麗名賢集》, 성대대동문화연구원, pp583-585).
103 김상보, 《사상으로 만나는 조선왕조 음식문화》, 북마루지, 2015, p120.

려민중들이 자유롭게 드나들면서 돈을 주고 차를 사서 마시던 공간이었다.[104]

《박통사(朴通事)》에 의하면 고려인들은 밥먹는 일을 다반(茶飯)이라한다 했다. 일상음식을 먹을 때에 차가 반드시 올랐기에 다반이라 한 것이다. 이렇듯 차는 고려의 민중들에게 빼 놓을 수 없는 음료였을 뿐 만아니라, 선물로도 부의로도 가장 진중될 정도로 중요시 하였다.[105]

고려왕실에서 베푸는 팔관회나 연등회 같은 연향을 다연(茶宴)이라고 말한다. 다연에서는 차와 과(果)가 핵심이 된다. 작은 연회는 곡연(曲宴)이라 했는데 신라 곡수연의 연장선이라고 보아도 좋다.[106] 물론 곡연에서도 차와 과가 핵심이 된다.

대개 작은 연회 곡연에서는 시(詩) 짓기가 풍류의 하나로 자리 잡고있었다. 이 시짓기의 자리 잡음은 사장학(詞章學)[107]의 발달이 바탕이되었다.

성종(成宗, 재위 981-997)은 중앙집권체제를 안정적으로 유지시키기위하여 충실한 정치 원리와 윤리성을 관료들에게 갖게 할 필요성을 절실히 느꼈다. 그는 유학 이념을 국가의 지도 이념으로 삼아 예교(禮敎)국가의 구현을 시도하였다.

---

104 다점(茶店) 과 주점(酒店)에서 돈[錢]을 사용하도록 한 해는 목종(穆宗) 5년(1002)의 일이었다(《高麗史節要》, 穆宗, 5年 條).
105 태조(太祖) 14년(931) 8월 군사와 일반 백성에게 차를 선물하고 있고, 성종(成宗) 8년(989) 5월 최지몽이 죽자 부의로 차를 내렸으며, 현종(顯宗) 9년(1018) 2월에도 군사에게 선물로 차를 내렸다(《高麗史節要》, 太祖 14年, 成宗 8年, 顯宗 9年 條).
106 김상보,《사상으로 만나는 조선왕조음식문화》, 북마루지, 2015, p121.
107 사장학(詞章學): 문장(文章)과 시부(詩賦)를 중요시 하는 학문.

이후 문종(文宗, 재위 1046-1083) 때에는 최충(崔沖, 984-1068)이 노후(老後)에 구재(九齋)를 세워 경학(經學)을 강의하고 사학(私學) 육성에 힘씀에 따라 후에 해동공자(海東孔子)로 추앙되는 등, 유학은 학문으로 탐구될 수 있는 흥성기를 맞이하게 된다. 국가에서도 유학을 관학(官學)으로 정하여, 인종(仁宗, 재위 1122-1146) 대에 관학은 재정비된다.

사학(私學)과 관학의 발달은 문풍(文風)을 흥기하게 만들어서 도학(道學)[108]을 위주로 하는 시가(詩歌)와 문장(文章)을 중심으로 한 사장학 발달에 박차를 가하게 하였다. 이 발달의 극치는 의종(毅宗, 재위 1146-1170) 때 였다.

의종 5년(1151) 6월, 의종은 내시 이양윤(李陽允)과 사관(史官) 이인영(李仁榮) 등을 봉원전(奉元殿) 정원에 불러내어 좌석을 정해주고 종이와 붓을 준 다음, 왕이 운자(韻字)[109]를 내어 석류화(石榴花) 칠언사율(七言四律) 시를 짓게 하였다. 그런데 시 짓는 시간을 초(燭)가 일정한 금까지 타기 전인 촉각(燭刻)으로 한정하여 이양윤(李陽允) 등 7명을 합격시켰다. 왕은 그 자리에서 도우시(禱雨時)[110]를 지어서 학사들에게 보이고 친히 나와서 그들에게 주과(酒果)를 내렸다. 이튿날에는 한림원(翰林院)[111]에 주과를 내리고 동시에 비단을 차등있게 주었다.[112]

주과(酒果)는 술과 술안주를 말한다. 과(果)는 생과일 뿐 만 아니라 조

---

108 도학(道學): 유학 특히 송대(宋代)의 정주학파(程朱學派)의 학.
109 운자(韻字): 한시(漢詩)의 운각(韻脚, 글귀의 끝에 운자 다는 부분)에 쓰는 글자.
110 도우시(禱雨詩): 비가 오도록 기도하는 시.
111 한림원(翰林院): 사명(詞命, 임금의 말 또 명령)짓는 일을 맡은 관아.
112 《高麗史節要》, 毅宗, 5年 6月 乙酉條

전통주 인문학

과(造果, 각종 유밀과와 떡류)이다. 그러니까 술안주의 대표는 과라는 의미이며, 사장학 전개에서 술과 술안주인 과(果)가 있는 연회가 동반되었다는 이야기이다. 다과(茶菓, 茶果)가 주과(酒菓, 酒果)로 바뀐 것이다. 원래 과는 말다(末茶)와 한 조가 되는 것이다.

풍류를 즐겼던 의종 년간에는 작은 연회 곡연(曲宴)에서 시를 지어 화답하는 모습은 결코 생소한 일이 아니었다.[113] 의종 16년(1162) 12월 인지재(仁智齋)에 거둥했을 때 지은 의종의 시 한수가 전해지고 있다.

蕩蕩春光好
欣欣物意新
將修仁知德
今得萬年春
夢裏明聞眞吉地
扶蘇山下別神仙
迎祈納慶今朝日
萬福攸同瑞氣連

---

113 의종 18년 4월에는 금과 옥으로 장식한 화려한 방에서 시로 창화(唱和)하는 가운데 주연을 베풀었고《高麗史節要》, 이런 류의 창화를 동반한 연회는 의종이 죽음에 이르기 전까지 계속 등장한다.

의종 22년(1168) 3월에 재상, 근신과 더불어 청원루(淸遠樓)에서 연회를 베풀고 창화하며 즐겼다《高麗史節要》.

의종 24년(1170) 5월 대관전(大觀殿)에서 수성(壽星, 노인성)이 나타난 것에 대한 축하를 받고는, 이어 문무 상참관(常參官) 이상 관원들을 위하여 연회를 베풀었다. 이 때 왕이 친히 악장(樂章) 5수(首)를 지어 악공을 시켜 노래부르게 하였으며, 채붕(綵棚)을 가설하고 백희(百戲)를 베풀었다《高麗史》.

탕탕히 봄빛은 아름답고

흔흔히 만물의 뜻은 새로워라.

장차 仁知德을 딱고자 하는데

이제 영원한 봄을 만났구나.

꿈에 분명히 들었거니, 여기가 정녕 좋은 곳임을

부소사 밑에는 특별한 신선이 있다네.

새봄을 맞아 경사로운 이 아침에

온갖 행복과 함께 상서로운 기운 서리었도다.[114]

의종은 본인의 시짓기에 대하여 상당한 자부심을 갖고 있었던 사람이다. 의종 24년(1170) 5월 문신들을 위하여 화평재(和平齋)에서 작은 연회를 베풀 때 밤늦도록 임금과 군신 간에 서로 시를 지어 창화하면서 내시 황문장(黃文莊)에게 명하여 붓을 잡아 화답케 하였다. 그러면서 여러 신하들로 하여금 '왕은 성덕(聖德)이 넘치고 태평성대에 글을 좋아하는 군주[太平好文之主]'라고 쓰도록 하였다.[115]

이러한 작은 연회에서도 팔관연이나 연등회와 같은 큰 연회 때 의례의 하나로 등장했던, 머리에 꽃을 꽂는 대화(戴花)가 행해졌다.

의종 24년(1170) 5월, 왕이 내시 전중감(殿中監)[116] 김천(金闡)에게 명령하여 현화사(玄化寺)에 있는 연복정(延福亭)에 연회를 배설하게 하고,

---

114 《高麗史》毅宗 16年 12月 辛卯條
115 《高麗史》:《高麗史節要》毅宗 24年 5月 辛亥條
116 전중감(殿中監): 왕가의 보첩을 맡아 보던 관아.

재추(宰樞)[117], 승선(承宣)[118], 대간(臺諫)[119]들과 함께 배를 타고 취하도 록 놀면서 밤을 밝혔다. 이튿날 여러 신하들이 모두 대취하여 머리에 꽃을 잔뜩 꽂은 채 수레에 실려 물러 나왔다.[120]

　이것은 연향의례의 하나였던 대화의례가 팔관회와 같은 큰 연회에 만 있는 의례가 아니라 곡연에서도 있었던 것을 나타내는 것이며, 머 리에 꽃을 꽂고 연회하는 것으로 미루어 곡연은 바로 작은 다연(茶宴) 이었음을 시준한다.[121] 《동경몽화록》〈천녕절(天寧節)〉에는 "연회가 끝 나면 신하들은 모두 꽃을 꽂고 집으로 돌아간다(宴退臣僚皆簇花歸私第)" 라는 말이 나온다. 이는 의종이 베푼 곡연에서의 대화와 상관관계가 있음을 시준(視準)한다.

　비록 의종의 경우를 예로 들었지만 당시 상류층 사회적 분위기는 시 문을 지어 창화하는 것이 지식인의 표본이었던 것 같다. 이러한 사회 적 분위기 탓일까 많은 시문이 현재까지 전해지고 있는데, 이들 속에 는 당시에 마셨던 다수의 술 이름이 등장한다.

　이자량(李資諒)[122]의 시: 계향어주(桂香御酒)

---

117 재추(宰樞): 재신(宰臣)과 추신(樞臣)의 통칭, 또 재부(宰府) 곧 삼성(三省)과 중추원(中樞院) 의 통칭.
118 승선(承宣): 밀직사(密直司)의 좌우승선과 좌우부승선의 통칭.
119 대간(臺諫): 대관(臺官)과 간관(諫官), 사헌부(司憲府)와 사간원(司諫院) 벼슬의 총칭.
120 《高麗史》, 毅宗, 24年 5月 癸未條
121 김상보, 《사상으로 만드는 조선왕조 음식문화》, 북마루지, 2015, p78.
122 이자량(李資諒): 이자겸(李資謙)의 동생, 예종 11년(1116) 송나라에 사은사(謝恩使)로 가서 시명(詩名)을 떨쳤음(?-1123).

《파한집(破閑集)》[123]: 녹주(綠酒), 청주(淸酒)

《목은집(牧隱集)》[124]: 창포주(菖蒲酒), 중양국주(重陽菊酒, 9월 9일에 마시는 국화주)

《포은집(圃隱集)》[125]: 창포주

《동문선(東文選)》[126]: 성사달(成士達)[127]이 쓴 시 속의 신풍주(新豊酒), 최자(崔滋)[128]가 쓴 시 속의 구하주(九霞酒)

《근재집(謹齋集)》[129]: 포도주, 원단도소(元旦屠蘇, 정월 초하룻날 마시는 도소주)

《도은집(陶隱集)》[130]: 도소주, 황봉주(黃封酒), 탁주(濁酒)

《한림별곡(翰林別曲)》[131]: 황금주(黃金酒), 백자주(柏子酒), 송주(松酒), 예주(醴酒), 죽엽주(竹葉酒), 이화주(梨花酒), 오가피주(五加皮酒)

《동국이상국집(東國李相國集)》[132]: 단오준주(端午奠酒), 화주(花酒), 백주(白酒), 삼해주(三亥酒), 무주(無酒),

시문 속의 술은 조선사회에까지 이어져 각종 고조리서에 등장한다.

---

123 파한집(破閑集): 이인로(李仁老, 1152-1220)의 작품.
124 목은집(牧隱集): 이색(李穡, 1328-1396)의 작품.
125 포은집(圃隱集): 정몽주(鄭夢周, 1337-1392)의 작품.
126 동문선(東文選): 조선왕조 성종의 명을 받아 서거정(徐居正)이 신라에서부터 조선왕조 당대에 이르기까지의 시문을 엮은 책.
127 성사달(成士達): 고려 우왕 때의 대신(?-1380). 호는 역암(易菴). 시와 문장이 뛰어 났음.
128 최자(崔滋): 《보한집(補閑集)》이 전해지고 있음(1186-1260).
129 근재집(謹齋集): 안축(安軸, 1282-1348)의 작품.
130 도은집(陶隱集): 이숭인(李崇仁, 1349-1392)의 작품.
131 한림별곡(翰林別曲): 고려 고종(高宗, 재위 1213-1259) 때에 한림의 여러 선비들이 합작한 한시(漢詩)의 노래.
132 동국이상국집(東國李相國集): 이규보(李奎報, 1168-1241)의 작품.

술이 등장하는 시문 몇 개를 살펴보자

《청산별곡(青山別曲)》

지향 없이 가다가 우연히 배가 불룩한 술독에서 기적을 보았다.

술독에는 술이 한창 익어서 강술 윗부분이 서리가 저서 괴고 있다.

조랑박꽃 향내 나는 누룩의 향취가

내 코를 거스르고 내 발길을 꽉 붙잡으니

낸들 어찌 할까 보냐.

《한림별곡(翰林別曲)》

황금주, 백자주, 송주, 예주, 죽엽주, 이화주, 오가피주

앵무잔 호박배에 가득 부어 권하는 정경 그 어떠냐.

이자량의 《桂香御酒》[133]

황하(黃河)의 물은 천금(千金)의 상서로움을 보이고

푸른 좋은 술 술잔에 떠있네.

오늘 외국 손이 여기 참여하였는데

하늘이 보우하여 길게 잊지 마시오.

당(唐)은 술이름에 춘(春)자를 붙였고, 송(宋)은 술이름에 당(堂)자를

---

133 이자량(李資諒)이 송나라에 사신으로 가서 송왕실에서 연회석에 내놓은 계향어주를 보고 지은 시. 계향어주는 송왕실에서 마시던 계실(桂實)을 넣어 만든 술.

붙였는데, 시문 속의 술이름에는 春, 堂의 글자는 보이지 않는다.

술 이름의 근원을 따진다면 도소주, 녹주, 청주, 포도주는 당대(唐代)에 이미 나온 명칭이고, 죽엽청(竹葉淸)은 죽엽주란 명칭으로 송대(宋代)에 등장한다. 그밖에 화주, 백주, 백자주, 오가피주는 원대(元代)《거가필용》에서 보인다.

2) 백제의 예주(醴酒)와 이화주(梨花酒)를 잇다.

예주와 이화주는《한림별곡》에 등장한다. 고려 문종(文宗, 1046-1082) 때 국가의 의식용 술을 빚기 위하여 둔 양온서(良醞署)[134]는 바로 예주를 빚은 공간이다.

조선왕실은 향온주(香醞酒)라는 예주를 만들어 진연 또는 진찬연 등과 같은 의식 때 사용하였다. 이 향온주는 고려왕실의 양온서에서 빚는 예주를 계승한 것이고, 고려의 예주는 백제왕실의 예주를 이은 것이라고 본다.

예주는 alcohol 도수가 낮은 술이다. 인종(仁宗, 재위 1122-1146) 때 송(宋)나라 사신으로 고려에 온 서긍이 지은《고려도경(高麗圖經)》에는 왕실의 잔치 때에 마시는 술에 대하여 다음과 같이 쓰고 있다.

잔치 때 마시는 술은 맛이 달고 빛깔이 짙으며, 사람이 마셔도 별로 취

134《高麗史》, 文宗條

하지 않는다.[135]

물론 양온서에서는 예주만을 만들지는 않았다. 《고려도경》은 "왕이 마시는 술은 양온서에서 만드는데 청주(淸酒)와 법주(法酒)가 있다. 이들 술은 질항아리에 넣어 명주로 봉해서 저장해 둔다" 하였다.

일찍이 도작(稻作)사회에서 쌀누룩으로 병국을 만들어, 그것을 starter로 해서 '떠먹는 술'이 존재했을 가능성이 있었음은 이미 기술한 바 있다. 이화주는 바로 '떠먹는 술'이 전해져서 조선사회에 까지 이어졌다고 보는데 《한림별곡》 속에도 기술되어 있다.

고려의 술문화를 계승하여 기록되었다고 보여지는, 김수(金綏)가 조선조 초기에 지은 《수운잡방(需雲雜方)》 〈이화주〉 만드는 방법은, 고려시대 때의 양주법과 비슷할 것이라고 생각된다. 《수운잡방》 〈이화주〉 양주법은 별 변화 없이 조선시대 말까지도 그대로 계승되어 전해지기 때문에 〈이화주〉는 장구한 역사를 지닌 술이다.

3) 신라의 법주(法酒)

《고려사》에 의하면 "호준(壺尊, 술 담는 제기) 둘은 모두 법주(法酒)로 채운다." 하였다.[136] 〈법주〉란 원료비(原料比)가 일정한 규정에 의하여

---

135 徐兢, 《高麗圖經》
136 《高麗史》 〈太廟〉
137 《齊民要術》

찹쌀 또는 멥쌀로 빚은 농후주(濃厚酒)이다.[137] 한편《북산주경(北山酒經)》[138]에서는 어주(御酒, 왕이 마시는 술)나 관주(官酒)를 법주라 한다 하였다.

신라시대 관주나 어주였던 법주가 고려로 그대로 이어져 왕실 제사에서 신께 올리는 술 즉 가장 귀한 술로 대접 받은 것이다.

4) 포도주와 소주의 등장

(1) 포도주(葡萄酒)

포도를 서방에서 전한 사람은 장건(張騫, ?-114 B.C)[139]이다. 이 때 포도주 제조법도 함께 전하였는지는 확실치 않다. 530년 경에 나온《제민요술》에 포도주 양주법이 기술되어 있다하더라도 북제(北齊) 시절 왕의 선물 물목에 포도주가 들어 있는 사실에서, 포도주는 아직 대중화된 술은 아니었고 상류층에서도 귀한 술의 하나였음은 확실하다.

당(唐) 태종(太宗, 즉위 626-649)이 고창(高昌)[140]을 정벌하고 포도를 가지고와 장안(長安)[141]에 심어 술을 얻었다고 하지만, 당대의 시인은 포

---

138 《北山酒經》: 중국 북송(北宋) 때 주익중(朱翼中)이 편찬한 술관련 저서.
139 장건(張騫): 前漢시대의 외교가. 武帝 때 서방의 大月之와의 동맹을 추진하고자 서역으로 가다가 도중에 흉노에게 잡히어 10여년 간 포로 생활 후 목적지에 도달하였으나 뜻을 이루지 못하고 귀국하였음. 동서의 교통을 열고 문화 교류의 길을 텃다는 점에서 공로가 큼.
140 고창(高昌): Tarim분지 동부의 Turfan지방. 高昌國(498-640)은 중국문화, 서방문화, 북방문화를 융합한 특이한 문화를 지니고 있었음.
141 장안(長安): 중국 서안시(西安市)의 옛이름. 전한(前漢)이래 당(唐)의 소종(昭宗)까지 가끔 나라의 수도가 되었던 곳임.

도주를 맛있는 술을 가리키는 미주(美酒)라 하면서 귀하게 취급하여 야광배(夜光杯)에 따라 마셨다[142]("포도로 만든 美酒, 夜光杯").[143]

우리나라의 경우 포도주 만드는 법은 1700년대 초기의 고조리서(古調理書)인《양주방(釀酒方)》에 나온다. (포도즙+누룩+밥)으로 빚은, 곡물주에 포도즙을 합하여 발효시킨 술이다. 북송의《북산주경》〈포도주〉도 (포도즙+누룩+밥)으로 양주하였다.《근재집》〈포도주〉역시 송나라의 양주법을 계승한 것으로 보인다.

《고려사》에 의하면 충렬왕(忠烈王) 11년(1285) 원제(元帝)가 고려 왕에게 포도주를 보내왔다.[144] 이 포도주는 기녕(冀寧)과 산서(山西)에서 빚어서 오랫동안 저장해 두었던 것으로 알려지고 있다. 포도알을 으깨어 껍질에 붙어있는 야생효모(野生酵母)를 이용하여 빚은 술이다.

원(元)나라 초기 원호문(元好問)이 지은《포도주부(蒲桃酒賦)》의 서문에 "유광보(劉光甫)에게서 들은 말인데 그의 고향인 안읍(安邑, 산서의 서남부)에는 포도가 생산되면서도 포도주 빚는 방법을 잘 몰라, 보통 조주법에 따라 쌀로 담근 술에 포도즙을 섞어서 빚으므로 맛이 좋지 않았다. 그러던 중 정우년간(貞祐年間, 1213-1217)에 이웃 마을의 어느 농가에서 포도를 거두어 왔는데, 때마침 도둑이 들이닥쳐 산 속으로 달아났다가 한 달 쯤 지나서 돌아와 보니 포도즙이 소쿠리 밑에 있던 병에 떨어져 괴이게 되서 훌륭한 술이 되어 있었다. 이 집에서 얼마동안

142 篠田統,《中國食物史》, 柴田書店, 1998, p102.
143 당대(唐代) 왕한(王翰)의 詩. 王翰은 성당기(盛唐期)의 시인임. 칠언절구(七言絶句)의 걸작《양주사(涼州詞)》로 알려짐.
144《高麗史》, 忠烈王 11年條
145 元好問,《蒲桃酒賦》

비법으로 하고 있었으나, 이것이 세상에 알려졌다" 는 것이다.[145]

원제가 고려왕에게 보내준 포도주의 제조 공정이 어떻게 만들어졌는지는 확실히 알길이 없지만, 산서지방의 포도주는 자연발효에 의한 것으로 전해지고 있기 때문에 조선시대까지 우리가 만들어 먹었던 곡물주에 포도즙을 합하여 발효시킨 포도주와는 다르다.

(2) 소주(燒酒) 보급

소주 제조 기술의 초출은 원대(元代)에 나온 《거가필용(居家必用)》이다. 원말(元末)의 《음선정요(飮膳正要)》에서는 소주를 아라길주(阿剌吉酒)라 하였다. 소주를 아라비아어로는 arag라 한다.

아라비아에서 향수(香水) 만드는 것에서 출발하여 증류 alcohol이 실용화 되었는데 이것이 중세 유럽에 전해저 whisky(맥주 증류주)와 brandy(포도주 증류주)의 시초가 되었다.

동남아시아에는 아라비아 상인을 통하여 전해져서 야자즙, 당밀(糖蜜) 등을 원료로 하여 증류하여 만든 술을 arrack라 한다.

이덕무(李德懋)는 1795년에 쓴 《앙엽기(盎葉記)》에서 "네델란드는 소주를 아라길주(阿剌吉酒)라 하고, 류큐(琉球, 오끼나와)와 살마주(薩摩州, 큐수九州의 남부지방)에서는 포성주(泡盛酒, 아와모리주)라 한다." 하였다.[146]

만주어로는 소주를 '알키'라 한다. 우리나라 개성(開城)에서는 지금도

---

146 李德懋, 《盎葉記》

'아락주'라고 하는 점에서 arag, arrack, 알키, 아락의 연결고리로 볼 때 소주의 출발은 아라비아에서 본격적으로 출발하여 전 세계로 퍼져 나간 것만은 확실하다.

고려 말 몽고 침입은 잘 알려진 사실이지만, 몽고군은 소주 넣은 술 병을 옆구리에 차고 다닐 정도로 소주를 마시고 있었다. 그럼으로 몽 고군이 머물렀던 지역은 다른 지역보다도 소주의 보급이 일찍 확산되 었던 것 같다.

몽고는 일본을 정벌할 목적으로 안동과 개성을 병참기지(兵站基地)로 삼았고 제주도를 전초기지(前哨基地)로 삼았다. 이 때문인지 현재도 안 동과 개성의 소주는 유명하다.[147] 어쨌든 고려 말에는 이미 소주가 널 리 보급되어 있어 소주 즐기는 무리들을 소주도(燒酒徒)라 했다.

왜구를 막겠다고 원수(元帥)로서 경상도에 와 있던 김진(金縝)은 기생 을 모아 막료(幕僚)와 더불어 소주를 마셔 밤낮으로 취해 있었다. 부하 들이 조금만 그의 뜻을 거슬려도 심하게 욕보였기 때문에 부하들은 김 진의 무리들을 가리켜 소주도라 불렀다. 그런데 왜구가 쳐들어와서 합 포영(合浦營)을 불사르고 노략질하자 부하들은 "소주도를 시켜 적을 치 게 할 것이다. 우리 무리야 싸울 수 있겠는가" 하고 물러나 싸울 생각 을 하지 않았다. 이에 김진은 혼자 달아났다.

김진은 천재적인 아첨을 발휘하여 다시 중용됨에 최영(崔瑩)[148]은

---

147 이성우, 《한국식품문화사》, 교문사, 1984, p216.

148 최영(崔瑩): 고려 우왕(禑王, 재위 1374~1388) 때의 장군, 친원파(親元派)로서 우왕 14년에 팔도도통사가 되어 명(明)나라를 치고자 군사를 일으켰으나, 이성계(李成桂)의 회군(回軍)으 로 실패하고 후에 이성계에게 피살되었음(1316~1388).

"목이 달아날 자가 상을 받으니, 공을 세운 자에게 무엇으로 대우할 것인가." 하고 한탄하였다.[149]

5) 《국순전》과 《국선생전》

풍류에 젖어있던 고려사회에서는 술로 인한 좋은 점도 많았지만 술 때문에 겪는 나쁜 점도 상당하였을 것이다. 당시의 지식인들은 이를 널리 은근히 알림으로서 그 폐해를 지적하여 자극을 주고자 했던 것 같다. 《국순전》과 《국선생》의 출현은 술로 인하여 빚어진 당시의 사회상을 일깨우고자 한 것으로 판단된다.

(1) 《국순전(麴醇傳)》

인종(仁宗, 재위 1122-1146) 때의 사람 임춘(林椿)[150]이 지었다.

국순(麴醇)의 별명은 자후(子厚, 흐뭇)이고 그 조상은 농서(隴西)[151] 사람이다. 90대 조(祖) 모(牟, 보리)는 후직(后稷)을 도와준 공이 있었다.

---

149 《高麗史》〈列傳〉, 崔瑩條
150 임춘(林椿): 고려 인종(仁宗, 재위 1122-1146) 때의 문인. 자는 기지(耆之). 서하(西河)사람. 이인로(李仁老) 등과 함께 강좌칠현(江左七賢) 의 한 사람 생몰년 미상.
151 농서(隴西): 중국 진한(秦漢)시대의 군(郡) 이름. 지금의 감숙성(甘肅省) 임조부(臨洮府)에서 공창부(鞏昌府)의 서쪽에 걸친 곳으로 서역에 가까움.
152 《說文解字》에서는 醇을 진한술이라 했고 酎는 거듭 빚은 술이라 했다.

전통주 인문학

위(魏)나라 초기에 순(醇, 진한술)의 아비 주(酎, 세 번 거듭 빚은 술)[152]가 세상에 이름이 알려져 상서랑(上書郎) 서막(徐邈)[153]과 더불어 서로 친하게 지냈다.

순(醇)은 국처사(麴處士)[154]로서 유명해지게 되어 공경(公卿), 대부(大夫), 신선(神仙), 방사(方士)에서부터 머슴, 목동, 오랑캐 및 외국사람에 이르기까지 그 향기로운 이름을 맛 보는 자는 모두 그를 선모(羨慕)하였다. 모임에서 국처사가 없으면 즐겁지 않다 하였다.

대위(大尉) 산도(山濤)[155]는 "어떤 늙은 할머니가 이런 갸륵한 아이를 낳았는가 하면서 천하의 창생(蒼生, 세상의 모든 사람)을 그르칠 자도 또한 이 놈일 것이다"라고 하였다.

순은 지위가 점차 높아져서 광록대부(光祿大夫) 예빈경(禮賓卿)에 이르게 되어 어진이와 사귀고 귀신에게 고사 드리며 종묘 제사를 모두 순이 주장하였다.

그러나 순에 대한 시론(時論)이 점차 나빠지자 관에서 물러났다. 아들이 없어 그 후 족제(族弟) 청(淸)이 당(唐)나라에서 벼슬하여 내공봉(內供奉)에 이르렀으며 그 자손은 중국에서 번성하게 되었다.

《국순전》은 가상적 의인체(擬人體) 전기설화(傳記說話)이다. 인간이 술을 좋아하게 되고 더러는 술 때문에 타락하는 것을 풍자하기 위하여,

---

153 서막(徐邈): 위(魏)나라의 재상인 듯.
154 처사(處士): 세파(世波)의 표면에 나서지 않고 조용히 야(野)에 파묻혀 사는 선비. 거사(居士).
155 산도(山濤, 205-283): 중국 진(晉)나라 때의 문인이면서 정치가. 죽림칠현(竹林七賢)의 한 사람.

의인체(擬人體)로 하여 대상을 술에 두었다.

국순(麴醇)이란 국(누룩)으로 만든 중양주 진한술이라는 뜻이다. 이 중양주의 조상을 중국의 진한(秦漢)시대로 두고 있다. 진한시대에 밀과 맷돌이 본격적으로 등장하게 되니 밀로 만든 누룩의 조상을 이 시대로 삼은 것 같다.

세월이 흘러 위(魏, 220-265)[156]나라 초기에 국순의 아버지 국주(麴酎) 때에 비로소 그 술맛이 조정(귀족층)에 알려져 중양주의 맛이 본격적으로 대접받게 되었다.

국순은 그 술맛이 더욱 좋아져 진(晉, 265-316)[157]나라 때에는 상하에 두루 널리 알려져서 모든 백성이 즐겨 마시게 되었는데, 이 술의 인기는 당(唐, 618-907)나라에 이어져 더욱 번성하게 되었다는 이야기이다.

고려사회에서 마셨던 술의 조상을 중국에 두고 쓴 글이다.

(2)《국선생전(麴先生傳)》

고려 고종(高宗, 재위 1213-1259) 때의 학자 이규보(李奎報, 1168-1241)가 지었다.

---

156 위(魏): 중국 삼국시대의 조조(曹操)가 터를 닦아 그 아들 조비(曹丕)가 후한(後漢) 헌제(獻帝)의 양위를 강박하여 세운 나라. 낙양(洛陽)에 도읍하여 하북(河北)의 13주 97군을 차지하여 세력이 차차 융성하였다. 촉(蜀)나라를 멸하여 하남(河南)의 오(吳)나라와 함께 천하를 양분하였으나 사마소(司馬昭)의 아들 사마염(司馬炎)에 의하여 멸망 당함(220-265).

157 진(晉): 삼국의 위(魏)나라를 이어서 그 신하 사마염(司馬炎)이 세운 왕조. 서울은 낙양. 280년 오(吳)나라를 쳐부수어 천하를 통일하였으나 오호(五胡)의 난으로 316년 4세로 멸망함. 이때 까지를 서진(西晉)이라고 함(265-316).

전통주 인문학

국선생(麴先生)의 이름은 국성(麴聖)이고 별명은 중지(中之)이다. 이것은 서막(徐邈)이 지어 준 것인데, 서막전에 〈주중청자위성인(酒中淸者爲聖人)〉이란 말이 있음에 비추어 누룩으로 만든 청주란 뜻이 되겠고, 中之란 곤드레 만드레가 된다는 뜻이니 청주를 마시면 곤드레 만드레가 된다는 것에서 지어진 이름인 것 같다.

그의 할아버지는 모(牟, 보리), 아버지는 차(醝, 흰술), 어머니는 사농경(司農卿) 곡씨(穀氏)의 딸이다. 할아버지 때 정(鄭)나라에서 주천(酒泉)에 이사하여 살게 되었다. 어릴 때부터 국량(局量)[158]이 있어서 그를 평하기를 마음과 그릇이 출렁출렁 넘실넘실 만경(萬頃)[159]의 물결과 같아 가라앉아도 맑지 않고 흔들어도 흐리지 않았다.

당대의 저명한 문인과 사귀는 가운데 나라의 부름을 받아 주객낭중(主客郎中)[160] 벼슬을 거쳐 국자제주(國子祭酒)에 예의사(禮儀使)를 겸하게 되었다. 조회(朝會), 잔치, 종묘 제사, 천신(薦神), 진작예(進爵禮)에서 임금의 뜻을 잘 맞추어서 임금이 불쾌할 때 그가 들어오면 크게 웃었다.

이렇게 사랑을 받은 그를 국선생이라 불렀다.

그의 아들 혹(酷, 술맛 텁텁할 '혹'), 포(醅, 하룻밤 동안에 빚는 술 '포'), 역(醳, 쓴술 '역') 등은 아버지의 세도를 믿고 횡포가 심하였다. 이에 중서령(中書令) 모영(毛穎)이 상소하여 탄핵하기를, "국성은 작은 재주로 조

---

158 국량(局量): 도량(度量)과 재간(才幹).
159 만경(萬頃): 지면(地面)이나 수면(水面)이 아주 넓음.
160 주객낭중(酒客郎中): 주객은 주빈(主賓) 즉 주인과 손님, 낭중은 신라시대의 경우 집사성(執事省) 병부(兵部) 창부(倉部)의 대사(大舍).

정에 등용되어 직위가 3품(品)에 올랐지만 기쁜 가운데 사람을 휘감아 상해하기를 좋아함으로 만인이 외치고 소리 지르며 머리를 잃고 가슴을 아파하니 이는 나라를 위하는 충신이라기 보다 백성을 괴롭히는 역적이요, 또 그의 세 아들이 행패가 심하니 사형을 내려 주십시오."라고 하였다. 그 날로 세 아들은 자살하고 국성은 서인(庶人)이 되었다.

그후 제(齊) 고을과 력(鬲) 고을에 뭇도둑이 일어나게 되어 임금은 국성을 다시 등용해서 원수(元帥)를 삼게 하였다. 그는 도둑을 잘 토벌하여 공을 세웠으므로 임금은 그를 상동후(湘東候)로 봉하였다. 1년 후 그는 상소하여 굳이 물러날 것을 원하였다. 그리하여 허락 받고 고향에 내려가 천수로 세상을 마쳤다.

아우 현(賢)¹⁶¹은 벼슬이 2천석에 이르고, 그의 아들 익(釶, 술빛 '익'), 두(酘, 중양주 '두'), 앙(醠, 탁한술 '앙'), 람(醂, 곶감 '남', 과일주)은 도화즙(桃花汁)을 마셔 신선(神仙)을 배웠고, 족자(族子)인 출(醛, 술맛 변할 '출'), 미(醾, 곰마지 '미'), 엄(醃, 신맛 '엄')은 다 호적이 평(萍, 개구리밥 '평')씨에 속하였다.

〈국선생전〉 역시 가상적 의인체 전기 설화이다. 작 중에 나오는 인명이나 지명 모두를 술 또는 누룩과 관계있는 말로 설정하였다.

국선생의 이름을 서막(徐邈)이 지어 주었다 했는데,《국순전》과 연계시켜서 보았을 때 국선생은 국순의 아버지 국주(麴酎)를 칭한 것으로

---

161 원문은 賢이나 단(醛)으로 바꾸어 탁주로 해석해도 되지 않을까 한다.

보인다. 누룩으로 여러번 덧 빚어서 만든 중양주의 맑은 술 청주가 국선생이다.

맑은 술 국선생은 사랑을 받았으나, 그의 아들이었던 맛이 텁텁할 술, 하룻밤 동안에 빚은 술, 쓴 술은 타락하여 아버지 국선생까지도 서인으로 만들게 되었으니 맛있는 술이 아버지이고, 맛없는 술이 아들들이다.

국선생의 아우 탁주는 술 빛갈이 좋은 술, 여러 번 덧빚은 술, 막걸리, 과일주를 아들로 두어서 신선이 되었고, 친척인 맛이 변한 술, 골마지 낀 술, 신맛이 된 술은 천해져 호적이 개구리밥으로 강등되었다 하였다.

결론적으로 말하면《국순전》이든《국선생전》이든 이들 양자가 쓰여질 당시 탁주(막걸리)도 마셨지만 덧빚는 술인 중양주(重釀酒)로 하여 alcohol도수가 높은 술을 마셨고, 이들 덧빚은 술은 맑게 하여 청주를 만들기도 하고 때로는 과일주도 만들어 마셨음을 보여준다.

실제적으로 고려시대 상층부가 마셨던 술은 술맛이 독하여 쉽게 취하고 빨리 깼다.[162] 술맛이 독하다는 것은 여러 번 덧빚어 alcohol 도수를 높인 것이고, 빨리 깬다는 것은 좋은 양질의 술을 뜻한다.

---

162 徐兢《高麗圖經》

6) 《박통사》[163]와 《노걸대》[164]를 통해서 본 음주문화

(1) 《박통사(朴通事)》

《박통사》는 고려 말 문화를 배경으로 해서 만든 중국어 학습서이다. 여기에서 꽃구경을 겸한 상마연(上馬宴, 중국으로 떠나기 전에 받는 환송연)의 연회 모습을 다음과 같이 기술하고 있다.

30인이 각각 100냥 동전을 내서 3000냥을 모았다. 이것으로 잔치를 위해서 시장에서 사 가지고 온 것은 숫양 1마리, 소 1척(隻), 돼지고기 50근, 계절 과일, 건과(乾果), 광록시(光祿寺)로부터 받은 남경에서 온 밀임금소주(蜜林檎燒酒) 1통, 장춘주(長春酒) 1통, 약주(若酒) 1통, 두주(豆酒) 1통이고, 이 밖에 내부(內府)로부터 죽엽청주(竹葉淸酒) 15병, 뇌아주(腦兒酒) 5통이다.

이상의 재료로 주자(廚子, 숙수)와 의논하여 팔탁석면(八卓席面) 잔치상을 한 쪽〔一邊〕에 벌려 차린다.

팔탁석면에 차려진 찬품(饌品)에 대한 진설 내용이 기술되어 있는데

---

163 《朴通事》: 고려 말의 문화를 배경으로 한 중국어 학습서.
《朴通事新釋諺解》:조선왕조 영조 때 김창조가 본래의 《박통사》를 대폭 수정하여 《박통사신석》을 만들고 그것을 다시 언해한 책.
《朴通事諺解》: 숙종 때 권대련, 변섬, 박세화 등이 《박통사》를 번역 편찬한 책.
164 《老乞大》: 고려 말의 문화를 배경으로 한 중국어 학습서로서 조선왕조 세종 때 왕명으로 편찬됨.
《老乞大新釋》:영조 때 역관 변헌이 《노걸대》의 잘못된 것을 바로잡은 책.
《老乞大諺解》: 정조 때 이수가 《노걸대》 중간본(重刊本)을 언해한 책.

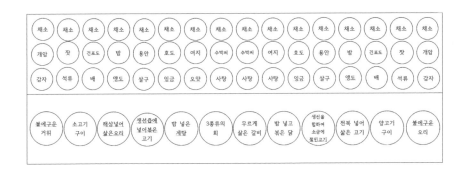

채소	채소	채소	채소	채소	채소	채소	채소	채소	채소	채소	채소	채소	채소	채소	채소
개암	잣	건포도	밤	용안	호도	여지	수박씨	수박씨	여지	호도	용안	밤	건포도	잣	개암
감자	석류	배	앵도	살구	잉금	오얏	사탕	사탕	사탕	잉금	살구	앵도	배	석류	감자

| 불에구운 거위 | 소고기 구이 | 해삼넣어 삶은오리 | 생선즙에 넣어볶은 고기 | 밤 넣은 계탕 | 3종류의 회 | 무르게 삶은 갈비 | 밤 넣고 볶은 닭 | 생선을 합하여 소금에 절인고기 | 전복 넣어 삶은 고기 | 양고기 구이 | 불에구운 오리 |

───── **[그림 3] 상마연(上馬宴)도 《박통사신석언해》** ─────

※ 大大 四, 大 四, 中 四, 合 12盤碗으로 大大碗은 9寸盤 임.
※ 면석(面席) 맨 앞줄에는 보배로 높게 꾸민 꽃[床花]를 꽂았음.

이를 기초로 하여 필자가 도식화한 것이 〈그림 3〉과 〈그림 4〉이다. 엄청난 음식을 차린 팔탁석면은 장차 중국에 가는 참석자를 돌보아 주시는 신께 올리는 상차림이고, 술의 7번 행주에 따라 별도로 술안주가 7도(七度, 七味)가 제공되었다(〈그림 5〉).

(2) 《노걸대(老乞大)》와 술안주 건면(乾麵)

《노걸대》 역시 고려말 문화를 배경으로 해서 만든 중국어 학습서이다. 여기에는 다음의 내용이 있다.

우리 고려사람들은 모두 고기 볶는 것을 모르고,

습면(濕麵) 먹는 것에는 익숙치 않으니 건면(乾麵)을 먹는게 어떻소

《거가필용》에 의하면 습면은 수활면, 삭면, 경대면, 홍사면, 취루면,

산약발어, 산우박탁 등 칼국수 또는 수제비 형태로 만든 것에 국물을 합하여 먹는 것 즉 물에서 삶아낸 것이고, 건면은 소를 넣고 만들어 불에서 쪄낸 만두류이다.

《노걸대》의 건면이 어떤 형태였는지는 현재로서는 분명하지 않지만 고려가요 중의《쌍화점(雙花店)》으로 보아 국수 보다는 만두류를 널리 애식하고 있었던 것은 분명하다.

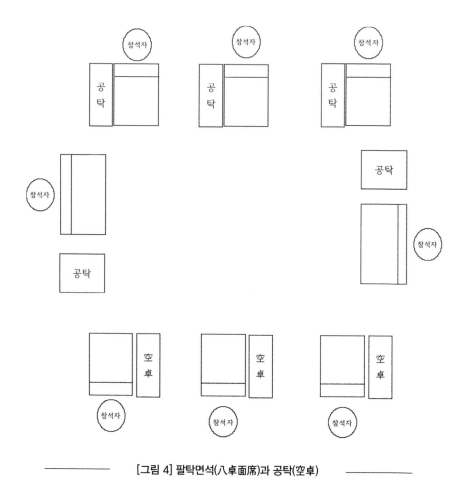

[그림 4] 팔탁면석(八卓面席)과 공탁(空卓)

전통주 인문학

고려 인종(仁宗) 원년(1123)에 중국 송나라 사신 서긍(徐兢)이 고려에 가서 보고 들은 바를 그림과 글로 기록한 《고려도경(高麗圖經)》에는 "밀가루로 만든 국수는 경사스러운 날에나 먹는 귀한 음식이다."라고 하였다.

《박통사》의 상마연에서 등장하는 술안주 미수 중 7미수(7도)에 차린 사면(絲麵)은 연회음식이다. 이것은 귀한 음식으로 메밀이나 녹말로 만든 칼국수류일 것이며, 역시 7미수에 차린 상화는 건면류라고 볼 수 있다(〈그림 5〉).

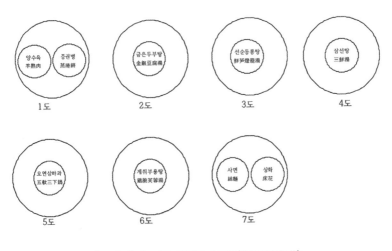

[그림 5] 제 7미로 구성된 술안주(《박통사언해》)
상의 형태는 사각반 일수도 있음

7) 다연(茶宴), 차와 술

(1) 불교와 현학(玄學)의 만남, 선종(禪宗)의 출현

열반(涅槃)에 이르기 위한 철저한 금욕주의적 가르침을 기반으로 하는 불교의 중국 전파는 동과 서의 교통이 열린 전한(前漢) 무제(武帝, 재위 140-87 B.C) 때라고 알려져 있다.

이후 드디어 후한(後漢) 환제(桓帝, 재위 146-167)시대에는 궁중에서 황제(黃帝)[165]와 노자(老子) 그리고 부처님을 모신 호화스러운 의례가 행해졌다. 큰 누각을 지어 금동불상을 모시고, 부처님 오신날에는 왕후와 귀족들 간에 성대한 행사를 하는 일이 유행하여, 후한이 멸망한 220년부터 위진남북조(魏晋南北朝)시대에 이르러서 불교는 이미 사회의 상하층에 두루 침투하고 있었다.[166]

위진시대에는 사회가 심한 혼란 속에 있었다. 이러한 시대 조류 속에서 후한(後漢) 때에 자리잡은 도교가 성행함에 따라 현학(玄學, 老莊의 학문)과 불교가 결합하여, 이 세계관에 적합한 해탈 방법과 인식 방법을 갖춘 하나의 종교 유파가 형성되었다. 이것이 선종이다.

노장사상은 전한(前漢)시대부터 유교사상과 결합하여 상호 보완하면서 꾸준히 이어져 왔는데 초창기 불교의 엄격한 금욕주의적 사상은 그 수행 방법이 너무 힘이 들었으므로, 반야학(般若學)[167]이 인생이 가진 괴로움의 근원은 욕망에 있다고 본 노장학문과 결합하여 선종을 싹트게 했다.

현학에서는 재앙의 근원은 인간의 욕망에서 온다 했다. 재앙의 근원

---

165 황제(黃帝); 중국의 전설상의 제왕. 복희씨(伏羲氏), 신농씨(神農氏)와 더불어 삼황(三皇)이라 일컬어짐. B.C 2700년 경 천하를 통일하고 문자, 배, 수레 등을 만들고 도량형, 역법(曆法), 잠업(蠶業), 음악 등 많은 문물과 제도를 확립하여 인류에게 문화생활을 전해주었다고 함.
166 한경수역, 渡辺照宏저, 《불교사의 전개》, 불교시대사, 1992, pp136-137.
167 반야학(般若學): 지혜의 빛에 의하여 열반의 묘경에 이르기 위함을 탐구하는 학.

을 없애기 위해서는 견소포박(見素抱朴, 소박함을 지킴)과 소사과욕(少私寡欲, 개인의 욕심을 줄임) 해야 고요한 심경을 지녀 신선(神仙)적인 생활을 할 수 있다 하였다.[168]

사회적 대혼란은 지식인들로 하여금 현실적인 뜻을 잃고 도교에 심취하여 복약구선(服藥求仙) 하도록 하는 풍조가 성행하였다. 이들은 현학(玄學)을 바탕으로 하는 도(道)를 주제로 삼으면서 청담(淸談)[169]으로 세월을 보낸다. 불교도 역시 심취하여 윤회(輪回)사상과 인과응보설(因果應報說)에 집중하였다.

(2) 좌망(坐忘)과 해탈, 다게(茶偈)와 술

동진(東晉, 317-420) 이후 반야학 승려들은 당시 사대부들이 추구하던 현학에 바탕을 둔 '자연스럽게 뜻이 맞으며 구속이 없는 인생철학'을 발전시켰다. 적의(適意)란 자기의 뜻에 맞게 사는 생활철학이자 인생철학이다.

선종 스님들이 추구한 적의의 인생철학이란, 마음이 곧 부처로서 도리를 깨닫기만 하면(卽心卽佛), 가고 싶으면 가도 되고 앉고 싶으면 앉으며(要行卽行 要坐就坐), 자고 싶으면 자고 앉아있고 싶으면 앉는(要眠卽眠 要坐卽坐)[170] 것이다.

---

168 정상홍·임병권역, 葛兆光저, 《禪宗과 中國文化》, 동문선, 1991, pp134-135.
169 청담(淸談): 중국 위(魏) 진(晉)시대에 선비들이 세사(世事)를 버리고 산림에 은거하여 노장(老莊)의 공리(空理)를 논하던 일.
170 《古尊宿語錄》卷4; 《景德傳燈錄》卷10

불교에서 열반의 경계에 들어가기 위해서는 공문(空門)[171]에 들어가야 하는데 도교에서의 공문에 해당되는 것이 좌망(坐忘)이다.

기(氣)를 길러 장생(長生)하는 신선도인(神仙道人)이 되기 위해서는 재계(齋戒), 안처(安處), 존상(存想), 좌망, 정신의 해탈과정을 거치지 않으면 안 된다. 몸을 깨끗이 하고(재계), 편안한 곳에 있으면서(안처), 나의 정신을 보존하고(存神) 나의 몸을 생각한다(想身) 즉 존상이다. 눈을 감고 있으면 자신의 눈이 보이고 마음을 안정시키니 자신의 마음이 보이는데 최후에는 잡념을 떠나서 무아의 경지에 이르러 텅비고 허무한 정적인 상태에 도달하여(좌망) 해탈하게 되는 것이[172] 도교의 해탈 방법론이다.

도교는 좌망을 위하여 차[茶]라는 음료를 채택하였다. 후한 말과 삼국(三國)시대에 흥하게 된 도사(道士)들에 의하여 편제된 것으로 알려져 있는 중국에서 가장 오래된 본초서(本草書)는《신농본초경(神農本草經)》이다. 이 본초서는 오랫동안 먹어도 사람에게 해가 없고 몸을 가볍게 하여 기운을 북돋아 주며 늙지 않게 하는 먹거리를 상약(上藥)의 범주에 넣었다. 또 독이 없으며 성(性)을 키우는 것을 중약(中藥)의 범주에 넣었다.[173]

상약

과실류: 대추, 포도, 잣

---

171 공문(空門): 이 세상에 존재하는 모든 사물은 인연으로 인하여 생기는 것으로 변하지 않는 나의 실체(實體)는 존재하지 않는다는 생각. 곧 제법개공(諸法皆空)을 말함.
172 사마승정(司馬承貞, 647-735)
173《神農本草經》

채류: 연근, 가시연밥, 아욱, 과(瓜), 더덕, 인삼, 국화, 창포, 천문동

곡식류: 참깨, 흑임자

기타: 꿀, 고채(苦菜)

중약

과실류: 오수유, 산수유, 용안, 매실

채류: 생강(건강), 칡뿌리, 당귀, 버섯, 지치, 죽엽, 순무, 파, 부추

곡식류: 대두, 적소두(팥), 기장, 메조

해조류: 해조(김, 미역, 다시마, 감태 등)

기타: 산초, 치자

상약에 들어가는 고채(苦菜)는 찻잎 등을 가리킨다. 차[茶]라는 말이 등장한 시기는 9세기 이후이다. 그 전에는 차를 도(荼, 씀바귀"도")라 했다. 나이를 먹어도 몸을 가볍게 함으로써 오래 살고자 하는 소망은, 몸을 가볍게 하여야 선인(仙人)이 되는 것과 통한다. 몸을 가볍게 하는 이 선인식 상약 중의 하나가 바로 차가 포함되는 쓴맛이 있는 고채이다.

후한 말의 명의사 화타(華陀)는[174]는 차[茶]를 오랫동안 마시면 사고가 깊어지고, 몸이 가벼워지며, 눈이 밝아진다 하였다. 화타의 이 논리가 당시에 통용된 듯 유비(劉備)는 어머니께 효양(孝養)하기 위하여 촉(蜀)에서 오는 신다선(新茶船)을 기다렸다 하니,[175] 당시 차만을 실어 나

---

[174] 화타(華陀): 중국 후한 때의 명의사. 안휘(安徽) 출생. 100살에도 정정하였고 조조(曹操)의 시의(侍醫)가 되었으나 후에 그의 노여움을 사서 살해되었음. 저서로는《청낭비결(青囊祕訣)》이 있음.
[175]《三國志演義》

르는 전용 배가 있을 정도로 차는 퍼져있었다.

도교사회에서 상약 중의 하나였던 차[茶]는 내노경신(耐老輕身, 나이를 먹어도 몸을 가볍게 함)을 위한 선인(仙人)음료이다. 차는 성(性)이 냉(冷)하고 머리와 눈을 맑게 하며 소변을 잘 나오게 하는, 해독(解毒)시키는 중요한 음료였다.

이 차의 효능은 수도하는 선종의 승려들 사이에도 채택되었다. 선정(禪定, 참선하여 삼매경에 이름)의 정진(精進) 음료가 되어 신성한 음료로 상징되기에 이른다. 급기야 재(齋)를 올릴 때 다게(茶偈)가 의례 중 하나의 절차로 채택된다. 끓어 오르는 다향(茶香)은 깊은 산 속의 나무향기와 더불어 수도하는 스님들로 하여금 유숙현묘(幽寂玄妙)한 경지로 이끌어 들게 하였다.[176]

한편 술은 상약과 중약에는 포함되지 않았지만, 도교를 믿는 사람들 사이에서 몸을 가볍게하고 신선과 만나게 해주는 중요한 음료로 자리매김한다. 본초학에서 술의 성질은 대열(大熱)에 속한다.[177] 술을 마심으로서 몸을 따뜻하게 하고 혈액순환을 돕는, 약의 기능으로서의 술은 중요한 위치에 있었다.

시대는 좀 내려와서 정식으로 도교에 입문하였던 선풍도골(仙風道骨)을 지닌 이백(李白, 701-762)은 술이 선풍의 중요한 음료였음을 시로 나타냈다.[178]

---

176 이성우,《한국식품문화사》, 교문사, 1993, p240.
177 김상보,《약선으로본 우리전통음식의 영양과 조리》, 수학사, 2012, p50.
178 李白,《游泰山》

玉女四五人飄飄下九垓

含笑引素手遺我流霞杯《游泰山》

옥녀 4·5인이 구천을 오르락 내리락 하네

미소를 머금고 흰손을 당기더니, 나에게 유하의 술잔을 보내네《유태산》.

(3) 백제 담로수장(擔魯首長)이 사용한 계수호(鷄首壺)와 선풍생활

동진(東晉, 317-420)의 왕실 및 귀족들은 술을 깨기 위한 음료로 다갱(茶羹)을 만들어 마셨다.[179] 찻잎에 쌀풀을 섞어 다병(茶餠)을 만들고, 차를 마실 때는 다병을 볶아서 빻아 가루로 만든 다음, 이것을 계수호(鷄首壺, 닭머리 모양의 뚜껑 장식이 있는 자기병)에 넣고 뜨거운 물을 부어서 파, 생강, 귤 등을 곁들인 음료이다.

다병이란 말은 《다경(茶經)》[180]에 등장한다. 239년에서 294년 무렵 낙양(洛陽) 집시(集市)에서 다죽(茶粥)과 다병을 팔았다 한다. 동진은 서진(西晉, 265-316)의 문화를 그대로 계승했음으로 서진 귀족 계급의 다생활이 동진에 그대로 이어진 것이다.

이 동진제의 계수호와 함께 한 조가 되는 찻잔이 백제 담로지역 수장에 해당하는, 공주에 있는 고분군에서 발굴되었다. 이 사실에서 우리는 다연(茶宴)의 흔적을 발견한다. 다연은 선종과 도교 및 유교가 결

179 박순발, 〈공주수촌리고분군 출토 중국자기와 교차연대문제〉, 《4-5세기 금강유역의 백제문화와 공주수촌리유적》, 충청남도역사문화원, 2005, pp62-63.
180 《茶經》: 육우(陸羽, ?-804)의 저서.

합된 연희문화로서 선풍(仙風)생활이 확연히 들어나는 탈속(脫俗)의 문화이기도 하다.

여기서 한반도 도교 상황에 대해 다시 검토해 보자

중국은 한(漢) 무제(武帝, 재위 141-87 B.C) 때에 장생불사의 상징인 서왕모(西王母), 선도(仙桃), 곤륜산(崑崙山)에 관한 도교 신화가 성립되어 있었다.

도교 방사(方士, 신선의 술법을 닦는 도사道士)들에 의하여 확립된 신 계보에서 장생불사의 가장 중요한 신은 서왕모였다. 장려한 궁궐과 아름다운 정원을 갖추고 기이한 화초 그리고 진기한 금수, 불사(不死)의 물과 불로장수약[仙草, 玉膏]이 풍부한 곤륜산의 여신이 서왕모이다. 그녀는 그곳에서 나는 신천(神泉)과 불로장수약을 사용하여 죽게된 인간도 구할 수 있는 선인(仙人)이다. 서왕모는 고려왕실과 조선왕실의 연회 때 동원되는 정재(呈才)에서 자주 등장한다.[181]

불로장생을 득도하여 신선이 된다고 하는 도교 교리는 한(漢) 말기에 불교에 대항하는 중국 고유의 종교로서 확립되었다. 왕실의 비호 아래 급속히 전개된 도교는 후한(後漢) 환제(桓帝, 재위 146-167) 때가 되자, 나라가 어지로울 때 신선[老子]이 등장하여 세상을 구제한다는 사조가 팽배해 있을 정도로 노자는 신선이 되어 있었다.

중국 도교의 초대 교단이었던 천사도(天師道)에서는 신도들에게 육체의 불사(不死)와 장수(長壽)를 약속하고 기도로 병을 고쳐 준다고 하면

---

181 김상보, 《사상으로 만나는 조선왕조음식문화》, 북마루지, 2015, pp36-38.

전통주 인문학

서, 치료비나 헌금의 목적으로 곡식 5말[五斗]을 거두어 들였다. 그래서 이 교단을 오두미교(五斗米敎, 五斗米道)라고 하였다.

그런데 고구려 영류왕(榮留王, 재위 618-642) 원년에서 보장왕(寶藏王, 재위 642-668) 9년 사이에 사람들이 앞을 다투어 오두미교를 신봉하였다. 당(唐) 고조(高祖, 재위 618-626)가 이 사실을 듣고 영류왕 7년(624) 천존상(天尊像)을 보내주고 도사를 보내와《도덕경》을 강론케하니 왕과 백성들이 참관하였다.[182] 당시 오두미교는 국가의 비호 아래 급속히 퍼져 나갔다.

권신이었던 연개소문(淵蓋蘇文, ?-666)은 보장왕에게 "솥은 발이 3개가 있고 나라에는 3교(敎)가 있는 것입니다. 신이 보건데 나라에 유교와 불교가 있으나, 그에 맞설만한 도교가 없으므로 나라가 위태롭습니다."라고 하자 보장왕은 도교를 국교로 삼았다. 그리고나서 당(唐)에게 도사(道士)를 청했다. 당 태종(太宗, 재위 626-649)은 숙달(叔達) 등 도사 8인을 보내왔다. 왕은 절[佛寺]로 도관을 삼고 도사를 유사(儒士) 보다 더 높게 대접하였다.[183] 고구려에서의 불교, 유교, 도교의 습합 과정을 여실히 보여주는 장면이다.

도교가 한반도에 전래된 시기는 영류왕 보다 훨씬 앞선 시기이다. 백제 근초고왕(近肖古王, 재위 346-375)은 아직기와 왕인을 일본에 보내《역경(易經)》,《효경(孝經)》,《논어(論語)》,《산해경(山海經)》과 도교에서 사용하는 기구인 횡도대경(橫刀大鏡)을 전했다.

---

182 김윤경,《청소년을 위한 한국철학사》, 두리미디어, 2007, pp80-81.
183《三國遺事》卷3,〈寶藏奉盧 普德移庵〉

무령왕(武寧王, 재위 501-523)의 릉에서 출토된 〈동경명(銅鏡銘)〉[184]에
는 옥천을 마시고 대추를 먹어 불로장수하고자 하는 당시의 사회상을
엿볼 수 있는 다음의 글이 실려 있다.

상방에서 거울을 만들었는데 참으로 매우 좋다.
위에 선인(仙人)이 계시어 늙음을 모르는데
목마르면 옥천(玉泉)의 물을 마시고 배고프면 큰 대추를 드시니
수명이 금석(金石)과도 같다.

이 〈동경명〉 내용에서 '선인' '옥천' '대추'는 불로장생을 위해서 도가
(道家)에서 이야기하는 것들이다. 도교에서 추구하는 양생술을 대표하
는 문자이다.

백제 담로수장도 동진의 귀족과 마찬가지로 술을 동반하는 연회를
할 때 술을 깨기 위한 차를 계수호에 담아 마셨던 것이며, 이는 백제
사회에서 만연했던 현학(玄學)에서 나온 유유자적한 한거(閑居)를 즐기
는 선풍생활과 관련이 있는 것으로 다연(茶宴)의 흔적이 아닐까 한다.

(4) 다연(茶宴)의 정착과 다과, 소선의 발달

다연(茶宴)은 유심청원(幽深淸遠)[185]한 임하풍류(林下風流)[186]를 추구하

---

184 서정록, 《백제금동대향로》, 학고재, 2001, p272.
185 유심청원(幽深淸遠): 깊숙하고 그윽하면서도 맑고 아득함.
186 임하풍류(林下風流): 자연에서 탈속(脫俗)함.

는 시대적 조류의 산물이다. 유심청원에 의하여 형성된 깊은 명상에서 나온 미감(美感)을 사물의 뜻[意象]에 부여한 것이다. 의상(意象)은 많은 명상의 내용을 포함하여 하나의 예술적 경지에 도달하게 되는데 풀, 나무, 산, 돌, 물 등 하나하나에 대하여 미적인 쾌감을 얻고 인생에 대하여 내심의 감정을 투사하는 것이다.

당(唐)시대의 연회에서 상차림의 가장 핵심이 되는 것을 정두(飣餖)라 했다.

肴核紛一飣[187]

술안주로서 가장 핵심이 되는 것은 밀가루로 만들어 고여 담은 정두

정두는 음식을 고임으로 담아 차려서 놓되 먹을 수 없는 상차림이다. 간반(看盤), 간탁(看卓), 간식(看食), 정좌(飣坐)라고도 한다. 즉 연회 때 주인공을 보살펴 주시는 신(神, 帝釋)을 위해 그날의 상차림 중 가장 아름답게 꾸며 차린다. 이렇듯 아름답게 차리는 배경에는 불교가 지닌 차안(此岸)의 세계관과 피안(彼岸)의 세계관에 있다.

차안의 세계란 속세 일체를 포괄하는 세계로 생(生)과 사(死)의 세계이다. 속세 일체를 포괄하니까 세속인의 정신 세계도 포괄한다. 그것은 모두 더없이 불결하고 비천하며 비참한 부정적인 현실세계이다.

---

187 당(唐)시대 한유(韓愈, 768-824)의 시. 당송 8大家의 한 사람.

피안의 세계란 이승의 번뇌를 해탈하여 열반의 세계에 도달하는 경지의 세계이다. 순결무구하며 즐겁고 고상한 제석(帝釋)이 계시는 곳이고 긍정적 이상 세계이자 탈속(脫俗)의 세계이다.

피안 즉 이상 세계에 대하여 《화엄경(華嚴經)》에서는 다음과 같이 적고 있다.

五百寶器自然盈滿

金器盛銀銀器盛金

玻璃器中盛滿硨磲

硨磲器中盛滿玻璃

瑪瑙器中盛滿珍珠

珍珠器中盛滿瑪瑙 《華嚴經入法界品》

500의 보배그릇에는 자연히 가득차 있네

금그릇에는 은이 담겨 있고

은그릇에는 금이 담겨 있으며

파리[188] 그릇에는 차거[189]가 가득 담겨 있고

차거그릇에는 파리가 가득 담겨 있네

마노[190] 그릇에는 진주가 가득 담겨 있고

---

188 파리(玻璃): 유리, 수정.
189 차거(硨磲): 옥돌.
190 마노(瑪瑙): 석영.

진주그릇에는 마노가 가득 담겨 있네《화엄경입법계품》

열반의 세계인 피안은 금, 은, 파리, 석영, 진주, 옥이 가득한 연화보수(蓮花寶樹)의 행복한 천당이다.[191]

신(제석)을 위해 차리는 정두 간반을 연회상차림 중 가장 아름답게 차리는 것은, 아름다운 피안의 세계에서 내려오셔서 드시는 신을 위한 음식이기 때문이다. 신께 올리는 상에 미감(美感)을 넣어 뜻을 부여한 차림이 간반이다. 신께 올리는 상은 상(象)에 해당되며 이 음식상에 뜻을 부여한 차림새는 의(意)에 해당된다.

간반의 음식이 무엇으로 구성되었는가는 당(唐) 문화를 고스란히 이어받은 북송(北宋)의 연회를 들여다보면 추정이 가능하다. 최후의 천자 휘종(徽宗, 재위 1100-1125)시대를 기록한《동경몽화록(東京夢華錄)》에서는 휘종의 생일날인 천녕절(天寧節, 10월 10일)에 행한 연회를 기술하였다.

天寧節

初十日天寧節

前一月敎坊集諸妓閱樂

初八日樞密院率修武郞以上

初十日尙書省宰執率宣敎郞以上幷詣相國寺罷散祝聖齋筵

---

191 정상홍·임병권 역, 葛兆光저,《禪宗과 中國文化》, 동문선, 1991, p210.

次赴尙書省都廳賜宴(《東京夢華錄》)

천녕절

10월 10일은 천녕절이다.

이 날 한달 전 교방[192]에서 기생들을 모아 음악을 점검하였다

10월 8일 추밀원[193]에서는 수무랑[194] 이상의 무관을 인솔하고

10월 10일 상서성에서는 재상과 집정이 선교랑[195] 이상의 문관을 인솔

하여

상국사(相國寺)에 가서 황제의 만수무강을 기원하는 재연(齋筵)[196]을

하고 끝냈다.

다음 상서성 정청인 도청[197]으로 가 황제가 베푸는 연회에 참가하였다

(《동경몽화록》).

  천녕절에 문무관이 먼저 상국사에 가서 부처님께 차[茶]를 동반하

는 공양을 올린 후 황제가 베푸는 연에 문무관이 참석하였다는 이야

기이다.

  宰執親王宗室百官入內上壽

---

192 교방(敎坊): 기생학교. 고려에서도 기생학교를 교방이라 하였음.
193 추밀원(樞密院): 송대(宋代) 최고의 군사기구.
194 수무랑(修武郞): 정8품 무관의 칭호.
195 선교랑(宣敎郞): 종8품 상위에 있던 문관의 칭호.
196 재연(齋筵): 공양(供養)하는 좌석을 뜻하나 여기에서는 '공양하다'로 해석됨.
197 도청(都廳): 상서성의 정청(正廳).

十二日宰執親王百官入內上壽大起居···

皆以紅面靑墩黑漆矮偏飣每分列環餅油餅棗塔爲看盤次列果子《東京
夢華錄》

재상, 집정, 친왕, 황족, 백관이 궁궐에 들어와 상수를 올리다.

10월 12일 재상, 집정, 친왕, 황족, 백관이 궁궐로 들어와 황제께 축수
를 올리는 대기거[198]가 있었다···

모든 사람들 앞에는 바닥이 붉은 푸른의자와 검은칠을 한 낮고 평평
한 정(飣)이 놓여있는데, 정 마다 환병[199], 유병(油餅), 고임으로 쌓아 올
린 대추 등으로 간반(看盤)으로 하고, 다음 줄에는 과자도 놓여있다
《동경몽화록》.

상국사에 가서 차[茶]를 드리면서 공양을 올린 후에 하루를 쉬고 10
월 12일 황제께 상수연을 올릴 때, 참석한 전원에게 간반을 차렸는데,
그 내용이 환병, 유병, 고여 담은 대추, 과자이다. 환병, 유병 등은 당
(唐) 시대에 급속히 발달한 당과자류이다(제3장 〈그림 2〉 참조). 이들은
밀가루를 재료로 해서 기름으로 튀겨 만든 튀김과자류로서 일종의 유
밀과(油蜜果)이다. 당대(唐代)의 당과자 발달에는 중국 전체에 걸쳐서
일반 서민에게 까지 보통 음료가 된 차의 보급과도 밀접한 관계가 있

---

198 대기거(大起居): 송대의 제도로 문무백관이 매 5일 마다 내전으로 입궁하여 황제를 알현하
는 것.

199 환병(環餅): 《齊民要術》에는 〈細環餅〉으로 기술되어 있음.

다. 당과 송 대의 차는 말차[末茶]류이다. 이 말차는 대단히 쓴맛이 강하였고, 말차 만 마실 경우 위를 자극하였다. 그래서 차와 달콤한 과자는 반드시 한 조가 되어 올라야만 했다. 때문에 다과(茶菓, 茶果)란 말이 생겨났다.

그러니까 다연에서 가장 핵심이 되는 간반을 구성했던 찬품은 차와 한 조가 되게끔 차려진 '환병, 유병, 대추'였던 것이다. 다과로 부처님께 공양 올리고, 부처님께서 드시고 남기신 다과를 음복(飮福)하는 연회, 이것이 다연이다.

다연문화를 나무로 비유하면 그 뿌리는 음양사상(유학)이고 줄기는 신선사상(현학)이며 가지를 친 것이 제석신앙(선종)이다. 유교, 도교, 불교의 습합문화가 내재 되어 드러난 문화이다. 특히 선종에서의 살생금지 사상은 소식(素食, 素膳)이라는 새로운 음식문화를 창출하였으며 소식과 다연이 결합되어 유밀과와 병(餅)의 발달에 박차를 가하였다. 《제민요술》과 《거가필용》에서 등장하는 〈소식〉의 素는 '공空 소, 순색無色 소', 食은 '밥 식, 먹일 사'이다. 〈素食〉이란 공문(空門)에 들어가기 위하여 채택된 음식이라는 뜻이다. 누구나 깨닫기만 하면 부처가 될 수 있다는 극히 민주적인 이 교리는, 선종을 믿는 일반 민중들에게 공문에 들어가는데 도움을 주기 위하여 창출해 낸, 새로운 음식문화 분야가 〈소식〉이다. 근 1500년의 역사 속에서 선종사회가 음식문화에 미친 영향은 실로 대단하다고 할 것이다.

(5) 고려의 다연

차와 술을 동반하는 다연은 기록에 나타난 것만 보아도 백제 귀족층

전통주 인문학

에서 보여주는 계수호에서 들어난 차와 술문화, 통일신라의 포석정 곡연(曲宴), 고려왕조의 팔관회와 연등회 그리고 작은 다연 곡연, 조선왕조에서의 다담(茶啖)·가례연(嘉禮宴)·영접연(迎接宴)·진찬(進饌)·진연(進宴) 등을 포함하는 연회로 이어진다. 거의 1500년 동안의 역사적 흐름 속에서 연회문화가 전개되어 내려왔다.

고려왕실에서 개최한 대표적인 연향은 팔관회와 연등회이다. 태조(太祖, 재위 918-943)는 고려를 세우면서 백성들이 어지럽게 되는 것을 방지하기 위하여 거의 모든 부분에서 신라의 제도를 따랐다.[200] 팔관회와 연등회 역시 신라의 제도를 이었다. 왕과 신하가 함께 즐기는, 음식이 수반되는 대표적인 국가적 차원의 연향이다.

이들 연향은 일정한 공통된 격식과 짜임 속에 존재하였다. 채붕(綵棚,[201] 채색누각)의 가설, 윤등(輪燈, 불전佛前에 매다는 윤상輪狀의 등), 향(香), 진다(進茶)와 간반(看盤)인 과안(果案), 헌수주(獻壽酒), 진화(進花), 잡기[百戲], 주악(奏樂) 등이다.[202]

香 燈 茶 花가 연향의 주요 구성 요소가 되는 것은 이들이 가장 중요한 공양물이기 때문이다. 공양을 올릴 때에 수미산(須彌山)[203]위에 정좌한 부처님의 무언설법(無言說法)을 접하면서 구도자는 법회장에 정식으로 참여하게 된다. 구도자는 다음의 게송을 외우면서 성불이 보장

200《高麗史節要》1卷
201 채붕(綵棚): 나무를 걸치고 비단을 깔고 덮는 일종의 고대(高臺) 관람석. 결채(結綵).
202《高麗史節要》
203 수미산(須彌山): 불교의 세계설에서 세계의 한 가운데 높이 솟아 있다고 하는 산. 꼭데기에는 제석천(帝釋天)이 살고 있고 중턱에는 사천왕(四天王)이 살고 있다함

되어 있는 불국정토의 일원이 된다.

　　원하옵건데 여기에 바치는 香이 온누리에 퍼져
　　사방의 모든 부처님을 공양케 하옵소서.
　　원하옵건데 여기에 바치는 燈이 온누리에 퍼져
　　사방의 모든 진리를 공양케 하옵소서.
　　원하옵건데 여기에 바치는 香 燈과, 茶의 맛으로
　　사방의 모든 스님들을 공양케 하옵소서.
　　자비로서 이들 공양을 받으시어 버리지 마옵소서.

　香 燈 茶가 불(佛) 법(法) 승(僧)인 삼보(三寶)를 공양하는 목적으로 바쳐지는 것이다. 구도자는 부처님전으로 나아가 불[燈]을 밝히고 향(香)을 지핀 다음, 정성스럽게 다린 차[茶] 또는 청정수(淸淨水)를 떠서 올리면, 마지막 남은 번뇌가 소멸되고 부처님 회상에 참여 하게 되어 하나가 되는, 불국정토의 일원이 된다.[204] 花는 香과 함께 가장 많이 등장하는 공양물이다. 《현우경(賢愚經)》에서는 향과 꽃으로 공양에 힘쓰라 하였다.[205]

　팔관회와 연등회는 소회(小會)와 대회(大會)로 나누어 진행되었다. 소회에서 각각 법왕사(法王寺)와 봉은사(奉恩寺)에 가서 선조의 진전(眞殿, 고려왕실의 선조 진영을 모신 곳)에 참배한다. 그 곳에는 화안(花案, 꽃 탁

204 金鉉埈, 《사찰 그 속에 깃든 의미》, 교보문고, 1995, pp183-184.
205 金鉉埈, 《사찰 그 속에 깃든 의미》, 교보문고, 1995, p187.

[표 3] 팔관회와 연등회의 연회 구성

	팔관회(중동, 11월 15일)	연등회(중춘, 2월 15일)*
소회	법왕사, 선조의 진전에 참배	봉은사, 선조의 진전에 참배
대회	선인전	강안전
	진다, 과반, 진다식, 헌수주, 진화	진다, 과반, 헌수주, 진화
	반사(酒, 花, 封藥 果), 잡기, 음악	반사(酒, 花, 封藥, 果), 잡기, 음악

※ 2월 15일 하였으나 명종(明宗) 때에 이르러 1월 15일이 됨

자), 과안(果案, 고여 담은 유밀과에 상화를 꽂아 아름답게 차린 발 높은 상), 술단지[尊罍]가 차려있다(〈표 3〉).

소회와 대회로 나누어 연회를 진행하는 형식은 고려왕실에서만 있었던 것은 아니다. 《동경몽화록》에서 휘종(徽宗)의 생신축하연을 기술한 〈천녕절(天寧節)〉에 의하면, 본격적인 연회 전 10월 10일 상국사(相國寺)에 가서 황제의 만수무강을 기원하는 재연(齋筵)을 한다. 이후 상서성(尙書省)의 정청으로 가 황제가 베푸는 간단한 연회에 참석하고, 10월 12일에 궁궐에서 상수연을 올리는 연회가 있었다.[206] 소회, 대회라고 하지는 않았지만 상국사의 재연은 소회이고 궁궐에서의 연회는 대회라고 볼 수 있다.

팔관회로 보자

소회(小會)를 위하여 법왕사에서 곤룡포(袞龍袍)를 갖추어 입은 왕은 진전에 재배(再拜, 2번 절을 올림)하고 다례(茶禮)를 올린 다음, 신(神)이

---

206 孟元老, 《東京夢華錄》, 卷 9, 〈天寧節〉.

[표 4] 팔관회의 소회 구성

소회 법왕사	
신하들이 왕에게 헌수주(獻壽酒)	주악(奏樂)
왕이 3味의 음식과 술 3잔을 드심	주악
왕이 신하들에게 茶와 果盤 반사(頒賜)	주악
잡기(百戲)가 등장하여 연기한 후 물러남	
왕에게 果盤, 茶食, 茶를 올림	주악
왕이 3味의 음식과 술 3잔을 드심	주악
휴식	
신하들이 왕에게 헌수주	주악
왕이 신하들에게 술과 果盤 반사	주악
왕이 3味의 음식과 술 3잔을 드심	주악
무용이 등장하여 3味의 음식과 술 3순배가	
지난 후에 물러남	
휴식	
신하들이 왕에게 헌수주	주악
왕이 신하들에게 술과 果盤 반사	주악
왕이 3味의 음식과 술 3잔을 드심	주악
무용이 등장하여 3味의 음식과 술 3순배가 지난후에 물러남	
휴식	
신하들이 왕에게 헌수주	주악
왕이 신하들에게 술과 果盤 반사	주악

드시고 남기신 차를 마시고 술을 복주(福酒)로 하여 음복(飲福)한다. 그
런다음 자황포(赭黃袍)로 옷을 갈아입고 군신 간의 연회가 이루어진다
(〈표 4〉).

소회를 마친 왕은 법왕사를 떠나 궁으로 돌아오고 대회(大會)를 맞는

전통주 인문학

[표 5] 팔관회의 대회 구성

대회, 선인전	
왕에게 果盤, 茶食, 茶를 올림	주악(奏樂)
왕이 3味의 음식과 술 3잔을 드심	주악
휴식	
신하들이 왕에게 進花와 헌수주	주악
왕이 신하들에게 꽃, 술, 封藥, 果盤 반사	주악
왕이 3味의 음식과 술 3잔을 드심	주악
무용이 등장하여 3味의 음식과 술 3순배가	
지난 후에 물러남	
휴식	
신하들이 왕에게 헌수주	주악
왕이 신하들에게 꽃, 술, 봉약, 과반 반사	주악
왕에게 進茶	주악
신하들이 왕에게 進花와 헌수주	주악
왕이 신하들에게 꽃, 술, 봉약, 과반 반사	주악

다. 대회하는 날, 선인전(宣仁殿)에서는 소회 때와 마찬가지로 화안, 과안, 술단지를 갖춘다. 일체의 배열 배치는 소회 때와 같이 한 후, 팔관회를 축하하러 온 외국사절을 맞이하여 그들에게 관람하도록 하고, 그들이 가지고 온 공물(貢物)을 받고 시작한다(〈표 5〉).

소회에서의 음복 이후에 구성된 연향은[207] 복잡한 것 같으나 진다(進茶), 헌수주(獻壽酒), 진화(進花), 반사(頒賜)로 구성된 것이며 술과 한 조

---

207 《高麗史》〈禮志〉

가 되는 것은 술안주인 미수(味數) 3미이다. 첫 번째 술에서 초미(初味), 두 번째 술에서 2미(二味), 세 번째 술에서 3미(三味)가 술안주가 되었다. 팔관회이든 연등회이든 술은 양온서에서 만든 예주(醴酒)이었을 것이다. 이 술은 물론 건강을 위한 술이기 때문에 수주(壽酒)라 했다.

과반(果盤), 다식(茶食), 차[茶]가 한 조가 되고 있는 것은 차를 올릴 때 과반과 다식이 함께 올려졌음을 뜻한다. 그러니까 과반에 차린 유밀과와 다식은 차를 위한 음식이 되는 셈이다. 고려시대 때 차는 송(宋)나라와 마찬가지로 말차[末茶]였다. 말차는 대단히 맛이 썼다. 단맛의 다식이나 유밀과를 차와 한 조가 되게 차린 이유이다.

소회이든 대회이든 본격적으로 왕과 신하들이 함께 즐기기에 앞서 차려지는 간반 과안은 차와 한 조가 되는 상차림이라고 보아도 좋다. 즉 미리 차려지는 간반 과안은 왕을 보살펴 주시는 선조신께 올리는 다례(茶禮)를 위한 차림이다. 신께 차와 술을 먼저 올리고 신이 드시고 남기신 것으로 음복하는 것이니, 다례 이후에 진행되는 왕과 신하가 더불어 즐기는 연회는 음복연(飮福宴)인 셈이며, 다례를 중핵으로 하는 연회이기 때문에 이 연회를 다연(茶宴)이라고 한다.

따라서 다연에서 가장 핵심이 되는 음식상은 과안이다. 과안은 각 연회의 성격에 따라 일정한 제도에 의하여 그 규모를 정했다. 과안 규모는 항상 문제가 있어서 예종(睿宗, 재위 1105-1122) 15년(1120)에는 추밀원의 과안이 제도에 지나쳤고,[208] 명종(明宗, 재위 1170-1197) 9년

---

208 《高麗史節要》8卷
209 《高麗史節要》12卷

전통주 인문학

(1179)에는 최충열이 팔관회 때 백관의 과상(果床)이 너무 절제가 없으므로 금제하기를 청했다.[209]

이 과안에 차려지는 찬품 유밀과(油蜜果)란 (밀가루+꿀+참기름)이 재료가 되어 만든 조과이다. 유밀과의 사용이 너무 지나쳐 의종 11년(1157) 겨울 10월에 대부시(大府寺)의 유밀이 다 없어질 정도였음으로[210], 급기야 명종 22년(1192)에는 다음과 같은 왕명을 내렸다.[211]

> 다만 외관의 아름다움을 위하여 낭비함이 한이 없다.
> 지금부터는 유밀과를 쓰지 말고 과실로서 대신하되, 작은 잔치에는 3그릇, 중간 잔치에는 5그릇, 큰 잔치에는 9그릇을 초과하지 말며, 찬(饌)도 역시 3가지를 초과하지 않게 하되 부득이 더 쓰게 될 경우에는 포(脯)와 젓갈[醢]을 번갈아 들여 정식으로 삼을 것이다.

유밀과 대신에 일부분은 과일로 대체토록 한 조치이나 이 영은 잘 지켜지지 않아 충렬왕(忠烈王, 재위 1274-1308) 22년(1296) 세자가 원(元)나라에 가서 혼례 잔치를 할 때 고려의 유밀과를 올렸다.[212] 그러자 다시 충선왕(忠宣王, 재위 1308-1313) 2년(1310)에는 공사(公私)의 연회에서 유밀과와 사화(絲花) 사용을 금지시켰다.[213]

---

210 《高麗史節要》11卷
211 《高麗史節要》13卷
212 《高麗史節要》21卷
213 《高麗史節要》23卷

명종 22년의 왕명은 조선왕조가 개국되고 나서도 엄격히 적용되어, 조선왕실은 절약과 사치의 금지 차원에서 왕실의 연향이나 손님접대 음식상차림에 적용하였다. 이를 잘 반영한 기록물이 신숙주가 1472년에 쓴 《해동제국기(海東諸國記)》이다.[214] 조선왕조의 거의 전기(全期) 동안 완벽한 절약은 아니지만 부분적인 절약이 적용되어 왕실 연향 때에 올랐던 상차림에서 실행되었다[215].

214 김상보, 《한식의 道를 담다》, 와이즈북, 2017, pp111-112.
215 김상보, 《조선왕조 궁중의궤 음식문화》, 수학사, 1995.

전통주 인문학

제4장

근세의 술과
안주 문화

· I ·

원(元)과
《거가필용》

1

개요

세조(世祖, 재위 1260–1294) 쿠빌라이칸(khubilai khan)은 1264년 수도를 몽고로부터 연경(燕京, 북경)으로 옮기고 1271년에 국호를 원(元)으로 공표했다. 元이란 《주역(周易)》에 등장하는 元, 亨, 利, 貞의 元으로 '만물을 새로이 창조한다.'는 뜻이다.

그는 1279년 남송(南宋)을 격파하여 승리하였다. 이러한 대승리에도 불구하고, 실상 그가 소유했던 땅은 징기스칸이 차지했던 대제국이 아니라, 내몽고, 외몽고, 송, 안남(安南, 인도차이나 동쪽에 있었던 왕국), 티벳 정도에 불과하였다. 쿠빌라이칸 시절 이미 대제국은 내분으로 찢어진 상태였다. 원은 90년 만에, 반복되는 내란으로 결국 멸망하고 이후 안휘(安徽)에 살던 두부집 아들 주원장(朱元璋)이 1368년 제위에 올라 국토를 명(明)이라고 칭하게 된다.

원래 몽고인은 입식(粒食)을 하지 않는 민족이다. 그들의 조리방법은 80-90%가 양고기, 소고기, 말고기를 이용한 굽는 요리이고, 20% 정도가 끓이는 요리였다. 그만큼 구워먹는 것을 선호했다. 조미료는 소금, 음료는 마유(馬乳), 우락(牛酪), 양락(羊酪)이었다.

원나라를 다스리던 몽고인들은 한인(漢人)문화에 젖는 것을 완강하게 거부했다고 알려지고 있다. 그러나 식생활에서는 장과 시를 조미료로 하는 등, 한(漢) 문화에 많이 동화되어 있었다. 이를 보여주는 책이 《거가필용》이다.

《거가필용사류전집(居家必用事類全集)》은 줄여서 《거가필용(居家必用)》 또는 《필용(必用)》이라고도 한다. 작자는 알려져 있지 않고 있다. 쿠빌라이칸 시대의 책으로 알려진다. 《제민요술》만큼 우리나라에 많은 영향을 미쳐서, 홍만선(洪萬選, 1643-1715)은 1700년대 초 《산림경제(山林經濟)》를 집필할 때 《거가필용》을 많이 인용하였다. 그러므로 《거가필용》을 살펴보면서, 더불어 《산림경제》에서의 인용 항목을 부분적으로나마 밝힌다.

2

《거가필용》

《거가필용》의 목차는 다음과 같다.

1) 제품다(諸品茶) 15항목

2) 제품탕(諸品湯) 30항목

3) 갈수번명섭리백(渴水番名攝里白) 8항목

4) 숙수류(熟水類) 7항목

5) 장수류(漿水類) 5항목

6) 법제향약(法製香藥) 9항목

7) 과식류(果食類) 13항목

8) 수장과법(收藏果法) 8항목

9) 주국류(酒麴類) 19항목

10) 조제초법(造製醋法) 11항목

11) 제장류(諸醬類) 11항목

12) 제시류(諸豉類) 6항목

13) 온조엄장일(醞造醃藏日) 7항목

14) 소식(蔬食) 35항목

15) 엄장육품(醃藏肉品) 17항목

16) 엄장어품(醃藏魚品) 12항목

17) 조자품(造鮓品) 8항목

18) 소육품(燒肉品) 6항목

19) 자육품(煮肉品) 1항목

20) 육하주(肉下酒) 11항목

21) 육관장홍사품(肉灌腸紅絲品) 5항목

22) 육하반품(肉下飯品) 16항목

23) 육갱식품(肉羹食品) 15항목

24) 회회식품(回回食品) 12항목

25) 여진식품(女眞食品) 16항목

26) 습면식품(濕麵食品) 14항목

27) 건면식품(乾麵食品) 12항목

28) 종식품(從食品) 12항목

29) 소식(素食) 29항목

30) 전소유락품(煎酥乳酪品) 5항목

31) 조제분품(造諸粉品) 3항목

32) 포주잡용(庖廚雜用) 4항목

1) 제품다(諸品茶)

채양진다록서(蔡襄進茶錄序), 다품론(茶品論), 다배(茶焙), 용다록후서(龍茶錄後序), 몽정신다(蒙頂新茶), 뇌사향다(腦麝香茶), 백화향다(百花香茶), 법전향다(法煎香茶), 전다법(煎茶法), 구기다(枸杞茶), 뇌다(擂茶), 난고다(蘭膏茶), 수첨다(酥簽茶), 합족미다법(合足味茶法), 제해아향다법(製孩児香茶法)의 15항목이 기술되어 있다.

전다법과 구기다 등은 《산림경제》에서 인용하여 기술하였다.

- 몽정신다(蒙頂新茶): 몽정(蒙頂, 사천성의 蒙山 山頂)에서 채취한 어린 차, 볶은 구기자 꽃봉오리, 볶은 녹두와 쌀을 불에서 말려 곱게 간다. 합하여 살짝 달여〔煎〕 점다(點茶)한다.
- 뇌사향다(腦麝香茶): 등나무껍질로 만든 종이로 용뇌향과 사향을 싸서 다합(茶合) 위에 놓아, 이들 향기가 찻속으로 스며들도록 한 차이다.
- 백화향다(百花香茶): 훈증(薰蒸)한 목서, 말리, 귤꽃 등을 재료로 한 차이다.
- 법전향다(法煎香茶): 법대로 달인 향기로운 차이다. 정월에 딴 어린 차, 쪄서 말려 만든 녹두와 산약가루, 용뇌가루, 사향가루를 합하여 아주 여러번 짓찧어 다관에 넣어 밀봉한다. 움에 넣고 3일이 지나면 점다할 수 있다.
- 전다법(煎茶法): 차 달이는 방법에 대한 기술이다.
- 구기다(枸杞茶): 구기자에 밀가루를 합하여 반죽해서 햇볕에 말려 가

루로 만든다. 이것에 강다[1]와 녹인 수유(酥油[2], butter), 뜨거운 물, 소금
을 합하여 고(膏)로 만들어 냄비에 담아 끓여서 마신다.

• 뇌다(擂茶): 뜨거운 물에 담가 부드럽게 만든 어린 다에, 껍질을 없애
고 볶은 참깨를 합하여 가루로 만든다. 여기에 산초가루, 소금, 수유
를 합하여 다시 곱게 가루로 만든다.

• 난고다(蘭膏茶): 찻가루에 녹인 수유와 물을 넣고 반죽하여 만든다.

• 수첨다(酥簽茶): 녹인 수유에 찻가루와 뜨거운 물을 합하여 묽은 고
(膏)로 만든다. 찻잔에 담아 뜨거운 물을 부어 마신다.

• 합족미다법(合足味茶法): 감초, 고삼(苦蔘, 고삼의 뿌리), 마른 차, 찐 차,
볶은 녹두를 합하여 가루로 만든다.

• 제해아향다법(製孩兒香茶法): 해아다(孩兒茶), 백두구인, 감초, 침향, 한
수석(寒水石, 방해석), 필징가(후추과 식물), 사향, 백약전(百藥煎, 오배자와
찻잎을 함께 발효시킨 것), 매화편뇌(梅花片腦, 용뇌빙편) 간 것에 찹쌀죽
을 합하여 반죽해서 자기에 저장한다.

채양진다록서, 다품론, 다배, 용다록후서 등은 북송(北宋) 때 채양(蔡
襄)[3]이 쓴 《다록(茶錄)》의 영향을 많이 받긴 했지만 제시하고 있는 차는,
차에 다른 것을 혼합하여 새로운 차맛을 창출하고 있음을 보여준다.

뇌사향다와 백화향다는 차에 용뇌[4]향, 사향, 목서[5], 말리[6], 귤꽃 등

---

1 강다(江茶): 보통 품질의 차. 湖北 방면에서 온 값싼 차.
2 수유(酥油): 소나 양의 젖으로 만든 크림. 일종의 버터(butter).
3 채양(蔡襄, 1012-1067): 북송의 유명한 서법가이자 다학가(茶學家). 저서로 《茶錄》, 《荔枝譜》
등이 있다. 그가 지은 《다록》은 唐나라 때 육우(陸羽, 733-804)가 쓴 《茶經》을 계승하였다.

의 향기가 스며 들도록 만든 것이고, 합족미다법을 포함한 그밖의 차
는 차에 녹두, 산약, 용뇌, 사향, 감초, 고삼, 참깨, 수유, 구기자, 산초
가루 등을 혼합하여 만들고 있다.

(1) 차 달이는 법[煎茶法]

煎茶°須用有焰炭火°滾起便以冷水點住′伺再滾起再點°如此三次°色
味皆進

차를 달일 때에는 센 숯불을 사용해야 한다. 물이 끓으면 냉수를 붓는
다. 그러면 끓는물이 잠잠해진다. 다시 끓기를 기다려 냉수 붓는 것을
세 번 반복하면 맛과 빛깔이 훨씬 좋다.

(2) 구기차[枸杞茶]

於深秋摘紅熟枸杞子°同乾麵拌和成劑°捏作餠樣°曬乾研為細末°每江
茶【一兩】°枸杞末【二兩】°同和勻°入煉化酥油【三兩】°或香油亦可°旋添
湯攪成稠膏子°用塩少許°入鍋煎熟飲之°甚有益及明目

---

4 용뇌(龍腦): 용뇌향과에 속하는 상록교목 용뇌수 수지의 가공품.
5 목서(木犀): 물푸레나무과의 식물.
6 말리(茉莉): 물푸레나무과의 식물.

늦가을에 딴 붉게 익은 구기자에 밀가루를 합하여 반죽한다. 밀어서 떡 모양으로 만들어 햇볕에 말려 곱게 가루로 만든다. 강다(江茶) 1냥에 구기자가루 2냥을 합하여 골고루 섞는다. 이것에 불에 달여 녹인 수유나 참기름 3냥을 끓는물에 타서 넣어 반죽하여 된 고(膏)로 만들되 소금을 조금 넣는다. 냄비에 담아 달여서 익혀 마시면 매우 보익하고 눈이 밝아진다.

(3) 란고차[蘭膏茶]

高茶°研細【一兩】為率°先將好酥【一兩半】°溶化傾入茶末內°不住手攪°夏月漸漸添氷水攪˚水不可多添°但一二匙尖足矣°頻添無妨°務要攪勻°直至雪白為度°冬月漸漸添滾湯攪°春秋添溫湯攪°加入些少塩尤妙

품질이 좋은 차 1냥을 곱게 간다. 우선 좋은 수(酥, butter) 1½냥을 녹여 찻가루와 합하여 아주 여러번 손으로 저어준다. 여름에는 조금씩 얼음물을 첨가하면서 저어주는데 물을 많이 넣으면 안된다. 단지 작은 수저로 1-2이면 족하다. 여러번 첨가해도 좋다. 그러나 중요한 것은 골고루 저어주도록 힘써야 한다. 눈처럼 흰색이 될 때까지 저어준다. 겨울에는 끓는물을 조금씩 첨가하면서 저어준다. 봄 가을에는 따뜻한 물을 첨가하면서 저어준다. 소금을 조금 넣으면 더욱 묘하다.

(4) 여러 종류의 꽃차[百花香茶]

木犀　茉莉　橘花　素馨等花又依前法薰之

목서, 말리, 귤꽃, 소형[7] 등의 꽃을 앞의 법대로 훈(薰)한다.

(5) 몽정의 신차[蒙頂[8]新茶]

細嫩白茶【五斤】　枸杞英【五兩炒】

綠豆【半升炒過】　米【二合炒過】

右件焙乾碾羅合細煎點絶奇

가늘고 어린 백다 5근, 구기자꽃봉오리 볶은 것 5냥, 충분히 볶은 녹두 $\frac{1}{2}$되, 충분히 볶은 쌀 2홉을 마련하여 불에 쬐어 말린다. 갈아서 고운 체로 내린다. 모아서 살짝 달여 점다하면 맛이 아주 좋다.

2) 제품탕(諸品湯)

물에 각종 재료를 넣고 끓인 소위 건강음료이다.

---

7 소형(素馨): 물푸레나무과의 식물.

8 몽정(蒙頂); 四川省 成都 남쪽에 있는 蒙山의 山頂을 가리킴. 이곳에서 재배되는 차는 유명하여 몽정차라 불림.

천향탕(天香湯), 암향탕(暗香湯), 수문탕(須問湯), 행락탕(杏酪湯), 봉수탕(鳳髓湯), 제호탕(醍醐湯), 수지탕(水芝湯), 말리탕(茉莉湯), 목향고탕(木香苦湯), 향등탕(香橙湯), 감람탕(橄欖湯), 두구탕(豆蔻湯), 해성탕(解醒湯), 건모과탕(乾木瓜湯), 무진탕(無塵湯), 숙매탕(熟梅湯), 녹운탕(綠雲湯), 단향탕(檀香湯), 정향탕(丁香湯), 진사탕(辰砂湯), 호초탕(胡椒湯), 축사탕(縮砂湯), 회향탕(茴香湯), 선출탕(仙朮湯), 여지탕(荔枝湯), 온조탕(溫棗湯), 향소탕(香蘇湯), 지황고자탕(地黃膏子湯), 경소탕(輕素湯), 옥설탕(沃雪湯)의 30항목이 기술되어 있다.

봉수탕, 제호탕, 향소탕, 온조탕, 수문탕, 회향탕, 행락탕 등은 《산림경제》에서 인용하여 기술하였다.

• 천향탕(天香湯): 꽃받침을 제거한 목서꽃을 문드러지게 갈아, 소금과 불에 구운 감초를 합하여 자기병에 담아 밀봉한다. 7일 동안 햇볕을 쬐어 끓는 물에 타서 마신다.
• 암향탕(暗香湯): 꽃받침이 붙어 있는 반쯤 핀 매화꽃에, 볶은 소금을 합하여 자기병 속에 담아 밀봉하여 저장한다. 다음 해 여름에 개봉한다. 꿀을 넣은 찻잔 속에 2-3송이를 띄워 물을 부어 마신다. 매화꽃은 찻잔에 넣기전 살짝 끓여서 넣는다. 끓일 때 꽃이 저절로 피게 된다.
• 수문탕(須問湯): 소동파의 방문(方文)이다. 건생강, 건대추, 볶은 소금, 불에 구워 껍질을 없앤 감초, 정향, 목향, 진피를 합하여 짓찧어서 달여 마시거나 물에 타 마신다. 홍백의 안색이 늙어서도 유지된다는 탕이다.
• 행락탕(杏酪湯): 살구씨를 끓는 물에 다섯 번 담갔다 꺼내어 껍질과 뾰

족한 끝을 제거한 후 곱게 간다. 이것에 2-3번 끓여 졸인 꿀을 절반 정도 식혀서 합하여 섞는다.

• 봉수탕(鳳髓湯): 기침을 치료하는 탕이다. 잣, 호두, 꿀을 문드러지게 갈아 끓는물에 타서 마신다.

• 제호탕(醍醐湯): 갈증을 없애고 진액을 생기게 하는 탕이다. 오매에 물을 합하여 졸인 것, 축사가루, 꿀을 합하여 사기그릇에 담아 붉은 색이 날 때까지 졸인다. 식으면 백단가루와 사향을 넣는다.

• 수지탕(水芝湯): 심기(心氣)를 통하고 정수를 더하는 탕이다. 바싹 볶아 곱게 가루로 만든 연실가루와 역시 볶아서 만든 감초가루를 합하여 약간의 소금을 넣고 끓는물에 타서 마신다.

• 말리탕(茉莉湯): 감초 간 것에 생강즙과 꿀을 합하여 탕기에 담는다. 이것에 말리꽃 20-30송이를 넣고서 뚜껑을 덮는다. 향기가 스며들게 반나절 놓아두었다가 꽃은 꺼내고 물을 타서 마신다.

• 목향고탕(木香苦湯): 강황뿌리줄기 말린 것, 축사인, 목향, 백두구인, 곽향, 백단, 감초, 진피, 청피, 천련자(川楝子), 황기, 볶은 향부자, 껍질을 없애고 쪄서 말린 백편두를 곱게 갈아 합하여 매번 1-2전씩 끓는물에 타서 마신다.

• 향등탕(香橙湯): 뱃속을 편하게 하고 술을 깨게 하는 탕이다. 씨를 뺀 유자와 불에 말린 생강을 사기그릇에 담아 진흙처럼 간다. 이것에 백단가루와 감초가루를 합하여 떡처럼 만든다. 다시 불에 말려서 곱게 가루로 만든다. 끓는물에 타서 마신다.

• 감람탕(橄欖湯): 갈증을 없애고 진액을 다스리게 하는 탕이다. 백약전(百藥煎), 백지(白芷, 구릿대뿌리), 단향, 감초를 가루로 만들어서 합하여 끓는

물에 타서 마신다.

- 두구탕(豆蔲湯): 냉기, 설사, 소화불량, 식욕부진을 다스리는 탕이다. 밀가루반죽에 싸서 불에 군 육두구인, 볶은 감초, 볶은 밀가루, 정향, 볶은 소금을 가루로 만들어 합하여 매번 1전씩 끓는물에 타서 마신다.

- 해성탕(解醒湯): 술병을 다스린다.

- 건모과탕(乾木瓜湯): 습을 제거하고 갈증을 다스린다. 건모과, 백단, 침향, 볶은 회향, 백두구, 축사인, 볶은 감초, 건강을 가루로 만들어 합하여 매번 ½전씩 먹는데 소금을 넣고 끓는물에 타서 마신다.

- 무진탕(無塵湯): 수정당상(水晶糖霜, 얼음사탕)과 용뇌를 갈아 합하여 매번 1전을 끓는물에 타서 마신다.

- 숙매탕(熟梅湯): 익은 매실, 덜 익은 산초, 소금, 감초가루에 생강즙을 합하여 골고루 섞어서 햇볕에 말려 자기그릇에 담아 보관한다.

- 녹운탕(綠雲湯): 형개의 꽃 이삭, 백출, 감초를 가루로 만들어 합하여 소금을 넣고 끓는물에 타서 마신다.

- 단향탕(檀香湯): 단향가루, 용뇌가루, 사향가루에 생강즙을 넣고 갈아서 고자(膏子, 생지황즙을 달여 엿처럼 되게 졸인 것)와 합하여 끓는 물에 타서 마신다.

- 정향탕(丁香湯): 정향가루 3전을 고자(膏子)와 합하여 끓는물에 타서 마신다.

- 진사탕(辰砂湯): 주사(朱砂)가루에 용뇌와 사향을 넣어 곱게 갈아 끓는물에 타서 마신다.

- 호초탕(胡椒湯): 후추가루에 용뇌와 사향을 넣고 곱게 갈아 끓는 물에 타서 마신다.

- 축사탕(縮砂湯): 축사가루에 정향가루와 건강가루를 합하여 끓는 물에 타서 마신다.
- 회향탕(茴香湯): 볶은 회향가루에 단향가루와 건강가루를 합하여 끓는 물에 타서 마신다.
- 선출탕(仙朮湯): 한(寒)과 습(濕)을 없애며 비위를 따뜻하게 한다. 또 늙지 않게 한다. 불에 말린 창출, 대추, 볶은 행인, 구운 감초, 구운 건강, 소금을 가루로 만들어 합하여 매번 1전을 끓는 물에 타서 마신다.
- 여지탕(荔枝湯): 볶은 오매, 숙수로 녹인 사탕즙(沙糖汁), 계피가루, 건강가루, 정향가루를 합하여 졸여서 고(膏)로 만들어 저장해 두었다가 쓴다.
- 온조탕(溫棗湯): 대추즙, 꿀, 생강즙에 사향을 조금 넣어 끓는 물에 타서 마신다.
- 향소탕(香蘇湯): 씨를 없앤 건대추, 자소잎, 모과의 껍질과 속을 제거하여 짓찧어 끓는물을 넣고 우려낸 즙을 합하여 졸여서 고(膏)로 만든다. 차거나 뜨겁게 마신다.
- 지황고자탕(地黃膏子湯): 생지황즙을 달여 엿처럼 되게 졸인 것에 단향가루, 용뇌가루, 사향을 조금 합하여 끓는물에 타서 마신다.
- 경소탕(輕素湯): 건산약(乾山藥), 감초, 껍질과 심을 제거한 연자육을 햇볕에 말려 가루로 만들어 합한 다음 생용뇌를 조금 넣고 끓는 물에 타서 마신다.
- 옥설탕(沃雪湯): 축사인, 감초, 계소엽(鷄蘇葉), 형개수, 과루근을 가루로 만들어 합하여 뜨거운 물에 타서 마신다.

(1) 술병을 풀어주는 탕[解醒湯]

中酒後服之【東垣李明之方妙絕其孫李信之傳】

白茯苓【一錢半】　白荳蔲仁【半兩】

木香【半錢】　橘紅【一錢半】

蓮花青皮【三分】　澤瀉【二錢】

神麴【一錢炒黃】　縮砂仁【半兩】

葛花【半兩】　猪苓【去黑皮錢半】

乾生薑【二錢】　白朮【二錢】

人蔘【去蘆一錢】

右為細末和勻°每服二錢半白湯調下°但得微汗°酒疾去矣´不可多食

술병이 난 뒤 마신다. 동원 이명지[9]의 처방으로 절묘하다. 손자 이신지
가 전했다.

백복령[10] 1½전, 백두구[11]씨 ½냥, 목향[12] ½전, 귤홍[13] 1½전, 연화 3
푼, 청피 3푼, 택사[14] 2전, 누렇게 볶은 신국[15] 1전, 축사인[16] ½냥, 갈
화[17] ½냥, 검은 껍질을 제거한 저령[18] ½전, 건생강[19] 2전, 백출[20] 2전,
노두를 제거한 인삼 1전, 이상의 재료를 곱게 가루로 만들어 골고루 화
합한다.

매번 2½전을 끓인물에 타서 먹는다. 아주 약간의 땀만 나도 술병이 없
어진다. 많이 먹으면 안된다.

(2) 봉수탕[鳳髓湯]

潤肺療咳嗽

松子仁胡桃肉【湯浸去皮各用一兩】

蜜【半兩】

右件硏爛°次入蜜和勻°每用沸湯點服

폐를 윤택하게 하여 기침을 치료한다.

끓는물에 담가 껍질을 제거한 잣과 호두 각각 1냥, 꿀 ½냥을 사용한
다. 이상의 재료를 문드러지게 갈아 꿀을 넣고 골고루 섞어 매번 끓는
물에 타서 마신다.

(3) 제호탕(醍醐湯)

止渴生津【仇公望縣尹方】

---

9 이명지(李明之, 1180-1251): 중국 금나라 때의 의학자 金元 4대가의 한 사람인 李杲이다. 자
호는 東垣老人.《東醫寶鑑》에도 인용으로 자주 등장하는 인물임.
10 백복령(白茯苓): 소나무뿌리에서 기생하는 구멍쟁이버섯과 복령의 곰팡이.
11 백두구(白豆蔲): 생강과에 속하는 백두구 열매.
12 목향(木香): 장미의 일종으로 만든 향.
13 귤홍(橘紅): 귤나무, 당귤나무 등의 과피 바깥 쪽에 있는 붉은 부분.
14 택사(澤瀉): 택사과 식물, 질경이택사의 덩이줄기.
15 신국(神麴):《제민요술》에 4종류의 신국 만드는법이 기술되어 있음(제2장 참조).
16 축사인(縮砂仁): 생강과에 속하는 축사의 열매.
17 갈화(葛花): 콩과에 속하는 칡의 꽃망울.
18 저령(豬苓): 구멍쟁이버섯과 식물 저령의 균핵.
19 건생강(乾生薑): 생강의 땅속 줄기를 말린 것.
20 백출(白朮): 국화과에 속하는 다년생 초본식물 백출의 땅 속 줄기.

烏梅【一斤搥碎用水兩大椀同熬作一椀澄淸不犯鐵器】

縮砂【半斤碾】　白檀末【二錢】

麝香【一字】　蜜【五斤】

右將梅水縮砂蜜三件一處於砂石器內熬之°候赤色爲度°冷定入白檀
麝香

갈증을 멎게 하고 진액을 생기게 한다. 구공망 현윤의 처방이다.
오매²¹ 1근을 짓찧어 물 2대접을 넣는다. 1대접이 되게 졸여서 맑게 가
라앉히는데 철그릇은 사용하지 않는다. 가루로 만든 축사 ½근, 백단
가루 2전, 사향 1자,²² 꿀 5근. 이상의 오매 달인 물, 축사, 꿀 세가지
재료를 사기나 돌그릇에 넣어서 적색이 될 때까지 달인다. 식으면 백단
과 사향을 넣는다.²³

(4) 따뜻한 대추탕[溫棗湯]

大棗【一斤去核用水五升熬汁】

蜜　生薑汁

右將三味調停°和美°再入銀器內°令稀稠得所°入麝香少許°

每盞抄一大匙°沸湯點服

---

21 오매(烏梅): 덜 익은 매실의 껍질을 벗겨서 짚불연기에 그슬려 말린 매실.
22 일자(一字): 옛 동전의 상 하 좌 우에 있는 네 글자 중 한 글자를 가릴 만큼 동전으로 뜬 양.
23 《東醫寶鑑》에는 〈제호탕 만드는 법〉을 다음과 같이 기술하였다.
　　오매육 1근을 가루로 만들고, 草果 1냥, 축사 5전, 백단 5전을 함께 곱게 갈아 모두를 합하여,
　　달여 익힌 꿀 5근에 넣고 살짝 끓인다. 골고루 저어서 사기그릇에 담아 냉수에 타서 먹는다.

따뜻한 대추탕이다.

씨를 제거한 대추 1근에 물 5되를 합하여 달인 즙, 꿀, 생강즙, 이상의 세가지 맛을 조절하여 맛있게 합한다. 다시 은그릇 안에 넣고 농도를 알맞게 해서 사향을 조금 넣는다. 매 잔마다 큰 숟가락으로 1숟가락 넣는다. 끓는물을 넣어 타서 마신다.

3) 갈수번명섭리백(渴水番名攝里白)

갈수란 갈증을 해소하는 물이란 뜻이다. 갈수(渴水)와 섭리백(攝里白)은 같다. 일종의 sharbat[24], 즉 당장(糖漿)을 가리킨다. 곧 달콤한 음료이다. 맛은 달지만 마시면 시원해지는 음료로서 무굴제국의 통치자는 얼음을 넣어 갈수를 만들었다 한다. 시럽으로 만들어 물을 타서 마시거나, 달여서 그대로 뜨겁게 마시기도 하고 차게 만들어 마신다. 또는 청량음료로 만들어 마신다.

어방갈수(御方渴水), 임금갈수(林檎渴水), 양매갈수(楊梅渴水), 모과갈수(木瓜渴水), 오미갈수(五味渴水), 포도갈수(蒲萄渴水), 향당갈수(香糖渴水), 조청량음법(造淸涼飮法)의 8항목이 기술되어 있다.

---

24 sharbet: 아랍어이다. 중국에 들어와 사아별(舍児別) 또는 섭리백(攝里白)이 되었다. 페르시아어로는 sarbat, 터키어로 serbet, 영어로 sharbet, 프랑스어로 sorbet라 하고, 현재 우리는 샤베트라 부른다. sweet drink, 또는 sugar water로 인식되고 있는데 원래 아랍에서는 과일이나 꽃에서 추출한 즙액을 일컫는 말이다.

오미갈수는《산림경제》에서 인용하여 기술하였다.

• 어방갈수(御方渴水): 질이 좋은 계피, 정향, 목서꽃, 백두구인, 축사인, 누
룩가루, 엿기름을 가루로 만들어서 생견(生絹) 주머니에 넣어 등꽃〔藤
花〕, 끓인 물, 그리고 꿀과 함께 항아리에 담아 5-10일 동안 숙성시킨다.
여름에는 찬물에, 겨울에는 뜨거운 물에 탄다.

• 임금갈수(林檎渴水): 능금즙 졸인 것에 용뇌가루, 사향가루, 단향가루를
넣어 만든다.

• 양매갈수(楊梅渴水): 엿 상태와 같이 졸인 양매즙을 그릇에 담아 저장했
다가 마실 때마다 꿀, 용뇌, 사향을 조금 넣고 마신다.

• 모과갈수(木瓜渴水): 모과편에 꿀을 합하여 엿처럼 졸인다.

• 오미갈수(五味渴水): 오미자즙에 콩즙과 꿀을 합하여 졸인다.

• 포도갈수(蒲萄渴水): 설익은 포도즙을 아주 된 상태가 될 때까지 졸여
자기그릇 속에 넣어 보관한다. 마실 때 끓여서 꿀, 단향가루, 용뇌, 사향
을 조금 넣는다.

• 향당갈수(香糖渴水): 송당(鬆糖, 소나무가지에서 나온 당)에 물, 곽향잎, 감
송(甘松, 감송향뿌리), 생강을 합하여 달여 자기그릇에 담고 사향과 백단
가루를 넣어 보관한다.

• 조청량음법(造淸凉飮法): 갈분, 울금, 치자, 감초를 가루로 만들어 물에
타서 마신다.

(1) 임금갈수(林檎渴水)

林檎微生者不計多少擂碎°以滾湯就竹器放定擂碎林檎°衝淋下汁°滓
無味為度°以文武火熬常攪勿令燋了°熬至滴入水不散°然後加腦麝少
許°檀香末尤佳

작은 임금의 양은 구애받지 말고 갈아서 으깬 다음 대나무 그릇에 펼
쳐 놓는다. 펄펄 끓는 물을 으깬 임금에 뿌려 맛이 없어질 때까지 즙을
내린다. 이것을 중간 정도의 불로 계속 저어 주면서 달인다. 절대로 눌
어붙지 않도록 한다. 달인 즙을 물에 넣었을 때 흩어지지 않을 때까지
달인다. 그런 후 용뇌, 사향을 조금 넣는다. 단향가루를 넣으면 더욱
좋다.

(2) 목과갈수(木瓜渴水)

木瓜不計多少°去皮穰核°取淨肉一斤為率°切作方寸大薄片°先用蜜【三
斤或四五斤】°於砂石銀器內慢火熬開濾過°次入木瓜片同前°如滾起泛
沫°旋旋掠去°煎兩三箇時辰嘗味如酸入蜜°須要甜酸得中°用匙挑出放
冷器內°候冷再挑起°其蜜稠硬如絲不斷者為度°若火緊則燋°又有涌
溢之患°其味又不加°則燋燖氣°但慢火為佳

모과의 양은 구애받지 말고 껍질, 속, 씨를 제거하여 깨끗한 과육 1근
을 비율로 해서 취한다. 사방 1치 크기로 얇게 편으로 썬다. 먼저 꿀 3

근 혹은 4-5근을 사기나 돌그릇 또는 은기에 넣고 뭉근한 불에서 졸인 다음 여과하여 앞의 모과편을 넣어 합한다. 끓어올라 거품이 뜨면 걷어버린다.

2-3시각 달인다. 맛을 보아서 시면 꿀을 넣어 반드시 단맛과 신맛이 중간 정도가 되도록 한다. 숟가락으로 떠내어 그릇 안에 넣고 차게 식기를 기다렸다가 다시 떠올려 보았을 때 그 꿀이 진하고 단단하여 실과 같이 끊어지지 않을 때까지 졸인다. 만약 불이 세면 눌러 붙거나 또 넘쳐흐를 염려가 있다. 맛도 좋지 못하고 탄 냄새가 난다. 뭉근한 불에서 졸여야만 좋다.

(3) 오미갈수(五味渴水)

北五味子肉【一兩】為率°滾湯浸一宿°取汁同煎下濃豆汁對當的顏色恰好°同煉熟蜜對入°酸甜得中°慢火同熬一時許°凉熱任用

오미자[25] 육 1냥을 비율로 한다. 끓인 물에 하룻밤 담가 즙을 취한다. 이것에 진한 콩즙을 부어 함께 달이는데 흡사 건강한 얼굴색 같이 되면 좋다. 끓여 익힌 꿀을 넣어서 합하여 신맛과 단맛을 알맞게 해서 뭉근한 불에서 1시각 정도 달인다. 차게 마시거나 뜨겁게 마시는 것은 임의로 한다.

---

25 오미자를 북오미자라고도 한다.

(4) 청량음료 만드는 법[造淸涼飮法]

生氣爽神

葛粉　鬱金　山梔【各一錢】

甘草【一兩】

右爲細末°以新汲水逐旋調飮

기운이 나고 정신을 상쾌하게 한다.

갈분[26], 울금[27], 산치자[28] 각각 1전, 감초[29] 1냥을 고운 가루로 만들어서 새로 길어온 물에 타서 마신다.

4) 숙수류(熟水類)

숙수란 끓인물에 차, 꽃잎, 열매 등을 넣어 우려낸 음료수이다.

양간숙수(梁稈熟水), 자소숙수(紫蘇熟水), 두구숙수(豆蔲熟水), 침향숙수(沉香熟水), 향화숙수(香花熟水), 정향숙수(丁香熟水), 조숙수법(造熟水法)의 7항목이 기술되어 있다.

---

26 갈분(葛粉): 칡의 塊根에 물을 넣고 갈아서 맑은 윗물을 제거하고 침전물을 말린 것.

27 울금(鬱金): 생강과에 속하는 강황, 울금, 온울금, 아출, 광서아출의 덩이뿌리.

28 산치(山梔): 산치자 또는 치자라고도 함. 꼭두서니과에 속하는 상록관목 치자나무의 열매.

29 감초(甘草): 콩과에 속하는 다년생 초본식물인 감초 또는 창과감초의 뿌리 및 땅 속 줄기.

자소숙수는 〈자소탕〉으로 《산림경제》에서 인용하여 기술하였다.

• 양간숙수(粱秆熟水): 햇빛에 말린 찰기장짚을 불에 살짝 구워 끓는물에 두 차례 씻어낸 다음 우려낸다. 소변횟수가 줄어들도록 다스린다.

• 자소숙수(紫蘇熟水): 불에 쬐어 말린 자소잎을 끓인 물에 담가 우려 낸다.

• 두구숙수(豆蔻熟水): 매번 7개 정도의 백두구 껍질을 끓인 물 속에 넣고 우려낸다.

• 침향숙수(沉香熟水): 살짝 불에 군 침향을 끓인 물 속에 넣고 우려낸다.

• 향화숙수(香花熟水): 독이 없고 향기가 있는 반쯤 핀 꽃을 따서 차가운 물에 하룻밤 담가 우려낸 다음 끓인 물에 담갔다가 마신다.

• 정향숙수(丁香熟水): 불에 구운 정향 5알과 대나무 잎을 끓인 물 속에 넣고 잠시 밀봉했다가 마신다.

(1) 자소숙수(紫蘇熟水)

紫蘇葉不計多少°須用紙隔焙不得翻°候香先泡一次°急傾了再泡°留之 食用°大能分氣°只宜熱用°冷傷人

자소잎[30]을 양은 구애받지 않고 반드시 종이를 사용하여 가려서 불에 말리는데 뒤적이지 않는다. 향이 나면 먼저 일차로 끓인 물에 담갔다

---

30 자소엽(紫蘇葉): 꿀풀과에 속하는 일년생 초본식물인 소엽의 잎.

가 재빨리 따라낸 다음, 다시 끓인 물에 담가 한참 두었다 마신다. 능히 기를 분산시킨다. 반드시 뜨겁게 마셔야 한다. 찬 것은 몸에 해롭다.

(2) 향화숙수(香花熟水)

取夏月但有香無毒之花°摘半開者°冷熟水浸一宿密封°次日早去花°以湯浸香水用之

여름에 향기는 있되 독이 없는 꽃을 취한다. 절반 정도 핀 꽃을 따서 찬 숙수에 넣고 밀봉하여 하룻밤 놓아둔다. 다음날 새벽에 꽃을 버리고 향이 우러난 물을 끓인 물에 담갔다가 마신다.

5) 장수류(漿水類)

장수란 원래 좁쌀밥에 물을 붓고 놔두어 시큼하도록 유산 발효시킨 음료이다. 여기에서는 이외에도 약재나 채소에 물을 부어 숙성시켜서 마시는 음료도 장수의 범주에 넣고 있다.

계장법(桂漿法), 여지장(荔枝漿), 목과장(木瓜漿), 장수법(漿水法), 제수법(虀水法)의 5항목이 기술되어 있다.

목과장은 《산림경제》에서 인용하여 기술하였다.

- 계장법(桂漿法): 여름철 갈증을 해소하고 담을 삭힌다. 질이 좋은 계피, 껍질을 제거하고 만든 적복령가루, 누룩가루, 엿기름가루, 껍질과 끝을 제거하여 만든 행인가루, 꿀을 합하여 물을 부어 골고루 저어서 5일 정도 숙성시킨다. 마실 때는 면으로 걸러 물을 타서 마신다.
- 여지장(荔枝漿): 계피, 정향, 오매 달인 즙, 축사인 달인 즙, 생강즙, 엿을 합하여 불에 올려 진하게 달여 거른다.
- 목과장(木瓜漿): 꿀을 담아 찐 모과 속살에 꿀과 생강즙을 넣고 곱게 갈아 숙수와 합한다.
- 장수법(漿水法): 뜨거운 좁쌀밥을 찬물에 넣고 5-7일 정도 숙성시킨다.
- 제수법(虀水法): 끓인 물에 담갔다 꺼낸 배추에 맑은 밀가루탕을 부어 5-7일 정도 숙성시킨다.

(1) 목과장(木瓜漿)

木瓜【一箇】切下盖°去穰盛蜜°却盖了°用簽簽之於甑上蒸軟°去蜜不用° 及削去°中別入熟蜜【半盞】入生薑汁同研如泥°以熟水三大椀拌匀濾滓 盛瓶內°井底沉之

모과 1개의 밑 뚜껑을 잘라 속을 파내고 꿀을 넣는다. 도려낸 모과 뚜껑을 덮어서 대나무침으로 고정시킨다. 시루에 담아 연하도록 찐다. 꿀은 버리고 쓰지 않는다. 껍질을 깎아서 제거하고 속은 별도로 하여 이것에 익힌 꿀 ½잔과 생강즙을 합하여 진흙처럼 간다. 숙수 3큰사발을 골고루 섞어서 찌꺼기를 걸러 내고 병에 담아 우물 바닥에 가라앉힌다.

(2) 장수법(漿水法)

熟炊粟飯乘熱傾在冷水中°以缸浸五七日°酸便好喫°如夏月逐日看°纔
酸便用°如過酸即不中使

좁쌀로 밥을 지어서 뜨거울 때 냉수를 부어 항아리에 5-7일 담가둔
다. 익어 신맛이 생겨 마시기 좋다. 여름철에는 날마다 보아서 시어지
면 바로 쓴다. 신맛이 지나치면 먹기에 적당치 못하다.

(3) 제수법(虀水³¹法)

菘菜淨洗°畧湯中綽過°入極清麵湯內以小缸盛°看菜與麵湯多少相稱°
菜不必多°
候五七日酸可喫°如有虀脚一小梡°只一日便用°冬日略近火尤易熟°諸
菜皆可

숭채³²(배추)를 깨끗이 씻어서 끓인 물 속에 푹 담갔다가 꺼낸다. 이것
을 극히 맑은 밀가루탕에 넣어 작은 항아리에 담는다. 숭채와 밀가루
탕은 봐서 양의 다소를 서로 맞도록 하는데, 숭채가 많을 필요는 없다.

---

31 제수(虀水): 虀는 '양념할 제', 제수란 양념에 쓰이는 액이란 뜻임.
32 숭채(菘菜): 배추의 한자 이름.
33 제각(虀脚): 신맛이 있는 채소를 말함.

5-7일 후 신맛이 적당하여 먹을 수 있는지를 살핀다. 제각[33]이 작은 1 사발 정도면 단지 하루만에 바로 사용할 수 있고, 겨울에는 불을 가까이 하면 더욱 쉽게 익는다. 모든 채소로 만들 수 있다.

6) 법대로 만든 향약[法製香藥]

법제향약이란 입 냄새를 제거하기 위해, 또는 질병을 다스리기 위해 법대로 만든 향약류를 말한다. 송지문(宋之問)[34]이 입 냄새 때문에 측천무후(則天武后)에게 미움을 받아 끝이 나쁘게 끝났다는 일화도 있다. 입 냄새는 사람들에게는 큰 문제였다.[35]

법제반하(法製半夏), 법제귤피(法製橘皮), 법제행인(法製杏仁), 수행인법(酥杏仁法), 법제축사(法製縮砂), 취향보설(醉鄕寶屑), 목향전(木香煎), 법제모과(法製木瓜), 법제하미(法製蝦米)의 9항목이 기술되어 있다. 반하, 귤피, 행인, 축사, 목향, 모과 등을 주재료로 한 것이 8방문(方文), 건새우를 기본재료로 한 것이 1방문이다.

• 법제반하(法製半夏): 비위를 튼튼하게 다스리고 담을 제거한다. 불에 말린 반하, 녹반(綠礬), 정향껍질, 초두구, 생강편을 술에 침한다. 봄과 여름

---

34 송지문(宋之問, 656-712): 唐初의 시인. 처음에 則天武后을 섬겼으나 뒤에 張易之 등을 추종하였으므로, 玄宗 때 장역지에게 아첨했다하여 죽임을 당함.
35 篠田統, 《中國食物史》, 柴田書店, 1998, p202.

에는 21일, 가을과 겨울에는 1달 동안 담그었다가 반하만 꺼내 버리고, 1-2개를 씹어 먹는다.

- 법제귤피(法製橘皮): 담을 삭히고 기침을 다스린다. 귤피, 백단, 청염(青塩, 석염의 결정), 회향에 물을 합하여 물이 마를 정도로 달인 다음, 귤피만을 가려내어 자기그릇에 담아 매일 빈 속에 3-5조각을 끓인 물과 함께 먹는다.

- 법제행인(法製杏仁): 해수와 천식을 다스린다. 행인을 끓인 잿물에 담갔다가 햇빛에 말려서 밀기울과 함께 볶은 다음에 꿀을 넣어 섞는다. 볶은 회향, 인삼, 축사인, 진피, 백두구, 박하, 목향, 감초를 가루로 만들어 행인과 합하여 섞는다. 식후에 매번 7개를 먹는다.

- 수행인법(酥杏仁法): 참기름에 튀긴 행인이다.

- 법제축사(法製縮砂): 비위를 따뜻하게 하고 소화를 돕는다. 축사의 껍질을 제거하여 박초(朴硝)물에 하룻밤 담갔다가 참기름을 발라 불에 쬐어 말린다. 계피꽃가루, 감초가루를 합하여 가루로 만들어 음주 후에 먹는다.

- 취향보설(醉鄉寶屑): 술을 깨고 담을 삭힌다. 진피, 축사인, 팥, 감초, 생강, 정향, 갈근, 백두구인, 소금, 파두에 물을 합하여 물이 마를 때까지 졸여서 파두만 제거하고 햇볕에 말린다. 꼭꼭 씹어 끓인 물로 먹는다.

- 목향전(木香煎): 목향가루에 물을 넣고 달인다. 이것에 유즙(乳汁)과 꿀을 합하여 은이나 돌그릇에 담아 멀건 밀가루죽처럼 끓인 후 쌀가루를 넣고 아주 되게 끓여 굳힌다. 밀대로 밀어서 바둑돌 모양으로 썰어 햇볕에 말린다.

- 법제목과(法製木瓜): 모과를 끓는 물에 삶아 흰색이 되면 꺼내 식혀 속을 제거하고 바로 소금 1숟가락을 넣은 다음 물이 생길 때까지 절인다.

질 좋은 계피, 백지, 산향채(山香菜), 세신, 곽향, 천궁, 후추, 익지인(益智仁), 축사인을 합하여 찧어서 가루로 만든다. 모과 1개에 1작은술의 약제가루를 넣고 소금물과 골고루 섞어서 햇볕에 말린다. 모과 속의 물이 마르면 꿀을 넣고, 꿀이 마를 때까지 햇빛을 쪼인다.

• 법제하미(法製鰕米): 머리, 껍질, 꼬리를 제거하여 말린 새우에 청염(석염 결정)을 넣은 술을 넣고 볶는다. 이것에 청염을 넣은 술을 넣고 볶은 천초껍질, 회향, 합개(蛤蚧, 도마뱀)를 합하여 골고루 섞어서 뜨거울 때 목향 가루를 넣고 단단히 봉한다. 식으면 꺼내어 먹는다. 매번 1순가락을 빈 속에 소금을 탄 술과 함께 씹어 먹는다. 정(精)을 더하고 양(陽)을 강하게 한다.

(1) 법대로 만든 귤피[法製橘皮]

日華子云°皮煖消痰止嗽°破癥瘕痃癖

橘皮【半斤去穰】　白檀【一兩】

青塩【一兩】　茴香【一兩】

右件四味用長流水°二大椀同煎水乾為度°揀出橘皮放於磁器內°以物覆之°勿令透氣°每日空心取三五片細嚼白湯下

外三味曬乾為末°白湯點服

일화자[36]가 말하기를 "귤피는 따뜻하여 담을 없애고 기침을 그치게 하

---

36 일화자(日華子): 중국 당나라 때(6세기)의 본초학자. 저서로는 《大明本草》가 있음.

며 징가^{37}와 현벽^{38}을 깨뜨린다"하였다.

속을 제거한 귤피 ½근, 백단 1냥, 청염^{39} 1냥, 회향^{40} 1냥의 4종류 약재에 장류수^{41} 2큰사발을 부어 물이 없어지도록 달인다. 귤피를 가려내어 자기그릇 안에 둔다. 뚜껑을 덮어 귤피의 기운이 새어나가지 않도록 한다. 매일 빈속에 3-5편을 잘 씹어서 끓인 물과 함께 먹는다. 나머지 삼미(백단, 청염, 회향)는 햇볕에 말려 가루로 만들어서 끓인물에 타서 먹는다.

(2) 술을 깨게 하는 귀한 가루[醉鄕寶屑^{42}]

解醒寬中化痰

陳皮【四兩】 縮砂仁【四兩】

紅豆【一兩六錢】 粉草【二兩四錢】

生薑 丁香【一錢剉】

葛根【三兩已上並咬咀】 白荳蔲仁【一兩剉】

塩【一兩】 巴豆【十四粒不去皮殼用鐵絲穿】

---

37 징가(癥瘕): 징(癥)이란 단단한 것이 이동하지 않고 아픈 것이고, 가(瘕)란 때 없이 뭉쳤다 흩어졌다 하면서 아픈 곳이 일정하지 않은 상태이다. 뱃 속에 덩어리가 생기는 병증.
38 현벽(痃癖): 현(痃)이란 뱃 속 배꼽 가까이 좌우로 각각 하나의 가늘고 긴 筋脈이 있어 당기고 아픈 것이고, 벽(癖)이란 양 옆구리가 때때로 아픈 것이다. 배꼽의 양쪽 주변과 옆구리에 때때로 불거지면서 땅기고 아픈 병증.
39 청염(靑鹽): 할로겐화물 광물 석염의 결정. 융염(戎鹽), 대청염(大靑鹽)이라고도 함.
40 회향(茴香): 미나리과 식물 회향의 과실. 小茴香, 谷香이라고도 함.
41 장류수(長流水): 먼 곳에서 흘러 내려오는 강물. 千里水라고도 함.
42 취향보설(醉鄕寶屑): 술을 깨도록 하는 귀한 가루라는 뜻. 숙취 완화 약재.

右件用水二椀煮´耗乾為度°去巴豆曬乾°細嚼白湯下

술을 깨게 하고 속을 편하게 하며 담을 삭힌다.

진피[43] 4냥, 축사인 4냥, 홍두[44] 1냥 6전, 분초(감초) 2냥 4전, 생강과 정향 썰어서 1전, 갈근[45] 3냥, 백두구인 썰어서 1냥, 소금 1냥, 껍질을 제거하지 않고 철사를 사용하여 뀁 파두 14알. 이상 모두에 물 2사발을 부어서 물이 거의 졸 때까지 달인다. 파두만을 제거하여 햇볕에 말려서 잘 씹어 끓인물과 함께 먹는다.

(3) 달인 목향[木香煎]

木香【二兩】´搗羅細末°用水三升煎至二升°入乳汁【半升】蜜【二兩】°再入銀石器中煎如稀麵糊°即入羅過粳米粉【半合】°又煎候米熟稠硬捏為薄餅°切成碁子曬乾為度

목향[46] 2냥을 짓찧어 체로 내려 고운 가루로 만든다. 물 3되를 넣고 2되가 될 때까지 졸인 다음 유(乳) ½되와 꿀 2냥을 넣고 다시 은그릇이나 돌그릇에 담아 묽은 밀가루죽처럼 달인다. 곧 체로 내린 멥쌀가루 ½홉을 넣고 또 달이는데 쌀가루가 익어서 뻑뻑하게 굳어지면 밀어서

---

43 진피(陳皮): 운향과에 속하는 식물인 귤나무, 당귤나무 또는 그 변종의 열매 껍질.
44 홍두(紅豆): 팥의 씨앗. 赤小豆, 紅豆, 紅小豆, 朱赤豆라고도 함.
45 갈근(葛根): 칡뿌리.
46 목향(木香): 국화과에 속하는 식물 운목향의 뿌리.

얇은 떡으로 만든다. 바둑돌 모양으로 잘라 햇볕에 말린다.

7) 과식류(果食類)

과식류란 대부분 꿀과 설탕을 넣고 졸여 만든 전과(煎果)[47]이다.

조밀전과자법(造蜜煎果子法), 밀전동과법(蜜煎冬瓜法), 밀전강법(蜜煎薑法), 밀전순법(蜜煎笋法), 밀전청행법(蜜煎青杏法), 밀전우법(蜜煎藕法), 당취매법(糖脆梅法), 당초매법(糖椒梅法), 당양매법(糖楊梅法), 당전우법(糖煎藕法), 당소목과(糖蘇木瓜), 조초매법(造椒梅法), 선초율자법(旋炒栗子法)의 13항목이 기술되어 있다.

《동경몽화록》에서 휘종의 상수연 때 제 6의 잔에서 등장하는 〈밀부사내화〉는 사과로 만든, 전과(煎果)와 같은 계열이다.

밀전동과법, 밀전강법, 밀전순법, 밀전청행법 등은 《산림경제》에서 인용하여 기술하였다.

• 조밀전과자법(造蜜煎果子法): 과실에 꿀을 넣고 전과(煎果) 만드는 법이다.

• 밀전동과법(蜜煎冬瓜法): 동아에 꿀을 넣고 전과 만드는 법이다.

• 밀전강법(蜜煎薑法): 생강에 꿀을 넣고 전과 만드는 법이다.

• 밀전순법(蜜煎笋法): 죽순에 꿀을 넣고 전과 만드는 법이다.

---

47 전과(煎果): 정과(正果)의 중국식 명칭.

- 밀전청행법(蜜煎靑杏法): 덜 익은 살구와 덜 익은 매실에 꿀을 넣고 전과 만드는 법이다.

- 밀전우법(蜜煎藕法): 연근에 꿀을 넣고 전과 만드는 법이다.

- 당취매법(糖脆梅法): 설탕으로 매실차 만드는 법이다.

- 당초매법(糖椒梅法): 설탕으로 익은 매실을 절이는 방법이다.

- 당양매법(糖楊梅法): 설탕으로 양매 절이는 방법이다.

- 당전우법(糖煎藕法): 연근에 꿀과 설탕을 넣고 전과 만드는 법이다.

- 당소목과(糖蘇木瓜): 설탕으로 모과 절이는 방법이다.

- 조초매법(造椒梅法): 익은 매실을 짓찧어서 생강채, 감초, 씨를 제거한 산초, 소금과 합한 다음 햇볕에 말리는 초매(椒梅) 만드는 법이다.

- 선초율자법(旋炒栗子法): 밤을 볶아 익히는 방법이다.

(1) 꿀에 생강 달이는 법[蜜煎薑法]

社前嫩芽者【二斤】°淨洗控乾°不得着塩淹須候出水一飯間°沸湯畧焯
過濾乾°用白礬【一兩半】搥碎泡湯隔宿次却澄清浸薑以滿爲度°三兩宿
漉出再控°不得多時°用蜜【二斤】煎一滾去面隔宿冷°却於新瓶內入蜜
薑°約十日半月別換蜜【一斤半】°換蜜若要久經年兩次換

사일[48] 전 어린 싹이 난 생강 2근을 깨끗이 씻어서 물기를 말린다. 소

---

48 사일(社日): 토지신 사(社)에 제사하는 날. 춘분 및 추분에서 가장 가까운 앞 뒤의 戊日. 춘분의 것을 春社, 추분의 것을 秋社라 함.

전통주 인문학

금에 절여서는 안된다. 반드시 한끼의 밥 먹을 시간 만큼 물이 오르기를 기다렸다가 끓는물에 넣었다 건져서 씻어 말린다.

백반 1⅓냥을 망치로 분쇄하여 끓는물에 넣고 하룻밤 재운다. 찌끼를 버린 맑은 백반[49] 물에 생강을 가득 넣고, 2-3일 재웠다가 꺼내어 물기를 뺀다. 오래 재워두지 않는다. 꿀 2근을 (생강과 합하여) 한 번 끓여 달인다. 표면을 걷어버리고 하룻밤 식힌다. 새 병에 꿀에 졸인 생강을 넣고 약 10일이나 15일 지나 새로운 꿀 1⅓근으로 바꾸어준다. 해를 넘기도록 오랫동안 보관하고자 하면 꿀 갈아주는 것을 2차례 정도한다.

(2) 꿀에 연근 달이는 법[蜜煎藕法]

初秋藕新嫩者°沸湯焯過五分熟去皮°切作條子或片子°每一斤用白梅【四兩】°湯浸汁一大椀候冷浸一時許°漉出控乾°用蜜【六兩】去滷水°別蜜十兩慢火煎令琥珀色°放冷入罐貯

초가을 새로난 어린 연근을 끓는물에 절반 정도 익도록 데쳐낸 다음 껍질을 벗긴다. 길쭉하게 혹은 편으로 썬다. 뜨거운 물에 백매[50] 4냥을 담갔다가 식힌 즙 1큰사발에 연근 1근을 1시각 담갔다가 건져내어 물기를 말린다. 꿀 6냥을 사용하여 짠물을 없앤 다음 별도로 꿀 10냥으

---

49 백반(白礬): 명반석을 정제하여 만든 결정체. 반석 또는 명반이라고도 함.
50 백매(白梅): 덜 익은 매실을 소금에 절인 것.

로 뭉근한 불에서 호박색이 나도록 달인다. 차게 식혀 오지그릇에 담아 저장한다.

(3) 설탕으로 취매 만드는 법[糖脆梅⁵¹法]

青梅【一百筒】°畫成路路兒°將熟冷醋浸沒一宿°取去控乾°別用熟醋調沙糖【一斤半】浸沒入瓶內°以笋葉扎口°仍用椀覆藏在地中深一二尺用泥土盖過°白露節取出換糖浸

익지 않은 매실 100개를 숙성된 차가운 초에 하룻밤 담가놓는다. 건져서 물기를 말려 없애고 (병에 넣는다). 별도로 숙성된 초에 사당⁵² 1½ 근을 담가 녹여 (매실 담은) 병에 넣는다. 순엽⁵³으로 병주둥이를 감싸고 사발로 덮어 땅속의 1-2자 깊이에 넣어 저장하고 진흙으로 덮는다. 백로⁵⁴가 지나면 꺼내서 설탕을 바꾸어 담근다.

(4) 꿀에 죽순 달이는 법[蜜煎笋法]

笋【十斤和殼】煮七分熟°去皮´隨意切成花樣´用蜜【半斤】浸一時許°漉乾´却用蜜【三斤】煎滾掠淨°拌勻入磁器收貯°浸久不損

---

51 취매(脆梅): 매실차.
52 사당(沙糖): 사탕수수로 만든 것으로 설탕의 일종.
53 순엽(笋葉): 죽순의 껍질 혹은 대나무잎.
54 백로(白露): 처서와 추분 사이.

죽순 10근을 껍질째 70% 정도 익혀서 껍질을 벗긴다. 마음대로 썰어서 꽃모양으로 만들어 꿀 ½근에 1시각 정도 담갔다가 건져서 말린다. 꿀 3근을 끓여 달여서 불순물을 걷어내고 깨끗하게 한 다음 (죽순을) 넣고 고르게 섞는다. 자기에 넣어 저장한다. 오랫동안 두어도 상하지 않는다.

8) 수장과법(收藏果法)

과일 또는 채소류 등의 보관과 저장법이다.

수장율자(收藏栗子), 수장홍조(收藏紅棗), 수장제반청과법(收藏諸般靑果法), 수장석류(收藏石榴), 수장이(收藏梨), 수장감람(收藏橄欖), 수장유병(收藏乳餠), 수장과가(收藏瓜茄)의 8항목이 기술되어 있다.

수장율자, 수장홍조, 수장이, 수장석류 등은 《산림경제》에서 인용하여 기술하였다.

(1) 석류 저장법[收藏石榴]

選揀大石榴連枝摘下°用新瓦罐一枚安排在內°使紙十餘重密封°可留多日不壞

큰 석류를 가지가 붙은 채로 골라 딴다. 새로 만든 오지그릇에 하나씩

안배하여 잘 넣고 10여 장의 겹종이로 밀봉한다. 오랫동안 두어도 썩
지 않는다.

(2) 배 저장법[收藏梨]

揀不損大梨°取不空心大蘿蔔插梨枝柯在蘿蔔內°紙裹煖處°候至春深
不壞°帶梗柑橘°亦可依此法

손상되지 않은 큰 배를 가지가 달린 채로 선택한다. 배 가지를 속이 꽉
찬 큰 무에 꽂는다. 종이로 싸서 따뜻한 곳에 두면 늦봄이 되도록 썩
지 않는다. 가지가 붙어 있는 감귤도 역시 이 방법이 가능하다.

9) 주국류(酒麴類)

술 누룩 만들기, 각종 술 양주법 등이다.

주례총서(酒醴總敍), 동양주국방(東陽酒麴方), 조홍국방(造紅麴方), 동
양온법(東陽醞法), 장춘법주(長春法酒), 신선주기방(神仙酒奇方), 천문동
주(天門冬酒), 구기오가피삼두주(枸杞五加皮三骰酒), 천태홍주방(天台紅酒
方), 계명주(雞鳴酒), 밀온투병향(蜜醞透瓶香), 양고주법(羊羔酒法), 국화
주(菊花酒), 치산박주작호주법(治酸薄酒作好酒法), 번명아리걸(番名阿里
乞), 백주국방(白酒麴方), 부양법(附釀法), 용수법(用水法), 후장법(候漿法)
의 19항목이 기술되어 있다.

국화주는 《산림경제》에서 인용하여 기술하였다.

(1) 동양주 누룩 만드는 방법[東陽酒麴方]

白麵【一百斤】 桃仁【二十兩】

二桑葉【二十斤】 杏仁【二十兩皆去皮擂爲泥】

蓮花【二十朶】 蒼耳心【二十斤】

川烏【二十兩炮去皮臍】 菉豆【二十斤】

淡竹葉【二十斤】 熟甜瓜【十斤去皮擂爲泥】

辣母藤嫩頭【二十斤】辣蓼嫩葉【二十斤】

右將五葉皆裝在大缸內°用水三擔浸°日曬七日°用木杷如打澱狀打下°
以罩漉去枝梗°用此水煮豆極爛°先將生桃杏泥等°與麵豆和成硬劑踏
成片°二葉裏°外再用紙裹°掛於不透風處°三五日後將麴房上窓紙扯去
令透風°不爾恐燒了此麴

밀가루 100근, 도인[55] 20냥, 뽕잎 20근, 껍질을 벗겨 진흙처럼 간 행인
20냥, 연화[56] 20떨기, 창이심[57] 20근, 구워서 껍질과 배꼽을 제거한 천
오[58] 20냥, 녹두 20근, 담죽엽[59] 20근, 익혀 껍질을 없애고 갈아서 진흙

---

55 도인(桃仁): 산복숭아 씨.
56 연화(蓮花): 연꽃의 꽃봉우리.
57 창이심(蒼耳心): 蒼耳子. 국화과 식물 도꼬마리의 총포(總苞)가 달린 열매.
58 천오(川烏): 미나리아재비과 식물인 바꽃[烏頭]의 덩이뿌리. 川烏頭라고도 함.
59 담죽엽(淡竹葉): 벼과에 속하는 다년생 초본식물 조릿대풀의 줄기와 잎.

처럼 만든 참외 10근, 송모등[60]의 어린 머리 20근, 송겸의 어린잎 20근, 이상의 재료에서 5종류의 잎(뽕잎, 연화, 담죽엽, 송모등의 어린 머리, 송겸[61]의 어린잎) 모두를 커다란 항아리에 넣고 3담[62]의 물을 붓는다. 해가 내려 쪼이는 곳에 7일 동안 놔둔다. 고무래로 앙금을 뒤적이듯이 한 다음 뜨개로 가지와 줄기를 걸러낸다. 이 물을 사용하여 녹두 20근을 문드러지게 삶는다.

먼저 갈은 생도인과 행인 등을 밀가루 및 삶은 녹두와 합하여 아주 되게 반죽한다. 발로 가지런히 밟아 편으로 만든다. 이것을 뽕잎으로 싼다. 겉을 다시 종이로 싸서 바람이 통하지 않는 곳에 걸어둔다. 3-5일 뒤 누룩방 위의 창문종이를 찢어서 없애 바람이 통하도록 한다. 그렇게 하지 않으면 누룩이 익어서 썩을 염려가 있기 때문이다.

이상의 동양주누룩은 〈표 1〉과 같이 요약된다.

[표 1] 동양주국(《거가필용》)

주재료	밀가루 100근 녹두 20근(물에 뽕잎 20근, 연화 20떨기, 담죽엽 20근, 송모등과 송겸 각각 20근을 7일 동안 담가 그 물로 무르게 찐 것)
부재료	(도인 20냥+행인 20냥+창이심 20근+익힌참외 10근+구워서 껍질과 배꼽을 제거한 천오 20냥)을 진흙처럼 곱게 간 것
누룩 만들기	(주재료+부재료)를 되게 반죽하여 발로 밟아 디딘다
형태	편(片) 형태의 병국

---

60 송모등(辣母藤): 한삼덩굴?
61 송겸(辣蒹): 여뀌.
62 담(擔): 石 즉 섬. 3담은 3섬임.

전통주 인문학

(2) 홍국 만드는 방법[造紅麴法]

造麴母

白糯米【一斗】°用上等好紅麴【二斤】°先將秫米淘淨蒸熟作飯°用水升合
如造酒法°搜和勻下甕°冬七日°夏三日°春秋五日°不過以酒熟為度°入
盆中攋為稠糊相似°每粳米【一斗】°止用此母二升°此一料母可造上等紅
麴【一石五斗】

누룩밑 만드는 법

흰 찹쌀 1말에 품질이 좋은 홍국 2근을 사용한다.

먼저 출미[63](찹쌀)를 깨끗이 씻어 쪄서 익힌다. 술 만드는 법과 같이 되
와 홉으로 물을 계량하여 넣고 (홍국과) 고르게 화합하여 항아리에 담
는다. 겨울에는 7일, 여름은 3일, 봄과 가을은 5일을 넘기지 않는다.
술이 익는 것을 한도로 한다. 이것을 그릇 속에 넣고 갈아 풀과 비슷하
게 뻑뻑하게 만든다. 갱미(멥쌀) 1말 마다 이 국모 2되를 사용한다. 이
국모로 좋은 품질의 홍국 1섬 5말을 만들 수 있다.

造紅麴

白粳米【一石五斗】°水淘洗浸一宿°次日蒸作八分熟飯°分作十五處°每
一處入上項麴【二斤】°用手如法搓操°要十分勻停了°共併作一堆°冬天

---

63 출미(秫米): 차좁쌀을 가리키나 여기서는 찹쌀을 지칭한 것으로 보임.

以布帛物盖之°上用厚薦壓定°下用草鋪作底°全在此時°看冷熱°如熱則
燒壞了°若覺大熱便取去覆盖之物°攤開堆面°微覺溫便當急堆°起°依
元覆盖°如溫熱得中勿動°此一夜不可睡°常令照顧°次日日中時分作三
堆°過一時分作五堆°又過一兩時辰却作一堆°又過一兩時分作十五堆°
既分之後°稍覺不熱°又併作一堆°候一兩時辰覺熱°又分開°如此數次°
第三日用大桶盛新汲井水°以竹籮盛麴作五六分°渾蘸濕便提起°蘸盡
又總作一堆°似稍熱°依前散開°作十數處攤開候三兩時°又併作一堆°
一兩時又撒開°第四日將麴分作五七處裝入籮°依上用井花水中蘸°其
麴自浮不沉°如半沉半浮°再依前法堆起°攤開一日°次日再入新汲水內
蘸°自然盡浮°日中曬乾°造酒用

홍국 만드는 법

흰 멥쌀 1섬 5말을 물에 씻어 인다. 하룻밤 물에 담갔다가 다음날
80% 정도 익도록 지에밥(찐밥)을 만든다. 이것을 15곳에 나누어 놓는
다. 매 1곳 마다 위의 누룩밑(국모) 2근을 넣어 손을 사용하여 비벼 충
분히 골고루 섞는다. 끝나면 모두 모아 한 무더기로 만들어 겨울에는
베와 비단으로 덮는데, 위는 두꺼운 자리로 눌러 고정시키고 아래는
풀을 사용하여 깔아 바닥을 만든다. 완전히 이것이 자리 잡았을 때 찬
지 뜨거운지를 본다. 뜨거우면 익어서 썩는다. 만약 열이 너무 나면 바
로 덮은 것을 걷어버리고 무더기를 펼쳐 늘어놓는다. 약간 따뜻하면
급히 무더기를 원래대로 모아 덮개를 덮는다. 따뜻한 정도가 적당하면
절대로 움직여선 안 된다. 이것은 하룻밤 잠을 자지 않고 계속 돌보아
야 한다.

다음날 정오에 3무더기로 만든다. 1시각이 지나면 5무더기로 만들고 또 1-2시각이 지나면 도로 1무더기로 만든다. 다시 1-2시각이 지나면 15무더기로 만든다. 나눈 후 점점 뜨거워지지 않는다고 느껴지면 또 모두 1무더기로 만들었다가 1-2시각 후에 뜨거우면 다시 이와 같이 나누기를 몇 차례 한다.

3일째 되는 날 커다란 통에 새로이 길어온 우물물을 담는다. 대광주리에 누룩을 50-60% 담고 통속의 물에 넣는다. 축축해지면 바로 떠올린다. 다 적셔지면 모두 1무더기로 만든다. 점점 열이 나면 앞의 방법대로 10여 곳에 펼쳐 놓는다. 2-3시각 기다렸다가 또다시 합쳐서 1무더기로 만들고 1-2시각 후에 다시 펼쳐 놓는다.

4일째 되는 날 누룩을 5-7군데로 나눈다. 대광주리에 담아서 위의 방법대로 정화수[64] 속에 담그면 그 누룩은 저절로 뜨고 가라앉지 않는다. 반은 뜨고 반은 가라앉으면 다시 앞의 방법대로 무더기로 만들었다가 펼쳐 놓기를 하루 동안 한다. 다음날 다시 새로 길어온 물 속에 담가 보아서 자연히 다 뜨면 낮 동안에 햇볕에 말려 술 만드는데 쓴다.

이상의 홍국은 〈표 2〉와 〈표 3〉과 같이 요약된다.

---

64 정화수(井花水): 이른 새벽 맨 처음 길어온 우물물. 井華水라고도 함.

[표 2] 홍국의 누룩밑(《거가필용》)

주재료	찹쌀 1말로 지은 지에밥, 홍국 2근, 물
누룩밑 1	찹쌀지에밥에 홍국과 물을 합하여 겨울에는 7일, 여름에는 3일, 봄과 가을에는 5일 동안 숙성
누룩밑 2	누룩밑 1을 갈아 아주 된 풀과 같이 만든다
술 만들 때의 누룩밑 양	멥쌀 1말에 누룩밑 2를 2되 사용

[표 3] 홍국(《거가필용》)

주재료	멥쌀 1섬 5말로 만든 지에밥
부재료	누룩밑 30근
홍국 만들기	멥쌀 지에밥에 누룩밑을 합해서 골고루 섞어 베와 비단으로 덮어서 4일 동안 띄운 다음 햇볕에 말린다.
형태	흩임누룩 산국

(3) 동양온 만드는 방법[東陽醞法]

白糯米【一石】為率°隔中°將缸盛水浸米°水須高過米面五寸°次日將米
踏洗去濃泔°將籮盛起放別缸上°再用淸水淋洗淨°却上甑中炊以十分
熟為度°先將前東陽麴【五斤】搗爛篩過勻撒放團箕中°然後將飯傾出
攤去氣°就將紅麴【二斗】於籮內攪洗°再用淸水淋之°無渾方止°天色煖
則飯放冷°天色冷放溫°先用水七斗傾在缸內°次將飯及麴拌勻為度°留
些麴撒在面上°至四五日沸定翻轉°再過三日上榨壓之

흰 찹쌀 1섬을 비율로 한다. 적당한 양 보다는 많은 양이다.

항아리에 물을 담아 쌀을 넣는데 물은 반드시 쌀 보다 5치 높도록 한다. 다음날 쌀을 밟아 씻어 진한 뜨물을 없앤다. 대광주리 위에 쌀이 올라오도록 수북이 담아 다른 항아리 위에 올려놓는다. 다시 맑은물을 사용하여 물을 내려 깨끗이 씻어 시루에 담아 충분히 익도록 찐다.

먼저 앞에서 소개한 〈동양주국〉 5근을 곱게 찧어 체에 내려 키 속에 덩어리 형태로 모아둔다.

그런 다음 찐 밥을 꺼내 부어 펼쳐서 김을 제거한다.

대광주리 속에 있는 홍국 2말에 맑은 물을 사용하여 흐린 물이 없어질 때까지 뒤적이면서 내려 씻는다.

밥은 날이 따뜻하면 찬 곳에 두고 날이 추우면 따뜻한 곳에 둔다.

먼저 물 7말을 항아리에 붓고 밥과 누룩을 골고루 섞어 넣는다. 맨 윗면에 누룩을 조금 뿌린다. 4-5일이 지난 후 거품이 생기면 위 아래를 뒤집는다. 다시 3일이 지나면 꺼내서 압착하여 술을 거른다.

술지게미 거르기[上糟]

造酒寒須是過熟°即酒清數多°渾頭白酵少°溫凉時并熱時°須是合熟便壓°恐酒醅過熟°又糟內易熱°多致酸變°大約造酒自下脚至熟°寒時二十四五日°溫凉時半月°熱時七八日°便可上糟°仍須均裝停鋪°手安壓鋏°正下砧簟°所貴壓得均乾°並無滴失°轉酒入甕°須垂手傾下°免見濯損酒味°寒時用草薦°麥麴圍盖°溫凉時去了°以單布盖之°候三五日澄折清酒入瓶

술 양주 때에는 추우면 충분히 익혀야 한다. 따라서 술은 청주가 많고 탁주는 적다. 봄과 가을 및 여름에는 익자마자 바로 눌러 내려야 한다. 술이 지나치게 익고 또 술지게미 속이 쉽게 뜨거워져서 시어질 염려가 있기 때문이다. 대개 술은 아래부터 익는다. 그러므로 겨울에는 24-25일, 봄가을에는 15일, 여름에는 7-8일 만에 바로 술지게미를 걸러야 한다. 반드시 아래에는 대자리로 받치고 골고루 펴서 손으로 가마를 누른다. 골고루 술이 다 빠지도록 귀하게 다루고 또한 실수하여 술이 오염이 되지 않도록 한다.

술을 항아리에 옮겨 담을 때에는 손을 밑으로 내려서 따라야 술맛이 크게 줄어들지 않는다. (항아리는) 추울 때에는 풀자리를 사용하여 주변을 덮어준다. 봄 가을에는 풀자리를 벗겨 버리고 홑베보자기로 덮는다. 3-5일 후 위에 뜨는 맑은술(淸酒)만 병에 담는다.

술 거두기[收酒]

上榨以器就滴°恐滴遠損酒或以小竹子°引下亦可°壓下酒須是湯洗瓶器令淨°控候二三日°次候折澄去盡脚°纔有白絲則渾°直候澄折得淸爲度°則酒味倍佳°便用蠟紙封閉°務在滿裝°瓶不在大°以物閣起°恐地氣發動酒脚°失酒味°仍不許頻頻移動°大抵酒澄得淸更滿裝°雖不煮°夏月亦可存留

술 거르는 쳇다리로 술을 내린다. 떨어지는 시간이 너무 걸려 술맛이 손상될 염려가 있으면 작은 대나무로 끌어내려도 좋다. 술을 내릴 때에는 반드시 끓는 물로 병을 씻어 깨끗이 하여 2-3일 동안 물기를 말린다.

술이 완전히 맑아지면 밑의 찌끼를 말끔히 버린다. 하얀 것이 실오라기 만큼만 있어도 흐려지기 때문에 가라앉으면 곧 맑은술만을 얻는 것으로 해야 술 맛이 배로 좋아진다. 바로 밀랍종이로 주둥이를 봉하는데 가득 채워서 봉한다. 병은 큰 것이 아니라도 좋다. 술병은 물건으로 받쳐서 높이 올려놓아야 한다. 지기가 아래쪽 술에 발동하여 술맛을 잃을 염려가 있다. 자주 자주 이동해서도 안 된다. 대개 위에 뜨는 맑은 술 만으로 가득 채우면 비록 달이지[煮] 않아도 여름일지라도 보존이 가능하다.

술 달이기[煮酒]

凡煮酒每斗入蠟【二錢】°竹葉【五片】°官局天南星員【半粒】°化入酒中°如法封繫°置在甑中【秋冬用天南星丸春夏用蠟幷竹葉】然後發火°候甑草上酒香透°酒溢出倒流°便更揭起甑盖°取一瓶開看°酒滾即熟矣°便住火良久°方取下置於石灰中°不得頻頻移動°白酒須撥得清然後煮°煮時瓶用桑葉冥之°庶使香氣不絶

무릇 술을 달일 때에는 1말 마다 랍[65] 2전, 죽엽 5편, 관국[66]의 천남성

---

65 랍(蠟): 蜜蠟. 토봉과 양봉에서 분비되는 랍질. 蜂蠟, 黃蠟, 白蠟, 黃占, 白占이라고도 함.
66 관국(官局): 관청.

⁶⁷ ½알을 술 속에 넣는데, 보통 하는 법대로 봉하여 묶어서 시루 속에 놓아둔다. 가을과 겨울에는 천남성환을 사용하고, 봄과 여름에는 밀랍과 죽엽 모두 쓴다.

그런 다음 불을 붙인다. 시루에서 술 향기가 올라오고 술이 넘쳐서 흘러내리면 바로 시루뚜껑을 열어서 1병을 꺼내 열어 본다. 끓으면 익은 것이다. 바로 불을 끄고 오랫동안 방치해 둔 다음 들어내어 석회 속에 놓아둔다. 자주 자주 이동하면 안 된다.

백주는 반드시 맑은 것만 취하여 달인다. 달일 때 술병에 뽕나무 잎을 사용하여 덮어 향기가 계속 나게끔 한다.

동양온과 동양주는 같은 말이다. 동양주 만드는 법, 술지게미 거르는 법, 술 거두는 법, 술 달이는 법의 4부분으로 나누어 〈동양주 만드는

[표 4] 동양주 만드는 법(《거가필용》)

주재료	찹쌀 1섬으로 지은 차게 식힌 지에밥
부재료	가루로 만든 동양주국 5근 깨끗이 씻은 홍국 2말
동양주 만들기	① 물 7말을 항아리에 붓는다 ② ①에 주재료와 부재료를 골고루 합하여 넣는다
숙성기간	여름에 7~8일, 겨울 24~25일, 봄과 가을 15일
양주법	단양주법
보관하기[煮酒]	술 1말에 가을과 겨울에는 천남성환 ½알, 봄과 여름에는 밀랍 2전과 죽엽 5편을 넣어 봉한 다음 시루에 담아서 끓을 때까지 달인다. 완전히 식혀서 석회 속에 놓아둔다

---

67 천남성(天南星): 천남성, 넓은잎천남성, 두루미천남성의 덩이줄기. 남성(南星), 호장(虎掌), 야우두(野芋頭), 사포곡(蛇包谷)이라고도 함.

법〉을 소개하였다. 이상은 〈표 4〉와 같이 요약된다.

(4) 법대로 빚은 장춘주[長春法酒]

景定甲子五月間゜賈秋壑以長春法酒一甕゜并方進于穆陵゜上欲供而輟
者再゜李坦高忠輔任閣長兼內轄゜奏云願先賜臣一盞゜候三五日藥方效
驗゜方可進御゜李因是得罪於賈゜適七月十三日居民遺漏脩內司救撲゜官
兵見火勢趨和寧門゜李於是令預撤民屋保護大內゜賈謂不遵朝廷節制゜
嗾臺臣上疏゜三學叩閽゜屢貶鬱林州゜除名勒停方用

當歸　川芎　半夏

青皮　木瓜　白芍藥

黃耆【蜜炙】　五味子　肉桂【去麁皮】

熟地黃　甘草【炙】　白茯苓

薏苡仁【炙】　白荳蔲仁　縮砂

檳榔　白尤　橘紅

枇杷葉【去毛炙】人蔘　麥蘖【炒】

藿香【去土】　沉香　木香

草果仁　杜仲【炒】　神麴【炒】

南香　桑白皮【蜜炒】厚朴【薑炙】

丁香　蒼尤製　石斛【去根】

右件各製了淨゜秤三錢等分作二十包゜每用一包以生絹袋盛゜浸於一斗
酒內゜春七日゜夏三日゜秋五日゜冬十日゜每日清晨一盃゜午一盃゜甚有功效゜
除濕實脾゜去痰飲゜行滯氣゜滋血脉゜壯筋骨゜寬中快膈゜進飲食

경정[68] 갑자년 5월간에 가추학[69]이 장춘법주 1항아리를 목릉[70]께 올렸다. 상께서 마시고자 했으나 주저한 것이 두 번이었다. 각장으로 내 할을 겸임한 탄고 이충보가 말하기를 "원하옵건데 먼저 신에게 한 잔을 내려 주십시오."라고 했다. 3-5일 후 약방에 효험이 있자 비로소 진어할 수 있었다. 이충보가 이로 인해서 가추학에게 미움을 샀다. 때마침 7월 13일 백성이 실수로 불을 냈으므로 내사에게 시켜 불을 끄도록 했다. 관병이 보니 불길이 화녕문으로 향하자, 이충보가 "미리 백성의 집에 물을 뿌려서 대내를 보호하라"고 영을 내렸다. 가추학은 (이충보가) 조정의 제도를 지키지 않았다고 해서 대신들을 부추켜 상소하게 했다. 삼학(三學)이 억울함을 탄원했지만 (이충보는) 울림주(鬱林州, 광서성 옥림시)에 유배되어 이름이 삭제되고 파직되었다.

(장춘법주) 방문에서 사용되는 (재료는) 당귀, 천궁, 반하, 청피, 목과, 백작약, 황기밀적[71], 백복령, 오미자, 거친 껍질을 제거한 육계, 숙지황[72], 감초적[73], 의이인[74]적, 백두구인, 빈랑, 백출, 귤홍, 털을 없애고 볶은 비

---

68 경정(景定): 남송(南宋) 이종(理宗, 1205-1264) 때의 연호로 1260-1264년. 甲子年은 1264년임.
69 가추학(賈秋壑, 1218-1275): 이름은 가사도(賈似道), 호가 추학(秋壑). 남송(南宋) 이종(理宗) 때의 권신.
70 목릉(穆陵): 남송(南宋) 이종(理宗)의 능. 여기서는 理宗을 가리킴.
71 황기밀적(黃耆蜜炙): 蜜炙은 한약 제조법의 한 가지. 끓인 물에 꿀을 넣고 황기를 합한 다음 12시간 정도 재워 두었다가 볶은 것.
72 숙지황(熟地黃): 현삼과에 속하는 다년생 초본식물 지황 또는 회경(懷慶)지황의 땅 속 줄기에 黃酒를 넣고 9번 쪄서 9번 햇빛에 말린 것.
73 감초적(甘草炙): 炙은 한약 제조법의 한 가지. 감초에 보료(輔料)를 합하여 볶아 보료가 감초에 스며들게 한 것.
74 의이인(薏苡仁): 율무.

　　　　　　　　　　　　　　　　　　　　　전통주 인문학

파잎, 인삼, 볶은 맥얼[75], 흙을 제거한 곽향, 침향, 목향, 초과인[76], 볶은 두충[77], 볶은 신국, 남향[78], 꿀에 볶은 상백피[79], 후박강적[80], 정향, 법대로 만든 창출, 뿌리를 없앤 석곡[81]으로,

이상의 재료를 각각 깨끗하게 한다. 3전씩 저울에 달아 등분하여 20포를 만든다. 매번 1포를 사용하여 생견 주머니에 담아 1말의 술 속에 넣어 침한다. 봄에는 7일, 여름에는 3일, 가을에는 5일, 겨울에는 10일 동안 침해 둔다. 매일 맑은 새벽에 1잔, 정오에 1잔을 마시면 큰 효험이 있다. 습을 제거하며, 비장을 튼튼하게 하고, 담음을 없애며 체기가 내린다. 혈맥을 자양하고, 근골을 튼튼하게 한다. 속을 편하게 하고, 흉격을 시원하게 한다. 식욕을 증진시킨다.

남송(南宋) 이종(理宗)의 연간인 1260-1264년 때 효험이 있는 장춘법주로 인하여 한 신하가 몰락의 길을 걸었다는 일화가 소개되고 있다.

장춘법주는 이미 양조된 술에 한약재를 넣고 침출해서 우려낸 약용약주이다. 〈표 5〉와 같이 요약된다.

---

75 맥얼초(麥蘗炒): 炒는 한약 제조법의 한 가지. 엿기름을 일정한 온도에서 볶은 것.
76 초과인(草果仁): 생강과에 속하는 식물 초과의 열매.
77 두충초(杜仲炒): 두충의 나무껍질을 일정한 온도에서 볶은 것.
78 남향(南香): 침향 중 유성이 풍부하고 질이 무거우며, 끈기가 있는 것. 가남향(伽南香)이라고도 함.
79 상백피(桑白皮): 뽕나무뿌리의 껍질.
80 후박강적(厚朴薑炙): 薑炙는 한약재를 생강즙에 담갔다가 볶는, 한약 제조법의 한 가지. 강초(薑炒), 강즙적(薑汁炙)이라고도 함. 후박을 생강즙에 담갔다가 볶은 것.
81 석곡(石斛): 난초과 식물 석곡의 줄기.

[표 5] 장춘법주 만드는 법(《거가필용》)

주재료	이미 양조하여 만든 1말의 술
부재료	당귀, 천궁, 반하, 청피, 목과, 백작약, 황기밀적, 백복령, 오미자, 껍질제거한 육계, 숙지황, 감초적, 의이인적, 백두구인, 빈랑, 백출, 귤홍, 볶은비파잎, 인삼, 볶은맥얼, 곽향, 침향, 목향, 초과인, 볶은두충, 볶은신국, 남향, 꿀에 볶은상백피, 후박강적, 정향, 창출, 뿌리를 없앤 석곡, 각각 3전을 등분하여 합해서 20포로 만듦 1포를 생견주머니에 넣음
장춘법주 만들기	양조된 1말의 술에 생견주머니에 담은 부재료 1포를 넣는다
침출 기간	봄 7일, 여름 3일, 가을 5일, 겨울 10일
술의 성격	침출주인 약용 약주
효능	제습, 실비(實脾), 거담음, 행체기, 자혈맥, 장근골, 관중, 쾌격, 진음식

(5) 기묘한 신선주 빚는 방문[神仙酒奇方]

專醫癱瘓四肢拳攣°風濕感搏重者´宜服之

五加皮【二兩并心剉去土】紫金皮【并骨剉去土】

當歸鬚【六錢洗淨剉】

右件咬咀用酒一瓶浸三宿°夏一宿更用好酒一瓶°取酒一盞入未浸酒
一盞每日兩盞煖服°兩瓶酒盡時°自有神効

사지와 주먹이 뒤틀리는 탄탄증을 치료한다. 풍습으로 몸이 무거운 사람도 마땅히 먹는다.

흙을 제거하여 심(속)과 함께 썬 오가피[82] 2냥, 흙을 제거하여 뼈[骨]와

---

82 오가피(五加皮): 오가피나무의 뿌리껍질. 南五加皮라고도 함.

함께 썬 자금피[83], 깨끗이 씻어서 썬 당귀수[84] 6전.

이상의 재료는 약재를 달이는 정도의 크기로 썰어[85] 술 1병에 넣고 3일 밤 침해 놓는다. 여름에는 1일 밤 침한다.

다시 좋은술 1병을 쓴다. 침출된 술 1잔을 취하여 침출하지 않은 술 1잔을 넣어서 매일 2잔을 따뜻하게 먹는다. 2병의 술을 다 마셨을 때 저절로 신효(神效)하다.

장춘법주와 마찬가지로 신선주 역시 침출주이면서 약용약주이다. 〈표 6〉과 같이 요약된다.

[표 6] 신선주 만드는 법(《거가필용》)

주재료	이미 양조하여 만든 2병의 술
부재료	오가피 2냥, 자금피 6전, 당귀수 6전
신선주 만들기	양조주 1병의 술에 부재료를 넣는다
침출 기간	여름 1일 밤, 그 밖의 계절 3일 밤
술의 성격과 효능	침출주인 약용 약주, 탄탄증과 풍습
복용 방법	신선주 1잔에 양조주 1잔을 합하여 매일 2잔 복용

(6) 천문동주(天門冬酒)

醇酒【一斗】°六月六日麴末【一升搗麄末】°好糯米【五升作飯】°天門冬

---

83 자금피(紫金皮): 노박덩굴과 식물 곤명산해당(昆明山海棠)의 뿌리껍질. 또는 紅木香의 뿌리껍질.
84 당귀수(當歸鬚): 당귀의 잔뿌리.
85 부저(㕮咀): 약재를 달이도록 적당한 크기로 써는 것.

【煎五升】其煎但如稀餳即得°米須淘訖曬乾°取天門汁浸麴如常法°候
熟炊飯適寒溫°用煎和飯令相入投之°夏七日°勤看勿令熱°春冬十日°密
封閉之°熟榨濾°每服三合°再欲造°地黃枸杞五加皮薑蓤黃精白朮諸藥
酒並準此法°秋夏飯須冷下°春冬須稍溫°看時候方下之°合須九月盡°三
月前

○又法取天門冬【三十斤搗碎煮】取汁°依常法以作酒°少少飲之°滓作
散服°尤佳

순주[86] 1말, 6월 6일에 만든 거칠게 찧은 누룩가루 1되, 좋은 찹쌀 5되
로 지은 밥, 천문동[87] 달인 즙 5되를 준비한다. 천문동 달인 즙은 묽은
엿과 같아야 하고, 쌀은 반드시 깨끗이 씻어서 햇볕에 말린다.

천문동즙을 취해서 보통의 방법대로 누룩을 넣고, 식힌 밥을 합하여
잘 섞는다. 여름에는 7일 동안 절대로 뜨거워지지 않도록 열심히 살피
고 봄과 겨울에는 10일 동안 단단히 밀봉한다. 익으면 쳇다리로 걸러
매번 3홉을 복용한다.

지황, 구기, 오가피, 생강, 위유[88], 황정[89], 백출 등으로 여러 약주를 다
시 만들고자 하면 모두 이 방법에 준한다.

가을과 여름에는 밥을 반드시 차게 식혀 넣고, 봄과 겨울에는 조금
따뜻하게 한다. 계절을 살펴서 만든다. 9월 말이나 3월 전이 적합

---

86 순주(醇酒): 다른 재료가 전혀 들어가지 않은 좋은 술. 무회주(無灰酒)라고도 함.
87 천문동(天門冬): 천문동의 덩이뿌리. 天冬이라고도 함.
88 위유(萎蕤): 둥굴레의 땅 속 줄기. 미삼(尾蔘)이라고도 함.
89 황정(黃精): 황정의 뿌리줄기. 태양초(太陽草), 백급(白及), 산강(山薑) 등이라고도 함.

하다.

또 하나의 방법은 천문동 30근을 취하여 찧어 분쇄해서 끓여 즙을 취한 다음 보통 법대로 술을 만들어 조금씩 조금씩 마신다. 찌꺼기를 가루로 만들어 복용하면 더욱 좋다.

침출주가 아닌 양주해서 만든 약용약주이다. 〈표 7〉과 같이 요약된다.

[표 7] 천문동주 만드는 법(《거가필용》)

주재료	찹쌀 5되로 지은 밥
부재료	천문동 달인 즙 5되 누룩가루 1되
천문동주 만들기	주재료에 부재료를 합한다
숙성 기간	여름 7일, 봄과 겨울 10일
양주법	단양주법
술의 성격	양조주인 약용약주
복용 방법	매번 3홉 복용

(7) 세 번에 걸쳐서 넣어 빚은 구기오가피주[枸杞五加皮三骰酒]

牛膝

五加根莖　丹參　枸杞根

忍冬　松節　枳殼枝葉

右件各切一大斗°以水三大石於大釜中煮°取六大斗去滓澄清水°準凡

水數°浸麴°即用米五大斗炊飯熟訖°取生地黃細切【一斗】搗如泥和下°

第二骰用米【五斗】炊飯°取牛蒡根細切【二斗】搗如泥°和飯下消訖°第三
骰用米【二斗】炊飯°取大秋麻子【一斗】熬搗令極細°和飯下之°候稍冷熱
一依常法°候酒味好即去糟°飲之°如酒冷不發°即更以少麵末骰之°若
味苦薄°更炊二三斗米骰之°若飯乾不發°取諸藥等分°量多少煎汁熱骰
之°候熟去糟量性飲之°多少常令有酒氣°老少男女皆可服°亦無所忌°已
上三骰酒°去風勞氣冷°令人肥健°走及犇馬

우슬[90], 오가피의 뿌리와 줄기, 단삼,[91] 구기자뿌리[92], 인동[93], 송절[94],
지각[95]의 가지와 잎.

이상의 재료를 각각 큰 말로 1말씩 썰어서 커다란 솥에 담아 큰 섬으
로 3섬의 물을 넣고 끓인다. 찌꺼기를 버리고 가라앉힌 맑은 물을 큰
말로 6말을 취한다. 물 6말의 양을 기준으로 한 누룩을 넣는다. 바로
큰 말로 5말의 쌀로 밥을 지어 익힌 다음 (위의 누룩을 합한 달인 물 6말
을 넣고) 잘게 썬 생지황[96] 1말을 짓찧어 진흙처럼 만들어서 화합한다
(밑술).

두번째, 쌀 5말로 밥을 짓는다. 우방근[97] 2말을 잘게 썰어 짓찧어 진흙
처럼 만들어서 밥에 넣어 섞어서 밑술에 화합한다(1차 덧술).

---

90 우슬(牛膝): 쇠무릎, 우슬의 뿌리.
91 단삼(丹蔘): 단삼의 뿌리.
92 구기근(枸杞根): 지골피(地骨皮)라고도 함. 구기자나무의 뿌리껍질.
93 인동(忍冬): 인동등(忍冬藤)이라고도 함. 인동의 줄기와 잎.
94 송절(松節): 소나무과 식물의 관솔.
95 지각(枳殼): 탱자나무의 막 익으려는 열매. 지각(只殼)이라고도 함.
96 생지황(生地黃): 지황의 근경.
97 우방근(牛蒡根): 우엉의 뿌리.

세번째, 쌀 2말로 밥을 지어, 볶아서 아주 곱게 찧은 대추마자[98] 1말을 넣어 섞어 (1차 덧술)에 화합한다(2차 덧술).

차고 뜨거운 것을 살펴 기다리는 것은 보통 법과 같다. 술맛이 좋아지면 곧 술지게미를 없애고 마신다.

날이 추워 술이 발효가 안되면 다시 소량의 누룩가루를 넣는다. 만약 맛이 쓰고 싱거우면 다시 2~3말의 쌀로 밥을 지어 넣는다. 만약 밥이 건조하면 발효되지 않으므로 여러 약을 등분하여 적당한 양을 취해서 달인 뜨거운 즙을 넣는다. 익기를 기다렸다가 술지게미를 없앤다.

성품을 헤아려 마시는데, 양은 항상 술기운이 있을 정도로 한다. 남녀

[표 8] 구기오가피삼두주 만드는 방법(《거가필용》)

밑술	주재료	5말의 쌀로 지은 밥에 생지황 1말을 짓찧어 합한다
	부재료	○ 우슬, 오가피, 단삼, 지골피, 인동, 송절, 지각 각각 1말에 3섬의 물을 합하여 끓여서 취한 맑은 즙 6말 ○ 물 6말의 양으로 기준한 누룩
	밑술 만들기	주재료에 부재료를 합하여 골고루 섞어서 발효시킨다
1차 덧술	주재료	5말의 쌀로 지은 밥에 2말의 우엉을 짓찧어 합한다
	덧술하기	이미 만든 밑술에 주재료로 덧술 한다
2차 덧술	주재료	2말의 쌀로 지은 밥에 1말의 대추마자를 볶아서 짓찧어 합한다
	덧술하기	이미 만든 1차 덧술에 주재료로 덧술 한다
양주법		삼양주법
술의 성격과 효능		양조주인 고급 약용 약주, 풍로와 냉기제거 및 비건케함
복용 방법		항상 술기운이 있을 정도로 복용

---

98 대추마자(大秋麻子): 늦은 봄에 심은 대마(大麻)의 씨.

노소 모두 복용할 수 있다. 또 피해야 하는 것도 없다. 삼두주는 풍로⁹⁹
와 냉한 기를 제거하고, 사람으로 하여금 살찌고 튼튼하게 하며 말처
럼 뛸 수 있게 한다.

삼두주(三骰酒)란 삼양주(三釀酒)를 말한다. 한번의 밑술과 두 번의 덧
술을 하여 완성한 술이니, 삼양주하여 만든 고급 약용약주이다. 〈표
8〉과 같이 요약된다.

(8) 천태홍주 방문[天台紅酒方]

每糯米【一斗】°用紅麴【二升】°使酒麴【兩半或二兩】°亦可°洗米淨°用水
五升°糯米【一合】煎四五沸°放冷以浸米°寒月兩宿°暖月一宿°次日漉
米°炊十分熟°先用水洗紅麴令淨°用盆研°或搗細亦可°別用溫湯一升
發起麴°候放冷入酒麴°不用發°只搗細°拌令極勻°熟如麻餈狀°入缸中
用浸米汁拌°手劈極碎°不碎則易酸°如欲用水多則添些水°經二宿°後
一一翻°三宿可榨°或四五宿或以香°更看香氣如何°如天氣寒暖消詳
之°榨了再傾糟入缸內°別用糯米【一升】°碎者用三升°以水三升煮為粥°
拌前糟更釀一二宿°可榨和前酒飲°如欲留過年°則不可和°若更用水拌
糟浸作第三酒°亦可

---

99 풍로(風勞): 허로증(虛勞症)과 풍사(風邪)가 함께 있는 것.

찹쌀 1말 마다 홍국 2되를 쓴다. 술누룩은 2½냥 혹은 2냥도 좋다.

찹쌀을 깨끗이 씻는다. 물 5되를 사용하여 찹쌀 1홉을 4-5번 끓어오르도록 달인다. 이것을 차게 식혀서 찹쌀을 담근다. 겨울에는 2일 밤, 따뜻한 계절에는 1일 밤을 놓아둔다.

다음날 찹쌀을 건져서 (찹쌀 담갔던 물은 버리지 않는다) 충분히 익도록 밥을 짓는다.

홍국은 물로 깨끗이 씻어서 동이에 담아 갈거나 혹은 절구에 담아 곱게 찧는다.

따뜻한 물 1되에 찧은 홍국을 넣고 발효시킨다. 차게 식기를 기다렸다가 술누룩(밀로 만든 병국)을 넣는다. 술누룩은 발효시키지 않는다. 다만 곱게 빻아넣고 아주 골고루 섞어 합하여, 깨를 넣은 찰떡과 같은 모양으로 만들어서 숙성시킨 다음 항아리 속에 넣는다. 이것에 앞서의 찹쌀 담갔던 물을 붓고 손으로 으깨어서 아주 잘게 부순다. 잘게 부수지 않으면 쉽게 시어진다 (찹쌀밥을 합한다).

물을 많이 쓰고 싶으면 물을 조금 더 넣어서 2일 밤을 놓아둔 후 일일이 뒤집어 준다. 3일 밤이 지나면 쳇다리로 술을 거를 수 있다.

혹 4-5일 밤이 지나도 향기가 있으니, 향기가 어떠한지 날씨와 온도를 소상히 살펴서 거른다.

다시 항아리 속에 술지게미를 붓는다. 별도로 찹쌀 1되를 잘게 부신다. 부신 것 3되를 사용한다. 이것에 물 3되를 넣고 끓여 죽을 만들어서 술지게미에 합하여 1-2일 밤 숙성시킨다. 걸러서 앞의 술과 합하여 마실 수 있지만 해를 넘기도록 저장하고자 하면 합해서는 안된다.

술지게미에 물을 넣고 세번째 술을 만들어도 좋다.

찹쌀밥에 홍국과 밀누룩을 넣어 빚은 단양주이다. 〈표 9〉와 같이 요약된다.

[표 9]〉천태홍주 만드는 법(《거가필용》)

주재료	찹쌀 1홉에 물 5되를 넣고 끓여 식힌 것에 찹쌀 1말을 하룻동안 담갔다가 지은 밥
부재료	깨끗이 씻어 곱게 찧은 홍국 2되, 곱게 빻은 밀누룩 2냥
천태홍주 만들기	따뜻한 물 1되에 홍국을 넣어 발효시킨 것에 밀누룩을 합하여 찰떡 모양으로 만들어 숙성시킨 다음 쌀뜨물이 들어 있는 항아리 속에 넣고 잘게 부순 것에 찹쌀밥을 합한다
숙성 기간	5일
양주법	단양주

(9) 계명주(雞鳴酒)

歌括云°甘泉六椀米【三升】°做粥溫和麴【半斤】°三兩錫餳二兩酵°一抄
麥蘖要調勻°黃昏時候安排了°來朝便飮甕頭春
右先將糯米三升淨淘°水六升同下鍋煮成稠粥°夏攤冷°春秋溫°冬微
熱°麴酵麥蘖皆搗為細末°同錫餳下在粥內拌勻°冬五日°春秋三日°夏二
日成熟為好°酒矣
○又法：就此料內°加官桂胡椒良薑細辛甘草川烏炮°川芎丁香已上各
半錢碾為細末°和粥時同攪勻在內°其味尤妙°香美異常

가괄이 이르기를 "감천수 6사발에 쌀 3되를 합하여 죽을 만든다. 따뜻할 때 누룩 ½근을 섞고 3냥의 엿과 2냥의 부본[酵], 약간의 엿기름을 골고루 섞어서 (항아리에 담아) 해 질 무렵에 끝낸다. 알맞게 잘 놓아 두어 기다리면, 다음날 아침 바로 항아리에 들어있는 좋은 술을 마신 다" 하였다.

우선 찹쌀 3되를 깨끗이 일어 씻어서 물 6되와 합하여 냄비에 담아 끓여서 된 죽을 만든다. 여름에는 펼쳐서 차게 식히고, 봄 가을에는 따뜻하게, 겨울에는 약간 뜨겁게 한다. 누룩, 부본, 엿기름 모두 짓찧어 가루로 만들어서 엿과 함께 죽 속에 넣어 골고루 섞는다.

겨울은 5일, 봄과 가을에는 3일, 여름에는 2일이면 익어 좋은 술이 된다. 또 다른 법은 이들 재료에 관계, 후추, 양강[100], 세신, 감초, 천오포[101], 천궁, 정향 각각을 ½ 전씩 갈아 고운 가루로 만들어 죽에 합하여 골고루 섞는다. 그 맛은 더욱 묘하고 향미가 보통과는 다르다.

해질 무렵에 빚어 다음날 아침 닭이 울 때 쯤 마시는 술이라 하여 계명주라는 이름을 붙였다. 누룩과 부본(酵本, 삭힘) 및 엿기름을 발효 starter로 쓰는 단양주이다. 〈표 10〉과 같이 요약된다.

[표 10] 계명주 만드는 법(《거가필용》)

주재료	찹쌀 3되에 물 6되를 합하여 죽으로 만들어 식힌 것
부재료	누룩 ½근, 엿 3냥, 부본 2냥, 약간의 엿기름을 짓찧어 가루로 만든 것
계명주 만들기	주재료에 부재료를 합하여 골고루 섞는다
양주법	단양주

---

100 양강(良薑): 고량강(高良薑)의 땅 속 줄기.
101 천오포(川烏炮): 炮란 한약 제조 방법의 한 가지로, 물에 불린 약재를 높은 온도에서 볶은 것. 천오포는 천오를 불려 볶은 것.

(10) 만전향주 누룩 방문[滿殿香酒麴方]

白麵【一百斤】　糯米粉【五斤】

木香【半兩】　白朮【十兩】

白檀【五兩】　甜瓜【一百箇香熟去皮子取汁】

縮砂　甘草　藿香【各五兩】

白芷　丁香　蓮花【二百朶去蓮取汁】

廣苓苓香【各二兩半】

右件九味碾為細末°入麵粉內°用蓮花瓜汁和°勻踏作片°紙袋盛掛通風
處°七七日可用°每米一斗用麴一斤°夏月閉甕°冬月待微發作糯米餹粥
一椀°溫時投之°謂之搭甜

밀가루 100근, 찹쌀가루 5근, 목향 ½냥, 백출 10냥, 백단 5냥, 참
외 100개의 껍질과 씨를 제거한 다음 취한 즙, 축사 5냥, 감초 5냥,
곽향 5냥, 백지[102], 정향[103], 연밥을 없앤 연꽃 200떨기의 즙, 광영
령향 각각 2½냥,

위의 재료에서 (목향, 백출, 백단, 축사, 감초, 곽향[104], 백지, 정향, 광영령향
[105])의 9가지를 갈아 고운 가루로 만든다. 이것에 밀가루와 찹쌀가루
합한 것을 넣고 참외즙과 연꽃즙으로 반죽한다. 밟아 편으로 만들어

---

102 백지(白芷): 구릿대, 항백지(杭白芷), 운남우방풍(雲南牛防風)의 뿌리.
103 정향(丁香): 정향의 꽃봉오리.
104 곽향(藿香): 꿀풀과에 속하는 광곽향(廣藿香)의 전초(全草).
105 영령향(苓苓香): 향이 강한 훈초의 하나. 양생약의 하나로 쓰임.

종이주머니에 담아 바람이 잘 통하는 곳에 걸어둔다. 49일 후에 쓸 수 있다.

쌀 1말마다 누룩 1근을 쓴다.

여름에는 항아리를 밀폐한다. 겨울에 조금 발효하기를 기다렸다가 따뜻한 묽은 찹쌀죽 1사발 넣는 것을 말하기를 탑첨(搭甜)[106]이라고 한다.

만전향주를 위한 누룩 만드는 방법은 〈표 11〉과 같이 요약된다.

[표 11] 만전향주 누룩 만드는 법(《거가필용》)

주재료	밀가루 100근, 찹쌀가루 5근
부재료	목향 ½냥, 백출 10냥, 백단 5냥, 축사 5냥, 감초 5냥, 곽향 5냥, 백지, 정향, 광영령향 2½냥을 곱게 가루로 만든다
반죽액	100개의 참외즙에 200떨기의 연꽃즙을 합한 액
누룩 만들기	(주재료+부재료+반죽액)을 합하여 고르게 섞어 디뎌 밟아 편으로 만든다
발효기간	종이주머니에 담아 바람이 잘 통하는 곳에서 49일 동안 발효와 숙성
누룩사용량	쌀 1말에 누룩 1근

(11) 밀온투병향(蜜醞透瓶香)

用蜜【二斤半】°以水一斗°慢火熬及百沸°雞翎掠去沫°再熬沫盡為度°官桂胡椒良薑紅豆縮砂仁°已上各等分°碾細為末°右將熬下蜜水依四時

---

106 탑첨(搭甜): 搭은 태울 '탑[㗌]'이고, 甜은 달 '첨'이니 탑첨은 단 것을 넣는다로 해석됨.

下之°先下前藥末【八錢】°次下乾麯末【四兩】°後下蜜水°用油紙封°箬葉
七重密°冬二十日°春秋十日°夏七日熟

꿀 2½근을 물 1말에 합하여 뭉근한 불에서 펄펄 끓인다. 닭깃털로 거품을 거두어 버리면서 거품이 없어질 때까지 끓인다.

관계[107], 후추, 양강, 홍두(팥), 축사인 이상을 각각 등분하여 갈아서, 고운 가루로 만든 다음 끓인 꿀물에 넣는데 사계절에 따라 넣는다. 먼저 앞의 약가루 8전을 넣고 마른 누룩가루 4냥을 넣은 다음 꿀물을 넣는다. 기름종이로 봉하고 죽순 잎으로 7겹 밀봉한다.

겨울에는 20일, 봄과 가을에는 10일, 여름에는 7일이면 익는다.

밀온투병향이란 alcohol 도수가 낮은 꿀로 빚은 단양주 밀주(蜜酒)이다. 〈표 12〉와 같이 요약된다.

[표 12] 밀온투병향 만드는 법(《거가필용》)

주재료	꿀2½근에 물 1말을 합하여 거품이 없어질 때까지 끓인 것
부재료	관계, 후추, 양강, 홍두, 축사인을 같은 양으로 마련하여 곱게 간 가루 8전과 마른 밀누룩 가루 4냥
밀주 만들기	약재 8전에 누룩가루 4냥을 합한 다음 주재료인 꿀물에 넣는다
숙성기간	여름 7일, 봄과 가을 10일, 겨울 20일
양주법	단양주

---

107 관계(官桂): 품질이 썩 좋은 계피.

(12) 국화주 만드는 방법[菊花酒法]

以九月菊花盛開時°揀黃菊嗅之香嘗之甘者°摘下曬乾°每淸酒【一斗】用
菊花頭【二兩】°生絹袋盛之懸於酒面上約離一指高°密封甁口°經宿去
花袋°其味有菊花香°又甘美°如木香臘梅花一切有香之花依此法爲之°
盖酒性與茶性同°能逐諸香而自變

9월에 국화꽃이 흐드러지게 필 때 황국 중에 냄새가 향기롭고 맛이
단 것을 가려 따서 햇볕에 말린다.

청주 1말마다 국화송이 2냥을 쓴다. 생견주머니에 국화를 넣어 술 표
면에서 약손가락 하나 높이 정도로 떨어지도록 매단다. 병 주둥이를
단단히 봉한다. 하룻밤 지난 다음 꽃주머니를 없앤다. 술맛에 국화향
이 스며들고 또 감미가 있다.

목향, 납매화[108] 같은 꽃 모두도 향기로운 꽃이다. 이 방법에 따라 술
을 담근다. 대개 술의 성질은 차의 성질과 같으므로 모든 향기를 쫓아
스스로 변한다.

[표 13] 국화주 만드는 법(《거가필용》)

주재료	청주 1말
부재료	생견주머니에 넣어 담은 말린 국화송이 2냥
국화주 만들기	술표면에서 부재료를 약손가락 하나 높이 정도로 떨어지도록 매단다
술의 성격	입화향주(入花香酒)

---

108 납매화(臘梅花): 음력 12월에 피는 매화.

술에 국화꽃 향기를 스며들게 만든 입화향주(入花香酒)이다. 〈표 13〉
과 같이 요약된다.

(13) 시고 싱거운 술을 맛있는 술로 만드는 약재 법[治酸薄酒作好酒法]

官桂　白茯苓【去皮】

陳皮　白芷　縮砂

良薑【各一兩】甘草【五錢】　白檀【五錢】

沉香【少許】

右用生絹袋一箇°盛前藥味在內°用甜水五大升煮十沸°將絹袋藥取出°
蜜六兩°熬去蠟滓°入前藥汁內滾二三沸°又用好油【四兩】°熬令香熟入
前藥汁內°再滾二三沸°磁器盛之°量酒多少入藥嘗之

관계, 껍질을 제거한 백복령, 진피[109], 백지, 축사, 양강 각각 1냥, 감초 5
전, 백단[110] 5전, 침향[111] 약간.

이상의 약재를 생견주머니 1개에 넣는다. 큰 되로 5되의 단물에 생견
주머니를 담아 10번 정도 끓인 다음 약재가 들어 있는 견주머니를 꺼
낸다. 꿀 6냥을 달여 밀랍 찌꺼기를 없애고 앞서의 약즙 속에 넣고 2-3
번 끓인다.

---

109 진피(陳皮): 귤, 귤나무, 당귤나무의 성숙한 열매의 껍질.
110 백단(白檀): 백단의 목질 심재.
111 침향(沈香): 백목향(白木香), 침향(沈香)의 나무진을 함유한 나무 속.

또 좋은 기름 4냥을 향기가 나도록 달여서 앞의 약즙에 넣는다. 다시 2-3번 끓여 자기에 담는다(술약).

술의 많고 적음에 따라 술약을 넣는다. 맛을 본다.

술맛을 고치는 일종의 술약 만드는 법이다.

(14) 남번소주 만드는 법[南番燒酒法]. 번명은 아리걸[番名阿里乞]

右件不拘酸甜淡薄一切味不正之酒°裝八分一瓶上斜放一空瓶°二口相對°先於空瓶邊穴一竅°安以竹管作嘴°下再安一空瓶°其口盛住上竹嘴子°向二瓶口邊°以白磁椀楪片°遮掩令密°或瓦片亦可°以紙筋搗石灰厚封四指°入新大缸內坐定°以紙灰實滿°灰內埋燒熟°硬木炭火二三斤許下於瓶邊°令瓶內酒沸°其汗騰上空瓶中°就空瓶中竹管內却溜下所盛空瓶內°其色甚白°與清水無異°酸者味辛°甜澹者味甘°可得三分之一好酒°此法臘煮等酒皆可燒

시고 달고 싱거운, 맛이 좋지 않은 술 모두는 소주가 가능하다. 1개의 병에 80% 정도 술을 담아 위를 기울이고, 또 다른 빈병 1개를 입이 마주하도록 놓는다.

먼저 빈병 주변에 구멍 1개를 뚫어서 죽관으로 주둥이를 만들어 설치한다. 그 밑에 다시 1개의 빈병을 두어 빈병 입에 위의 대나무주둥이가 들어가게 한다. 맞붙인 2개 병의 입 주변을 백자사발 조각으로 빽빽하게 막아 차단한다. 혹은 기와조각으로도 가능하다. 그런 다음 종이〔紙筋〕와 빻은 석회가루로 4손가락 정도의 두께로 두텁게 밀봉한다.

(이것을) 커다란 새 항아리 안에 집어넣어 좌정시키고 종이 태운 재를 가득 채운다.

재 속에 뻘건 숯을 묻고 단단한 나무로 만든 숯불 2~3근을 병 주변 아래에 놓고 병 속의 술을 끓인다. 술 증기〔汗〕가 위의 빈병 속으로 올라가서 빈병의 죽관 속으로 따라 아래에 떨어져 빈병 속을 채운다. 그 색은 심히 깨끗해서 맑은 물과 같다. 신술은 매운 맛을 내고, 단맛이 덜한 술은 단맛이 나게 된다. ⅓양의 좋은 술을 얻을 수 있다. 이 방법으로 납자(臘煮) 등의 술 모두 다 소주가 가능하다.

당시의 소주 원료는 품질이 좋지 않은 술 모두가 대상이었던 것 같다. 시고 달고 싱거운 일체의 맛없는 술로 소주가 가능한 것에 중점을 두고 이들로 소주 내리는 방법을 적고 있다.

(15) 백주 누룩 방문[白酒麴方]

當歸　縮砂　木香
藿香　苓苓香　川椒
白朮【已上各一兩】官桂【三兩】　檀香
白芷　吳茱萸　甘草【各一兩】
杏仁【一兩別研為泥】
右件藥味並為細末°用白糯米【一斗】淘洗極淨°舂為細粉°入前藥和勻°

用青辣蓼°取自然汁搜拌°乾濕得所°搗六七百杵°圓如雞子大°中心捺一竅°以白藥為衣稈草去葉°覘天氣寒暖°盖閉一二日°有青白醭°將草換了°用新草盖°有全醭°將草去訖°七日聚作一處°逐旋散開°斟酌發乾°三七日°用筐盛頓懸掛°日曝夜露°每糯米【一斗】°七兩五錢重°蘇濕破者不用

당귀, 축사, 목향, 곽향, 영령향, 천초, 백출 각각 1냥, 관계 3냥, 단향, 백지, 오수유[112], 감초 각각 1냥, 진흙처럼 간 행인 1냥, 이상의 약재 모두를 고운 가루로 만든다.

흰 찹쌀 1말을 극히 깨끗이 씻어 일어 절구에 담아 빻아 고운 가루로 만든다. 이것에 앞의 약재를 넣고 골고루 화합한 다음 푸른 날료[113] 즙을 취하여 마르지도 질지도 않게 반죽한다. 600-700번 절구에 담아 찧어 계란 크기의 둥근 모양으로 만든다. 가운데를 눌러 1개의 구멍을 만들어서 백약[114]으로 옷을 입힌다.

잎을 제거한 볏짚으로 날씨와 온도를 봐가면서 1-2일 덮는다. 청백의 곰팡이가 생기면 새 볏짚으로 바꾸어 덮는다. 전체에 곰팡이가 생기면 볏짚을 제거하고 7일 동안 한 곳에 모아 무더기를 만들었다가 흩트려 펼쳐 놓는다.

발효와 마른 정도를 짐작하여 21일 만에 광주리에 담아 매단다. 낮에는 햇볕을 쪼이고 밤에는 이슬을 맞힌다.

---

112 오수유(吳茱萸): 오수유의 열매.
113 날료(辣蓼): 여뀌풀.
114 백약(白藥): 백약자(白藥子), 또는 백약전(白藥煎).

찹쌀 1말마다 7냥 5전 중을 달아 쓴다.

습기가 차 깨진 것은 사용하지 않는다.

백주를 위한 누룩 만드는 방법은 〈표 14〉와 같이 요약된다.

[표 14] 백주 누룩 만드는 법(《거가필용》)

주재료	1말의 찹쌀로 만든 가루
부재료	당귀, 축사, 목향, 곽향, 영령향, 천호, 백출, 단향, 백지, 오수유, 감초, 곱게 간 행인, 각각 1냥과 관계 3냥으로 만든 가루
반죽액	여뀌풀즙
누룩 만들기와 발효기간	주재료에 부재료와 반죽액을 합하여 반죽한후 계란 크기로 빚어 가운데에 구멍을 낸 다음 백약으로 옷을 입히고 볏짚으로 덮는다. 대략 30일 동안 곰팡이가 생기도록 한다.
숙성기간	광주리에 담아 매달아 두는데 낮에는 햇볕에 두고 밤에는 이슬을 맞힌다
누룩사용량	찹쌀 1말에 누룩 7냥 5전

(16) 술 빚는 방법[釀法]

新白糯米漿浸°陳糯米水浸一宿淘°以水淸爲度°燒滾°鍋甑內氣上°漸次裝米蒸熟°不可大軟°但如硬飯°取勻熟而已°飯熟就炊蕐舁下傾入竹䈰差內°下面以水桶盛之°栈定以新汲水澆°看天氣°夏極冷°冬放溫°澆畢以麴先糝甕中°如飯五斗°先用二斗麴末°同拌極勻°次下米與麴拌勻°中心撥開見甕底°周圍按實°待隔宿有漿來約一椀°則用小杓澆於四圍°如漿未來°須待漿來而後澆°要辣則隨水下°欲甜更隔一宿°下水°每米【一石】°可下水六七斗°如此則酒味佳°天寒覆盖稍厚°夏四日°冬七

전통주 인문학

日°熟在甕時有漿來即澆°不限遍數°用小杓舀起漿°在四邊澆潑°下水
了不須澆

하얀 햇찹쌀을 장(漿)¹¹⁵에 담근다.

묵은 찹쌀을 하룻밤 물에 담갔다가 물이 맑아지도록 씻는다. 솥의 물
을 끓여 김이 점차 시루 안으로 오르면 쌀을 올려 익도록 찌는데, 무르
게 찌면 안 된다. 단지 고두밥 정도로 골고루 익도록 찐다. 밥이 익으면
불 때기를 끝내고 마주 들어 내려서 대광주리에 붓는다.

대광주리 아랫 면을 물통에 담고 널빤지로 고정한다. 새로 길어온 물
을 물통에 따르는데 날씨를 봐서 여름에는 극히 차게 겨울에는 따뜻하
게 한다 (밥을 식히기 위함이다).

마치면 밀가루를 먼저 (장액이 들어 있는) 항아리 안에 섞는다. 식힌 찐
밥 5말에 먼저 2말에 해당하는 누룩가루를 합하여 넣고 아주 골고루
섞는다. 그런 다음 (항아리를) 내려서 한 가운데를 덜어 열어젖혀 항아
리 바닥이 드러나도록 하고 주위를 단단히 눌러준다.

하룻밤 지나서 발효된 액[漿]이 오르면 대략 1사발 정도의 (발효액을)
작은 국자로 사방 둘레에 뿌린다. 발효된 액이 오르지 않으면 반드시
발효가 되어 오르기를 기다렸다가 뿌린다.

톡 쏘는 술맛이 되게 하려면 바로 물을 내린다. 단술이 되게 하려면 다
시 하룻밤 지난 다음 물을 내린다(用水法 참조). 찹쌀 1섬 당 물 6-7말

---

115 장(漿): 원래 漿은 좁쌀밥을 물에 넣어 삭힌 신맛의 음료를 가리키나, 여기에서는 다음에 나
오는 〈후장법〉의 장임.

을 내릴 수 있다. 이와 같이 하면 술맛이 좋다.

추우면 뚜껑을 조금 두껍게 덮는다. 여름에는 4일, 겨울에는 7일 만에 익는다. 독에서 오르는 발효된 액이 생길 때 횟수에 제한하지 말고 작은 국자를 사용하여 액[漿]을 나누어 떠서 네 곳의 가장자리에 뿌리고, 물 뿌리기를 끝내면 뿌릴 필요는 없다.

찹쌀을 재료료 하여 7일만에 익히는 단양주법이다. 〈표 15〉와 같이 요약된다.

[표 15] 양주법(《거가필용》)

주재료	찹쌀 고두밥 5말
부재료	밀가루, 2말의 누룩가루
술빚기	밀가루를 장액이 들어있는 항아리에 넣은 후 주재료에 누룩가루를 골고루 섞어 항아리에 담아 하룻밤 발효시킨다. 찹쌀 1섬당 물 6~7말 분량이 되게 물을 적량하여 내린다
발효기간	여름 4일, 겨울 7일

(17) 물 쓰는 법[用水法]

每造米【一石】°內留五升°用水八斗半°熬作稀粥°候冷°投入醅內°此即用水法也

쌀 1섬으로 술을 만들 때 마다 쌀 5되를 남긴다. 물 8½말에 5되의 쌀을 넣고 묽은 죽으로 만든다. 차게 식기를 기다렸다가 거르지 않은 술속에 넣는다. 이것이 즉 물 쓰는 법이다.

(18) 장(漿)이 되기를 기다리는 법[候漿法]

下了脚須至一伏時揭起˚於所盖薦外˚聽聞索索然有聲˚即是漿來了˚後
又隔兩日下水˚仍先將糟十字打開˚番過下水不攪˚仍舊作窩˚更待二三
日方可上榨

다 거른 찌꺼기는 반드시 하루 밤낮을 높이 올려 놓는다. 거적으로 덮
어둔 밖으로 '삭삭'하고 소리가 들리면 곧 이는 장(漿)이 온 것이다.
다시 2일이 지난 후 물을 내린다. 미리 술지게미를 十자로 벌려 놓고 번
갈아 물을 내린다. 뒤섞지 않는다. 이어서 예전에 만든 움집에 두고 다
시 2~3일 기다리면 거를 수 있다.

이상 주국류를 살펴보았다.

〈술 빚는 방법〉은 1117년 주익중(朱翼中)이 쓴 《북산주경(北山酒經)》
의 것을 인용하여 기술한 것이고, 〈장춘법주〉는 남송 말기의 권신인
가사도(賈似道) 집에서 만들어 마시던 방문이다. 《거가필용》에 나오
는 술의 양주 기간은 비교적 빠르다. 동양주는 24~25일, 천태홍주는
4~5일, 계명주는 2~5일, 일반 양주는 4~7일이다.

소주 제조방법에 대한 기술은 《거가필용》이 초출(初出)이다. 남번소
주(南蕃燒酒)라 했다. 이렇듯 남번[버마]이 붙은 것은 세조(世祖, 재위
1260-1294) 쿠빌라이가 버마를 정벌했을 때 가져온 것이라 하여 남번
소주라 했다는 설이 있다.

몽고어에서 아라비아어 arag를 그대로 써서 소주를 아라키[阿剌吉]

라 한다. Aristoteles(384-322 B.C)가 바닷물을 증류하여 음료로 삼았으므로, 술과 그 밖의 액체도 비슷한 방법으로 증류할 수 있지 않았을까 하는 설도 있다. 증류(蒸溜) 기술(技術)은 꽃향을 얻기 위하여 아라비아에서 실용화되었다는 것이 정설이다. 이것이 유럽으로 전해져 술 증류에 적용된 시기는 11~12세기 경이다. 처음에는 winegeist(酒精)라 불렀지만 alcohol이라고 이름 붙인 것은 15세기의 일이다.

술 증류법의 동쪽에로의 전파 경로는 정확히 알려져 있지 않다. 그러나 이슬람교도 상인에 의하여 전해진 것은 확실하다. 그들 무역선이 당(唐)과 송(宋) 시대 광동지방에 많이 왔다. 북송(北宋) 중기 전석(田錫)이 쓴《국본초(麴本草)》에 섬라(暹羅, Thailand) 소주를 소개한 바 있다.[116]

> 2번 증류한 것이 단향(檀香)이다. 향기를 내어 2~3년 땅 속에 묻어둔 것을 배로 가지고 오지만, 대단한 술꾼이라도 3~4잔으로 취한다(《국본초》).

이 기록에 근거한다면 북송 때의 소주는 수입품으로서, 두 번 고아내린 alcohol 도수가 매우 높은 술이었다.

그런데 이미 앞서 기술한 백낙천(白樂天, 772-846)의 시 "荔枝新熟鷄冠色 燒酒初開琥珀香"과 백낙천과 비슷한 시대에 옹도(雍陶)가 쓴 시

---

116 篠田統,《中國食物史》, 柴田書店, 1998, p154.

전통주 인문학

"自到成都燒酒熟 不思身更入長安 성도에 이르니 소주가 익는구나, 장안에 다시 돌아갈 생각이 없네"에 소주(燒酒)가 등장한다. 성도는 지금의 사천이다. 또 이조(李肇)가 지은《당국사보(唐國史補)》에는 "酒則有劍南之燒春 사천성에 소춘이 있다"라 하여 소춘(燒春)이 등장한다. 검남(劍南)은 사천성(四川省)이다.

소주(燒酒)이든 소춘(燒春)이든 그것이 불에 데운 술일까 증류주일까에 관해서는 논란이 많다. 옹도의 소주는 따뜻하게 데운 난주(暖酒)라고도 해석되기 때문에, 대체로 당(唐)의 술은 불에 데운 술일 가능성이 높다.

어쨌든 사천(四川)은 차 뿐 만 아니라 술로도 꽤 유명한 곳이었음은 틀림이 없다. 당대 초기 진자항(陳子昂)이 지은 시에 "촉국(蜀國)의 술이 순한데 무엇으로 손님을 위로할 것인가"가 있음에 비추어 당 시대 사천에 소주가 있었다는 말은 연구가 더 필요하다고 시노다 오사무(篠田統)는 지적하고 있다.[117]

원(元)이 고려를 정벌하고 나서 고려에 유입된 소주는 대유행하여 소주를 즐겨 마시는 무리들을 소주도(燒酒徒)라 부르기도 했다.

끝으로 1792년 위암수(魏嵒壽)가《고량주(高粱酒)》에서 기술한 소주 기원에 관한 또다른 가설을 소개한다.[118]

증류소주(蒸溜燒酒)는 기원전에 이미 알려져 있었고 아라길주(亞刺吉

---

117 篠田統,《中國食物史》, 柴田書店, 1998, p114.
118 이성우,《한국식품사회사》, 교문사, 1995, p215 내용을 인용.

酒, arrack)는 B.C 800년 인도에서 이미 만들고 있었다. 그리스의 철학자 Aristoteles는 바닷물을 증류하여 음료로 삼고, 술과 그밖의 액체도 비슷한 방법으로 증류할 수 있다고 한 것으로 보아 소주의 역사는 통설보다 훨씬 오래된 일이다.

그런데 인도의 아라길주가 원(元)대의 《음선정요(飮膳正要)》에서 말하는 아라길(阿剌吉)과 음이 같은 것으로 보아 소주는 인도에서 중국으로 건너간 것이 아닐까 한다. 실제로 한(漢), 진(晉), 수(隋), 당(唐)을 통하여 중국과 인도의 스님이 서로 오가고 하였으므로 소주 제조기술이 쉽게 중국에 도입될 수 있었을 것이다.

이런 것으로 미루어 증류주는 아무리 연대를 낮추더라도 당(唐)대에는 중국에서 이미 만들어지고 있었음을 확신한다.

10) 조제초법(造製醋法)

칠초법(七醋法), 삼황초법(三黃醋法), 소맥초법(小麥醋法), 맥황초법(麥黃醋法), 대맥초법(大麥醋法), 조초법(糟醋法), 당당초법(餳糖醋法), 천리초법(千里醋法), 부초법(麩醋法), 강초법(糠醋法), 수장초법(收藏醋法)의 11항목이 기술되어 있다.

이 중 칠초법, 삼황초법, 소맥초법, 대맥초법, 천리초법, 수장초법은 《산림경제》에서 인용하여 기술하였다.

(1) 소맥초법(小麥醋法)

陳倉米【一斗】°或糯米亦可°用水浸一宿°炊作飯°攤溫冷°麄麴【二十兩】°搗細°火焙乾°以紙襯地上出火氣°拌飯勻放淨甕內°入新汲水三斗°又拌勻°摺捺平°用紙兩三層密封甕口°勿見風°向南方安°候四十九日開°用小麥【二升炒焦】°投入甕內°少須取醋於鍋內煎沸°入瓶了°上用炒麥一撮°醋久不壞°取頭醋了°再用水一斗半°釀第二醋°旬日可取食之°第二醋了°又用水七升半°釀第三醋°更數日取食之°第三醋了°二三醋欲食°須用炒焦麥半升許入甕內搭色°猶可取第四醋°味尚如街市中賣者°此醋妙不可言°米醋熱者°盖謂炒米耳°此法用炊米°所以性平

묵은쌀 혹은 찹쌀 1말을 물에 담가 하룻밤 놓아둔다. 밥을 지어서 펼쳐 따뜻할 정도로 식힌다. 거친 누룩가루 20냥을 곱게 찧어서 볶아 말린 다음에 땅바닥에 종이를 깔고 누룩가루를 펼쳐 놓아 불기운을 없앤다. 밥과 누룩가루를 골고루 섞어서 깨끗한 항아리에 넣고, 새로 길어온 물 3말을 부어 고루 섞은 다음 돌아가며 눌러서 평평하게 한다. 2~3겹의 종이로 항아리주둥이를 밀봉하여 바람이 절대로 들어가지 않게 해서 양지바른 곳에 둔다.

49일 만에 밀 2되를 탈 정도로 볶아 항아리에 넣는다. 조금 있다가 초를 떠내어 냄비에 담아 끓여 병에 담고는 위의 볶은 밀 한 줌을 넣으면 오랫동안 초 맛이 변하지 않는다.

처음의 초를 다 떠내면 다시 물 1½말을 넣어서 두 번째 초를 빚는다. 10일이 지나면 꺼내서 먹을 수 있다.

두 번째 초를 다 떠내면 물 7½되로 세 번째 초를 빚는다. 몇 일이면 먹을 수 있다.

세 번째 초를 다 떠내고 2~3번째 초를 먹고자 하면 탈 정도로 볶은 밀 ½되를 독 안에 넣는데 색깔을 보아 가면서 넣는다. 색이 나면 네 번째 초를 뜰 수 있다. 맛이 시장에서 파는 것보다 좋다. 이 초의 묘함은 말할 수가 없다. 미초가 성질이 열(熱)한 것은 대개 쌀[119]을 볶았기 때문이라고 한다.

여기서의 만드는 방법은 지은 밥이 재료이기 때문에 성질이 평(平)하다.

(2) 맥황초법(麥黃醋法)

小麥不拘多少°淘淨°用淸水浸三日°漉出控乾蒸熟°於煖處攤開鋪放蘆席上°楮葉盖之°三五日黃衣上°去葉曬乾°簸淨入缸°用水拌勻°上面可留一拳水°封閉四十九日可熟

분량에 상관없이 밀을 깨끗이 씻어 맑은 물에 담갔다가 3일 만에 건져 내어 물기를 없앤 다음 찐다. 따뜻한 곳에 삿자리를 펴서 그 위에 헤쳐 놓고 닥나무잎으로 덮는다. 3~5일 사이에 누런 곰팡이가 생기면 닥나무잎을 제거하고 햇볕에 말린다. 바싹 마르면 깨끗하게 키질하여 항

---

119 원문은 米로 나오나, 간혹 밀로 해석하는 경우도 있다. 여기에서는 볶은 米로 만들지 않고 지은밥으로 만들어 성질이 平하다고 한 것으로 보아 쌀로 해석하는 것이 합당하다고 생각됨.

아리에 담아 물을 부어 골고루 섞는다. 주먹 하나가 올라올 만큼 물을 붓고 주둥이를 단단히 봉하면 49일이면 익는다.

위의 〈소맥초법〉은 언뜻 보면 밀로 만든 초로 볼 수 있지만 내용을 들여다보면 주재료는 쌀로서 미초(米醋)이다. 이 미초 제조방법이 김수(金綏, 1481~1552)가 지은 《수운잡방(需雲雜方)》에 나타난 미초와 어떻게 다른지 검토해 보자.

造高里醋法烏川家法
向陽處,平正石板先,中安捧不津缸坐,置水鍮盆陶盆各一注入,好麴五升高里五升納甕,以器盖之°
第三日,中米一斗一升,淨洗浸潤,初度乾熟蒸,持飯甑不歇氣納甕,靑布及紙堅封,又器盖之°經三七日用之,然一朔方熟尤好,甕面作袞厚覆待消盡用之°若欲造三盆,則水陶盆一,鍮盆二注入,好麴七升五合,高里七升五合納甕,第三日,中米一斗七升,如前法熟蒸納之°《需雲雜方》）

고리초 만드는 법, 오천집법
양지바른 곳에 먼저 편편하고 반듯한 돌을 놓고, 그 위 가운데에 물이 새지 않는 독을 올려놓는다. 독에 놋소라와 질소라로 각각 1동이씩의 물을 부어 넣고 누룩 5되와 고리(高里) 5되를 섞어 넣은 다음 뚜껑을 덮는다.
3일째 되는 날 중미 1말 1되를 깨끗이 씻어 물에 불렸다가 된 지에밥으로 쪄서 뜨거울 때에 시루채 들어 독에 부어 넣는다. 주둥이를 베와 종이로 단단히 봉하고 뚜껑을 덮었다가 21일이 지난 후에 쓴다. 그러나 1달이면 더 잘 익으므로 더욱 좋다. 다 먹어 없어질 때까지 이불로 독을 두껍게 싸둔다. 만약 3동이를 만든다면 물은 질소라로 1동이, 놋소라로 2동이를 붓고, 누룩 7½되를 넣어 빚는다. 3일째 되는 날 중미 1말 7되를 앞의 방법대로 쪄서 넣는다(《수운잡방》).

여기서 고리(高里)[120]란 중국의 맥황(麥黃)이다.
《수운잡방》에는 오천집에서 내려오는 고리 만드는 법도 소개하고 있다.

作高里法烏川家法
七八月眞麥任意多少淨洗熟蒸少則盛筒多則作架架上鋪千金木葉楮葉麻葉次鋪草席席上鋪蒸麥厚覆前件木葉過十日後出曝乾簸楊藏置趁時多作藏之(《需雲雜方》)

고리 만드는 법. 오천집법

많고 적고는 임의대로 하여 7~8월에 밀을 깨끗이 씻어서 쪄서 익힌다. 적은 양일 때에는 대고리에 담고, 많은 양일 때에는 시렁을 만들어서 시렁 위에 펼쳐 놓는다. 붉나무잎, 닥나무잎, 삼잎을 깔고 다음에

---

120 《林園十六志》〈仙醋方〉에서도 古里는 중국의 麥黃이라 하였음.
六月十五日將小麥淨洗浸七日熟蒸出鋪麻葉楮葉蔘葉厚覆蒸之七日取出陽乾用之俗呼古里按郎中國之麥黃也

초석을 깐 다음, 초석 위에 쪄낸 밀을 펼쳐 놓는다. 다시 이 위에 앞의 나뭇잎을 두껍게 덮는다. 10일이 지난 다음 꺼내어 강한 햇볕에 말려서 키질하여 저장한다. 때 맞추어 많이 만들어 저장한다(《수운잡방》).

그러니까 《거가필용》의 〈미초〉는 (찐밥+누룩+볶은밀)이 재료라면, 《수운잡방》의 〈고리초〉는 (찐밥+누룩+맥황)이다. 맥황이 찐밀에 황색 곰팡이가 생긴 것이니 〈고리초〉 쪽이 발효가 더 잘 될 수도 있다. 이 〈고리초〉는 조선왕실의 〈미초〉로 그대로 이어진다.[121] 그런데 《거가필용》에는 단순히 맥황만을 가지고 만드는 초제조법도 등장한다. 결론적으로 말하면 〈고리초〉는 《거가필용》의 〈소맥초법〉과 〈맥황초법〉의 제조방법을 결합시켜서 만든 초이다. 그러나 맥황제조법은 《제민요술》의 〈맥황〉과 그 맥을 같이 하기 때문에 그 뿌리는 《제민요술》에 있다고 볼 수 있다.

(3) 천리초법(千里醋法)

烏梅【去核一斤】許°以釅醋【五升】浸一伏時°曝乾再入醋浸°曝乾再浸°以醋盡為度°搗為末°以醋浸鉦餠和為丸如雞頭大°欲食投一二丸於湯中°即成好醋矣

오매 1근의 씨를 제거한 다음 독한 초 5되에 하루 밤낮 동안 담갔다가

---

121 《太常志》

햇볕에 말린다. 이렇게 하는 것을 초가 없어질 때까지 반복한다. 찧어서 가루로 만든다. 떡을 초에 담갔다가 가루와 화합하여 가시연밥 크기의 환(丸)을 만든다. 먹고자 할 때 1~2개의 환을 뜨거운 물속에 넣으면 좋은 초가 된다.

11) 제장류(諸醬類)

숙황장방(熟黃醬方), 생황장방(生黃醬方), 소두장방(小豆醬方), 면장방(麵醬方), 완두장방(菀豆醬方), 유인장방(楡仁醬方), 대맥장방(大麥醬方), 육장법(肉醬法), 녹해법(鹿醢法), 장법(醬法), 치장옹생저법(治醬甕生蛆法)의 11항목이 기술되어 있다.

장법은 장을 만들 때 사용하는 소금 정제법이고, 치장옹생저법은 벌레가 생겼을 때 벌레 죽이는 약 초오(草烏, 바꽃부리)를 넣는 방법이다.

이 중 숙황장방, 생황장방, 면장방, 대맥장방, 유인장방, 육장법은 《산림경제》에서 인용하여 기술하였다.

(1) 생황장방(生黃醬方)

三伏中不拘黃黑豆°揀淨水浸一宿漉出°入鍋煮令熟爛°取出攤令極冷°多用白麵拌勻°攤在蘆席上°用麥稭蒼耳葉盒°一日發熱°二日作黃衣°三日後番轉°烈日曬乾°愈曬愈好°秤黃子一斤°用塩四兩為率°汲井花水

下°水高黃子一拳°曬不犯生水°麵多好醬黃°曬多好醬味

삼복중에 노란콩이든 검은콩이든 깨끗한 것을 골라 하룻밤 물에 담가둔다. 건져내어 솥에 넣고 문드러지도록 삶아 익힌다. 꺼내어 펼쳐 아주 차게 식힌다. 많은 밀가루를 사용하여 골고루 섞어서 갈대자리 위에 펼쳐 놓고 밀짚과 창이잎을 사용하여 덮는다. 1일 만에 열이 나고 2일에는 황의(누런 곰팡이)가 생긴다. 3일 후에는 뒤집어 준다. 뜨거운 햇볕에서 말리는데 햇볕에 오래 쪼일수록 좋다.

황자(황의가 생긴 누룩) 1근 당 소금 4냥의 비율로 하여 넣고 길어온 정화수를 황자보다 1주먹 높게 붓는다.

햇볕에 쪼이는 동안 날 물이 들어가서는 안 된다. 밀가루가 많으면 장누룩이 좋고 햇볕을 오래 쪼이면 장맛이 좋아진다.

우리가 만들어 먹는 장이 100% 삶은 대두콩을 재료로 하여 발효시켜 만든 것이라면 생황장은 삶은 대두 콩에 밀가루를 합하여 발효시킨 장이라는 점에서 우리의 장과 다르다. 우리는 그동안 메주라는 병국

[표 16] 생황장 만드는 법(《거가필용》)

주재료	대두콩을 문드러지게 삶아 익혀서 차게 식힌 것
부재료	밀가루
누룩 만들기	주재료와 부재료를 합하여 골고루 섞어서 갈대자리 위에 펼쳐놓고 밀짚으로 덮는다. 3일 동안 숙성 발효시켜 햇볕에 말린다.
생황장 만들기	누룩 1근 당 소금 4냥의 비율로 하여 물을 합해서 햇볕에 쪼인다.
누룩 형태	산국

에 친숙해 있기 때문에 우리의 된장 누룩도 병국으로 생각하기 쉬우나 조선 전기까지만 해도 병국보다는 산국이 더 많았다. 〈생황장〉의 누룩 형태는 산국(흩임누룩)이다.

12) 제시류(諸豉類)

금산사두시법(金山寺豆豉法), 함두시법(鹹豆豉法), 담두시법(淡豆豉法), 성도부두시법(成都府豆豉法), 부시법(麩豉法), 과시법(瓜豉法)의 6항목이 기술되어 있다. 시(豉)는 오늘날의 청국장류이다.

(1) 담두시법(淡豆豉法)

大黑豆不拘多少°甑蒸香熟為度°取出攤置罘籮內°乘溫熱以架子每一層盛一罘籮°頓在不見風處°四圍上下用青草穰緊護之°如是數日取開°見豆子上生黃衣已遍°然後取出曬一日°次日溫湯漉洗°以紫蘇葉切碎拌和之°烈日中曝至十分乾°然後用磁罐收貯°密封固

검정 대두콩의 양은 구애받지 말고 향기가 무르익도록 찐다. 꺼내어 대바구니에 펼쳐 담는다. 뜨거울 때 시렁 1층 마다 콩 담은 대바구니를 놓아두는데 바람이 통하지 않게 한다. 사방 주위와 위 아래에 풀과 짚으로 단단히 막는다. 이렇게 며칠 지나고 나서 열면 콩 위에 황의가 두루 생기게 된다. 그러면 꺼내어 1일 동안 햇빛에 말린다. 다음날 따뜻한 물로 걸러 씻고 자소잎을 잘게 썰어서 골고루 합하여 뜨거운 햇빛에서 완전히 말린다. 그런 다음 자기단지에 담아 단단히 밀봉한다.

소금을 전혀 넣지 않고 만든 약용 청국장이다. 〈표 17〉과 같이 요약된다.

[표 17] 담두시법(《거가필용》)

주재료	찐 검정콩
부재료	자소잎
만드는 방법	찐 검정콩을 곰팡이가 생기도록 몇일 숙성시켜 햇빛에 말린 다음 걸러 씻어 잘게 썬 자소잎을 합하여 햇빛에 말린다.

13) 온조엄장일(醞造醃藏日)

7항목이 기술되어 있다. 장(醬), 술[酒], 누룩[麴], 초(醋) 등을 빚을 때 빚기 좋은 날과 꺼리는 날에 관한 것 등의 기록이다.

14) 소식(蔬食)

채소조리법이다.

채상법(菜鯗法), 식향과아(食香瓜児), 식향가아(食香茄児), 식향라복(食香蘿蔔), 증건채법(蒸乾菜法), 조과채법(糟瓜菜法), 조가아법(糟茄児法), 조

415

취강법(造脆薑法), 오미강방(五味薑方), 조강법(糟薑法), 초강법(醋薑法), 산가아법(蒜茄児法), 산황과법(蒜黃瓜法), 산동과법(蒜冬瓜法), 엄구화법(醃韭花法), 엄염구법(醃塩韭法), 호나복채(胡蘿蔔菜), 가와순법(假萵笋法), 호나복자(胡蘿蔔鮓), 교백자(茭白鮓), 조숙순자(造熟笋鮓), 조포순자(造蒲笋鮓), 우초자(藕稍鮓), 제채법(虀菜法), 상공제법(相公虀法), 개말가아(芥末茄児), 과제법(瓜虀法), 장과가법(醬瓜茄法), 수건약채법(收乾藥菜法), 쇄산대법(曬蒜臺法), 쇄등화법(曬藤花法), 쇄해국화(曬海菊花), 쇄순건법(曬笋乾法), 조홍화자법(造紅花子法), 조두아채(造豆芽菜)의 35항목이 기술되어 있다.

술지게미에 담근 것, 초절임한 것, 지(漬)류, 식해[鮓]류, 채소 건조방법, 숙주나물 등이다.

증건채법, 쇄산대법, 조숙순자, 조포순자, 우초자, 산가아법, 산황과법, 산동과법, 개말가아, 조두아채, 초강법, 조강법, 조가아법, 조과채법, 엄구화법, 엄염구법 등은《산림경제》에서 인용하여 기술하였다.

- 채상법(菜鰲法): 부추에 소금과 진피가루, 축사가루, 팥가루, 행인가루, 산초가루, 감초가루, 시라가루, 회향가루, 쌀가루를 합하여 절였다가 쪄낸 다음 콩가루 즙으로 옷을 입혀 참기름에 튀겨낸다. 식혀서 자기그릇에 담아 저장한다.
- 식향과아(食香瓜児): 채과(菜瓜, 오이 등)를 얇게 썰어 소금에 하룻밤 절였다가 살짝 데쳐낸 후 햇볕에 말린다. 이것에 초, 설탕, 생강채, 자소, 시라, 회향을 골고루 섞어 자기그릇에 담아 햇볕에 건조시켜 저장한다.

전통주 인문학

- 식향가아(食香茄児): 적당한 크기로 자른 어린가지를 끓는 물에 데쳐내어 베보자기로 물기를 짜서 하룻밤 소금에 절인다. 햇볕에 말린 후 생강채, 귤피채, 자소를 합하고, 끓여 달인 당(糖) 촛물을 뿌려 다시 햇볕에 말려서 저장한다.

- 식향라복(食香蘿蔔): 주사위 모양으로 썬 무를 하룻밤 소금에 절여 햇볕에 말린 후 생강채, 귤피채, 시라, 회향을 합한다. 끓인 초를 뿌려서 자기그릇에 담아 햇빛에 말려 저장한다.

- 증건채법(蒸乾菜法): 대충 말려서 끓는 물에 데쳐낸 채소를 햇볕에 말린다. 이것에 소금, 장, 시라, 산초, 사탕, 귤피를 합하여 끓여 익혀서 다시 햇볕에 말린 후 살짝 쪄서 저장한다. 먹을 때는 참기름과 초를 조금 쳐서 밥 위에 얹어 쪄 먹는다.

- 조과채법(糟瓜菜法): 물에 석회와 백반을 넣고 끓여 식힌다. 이 물에 채과를 하룻 동안 담갔다가 건져낸다. 이것에 술, 술지게미, 소금 합한 것을 섞어 10일 동안 절인다. 물기를 제거한 후 항아리에 담고 술지게미, 소금, 술을 다시 넣어 저장한다.

- 조가아법(糟茄児法): 끓는 물에 삶아 데쳐낸 어린 가지에 술지게미와 소금을 합하여 항아리에 담아 저장한다.

- 조취강법(造脆薑法): 껍질을 제거한 어린 생강에 감초, 백지, 훈초(薰草)를 조금 합하여 끓여 익힌다.

- 오미강방(五味薑方): 얇게 썬 어린 생강에 씨를 없앤 덜 익은 매실 다진 것, 볶은 소금을 합한다. 3일 동안 햇볕에 말린 다음 감송향, 감초, 단향가루를 넣고 섞는다. 다시 3일 동안 말렸다가 자기그릇에 담아 저장한다.

- 조강법(糟薑法): 깨끗이 닦은 어린 생강에 술, 술지게미, 소금, 설탕을 합하여 항아리에 담아 저장한다.
- 초강법(醋薑法): 볶은 소금으로 하룻밤 절인 생강에 촛물을 부어 저장한다.
- 산가아법(蒜茄兒法): 가지를 끓여 식힌 촛물에 담갔다가 물기를 말린다. 다진 마늘, 소금을 합하여 항아리에 담고 촛물을 합한다.
- 산황과법(蒜黃瓜法): 식초에 담갔다가 건져낸 오이에 다진 마늘, 소금을 합하여 항아리에 담고 촛물을 합한다.
- 산동과법(蒜冬瓜法): 껍질과 속을 제거하여 손가락 굵기로 썬 동아를 백반과 석회를 넣고 끓인물에 데쳐낸다. 물기를 없앤다음 다진 마늘과 소금을 섞어 자기그릇에 담고 좋은 초를 넣어 저장한다.
- 엄구화법(醃韭花法): 반쯤 씨가 맺힌 꽃받침을 제거한 부추꽃에, 소금을 합하여 찧어서 자기그릇에 담아 저장한다.
- 엄염구법(醃塩韭法): 서리 내리기 전의 굵은부추에 소금을 합하여 저장한다.
- 호나복채(胡蘿蔔菜): 편으로 썬 당근에 갓을 합하여 촛물에 데쳐낸다. 먹을 때 산초, 시라, 회향, 생강채, 귤피채, 소금을 넣고 버무려 먹는다.
- 가와순법(假萵笋法): 껍질을 제거한 봉선화줄기를 어슷어슷하게 썰어 말린다. 술지게미를 넣어 반나절 정도 재워 두었다가 먹는다.
- 호나복자(胡蘿蔔鮓): 편으로 썬 당근을 끓는 물에 데쳐내어 물기를 없앤다. 파채, 시라, 회향, 산초, 홍국을 갈아 소금과 함께 당근에 넣어 버무려 먹는다.
- 교백자(茭白鮓): 잘게 썬 교백(茭白, 菰芛)을 호나복자와 같이 만든다.

- 조숙순자(造熟笋鮓): 죽순을 익혀 호나복자와 같이 만든다.
- 조포순자(造蒲笋鮓): 부들의 어린줄기를 데쳐내어 말린 것에 생강채, 참기름, 귤피채, 홍국, 쌀밥, 산초, 회향, 파채를 합하여 하룻밤 동안 재워두었다가 먹는다.
- 우초자(藕稍鮓): 어린 연잎의 줄기를 데쳐내어 소금에 절여 물기를 없앤다. 파기름, 생강채, 귤피채, 시라, 회향, 쌀밥, 홍국을 합하여 곱게 간다. 이것을 연잎에 싸서 하룻밤 지나 먹는다.
- 제채법(虀菜法): 각종 채소에 소금을 넣고 끓인 물로 데쳐내어 항아리에 담는다. 생강과 합하여 항아리에 담아 익힌다.
- 상공제법(相公虀法): 납작하게 썰어 소금에 절인 무, 순무, 배추를 끓는 물에 데쳐내어 항아리에 담아 물을 부어 저장한다.
- 개말가아(芥末茄児): 기름을 두르고 가지를 볶아 겨자가루와 소금을 넣고 그릇에 담는다.
- 과제법(瓜虀法): 대꽂이에 꿴 참외에 소금을 넣고 절여 물기를 없애고 말린다. 장(醬)을 참외에 합하여 뒤집어 가면서 햇볕에 말려 저장한다.
- 장과가법(醬瓜茄法): 오이, 가지에 장과 소금을 합하여 7일 동안 절인다.
- 수건약채법(收乾藥菜法): 구기, 지황, 감국 등의 어린잎을 따서 소금물에 담갔다가 물기를 제거하고 햇볕에 말린다. 먹을 때 끓는 물에 삶아 내어 볶는다.
- 쇄산대법(曬蒜臺法): 마늘종을 끓인 소금물에 담갔다가 햇볕에 말려 저장하는데 먹을 때에는 뜨거운 물에 불려 부드럽게 하여 조미료를 넣고 먹는다.
- 쇄등화법(曬藤花法): 꽃받침을 제거한 등나무꽃에 소금물을 뿌려 섞은

후 쪄내어 햇볕에 말린다. 소식(素食)의 소나 일반 소로 사용한다.

- 쇄해국화(曬海菊花): 유채꽃을 데쳐내어 물기를 없애고 소금을 뿌려 햇볕에 말린다. 종이봉투에 담아 저장한다. 쓸 때는 뜨거운 물에 불려서 기름, 소금, 생강, 초를 합하여 먹는다.

- 쇄순건법(曬笋乾法): 껍질을 제거하여 썰은 죽순을 데쳐내어 햇볕에 말려 저장한다. 쓸 때는 쌀뜻물에 담갔다가 쓴다. 끓는 소금물에 담그면 〈함순법〉이다.

- 조홍화자법(造紅花子法): 찧은 홍화씨에 끓는 물을 넣고 즙을 빼내어 냄비에 담아 끓인 다음 초를 넣고 거른다. 소식(素食)에 먹는다.

- 조두아채(造豆芽菜): 녹두를 물에 불려 건져내어 물기를 말린다. 종이 위에 모아놓고 그릇으로 덮어서 하루에 2번 물을 끼얹으면 싹이 돋는다. 1치 길이 정도로 자라면 데쳐내어 생강, 초, 기름, 소금을 넣어 먹는다.

(1) 산가아법(蒜茄兒法)

深秋摘小茄兒擘去蒂揩淨°用常醋【一椀°】水一椀°合和煎微沸°將茄兒
焯過控乾°搗碎蒜并塩和令定°酸水拌勻°納磁罈中為度

늦가을에 작은가지를 따서 꼭지를 제거하여 깨끗이 씻는다. 일반 초 1사발에 물 1사발을 타서 살짝 끓인다. 이것에 가지를 푹 담갔다가 꺼내어 물기를 말려 없앤다. 찧은 마늘과 소금을 넣고 화합하여 식힌다. 자기 단지에 담을 정도로 촛물을 골고루 섞는다.

(2) 조포순자(造蒲笋鮓)

生者【一斤寸截】○沸湯焯過布裹壓乾○薑絲熟油橘絲紅麴粳米飯○花椒
茴香葱絲拌勻○入磁器一宿○可食

생포순 마디로 자른 것 1근을 끓는물에 데쳐내어 베주머니에 담아 눌러서 물기를 없앤다. 이것에 생강채, 끓여낸 기름, 귤피채, 홍국, 멥쌀밥, 산초, 회향, 파채를 골고루 섞어 자기그릇에 담는다. 하룻밤 지나면 먹을 수 있다.

자(鮓)는 식해이나 여기에서는 야채와 양념을 합하여 버무린 일종의 겉절이의 성격이 짙다. 호나복자는 데쳐낸 당근에 파채, 산초, 시라, 회향, 홍국, 소금을 넣고 버무린 것이고, 조포순자는 데쳐낸 포순에 생강, 기름, 귤피, 홍국 등의 다양한 양념을 넣고 버무린 것이다.

15) 엄장육품(醃藏肉品)

강주악부납육법(江州岳府獵肉法), 무주납저법(婺州臘豬法), 엄저설(醃豬舌), 사시납육(四時臘肉), 포법(脯法), 양홍간(羊紅肝), 양록장등육(羊鹿獐等肉), 양우등육(羊牛等肉), 우석록수(牛腊鹿脩), 엄록포(醃鹿脯), 엄록미(醃鹿尾), 엄아안등(醃鵝雁等), 하월수육불괴(夏月收肉不壞), 하월수숙육(夏月收熟肉), 하월자육정구(夏月煮肉停久), 하월수생육(夏月收生肉), 엄함압란(醃鹹鴨卵)의 17항목이 기술되어 있다.

소, 양, 돼지, 사슴, 노루, 거위, 기러기 등으로 만든 포, 육류 소금절임, 훈제 외에 오리알소금절임 등 보존식품을 만들기 위한 것들이고, 생고기 또는 익힌고기의 여름철 보존방법 등을 기술하였다.

엄녹미, 엄함압란 등은《산림경제》에서 인용하여 기술하였다.

• 강주악부납육법(江州岳府獵肉法): 강주 악부에서 만드는, 납월(음력 12월) 전에 돼지고기 절이는 법이다. 납월 전 10일에 소금, 술지게미 등으로 돼지고기를 절여 20일 정도 숙성시켰다가 종이에 싸서 재에 묻어 서늘한 곳에 보관한다.

• 무주납저법(婺州臘豬法): 무주에서의 만드는 방법이다. 소금, 술, 참기름 등을 돼지고기에 발라 훈증한 다음 술지게미를 발라 10일 동안 절였다가 꺼내 다시 훈증한다.

• 엄저설(醃豬舌): 돼지혀에 소금, 산초, 시라, 회향, 총백으로 절여 매달아 말린다.

• 사시납육(四時臘肉): 돼지고기를 사계절에 절이되, 납월 중에 고기절인 즙을 사용하여 납육맛이 나게 만드는 법이다.

• 포법(脯法): 돼지, 양, 소고기를 재료로 하여 육포 만드는 법이다.

• 양홍간(羊紅肝): 양고기를 소금과 술지게미로 절여 훈제하는 방법이다.

• 양록장등육(羊鹿獐等肉): 양, 사슴, 노루고기를 소금, 술, 초에 절였다가 말리는 포 만드는 법이다.

• 양우등육(羊牛等肉): 양, 소고기를 소금, 술, 초에 절였다가 말린 후 훈

제하는 법이다.

- 우석록수(牛腊鹿脩): 소와 사슴고기에 소금, 산초, 파채, 술을 넣고 재웠다가 말리는 육포 만드는 법이다. 양고기와 돼지고기도 이와같이 한다 하였다.

- 엄록포(醃鹿脯): 사슴고기를 소금, 산초, 시라, 파채, 술에 재웠다가 말려 만든 포이다.

- 엄록미(醃鹿尾): 사슴꼬리에 소금, 무이를 넣고 재웠다가 햇볕에 말린다.

- 엄아안등(醃鵝雁等): 거위와 기러기를 쪼개어 펼쳐서 내장을 제거하여 소금, 산초, 회향, 시라, 진피를 넣고 재웠다가 햇볕에 말린다.

- 하월수육불괴(夏月收肉不壞): 여름철 고기가 상하지 않도록 햇볕에 말려 저장하는 법이다.

- 하월수숙육(夏月收熟肉): 여름철 고기에 소금, 진피, 회향, 산초, 술, 초, 장을 넣고 삶아 말려 저장하는 법이다.

- 하월자육정구(夏月煮肉停久): 여름철 고기에 고수, 초, 소금, 술, 산초를 넣고 삶아 저장하는 방법이다.

- 하월수생육(夏月收生肉): 여름철에 생고기 저장하는 방법이다.

- 엄함압란(醃鹹鴨卵): 오리알을 재와 소금에 절여 저장하는 방법이다.

(1) 양록장등육(羊鹿獐等肉)

作條或片去筋膜微帶脂°每斤用塩【一兩】°天氣煖加分半°醃半日°入酒【升半】醋【一盞】經兩宿°取出曬乾

고기를 길죽하게 혹은 편으로 잘라 근막을 제거하고 지방이 약간 붙어 있게 한다. 매 1근 당 소금 1냥을 사용한다. 날씨가 따뜻하면 반냥을 더 넣는다. 12시간 절이고 술 1½되와 초 1잔을 넣어 2일 밤 동안 재워둔다. 꺼내어 햇빛에 말린다.

(2) 하월수생육(夏月收生肉)

白麵搜和如捍餅麵劑°裏生肉作盞來大塊°油缸內浸´久留不壞°肉色如新°麵堪作餅食°麵用

밀가루를 반죽하여 밀어 면떡 형태로 만든다. 생고기를 반죽에 싸서 술잔 정도 크기로 덩어리를 만들어 기름 항아리 속에 담가두면 오래 지나도 상하지 않고 고기 색깔도 신선하다.
밀가루는 떡을 만들어 먹을 수 있어 밀가루를 쓴다.

(3) 엄함압란(醃鹹鴨卵)

不拘多少°洗淨控乾°用竈灰【篩細二分】塩【一分】拌勻°却將鴨卵於濃米飲湯中蘸濕°入灰塩滾過°收貯

오리알을 많던 적던 구애받지 말고 깨끗이 씻어 물기를 말린다. 고운 체로 친 아궁이 재 2푼과 소금 1푼을 골고루 합한다. 진한 미음탕 속에 담가 축축하게 만든 오리알을 소금을 합한 재 속에 넣고 굴려서 저장한다.

16) 엄장어품(醃藏魚品)

강주악부엄어법(江州岳府醃魚法), 법어(法魚), 홍어(紅魚), 어장(魚醬), 조어(糟魚), 주어포(酒魚脯), 주국어(酒麯魚), 주해(酒蟹), 장초해(醬醋蟹), 법해(法蟹), 조해(糟蟹), 장해(醬蟹)의 12항목이 기술되어 있다.

주어포, 조해, 주해, 장초해, 장해, 법해 등은《산림경제》에서 인용하여 기술하였다.

- 강주악부엄어법(江州岳府醃魚法): 강주에 있는 악부에서의 생선 절이는 법이다. 잉어에 볶은소금, 볶은회향, 시라, 파, 소금, 술지게미 합한 것을 발라 49일 동안 숙성시킨다.
- 법어(法魚): 깨끗이 씻어 물기를 말린 붕어의 배 속에 볶은 소금, 맥황가루, 신국가루, 산초, 시라, 마근, 홍국 합한 것을 채워 넣고 항아리에 담아 술을 부어 숙성시킨다.
- 홍어(紅魚): 소금에 절여 씻어서 말린 붕어에 볶은 소금, 홍국가루, 파채, 시라, 산초, 술을 합하여 항아리에 담아 절여 5일 정도 숙성시킨다.
- 어장(魚醬): 생선에 볶은 소금, 산초가루, 마근, 건강가루, 신국가루, 홍국, 파채, 술을 합하여 자기그릇에 담아 절여 숙성시킨다.
- 조어(糟魚): 소금에 절여 씻어 말린 생선에 소금, 술지게미를 합하여 절여 숙성시킨다.
- 주어포(酒魚脯): 씻어서 물기를 말린 잉어에 소금, 파, 시라, 산초, 생강채, 술을 합하여 절여 숙성시킨다.

- 주국어(酒麴魚): 손바닥 크기로 썬 생선에 소금, 신국가루, 산초, 파, 술을 합하여 절여 숙성시킨다.
- 주해(酒蟹): 커다란 게에 볶은 소금, 백반가루, 거르지 않은 좋은 술, 산초를 합하여 절여 숙성시킨다.
- 장초해(醬醋蟹): 커다란 암게에 소금, 초, 술, 참기름, 파기름, 유인장, 밀장, 회향, 산초가루, 생강채, 귤피채를 합하여 절여 15일 동안 숙성시킨다.
- 법해(法蟹): 커다란 게에 소금, 맥황가루, 누룩가루, 술을 합하여 절여 15일 동안 숙성시킨다.
- 조해(糟蟹): 암게에 술지게미, 소금, 초, 술을 합하여 절여 숙성시킨다.
- 장해(醬蟹): 암게에 소금, 법대로 담근 장, 산초가루, 술, 초를 합하여 절여 숙성시킨다.

(1) 어장(魚醬)

魚【每一斤】 塩【三兩炒】

椒末【一錢】 馬芹【一錢】

乾薑末【一錢】 神麴末【二錢】

紅麴【半兩】 葱絲【一握】

先將魚破切º以前件物料加好酒和匀入磁瓶

생선 1근 마다 볶은소금 3냥, 산초가루 1전, 마근 1전, 건강가루 1전, 신국가루 2전, 홍국 ½냥, 파채 1주먹을 준비한다.

먼저 생선을 썰어 분쇄하여 앞의 양념에 좋은 술을 더 넣고 골고루 화합하여 자기병에 담는다.

(2) 조어(糟魚)

大魚片°每斤用塩【一兩】°先醃一宿拭乾°別入糟【一斤半】°用塩【一分
半】°和糟將魚大片用紙裹°却以糟覆之

큰 생선편 매 근 마다 소금 1냥을 사용하여 하룻밤 절인 다음 씻어서
말린다. 술지게미 1½ 근에 소금 1½ 푼을 합하여 (생선편에 바른다).
커다란 생선편을 종이로 싸서 (담아) 술지게미로 덮는다.

(3) 장해(醬蟹)

團臍【百枚】°洗淨控乾°逐箇臍內滿塡塩°用線縛定°仰疊入磁器中°法
醬【二斤】°研渾椒【一兩】°好酒【一斗】拌醬椒勻°澆浸令過蟹一指°酒少
再添°密封泥固°冬二十日可食

배딱지가 둥근 게 100마리를 깨끗이 씻어 말린다. 하나하나 배딱지 속
에 소금을 채우고 실로 묶어 고정시킨다. 자기그릇 속에 겹겹이 눕혀
담는다. 법대로 담근 장 2근, 산초가루 1냥을 준비한다. 좋은 술 1말에
장과 산초를 넣고 고루 합하여 게 보다 한 손가락 높게 올라오도록 부
어 담근다. 다시 소량의 술을 첨가하여 주둥이를 진흙으로 단단히 봉
한다.

겨울에 20일이면 먹을 수 있다.

어장은 생선장이고, 조어는 술지게미에 절인 생선이며, 장해는 장에 담근 게장이다.

17) 조자품(造鮓品)

어자(魚鮓), 옥판자(玉版鮓), 공어자(貢御鮓), 생력자(省力鮓), 황작자(黃雀鮓), 정자(蟶鮓), 아자(鵝鮓), 홍합리장(紅蛤蜊醬)의 8항목이 기술되어 있다. 7항목은 식해류, 1항목은 절임이다.

- 어자(魚鮓): 납작하게 저미서 말린 생선에 소금을 넣고 잠시 절여서 다시 말린다. 생강, 귤피채, 시라, 홍국, 찐밥, 파기름을 합하여 숙성시킨다.
- 옥판자(玉版鮓): 납작하게 저미서 소금으로 하룻밤 절인 청어나 잉어의 물기를 말린다. 산초, 시라, 생강, 귤피채, 회향, 파채, 끓인 기름, 귤잎, 지에밥(찐밥), 소금을 합하여 숙성시킨다.
- 공어자(貢御鮓): 소금에 술을 합하여 절인 잉어에 생강채, 귤채, 산초, 시라, 회향, 홍국, 파채, 쌀밥, 소금, 술을 합하여 숙성시킨다.
- 생력자(省力鮓): 손가락 3개 크기로 저미 썬 청어나 잉어에 소금, 끓인 기름, 생강채, 귤채, 산초가루, 술, 초, 파채, 밥을 합하여 숙성시킨다.
- 황작자(黃雀鮓): 참새를 술로 닦아 말린다. 맥황, 홍국, 소금, 산초, 파채를 합하여 양념을 만든다. 참새 1층 깔고 양념 1층 깔고를 반복하여 담

아 숙성시킨다.

- 정자(蟶鮓): 소금으로 하루 동안 절인 긴맛조개를 씻어서 물기를 닦는 다. 천으로 싸서 돌로 눌러 습기를 완전히 없앤다. 술, 끓인 기름, 생강 채, 귤피채, 소금, 파채, 밥, 홍국, 마근, 회향을 합하여 숙성시킨다.

- 아자(鵝鮓): 소금에 술을 합하여 하룻밤 절인 거위에 파채, 생강채, 귤 피채, 산초, 시라, 회향, 마근, 홍국가루, 술을 합하여 숙성시킨다.

- 홍합리장(紅蛤蜊醬): 씻어 물기를 제거한 합리조개를 천으로 싸서 하룻 밤 돌로 눌러 습기를 완전히 없앤다. 소금, 홍국가루, 맥황가루를 합하 여 숙성시킨다.

(1) 공어자(貢御鮓)

鯉魚【十斤】洗淨控乾°切作臠°用酒【半升】°塩【六兩】°醃過宿去滷°入薑
橘絲各二兩°川椒蒔蘿【各半兩】°茴香【二錢】°紅麴【二合】°葱絲【四兩】°
粳米飯【升半】°塩【四兩】°酒【半升】拌勻°入磁器內收貯°箬盖篾簽°候滷
出傾去°入熟油四兩澆

잉어 10근을 깨끗이 씻어 물기를 말린다. 저며서 썰어 술 ½되, 소금 6 냥으로 하룻밤 절인다. 절여서 나온 즙을 버린다. 이것에 생강과 귤채 각각 2냥, 산초와 시라 각각 ½냥, 회향 2전, 홍국 2홉, 파채 4냥, 멥쌀 밥 1½되, 소금 4냥, 술 ½되를 넣고 골고루 섞어서 자기에 담는다. 약잎 으로 뚜껑을 덮는다. 대꽂이로 찔러서 즙이 나오기를 기다렸다가 쏟아 버린다. 끓인 기름 4냥을 넣는다.

(2) 황작자(黃雀鮓)

每【百隻】°脩洗淨°用酒【半升】°洗拭乾不犯生水°用麥黃紅麯【各一兩】°
塩【半兩】°椒【半兩】°葱絲少許°拌勻却將雀逐箇平鋪餠器內一層°以料
物摻一層°裝滿°箬盖篾插°候滷出傾去°入醇酒浸密封固

참새 100마리를 깨끗하게 씻는다. 술 $\frac{1}{2}$되로 씻어서 말리는데 날 물이
닿지 않도록 한다. 맥황[122] 1냥, 홍국 1냥, 소금 $\frac{1}{2}$냥, 산초 $\frac{1}{2}$냥, 파채
약간을 넣고 골고루 섞는다. 참새를 한 마리 한 마리 항아리 속에 평평
하게 1층 깔고, 앞서의 양념을 1층 뿌리는 식으로 가득 담는다. 약잎으
로 뚜껑을 덮는다. 대꽂이로 찔러서 즙이 나오기를 기다렸다가 쏟아버
린다.
전국술〔醇酒〕을 부어 담가 단단히 밀봉한다.

18) 소육품(燒肉品)

연상소육사건(筵上燒肉事件), 과소육(鍋燒肉), 잔소육(剗燒肉), 양소어
(釀燒魚), 양소토(釀燒兔), 완증양(碗蒸羊)의 6항목이 기술되어 있다.

---

122 조맥황초법(造麥黃醋法)
　　小麥不拘多少。淘淨。用淸水浸三日。漉出控乾蒸熟。於暖處攤開鋪放蘆席上。楮葉盖之。三五日黃衣
　　上。去葉曬乾。簁淨入缸。用水拌勻。上面可留一拳水。封閉四十九日可熟《居家必用》

연상소육사건은《산림경제》에서 인용하여 기술하였다.

- 연상소육사건(筵上燒肉事件): 양, 노루, 사슴, 소, 꿩, 메추라기, 토끼, 곱 창, 족발, 간 등의 굽는 방법을 기술하였다.
- 과소육(鍋燒肉): 돼지, 양, 거위, 오리를 소금, 장, 양념에 1~2시간 동안 재웠다가 참기름을 두룬 냄비에 담아 약한 불로 굽는다.
- 잔소육(剗燒肉): 구울 고기를 넓적하게 썰어 칼등으로 두드려서 끓는 물 에 담갔다 꺼낸다. 천에 싸 짜서 물기를 없애고 조미료를 발라 굽는다.
- 양소어(釀燒魚): 붕어에 술을 발라 굽는다.
- 양소토(釀燒兔): 토끼 배 속에 채로 썬 토끼 다리살과 양의 허구리살, 밥, 양념, 술을 합하여 넣고 굽는다.
- 완증양(碗蒸羊): 납작하게 썬 어린 양고기를 썰어서 물이 들어 있는 사 기냄비에 담는다. 다진파, 생강, 소금, 술, 초, 장, 건강가루를 합하여 넣 고 중탕하여 익힌다.

(1) 연상소육사건(筵上燒肉事件)

羊膊【煮熟燒】　羊肋【生燒】

麋鹿膊【煮半熟燒】　黃牛肉【煮熟燒】

野鷄【脚兒生燒】　鵪鶉【去肚生燒】

水扎兔【生燒】　苦腸蹄子

火燎肝　腰子

膌肉【已上生燒】　羊耳舌黃鼠沙鼠　搭剌不花

膽灌脾【並生燒】　羊朓肪【半熟燒】

野鴨川鴈【熟燒】　督打皮【生燒】

全身羊【熟燒】

右件除爐燒羊外皆用籤子挿於炭火上°蘸油塩醬細料物°酒醋調薄糊°

不住手勤翻燒至熟°剝去麵皮供°

양의 어깨살은 삶아 익혀서 굽는다.

양의 갈비는 생대로 굽는다.

노루와 사슴의 어깨살은 삶아 절반 익혀 굽는다.

황소고기는 삶아 익혀 굽는다.

꿩 다리는 생대로 굽는다.

메추라기는 위를 없애고 생대로 굽는다.

토끼는 생대로 굽는다.

곱창, 족, 간, 콩팥, 등뼈육은 생대로 굽는다.

양의 귀와 혓바닥, 족제비, 사막쥐, 탑라불화[123], 비장은 생대로 굽는다.

양진방[124]은 삶아 절반 익혀 굽는다.

야생오리, 기러기는 삶아 익혀서 굽는다.

독타피[125]는 생대로 굽는다.

통양은 삶아 익혀서 굽는다.

---

123 탑라불화(搭剌不花): 설치류의 일종?
124 양진방(羊朓肪): 양의 위?
125 독타피(督打皮): 양의 피부껍질?

이상에서 화로에서 굽는 양고기는 제외하고 모두 대꽂이에 꿰어 숯불 위에서 굽는다.

기름, 소금, 장, 잘게 다져 만든 양념, 술, 초에 재워 놓았다가 밀가루 풀을 얇게 발라 손을 빨리 놀려 뒤집어가며 익혀 구워낸 뒤 옷을 입힌 밀가루풀을 없애고 올린다.

(2) 과소육(鍋燒肉)

猪羊鵝鴨等°先用塩醬料物醃一二時°將鍋洗淨燒熱°用香油遍澆°以柴棒架起肉°盤合紙封°慢火焗熟°

돼지, 양, 거위, 오리 등은 우선 소금, 장, 조미료에 1~2시간 정도 재워 둔다. 냄비를 깨끗이 씻고 불에 올려 뜨겁게 달군다. 참기름을 두루 붓고 막대기를 가로 지른다. 고기를 올려놓고 반(盤)으로 덮어서 종이로 봉한 다음 뭉근한 불로 서서히 익힌다.

19) 자육품(煮肉品)

자제반육법(煮諸般肉法) 1항목이 기술되어 있다. 그러나 이 속에서 15항으로 분류하여 소, 양, 말, 망아지, 사슴, 노루, 곰, 오소리 등의 끓이는 방법 외에 기름기 많은 고기나 상한 고기 등에 대한 다루는 방법을 기술하였다.

이중 자아, 자마육, 자여마, 자웅장, 자우육, 자록육 등은 《산림경제》에서 인용하여 기술하였다.

羊肉滾湯下°盖定慢火養°

牛肉亦然°不盖°

馬肉冷水下°不盖°入酒煮°

獐肉冷水下°煮七八分熟°

鹿肉亦然°煮過則乾燥無味°

駝峯駝蹄醃一宿滾湯下一二沸°慢火養°其肉衝油°火緊易化°加地椒°

熊掌用石灰沸湯撏淨°布纏煮熟或糟尤佳°

熊白批小叚°焯微熟同蜜食°多食破腹°

鹿舌尾冷水下°慢火煮°水少火慢不損味°做肉絲用°

鶸老鴈青䱜滾湯下°慢火養八分熟°

虎肉獾肉土內埋一宿°塩醃半日°下冷水煮半熟°換水加葱椒酒塩煮熟°

煮硬肉°用磁砂桑白皮楮實同下鍋立軟°

敗肉入阿魏同煮°如無°用胡桃三箇°每箇鑽十數竅°臭氣皆入胡桃中°

煮驢馬腸無穢氣°候半熟漉出°用香油葱椒麩盤內°入胡桃三箇°換水煮軟°

煮肥肉先用芝麻花茄花同物料°調稀糊塗上火炙乾°下鍋煮熟°

양고기는 끓는물에 넣고 뚜껑을 덮어 뭉근한 불에서 오랫동안 삶는다.

소고기도 역시 그렇게 한다. 다만 뚜껑을 덮지 않는다.

말고기는 찬물에 넣고 뚜껑을 덮지 않고 술을 넣어 삶는다.

노루고기는 찬물에 넣고 삶는데 70~80% 익힌다.

전통주 인문학

사슴고기도 역시 노루고기 삶는법과 같다. 지나치게 삶으면 건조해져 맛이 없다.

낙타봉과 낙타발은 하룻밤 재웠다가 끓는 물에 넣는데 1~2번 끓어오르면 뭉근한 불에서 오랫동안 끓인다. 그 고기는 참으로 기름지다. 불이 강하면 쉽게 녹는다. 지초¹²⁶를 넣는다.

웅장(곰발바닥)은 석회를 넣은 끓는 물에 데쳐내어 깨끗이 한 다음 베로 싸서 익도록 끓인다. 혹은 술지게미를 쓰면 더욱 좋다.

웅백(곰기름)은 작은 덩어리로 잘라서 불로 살짝 익혀 꿀과 함께 먹는다. 많이 먹으면 배탈 난다.

사슴의 혓바닥과 꼬리는 찬물에 넣고 뭉근한 불에서 끓인다. 물이 적고 만화로 끓여야 맛이 없어지지 않는다. 채로 썰어 먹는다.

가마우지, 기러기, 뻐꾸새는 끓는 물에 넣고 뭉근한 불에서 오랫동안 삶는다. 80% 정도 익힌다.

호랑이고기, 너구리고기는 하룻밤 흙에 묻었다가 소금에 12시간 절여 냉수에 담가 반숙으로 삶는다. 물을 바꾸어서 파, 산초, 술, 소금을 넣고 익도록 삶는다.

질긴 고기를 삶을 때에는 용뇌, 사인, 상백피, 닥나무열매를 함께 냄비에 넣고 삶으면 연해진다.

상한 고기는 아위¹²⁷를 넣고 함께 삶는다. 없으면 호두 3개를 넣는다. 호두 하나하나에 구멍 10여 개를 뚫으면 냄새가 모두 호두 속으로 들

---

126 지초(地椒): 산호초(山胡椒).
127 아위(阿魏): 신강, 이란, 아프카니스탄에 분포하는 교아위초(膠阿魏草)의 나무진.

어간다.

나귀와 말의 장을 삶을 때 나쁜 냄새를 없애려면 반쯤 익기를 기다렸다가 건져서 참기름, 파, 산초, 밀기울을 반(盤, 대장 또는 소장) 안에 넣고 호두 3개를 넣고서 물을 바꾸어 무르도록 삶는다.

기름진 고기를 삶을 때에는 먼저 참깨꽃과 가지꽃을 양념과 함께 묽은풀에 타서 고기에 바른다. 이것을 불에 구워 말린 다음 냄비에 넣고 삶아 익힌다.

20) 육하주(肉下酒)

생폐(生肺), 수유폐(酥油肺), 유리폐(瑠璃肺), 수정회(水晶膾), 어회(魚鱠), 회초(鱠醋), 간두생(肝肚生), 취팔선(聚八仙), 가초선(假炒鱔), 조가생홍(曹家生紅), 수정냉도회(水晶冷淘鱠)의 11항목이 기술되어 있다. 술 안주류이다.

어회, 회초, 간두생 등이 《산림경제》에서 인용하여 기술하였다.

• 생폐(生肺): 노루와 토끼 및 양 허파의 핏물을 없앤 후 썰어서 술안주로 한다. 부추즙, 다진마늘, 생강즙, 소금, 타락을 곁들인다.
• 수유폐(酥油肺): 노루와 토끼 및 양 허파의 핏물을 없앤 다음 썰어서 술안주로 한다. 꿀, 수유(酥油), 행인가루, 생강즙 등을 합하여 소스를 만들어 곁들인다.

- 유리폐(瑠璃肺): 숫염소 허파의 핏물을 없애고 썰어서 술안주로 한다. 행인가루, 생강즙, 수유, 꿀, 박하엽즙, 락(酪, cheese나 yohgurt), 술, 끓인 기름을 합하여 소스를 만들어 곁들인다.

- 수정회(水晶膾): 돼지껍질을 형체가 없도록 삶아 식힌다. 엉기면 썰어서 술안주로 한다. 초를 친다.

- 어회(魚膾): 살아있는 생선의 껍질을 없애고 채로 썰어 술안주로 한다. 생선회를 무채, 생강채, 향채, 고수와 합하여 접시에 꽃모양으로 담아 초를 넣은 겨자장을 뿌린다.

- 회초(膾醋): 불에 군 파, 생강, 유인장, 산초가루를 합하여 곱게 갈아 초, 소금, 후추, 당(糖, 설탕 혹은 엿당)을 넣고 버무려 생선회에 양념으로 쓴다.

- 간두생(肝肚生): 양고기, 양간, 양천엽의 핏물을 없애고 가늘게 채로 썰어 술안주로 한다. 접시에 어린 부추, 고수, 무채, 생강채와 합하여 모아 담고 회에는 초를 친다.

- 취팔선(聚八仙): 익힌 닭고기, 익힌 양의 천엽, 익힌 새우는 가늘게 썰고 익힌 양의 혓바닥은 납작하게 편으로 썬다. 기름, 생채, 소금, 술지게미, 생강채, 익힌 죽순채, 연근채, 향채, 고수와 합하여 접시에 모아 담는다. 초 혹은 겨자장, 혹은 마늘과 락(酪)을 곁들인다.

- 가초선(假炒鱔): 두렁허리〔鱔〕처럼 만든 양고기안주이다. 넓적하게 자른 양의 등뼈살에 콩가루와 밀가루를 묻혀 쪄서 익힌 다음 식혀서 고기 결대로 잘라 술안주로 한다. 목이버섯, 향채와 모아 담는다. 회에는 초를 친다.

- 조가생홍(曹家生紅): 양의 등뼈살과 천엽을 채로 썰어 술안주로 한다.

생강채, 수정회, 수(酥), 무채, 어린 부추, 향채와 합하여 모아 담고 회에
는 초를 친다.

- 수정냉도회(水晶冷淘鱠): 돼지등껍질과 돼지살을 형체가 없이 푹 끓
여 식혀 엉기면 냉면[冷淘] 형태로 썰어 술안주로 한다. 생채, 부추
채, 죽순채, 무채와 합하여 모아 담아 오랄초(五剌醋, 매운초)를 친다.

(1) 어회(魚鱠)

魚不拘大小鮮活為佳°去頭尾肚皮薄切攤白紙上晾片時°細切如絲°以
蘿蔔細剁布紐作米薑絲少許°拌魚鱠入堞°飣作花樣°簇生香茱芫菱以
芥辣醋澆°
將魚頭尾煮薑辣羹°加茱頭供浙西人謂之燙鱠羹°

생선의 크기에 구애받지 않는다. 신선하고 살아있는 것이 좋다. 머리,
꼬리, 밥통, 껍질을 없앤다. 얇게 썰어 백지 위에 펼쳐 담아 잠시 햇볕
에 쪼여 말린 다음 채로 썬다.

무를 잘게 썰어 베주머니에 담아 짜서 쌀알처럼 만든다. 이것과 약간
의 생강채를 생선회에 넣고 혼합하여 접시에 담는데 꽃 모양으로 만들
어서 괴어 올리고 생향채와 완수(고수)를 담는다. 겨자로 만든 매운초
장을 친다.

생선머리와 꼬리를 삶아 생강을 넣고 매운국으로 끓이는데 무[128]를 더

---

128 채두(菜頭): 무(나복).

넣는다. 절강의 서쪽 사람들은 이를 탕회갱이라고 한다.

(2) 간두생(肝肚生)

精羊肉并肝°薄批攤紙上血盡縷切°羊百葉亦縷細°裝堞內簇嫩韭芫荽
蘿蔔薑絲用膾醋澆【炒葱油抹過肉不腥°】

신선한 양의 살코기와 간을 얇게 잘라 종이 위에 펼쳐 놓는다. 피가 다
빠지면 채로 썬다. 양의 천엽도 역시 채로 썬다. 접시에 담고 어린 부추,
고수, 무, 생강채를 담는다. 회에 초를 뿌린다. 볶은 파기름을 치면 고
기가 비리지 않다.

21) 육관장홍사품(肉灌腸紅糸品)

송황육사(松黃肉絲), 구락육사(韭酪肉絲), 관폐(灌肺), 탕폐(湯肺), 관장
(灌腸)의 5항목이 기술되어 있다. 관폐와 관장은 순대류이다.

- 송황육사(松黃肉絲): 고기를 채로 썰어서 상에 낸다. 유인장, 생강즙, 초,
  잣가루, 겨자가루, 소금을 합하여 소스를 만들어 고기에 넣어 먹는다
  [松肉絲]. 또는 오이채를 잣가루 대신에 넣으면 황과육사(黃瓜肉絲)이다.
- 구락육사(韭酪肉絲): 고기를 채로 썰어서 상에 낸다. 락(酪), 생부추, 다
  진 마늘, 소금으로 소스를 만들어 고기에 뿌려 먹는다.

- 관폐(灌肺): 말린 양의 허파에 생강즙, 참깨가루, 행인가루, 밀가루, 콩가루, 끓인 기름, 소금, 육즙으로 만든 소를 넣고 삶아 익힌다.
- 탕폐(湯肺): 길죽 길죽하게 썬 허파에 생강즙, 행인가루, 장, 소금을 넣고 재워서 끓는 육즙에 넣고 끓여 익힌다.
- 관장(灌腸): 깨끗이 씻은 양의 소장과 대장에 찬물을 합한 피를 넣고 삶아 익힌다.

(1) 송황육사(松黃肉絲)

用麵醬或榆仁醬研爛°入薑汁醋松子研爛°芥末等°濾去滓°調和得所入塩°喫肉°入黃瓜絲名黃瓜肉絲°

면장이나 유인장을 문드러지게 간다. 이것에 생강즙, 초, 잣을 넣고 다시 문드러지게 갈아서 겨자가루 등을 넣고 걸러서 찌꺼기를 제거한다. 간이 알맞도록 소금을 넣어 고기에 곁들인다. 고기(채로 썬 고기)를 먹는다.
채로 썬 오이를 넣으면 황과육사라고 한다.

(2) 관폐(灌肺)

羊肺帶心【一具】°洗乾淨如王葉°用生薑【六兩】取自然汁°【如無以乾薑末二兩半代之】麻泥杏泥【共一盞】°白麵【三兩】°豆粉【二兩】°熟油【二兩】°一處拌勻入塩肉汁°看肺大小用之°灌滿煮熟°

○又法°用麵【半斤】°豆粉【半斤】°香油【四兩】°乾薑末【四兩】°共打成糊°下鍋煮熟°依法灌之°用慢火煮°

심장이 붙은 양의 허파 1개를 옥색 잎처럼 깨끗하게 씻어 말린다. 생강 6냥으로 생강즙을 만든다. 없으면 건강가루 $2\frac{1}{2}$냥으로 대신한다. 진흙처럼 만든 참깨가루 1잔, 진흙처럼 만든 행인가루 1잔, 밀가루 3냥, 콩가루 2냥, 끓여 익힌 기름 2냥을 합하여 골고루 섞어 소금과 육즙을 넣는다. 허파의 大小 크기로 보아서 양을 조절한다. (이것을 허파에) 가득히 부어 삶아 익힌다.

또 다른 방법은 밀가루 $\frac{1}{2}$근, 콩가루 $\frac{1}{2}$근, 참기름 4냥, 건강가루 4냥 모두를 함께 섞어서 죽을 만들어 냄비에 담아 삶아 익히는데, 방법대로 부어 넣고 뭉근한 불에서 끓인다.

(3) 관장(灌腸)

肥羊盤腸幷大腸洗淨°每活血杓半°凉水杓半°攪匀依常法灌滿°活血則旋旋對°不可多了°多則凝不能灌入°

살찐 양의 소장과 대장을 깨끗이 씻는다. 신선한 피 $1\frac{1}{2}$국자 마다 찬물 $1\frac{1}{2}$국자를 합하여 고루 섞어서 보통 방법대로 장에 가득 넣는다. 신선한 피는 즉시 찬물과 섞어야 한다. 피가 많으면 안 된다. 많으면 응고하여 장에 부어넣을 수 없다.

22) 육하반품(肉下飯品)

천리육(千里肉), 건함시(乾醎豉), 법자양두(法煮羊頭), 법자양폐(法煮羊肺), 우육과제(牛肉瓜虀), 골적(骨炙), 홍록석(紅爊腊), 천초계(川椒雞), 녹아압(爊鵞鴨), 암작토어장(鵪雀兔魚醬), 일료백당(一了百當), 마구아(馬駒兒), 반토(盤兔), 암토(罨兔), 분골어(粉骨魚), 수골어(酥骨魚)의 16항목이 기술되어 있다. 고기로 만든 밥반찬류이다.

골적, 천초계, 법자양두, 법자양폐, 분골어(잉어뼈를 흐물흐물하게 만드는 법) 등은 《산림경제》에서 인용하여 기술하였다.

- 천리육(千里肉): 껍질이 붙어 있는 양갈비살에 초, 고수씨, 소금, 술, 마늘을 합하여 약한 불로 삶는다. 눌러서 덩어리를 만든 다음 썰어서 햇볕에 말린다.
- 건함시(乾醎豉): 다진 양고기에 소금, 술, 초, 사인, 양강, 산초, 파, 귤피를 합하여 약한 불에서 즙이 다 없어질 때까지 삶아 햇볕에 말린다.
- 법자양두(法煮羊頭): 양머리 삶는 방법이다.
- 법자양폐(法煮羊肺): 생강, 양강, 산초, 소금, 파를 양의 허파와 함께 사기항아리에 넣고 삶는다.
- 우육과제(牛肉瓜虀): 크고 넓적하게 저민 소고기에 양념과 소금을 넣고 하루 동안 재웠다가 말린 다음 참기름, 초, 장을 넣고 약한 불에서 즙이 없어질 때까지 삶는다. 채반에 펼쳐 햇볕에 건조시킨다.
- 골적(骨炙): 양갈비를 용뇌가루와 사인가루를 넣은 끓는 물에 3차례

담갔다가 굽는 방법이다.

- 홍록석(紅爐腊): 고기를 파, 산초, 회향을 넣은 물에 삶아 건진다. 이것을 돌로 눌러 기름기를 제거하고 편으로 썰어 육즙과 장, 홍국, 양념을 넣고 조린다. 파채를 뿌려서 상에 낸다.

- 천초계(川椒雞): 닭고기에 참기름, 소금, 파채를 넣고 70% 정도 익혀서 장, 후추가루, 산초가루, 회향가루, 물을 합하여 끓인다.

- 녹아압(爐鵝鴨): 거위와 오리고기에 참기름을 넣고 볶아서 술, 초, 물, 양념, 파, 장을 합하여 약한 불로 끓여 익힌다.

- 암작토어장(鶴雀兔魚醬): 메추라기, 참새, 토끼, 어장(魚醬) 각각에 소금, 누룩가루, 파, 술, 후추, 시라, 산초가루, 건강가루, 홍국가루, 끓인 기름과 합하여 단지에 담아 밀봉하여 4개월 동안 숙성시킨다.

- 일료백당(一了百當): 곱게 다진 소, 양, 돼지고기에 새우가루, 산초가루, 마근가루, 회향가루, 후추가루, 행인가루, 팥가루, 생강채, 면장, 소금, 총백, 무이채, 끓인 참기름, 납조(臘糟, 납월의 술지게미)를 합하여 볶는다.

- 마구아(馬駒兒): 말의 직장으로 만든 순대이다.

- 반토(盤兔): 70% 정도 익힌 토끼고기를 얇게 저며 썰어 참기름, 소금, 파채를 넣고 볶다가 토끼고기 삶은 물, 장을 넣고 끓인다. 끓어오르면 밀국수와 토끼피를 넣고 한소끔 더 끓인다.

- 암토(罯兔): 토끼 배 속에 양강, 귤피, 산초, 회향, 무, 파를 넣어 채우고 물, 술, 초, 소금, 기름을 합하여 쪄낸다.

- 분골어(粉骨魚): 소금으로 절인 잉어 배 속에 양념, 산초, 생강, 파채를 채워 넣은 다음, 술, 꾸지나무열매[楮實]가루, 물을 합하여 약한 불로 한나절 삶으면 생선뼈가 가루 같아진다.

• 수골어(酥骨魚): 소금에 절인 붕어의 물기를 말린다. 장회향(藏茴香, 공호
열매)으로 빚은 술을 붕어 배에 발라 껍질이 타도록 조린 다음, 물에 시
라, 산초, 마근, 귤피, 당(糖), 두시, 소금, 기름, 술, 초, 파, 장, 꾸지나무
열매가루를 합한 것을 넣고, 약한 불로 익히면 뼈가 물러진다.

(1) 법자양두(法煮羊頭)

掃燎淨下鍋煮°入葱【五莖】°橘皮【一片】°良薑【一塊】°椒【十餘粒】°滾數
沸入塩【一匙尖】°慢火煮熟放冷切作片°臨食木椀盛酒灑蒸熱°入楪供°
勝燒者°作簽亦佳°羊棒臆尾靶皆可製°

양머리를 깨끗이 그슬려서 냄비에 담아 삶는데, 파 5뿌리, 귤피 1조각,
양강 1덩어리, 산초 10여 알을 넣고 몇 번 끓어오르도록 끓이고는 소
금 1순가락(작은 순가락)을 넣고 뭉근한 불에서 삶아 익힌다. 차게 식힌
후 편으로 썬다.
먹을 때 나무사발에 담아 술을 뿌려 쪄서 접시에 담아 제공한다. 구운
것보다 맛이 있다. 꽂이에 꿰도 좋다.
양의 가슴고기와 꼬리고기로도 다 만들 수 있다.

(2) 골적(骨炙)

帶皮羊脇每枝截兩段°用磁砂末一稔°沸湯浸°放溫蘸炙急翻勿令熟°再
蘸再炙°如此三次°好酒略浸上鐼一翻便可湌°凡猪羊脊膂麕兔精肉°用

전통주 인문학

羊脂包炙之°

껍질이 붙어 있는 양갈비를 1대 마다 2덩어리로 자른다. 용뇌와 사인 가루를 엄지와 검지 끝으로 집어서 끓는물에 넣고 따뜻해질 때까지 식힌다. 이 물에 고기를 담갔다가 급히 뒤집어가면서 굽는데 절대로 익혀서는 안된다. 다시 담갔다가 다시 굽고 하는 것을 세 번 반복한다. 좋은 술에 담갔다가 번철 위에 올려놓고 한 번 뒤집어 익히면 바로 먹을 수 있다.

돼지와 양의 등뼈, 노루와 토끼고기는 양기름에 싸서 굽는다.

(3) 천초계(川椒雞)

每隻洗淨°剁作事件°煉香油三兩炒肉°入葱絲塩半兩°炒七分熟°用醬【一匙】同研爛胡椒川椒茴香入水一大碗°下鍋煮熟為度°加好酒些小為妙°

닭 1마리 마다 깨끗이 씻는다. 찍어 썰어 준비한다. 불에 달군 참기름 3냥으로 닭고기를 볶는데, 파채, 소금 ½냥을 넣어서 70% 익힌다.

장 1숟가락에 곱게 간 후추, 산초, 회향을 합하여 큰 사발로 물 1사발을 부어 (닭고기와 함께) 냄비에 담아 익도록 끓인다. 좋은 술 조금을 넣어주면 더 묘하다.

(4) 마구아(馬駒兒)

馬核桃腸洗淨翻過°將馬肉羊肉同川椒陳皮茴香生薑葱榆仁醬一處剁
爛°裝入腸內°每箇核桃裝滿°線扎煮熟°就筵上割塊°又入芥末肉絲食之°

말의 직장을 뒤집어 깨끗이 씻는다. 말고기와 양고기에 산초, 진피, 회
향, 생강, 파, 유인장을 합하여 곱게 다져 직장 속에 넣는다. 직장 마다
가득 채워 실로 묶어 익도록 삶아 자리 위에 올려놓고 자른다. 겨자가
루를 넣어 작게 자른 순대[肉絲]를 먹는다.

법자양두는 양머리 삶는 법, 골적은 양갈비구이 방법으로 우리의 설야
적 만드는 법과 같은 맥락이다. 천초계는 닭볶음이며 마구아는 말의 대
장으로 만든 순대이다. 오늘날 우리의 돼지순대 조리법을 연상시킨다.

23) 육갱식품(肉羹食品)

육류와 어류 등으로 만든 국과 볶음요리이다. 양, 닭, 게, 자라, 전
복, 우렁이, 가지, 닭, 양머리 등의 재료로 만든다.

골삽갱(骨插羹), 나복갱(蘿葍羹), 초육갱(炒肉羹), 가별갱(假鱉羹), 방해
갱(螃蟹羹), 단어갱(團魚羹), 가향라갱(假香螺羹), 가복어갱(假鰒魚羹), 증
시어(蒸時魚), 제조결명(制造决明), 제조하거(制造蝦巨), 삼색장(三色醬),
사색려(四色荔), 유육양가(油肉釀茄), 유육시가(油肉豉茄)의 15항목이 기

전통주 인문학

술되어 있다.

증시어 등은《산림경제》에서 인용하여 기술하였다.

- 골삽갱(骨揷羹): 끓는물에 데쳐낸 양갈비에 쌀, 파, 산약, 술, 소금, 건강
가루, 초를 합하여 끓인다.
- 나복갱(蘿蔔羹): 주사위 형태로 썬 양고기와 무에 파, 산초, 물, 건강가
루, 소금, 술, 초를 합하여 끓인다.
- 초육갱(炒肉羹): 뜨겁게 달군 냄비에 주사위 모양으로 썬 양고기와 파
를 넣고 볶다가 술, 초, 지방, 건강가루, 물을 합하여 끓인다.
- 가별갱(假鱉羹): 자라탕처럼 끓인 고깃국이다. 삶은 닭과 삶은 양머리
를 자라살 모양으로 가늘게 찢어서 오리알노른자와 콩가루를 넣고 반
죽하여 자라알 형태로 만들어 끓는 물에서 익혀낸다. 그릇에 담아 육
수를 부어 올린다. 생강채, 무채를 곁들인다.
- 방해갱(螃蠏羹): 참게국이다. 4조각으로 만든 참게를 밀가루에 묻혀 소
금, 장, 후추를 넣고 끓인다.
- 단어갱(團魚羹): 자라국이다. 머리를 없앤 자라를, 양념을 넣은 물에 살
짝 삶아 익힌 다음 등껍질과 쓸개를 없애고 깨끗이 씻어서 물에 장, 후
추가루, 천초가루, 팥가루, 행인가루, 사인가루, 소금, 생강, 파를 합하
여 끓인다.
- 가향라갱(假香螺羹): 골뱅이처럼 끓인 우렁이국이다. 쪄낸 우렁이살에
소금, 장, 산초가루, 귤채, 회향가루를 넣고, 분피(粉皮)와 당면을 합하
여 쪄낸다. 매운초장[五辣醋]을 곁들인다.

- 가복어갱(假鰒魚羹): 복어국처럼 끓인 우렁이국이다. 삶아 익혀 편으로 썬 우렁이에 새우즙이나 육즙 및 볶은 쌀을 합하여 끓인다.

- 증시어(蒸時魚): 비늘을 제거하지 않은 준치에 차가루를 뿌려 비벼서 냄새를 없앤 다음 씻는다. 노구솥에 담아 염교나 죽순편, 술, 초, 소금, 장, 산초를 합하여 끓인다.

- 제조결명(制造決明): 전복을 삶아 얇게 썰어서 얼음물에 채운다.

- 제조하거(制造鰕巨): 촛물에 새우를 담갔다가 씻어서 얇게 썰어 말린다.

- 삼색장(三色醬): 면근(麵筋, gluten)을 잘게 썰어, 파채 및 장과(醬瓜)채와 조강(糟薑, 술지게미에 절인 생강)채를 합하여 기름을 넣고 볶는다.

- 사색려(四色荔): 기름에 튀겨낸 가지와 소금에 절인 오이에 생강과 초를 넣고 버무린 것, 잘게 썬 양고기에 소금·장·생강·귤채·기름을 넣고 볶은 것, 채로 썬 무를 소금에 절여서 물기를 제거한 후 장과 초를 합하여 볶은 것을 커다란 접시에 돌려 담는다. 잣가루에 장, 초, 육즙을 넣어 개어 소스를 만들어 뿌린다. 호병(胡餠)을 곁들인다.

- 유육양가(油肉釀茄): 쪄낸 가지를 기름에 튀긴다. 양고기, 잣, 소금, 장, 생강, 파, 귤채를 합하여 볶아 소로 만들어 가지 속에 채운다. 마늘과 락(酪)을 곁들인다.

- 유육시가(油肉豉茄): 가지를 편으로 썰어 기름에 튀겨낸 것에, 기름으로 볶아 익힌 양고기와 생강채, 진피채, 파, 소금, 장, 초를 합하여 버무린다. 마늘과 락(酪)을 곁들인다.

(1) 골삽갱(骨插羹)

羊肥肋每枝截五段°每斤用水二碗煮°轉色下淘淨碎白粳米【兩匙】°葱
【三握】°候肉半軟°下去皮山藥塊【三之一攪勻】°令上下濃戀俟米軟°入酒
【半盞】°塩【半錢】°乾薑末少許°醋【半杓】°更入少乳餠笋簟尤佳°鷄鵞鴨
鴿°亦同此製造°

살찐 양갈비를 1대 마다 5덩어리로 자른다. 매 근마다 물 2사발을 부
어 끓인다. 색이 변하면 깨끗하게 씻어서 쌀가루 2숟가락과 파 3주먹
을 넣는다. 고기가 반쯤 연해지면 껍질을 제거한 산약 ⅓덩어리를 넣고
고루 섞어서 위 아래를 진하게 한다. 쌀이 익기를 기다렸다가 술 ½잔,
소금 ½전, 약간의 건강가루, 초 ½국자를 넣는다. 다시 유병과 죽순
조금을 넣으면 더욱 좋다.
닭, 거위, 오리, 비둘기도 이와 한 가지로 만든다.

(2) 나복갱(蘿蔔羹)

羊肉【一斤骰塊切】°蘿蔔【半斤如上切】°水【一二碗】°葱【三莖】°川椒【三十
粒】°慢火煮°入乾薑末一稔塩酒醋各少許°軟為度°

양고기 1근을 주사위 형태로 썬다. 무 ½근도 이와 같이 썰어서 물
1~2사발, 파 3뿌리, 산초 30알을 넣고 뭉근한 불에서 끓인다. 건강가
루를 엄지와 검지 끝으로 집어서 넣고 약간의 소금과 술, 초를 넣어 연

해질 때까지 끓인다.

(3) 증시어(蒸時魚)

去腸不去鱗°糝江茶抹去腥°洗淨切作大段溫鑼盛°先鋪薤葉或茭菜或
笋片°酒醋【共一椀】°化塩醬花椒少許°放滾湯內頓熟供°或煎食°勿去
鱗°少用油°油自出矣°

준치의 창자는 버리고 비늘은 남겨둔다. 강차[129]를 뿌려 문질러 비린
내를 없애고 깨끗이 씻는다. 크게 토막 쳐 노구솥에 담아 먼저 염교잎,
교채[130] 혹은 편으로 썬 죽순을 깐 다음 술 1사발, 초 1사발, 소금, 장,
약간의 산초를 넣는다. 끓는 물을 넣고 신속히 익혀 제공한다.
혹은 지져 먹기도 한다. 절대로 비늘을 없애면 안 된다. 기름을 적게 쓰
는 것은 기름이 저절로 나오기 때문이다.

(4) 제조결명(制造決明)

洗淨煮軟切去裙襴片兒薄批°冷水氷浸之°

(전복을) 깨끗이 씻어서 무르도록 삶는다. 가장자리의 너덜너덜한 것을

---

129 강다(江茶): 호북(湖北) 방면에서 온 값싼 차.
130 교채(茭菜): 줄풀의 비대해진 땅 속 줄기.

제거하고 얇게 썰어 얼음을 넣은 찬물에 재운다.

골삽갱은 양갈비탕이고, 나복갱은 양고기에 무를 넣고 끓인 국이며, 증시어는 준치찜이다. 제조결명은 전복냉채이다.

24) 회회식품(回回食品)

아라비아 요리이다.

설극아필라(設克兒疋刺), 권전병(捲煎餠), 고미(餻糜), 산탕(酸湯), 독독마실(禿禿麻失), 팔이탑(八耳搭), 합이미(哈耳尾), 고랄적(古剌赤), 해나시(海螺廝), 즉니필아(即你疋牙), 합리살(哈里撒), 하서폐(河西肺)의 12항목이 기술되어 있다.

- 설극아필라(設克兒疋刺): 호두와 꿀을 소로 넣고 구워 만든 소병(燒餠)이다.
- 권전병(捲煎餠): 호두, 잣, 개암, 도인, 연밥, 건시, 연근, 은행, 밤, 아몬드, 꿀, 설탕이나 혹은 양고기, 건강가루, 소금, 파로 만든 소를 전병에 넣고 말아 튀긴다.
- 고미(餻糜): 삶아낸 양머리고기와 국물에 완두와 찹쌀가루를 넣고 된죽을 만들어 수(酥), 꿀, 잣, 호두를 섞는다.
- 산탕(酸湯): 술지게미초로 고아 끓인 오매살에 꿀, 잣가루, 호두, 락(酪)을 넣는다. 다시 끓여서 고기국물을 합한다. 삶은 양갈비와 완두를 곁

들인다.

- 독독마실(禿禿麻失): 끓는 물에 넣어 삶아 익힌 박병(薄餅, 밀가루수제비의 일종)을 건져낸다. 이것에 육수를 부어 끓여서 볶은 산육(酸肉, 절임고기)를 넣어 먹는다.

- 팔이탑(八耳搭): 콩가루에 꿀물을 넣고 익혀 수(酥)를 뿌린다.

- 합이미(哈耳尾): 볶은 밀가루에 꿀물을 넣고 휘저어 납작하게 누른다.

- 고랄적(古剌赤): 콩가루에 계란흰자와 락(酪)을 합하여 전병을 만든다. 전병(煎餅) 위에 엿가루, 잣, 호두가루 놓는 것을 3~4층 겹쳐서 놓는다. 그릇에 담고 올리브기름과 꿀을 뿌린다.

- 해나시(海螺廝): 양고기에 파, 참기름, 양념을 넣고 볶는다. 계란을 풀어 넣고 초, 술, 콩가루를 합하여 그릇에 담아 끓는물에 넣어 중탕하여 익힌다.

- 즉니필아(即你疋牙): 밀가루에 콩가루를 합하여 반죽한 것을 기름에 튀긴다.

- 합리살(哈里撒): 저며 썬 양고기나 소고기에 밀(小麥)을 합하여 삶는다. 그릇에 담아 양기름을 뿌리고 황소병(黃燒餅, 노랗게 구운 빵)을 곁들인다.

- 하서폐(河西肺): 콩가루, 육즙, 밀가루, 부추즙, 꿀, 수(酥), 잣가루, 호두가루를 합하여 양허파에 부어 삶아 익힌다.

(1) 팔이탑(八耳搭)

水【一大碗】燒滾°下蜜【半斤】去沫°用豆粉【六兩】調糊下鍋°覻稀稠添

水°熟用盤子香油抹底盛澆酥油°刀裁食°

큰 사발로 물 1사발을 끓여서 꿀 $\frac{1}{2}$근을 넣고 거품을 없앤다. 콩가루 6냥을 넣어 풀처럼 만든다. 농도를 살펴서 물을 첨가한다. 익으면 참기름을 바른 접시 위에 흘려 담고 수유를 얹어 칼로 잘라 먹는다.

(2) 하서폐(河西[131]肺)

連心羊肺【一具浸淨】°以豆粉【四兩肉汁破開】°麵【四兩】韭汁破開°蜜【三兩】酥【半斤】°松仁胡桃仁【去皮淨十兩】°擂細濾去滓和攪勻°灌肺滿足下鍋煮熟°大單盤盛托至筵前°刀割楪內°先澆灌肺°剩餘汁入麻泥煮熟°作受賜°

심장이 붙은 양 허파 1개를 깨끗이 씻는다. 콩가루 4냥에 육즙을 넣어 풀어 갠 것, 밀가루 4냥에 부추즙을 넣어 풀어 갠 것, 꿀 3냥, 수유 $\frac{1}{2}$근, 잣 10냥, 깨끗하게 껍질을 제거한 호두 10냥을 곱게 갈아서 걸러 찌꺼기 제거한 것을 합하여 골고루 섞어 허파에 부어 가득 채운다. 이것을 냄비에 담아 익도록 끓인다. 커다란 접시에 담아 연석 앞에 가서 접시 안에서 칼로 썬다. 즙은 폐에 끼얹는다. 남은 즙은 진흙처럼 갈은 참깨를 넣고 끓여서 곁들여 낸다.

---

131 하서(河西)는 감숙성(甘肅省) 동부(東部).

하서폐는 관폐와 비슷한 음식으로 재료를 달리하여 만든 순대류
이다.

25) 여진식품(女眞食品)

안주요리이다.

시라규채냉갱(廝剌葵菜冷羹), 증양미돌(蒸羊眉突), 탑불라압자(塔不剌鴨
子), 야계살손(野雞撒孫), 시고(柿糕), 고려율고(高麗栗糕)의 6항목이 기
술되어 있다.

시고, 고려율고는《산림경제》에서 인용하여 기술하였다.

- 시라규채냉갱(廝剌葵菜冷羹): 닭껍질채, 오리고기채, 생강채, 오이채, 죽
  순채, 상추채, 마고채와 삶아 익힌 아욱을 커다란 접시에 춘반(春盤)처
  럼 돌려 담는다. 오미(五味)를 넣은 육즙을 곁들인다.
- 증양미돌(蒸羊眉突): 양고기에 지초(地椒, 백리향), 술, 초 등을 합하여
  재웠다가 쪄낸다. 찔 때 생긴 즙을 곁들인다.
- 탑불라압자(塔不剌鴨子): 솥에 파기름을 넣고 볶다가 유인장을 풀어 넣
  은 육즙을 붓는다. 이것에 오리를 넣고 약간의 산초를 합하여 삶아 익
  힌다. 오리는 꺼내서 찢어 펼쳐 담고 국물을 곁들인다.
- 야계살손(野雞撒孫): 삶아 익혀 저민 꿩고기에 여뀌잎, 두장즙, 겨자, 소
  금을 합하여 버무린다.

- 시고(柿糕): 찹쌀가루에 건시를 넣고 쪄낸 떡이다.
- 고려율고(高麗栗糕): 찹쌀가루에 황률과 꿀을 합하여 쪄낸 떡이다.

(1) 시고(柿糕)

糯米【一斗】°大乾柿【五十箇】°同擣爲粉°加乾煮棗泥拌搗°馬尾羅羅過°
上甑蒸熟°入松仁胡桃仁再杵成團°蜜澆食°

찹쌀 1말과 곶감 50개를 합하여 찧어 가루로 만든다. 이것에 찐대추
살 말린 것을 넣고 찧는다. 섞어서 말총체로 내린다. 시루에 담아 찐다.
잣, 호두를 넣고 다시 찧어 단자로 만들어 꿀에 찍어 먹는다.

(2) 고려율고(高麗栗糕)

栗子不拘多少°陰乾去殼°擣爲粉三分之二加糯米粉拌勻°蜜水拌潤°蒸
熟食之°【女眞糕糜與回回糕糜同°勃海葵羹與女眞葵羹同°玆不重復°】

밤의 다소에 구애받지 말고 그늘에 말려서 껍질을 제거한 다음 찧어서
가루로 만들면 ⅔가 된다. 찹쌀가루를 합하여 골고루 섞어 꿀물을 넣
고 촉촉하게 하여 쪄서 익혀 먹는다.
여진의 고미와 회회(아랍)의 고미가 같고, 발해의 아욱국과 여진의 아
욱국이 같아 중복하지 않는다.

26) 습면식품(濕麵食品)

수활면(水滑麵), 삭면(索麵), 경대면(經帶麵), 탁장면(托掌麵), 홍사면(紅絲麵), 취루면(翠縷麵), 미심기자(米心棊子), 산약발어(山藥撥魚), 산약면(山藥麵), 산우박탁(山芋餺飥), 영롱발어(玲瓏撥魚), 영롱박탁(玲瓏餺飥), 구면(勾麵), 혼돈피(餛飩皮)의 14항목이 기술되어 있다.

홍사면, 취루면, 산약발어, 산우박탁, 영롱발어 등은《산림경제》에서 인용하여 기술하였다.

- 수활면(水滑麵): 기름과 소금을 합한 물로 밀가루를 반죽하여 밀대로 100여 번 치대어 반죽을 늘어지게 한다. 굵기는 마음대로 한다. 손가락으로 비벼 끓는 물에서 삶아낸다.
- 삭면(索麵): 수활면과 같게 하되 기름을 더 넣고 반죽한다. 젓가락 굵기로 썰어 말린다.
- 경대면(經帶麵): 소금을 탄 물로 반죽한 밀가루 반죽을 밀대로 여러 번 치댄 다음 얇게 민다. 띠 모양으로 썰어 끓는물에 삶는다.
- 탁장면(托掌麵): 소금을 탄 물로 밀가루를 반죽하여 탄환처럼 만든다. 쌀가루를 뿌린 (대) 위에 올려놓고 밀대로 밀어 술잔 크기로 만든다. 삶아서 익혀 오이채, 닭고기채, 마늘, 락(酪)을 넣어 먹는다.
- 홍사면(紅絲麵): 새우간 것, 산초, 소금, 물을 합하여 끓여 체로 받쳐 낸다. 이것에 밀가루와 콩가루 합한 것을 넣고 반죽하여 밀대로 밀어 썬다.
- 취루면(翠縷麵): 회화나무잎 간 즙에 밀가루를 합하여 반죽하여 밀대

로 밀어 썬다.

- 미심기자(米心萁子): 소금을 넣은 찬물로 반죽한 밀가루반죽을 밀대로 얇게 밀어서 쌀알 크기로 썬다. 삶아 익힌다.

- 산약발어(山藥撥魚): 밀가루와 콩가루에 익혀서 간 산약즙을 합한다. 반죽하여 숟가락으로 끓는물에 떠넣어 익힌다.

- 산약면(山藥麵): 문드러지게 간 산약을 기름 두른 전철에서 전병을 만든다. 국수처럼 가늘게 썬다.

- 산우박탁(山芋餺飥): 익힌 산약 간 것에 밀가루와 콩가루를 합하여 반죽한다. 밀대로 밀어 썬다.

- 영롱발어(玲瓏撥魚): 풀처럼 반죽한 밀가루반죽에 콩알만한 크기로 잘게 썬 양고기나 소고기를 넣는다. 숟가락으로 떠서 끓는물에 넣어 익힌다.

- 영롱박탁(玲瓏餺飥): 밀가루에 찬물과 양콩팥 기름을 넣고 반죽한다. 밀대로 밀어 썬다.

- 구면(勾麵): 밀가루에 삶아 익힌 무즙을 넣고 반죽하여 밀대로 밀어 썬다.

- 혼돈피(餛飩皮): 소금을 넣은 찬물로 반죽한 밀가루반죽을 밀대로 둥글게 밀어 피로 만든다. 향기가 강한 소를 넣고 빚는다. 것을 끓는물에 넣어 익힌다.

(1) 수활면(水滑麵)

用頭麵°春夏秋°用新汲水入油塩先攪作拌麵羹樣°漸漸入水°和搜成劑°用手拆開作小塊子再用油水灑和以拳揉一二百拳°如此三四次微軟

如餅劑就案上用一拗棒納百餘拗°如無拗棒只多揉數百拳°至麵性行°
方可搓為麵指頭°入新涼水內浸兩時許°伺麵性行方下鍋°闊細任意做°
冬月用溫水浸

좋은 밀가루를 쓴다. 봄, 여름, 가을에는 새로 길어온 물에 기름과 소
금을 넣고 (밀가루와 합하여) 손을 놀려 조금씩 물을 넣고 섞어 주물러
반죽한다. 손으로 떼어 작은 덩어리로 만든 다음 다시 기름과 물을 뿌
려 혼합하는데, 주먹으로 100~200번 비벼 섞어 누른다. 이와 같이
3~4번 한다. 빵반죽과 같이 약간 연해지면 안판 위에 올려서 밀대〔拗
棒〕로 100여 번 접는다.

밀대가 없으면 수백 번 주먹으로 접어 누른다. 면의 성질이 늘어져 비
빌 수가 있으면 손가락 끝으로 비벼서 수활면을 만들 수 있다.

새로 길어온 찬물에 넣고 2시각 담가둔다. 면을 살펴서 늘어지면 냄비
에 넣는다. 면의 굵기는 임의대로 한다.

겨울에는 따뜻한 물에 담근다.

(2) 삭면(索麵)

與水滑麵同只加油°陪用油搓如麁箭細°要一樣長短麁細°用油紙盖°勿
令皺停兩時許°上箭杆纏展細°曬乾為度°或不用油搓°加米粉糂搓°展
細再入粉紐展三五次至於圓長停細°揀不勻者°撮在一處再搓展候乾°
下鍋煮°

수활면과 같다. 다만 기름을 더 넣는다. 2배의 기름을 사용하여 큰 젓가락 굵기로 자른다. 길이와 굵기는 같아야 한다.

기름종이를 사용하여 덮어 절대로 트지 않도록 해야 한다. 2시각 정도 놓아둔다.

반죽을 막대에 올려서 얽어 가늘게 늘려서 마를 때까지 햇볕을 쪼인다. 혹 기름을 사용하지 않고 비빌 때에는 쌀가루를 첨가하고 비벼 가늘게 늘리고 다시 쌀가루를 첨가하여 매듭을 지어 늘리기를 3~5차례 하면 둥글고 긴 가지런한 가는 국수가 된다.

고르지 않은 것을 골라 한 곳에 모아 두었다가 다시 비벼 늘린다. 마르면 냄비에 담아 끓인다.

(3) 산약발어(山藥撥魚)

白麵【一斤】°豆粉【四兩】°水攪如稠煎餅麵°入搗爛熟山藥同麵一處攪勻°用匙撥入滾湯°候熟燥子汁食之°

밀가루 1근에 콩가루 4냥을 합하여 물을 넣고 전병면과 같이 되게 반죽한다. 익힌 산약을 문드러지게 갈아 반죽에 넣어 골고루 섞는다. 끓고 있는 물에 숟가락으로 떠서 넣는다. 익으면 조자즙[132]을 넣어 먹는다.

---

132 조자즙(燥子汁): 훈제육으로 만든 육수?

27) 건면식품(乾麵食品)

평좌대만두(平坐大饅頭), 타반도(打拌餡), 저육도(豬肉餡), 숙세도(熟細餡), 양두도(羊肚餡), 박만두수정각아포자등피(薄饅頭水晶角兒包子等皮), 어포자(魚包子), 아두자(鵝兜子), 잡도두자(雜餡兜子), 해황두자(蟹黃兜子), 하련두자(荷蓮兜子), 수정제라(水晶醍饠)의 12항목이 기술되어 있다.

2항목은 만두와 포자의 피(皮), 나머지는 양고기, 돼지고기, 오리, 꿩, 거위, 게, 생선 등을 이용한 소 만드는 법이다.

- 평좌대만두(平坐大饅頭): 10인분이다. 밀가루 2½근에 효(酵, 腐本, 삭힘)와 물을 넣고 반죽하여 발효시킨다. 이것에 소를 넣고 대만두로 빚어 쪄낸다.
- 타반도(打拌餡): 큰 만두는 1인분에 2개, 작은 만두는 1인분에 4개가 되도록 양고기로 만든 소를 넣고 빚은 만두이다.
- 저육도(豬肉餡): 돼지고기, 양기름, 귤피, 행인, 산초가루, 회향가루, 파채, 참기름 등으로 소를 만들어 큰 만두는 1인분에 2개, 작은 만두는 1인분에 4개가 되도록 만든다.
- 숙세도(熟細餡): 익힌 돼지고기, 익힌 죽순, 산초가루와 양념을 합하여 소로 만든다.
- 양두도(羊肚餡): 익힌 양위, 익힌 양폐, 익힌 양혓바닥, 생양고기, 지방, 파, 초, 생강, 진피, 산초, 회향, 참기름, 소금, 밀가루를 합하여 소로 만든다.
- 박만두수정각아포자등피(薄饅頭水晶角兒包子等皮): 박만두, 수정각아,

포자 등의 만두피 만드는 법이다.

- 어포자(魚包子): 잉어나 쏘가리 등의 생선, 양기름, 돼지고기, 소금, 장, 귤피, 파채, 생강채, 산초가루, 후추가루, 행인, 초, 밀가루를 합하여 소로 만든다.
- 아두자(鵝兜子): 익힌 거위나 꿩고기, 돼지고기, 양기름, 파채, 생강채, 귤채, 산초, 행인, 소금, 장, 술, 초, 밀가루를 합하여 소로 만든다.
- 잡도두자(雜餡兜子): 익힌 양허파, 익힌 양위, 익힌 대장, 돼지고기, 양기름, 참기름, 파채, 행인, 산초, 소금, 장, 술, 초, 생강, 귤채, 밀가루를 합하여 소로 만든다.
- 해황두자(蟹黃兜子): 익힌 게살, 돼지고기, 오리알, 참기름, 산초가루, 후추가루, 생강채, 귤채, 파, 면장, 소금, 밀가루를 합하여 소로 만든다.
- 하련두자(荷蓮兜子): 만두소에 연밥이 들어가도록 만든다.
- 수정제라(水晶醍醾): 양고기, 양젖가슴 기름, 양위, 양꼬리, 양혀 등의 고기로 소를 만든 다음 분피(粉皮)에 싸서 쪄낸다.

(1) 숙세도(熟細餡)

去皮熟猪肉縷切細°熟笋縷切細°加川椒末°物料同前製°打拌滋味得所°搦作小團包°

껍질을 제거하여 익힌 돼지고기를 채로 썬다. 익힌 죽순도 채로 썰어 산초가루를 넣는다. 양념은 앞의 것과 같게 하여 두들겨 섞어 알맞게 간을 한다. 손으로 쥐어 작고 동그랗게 만들어 싼다.

28) 종식품(從食品)

밀가루로 만든 병, 소병, 유병, 전병류이다.

백숙병자(白熟餅子), 산약호병(山藥胡餅), 소병(燒餅), 육유병(肉油餅), 수밀병(酥蜜餅), 칠보권전병(七寶捲煎餅), 금은권전병(金銀捲煎餅), 타봉각아(駝峰角兒), 낙면각아(烙麵角兒), 잔락초유(盞酪焦油), 원초유(圓焦油), 제라각아(醍醐角兒)의 12항목이 기술되어 있다.

- 백숙병자(白熟餅子): 밀가루에 효(酵, 腐本, 삭힘)와 물을 넣고 반죽하여 발효시킨다. 밀대로 밀어 화로에 넣어 굽는다.
- 산약호병(山藥胡餅): 밀가루에 익힌 산약, 꿀, 기름을 넣고 반죽하여 만든 호병(胡餅)이다.
- 소병(燒餅): 밀가루에 기름, 소금을 합하여 찬물로 반죽하여 밀대로 민다. 번철에서 굽는다.
- 육유병(肉油餅): 밀가루에 기름, 돼지고기, 술을 합하여 반죽하여 밀대로 밀어서 소를 넣고 싼다. 화로에 넣고 굽는다. 큰 것은 1인분에 2개를, 작은 것은 1인분에 4개를 차린다.
- 수밀병(酥蜜餅): 밀가루에 꿀, 양기름을 합하여 반죽한다. 꽃모양으로 만들어 화로에서 굽는다.
- 칠보권전병(七寶捲煎餅): 7가지 재료로 만든 소를 넣고 말아 만든 전병이다.
- 금은권전병(金銀捲煎餅): 흰자와 노른자로 각각 반죽하여 전병을 만든 다음 소를 넣고 싸서 다시 부친 전병이다.

- 타봉각아(駝峰角兒): 밀가루에 양기름, 소금을 넣고 찬물로 반죽하여 밀대로 민다. 이것에 소를 넣고 교자를 만들어 화로에서 굽는다.
- 낙면각아(烙麵角兒): 밀가루를 익반죽하여 식혀서 피를 만든다. 소를 넣고 싸서 화로에서 굽는다.
- 잔락초유(盞酪焦油): 밀가루반죽으로 전병을 만든다. 이것에 익힌 소를 넣고 싸서 기름에 튀겨낸다.
- 원초유(圓焦油): 효(부본)와 물을 넣고 밀가루를 반죽하여 발효시킨다. 이것에 익힌 소를 넣고 탄환 모양으로 동그랗게 빚어 만들어 기름에 튀겨낸다.
- 제라각아(醍鑼角兒): 밀가루에 참기름을 넣고 익반죽하여 만두피를 만든다. 생소[生餡]를 넣고 싸서 기름에 튀겨낸다.

(1) 칠보권전병(七寶捲煎餅)

白麵【二斤半】°冷水和成硬劑°旋旋添水調作糊°銚盤上用油攤薄°煎餅包餡子如捲餅樣°再煎供°餡用羊肉炒燥子°蘑菇熟蝦肉松仁胡桃仁白糖末薑米°入炒葱乾薑末塩醋各少許°調和滋味得所用°

밀가루 2½근에 냉수를 넣고 되게 반죽한다. 빨리 물을 더 넣어 풀로 만든다. 번철 위에서 기름을 사용하여 반죽을 얇게 펼쳐서 전병을 만든다. 권병 모양처럼 소를 싸서 다시 부쳐 상에 올린다.
소는 볶은 양고기, 마고[133], 익힌 새우, 잣, 호두, 엿가루, 다진 생강이다. 파, 건강가루, 소금, 초 약간을 넣어 간을 맞춘다.

(2) 타봉각아(駝峰角児[134])

麵【二斤半】°入溶化酥【十兩】°或豬羊油各半代之°冷水和塩少許°搜成
劑°用骨魯搥捍作皮°包炒熟餡子捏成角児°入爐熬煿熟供°素餡亦可°

밀가루 2½근에, 녹인 수유 10냥을 넣는데 돼지기름 또는 양기름을
각각 절반씩 넣는 것으로 대신해도 좋다. 냉수에 약간의 소금을 넣은
물로 반죽한다. 밀대로 밀어 만두피를 만든다. 볶아 익힌 소를 싸서 가
장자리를 눌러 붙이고 교자를 만든다. 화로에 넣고 구워 익혀 제공한
다. 소(素, 고기를 넣지 않고 만든 것)를 소(餡)로 해도 좋다.

(3) 원초유(圓焦油)

麵【二斤半】°內六分熟水和減酵【各一合】°化作水入麵調°打泛為度°餡
用熟者°丸如彈子°將麵餡上手包裹了虎口°即出滾深油內煤熟為度°

밀가루 2½근에 60% 정도 끓인물 1홉, 술밑 1홉을 합하여 넣고 반죽
해서 부풀 때까지 놓아둔다.
소는 익혀서 탄환처럼 둥글게 만든다.
반죽과 소를 손 위에 올려놓고 싼다. 끓고 있는 기름 속에 넣고 익혀 튀

---

133 마고(蘑菇): 주름버섯.
134 각아(角児)는 교자(餃子)이다(《동경몽화록》).

겨낸다.

29) 소식류(素食類)

정진(精進)시 술안주와 밥반찬류이다.

육류 재료를 쓰지 않고 육류맛이 나게끔 만든 것에는 가현자, 가관폐, 가어회, 가수모선 등 가(假) 자를 쓰고 있다. 《동경몽화록》에 기록된 휘종의 상수연에서 술안주로 나오는 가원어(假元魚), 가사어(假沙魚)와 같은 계열이다.

옥엽갱(玉葉羹), 선생(膳生), 단유갱(斷乳羹), 가관폐(假灌肺), 소관폐(素灌肺), 초선유제도(炒鱔乳虀淘), 산약걸달(山藥飥饉), 산도(酸餡), 칠보도(七寶餡), 채도(菜餡), 관장만두포자혼돈각아삼패살(灌漿饅頭包子餛飩角兒糝李撒), 징사당도(澄沙糖餡), 두날도(豆辣餡), 감로병(甘露餅), 소유병(素油餅), 양숙어(兩熟魚), 수박록포(酥燸鹿脯), 함시(醎豉), 대즙함시(帶汁醎豉), 삼색잡록(三色雜爊), 적포(炙脯), 적심(炙葷), 주작심(酒灼葷), 가현자(假蜆子), 잡골두(煠骨頭), 잡산약(煠山藥), 가어회(假魚膾), 수정회(水晶鱠), 가수모선(假水母線)의 29항목이 기술되어 있다.

- 옥엽갱(玉葉羹): 마고(蘑菇, 송이버섯과의 주름버섯), 느타리버섯, 뽕나무 버섯을 주재료로 하여 부재료로 반쯤 익힌 산약과 죽순을 더한다. 콩가루, 유단(乳團, cheese), 생강으로 양념하여 뜨거운 육수를 부어 만든 국이다.

- 선생(膳生): 익힌 면근(gluten)과 분피(粉皮)를 채로 썰어서 국수로 만든다. 기름에 볶은 죽순과 마고(버섯)을 국수 위에 얹어 뜨거운 국물을 부어 만든다. 면근과 분피국수이다.

- 단유갱(斷乳羹): 젖먹는 아이의 이유식이다. 우유를 엉기도록 끓여 생강과 소금으로 간을 한 우유죽이다.

- 가관폐(假灌肺): 곤약으로 튀겨서 관폐(양허파순대) 처럼 만든다.

- 소관폐(素灌肺): 익힌 면근을 허파 형태로 썰어 조미료를 넣고 재워서 콩가루를 묻힌다. 이것을 끓는물에 삶아내어 그릇에 담아 국물을 끼얹은, 면근으로 만든 허파순대이다.

- 초선유제도(炒鱔乳虀淘): 밀가루칼국수와 면근국수에 유(젖)와 신김치 즙으로 만든 국물을 끼얹는다. 두렁허리처럼 만든 국수이다.

- 산약걸달(山藥飩鐽): 밀가루에 익힌 산약, 생강즙, 콩가루를 넣고 반죽한다. 콩가루를 뿌려가며 밀대로 밀어 칼국수로 썰어 삶아 익힌다. 채소로 만든 즙을 끼얹어 먹는 산약국수이다.

- 산도(酸餡): 삶은 콩을 소로 넣고 만든 콩소만두이다.

- 칠보도(七寶餡): 밤, 잣, 호두, 면근, 익힌시금치, 다진생강, 행인과 참깨가루에 조미료를 넣어 소로 만든다. 칠보도는 이상의 7종류 소를 넣고 만든 만두이다.

- 채도(菜餡): 팥으로 만든 분피(粉皮)에 절임채소 소를 넣고 빚어 만든 일종의 침채만두이다.

- 관장만두포자혼돈각아삼패살(灌漿饅頭包子餛飩角児糝孛撒): 장(漿, 국물)을 끼얹은 만두, 포자, 혼돈, 각아, 삼패살(糝孛撒)이다. 이들은 소채로 만든 소를 넣고 빚어 만든다. 깨즙을 끼얹는다.

466 　　　　　　　　　　　　　　　　　　　　전통주 인문학

- 징사당도(澄沙糖餡): 밀가루반죽피에 팥소를 넣고 만든 팥소만두이다.

- 두날도(豆辣餡): 찐녹두에 기름, 소금, 생강즙을 합하여 소를 만든다. 이 소를 넣고 빚어 만든 녹두소만두이다.

- 감로병(甘露餅): 밀가루에 조청, 기름, 물을 합하여 반죽하여 콩가루를 뿌려가며 밀대로 민다. 꽃만두 모양으로 만들어서 기름에 튀겨낸 후 꿀에 집청하여 잣 고물을 묻힌 튀김 꿀빵이다.

- 소유병(素油餅): 꿀이나 대추를 소로 넣어 육유병(肉油餅)과 같이 만든 대추소튀김빵 또는 꿀소튀김빵이다.

- 양숙어(兩熟魚): 익혀서 곱게 간 산약, 유단(cheese)가루, 채로 썬 진피와 생강, 건강가루, 소금, 콩가루로 소를 만든다. 분피(粉皮)에 분사(粉絲, 가늘게 썬 국수 또는 당면)와 소를 넣고 빚어 생선 모양으로 만든다. 기름에 튀겨낸 후 다시 마고즙에 넣어 삶아낸다. 물고기 모양의 콩가루소 분피만두이다. 생강채와 무를 곁들인다.

- 수박록포(酥焞鹿脯): 면근으로 사슴포처럼 만든 것이다. 생면근에 부추, 소금, 홍국가루, 양념을 넣고 두드려 길쭉하게 편다. 삶아낸 후 장과 초 등으로 양념하여 볶는다.

- 함시(醎豉): 익힌 면근채에 죽순편, 목이버섯, 생강편을 합하여 기름에 볶아 반쯤 익힌다. 다시 밀가루, 장, 산초, 설탕을 넣고 졸인 볶음장이다.

- 대즙함시(帶汁醎豉): 함시와 같지만 마고즙과 시금치즙을 넣어 국물이 있게 만든 볶음장이다.

- 삼색잡록(三色雜爐): 뽕나무버섯에 마고, 유단을 합하여 기름으로 볶는다.

- 적포(炙脯): 면근으로 적포(炙脯)와 같이 만든 것이다. 기름에 살짝 볶아 익힌 면근에 장, 초, 파, 산초, 소금 등으로 양념하여 꽂이에 꿰서 굽

는다. 면근포꽂이양념구이이다.

- 적심(炙蕈): 소금, 장, 기름, 조미료 등으로 양념한 버섯을 꽂이에 꿰어 굽는다. 버섯꽂이양념구이이다.

- 주작심(酒灼蕈): 버섯에 파기름, 생강채, 귤채, 소금, 장 등 조미료와 술로 양념하여 불에 굽는다. 버섯양념구이이다.

- 가현자(假蜆子): 연밥과 주사위 모양으로 썬 마름살[菱肉]을 끓는물에 데쳐내어 기름에 재웠다가 식사 시에 굽는다. 연밥과 마름으로 만든 즉석 조개구이이다.

- 잡골두(煠骨頭): 밀가루에 유단과 콩가루를 합하여 소금, 장, 회향, 귤피, 산초가루를 넣어 섞어서 쪄낸 다음 물렁뼈 모양으로 썬다. 이것을 기름에 튀겨내어 장, 맑은 즙, 볶은 대마씨, 사탕을 합하여 불에 올려 졸이는데 밀가루를 약간 넣어 걸쭉하게 한다.

- 잡산약(煠山藥): 익힌 산약을 걸쭉한 밀가루와 치자물들인 쌀가루로 옷을 입혀 튀겨낸 산약튀김이다.

- 가어회(假魚膾): 분피(粉皮) 사이에 익혀서 얇게 저며 썬 면근(gluten)을 끼워 넣고 쪄낸다. 얇게 썰어 생선회처럼 만든다. 이것과 붉게 물들여 채로 썬 분피, 죽순채, 마고(蘑菰)채, 무채, 생강채, 생채, 향채를 큰 그릇에 춘반(春盤)처럼 돌려 담고 초를 친다.

- 수정회(水晶鱠): 버섯으로 묵처럼 만들어 가어회처럼 그릇에 모아 담아 초를 쳐서 먹는 음식이다.

- 가수모선(假水母線): 데쳐낸 곤약을 수정회처럼 그릇에 모아 담아 초를 쳐서 먹는 음식이다.

(1) 곤약으로 튀겨 만든 허파순대[假灌肺]

蒟蒻切作片焯過°用杏泥椒薑醬°醃兩時許揩淨°先起葱油°然後同水研
乳椒薑調和勻°蒟蒻煤過合汁供°

곤약[135]을 편으로 썰어 푹 데쳐낸다. (이것에) 진흙처럼 만든 행인, 산
초, 생강, 장을 합하여 2시각 정도 재워 두었다가 깨끗하게 씻는다.
먼저 파기름을 만들고 물을 합하여 유(젖), 산초, 생강 간 것을 넣고 골
고루 섞는다.
곤약을 튀겨내어 즙을 끼얹어 올린다.

(2) 면근으로 만든 허파순대[素灌肺]

熟麵筋切肺樣塊五味醃°豆粉內滾煮熟合汁供°

익힌 면근을 허파 모양의 덩어리로 썬다. 양념하여 재워서 콩가루를
묻힌다. 끓는물에 넣고 끓여 익힌다. 즙을 끼얹어 올린다.

(3) 두렁허리처럼 만든 면근국수[炒鱔乳菫淘]

---

135 곤약(蒟蒻): 구약(蒟蒻), 구약나물의 땅 속 줄기를 가루로 만들어 반죽한 것을, 석회유를 섞
은 끓인 물에 넣어서 익힌 식품.

切細麵煮熟過水°用麵筋同豆粉°灑顏色水搜和捍餅細切°焯熟如鱔魚
色°加乳合薑汁澆麵供°

가늘게 썬 국수를 삶아 익혀 물에 헹구어 낸다. 면근에 콩가루와 물을
합하여 얼굴색이 나도록 반죽한다. 밀대로 밀어서 가늘게 썬다. 두렁허
리 생선 색이 나도록 익힌다.
유(젖)에 침채국물을 합하여 국수에 끼얹어 올린다.

(4) 콩소만두[酸餡]

饅頭皮同褶兒較麁餡子任意°豆餡或脫或光者°

만두피는 주름지게 만든다. 크기는 소의 크기에 따라 만든다. 콩으로
소를 만드는데 껍질을 벗기거나 혹은 껍질이 있는 채로 한다.

(5) 7종류의 소를 넣고 만든 만두[七寶餡]

栗子黃松仁胡桃仁麵筋薑米熟菠菜杏麻泥入五味拌打拌°滋味得所搦
餡包°

황률, 잣, 호두, 면근, 다진 생강, 익힌 시금치, 은행, 깻가루에 양념을
해서 알맞게 간을 하여 버무려 (소로 한다). 소를 쥐어서 넣고 싼다.

(6) 침채 만두[菜餡]

黃虀碎切°紅豆粉皮山藥片加栗黃尤佳°五味拌打拌搦餡包°

소금에 절인 채소를 잘게 썬다. 팥가루분피, 산약편에 황률을 넣으면
더욱 좋다. 양념을 넣어 골고루 섞어 (소로 한다). 소를 쥐어서 넣고 싼다.

(7) 관장만두포자[136]혼돈[137]각아삼패살[138](灌漿饅頭包子·餛飩角兒糝孛撒)

餡做此製造麻汁澆°

(소채로 만든 소를 넣고 관장만두, 포자, 혼돈, 각아, 삼패살)을 빚어 만들어
서 깨즙을 끼얹는다.

(8) 팥소만두[澄沙糖餡]

紅豆燉熟°研爛淘去皮°小蒲包濾極乾°入沙糖食香搦餡脫°或麵劑開做
此餡造°澄糖千葉蒸餅°

---

136 포자(包子): 소를 넣고 찐 발효 빵. 관장만두; 장수로 삶아낸 만두?
137 혼돈(餛飩): 국물과 함께 먹는 물만두.
138 삼패살(糝孛撒): 삼(糝)으로 작고 동그랗게 만든 만두?

팥을 무르도록 삶아 익힌다. 문드러지게 갈아 물을 넣고 일어 껍질을 없앤다. 모시로 싸서 걸러 바싹 말린다. 사탕을 넣어서 먹으면 향기로 와 소를 만들기 위하여 쥐면 다 먹어버릴 정도이다. 밀가루반죽을 펴서 사탕 넣은 팥소를 넣고 빚어 만든다.

깨끗한 엿이나 천엽으로 만든 소를 넣고 쪄서 빵을 만들기도 한다.

(9) 녹두소만두[豆辣餡]

菉豆磨破浸去皮蒸熟°入油塩薑汁拌搦餡包°

녹두를 갈아 물에 담그어 껍질을 없앤 다음 익도록 찐다. 기름, 소금, 생강즙을 넣고 섞어 소로 만들어 싼다.

(10) 잣고물을 묻힌 튀김꿀빵[甘露餅]

麺【一斤】上籠紙襯蒸過°先以油水中停攪°加餳汁傾入麺拌和豆粉為粋°捍作薄餠°細攢褶児°兩頭相咖絆住手按開°再加粉粋°骨魯搥矼圓°油煠控起蜜澆糝松仁°

대나무로 만든 찜그릇에 종이를 깔고 밀가루 1근을 담아 쪄낸다. 먼저 기름을 물에 넣어 섞어서 엿물을 부어 넣고 반죽한다. 콩가루를 뿌리고 밀대로 밀어서 얇게 만든다. 잔잔한 주름을 접어 양 끝을 서로 이어 붙여 손으로 눌러 편다. 다시 콩가루를 뿌리고 밀대로 둥그렇게 밀어 기름에 튀겨낸다. 꿀을 발라 잣을 뿌린다.

(11) 면근으로 만든 사슴고기포볶음[酥燁鹿脯]

每十分生麵筋【四塊】°細料物【二錢】°韭【三根】°塩【一兩】°紅麴末【一
錢】°同剁爛如肉色°溫湯浸開°搓作條煮熟絲°開醬醋合蘑菇汁醃片時°
控乾油煎°却下醃汁同炒乾°

10인분 마다 생면근 4덩어리가 들어간다. (생면근에) 곱게 만든 조미료
2전, 부추 3뿌리, 소금 1냥, 홍국가루 1전을 합하여 고기색과 같이 되
도록 문드러지게 두드린다. (이것을) 따뜻한 물에 담가 펴고 비벼서 길
죽한 막대처럼 만들어 삶아 익힌다.
하나 하나를 펴서 장과 초에 마고즙을 합한 것에 잠시 재웠다가 건져
서 말린다. 기름에 지져서 재웠던 즙을 넣고 국물이 없도록 볶는다.

(12) 면근포꽂이양념구이[炙脯]

熟麵筋隨意切°下油鍋掠炒°以醬醋葱椒塩料物擂爛調味得所°醃片時
用竹籤插°慢火炙乾°再蘸汁炙

익은 면근을 뜻하는 바대로 썬다. 기름을 넣은 냄비에 담아 살짝 볶는
다. 장, 초, 파, 산초, 소금, 양념을 합하여 문드러지게 갈아 넣고 알맞
게 간을 하여 잠시 재워둔다.

대꽂이로 꿰어 뭉근한 불에서 굽는다. 다시 양념즙에 담갔다가 굽는다.

(13) 버섯꽂이양념구이[炙蕈]

肥白者湯浴過握乾°塩醬油料等拌°如前炙之°

살찐 흰버섯을 뜨거운 물로 씻어낸 다음 손으로 쥐어짜 물기를 없앤다.
소금, 장, 기름, 양념 등을 섞어서 앞의 적포와 같이 꽂이에 꿰어 굽는다.

(14) 쌀가루 옷을 입힌 산약튀김[煠山藥]

熟者切作段°粉牽內蘸°摻梔子水拌的粳煠熟供°

(산약) 익힌 것을 편으로 썬다. 걸쭉한 밀가루즙에 넣는다. 아름답게
치자물을 들인 쌀가루로 옷을 입혀 튀겨 익혀서 올린다.

(15) 면근으로 만든 생선회[假魚膾]

薄批熟麵筋°用薄粉皮兩個牽抹濕°上下夾定蒸熟薄切°別染紅粉皮縷
切°笋絲蘑菇絲蘿蔔薑絲生菜香菜°間裝如春盤樣°用鱠醋澆°

익힌 면근을 얇게 썬다. 얇은 분피 2장을 서로 붙도록 축축하게 물을
바른다. 이 분피 위 아래 사이에 (면근을) 끼워 고정시키고 쪄서 익힌

다음 얇게 썬다.

따로 붉게 물들인 분피를 채로 썰고 죽순채, 마고채, 무채, 생강채, 생채, 향채를 춘반[139]모양과 같이 사이 사이에 담아 장식한다. 회로 먹을 때 초를 친다.

(16) 경지버섯으로 만든 삶은돼지껍질회[水晶鱠]

瓊芝菜洗去沙°頻換米泔浸三日°略煮一二沸°入盆研極細°下鍋煎化°濾去滓°候凝結縷切°如上簇盤用醋澆食°

경지채[140]의 모래를 없애고 씻은 다음 쌀뜨물을 자주 갈아주면서 3일 동안 담가둔다. 대략 1~2번 끓어오르도록 삶아 그릇에 넣고 아주 곱게 간다. 냄비에 (다시) 담아 녹을 때까지 끓인다. 걸러서 찌꺼기를 없앤다.

응고되기를 기다렸다가 채로 썰어서 〈가어회〉처럼 대나무반에 돌려담아 초를 쳐서 먹는다.

(17) 곤약으로 만든 해파리냉채[假水母線][141]

以蒟蒻切絲°滾湯焯°如上裝簇膾醋澆食°

---

139 춘반(春盤): 입춘날 궁중에서 진상된 여러 가지 햇나물로 지은 음식을 담은 반.
140 경지채(瓊芝菜): 버섯류이나 확실한 것은 불명.
141 수모(水母): 해파리.

곤약을 채로 썰어 끓는물에 데쳐내어 〈수정회〉처럼 대나무반에 돌려 장식하여 담아 초를 쳐서 먹는다.

30) 전소유락품(煎酥乳酪品)

유제품 만드는 방법에 관한 기술이다.

전수법(煎酥法), 조락법(造酪法), 쇄건락(曬乾酪), 조유병(造乳餅), 취유단(就乳團)의 5항목이 기술되어 있다.

- 전수법(煎酥法): 양기름 1근, 돼지고기 4냥을 뭉근한 불에 올려 녹인다. 이것에 얇게 썬 배 1개, 얇게 썬 밤 10개, 씨를 없애고 썬 대추 15개, 등심초줄기 1 작은 줌, 조각(皂角) 1치로 만든 가루, 약간의 하눌타리 열매를 넣고 다시 고아 걸러서 저장한다.
- 조락법(造酪法): 락(酪) 만드는 법이다. 우유를 불에 올려 끓여 위에 엉긴 피(皮)를 걷어 모은 것이 진수(眞酥)이다. 이 피를 걷어서 자기병에 넣어 발효시킨다. 숙유(熟乳) 1되에 첨락(甛酪) $\frac{1}{2}$ 숟가락이나 장수(漿水) 1홉을 넣고 발효시키면 락이 된다.
- 쇄건락(曬乾酪): 햇볕에 쬐어 말린 락이다.
- 조유병(造乳餅): 유병 만드는 법이다. 3~5번 끓인 우유에 초를 넣고 굳혀서 모아 베로 싸서 돌로 누른다.
- 취유단(就乳團): 유단 만드는 법이다. 락 5되를 끓여서 장수 $\frac{1}{2}$되를 넣고 굳혀 베로 싸서 돌로 누른다.

전통주 인문학

31) 조제분품(造諸粉品)

우분(藕粉), 연자분금분(蓮子粉芡粉), 능분(菱粉)의 3항목이 기술되어 있다. 연실, 연근, 금인, 택사, 칡뿌리, 복령, 토란, 마름 등으로 만드는 전분 제조법이다.

우분, 연자분, 금인분, 갈근분 등은《산림경제》에서 인용하여 기술하였다.

- 우분(藕粉): 절구에 담아 짓찧은 연근을 베에 담아 짜서 즙을 가라 앉힌다. 위의 맑은 물은 버리고 아래의 앙금을 말려서 만드는 연근가루이다.
- 연자분금분(蓮子粉芡粉): 푹 쪄낸 연씨를 햇볕에 말리면 껍질이 터지는데 이것을 짓찧어 베로 짜서 그 즙을 가라 앉힌다. 위의 맑은물은 버리고 아래의 앙금을 말려서 만드는 연자가루이다. 금인분(가시연밥가루)도 연자분과 같이 만든다.
- 능분(菱粉): 우분과 같은 방법으로 만든다.

32) 포주잡용(庖廚雜用)

천주대료물(天廚大料物), 조화생력물료(調和省力物料), 조맥황(造麥黃), 조무이(造蕪黃)의 4항목이 기술되어 있다.

2 항목은 인스턴트 향신료 만드는 법, 1 항목은 맥황, 나머지 1 항목

은 유인장(榆仁醬)이다.

조무이(유인장)는《산림경제》에서 인용하여 기술하였다.

(1) 귀한 부엌에서 쓰는 귀한 조미료[天廚大料物]¹⁴²

蕪荑仁°良薑蓽撥紅豆砂仁川椒乾薑炮官桂蒔蘿茴香橘皮杏仁°各等
分爲末°水浸飪餠爲丸如彈°

느릅나무열매¹⁴³, 양강, 필발, 팥, 사인, 산초, 구워 익힌 건강, 질이 좋
은 계피, 시라, 회향, 귤피, 행인을 각각 등분하여 가루로 만든다. 물에
담근 떡에 (합하여) 둥그렇게 환을 만든다.

(2) 편하게 사용하는 조미료[調和省力物料]

馬芹胡椒茴香乾薑官桂花椒°各等分碾爲末°滴水隨意丸°每用調和°撚
破入鍋°出外者尤便°

마근, 후추, 회향, 건강, 질이 좋은 계피, 산초를 각각 등분하여 갈아서
가루로 만든다. 물방울을 떨어뜨려 가면서 반죽하여 임의대로 둥근

---

142 대료물(大料物): 귀한 조미료.
143 무이인(蕪荑仁): 느릅나무 열매. 榆仁, 榆錢이라고도 함.

환을 만든다. 조리할 때마다 비벼 부셔서 냄비에 넣는다. 출타 시에 더욱 편하다.

(3) 조맥황(造麥黃)[144]

六月內取小麥°淘去浮者°水浸°烈日曬七日°每朝換水°至第七日°漉出控
幹°蒸熟覆盖盒黃上曬乾°造鮓用°

6월 중 밀을 취해서 물로 씻어 인다. 위에 뜨는 것은 버린다. 물에 담가 뜨거운 햇빛을 7일 동안 쪼이는데 매일 아침 물을 갈아준다. 7일째에 건져내어 물기를 없애고 쪄서 익힌다. 뚜껑을 덮어 띄운다. 누런 곰팡이가 피면 햇볕에 쬐어 말린다. 식해 만들 때 쓴다.[145]

144 《齊民要術》의 〈麥黃〉과 같음.
145 《居家必用》: 김일권 外, 《거가필용역주 음식편》, 세계김치연구소, 2015.

3

우리의 식탁에서 보여주는
《거가필용》의 흔적

이상 《거가필용》을 간략하나마 개괄적으로 살펴보았다. 《거가필용》에서 전개되고 있는 각종 음식은 《제민요술》이후 면면히 이어지면서 축적된 음식문화의 표출이다. 《거가필용》은 《제민요술》과 함께 우리의 음식문화에 지대한 영향을 미친 양대 축이다. 그렇기 때문에 홍만선이 《산림경제》를 쓸 때 《거가필용》의 어떠한 부분을 인용하였는가를 소개하여 조선사회 음식문화에 미친 영향을 살펴보고자 하였다.

《산림경제》는 이후에 나온 《증보산림경제(增補山林經濟)》, 《임원십육지(林園十六志)》 등에도 많은 영향을 미쳤다. 이들은 《산림경제》를 참고하면서도, 보다 폭넓게 《거가필용》을 인용하여 집필하여 후기 조선사회에 그 영향을 두루 미치도록 하는데 공헌하였다. 그 여파는 20세기의 《조선무쌍신식요리제법》이나 《조선요리제법》 등으로 이어졌음으로, 그 연장선 상에 있는 현재의 음식문화도 물론 이 영향 하에서 전개되고 있다. 그럼으로 현재 우리의 밥상에 차려지는 찬품에서《거가필용》의 흔적을 개괄적으로 탐색해 보도록 한다.

〈제품다〉에서 백화향다와 구기다는 오늘날 즐겨 마시고 있는 국화꽃차 등과 같은 꽃차 및 구기차로 이어진다.《거가필용》이전에 꽃차가 없었고《거가필용》에서 새롭게 꽃차가 등장했다고는 말할 수 없다. 차 제조는 당송(唐末) 대에 워낙 발전해 있었기 때문에《거가필용》역시 이들의 영향을 많이 받았다. 다만 이 장에서는《거가필용》으로 한정하여 단순하고도 보편적인 시각에서 살펴보고 그 흔적을 찾는 것이다. 이후에 전개되는 내용도 이에 준한다.

〈제품탕〉에서 〈탕(湯)〉이란 건강음료나 약용음료를 가리킨다. 암향탕은 매화차, 수문탕은 생강차, 봉수탕은 잣호두차, 온조탕는 대추차, 숙매탕은 매실차, 건모과탕은 모과차, 호초탕은 후추차로 이어진다. 제호탕은 조선시대에는 중요한 음료의 하나였다.

〈갈수번명섭리백〉에서 갈수란 갈증을 해소하는 달콤한 음료이다. 모과갈수는 모과차나 모과정과로, 오미갈수는 오미자차로 드러난다.

〈숙수류〉에서 숙수(熟水)란 끓인물에 차, 꽃잎, 열매 등을 넣어 우려낸 음료이다. 이 숙수가 우리 땅에서 숭늉으로 전개되는 계기를 마련해준 것은 아닐까 한다.

〈과식류〉에서 과식은 정과(正果), 전과(煎果)를 가리킨다. 조밀전과자는 각종 과일정과, 밀전동과는 동아정과, 밀전강은 생강정과, 밀전순은 죽순정과, 밀전청행은 살구정과와 매실정과, 당전우와 밀전우는 연근정과, 당소목과는 모과정과, 당취매와 당초매는 매실차로 나타난다.

누룩을 만들던 술빚기를 하던, 유난히 한약재를 많이 사용하는 〈주국류〉는 조선시대의 술 빚기에서 드러나듯 한약재를 넣고 양주해서 만드는 각종 약용약주와 침출주로 이어진다. 천문동주는 천문동주로, 구기오가피주는 구기자주와 오가피주, 계명주는 계명주로, 밀온투병향은 밀주(蜜酒)로, 국화주는 국화주로, 소주는 소주로 이어진다.

〈조제초법〉에서 〈소맥초법〉과 〈맥황초법〉은 조선왕실에서 만들어 먹었던 미초(米醋)에서 드러난다. 불행하게도 이 미초는 오늘날 계승되지 않고 있다.

채소조리법을 기술한 〈소식〉에서 식향라복은 깍두기, 조가아는 가지술지게미장아찌, 조강은 생강술지게미장아찌, 초강은 생강초절임장아찌, 산가아는 가지나물, 산황과는 오이나물, 산동과는 동아나물, 엄구화는 부추꽃김치, 엄염구는 부추김치, 호나복자는 당근나물, 조죽순자는 죽순나물, 우초자는 연근나물, 개말가아는 가지나물, 제체법은 각종 싱거운 물김치, 장과가는 오이장아찌와 가지장아찌, 조두아채는 숙주나물에서 흔적이 보인다.

〈엄장육품〉에서 우석록수는 소고기육포로 이어진다.

〈엄장어품〉에서 장해는 간장게장과 연결된다.

〈소육품〉의 〈연상소육사건〉에서 각종 고기, 갈비, 내장, 닭 등의 구이는 오늘날의 구이와 이어지며, 과소육과 잔소육은 양념에 재웠다가 굽는 고기굽는법과 연결된다.

〈자육품〉에서 소고기삶는법은 현재 우리의 소고기삶는법과 같다.

〈육하주〉에서 수정냉도회와 수정회는 족병(足餠, 족편), 어회는 생선회, 간두생은 천엽회와 간회 및 육회, 취팔선의 음식 담는 방법은 구절

전통주 인문학

판에서 그 흔적이 드러난다. 또한 콩가루와 밀가루를 묻혀 익힌 양고기를 중심으로 만든 가초선은 각색어채와 연결된다. 다만 각색어채는 생선살에 녹말가루를 묻혀 익히고 있다.

〈육관장홍사품〉에서 송황육사는 육채나 육회, 관장은 순대로 이어진다.

〈육하반품〉에서 골적은 설야적, 홍록석은 각종 기름진 고기볶음, 천초계는 닭볶음(닭도리탕), 녹아압은 오리고기볶음, 마구아는 순대, 반토는 각종 전골과 연결된다.

〈육갱식품〉에서 골삽갱은 갈비탕, 나복갱은 무국, 초육갱은 볶은소고기국, 가별갱은 완자탕, 삼색장은 점(粘, 면근)조리, 증시어는 각종 생선조림, 유육양가는 가지찜, 유육시가는 가지나물과 연결된다.

〈여진식품〉에서 시고와 고려율고는 각종 점증병(粘甌餠, 찹쌀시루떡)과 단자로 연결된다.

〈습면식품〉에서 수활면, 삭면, 경대면, 홍사면, 취루면, 산우박탁, 영롱박탁, 구면은 칼국수류로서, 현재의 칼국수류와 연결되고, 산약발어는 수제비로 이어진다.

〈건면식품〉에서 평좌대만두는 발효찐만두, 타반도와 저육도는 비발효찐만두, 아두자와 잡도두자 및 해황두자는 만두소와 연결된다.

〈소식류〉에서 옥엽갱은 각종 버섯국, 선생과 산약걸달은 온칼국수, 초선유제도는 냉칼국수, 산도는 콩소만두, 칠보도는 밤소만두 그리고 잣 및 호두소만두 및 각종 야채만두, 징사당도는 팥소만두, 두날도는 녹두소만두, 소유병은 꿀이나 대추소를 넣고 만든 튀김빵, 삼색잡록은 버섯볶음, 적심과 주작심은 버섯구이와 연결된다.

· Ⅱ ·

조선시대

1

상차림을 지배한 음양사상

공자(孔子, 552–479 B.C)가 체계화시킨 유학 이념은 음양오행(陰陽五行)에 의하여 운행되는 자연 법칙을 천도(天道)와 지도(地道)라는 틀 속에 넣고 인간사(人間事) 역시 자연의 법칙에서 벗어날 수 없다 하였다. 천도와 지도라는 틀 안에서 상도(常道)로서 살아가고자 하는 군자(君子)들이 모였을 때 이상적인 가정, 사회, 국가가 실현된다. 그러므로 국민들에게는 군자가 되기 위한 멈추지 않는 학습이 요구되었다.

고려말에 도입되어 조선조 때 지식인들 사이에 대유행을 한 성명의리지학(性命義理之學) 즉 성리학(性理學, 朱子學)은 다름 아닌 음양사상을 바탕에 둔 유학이다. 조선왕조는 개국후 성리학적 이상사회를 추구하여 성리학적 가치로서 정치제도와 사회제도를 정비하였다. 세종(世宗, 재위 1418–1450)은 허주(許稠)에게 《오례의(五禮儀)》편찬을 명한다. 그래서 시작된《국조오례의(國朝五禮儀)》는 세조(世祖) 때 강희맹(姜希孟) 등의 손을 거쳐 성종(成宗) 5년(1474) 신숙주(申叔舟) 등이 완성한다.《국조오례의》는 두우(杜佑)[146]가 쓴《통전(通典)》체제를 따르고, 주공(周公)의 작품이라고 알려진《의례(儀禮)》를 기반으로 하였다.

역시 주공이 만들었다고 하는《주례(周禮)》에 비견되는《경국대전(經國大典)》의〈예전(禮典)〉에서 '무릇 의주(儀註, 典禮 절차)는 오례의(五禮儀)를 준용한다'라고 명시한 대로, 조선왕조 전기(全期)에 걸쳐 길례(吉禮), 가례(嘉禮), 빈례(賓禮), 흉례(凶禮), 군례(軍禮)의 국가적 의례는《국조오례의》가 기본이 되어 진행되었다.[147]

다시 말하면 국가 차원에서 행한 제사예(길례), 손님맞이예(빈례), 혼인과 생일잔치예(가례), 상례(흉례), 군사의 예(군례) 모두는 약 3,100년 전에《주역(周易)》,《의례》,《주례》를 집필하였던 주공의 음양사상이 기반이 되었던 것이다.

오례 중 길례, 가례, 빈례, 흉례는 반드시 음식이 차려지는데, 이중 손님맞이예를 대상으로 하여 집중적으로 기술한다.

---

146 두우(杜佑, 735-812): 중국 唐代의 정치가. 唐 덕종(德宗) 때에 兵部侍郎判度支가 되어 혼란한 국가재정을 정리하였고, 806년에는 司徒同平章事가 되어 岐國公에 봉하여졌음. 저서로는《通典》과《理道要訣》등이 있음.

147 김상보,《조선왕실의 풍정연향》, 민속원, 2016, pp13-14.

1) 《의례》〈공식대부례〉와 우리의 상차림

(1) 술은 양, 안주는 음의 법칙을 준수한 〈공식대부례〉 상차림

〈공식대부례(公食大夫禮)〉는 나라의 주인인 공[君, 공작]이 예의를 다하여 집정관 하대부(下大夫)에게 향례(饗禮)가 있은 다음에 행하는 식사 접대예에 대한 기록이다. 밥과 국을 기본으로 한 상차림을 최초로 언급한 문헌이기도 하다.

당시 사대부의 자격을 갖추는 가장 중요한 조건은 식사에 관한 예의와 지식이었다. 예기(禮器)란 제기(祭器)를 가리키기도 하는데, 눈에 보이지 않는 최고의 손님 신(神)에게 예의를 다하여 음식을 담아 차리는 까닭에 禮器라 했다. 제기로 쓰였던 굽다리그릇 하나 하나가 밥상을 대신하였으므로 음식을 어떻게 담고 어느 위치에 차릴 것인가가 신을 대접하는 예의에서 중요한 작법 중 하나였다.

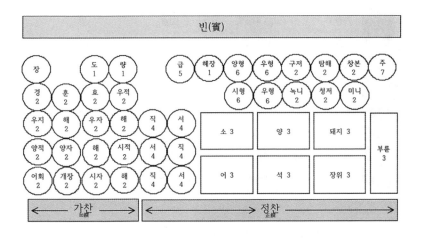

[그림 1] 《의례》〈공식대부례〉의 손님맞이 상차림

487

살아있는 사람을 대접할 때에도 마찬가지였다. 대접받는 사람이 귀할수록 음식 담는 차림을 禮器와 같은 수준으로 갖추었다. 신위(神位)를 북쪽에 모시고 신위의 남쪽에 음식을 차려 제사를 올리듯이 손님의 자리는 북쪽에, 검은 비단을 깔아 마련하고, 손님의 남쪽에 대접할 음식을 정성스럽게 차리는 것이다[148](〈그림 1〉), (제2장 I –3–2)–(2) 참조).

[표 18] 《의례》〈공식대부례〉의 정찬과 가찬, 그릇[149]

		음식	그릇	현대화한 음식명
정찬 正饌	정찬1	혜장	두(豆)	초장
	정찬2	저	두(豆)	소금절임 야채
	정찬2	해	두(豆)	젓갈
	정찬3	소, 돼지, 양 등 7조의 수육	조(俎)	수육
	정찬4	기장밥, 좁쌀밥	궤(簋)	밥
	정찬5	급	등(鐙)	고기국
	정찬6	우형, 양형, 시형	형(鉶)	야채고기국
	정찬7	주	치(觶), 풍(豐)	술
가찬 加饌	가찬1	쌀밥, 차조밥	보(簠)	밥
	가찬2	경, 훈, 효	두(豆)	곰국
	가찬2	우자, 양자, 시자, 우지	두(豆)	육회
	가찬2	어회	두(豆)	생선회
	가찬2	해	두(豆)	젓갈
	가찬2	개장	두(豆)	겨자장
	가찬2	소, 돼지, 양고기의 구이	두(豆)	고기구이
		장(漿)	치(觶), 풍(豐)	음료

---

148 김상보, 《한식의 道를 담다》, 와이즈북, 2017, pp90–91.
149 《儀禮》〈公食大夫禮〉: 김상보, 《한식의 道를 담다》, 와이즈북, 2017, pp90–93.

일곱 번에 나누어 진설한 정찬과, 두 번에 걸쳐 진설한 가찬은, 그냥 차린 것이 아니라 철저히 음과 양의 법칙을 따랐다. 결론적으로 먼저 기술하면 정찬에서 맨 나중에 차린 술이 대표적인 양(陽)의 음식이고, 나머지 모든 음식은 음(陰)의 음식으로 이분화하였다.

〈그림 1〉의 상차림은 물론 식사 접대를 위한 것으로서 밥과 밥반찬이면서 술과 술안주가 되게끔 차린 것이다. 그러니까 술과 술안주라는 관점에서 보면 술은 양이고 그 밖의 모든 음식은 음에 속하며, 밥과 밥반찬의 관점에서 보면 〈그림 2〉와 같은 상차림의 음양도가 성립된다.

夫禮之初′始諸飲食′其燔黍捭豚′汙尊而抔飲

무릇 禮의 처음은 음식에서 시작되었다. 기장을 익히고 돼지고기를 썰고 땅 속 단지에서 술을 손으로 떠서 마신다.[150]

饗禘有樂′而食嘗無樂′陰陽之義也°

凡飲養陽氣也°

凡食養陰氣也°

飲養陽氣也°故有樂食養陰氣也°故無聲凡聲陽也°

鼎俎奇而籩豆偶陰陽之義也°

籩豆之實水土之品也°

150 《詩經》〈大雅 生民〉

所以交於神明之義也°

춘제(春祭)의 향응에는 음악을 동반하지만 추제(秋祭)의 향응에 음악
이 없는 것은 음양의 뜻에 기초한 것이다.

무릇 술을 마시는 것은 양기를 키우기 위함이다.

무릇 음식을 먹는 것은 음기를 키우기 위함이다.

술을 마시는 것은 양기를 키움으로 악(樂)이 있다. 음식을 먹는 것은
음기를 키움으로 악이 없다. 무릇 악은 양이다.

(육류를 담는) 정과 조는 기수(홀수)로 하고 변과 두는 우수(짝수)로 한
다. 이것은 양과 음의 뜻이다.

변과 두에 담는 음식은 水와 土의 산물인 음성의 식물(食物)이다.

이렇게 구별하는 것이야 말로 신명(神明)에 통하는 도이다.[151]

이상의 글은 禮가 나오게 된 배경은 음식에서 비롯되었는데, 그 음
식은 기장밥, 돼지고기육회, 술이라는 것이다. 시대적 배경이 후직(后
稷)의 시절이었기 때문에 아직 세련된 조리기술을 보여주지 않는다.
그럼으로 불에 구워 익힌 기장밥, 돼지고기육회, 손으로 떠서 마시는
술이 등장한다. 그러나 이 문장에서 중요한 것은 기장밥과 육회, 그리
고 술이 등장했다는 점이다. 술의 안주가 기장밥과 육회인 셈이다.

시대는 흘러《예기》의 시대가 되자 술은 양, 술안주 음식은 음이고 술

---

151 《禮記》〈郊特牲〉 第11; 김상보, 《음양오행사상으로 본 조선왕조의 제사음식문화》, 수학사,
1995, pp63-64.

전통주 인문학

을 마시는 것은 양기(영혼)를 키우기 위하여, 음식을 먹는 것은 음기(육체)를 키우기 위함인데, 양기(영혼)를 키우기 위하여 술을 마실 때에는 양기를 더 진작시키기 위하여 양에 속하는 음악이 동반된다 하였다.

넓은 범주에서 술은 양이고 술안주 음식이 음이라면, 제한된 범주에서 술안주 음식을 다시 세분하여 음과 양으로도 나누고 있다. 육류(소, 양, 돼지 등)로 만든 음식, 즉 수육이나 육회 등은 양성(陽性)이고, 곡류나 채소, 생선 등으로 만든 음식은 음성(陰性)이라 하였다.

이러한 관점에서 〈공식대부례〉 차림 음식을 음과 양으로 분류하면 정찬 1, 정찬 2, 정찬 4, 가찬 1은 음에 속하고, 정찬 3, 정찬 5, 정찬 6, 정찬 7, 가찬 2는 양에 속한다. 또 음식을 먹은 후에 마시는 음료 장(漿)은 음에 속한다. 물론 정찬 6과 가찬 2 속에는 고비나물 등과 생선회 같은 음성도 들어있지만 양(量)으로 보았을 때 양성이 압도적으로 많으므로 양의 범주에 넣어도 무방하다. 그렇다면 차림에서 양 5, 음 5가 성립된다.

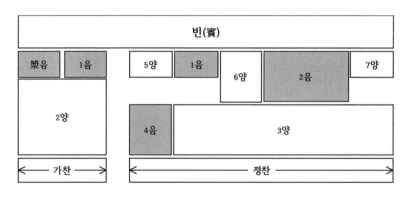

[그림 2] 《의례》〈공식대부례〉의 상차림 음양도

다음은 공(公), 사(士), 재부(宰夫) 세 사람이 나누어 진설한 차림을 보도록 한다.

공: 정찬 1의 혜장(초장), 정찬 5의 급(대갱), 가찬 1의 도(찹쌀밥)와 량(차조밥)

사: 정찬 3의 각종 수육, 가찬 2의 곰국과 구이 및 회

재부: 정찬 2의 저(소금절임야채), 정찬 4의 서(기장밥)과 직(메조밥), 정찬 6의 갱, 정찬 7의 술, 음료 장[152]

이렇듯 공, 사, 재부가 음식을 나누어 진설했다는 것은 상차림에서 차지하는 음식의 비중을 제시한다. 즉 음식의 대표는 공이 직접 차린 찹쌀밥과 차조밥, 그리고 대갱인 급(국)과 초장인 혜장이다. 밥과 국이 상차림의 기본이고, 초장은 모든 반찬의 간을 맞추어 준다는 의미에서 반찬의 대표가 된다는 것이다.

중국에서 밥과 국을 기본으로 한 상차림은 〈공식대부례〉 이후에도 오랫동안 지속되었다. 《예기》를 근거로 한다면 적어도 전한(前漢) 시대까지는 밥과 국이 기본이 되고 있었다.[153]

앞서 술을 마실 때 술은 양이고 그 밖의 음식은 술안주의 범주에 해당하는 음에 속함을 기술하였다. 그러니까 밥 먹을 때 국이 중요하듯이 술을 마실 때에도 국은 제일 중요한 안주감이 되는 셈이다.

---

152 김상보, 《한식의 道를 담다》, 와이즈북, 2017, p94.
153 김상보, 《한식의 道를 담다》, 와이즈북, 2017, pp94-95.

(2) 〈공식대부례〉를 계승한 정조임금께 올린 상차림

영조 52년(1776) 영조가 돌아가시자 영조의 둘째 손자였던 정조임금이 왕위에 올랐다. 정조임금의 아버지는 영조 11년(1735년, 을묘년)에 영빈이씨의 소생으로 태어난 사도세자(1735-1762)이고, 어머니는 홍봉한의 딸인 혜경궁홍씨(1735-1815)이다.

아버지 사도세자가 뒤주에서 참변당하는 것을 겪은 정조임금은, 즉위한 해 3월 20일 영조가 내린 시호 사도(思悼)를 장헌(莊獻)으로 바꾸어 추존하고 수은묘(垂恩墓)라 했던 묘소를 영우원(永祐園)으로 봉호하였다. 또 즉위한지 13년이 되는 해인 1789년, 양주 배봉산에 있던 영우원을 수원의 화산(花山) 아래로 이장하였다. 사도세자가 돌아가시고 27년 후의 일이다. 이 때 정조임금은 영우원이라 했던 묘명을 다시 현륭원(顯隆園)으로 바꾸었다.

아버지 묘를 이장하고 6년이 지난 해인 정조 19년(1795)은 장헌세자와 자궁(慈宮, 혜경궁홍씨)이 갑년(甲年)이 되고 자전(慈殿, 정순왕후, 영조의 계비)이 51세가 되며, 정조 즉위 20년이 되는 등의 겹치는 해였다. 정조임금은 이에 자궁과 자전께 존호를 올린 다음, 자궁을 모시고 청연군주 및 청선군주(사도세자의 딸)와 함께 화성(華城, 지금의 수원)의 현륭원으로 가서 부모님께 환갑잔치를 베풀어 드릴 결심을 하고 실행에 옮겼다.

《원행을묘정리의궤(園幸乙卯整理儀軌)》는 이때의 사건 전말을 기록한 책이다. 윤2월 9일 창덕궁을 출발하여 윤2월 16일 환궁하기까지 8일 동안의 행사 내용과, 행사를 준비하고 행사를 마친 후의 상황을 기술하였다. 〈그림 3〉은 윤2월 9일 정조임금께 올린 7첩(7기)을 차린 조수

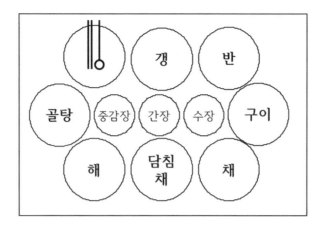

(흑칠족반 2립(立), 유기, 7기)
[그림 3] 1795년 윤2월 9일 정조임금께 올린 조수라(《원행을묘정리의궤》, 1795)

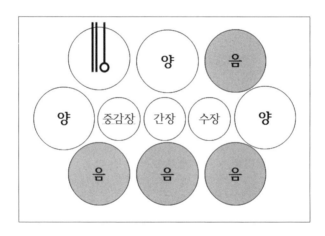

(흑칠족반 2립(立), 유기, 7기)
[그림 4] 1795년 윤2월 9일 정조임금께 올린 조수라 상차림 음양도
(『원행을묘정리의궤』, 1795)

라(朝水刺)이다. 어머님 환갑 때 차려 올린 것이니 평상시 보다 잘 차려

드린 차림일 것이다. 밥과 국에 찬(饌) 5그릇인데 증감장, 간장, 수장은

전통주 인문학

장(醬)이라 첩수에 포함시키지 않았다.[154]

〈그림 4〉는 〈그림 3〉의 차림을 음과 양으로 도식화하였다. 반(飯, 밥), 해(醢, 젓갈), 채(菜, 나물), 담침채(淡沈菜, 싱거운 김치)가 음이고 갱(羹), 골탕(骨湯), 구이(炙伊)가 양이다. 이 차림에 술이 올라가니 술은 양이므로 음 4, 양 4가 성립된다.

〈그림 3〉은 밥, 국(대갱인 급), 장(혜장)을 중심으로 해서 차린 〈그림 1〉의 〈공식대부례〉 차림법을 계승한 것이다. 뿐만 아니라 음과 양의 비율도 양자 모두 정확히 하고있다. 또한 술을 양으로 나머지 음식을 음으로 분류했을 때, 밥하면 국이 중요하듯이 술 마실 때의 중요한 안주감은 탕인 점도 같다. 비록 〈공식대부례〉 이후 2900여년이 지난 상차림이지만 밥과 국, 술과 국이라고 하는 음과 양의 서로 대칭되는 틀 속에 여전히 존재하고 있다.

---

154 《園幸乙卯整理儀軌》, 1795.

2

연향

1) 제향에서 출발한 연향

옛날 왕은 박수[覡]였다. 중국의 은(殷, 1700~1100 B.C) 시절, 왕 상제(上帝)는 남자 무당 즉 박수였다. 그는 화(禍)와 복(福)을 내려주고, 바람과 비를 관리하기도 하며, 하늘의 기(氣) 변화도 미리 관장하는 자였다.[155]

은대(殷代) 만기(晚期)의 유적에서 출토되는, 문자가 새겨진 복골(卜骨)을 갑골문자(甲骨文字)라 한다. 갑골은 구갑수골(龜甲獸骨)의 약칭이다. 구갑은 거북의 등딱지, 수골은 소의 어깨뼈이다. 그러니까 거북의

---

155 김상보, 《조선왕조 궁중연회식의궤 음식의 실제》, 수학사, 1995, p19.

전통주 인문학

등딱지나 소의 어깨뼈에 점치고자 하는 복사(卜辭)를 새기고, 그것을 불에 구웠을 때 생기는 금으로 사물을 점쳤다.

물론 이 점은 은의 왕에 의하여 주도되었다. 갑골문자에 의하여 왕은 신권(神權)을 가졌으며, 제사를 행하고, 점복(占卜)을 주재(主宰)하는 일은 왕의 권한에 속한다는 사실이 밝혀졌다. 왕은 모든 일에 제사를 통하여 신의 뜻을 묻고 신의 뜻에 따라 집행하였다. 은나라는 제정일치(祭政一致)의 체제였다.[156] 제사 이후에 행하는 음복연(飮福宴)으로 인한 사치와 음주(飮酒)가 멸망하는 원인이 될 정도였다.[157] 은의 시절 제사를 제향(祭享)이라 했다. 享이란 '제사지낼 향', '흠향할 향', '잔치 향', '드릴 향'이다. 연향(燕享)이란 제향(祭享)에서 왔다는 이야기이다. 제향을 통해서 신을 접대하고 이후에 신께서 잡수시고 남기신 술과 음식으로 그곳에 모인 사람들이 음복하는 것이 연향이다.

한반도의 경우도 마찬가지이다.

단군은 풍사(風師), 우사(雨師), 운사(雲師)의 사(師), 즉 무(巫)였으며[158], 신라의 남해왕(南解王) 일가는 가족무(家族巫)였다.[159] 백제사회는 음양오행을 알고 귀점(龜占)이 있었다.[160] 귀점이란 바로 은나라에서 행했던 거북이 등딱지에 복사를 새겨 쳤던 점이다. 백제도 은 사회와 마찬가지로 음양오행 사회였다. 우리 고대의 민족을 동이족(東夷族)이

---

156 김상보, 《음양오행사상으로 본 조선왕조의 제사음식문화》, 수학사, 1996, p19.
157 김상보, 《음양오행사상으로 본 조선왕조의 제사음식문화》, 수학사, 1996, p20.
158 林桂弘, 《근세인의 무속신앙에 관한 고찰》, 통문관, 1971, p199.
159 金用淑, 〈한국여속사〉, 《韓國文化史大系 Ⅵ》, 고대민족문화연구소, 1970, p533.
160 《周書》〈異域傳〉; 《隋書》〈百濟傳〉

라 하는데 은나라도 산동(山東)을 근거지로 해서 살던 동이족에서 출발한 왕조이므로 백제사회와도 연결고리가 있지 않나 한다.

고대 한반도 역시 제정일치 사회였으므로 제사는 국가 경영에서 가장 귀한 행사였을 것이며, 이러한 제향 이후에 행하는 음복연 또한 거창했을 것으로 판단된다.

> 부여국: 영고(迎鼓)라는 대회에서는 연일 음식가무(飮食歌舞)가 있다.
>
> 고구려: 10월 동맹(東盟) 때 천(天)을 제(祭)한다. 이 때 남녀가 군집하여 창악과 가무한다.
>
> 예: 10월에 무천(舞天)이라는 제천(祭天)이 있고 주야 음주가무(飮酒歌舞)한다.[161]
>
> 한: 5월과 10월에 제천이 있고 가무음주한다.[162]

이상의 글은 제사 후 술과 술안주로 공음공식(供飮供食)하면서 신으로부터 받은 복을 창악과 가무를 통하여 나타내는 장면들이다.

2) 제향과 연향에서 '술마심'이 지니는 의미

앞서 은(殷) 나라의 제사로 인한 사치와 과도한 음주가 나라를 멸망

---

161 《後漢書》〈東夷傳〉
162 《三國志》〈東夷傳〉

전통주 인문학

케 한 원인이 되었음을 기술하였는데, 왜 모든 제사에서 반드시 술이 필요할까. 무당이 굿을 할 때 이상한 도취 상태로 되는 현상을 엑스터시(ecstasy, extasy)라고 한다. 무당은 엑스터시에 빠짐으로서 신과 만나 비로소 길흉화복을 점칠 수 있다. 엑스터시에 도달하기 위한 매개체로서 술을 마셔야 한다.

제정일치 시대 신권을 가진 무당이었던 왕은 신에게 술을 드리고, 그리고 음복을 통하여 엑스터시에 도달하여 신과 만나 길흉화복을 점쳤다. 이렇게 제사가 끝나면 제장(祭場)에 모인 사람들에게 다시 음복연이라는 향연을 베풀어 신과의 화합을 도모하고자 했다.

시대가 내려와 음양사상이 정립된 이후 〈술마심〉은 좀더 논리적이 된다. B.C 552년에 공자(孔子)[163]가 B.C 372년에 맹자(孟子)[164]가 탄생하여 확립된 유교는 B.C 108년 경 한무제(漢武帝)가 사군(四郡)을 두었을 때 한반도에 이미 들어온 것으로 보고 있다.

이후 조선왕조에서 전개된 유교는 공자의 주재적(主宰的) 운명적인 천(天, 神)과 맹자의 의리적인 천 및 동중서(董仲舒)[165]의 음양오행적 천 그리고 주희(朱熹)[166]의 원리적인 천을 화합하였다.[167] 조선시대 유학인들의 귀신관을 보면 '삶과 죽음은 一이면서 二요, 二이면서 一이

---

163 공자(孔子, B.C 552-479): 중국 춘추시대의 대철학자. 仁을 이상의 도덕이라 함.
164 맹자(孟子, B.C 372-289): 중국 전국시대의 대철학자. 성선설(性善說)을 주장함.
165 동중서(董仲舒, B.C 179-104): 중국 전한시대의 유학자. 한 무제는 동중서의 의견을 받아들여 유교를 국교로 제정하였음. 春秋公羊學을 수학하여 사람은 하늘과 밀접한 관계가 있음을 주장함.
166 주희(朱熹, 1130-1200): 성리학을 대성한 남송의 대유학자. 주자(朱子)라고도 함. 성리학을 주자학이라고도 일컬음.
167 金敬琢, 〈한국원시종교사〉, 《韓國文化史大系 Ⅵ》, 고대민족문화연구소, 1970, p149.

다'¹⁶⁸ 라고 하여 삶과 죽음을 일치시켰다. 인간은 영원하고 또 사람과 귀신이 그 성정(性情)에서 동일하다는 관념을 보여준다.

즉 인간이 살아 있다는 것은 양인 혼기(魂氣)와 음인 형백(形魄)이 합해져 있는 상태이다. 죽음이라는 것은 혼기와 형백이 분리되어, 혼기는 하늘[天, 陽]에, 형백은 땅[地, 陰]으로 돌아가 영원히 존재하게 되는 상태라는 것이다. 양기(陽氣)는 혼, 음기(陰氣)는 백이다. 죽음이란 혼의 승천을 의미한다. 승천한 양기는 신명(神明)이 되지만 살아있을 때 원한이나 미련이 있을 때에는 죽은 이후 승천하지 못하고 음기가 되어 귀신(鬼神) 형태로 사람들 주변에서 조화를 부린다고 생각하였다.

하늘과 땅에 분산되어 흩어져 있던 혼과 백은 제사 때에 합하여져서 차려진 음식을 생시와 마찬가지로 잡수시고 안정이 되어(revīvīscentia momentanca) 후손에게 복(福)을 주시게 되고, 그렇지 못하면 인간에게 벌을 주게 된다.¹⁶⁹ 이러한 신관(神觀)은 물론 주대(周代)의 음양사상에 바탕으로 한다. 조선왕조의 유학은 주대(周代)의 복고주의(復古主義)이다. 《예기(禮記)》를 통하여 신관을 들여다본다.

宗廟嚴故重社稷°
重社稷故愛百姓°

종묘의 안태를 구하기 때문에 사직을 존중하며

168 成樂熏, 〈한국유교사〉, 《韓國文化史大系 Ⅵ》, 고대민족문화연구소, 1970, p404.
169 김상보, 《음양오행사상으로 본 조선왕조의 제사음식문화》, 수학사, 1996, pp89-90.

전통주 인문학

국가의 평안을 기도한다. 이것이 백성을 사랑하는 것이다.[170]

社祭土而主陰氣也°

社란 국토의 신을 제사하는 것이며 음기를 제사하는 것이다.[171]

　조선왕조가 패망할 때까지 제사 올렸던 종묘사직에 대한 《예기》의
글이다.

曾子曰′吾子不見大饗乎°
夫大饗′旣饗′卷三牲之俎′歸于賓館°
父母而賓客之′所以爲哀也°
子不見大饗乎°

증자가 답하기를 당신은 대향에서의 예를 본 적이 있습니까?
대향에서는 끝나면 소, 돼지, 양의 수육 나머지를 싸서 객관으로 보내
게 됩니다.
부모가 돌아가시면 빈객(손님)과 같은 격으로 대접하는 것이 애통의
정을 표현하는 방법입니다.
대향의 예를 보십시오.[172]

170 《禮記》〈大傳〉第16
171 《禮記》〈郊特牲〉第11
172 《禮記》〈雜記下〉第21

돌아가신 부모님을 위하여 제사드릴 때 올리는 음식은 연향에서 손
님을 극진히 대접하듯이 해야함을 강조한 글이다.

聲音之號′所以詔告於天地之間也°
周人尙臭′灌用鬱臭′
鬱合鬯′臭陰達於淵泉°
旣灌然後迎牲′致陰氣也°
蕭合黍稷′臭陽達於牆屋

음악을 울려 퍼지게 함은 천지의 어딘가에 계시는 신령을 불러 맞이하
기 위함이다.
주나라 사람들은 냄새를 존중하였다.
울창주를 땅에 부어 그 냄새로 신령을 모셨다.
울창주에 울금초를 합하여 그 향기를 땅[陰]의 깊은 연못에까지 도달
시키는 것이다.
땅에 붓는 의식이 끝난 연후에 희생되는 짐승을 맞이하여 땅 속의 음
신을 불러 모신다.
쑥을 서와 직에 합하여 태워서 냄새를 집 지붕 위에 높이 도달케 하여
양신을 불러 모신다.[173]

---

173 《禮記》〈郊特牲〉第11

제사에서 음악[양]이 있음은 주변의 신을 맞이하기 위함이며, 술[양]을 땅에 붓는 것은 땅 속의 음신을 불러모시고, 쑥·기장·좁쌀[음]을 태우는 것은 그 연기로 하늘의 양신을 맞이하기 위함이다. 다시 말하면 제사를 지낼 때 올리는 음식은 최고의 손님을 접대하듯이 해야 되는데, 음악과 술 그리고 향(香, 여기서는 쑥에 서와 직을 합하여 태우는 향기)을 사용하는 것은 신을 모시기 위함이다. 음악으로 주변의 신령을 맞이하고 술로 음신을 모시며 향으로 양신을 모신다.

제사가 끝난 후 음복이라는 과정을 통하여 행주하며 마시는 술에 대하여는 다음의 글이 있다.

顯道하고 神德行이라 是故로 可與酬酢이며 可與祐神矣니

도를 드러내고 덕행을 신묘하게 한다. 그러므로 더불어 수작할 수 있고 더불어 신을 도울 수 있다.

도를 들어낸다고 하는 것은 천도(天道) 즉 어느 쪽에도 치우침이 없는 올바른 중정지도(中正之道)가 드러난다는 것이다. 덕행을 신묘하게 함은 지도(地道)가 정립되어 그 결과로 주위 사람들에게 덕을 베푼다는 의미이다. 즉 술이란 하늘의 도와 땅의 덕을 알게 해주는 음료이다. 군자는 술을 마시고 안주를 먹으면서 편안하게 잔치를 즐기는 음식연락(飲食宴樂)을 통하여 몸과 마음을 돌본다. 군자에게 음식은 인격을 완성하기 위한 영양소이다. 주식(酒食, 飮食) 하면서 몸과 마음을 돌보아 중정지도를 지닌다면, 군자를 도울 수 있는 훌륭한 벗은 찾아올 것이며,

큰일을 도모할 수 있다.[174] 그러므로 술이란 군자(君子)에게 있어서 없어서는 안 되는 영혼을 맑게 하는 양성(陽性)의 음료이다. 연향에서는 행주(수작)를 통하여 중정지도를 갖춘 주인과 빈객 사이에 화합이 이루어진다.

결론적으로 말하면 제사에서든 연향에서든 '술'은 하늘의 도와 땅의 덕을 자각하는데 없어서는 안 될 음료로서 반드시 한[大] 항아리에 술을 담가 신과 그 장(場)에 모인 사람들이 공음(供飮)을 하고, 이를 통하여 신과 인간이 일심동체가 되는 것이다. 음식연락을 통해서 신의 뜻을 받아들인 인간은 '참사람 됨'이 옆의 사람들과의 수작(酬酌)으로 전해져 신(神)을 도울 수 있는 경지에까지 이른다. 그것이 '술 마심'의 목적이다. 이 때 술안주[陰]가 제공되며 공음공식(供飮供食)을 하게 된다.

술은 정신세계 영혼(양)을 살찌우며, 술안주는 육체(음)를 살찌운다.

3) 조선왕실의 연향

《국조오례의》의 오례 중 가례(嘉禮, 혼례와 생일잔치예), 길례(吉禮, 제사예), 흉례(凶禮, 상례), 빈례(賓禮, 손님맞이예)의 사례(四禮)에서 반드시 행해지는 것이 연향이다.[175]

---

174 《周易》〈繫辭上篇〉 9章; 《周易》〈水天需〉
175 길례와 상례의 연향의례는 가례와 빈례에서의 연향의례와는 다르다. 본장에서는 이후 가례와 빈례에서의 연향 만을 다룬다.

연향(宴享)은 연향(燕享)이다. 연(燕)은 왕이 신하와 더불어 마시는 합음(合飮)을 뜻하고, 향(享)은 신하가 임금께 올리는 헌(獻)의 의미이다. 燕을 통하여 왕이 신하에게 자혜(慈惠)를 나타내 보이고, 享을 통하여 신하들은 공검(恭儉)을 드러낸다.

혼례연향이든, 손님맞이연향이든, 제례연향이든 반드시 의례(儀禮)와 악(樂)이 수반된다. 의례는 예(禮)에서 나온 것으로 음(陰)이고, 악은 양(陽)에서 나왔다. 의례와 악은 연향에서의 질서를 갖추기 위해서 반드시 필요한 것으로 가례, 길례, 빈례, 상례, 군례의 오례에서 가장 기본적인 요소이다. 이렇듯 조선왕조의 예악관(禮樂觀)은 정치를 행하는 중요한 근본이자 나라를 다스리는 기본이었다.

음(陰)에서 나온 禮로 가정과 국가의 질서를 이루어 상하의 위계질서가 세워지고, 그럼 가정, 사회, 국가를 단합시켜 올바른 정치가 구현되며, 양(陽)에서 나온 樂으로 성인(聖人)과 군자(君子)의 성정(性情)을 기르고 사람과 신을 화합하게 하는 근본으로 삼았다.[176] 예악관은 하늘과 땅에 순종하고 음과 양을 조화시키는 길이었다.《국조오례의》는 예악관에 기초하였다.

헌수주와 합음을 기반으로 한 연향은 얼핏보면 인간을 주체로 하는 연향인 것 같지만, 신에게 복을 받고자 하는 의식구조에서 출발하였다. 그러니까 가례, 빈례, 길례, 상례 속의 연향사상 체계 속에는 신이 주인공이고 인간은 연향을 통하여 신으로부터 보호를 받는, 신으로부

---

176 《禮記》〈郊特牲〉第11

터 초빙된 손님이다. 인식이 깊게 깔려 있다.

모든 연향은 신을 즐겁게 해드리기 위하여 정성스럽게 만든 술과 최고의 찬(饌, 안주) 및 악(음악)을 마련하여 신을 접대한 다음 음복연(飮福宴)을 한다. 연향장은 제장(祭場)이고, 神은 눈에 보이지 않지만 가장 지위가 높은 손님이며, 제한된 공간 속에서 연향장에 모인 사람들은 신의 축복을 받을 수 있으니 운이 좋은 선택받은 빈객들이다.

그래서 조선왕실에서 행하는 모든 연향에는 신이 잡수시는 음식, 인간이 먹는 음식을 구분하여 각각 준비하였다. 신이 잡수시는 음식은 신이 기꺼이 강림하셔서 즐기실 수 있도록 가장 화려하고 정성을 다해 차렸다. 이 상차림에 올라 있는 음식은 연회 도중에는 먹을 수 없고 연회가 끝나고 나서야 허물어 음복하였다.

이러한 연향 구조는 조선왕조가 개국되고 나서 형성된 것은 아니고 고려왕실의 연향을 속례(俗禮)로서 받아들여 계속 이어진 결과물이다. 고려는 건국 초부터 신라의 전통을 기초로 하여 토속적인 것과 불교적인 것을 유지하면서 다른 한편에서는 당나라의 제도를 모방한 유교식을 도입하여 관혼상제를 정립하였다. 고려 중엽에는 유교식이 불교식과 융합되어 정착되고 있었다. 물론 도교적인 요소도 가미되었다.

고려왕실의 연향 구조가 도교, 불교, 유교를 융합시켰다면(팔관회, 연등회), 조선왕실은 고려왕실의 연향을 속례로서 받아들인 것에 유교적인 것을 강화 보완하였다.[177] 고려왕실의 연향이 다연(茶宴)이었으므로

---

177 김상보, 《한식의 道를 담다》, 와이즈북, 2017, pp158-159.

조선왕실에서 행한 연향도 다연적 성격을 벗어나지 못하고 경술국치가 이루어진 1910년까지 이어졌다.

이상 기술한 연향구조를 1643년의 청(淸) 사신 접대례인 빈례(賓禮)를 통하여 들여다본다.

(1) 향례(饗禮)와 헌수주

향례에서 饗은 享이다. 향(享)은 '제사지낼 향', '드릴[獻] 향'이다. 따라서 향례란 제사를 통하여 드린다는 뜻을 함축하고 있다. 즉 향례에서의 헌수주는 신께 제사올리고 신께서 잡수시고 남기신 음식으로 헌수주(獻壽酒)함을 뜻한다.

고려왕실에서 행했던 연향과의 상관관계를 본다면, 향례는 팔관회와 연등회에서의 소회(小會) 부분에 해당된다.

〈그림 5〉는 1643년 청나라 사신이 왔을 때 조선정부에서 베푼 전별연(餞別宴)에서 향례 때에 차린 것을 발췌하여 필자가 도식화한 것이다. 결론부터 이야기하면 〈그림 5〉의 음식상은 청나라 사신을 돌보아 주시는 신께 올리는 상이다.

굽다리그릇에 음식을 고여 담아 차린 중일과상(中一果床)의 찬품(饌品)은 1행이 전단병(全丹餠) 2기, 백다식(白茶食) 2기, 2행이 염홍미자아(染紅味子兒) 1기, 유사미자아(油沙味子兒) 1기, 중박계(中朴桂) 1기, 적미자아(赤味子兒) 1기, 율미자아(栗味子兒) 1기, 3행이 운빙(雲氷) 1기, 적미자아 2기, 백미자아(白味子兒) 1기, 첨수(添水) 1기, 4행이 대추[大棗] 1기, 황율(黃栗) 1기, 호두[實胡桃] 1기, 밤[實生栗] 1기, 잣[實栢子] 1기, 곶감[乾柿子] 1기 합 20기이다. 이들은 대추, 황률, 호두, 밤, 잣,

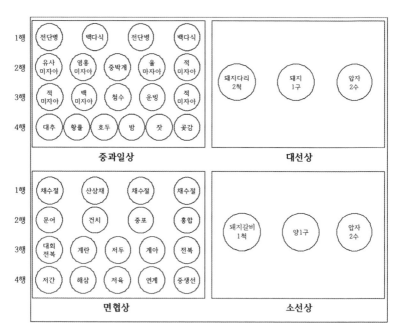

[그림 5] 1643년 청나라 사신을 위한 전별연에서의 향례 상차림(《영접도감의궤》, 1643: 김상보, 《조선왕조 궁중의궤 음식문화》, 수학사, 1995, p101)

곳감을 제외하면 전부 유밀과(油蜜果)로 구성되었다.

중일과상과 마주 보게 차린 면협상(面俠床)의 찬품은 1행이 계절 채소로 만든 나물류인 채수절(菜隨節) 3기, 산삼채(山蔘菜) 1기, 2행이 건어육(乾魚肉)류인 문어(文魚) 1기, 건치(乾雉) 1기, 중포(中脯) 1기, 홍합(紅蛤) 1기, 3행이 삶거나 쪄서 만든 음식류인 대회전복(大灰全鰒) 1기, 계란(鷄卵) 1기, 돼지머리수육[猪頭] 1기, 연계[鷄兒] 1기, 전복(全鰒) 1기, 4행이 전어육(煎魚肉)류인 돼지간[猪肝]전 1기, 해삼(海蔘)전 1기, 돼지고기[猪肉]전 1기, 연계(軟鷄)전 1기, 중생선(中生鮮)전 1기 합 18기

전통주 인문학

이다.

소선상(小膳床)에 차린 찬품은 돼지갈비 1척, 양 1마리, 오리 2마리로 삶아 익힌 수육[熟肉]이다.

대선상(大膳床)에 차린 것은 돼지다리 2척, 돼지 1마리, 오리 2마리로 삶아 익힌 수육이다.[178]

이상의 찬품들은 연회 시작 전에 미리 차려진다. 유밀과로 구성된 중일과상의 찬품은 차[茶]와 한 조가 되게 하여 신께 바치는 음식이며, 면협상 및 소선상과 대선상은 술안주이다. 그러니까 신께 차도 올리고 술도 올린다는 이야기이다.

신께 먼저 차와 유밀과를 올리고 나서 술과 술안주를 드리는데, 술안주인 소선의 수육을 술안주로 드실 때에 신께서 목이 메지 않게 염수(鹽水)라는 탕도 함께 올리게 된다.

신께서 차와 술 드시는 일이 끝나게 되면 손님인 청나라 사신에게 음복을 겸하는 헌수주례가 있게 된다. 청나라 사신에게 헌수주하는 술은 신께서 드시고 남기신 술이며, 술안주는 신께서 잡수시고 남기신 소선의 양고기이다. 헌수주례의 작수(爵數)는 《의례》에 의하면 상공(上公), 제후(諸侯), 대부(大夫)로 분류하여 상공은 9헌(九獻, 술을 9번 올린다는 뜻), 제후는 7헌, 대부는 5헌을 올린다 하였다.[179]

---

178 《迎接都監儀軌》, 1643: 김상보, 《조선왕조 궁중의궤 음식문화》, 수학사, 1995, p101.
179 《儀禮》

(2) 연례(宴禮)와 행주

연례에서 宴은 燕이다. 연(燕)은 '편안할 연', '쉴 연'이다. 향례 이후의 연례는 편안한 상태에서의 행주(行酒)이다. 주인공과 연회에 참석한 사람들이 정을 나누고 즐거움을 함께 하는 것을 목적으로 한다. 고려왕실에서 행했던 팔관회와 연등회에서의 대회(大會) 부분에 해당된다.

〈그림 6〉은 1643년 청나라 사신이 왔을 때 조선정부에서 베푼 전별연에서 연례 때에 차린 상차림 오미수(五味數)이다.[180] 주빈(主賓)과 연회 참석자들 간에 헌작(獻爵), 초작(酢爵), 수작(酬爵)의 행주가 행해지면서 이 때 음악도 등장하고 본격적인 연회가 이루어진다.

초미(初味), 이미(二味), 삼미(三味), 사미(四味), 오미(五味)는 연회장에 모인 사람들이 먹게 되는 술안주이다. 다섯 상의 술안주는 다섯 번의 행주를 뜻한다.

첫 번째, 술안주상 초미에 차린 찬품은 세면(細麵), 홍합자기(紅蛤煮

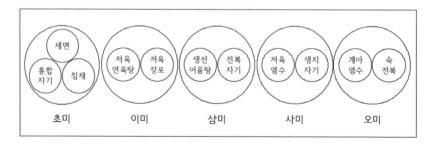

[그림 6] 1643년 청나라 사신을 위한 전별연에서의 연례 상차림(《영접도감의궤》, 1643: 김상보, 《조선왕조 궁중의궤 음식문화》, 수학사, 1995, p101)

---

180 《迎接都監儀軌》, 1643: 김상보, 《조선왕조 궁중의궤 음식문화》, 수학사, 1995, p101.

믜), 침채(沈菜) 3기이다.

두 번째, 술안주상 이미에 차린 찬품은 저육연육탕(猪肉軟肉湯), 저육 장포(猪肉醬泡) 2기이다.

세 번째, 술안주상 삼미에 차린 찬품은 생선어음탕(生鮮於音湯), 전복 자기(全鰒煮只) 2기이다.

네 번째, 술안주상 사미에 차린 찬품은 저육염수(猪肉鹽水), 생치자기 (生雉煮只) 2기이다.

다섯 번째, 술안주상 오미에 차린 찬품은 계아염수(鷄兒鹽水), 숙전복 (熟全鰒) 2기이다.[181]

첫 번째 행주 때 첫 번째 술과 초미, 두 번째 행주 때 두 번째 술과 이 미, 세 번째 행주 때 세 번째 술과 삼미, 네 번째 행주 때 네 번째 술과 사미, 다섯 번째 행주 때 다섯 번째 술과 오미가 배선되고 이후 돼지다 리[猪脚] 2척(隻), 돼지 1마리, 오리 2마리로 삶아 익힌 수육 대선이 음 악이 울리는 가운데 올려진다(〈그림 5〉).

대선은 연회의 주인공을 보살펴 주시는 신께서 마지막으로 잡수시 는 술안주이다. 강림한 신은 대선의 수육을 마지막으로 잡수신 후 본 래 계시던 자리로 돌아가시게 되는데, 이를 대비하여 처용무(處容舞)가 진행된다. 처용무란 신께서 잘 가시게끔 잡귀를 물리쳐서 앞길을 열어 드리기 위한 무용이다.

신께서 잡수시고 남기신 대선의 수육은 연회가 끝난 후 그 장소에

---

181 《迎接都監儀軌》, 1643; 김상보, 《조선왕조 궁중의궤 음식문화》, 수학사, 1995, p101.

모인 사람들이 음복하고 이로써 참석자들은 복을 받고 수복강녕의 세상이 된다.

4) 민중의 봉제사와 접빈객

연례란 좀 더 다른 각도에서 보면 손님접대례라고 볼 수 있다. 주인(왕)이 겸손한 덕(德)으로 도리를 다하여 손님(신하)을 위해 극진히 대접하는 예이다. 조선왕조의 오례(五禮)가 민가에서는 관혼상제의 통과의례로 정착되었다. 길례는 제례로, 가례는 혼례로, 빈례는 손님맞이예로, 흉례는 상례라고 불리어 《사례편람(四禮便覽)》 등과 같은 가례서(家禮書)가 등장하게 된다.

가례를 최초로 사대부에게 신칙(申飭)하고 사당(祠堂) 건립을 명령한 왕은 태종(太宗, 재위 1400-1418)이다. 이후 이조사회는 급속도로 유교국가로 선회하였다. 조광조, 이황, 이이, 김집, 송시열 등의 유학자들이 학통을 이어 유교는 최정상의 발달을 이루었다. 유교는 조선왕조의 종교로 군림하여 모든 의식은 주자가례(朱子家禮)에 의하여 행하여지게 되었다.

집집마다 가례를 존중하는 분위기에서 가장 신경을 많이 썼던 부분은 제사를 받들고[봉제사, 奉祭祀], 손님을 접대하는 일[접빈객, 接賓客]이었다. 이 봉제사와 접빈객을 위해서 최선을 다하는 삶을 살았기 때문에 봉제사 접빈객은 가장 번거롭고 일이 많았다. 그래서 각 가정에서는 술접대와 술안주 마련에 무엇보다도 세심하게 신경을 썼고, 맛있

전통주 인문학

는 술과 맛있는 술안주는 각 가정의 비법이 되어 대대로 전수되었다.

각 가문은 이 비법들을 후손에게 확실히 전승시키고자 기록으로 남겼다. 이 기록이 〈古調理書〉라는 형태로 나타난다. 대부분의 고조리서 내용에는 술 양주법 뿐만 아니라 술안주 만드는 법도 함께 기록되어 있다.

물론 이들 고조리서 기록은 남성, 여성 모두 참여하였다.

3

술은
어떻게 만들어 질까

술을 만들 때에는 누룩이 반드시 필요하다. 누룩을 국(麴) 또는 곡(麯)이라고도 한다.

불을 가하여 충분히 잘 익힌 곡류에 누룩을 합하고 물을 섞어서 발효시키면 술이 된다. 이렇게 1회로 끝나는 것을 단양주(單釀酒)라고 한다.

1회의 술을 밑술[酒母, 酟]로 해서 여기에 다시 누룩과 익힌 곡류를 합하여 덧술[酘]을 한다. 밑술에 덧술을 몇 번하는가에 따라 이양주(二釀酒), 삼양주(三釀酒), 사양주(四釀酒)가 된다. 곧 이양주는 밑술에 덧술 1회, 삼양주는 밑술에 덧술 2회, 사양주는 밑술에 덧술 3회로 하는 술이다.

전통주 인문학

1) 병국 만들기

조선시대에 들어서면 보다 다양한 양주에 대한 기록이 보인다. 특히 술 맛의 좋고 나쁨은 누룩의 좋고 나쁨에 달려있기 때문에 누룩 제조 방법을 다양하게 소개하고 있다. 예로서 1766년 유중림(柳重臨)이 찬한《증보산림경제(增補山林經濟)》와 1873년의《태상지(太常志)》속의 누룩을 보자

- 진면국(眞麵麴): 밀가루에 물을 넣고 되게 반죽하여 동그랗고 작게 만든 다음 띄워 만든 병국(餅麴, 떡누룩)이다.
- 료곡(蓼麴): 찹쌀알맹이에 밀가루를 부착하여 곰팡이를 번식 시킨 산국(撒麴, 흩임 누룩)이다.
- 녹두국(綠豆麴): 멥쌀가루에 녹두가루를 합하여 되게 반죽하여 동그랗고 작게 그리고 납작하게 만든 다음 띄워 만든 병국이다.
- 미국(米麴): 멥쌀가루에 물을 넣고 되게 반죽하여 증기로 약간 쪄서 발로 디뎌 밟아 솔잎에 싸서 띄운 병국이다. 또는 멥쌀가루에 물을 넣어 되게 반죽하여 달걀 크기로 단단히 빚어서 솔잎에 싸서 띄운 병국(이화주용 누룩)이다.
- 추모국(秋麰麴): 가을보리가루에 물을 넣고 되게 반죽하여 동그랗고 작게 만들어서 띄워 만든 병국이다(《증보산림경제》).[182]

---

182 柳重臨, 《增補山林經濟》, 1766.

•조국(造麴): 밀 95%에 녹두 5%를 화합하여 가루로 만들어 물을 넣고 되게 반죽하여 단단하게 잘 디뎌서 띄운 병국이다(《태상지》).[183]

산국(흩임누룩)도 있지만 대부분이 병국이다. 밀, 쌀, 보리, 녹두가 병국의 주재료가 되고 있다.

왜 병국을 누룩이라고 했을까. 누룩은 〈눌〉에서 나온 말이다. '누르다'는 뜻이다. 누룩 만들 때에 틀에 담아 발로 밟아 누루는 것에서 비롯되었다.[184] 원칙적으로 누룩이란 곧 성형해서 떡과 같이 만드는 것을 말함으로 병국(餠麴)을 지칭하는 말이다.

병국은 잘 밟아야 한다.

고려 말 조운흘(趙云仡, 1332-1404)이라는 문신이 있었다. 그는 공민왕 6년(1357) 문과(文科)에 급제하고 안동의 서기가 되었다. 공민왕 10년(1361) 홍건적이 침입했을 때 남쪽으로 피란하는 왕을 호종하여 공민왕 12년(1363) 2등 공신이 되었다. 창왕 즉위(1388) 후에는 서해도 도관찰사(都觀察使)로 나가 왜구를 토벌하였으며, 조선 개국 후 태조 원년(1392)에는 강릉부사가 되어 선정(善政)을 베푼 사람이다. 강릉부사 시절 술대접을 해야 하는 손님의 내방이 끊이지 않았으므로, 조운흘이 아랫사람들에게 말하기를

누룩을 잘 밟으면 단단해져 술맛이 좋다. 강릉태수의 술맛이 좋으면

183 《太常志》, 1873.
184 鄭大聲, 〈朝鮮半島の酒文化〉, 《酒と飮酒の文化》, 平凡社, 1998, p269.

손님이 더 모여들게 된다. 슬슬 밟아서 술맛을 나쁘게 하라

하였다는 것이다. 그 후 슬슬 밟아 만든 누룩으로 술을 빚으니 시고 [酸味] 술맛이 약했다. 손님이 오면 이런 술을 두어 잔 권하고는 술맛이 나빠서 권할 수 없다 하여 술상을 물리곤 하였다 한다.

시간이 흘러 김굉필(金宏弼)의 문인이면서 예조판서, 병조판서, 대사헌, 좌참찬, 대제학, 판중추부사, 세자이사(世子貳師) 등을 역임했던 김안국(金安國, 1478-1543)은 이 고사를 듣고 시 한편을 남겼는데[185], 그가 여주(驪州)에 운둔하고 있을 때이다.

누룩을 풍미(風味)로서 만드는데
이다지도 신술이 나오나
이 술이야 어찌 그대의 근심을 덜겠나.
강릉태수가 축객(祝客)을 비웃을 때
촌로(村老)로 하여금 그 법을 가르칠 뿐이지.

생활을 건강하고 넉넉하게 하는데 실제로 소용되는, 실용후생(實用厚生)의 학풍을 일으켜 실학 발전의 선구적 인물이 된 실학자(實學者) 홍만선(洪萬選, 1643-1715)은 그가 지은 《산림경제(山林經濟)》에서 강희맹(姜希孟, 1424-1483)의 《사시찬요(四時纂要)》를 인용하여 누룩 만드는

---

185 이성우, 《한국식품문화사》, 교문사, 1984, pp227-228.

법을 제시하였다.

누룩 디디는 시기는 초복 후(음력 6월)가 가장 좋고 중복 후 말복 전은 그 다음이다. 갈은 밀 10말에 밀가루 2말의 비율로 누룩을 만든다.
녹두즙에 여뀌[辣蓼, 달여뀌]를 섞어 밀가루에 합하여 반죽하여 단단하게 디딘다.
누룩을 잘 디디는 비결은 되게 반죽하여 꼭꼭 밟는 데에 있다. 만약 반죽이 되지 않으면 꼭꼭 밟으려 해도 물기가 있어 뭉그러져 나온다.

꼭꼭 디디지 않으면 누룩 기운이 이내 없어져서 쌀을 이겨내지 못한다. 단단하게 디딘 것은 한 덩이 마다 연잎이나 도꼬마리 잎으로 단단히 싸서 바람이 통하는 서늘한 곳에 매달아 둔다. 10월에 갈무리 해 둔다(《산림경제》).[186]

그러니까 《산림경제》의 밀누룩 만드는 법은 조선 초의 《사시찬요》를 인용하여 기술한 것이기 때문에, 조선왕조 초기의 밀누룩 제조법으로 보아도 좋다. 《사시찬요》보다 200년 뒤에 나온 안동장씨(安東張氏)가 지은 《음식지미방(飮食知味方)》(1670)에도 밀누룩 제조법이 기술되어 있다. 여기에서는 여뀌를 섞은 녹두즙으로 반죽하지 않고 물만으로 반죽하는 훨씬 간편한 방법이다. 시대가 내려오면서 보다 간단해진 것이다.

---

186 洪萬選, 《山林經濟》, 1715.

밀기울을 거칠게 빻은 밀가루로 해석한다면《제민요술》의 '분국'과 가깝다. 《음식지미방》의 〈누룩디디는 법〉과 《제민요술》에 기술된 분국 (笨麴) 계열인 〈진주춘주국〉과를 비교해 본다.

누룩 디디는 법

시기는 음력 6월과 7월 초순이 좋다. 누룩 분량은 밀기울 5되에 물 1되 씩 섞어 꽉꽉 밟아 디디고 비오는 날이면 더운물로 디딘다.

더울 때이니 마루방에 두 두레씩 매달아 자주 뒤적거리고 썩을 염려가 있을 때에는 한 두 차례씩 바람벽에 세운다.

날씨가 서늘하면 고석(짚방석)을 깔고 두 서너 차례씩 늘어놓는다. 위에 또 고석을 덮어 놓고 썩지 않게 자주 골고루 뒤집어 가며 띄운다.

거의 다 뜬 것은 하루쯤 볕에 쬐어 다시 거두어 더 뜨게 한다.

이것을 여러 날 두고 밤낮으로 이슬을 맞히는데, 비가 오는 듯하면 거두어 들인다(《음식지미방》).[187]

진주의 춘주국[188]

7월에 만든다. 밀을 약한 불에서 살짝 볶는다. 거칠게 찧어 나무틀에 담아 밟아 병국을 만든다. 쑥으로 덮어 21일 동안 띄운다.

깨트려 보아 오색 곰팡이가 생겼으면 반복하여 햇빛에 말린다(《제민요술》).

---

187 安東張氏,《飮食知味方》, 1670.
188 《齊民要術》, 530년 경.

《음식지미방》의 누룩과《제민요술》누룩의 차이점은 전자는 생밀을 후자는 살짝 볶은 밀을 재료로 하는 점만이 다르다.《음식지미방》누룩은《제민요술》의 분국 계열이라고 볼 수 있다.

《산림경제》와《음식지미방》의 누룩 주재료가 거칠게 빻은 밀가루[眞麵麴]인 것에 반하여 쌀가루로 만든 누룩이 김수(金綏, 1481-1552)가 지은《수운잡방(需雲雜方)》〈이화주조국법(梨花酒造麴法)〉에서 등장한다. 이화주를 위하여 특별히 만든 이 누룩법은《음식지미방(飲食知味方)》(1670)〈이화주조국법〉으로 이어지고 1766년에 나온《증보산림경제》에도 기술되어 있다.《제민요술》의〈대주백타국〉의 계열로 보임으로 비교해 본다.

배꽃[梨花]이 필 무렵, 하룻밤 물에 물린 멥쌀을 곱게 갈아 깁체(비단체)로 내린다. 여기에 물을 조금 뿌려 섞어 힘을 많이 주어 오리알 크기의 단단한 덩어리로 만든다. 계란 꾸러미 같이 다북쑥[蒿草]으로 꾸러미를 만들어 한 개 씩 그 속에 넣는다. 이들을 빈섬[空石, 빈가마니]에 넣어 7일 후에 뒤집는다. 세이레(21일) 뒤에 황색과 백색의 곰팡이가 서로 섞여 피었으면 바로 꺼내어 잠깐 바람에 쏘여 말린 다음 저장해 놓고 쓴다(《수운잡방》).**189**

대주백타국병방**190**

---

189 金綏,《需雲雜方》, 1500년대 초: 安東張氏,《飲食知味方》, 1670.
190《齊民要術》, 530년 경.

전통주 인문학

쌀 3섬 중 2섬은 찌고 1섬은 생것으로 하여 곱게 갈아 뽕잎, 도꼬마리 잎, 쑥 삶은 물을 넣고 반죽하여 덩어리로 만들어서 보리속짚에 넣어 28일 동안 띄운다. 꺼내어 햇빛에 바싹 말린다《제민요술》.

양자의 차이점은, 이화주국은 생쌀로 가루를 만들어 오리알 크기로 빚어서 쑥꾸러미 넣어 21일동안 발효시킨 것이라면, 백타국은 찐 쌀과 생쌀을 2:1로 해서 가루로 만들고 이 속에 뽕잎탕 등을 넣고 덩어리로 만들어서 28일 동안 발효시킨 것이다. 이화주국은 백타국 계열로 보아도 좋다.

한편 왕실의 제사를 위하여 준비되는 제물과 제사상차림 등을 기록한《태상지》의 〈조국법〉을 더 자세히 들여다보니 밀 15섬[石]에 녹두 6말 6되 5홉을 넣고 반죽하여 잘 디뎌 만든다 하였다.[191] 비록《태상지》〈조국법〉이 왕실 제사 때 소용되는 누룩의 재료와 분량이라고는 하나, 눈에 보이지 않는 최고의 손님인 돌아가신 왕실의 조상을 접대하기 위한 누룩의 재료 분량인 점에서, 왕실에서의 누룩제조도 같다고 본다.

밀 또는 쌀이 주재료로 동원되고, 녹두 등이 부재료로서 이용되는, 누룩의 제조 공정을 간단히 나타낸 것이 〈표 19〉이다.

여뀌, 연잎, 도꼬마리잎, 짚방석, 빈가마니는 누룩에 곰팡이가 이식되는 수단으로 사용되었다. 이들 식물잎과 짚에는 거미줄곰팡이(Rhizopus), 효모(yeast), 털곰팡이(Mucor)가 부착되어 있다.

---

191 《太常志》, 1873: 김상보, 《음양오행사상으로 본 조선왕조의 제사음식문화》, 수학사, 1995, p253.

2) 산국 만들기

원칙적으로 말하면 누룩이라는 용어는 병국에만 써야 마땅하지만 산국도 흩임누룩으로 부르기로 한다. 곰팡이술이 전래된 초기시대에는 산국이 술 제조의 주요 starter로서 존재했고 밀과 맷돌의 전래 이후 발로 디뎌 눌러 만드는 병국으로 고착되었다.

그런데 이 산국이 중국 명(明)나라 때 주권(朱權)이 찬한 《신은지(神隱志)》를 인용하여 《산림경제》에서 〈료국(蓼麴)〉으로 등장하고, 이것은 《증보산림경제(增補山林經濟)》에서도 〈료곡(蓼麴)〉으로 기술된다.

> 달여뀌[辣蓼]로 료곡 디디는 법
> 찹쌀을 달여뀌즙에 하룻밤 담갔다가 건져내어 마른 밀가루를 골고루 뿌린다. 종이봉지에 담아 바람이 통하는 곳에서 저장한다.
> 한 여름에 만든다. 두 달이면 쓸 수 있다. 술을 빚으면 아주 좋은 술[醇]이 된다(《산림경제》: 《증보산림경제》).[192]

습기를 듬뿍 머금은 찹쌀에 밀가루를 부착시켜 거미줄곰팡이(Rhizopus), 털곰팡이(Mucor), 누룩곰팡이(Aspergillus)로 발효시킨 것이다.

---

192 柳重臨, 《增補山林經濟》, 1766: 洪萬選, 《山林經濟》, 1715.

[표 19] 떡누룩[餠麴] 제조 공정

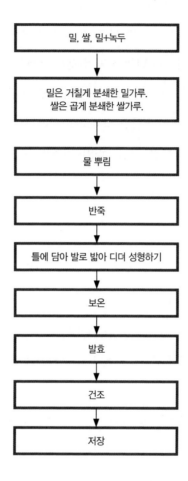

밀, 쌀, 밀+녹두
밀은 거칠게 분쇄한 밀가루. 쌀은 곱게 분쇄한 쌀가루.
물 뿌림
반죽
틀에 담아 발로 밟아 디뎌 성형하기
보온
발효
건조
저장

3) 술 만들기

술 만들기로 들어가기 전에, 현재까지는 가장 오래된 조리서인 《수운잡방》을 통하여 조선 전기의 술제조문화를 검토해 보기로 한다. 《수

523

운잡방(需雲雜方)》은 광산김씨(光山金氏) 김수(金綏, 1481–1552)가 저술한 식품가공에 관한 책이다. 김수는 중종(재위, 1506–1544) 때 안동의 오천군자리(烏川君子里)로 입향했다. 책의 출간 연대는 1500년대 초 경으로 당시 안동지방에서 만들어 먹던 것을 소개한 것이 많다.[193] 단양주, 이양주, 삼양주, 사양주, 소주 등 다양한 술 종류를 기술하고 있다. 이하의 술 기록은 책의 원문을 그대로 소개하지 않고 독자의 쉬운 이해를 위해서 필자가 부언, 편집, 교정하였음을 밝힌다.

(1) 단양주(單釀酒)

① 백자주(柏子酒)

신장과 방광의 냉증을 치료하고, 두풍(頭風)[194] 백사(百邪)[195] 귀매(鬼魅)[196]들린 것을 다스리기 위한 술이다.

재료는 잣, 멥쌀과 찹쌀, 밀누룩, 물이다.

곱게 찧은 잣 1말에 물 4말을 넣고 소쿠라지게 끓여 탕수(湯水)를 만든다.

멥쌀 1말 5되와 찹쌀 1말 5되를 가루로 만들어 쪄낸 다음 앞의 탕수와 합하여 골고루 섞어서 차게 식힌다. 여기에 밀누룩가루 3되를 골고루 섞어 숙성시켜 익힌다.

---

193 金綏,《需雲雜方》, 1500년대 초.
194 두풍(頭風): 머리가 늘 아프고, 또는 자꾸 부스럼이 나는 병.
195 백사(百邪): 온갖 종류의 나쁜[不祥] 기운.
196 귀매(鬼魅): 도깨비나 두억시니(사나운 귀신)에 들린 증.

② 삼일주(三日酒)

재료는 멥쌀, 밀누룩, 물이다.

술 빚기 하루 전 물 1말을 소쿠라지게 끓여 식혀 누룩 3되를 합한다 (수국水麴).

멥쌀 1말을 가루로 만들어 쪄내어 차게 식혀서 앞의 수국을 합한다. 다음 날 마실 수 있다.

③ 하일청주(夏日淸酒)

재료는 찹쌀, 밀누룩, 물이다.

3일 동안 물에 담가 두었던 찹쌀 3말을 쪄서 지에밥을 만든다.

찹쌀 불린 물을 끓인다. 이것에 쪄낸 찹쌀지에밥을 합하여 골고루 섞어 차게 식혀서 누룩 6되를 섞어 숙성시킨다.

개미(蟻, 술이 익으면 술 위에 뜨는 밥알)가 뜨면 익은 것이다.

④ 하일점주(夏日粘酒)

재료는 찹쌀, 밀누룩, 물이다.

끓인물 1동이에 3일 동안 담가둔 찹쌀 2말로 쪄서 지에밥을 만든다. 찹쌀 불린 물은 다시 끓여 식혀서 차게 식힌 지에밥과 합하여 누룩 4 되를 섞어 숙성시킨다.

7일이 지나면 마실 수 있다.

⑤ 일일주(一日酒)

재료는 멥쌀, 밀누룩, 물, 술이다.

물 3말과 누룩 2되, 술 1사발을 합한다. 이것에 멥쌀 1말로 찐 지에
밥 식힌 것을 섞는다. 아침에 빚은 것은 저녁에 마실 수 있고, 저녁에
빚은 것은 아침에 마실 수 있다.

⑥ 백출주(白朮酒)[197]

지한(止汗),[198] 제열(除熱),[199] 강장(强壯),[200] 경신(輕身),[201] 연년(延年)[202]에
좋은 술이다.

재료는 백출, 멥쌀, 밀누룩이다.

멥쌀 3말로 찐 지에밥 식힌 것에 백출가루 5되와 누룩 5되를 섞어
숙성시킨다. 익으면 짜서 물을 타서 마신다.

⑦ 이화주(梨花酒)

재료는 멥쌀, 멥쌀누룩, 물이다.

멥쌀 1말로 만든 고운 쌀가루로 구멍떡을 빚어 무르도록 삶아내어
차게 식힌다. 여기에 곱게 가루로 만든 멥쌀누룩 1되 3홉을 합하여 치
대어 섞어 숙성시킨다.

15일이 지나면 마실 수 있다. 냉수에 타서 마신다.

---

197 백출(白朮): 큰 삽주의 근경(根莖).
198 지한(止汗): 땀이 나는 것을 억제 또는 방지하는 것.
199 제열(除熱): 열을 없앰.
200 강장(强壯): 뼈대가 강하고 혈기가 왕성함.
201 경신(輕身): 몸을 가볍게 함.
202 연년(延年): 수명을 늘림.

　　　　　　　　　　　　　　　　　　　　　　　전통주 인문학

또는 멥쌀 1말로 만든 고운 쌀가루로 죽을 만들어 차게 식힌다. 이것에 곱게 가루로 만든 멥쌀누룩 1되 5홉을 합하여 숙성시킨다.

5~6일 후에 마실 수 있다.

(2) 이양주(二釀酒)

① 만전향주(滿殿香酒)

재료는 멥쌀, 밀누룩, 물이다.

멥쌀 1말로 만든 고운 쌀가루에 끓인물[湯水] 3사발을 넣고 개어 죽을 만들어 차게 식힌다. 여기에 밀누룩 2되를 섞어 숙성시킨다(밑술).

7일이 지난 후 멥쌀 2말로 지에밥을 만들어서 끓인물 6사발을 합하여 고루게 섞는다. 차게 식힌 다음 누룩 2되를 섞어 밑술에 합하여 덧빚는다(덧술).

7일 후에 술독 위가 맑아지면 짠다.

총 14일 만에 익는 술이다.

만전향주는 《거가필용》에서 소개된 술이다. 《거가필용》에서는 만전향주 양주를 위한 전용누룩을 소개하였으나,[203] 《수운잡방》에서는 일반 밀누룩을 쓰고 있다.

② 칠두주(七斗酒)

재료는 멥쌀, 밀가루, 밀누룩, 물이다.

---

203 《居家必用》

멥쌀 2말 5되로 만든 쌀가루에 끓인물 3말을 넣고 개어 죽을 만들어 차게 식힌다. 이것에 밀누룩 5되와 밀가루 2되를 섞어 숙성시킨다(밑술).

3일 후 멥쌀 4말 5되로 지에밥을 만들어서 끓인물 5말을 합하여 고루게 섞는다. 차게 식힌 다음 밑술에 합하여 덧빚는다(덧술).

멥쌀 7말[七斗]로 만든 술이라 하여 칠두주라 했다.

술독 위가 맑아지면 짠다.

③ 감향주(甘香酒)

재료는 멥쌀, 찹쌀, 밀누룩, 물이다.

멥쌀 2말로 만든 쌀가루에 끓인 물 1말을 넣고 개어 죽을 만들어 차게 식힌다. 이것에 누룩 1되를 섞어 숙성시킨다(밑술).

겨울이면 7일, 여름이면 3일, 봄과 가을이면 5일이 지난 후 찹쌀 2말로 지에밥을 만들어 차게 식힌 다음 밑술에 합하여 덧 빚는다(덧술).

7일 후에 술독 위가 맑아지면 짠다.

④ 감향주(甘香酒) 2

재료는 멥쌀, 찹쌀, 밀가루, 물이다.

멥쌀 5되로 곱게 만든 쌀가루로 구멍떡을 만들어 무르게 삶아서 차게 식힌다. 이것에 밀가루 5되를 섞어 닥나무잎으로 덮어 싸서 숙성시킨다(밑술).

3일 째 되는 날, 찹쌀 5말을 잘 씻어 끓인물 1동이에 담근다. 다시 3일 후에 쌀을 건져내어 쌀 담갔던 물을 뿌려가며 지에밥을 만들어서 차게 식힌다. 이것을 밑술에 합하여 덧빚는다(덧술).

5~6일 후에 쓴다.

감향주 1이 누룩을 넣어 이양주법으로 만든 술이라면, 감향주 2는 누룩을 넣지 않고 유산발효 시켜 이양주법으로 만든 술이다.

⑤ 호도주(胡桃酒)

오로칠상(五勞七傷)을 치료하고, 기부족(氣不足)을 다스리기 위한 술이다.

재료는 호두, 멥쌀, 밀누룩, 물이다.

멥쌀 1말로 만든 고운 쌀가루에 끓인 물 1말을 합하여 범벅을 만들어 차게 식힌다. 이것에 호두 5홉 곱게 간 것과 누룩 5되를 섞어서 숙성시킨다(밑술).

익기를 기다렸다가 멥쌀 3말로 지에밥을 만든 다음 물 3말을 합하여 고루 풀어서 차게 식힌다. 이것에 호두 1되 5홉 곱게 간 것과 누룩 3되를 섞는다. 밑술에 합하여 덧빗는다(덧술).

⑥ 상실주(橡實酒)

허갈증(虛渴症)을 다스리고 경신(輕身)케 한다.

재료는 도토리, 찹쌀, 밀누룩, 물이다.

찹쌀 6말로 만든 고운 쌀가루에 도토리 1섬으로 만든 고운 도토리가루를 합하여 잘 섞어서 쪄낸 후 차게 식힌다. 두 가지 합한 것 2말 당 누룩 3되를 합하여 숙성시킨다(밑술).

익기를 기다렸다가 고운 찹쌀가루로 죽 1동이를 만들어 밑술에 합하여 덧빚는다(덧술).

술이 익어서 독 밑까지 맑게 가라앉으면 쓴다.

⑦ 하일약주(夏日藥酒)

재료는 멥쌀, 찹쌀, 밀누룩, 물이다.

멥쌀 3말로 만든 고운 쌀가루에 끓인물 7사발을 합하여 죽을 만들어 차게 식힌다. 이것에 누룩 5되를 섞어서 숙성시킨다(밑술).

3일 후 멥쌀 4말과 찹쌀 1말로 지에밥을 만들어 끓인 물 5말을 섞어 차게 식힌다. 밑술에 합하여 덧빚는다(덧술).

7일 후에 쓴다.

⑧ 녹파주(綠波酒)

재료는 멥쌀, 찹쌀, 밀가루, 밀누룩, 물이다.

멥쌀 1말로 만든 쌀가루를 물 3말로 개어서 죽을 만들어 차게 식힌다. 이것에 누룩 1되와 밀가루 5홉을 섞어 숙성시킨다(밑술).

3일 후 찹쌀 2말로 지에밥을 만들어 차게 식힌 다음 밑술에 합하여 덧빚는다(덧술).

12일 후에 쓴다.

⑨ 오두주(五斗酒)

재료는 멥쌀, 찹쌀, 밀누룩, 물이다.

멥쌀 5말로 만든 쌀가루를 쪄서 덩어리 없이 헤쳐서 차게 식힌다. 이것에 차게 식힌 끓인물 10말을 붓고 개어 죽을 만든다. 누룩가루 1말을 섞어 숙성시킨다(밑술).

밑술 빚는 날 찹쌀 5되를 물에 담가 두었다가 3일 째 되는 날 건져내
어 담가둔 물을 뿌려가면서 지에밥을 만든다. 차게 식으면 밑술에 합
하여 덧빚는다(덧술).

맑게 익으면 쓴다.

⑩ 정향주(丁香酒)

재료는 멥쌀, 밀누룩, 물이다.

멥쌀 1되로 만든 쌀가루로 구멍떡을 만들어 무르게 삶아서 차게 식
힌다. 누룩 1되와 섞어 숙성시킨다(밑술).

3일 째 되는 날 멥쌀 1말로 지에밥을 만든다. 차게 식으면 밑술에 합
하여 덧빚는다(덧술).

21일 후에 쓴다. 오래 둘수록 맛이 달다.

⑪ 백화주(百花酒)

재료는 멥쌀, 밀가루, 밀누룩, 물이다.

멥쌀 3말로 곱게 만든 쌀가루에 끓인 물 3말을 붓고 죽을 만들어 차
게 식힌다. 여기에 밀가루 2되와 누룩 3되를 섞어서 숙성시킨다(밑술).

5일 째 되는 날 멥쌀 3말로 찐 지에밥에 끓인 물 3말을 섞어서 차게
식힌다. 밑술에 합하여 덧빚는다(덧술).

⑫ 유하주(流霞酒)

재료는 멥쌀, 밀가루, 밀누룩, 물이다.

멥쌀 2말 5되로 곱게 만든 쌀가루에 끓인 물 2말 5되를 합하여 개어서 반 정도 익은 죽을 만들어 차게 식힌다. 누룩가루 3되와 밀가루 1되를 섞어 숙성시킨다(밑술).

7일 후 멥쌀 5말로 찐 지에밥에 끓인물 5말을 합하여 섞어 차게 식힌다. 밑술에 합하여 덧빚는다(덧술).

2주일 후 익으면 쓴다.

⑬ 십일주(十日酒)

재료는 멥쌀, 밀누룩, 물이다.

멥쌀 1말로 가루를 만들어 쪄내어 찌던 시루 밑 물을 적당히 섞어 식힌다. 누룩 2되를 합하여 숙성시킨다(밑술).

5일 후 끓인 물 1동이를 식혀 밑술을 걸러내서 병에 담아둔다.

멥쌀 2되로 밥을 지어 식힌 후 누룩 1되를 섞는다. 이것을 밑술 걸러낸 것에 합하여 덧빚는다(덧술).

5일 후에 쓴다.

⑭ 동양주(冬陽酒)

재료는 멥쌀, 찹쌀, 밀누룩, 물이다.

멥쌀 1되로 곱게 만든 쌀가루로 구멍떡을 만들어 삶아 익혀서 차게 식힌다. 누룩 2되를 합하여 숙성시킨다(밑술).

4일 후 찹쌀 1말로 찐 지에밥에 끓인 물 1말을 섞어서 차게 식힌다. 밑술에 합하여 덧빚는다(덧술).

⑮ 동하주(冬夏酒)

재료는 멥쌀, 밀누룩, 물이다.

멥쌀 5말로 만든 쌀가루에 끓인 물 5말로 개어 절반 정도 익혀서 차게 식힌다. 누룩가루 5되를 섞어 숙성시킨다(밑술).

6일째 되는 날 멥쌀 10말로 찐 지에밥에 끓인 물 10말을 섞어 차게 식힌다. 밑술에 합하여 덧빚는다(덧술).

7일 후에 짠다.

⑯ 남경주(南京酒)

재료는 멥쌀, 밀가루, 밀누룩, 물이다.

멥쌀 2말 5되로 곱게 만든 쌀가루에 끓인 물 2말 5되를 넣어 개어서 죽을 만들어 차게 식힌다. 밀가루 1되와 누룩 2되 5홉을 섞어 숙성시킨다(밑술).

7일 후 멥쌀 5말로 찐 지에밥에 끓인 물 5말을 섞어서 차게 식힌다. 밑술에 합하여 덧빚는다(덧술).

14일 후에 짠다.

⑰ 진상주(進上酒)

재료는 멥쌀, 찹쌀, 밀누룩, 물이다.

멥쌀 2되로 곱게 만든 쌀가루에 물을 합하여 죽을 만들어 차게 식힌다. 누룩가루 2되를 섞어 숙성시킨다(밑술).

겨울이면 7일, 봄과 가을이면 5일, 여름이면 3일이 지난 후 찹쌀 1말로 찐 지에밥을 차게 식혀서 밑술에 합하여 덧빚는다(덧술).

7일 후에 쓴다.

(3) 삼양주(三釀酒)

① 삼해주(三亥酒)

재료는 멥쌀, 밀가루, 밀누룩, 물이다.

음력 1월 첫 해일(亥日) 멥쌀 1말로 만든 쌀가루에 끓인물 1말을 넣고 개어 죽을 만들어 차게 식힌다. 누룩 5되와 밀가루 5되를 섞어 숙성시킨다(밑술).

둘째 해일[204] 멥쌀 9말로 만든 쌀가루를 쪄서 끓인 물 10말을 합하여 개어 죽을 만들어 차게 식힌다. 누룩 1말을 섞어 밑술에 합하여 덧빚는다(1차 덧술).

셋째 해일 멥쌀 10말로 만든 쌀가루를 쪄서 끓인 물 10말을 합하여 개어 죽을 만들어 차게 식힌다. 1차 덧술에 합하여 덧빚는다(2차 덧술).

밑술 담그고 약 100일 후에 익게 된다. 익으면 짠다.

일명 100일주(百日酒)라고도 한다.

② 벽향주(碧香酒)

재료는 멥쌀, 찹쌀, 밀가루, 밀누룩, 물이다.

멥쌀 1말 5되와 찹쌀 1말 5되로 만든 쌀가루에 끓인 물 4말을 합하

---

204 해일(亥日):지지(地支)가 해(亥)로 된 날로 돼지날이라고도 한다. 해일과 다음 해일까지의 날자 간격은 12일이다.

여 개어서 죽을 만들어 차게 식힌다. 밀가루 5되와 누룩가루 5되를 섞어 숙성시킨다(밑술).

7일이 지난 후 멥쌀 8말로 만든 쌀가루에 끓인 물 9말을 합하여 개어서 죽을 만들어 차게 식힌다. 누룩가루 1말을 물에 넣어 우려낸 수국을 섞어 밑술에 합하여 덧빚는다(1차 덧술).

또 7일이 지난 후 멥쌀 4말로 찐 지에밥에 끓인 물 5말을 골고루 합하여 차게 식힌다. 1차 덧술과 합하여 덧빚는다(2차 덧술).

14일 후에 짠다. 1달 만에 완성되는 술이다.

③ 두강주(杜康酒)

재료는 멥쌀, 밀누룩, 물이다.

멥쌀 5말로 만든 쌀가루에 끓인 물 14사발을 넣고 개어 죽을 만들어 차게 식힌다. 누룩가루 1말을 섞어 숙성시킨다(밑술).

5일이 지난 후 멥쌀 5말로 만든 쌀가루에 끓인 물 14사발을 넣고 개어 죽을 만들어 차게 식힌다. 누룩가루 1말을 섞어 밑술에 합하여 덧빚는다(1차 덧술).

또 5일이 지난 후 멥쌀 5말로 찐 지에밥을 1차 덧술에 합하여 덧빚는다(2차 덧술).

④ 소곡주(小麯酒)

재료는 멥쌀, 밀가루, 밀누룩, 물이다.

곡(麯)과 국(麴)은 같은 말이다. 소곡이니 누룩을 다른 술보다 적게 넣어 만든 것임을 강조한 술이다.

멥쌀 3말로 곱게 만든 쌀가루에 끓인 물 3말을 넣고 개어 죽을 만들어 차게 식힌다. 누룩가루 5되와 밀가루 5되를 섞어 숙성시킨다(밑술).

멥쌀 6말로 곱게 만든 쌀가루를 쪄서 끓인 물 6말을 넣고 개어 죽을 만들어 차게 식힌다. 밑술에 합하여 덧빚는다(1차 덧술).

멥쌀 6말로 찐 지에밥에 끓인 물 6말을 넣고 섞어 차게 식힌다. 1차 덧술에 합하여 덧빚는다(2차 덧술).

⑤ 벽향주(碧香酒), 오천(烏川)[205]의 양조법

재료는 멥쌀, 밀가루, 밀누룩, 물이다.

멥쌀 3말로 만든 쌀가루에 끓인 물 1동이 반을 넣고 개어 죽을 만들어 차게 식힌다. 다음 날 밀가루 4되와 누룩가루 3되를 섞어 숙성시킨다(밑술).

7일 째 되는 날 멥쌀 8말로 만든 쌀가루에 끓인 물 4동이를 넣고 개어 차게 식힌다. 다음 날 누룩 5되를 섞어 밑술에 합하여 덧빚는다(1차 덧술).

또 7일 째 되는 날 멥쌀 4말로 찐 지에밥을 차게 식혀 1차 덧술에 합하여 덧빚는다(2차 덧술).

14일 후에 짠다. 1달 만에 완성되는 술이다.

⑥ 별주(別酒)

재료는 멥쌀, 찹쌀, 밀누룩, 물이다.

---

[205] 오천(烏川)은 경북 안동에 있는 저자 김수의 고향임.

멥쌀 3말로 만든 쌀가루에 끓인 물 3말을 넣고 개어 죽을 만들어 차게 식힌다. 누룩가루 6되를 섞어 숙성시킨다(밑술).

6일 후 멥쌀 3말로 만든 쌀가루에 끓인 물 3말을 넣고 개어 죽을 만들어 차게 식힌다. 누룩가루 6되를 섞어서 밑술에 합하여 덧빚는다(1차 덧술).

또 6일 후 멥쌀 2말과 찹쌀 1말로 찐 지에밥을 김이 나가기 전에 1차 덧술에 합하여 덧빚는다(2차 덧술). 단단히 밀봉한다.

익으면 짠다.

(4) 사양주(四釀酒)

① 사오주(四午酒)

재료는 멥쌀, 밀가루, 밀누룩, 물이다.

음력 1월 첫 오일(午日)[206] 고운 누룩가루 1되, 푹 끓여 식힌 물 8동이, 밀가루 7되를 준비한다. 멥쌀 1말로 가루로 만들어 찐 것을 덩어리지지 않게 풀어 차게 식힌다. 이것에 위의 모든 재료를 합하여 섞어 숙성시킨다(밑술).

둘째 오일 멥쌀 5말로 찐 백설기를 김 나가기 전에 밑술에 합하여 덧빚는다(1차 덧술).

셋째 오일 멥쌀 5말로 찐 백설기를 김 나가기 전에 1차 덧술에 합하여 덧빚는다(2차 덧술).

---

206 오일(午日): 지지(地支)가 오(午)로 된 날로 말날이라고도 한다. 오일과 다음 오일 까지의 날자 간격은 12일 이다.

넷째 오일 멥쌀 5말로 찐 지에밥을 김 나가기 전에 2차 덧술에 합하여 덧빚는다(3차 덧술).

4월 20일에 마실 수 있다.

(5) 소주(燒酒)

① 진맥소주(眞麥燒酒)

재료는 밀, 밀누룩, 물이다.

밀 1말로 무르도록 찐 것에 누룩가루 5되와 물 1동이를 합하여 숙성시킨다.

5일 째 되는 날 술을 불에 올려 곤다(燒). 4복자[鐥]가 나온다. 맛이 매우 독하다.

(6) 약용약주(藥用藥酒)

① 도인주(桃仁酒)[207]

재료는 청주와 복숭아 씨이다.

껍질 벗긴 복숭아씨[桃仁] 500개의 배아를 떼어 버리고, 쌍인(雙仁)도 없앤다. 이것에 청주 3병을 합하여 중탕한다.

술 빛깔이 누렇게 되면 좋은 것이다. 매일 아침 데워서 한 종지씩 마신다.

---

207 도인(桃仁): 복숭아씨의 알맹이. 해수(咳嗽), 변비, 파혈(破血)등의 약재로 쓰임.

이상 《수운잡방》[208]의 술을 단양주, 이양주, 삼양주, 사양주, 소주, 약용약주로 나누어 그 재료와 만드는 법을 알아보았다.

쌀죽, 구멍떡, 쌀밥, 찐밥(지에밥) 그리고 starter로 물에 밀누룩을 합하여 빚은 것이 술이다. 단양주란 빚는 회수를 1회로 해서 양조한 술이다. 일반적인 숙성 기간은 7일이지만 하루 만에 또는 삼일 만에 완성되는 술이 일일주, 삼일주이다.

단양주에 사용되는 누룩은 거의 거친 밀가루로 만든 병국인 반면, 이화주는 멥쌀가루로 만든 병국을 사용하고 있다. 이 술은 상당히 진하고 걸쭉한 상태인 까닭에 마실 때 냉수에 타서 마신다 했다.

떡에 누룩을 섞는가 또는 죽에 누룩을 섞는가에 따라 발효 시간을 달리하여, 떡인 경우는 15일, 죽은 5~6일이 걸린다. 그러니까 속성주일 경우는 떡이나 밥 보다 죽 쪽을 선택하는 것이고, 이밖에 보다 빠른 양주를 위해 누룩 대신에 누룩을 울켜낸 물인 누룩물[水麴]을 사용하기도 한다. 삼일주가 수국을 starter로 한 술이다.

대체로 10일, 14일, 21일, 24일 등의 숙성기간을 갖는 이양주를 중양주(重釀酒)라고도 한다. 빚는 회수가 2회의 술이다. 밑술을 만들고 이것에 1회의 덧술을 넣어 덧빚는 방법을 채택하고 있다. 이렇게 빚은 술은 alcohol 도수가 단양주 보다 높은 까닭에 약주(藥酒)라고도 불렀으니 상용약주(常用藥酒) 계열이다.

alcohol 도수가 높은 술을 마시면 혈액순환이 잘 되는 까닭에 약주라 했다. 《수운잡방》에서도 빚은지 10일 만에 마시는 이양주로서 하일

208 金綏, 《需雲雜方》, 1500년대 초.

약주(夏日藥酒)가 등장한다. 치료를 위해서 마시는 약용약주(藥用藥酒) 인 호도주, 상실주도 이양주법으로 만들고 있다.

진상주(進上酒)는 술의 명칭으로 보아 나라에 바치는 진공품(進貢品) 인 것 같은데 이 역시 14일 만에 마실수 있는 이양주법 술이다.

삼양주는 밑술 1회, 덧술 2회에 걸쳐 빚은 술이다. 이양주 보다는 alcohol 도수가 높아 당연히 상용약주 계열이다. 대체로 십이지(十二 支)의 간지(干支)에 의하여 빚는 길일(吉日)을 선택하기 때문에 빚는 간 격은 13일이다. 삼오주(三午酒)란 술 빚는 날을 음력 1월 오일(午日 ,말 날)을 택하여 13일 간격으로 세 번 빚은 술이고, 삼해주(三亥酒)는 술 빚는 날을 음력 1월 해일(亥日, 돼지날)을 택하여 13일 간격으로 세 번 빚은 술이다. 이들 술은 빚고 나서 100일 만에 마시기 때문에 백일주 (百日酒)라고도 한다.

사양주는 밑술 1회, 덧술 3회에 걸쳐 빚은 술이다. 사오주(四午酒)는 술 빚는 날을 음력 1월 오일(말날)을 택하여 13일 간격으로 네 번 빚은 술이다. 사마주(四馬酒)라고도 한다. 물론 삼양주 보다 alcohol 도수가 높아 상용약주 계열이다. 술을 빚고 나서 일년 만에 마실수도 있음으 로 일년주(一年酒)라고도 한다.

눈에 띄는 것은 쪄낸 밀에 누룩과 물을 합하여 5일 동안 숙성시킨 다 음, 불에 올려 고아 증류해서 얻는 진맥소주(眞麥燒酒)이다. 소주는 불 을 사용하여 증류하여 얻는 술이기 때문에 화주(火酒), 기주(氣酒), 백주 (白酒), 한주(汗酒), 로주(露酒)라고도 불렸다.

일반적으로 소주의 재료는 삼양주인 삼해주였다. 100일 만에 마시 는 귀한 약주 삼해주로 소주를 만들게 되므로, 조선사회에서 소주는 고급술의 범주에 속하였다. 물론 단양주 또는 이양주로 증류한 소주도 있다.

《수운잡방》을 기초로 해서 술양주 공정을 나타낸 것이 〈표 20〉이다. 덧술할 때 밀누룩 만을 넣거나, 밀누룩에 익힌 곡류를 넣는 경우, 또는 익힌 곡류만을 넣는 방법 등 다양하게 있지만 〈표 20〉은 이양주에서 감향주를, 삼양주에서 삼해주를, 사양주에서 사오주를 기준하여 작성 하였다.

[표 20] 술 양주 공정

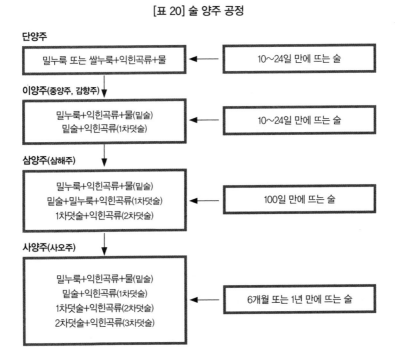

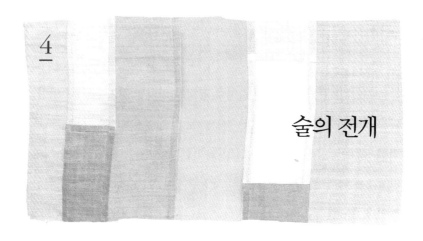

술의 전개

1) 고조리서로 본 가양주의 전개

(1) 《수운잡방(需雲雜方)》, (김수金綏, 1500년대 초)

앞서 기술하였음으로 생략함.

(2) 《고사촬요(攷事撮要)》, (어숙권魚叔權, 1554)

도소주(屠蘇酒), 내국향온법(內局香醞法), 홍로주(紅露酒), 자주(煮酒), 백자주(柏子酒), 호도주(胡桃酒), 청감주(淸甘酒), 하향주(荷香酒), 백하주(白霞酒), 부의주(浮蟻酒), 소국주(少麴酒), 약산춘(藥山春), 과하주(過夏酒), 청서주(淸暑酒).

전통주 인문학

(3) 《지봉유설(芝峰類說)》, (이수광李晬光, 1613)

춘주(春酒), 구기주(枸杞酒), 중산주(中山酒), 선장주(仙漿酒), 포도주(葡萄酒), 미인주(美人酒), 소주(燒酒), 자소주(紫燒酒), 야자주(椰子酒).

(4) 《음식지미방(飮食知味方)》, (안동장씨安東張氏, 1670년 경)

순향주, 삼해주, 삼오주, 이화주, 감향주, 송화주, 죽엽주, 유화주, 향온주, 하절삼일주, 사시주, 소곡주, 일일주, 백화주, 동양주, 절주, 남성주, 녹파주, 칠일주, 벽향주, 두강주, 별주, 행화춘주(杏花春酒), 하절주, 시급주(時急酒), 과하주, 점주, 점감주, 점감청주, 하향주, 부의주, 약산춘, 황금주, 오가피주, 소주, 밀소주, 찹쌀소주, 차주법.

(5) 《주방문(酒方文)》, (찬자 미상, 1600년대 말 경)

과하주(過夏酒), 백하주(白霞酒), 삼해주, 벽향주, 합주(合酒), 저주(楮酒), 절주(節酒), 자주, 점주(粘酒), 연엽주(蓮葉酒), 감주(甘酒), 급청주(急淸酒), 송령주(松鈴酒), 급시주(急時酒), 무곡주(無麴酒), 이화주(梨花酒), 모주(糢酒), 모소주(糢燒酒), 일일주(一日酒), 소주, 소주별방(燒酒別方), 일해주(一亥酒), 하향주(荷香酒), 청명주(淸明酒).

(6) 《요록(要錄)》, (찬자 미상, 1680년 경)

이화주, 감향주, 향온방, 백자주, 삼해주, 자주, 벽향주, 소곡주, 하향주(夏香酒), 하일주(夏日酒), 하일청주, 연해주(燕海酒), 무시주(無時酒), 칠일주, 일일주, 급주, 죽엽주, 송자주, 송엽주, 애주(艾酒), 오정주(五精酒), 황화주(黃花酒), 출주(朮酒), 국화주, 인동주(忍冬酒: 인동덩굴의 줄기와 잎으로 담근 술), 황금주(黃金酒).

(7)《치생요람(治生要覽)》, (강와强窩, 1691)

홍로주, 청감주(淸甘酒), 하향주, 백하주, 부의주, 송엽주, 도화주(桃花酒), 청서주(淸署酒), 소곡주, 과하주, 약산춘(藥山春), 구황주(救荒酒), 송순주(松荀酒), 천금주(千金酒), 내국향온(內局香醞).

(8)《음식보(飮食譜)》, (숙부인 진주정씨晉州鄭氏, 1700년대)

삼해주, 청명주, 백화주, 태화주, 두강주, 백병주, 진향주, 단점주, 과하주, 오병주, 소국주.

(9)《역주방문(曆酒方文)》, (찬자 미상, 1700년 대 또는 1800년 대)

세신주(細辛酒), 신청주(新淸酒), 소곡주, 백자주, 백화주, 녹파주(綠波酒), 진상주, 옥지주(玉脂酒), 벽향주, 삼해주, 삼오주, 과하주, 하향주, 감하향주(甘夏香酒), 편주(扁酒), 이화주, 향온주, 삼일주, 유화주(柳花酒), 두강주, 아황주(鵝黃酒), 연화주, 오가피주, 소자주(蘇子酒), 죽엽주, 송엽주, 소주, 모소주(牟燒酒), 삼칠소곡주, 일야주(一夜酒), 광제주(廣濟酒), 자주.

(10)《산림경제(山林經濟)》(홍만선洪萬選, 1715)

① 술 부본 만드는 법[作酒腐本法]

《동의보감(東醫寶鑑)》을 인용하여 제조방법을 기술하였다.

② 백하주(白霞酒)

《고사촬요(攷事撮要)》를 인용하여 양주방법을 기술하였다.

③ 소국주(少麴酒)

《고사촬요》를 인용하여 양주방법을 기술하였다.

④ 약산춘(藥山春)

《고사촬요》를 인용하여 양주방법을 기술하였다.

⑤ 호산춘(壺山春)

《여산방(礪山方)》을 인용하여 양주방법을 기술하였다.

⑥ 삼해주(三亥酒)

《속방(俗方)》을 인용하여 양주방법을 기술하였다.

⑦ 내국향온법(內局香醞法)

《고사촬요》를 인용하여 양주방법을 기술하였다.

⑧ 도화주(桃花酒)

《고사촬요》를 인용하여 양주방법을 기술하였다.

⑨ 연엽주(蓮葉酒)

《사시찬요보(四時纂要補)》를 인용하여 양주방법을 기술하였다.

⑩ 경면녹파주(鏡面綠波酒)

《사시찬요보(四時纂要補)》를 인용하여 양주방법을 기술하였다.

⑪ 벽향주

《사시찬요보》를 인용하여 양주방법을 기술하였다.

⑫ 하향주(荷香酒)

《고사촬요》를 인용하여 양주방법을 기술하였다.

⑬ 이화주(梨花酒)

《사시찬요보》를 인용하여 양주방법을 기술하였다.

⑭ 청서주(淸暑酒)

《고사촬요》를 인용하여 양주방법을 기술하였다.

⑮ 부의주(浮蟻酒)

《고사촬요》을 인용하여 양주방법을 기술하였다.

⑯ 과하주(過夏酒)

《고사촬요》와 《수각방(水閣方)》을 인용하여 양주방법을 기술하였다.

⑰ 청감주(淸甘酒)

《고사촬요》를 인용하여 양주방법을 기술하였다.

⑱ 포도주(葡萄酒)

《증류본초(證類本草)》를 인용하여 양주방법을 기술하였다.

⑲ 백주(白酒)

《신은지(神隱志)》를 인용하여 양주방법을 기술하였다.

⑳ 일일주(一日酒)

《사시찬요보》를 인용하여 양주방법을 기술하였다.

㉑ 삼일주(三日酒)

《사시찬요보》를 인용하여 양주방법을 기술하였다.

㉒ 잡곡주(雜穀酒)

《사시찬요보》를 인용하여 양주방법을 기술하였다.

㉓ 지주(地酒)

《문견방(聞見方)》을 인용하여 양주방법을 기술하였다.

㉔ 내국홍로주(內局紅露酒)

《문견방》를 인용하여 양주방법을 기술하였다.

㉕ 로주이두방(露酒二斗方)

《사시찬요보》와《속방》을 인용하여 양주방법을 기술하였다.

㉖ 로주소독방(露酒消毒方)

《고사촬요》와《속방》을 인용하여 양주방법을 기술하였다.

㉗ 자주(煮酒)

《고사촬요》와《동의보감》을 인용하여 양주방법을 기술하였다.

㉘ 밀주(蜜酒)

《신은지》와《동의보감》을 인용하여 양주방법을 기술하였다.

㉙ 꽃향기를 술에 들이는 방법[花香入酒方]

《거가필용(居家必用)》,《신은지》,《사시찬요》를 인용하여 양주방법을 기술하였다.

㉚ 술속에 약을 침지하는 법[酒中漬藥法]

《본초강목(本草綱目)》을 인용하여 양주방법을 기술하였다.

㉛ 백자주와 호도주

《고사촬요》를 인용하여 양주방법을 기술하였다.

홍만선이 〈양주(釀酒)〉를 기술할 때 인용한 문헌을 시대별로 구분하면 〈표 21〉과 같다.

인용문헌 중《문견방》은 듣고 보고 얻은 지식을 적은 방문이고,《속방》은 대대로 전해져 내려오는 것을 모아 기록한 방문이다. 《여산방》은 전라북도 익산시 여산의 방문이고,《수각방》은 정자에서 듣고 얻은 지식을 적은 방문이다. 그러니까 호산춘, 과하주, 지주, 홍로주, 삼해주, 로주소독방은 듣고 보고 얻은 양주방법에 대한 기록이다.

포도주, 화향입주방, 백주, 밀주, 주중지약법은 중국의 문헌을 인용하여 기술하였으니, 《산림경제》 시절 이들 술 양주는 조선사회에서 그다지 보편적인 술은 아니었던 것 같다.

《산림경제》는 인용문헌을 정확히 기록하여 양주법을 기록한 거의 최초의 책이다. 이를 통하여 《속방》《문견방》《수각방》《여산방》을 인용하여 소개한 술은 당시의 일반인들 사이에서 널리 만들어 마셨던 술이라고 보아진다.

[표 21] 《산림경제》에 나타난 〈양주〉의 인용문헌

문헌		연대	술종류
증류본초	證類本草	송(宋)	포도주
거가필용	居家必用	원(元) 초	화향입주방
신은지	神隱志	명(明) 초	백주, 밀주, 화향입주방
사시찬요	四時纂要	조선, 1470	화향입주방
사시찬요보	四時纂要補	조선	경면녹파주, 벽향주, 일일주, 삼일주, 잡곡주, 연엽주, 이화주, 로주이두방
고사촬요	攷事撮要	조선, 1554	백하주, 소국주, 약산춘, 과하주, 청감주, 도화주, 내국향온법, 로주소독방, 하향주, 청서주, 자주, 부의주, 백자주, 호도주
본초강목	本草綱目	명(明), 1590	주중지약법(酒中漬藥法)
동의보감	東醫寶鑑	조선, 1613	부본, 자주, 밀주
여산방	礪山方	조선	호산춘
수각방	水閣方	조선	과하주
문견방	聞見方	조선	지주, 내국홍로주
속방	俗方	조선	삼해주, 로주소독방, 로주이두방

(11) 《증보산림경제(增補山林經濟)》, (유중림柳重臨, 1766)

백하주, 삼해주, 도화주 연엽주, 소곡주, 약산춘, 경면녹파주, 벽향주, 부의주, 지주, 일일주, 삼일주, 칠일주, 사절칠일주, 잡곡주, 송순주, 과하주, 로주이두방, 소주다출방(燒酒多出方), 소맥소주, 하향주, 이화주, 청감주, 포도주, 감주(甘酒), 하엽주, 추모주, 모미주, 백자주, 와송주(臥松酒), 죽통주법(竹筒酒法), 소자주, 죽력고(竹瀝膏), 이강고(梨薑膏), 백화주, 구기주, 화향입주방, 지황주, 오가피주, 천문동주, 백출주(白朮酒), 무술주(戊戌酒), 수잡주법(收雜酒法)

(12) 《고사십이집(攷事十二集)》, (서명응徐命膺, 1787)

① 미청주(微淸酒): 하향주(荷香酒), 백주

② 청주: 향온주, 백로주(白露酒, 方文酒), 녹파주, 벽향주

③ 미주(美酒): 약산춘, 소곡주, 부의주, 자주, 밀주(蜜酒)

④ 중양주: 호산춘(壺山春), 삼해주, 도화주, 연엽주, 과하주

⑤ 탁주: 이화주, 청감주(淸甘酒)

⑥ 예주(醴酒): 일숙주(一宿酒), 일일주(一日酒)

⑦ 약주[藥餌酒]: 무술주, 송절주(松節酒), 송액주(松液酒)

⑧ 복식주(服食酒): 문장주(文章酒), 구기주, 국화주, 창포주, 천문동주, 백자주

⑨ 홍주(紅酒): 관서감홍로, 관서계당주, 소주양법

(13) 《규합총서(閨閤叢書)》, (빙허각이씨憑虛閣李氏, 1815)

구기주, 오가피주, 화향입주방, 도화주, 연엽주, 두견주, 소국주, 과하주, 백화주, 감향주, 송절주, 송순주, 한산춘, 삼일주, 일일주, 방문주, 녹파주, 오종주방문, 소주

(14)《주찬(酒饌)》, (찬자 미상, 1700년대 말 혹은 1800년대 초)

과하주, 삼해주, 소곡주, 황금주, 일일주, 하절불산주(夏節不酸酒), 사시절주, 이화주, 백하주, 오가피주, 황감주(黃柑酒), 하향주, 청감주, 절주(節酒), 청주, 천금주, 소자주, 창포주, 송엽주, 송순주, 두견주, 도화주, 도인주, 지황주, 오향주, 삼합주, 구기주, 도소주, 지골주, 육일주, 진상주, 석탄향, 두강주, 선령비주, 호산춘, 녹용주, 연일주, 송계춘, 광릉춘, 부겸주(浮兼酒), 우슬주, 천문동주, 방문주, 도화춘, 경액춘, 은화춘, 백화춘, 추포주(秋葡酒), 백탄향(白灘香), 내국향온, 홍로주, 백자주, 부의주, 낙산춘, 청서주, 구황주, 신선고본주, 적선소주, 진향주, 무술주, 경감주, 왕감주, 하절청주, 하절이화주, 예주, 시급주, 자주

(15)《우음저방(禹飮諸方)》, (은진송씨가恩津宋氏家, 1800년대 초중엽)

준순주, 호산춘, 청화주, 두견주, 추향주, 삼해주, 일년주, 녹파주, 청명주, 하향주, 점감주, 황정주, 황구주, 감향주, 삼일주, 보리소주, 소주삼해주, 이화주, 방문주, 구일주, 백일주.

(16)《임원십육지(林園十六志)》, (서유구(徐有榘, 1827)

① **맑은술[酏]류**

㉠ 백하주(白霞酒, 민간에서의 방문주方文酒)

《산림경제보(山林經濟補)》,《고사촬요(攷事撮要)》,《증보산림경제(增補山林經濟)》를 인용 하여 양주방법을 기술하였다.

㉡ 향온주(香醞酒), 내국법(內局法)의 양주방법이다.

《고사촬요》를 인용하여 양주방법을 기술하였다.

ⓒ 녹파주(綠波酒, 鏡面綠波酒)

《사시찬요(四時纂要)》와《증보산림경제》를 인용하여 양주방법을 기술
하였다.

ⓡ 벽향주(碧香酒)

《사시찬요》와《증보산림경제》를 인용하여 양주방법을 기술하였다.

ⓜ 유하주(流霞酒)

《삼산방(三山方)》을 인용하여 양주방법을 기술하였다.

ⓗ 소국주(少麴酒)

《삼산방》과《증보산림경제》를 인용하여 양주방법을 기술하였다.

ⓢ 부의주(浮蟻酒)

《산림경제보》와《고사촬요》를 인용하여 양주방법을 기술하였다.

ⓞ 동정춘(洞庭春)

《삼산방》을 인용하여 양주방법을 기술하였다.

ⓩ 경액춘(瓊液春)

《삼산방》을 인용하여 양주방법을 기술하였다.

ⓣ 죽엽춘(竹葉春)

《삼산방》을 인용하여 양주방법을 기술하였다.

ⓚ 인유향(麟乳香)

《삼산방》을 인용하여 양주방법을 기술하였다.

ⓔ 석탄향(惜呑香)

《삼산방》을 인용하여 양주방법을 기술하였다.

ⓟ 벽매주(辟霾酒)

《삼산방》을 인용하여 양주방법을 기술하였다.

ⓗ 오호주(五壺酒)

《음선요람(飮饍要覽)》을 인용하여 양주방법을 기술하였다.

ⓖ´ 하양주(荷香酒)

《고사촬요》를 인용하여 양주방법을 기술하였다.

ⓛ´ 향설주(香雪酒)

《준생팔전(遵生八牋)》을 인용하여 양주방법을 기술하였다.

ⓒ´ 벽향주(碧香酒)

《준생팔전》을 인용하여 양주방법을 기술하였다.

서유구가 맑은 술류의 양주방법을 기술하면서 인용한 문헌은 총 7종
이다. 이들 인용문헌을 시대별로 구분하면 〈표 22〉와 같다.

[표 22] 《임원십육지》에 나타난 이(酏)류 양주법의 인용문헌

문헌		연대	술종류
음선요람	飮饍要覽	원대(元代)?	오호주
삼산방	三山方	원대?	유하주, 소국주, 동정춘, 경액춘, 죽엽춘, 인유향 벽매주, 석탄향
준생팔전	遵生八牋	명(明), 1591	향설주, 벽향주
사시찬요	四時纂要	조선, 1470년 경	녹파주, 벽향주
고사촬요	攷事撮要	조선, 1554	백하주, 향온주, 부의주, 하향주
산림경제보	山林經濟補	조선, 1715	부의주, 백하주
증보산림경제	增補山林經濟	조선, 1766	백하주, 녹파주, 벽향주, 소국주

이(酏)란 맑게 빚은 술을 말한다. 소위 청주(淸酒)이다. 《사시찬요》,
《고사촬요》, 《산림경제보》, 《증보산림경제》 등 우리 고문헌을 인용하

전통주 인문학

여 등장하는 술은 백하주, 녹파주, 향온주, 부의주, 하향주, 벽향주, 소국주이다.

〈벽향주〉는 명나라 시대였던 1591년에 나온 《준생팔전》에도 등장하고, 소국주는 원대의 것으로 보이는 《삼산방》에도 등장한다는 점에서, 이들 술은 일찍이 한반도에 전파되어 우리의 땅에 맞게 변형을 가하여 정착 보급된 술로 보아도 좋다. 실제로 서유구는 《임원십육지》에서, 《준생팔전》을 인용하여 양주법을 기록한 〈벽향주〉는 우리나라의 벽향주와 이름은 같지만 만드는 방법은 다르다 하였다.

《삼산방》에서 소개하고 있는 〈동정춘〉은 중국 호남성(湖南省) 악양현(嶽陽縣)에 있는 동정호(洞庭湖)일대에서 만들기 시작한 술이다.

이미 기술하였지만 (제 3장-I-1-3) 참조), 당(唐)시대에는 술을 대개 9월 9일 중양일에 빚었다. 이 술은 겨울을 지나 다음 해 꽃구경할 때 거르고, 빨리 짜는 술은 정월에도 걸러서 짰다. 거르는 방법이 거칠어 술지게미가 떠 있어 그 모습이 마치 봄 연못에 청록색의 녹조가 떠 있는 듯하다 해서 녹주(綠酒)라 했는데, 그 녹주가 맑아지면 색깔이 대나무잎 죽엽(竹葉)과 비슷한 술이 되기 때문에 죽엽청(竹葉淸)이라 했다. 《삼산방》의 죽엽춘은 죽엽청과 같은 술이다.

당나라 시절 대개 청주계열에 속한 술은 그 이름에 청(淸) 또는 춘(春)을 붙였다.

- 백하주: 멥쌀가루에 끓는 물을 넣고 죽을 만들어 식힌 다음 누룩가루, 밀가루, 부본을 넣고 고루 섞어 밑술을 만든다. 3~4일 후에 밑술에 멥쌀지에밥, 물, 누룩가루를 합하여 덧술 한다(1차 덧술).

6~7일 후에 익는 이양주 술이다.

- 녹파주: 멥쌀가루에 끓는 물을 넣고 죽을 만들어 식혀서 누룩가루와 밀가루를 합하여 고루섞어 밑술을 만든다. 7일 후에 밑술에 찹쌀지에밥, 물, 누룩가루, 밀가루를 합하여 덧술 한다(1차 덧술). 7일 후에 익는 이양주 술이다.

- 향온주: 거친 밀가루와 잘게 부순 녹두를 100:1로 섞어 누룩을 디뎌 만든다. 향온주를 위한 누룩이다. 멥쌀과 찹쌀을 10:1의 비율로 합하여 지에밥을 만들어 식혀서 물, 향온주누룩가루, 부본(腐本)을 합하여 잘 섞어 항아리에 담아 익힌다. 단양주 술이다.

- 부의주: 찹쌀지에밥에 수국(水麴)을 합하여 항아리에 담아 3일 동안 숙성시킨 술이다. 단양주 술이다.

- 하향주: 멥쌀가루를 구멍떡 모양으로 반죽하여 익도록 삶아 식혀서 누룩가루를 넣고 잘 섞어 밑술을 만든다. 3일째 되는 날 밑술에 차게 식힌 찹쌀지에밥을 합하여 덧술 한다(1차 덧술). 21일이 지나야 익는 이양주 술이다.

- 소국주: (3-3), 4-2) 참조).

- 벽향주: 멥쌀가루에 끓는 물을 합하여 죽을 만들어 식힌 후 누룩가루를 섞어 밑술을 만든다. 7일 후 밑술에 멥쌀지에밥, 물, 누룩가루를 합하여 덧술 한다(1차 덧술). 이양주술이다.

② 여러번 덧술한 술[酎]류

㉠ 호산춘(壺山春), 여산 (礪山, 壺山)에서 만든 술이다.
《산림경제보》를 인용하여 양주방법을 기술하였다.

ⓛ 잡곡주(雜穀酒)

《사시찬요보》를 인용하여 양주방법을 기술하였다.

ⓒ 두강춘(杜康春)

《삼산방》을 인용하여 양주방법을 기술하였다.

ⓔ 무릉도원주(武陵桃源酒)

《북산주경(北山酒經)》과《준생팔전》을 인용하여 양주방법을 기술하였다.

ⓜ 동파주(東坡酒)

《동파주경(東坡酒經)》을 인용하여 양주방법을 기술하였다.

[표 23] 《임원십육지》에 나타난 주(酒)류 양주법의 인용문헌

문헌		연대	술종류	비고
동파주경	東坡酒經	북송	동파주	소동파(1036~1101)
북산주경	北山酒經	북송, 1117	무릉도원주	
삼산방	三山方	원대?	두강춘	
준생팔전	遵生八牋	명, 1591	무릉도원주	
사시찬요보	四時纂要補	조선	잡곡주	
산림경제보	山林經濟補	조선, 1715	호산춘	

《북산주경》에 등장하는〈무릉도원주〉의 무릉도원(武陵桃源)은 신선이 살았다고 하는 전설적인 중국의 명승지이다. 호남성(湖南省) 동정호(洞庭湖)의 서남쪽에 있는 무릉산(武陵山) 기슭 완강(沅江)의 강변이다. 도연명(陶淵明, 365~427)이 지은《도화원기(桃花源記)》에서 나온 말로, 진(晉)나라 때 무릉의 한 어부가 배를 저어 복숭아꽃이 아름답게 핀 수원지를 올라가 어떤 굴속에서 진(秦)나라로부터 난리를 피하여 온 사람들을 만

났는데, 그들은 하도 살기 좋아 그동안 바깥 세상의 변화와 많은 세월이 지난 줄도 몰랐다는 내용이다. 이후 무릉도원은 이 세상과 따로 떨어진 별천지 또는 선경(仙境)으로 통하게 된다. 그러니까 〈무릉도원주〉는 무릉도원에서 살았던 신선이 마셨던 술로 해석할 수 있다.

신국(新麴)을 물에 담가 수국(水麴)으로 만들고, 식힌 찹쌀밥에 수국을 넣고 충분히 저어주어 죽으로 만들어 발효시킨다. 밑술이다. 발효가 되면 다시 쌀밥과 수국을 넣고 1차 덧술 한다. 다시 발효시켜 쌀밥과 수국을 넣고 2차 덧술을 한다. 발효가 되면 또다시 쌀밥과 수국을 합하여 3차 덧술을 하니 사양주법 술이다.

호남성 동정호 주변에서 빚기 시작한 술이 앞서 기술한 청주류에서 나온 동정춘(洞庭春)인데, 이렇듯 지역 이름을 따 명칭을 붙인 술이 우리나라에도 등장한다.《산림경제보》에서 소개한 〈호산춘〉이다. 호산(壺山)은 전라북도 익산시 여산(礪山)면을 둘러싸고 있는 진산(鎭山)의 이름이다. 이 일대에서 만든 맑은 술이라 하여 〈호산춘〉이라 했다.

멥쌀가루에 끓는 물을 부어 끈적끈적할 때까지 저어주어 차게 식혀서 누룩가루와 밀가루를 합하여 밑술을 만든다. 13일 뒤에 멥쌀가루에 뜨거운 물을 섞어 식힌 후 밑술과 합하여 덧술 한다(1차 덧술). 다시 13일 뒤에 찐 밥에 뜨거운 물을 부어 물이 밥에 스며들 때까지 놓아 식혔다가 밀가루와 누룩가루를 합하여 1차 덧술에 합한다(2차 덧술). 2~3개월 후에 짠다. 호산춘 역시 삼양주법 술이다.

우리의 고문헌을 인용하여 등장하는 술은 호산춘 외에도 잡곡주가 있다. 차조, 차수수, 차기장가루에 끓는 물을 부어 죽을 만들어 식혀서, 누룩가루와 밀가루를 합하여 밑술을 만든다. 3~4일 후에 여러 곡식가루로 죽을 쑤어 식혀서 밑술과 합하여 덧술 한다(1차 덧술). 7일 후에 짜는 이양주법 술이다.

③ 계절술[時釀]류

㉠ 약산춘(藥山春)

《삼산방》을 인용하여 양주방법을 기술하였다.

㉡ 삼해주(三亥酒)

《삼림경제보》와 《증보산림경제》를 인용하여 양주방법을 기술하였다.

㉢ 춘주(春酒)

《제민요술(齊民要術)》을 인용하여 양주방법을 기술하였다.

㉣ 속미주(粟米酒)

《제민요술》을 인용하여 양주방법을 기술하였다.

㉤ 법주(法酒)

《제민요술》을 인용하여 양주방법을 기술하였다.

㉥ 청명주(清明酒)

《성호사설(星湖僿說)》을 인용하여 양주방법을 기술하였다.

㉦ 삼구주(三九酒)

《제민요술》을 인용하여 양주방법을 기술하였다.

㉧ 서미법주(黍米法酒)

《제민요술》을 인용하여 양주방법을 기술하였다.

㉨ 당량주(當梁酒)

《제민요술》을 인용하여 양주방법을 기술하였다.

㉩ 멥쌀술[粳米酒]

《제민요술》을 인용하여 양주방법을 기술하였다.

ⓒ 납주(臘酒)

《준생팔전》을 인용하여 양주방법을 기술하였다.

ⓔ 칠석주(七夕酒)

《식경(食經)》을 인용하여 양주방법을 기술하였다.

ⓟ 분국상락주(笨麴桑落酒)

《제민요술》을 인용하여 양주방법을 기술하였다.

ⓗ 동미명주(冬米明酒)

《제민요술》을 인용하여 양주방법을 기술하였다.

[표 24]《임원십육지》에 나타난 시양(時釀)류 양주법의 인용문헌

문헌		연대	술 종류
식경	食經	수(隨)?	칠석주
제민요술	齊民要術	북위(北魏), 530	춘주, 속미주, 법주, 삼구주, 서미법주, 당량주, 갱미주, 분국상락주, 동미명주
삼산방	三山方	원대?	약산춘
준생팔전	遵生八牋	명, 1591	납주
산림경제보	山林經濟補	조선, 1715	삼해주
성호사설	星湖僿說	조선, 1740	청명주
증보산림경제	增補山林經濟	조선, 1766	삼해주

《삼산방》을 인용하여 소개한 약산춘(藥山春)은 조선중기의 문신인 서성(徐渻, 1558-1631)이 빚어 마셨던 술로도 알려져 있다.

서성의 〈약산춘〉은 1월 첫 해일(亥日)에 누룩을 물에 담가 수국을 만들고, 멥쌀가루를 쪄서 흰무리로 만든 다음, 앞서의 수국과 흰무리, 그리고 물을 합하여 잘 섞어 더운 상태에서 독에 넣어 밑술을 만든다. 2월 그믐에 찐 멥쌀밥을 밑술에 합하여 1차 덧술을 한다. 봄에서 초여름 사이에 술을 짜는 이양주(二釀酒)법 술이다. 그러니까《삼산방》의〈약산춘〉은 누룩에 밀가루를 합한다고 되어있지만 서성이 빚어 마신 약산춘은 수국을 쓰는 것이 다르다. 서성은《임원십육지》를 지은 서유구의 7대조이다. 그는 현재의 서울시 중구 중림동에 있는 고개 약현(藥峴)에 살았음으로 호도 약봉(藥峯)이라 했다.

우리의 고문헌을 인용하여 등장하는 술은 삼해주와 청명주이다. 삼해주에 대해서는 뒤에 자세히 기술함으로 생략하고〈청명주〉를 간단히 검토한다. 이익은《성호사설》에서 청명주방(淸明酒方)을 사촌형제인 이진으로부터 얻었다 하였다.

청명(淸明, 양력 4월 5,6일경 춘분과 곡우 사이)날 찹쌀가루에 물을 합하여 찹쌀죽을 만들어 식혀서 누룩가루와 밀가루를 합하여 밑술을 만든다. 3일 후에 밑술에 찹쌀고두밥을 합하여 덧술 한다(1차 덧술). 21일이 지나면 걸러서 마시는 이양주법 술이다.

④ 향료를 스며들게 하여 빚은 술[香釀]류

㉠ 도화주(桃花酒)

《문견방》을 인용하여 양주방법을 기술하였다.

㉡ 송로양(松露釀)

《산림경제보》를 인용하여 양주방법을 기술하였다.

㉢ 송화주(松花酒)

《준생팔전》을 인용하여 양주방법을 기술하였다.

ㄹ 송순주(松荀酒)

《음선요람》을 인용하여 양주방법을 기술하였다.

ㅁ 죽엽청(竹葉淸)

《삼산방》을 인용하여 양주방법을 기술하였다.

ㅂ 하엽청(荷葉淸)

《사시찬요보》를 인용하여 양주방법을 기술하였다.

ㅅ 연엽양(蓮葉釀, 天上皇醴)

《삼산방》과 《증보산림경제》를 인용하여 양주방법을 기술하였다.

ㅇ 령주(醽酒)

《제민요술》을 인용하여 양주방법을 기술하였다.

ㅈ 국화주(菊花酒)

《준생팔전》을 인용하여 양주방법을 기술하였다.

[표 25] 《임원십육지》에 나타난 향양(香釀)류 양주법의 인용문헌

문헌		연대	술 종류
제민요술	齊民要術	북위, 530	령주
거가필용	居家必用	원대 초	만전향주, 밀온투병향
음선요람	飮膳要覽	원대?	송순주
삼산방	三山方	원대?	죽엽청, 연엽양
신은지	神隱志	명대 초	밀주, 화향입주방
준생팔전	遵生八牋	명, 1591	송화주, 국화주
사시찬요보	四時纂要補	조선	하엽청
문견방	聞見方	조선	도화주
산림경제보	山林經濟補	조선, 1715	송로양
증보산림경제	增補山林經濟	조선, 1766	연엽양, 화향입주방

ⓩ 만전향주(滿殿香酒)

《거가필용》을 인용하여 양주방법을 기술하였다.

ⓚ 밀온투병향(蜜醞透瓶香)

《거가필용》을 인용하여 양주방법을 기술하였다.

ⓣ 밀주(蜜酒)

《신은지》를 인용하여 양주방법을 기술하였다.

ⓟ 꽃향기를 술에 들이는 방법[花香入酒法]

《신은지》와 《증보산림경제》를 인용하여 양주방법을 기술하였다.

우리의 고문헌을 인용하여 등장하는 술은 하엽청, 연엽양, 도화주, 송로양, 화향입주방이다.

연엽양(蓮葉釀)은 흰무리에 누룩을 합하여 박 크기로 빚어서 연잎에 담아 싸 발효시킨 것이 《삼산방》법이고, 찹쌀밥에 누룩과 식힌 물을 합하여 버무려 연잎에 담아 싸서 발효시킨 것이 《증보산림경제》법이다. 단양주법으로 양주한 이 술은 곡물 재료가 멥쌀흰무리인가 찹쌀밥인가의 차이 밖에 없다.

다음은 《사시찬요보》를 인용한 〈하엽청〉을 보자. 멥쌀지에밥에 누룩가루와 차게 식힌 끓인 물을 합하여 독에 담을 때, 연잎 깔고 술밥 깔기를 반복하여 층층이 담아 발효시킨 단양주이다. 그러니까 연엽양이 술밥을 연잎에 싸서 발효시킨 것이라면 하엽청은 연엽양을 보다 쉽게 양주하기 위하여 채택한 방법이 아닐까 한다. 이들 모두는 같은 계열이다.

- 도화주: 정월(正月) 멥쌀가루에 끓인 물을 넣고 죽을 만들어 식혀서 밀가루와 누룩가루를 합하여 밑술을 만든다. 복숭아꽃이 활짝 핀 계절에 차게 식힌 멥쌀밥과 찹쌀밥을 1:1로 하여 밑술에 넣는다. 끓여서 식힌 물을 합하여 고루 섞는다(술밥). 이 때 독 밑에 복숭아꽃을 한 켜 깔고, 그 위에 술밥을 얹어 담아 숙성시킨다. 이양주 술이다.
- 송로양: 찹쌀가루에 송화와 끓인 물을 합하여 죽을 만든다. 식혀서 누룩가루를 섞어 밑술을 만든다. 5일 후 밑술에 멥쌀지에밥, 송화, 끓여서 식힌 물, 누룩을 합하여 덧술 한다. 27일이 지나면 완성되는 이양주법 술이다.
- 화향입주방: 잘게 선 유자껍질을 주머니에 담아 술 위에 매달아 두어 유자향이 술에 스며들도록 하는 방법이다.

⑤ 열매로 빚은 술[菓蓏釀]

㉠ 송자주(松子酒, 잣술)

《문견방》을 인용하여 양주방법을 기술하였다.

㉡ 핵도주(核桃酒, 호두술)

《문견방》을 인용하여 양주방법을 기술하였다.

㉢ 상실주(橡實酒, 도토리술)

《삼산방》을 인용하여 양주방법을 기술하였다.

㉣ 산사주(山査酒, 아가위술)

《광군방보》를 인용하여 양주방법을 기술하였다.

㉤ 포도주(葡萄酒)

《본초강목》과《준생팔전》을 인용하여 양주방법을 기술하였다.

ⓑ 감저주(甘藷酒, 고구마술)

《감저소(甘藷疏)》를 인용하여 양주방법을 기술하였다.

도토리, 포도, 고구마, 잣, 호두, 아가위로 빚은 술이다. 순수하게 과일로만 빚은 술이 아니고 모두는 (누룩+곡물+과일) 또는 (누룩+과일)로 빚도록 기술하였다.

[표 26] 《임원십육지》에 나타난 과라양(果蓏釀)류 양주법의 인용문헌

문헌		연대	술 종류
삼산방	三山方	원대 ?	상실주
준생팔전	遵生八牋	명, 1591	포도주
본초강목	本草綱目	명, 1596	포도주
감저소	甘藷疏	명	감저주
광군방보	廣群芳譜	청(淸)	산사주
문견방	聞見方	조선	송자주, 핵도주

- 상실주: (쪄서 떫은맛을 제거한 도토리+찐밥+누룩)으로 밑술을 담그고 익은 후 (기장쌀죽+누룩)을 넣어 덧술 한다. 이양주 술이다.
- 포도주: (포도즙+쌀밥+누룩)으로 빚는다. 또는 (포도즙+누룩)으로 빚는 단양주 술이다.《본초강목》에는 진정한 포도주는 오래 저장하여 저절로 술이 된 것이라고 부언 설명하고 있다. 뒤에 기술하지만 우리나라는 1900년대 초까지도 (포도즙+쌀밥+누룩)으로 포도주를 양주하였다.
- 감저주: (고구마를 쪄서 반건半乾하여 으깬 것+누룩+물)로 빚는다.

563

- 송자주: (곱게 찧은 잣+누룩가루+주본(酒本)으로 빚는다.

- 핵도주: (곱게 찧은 호도+누룩가루+주본)으로 빚는다.

- 산사주: (말린 아가위를 반숙으로 쪄서 익힌 것+누룩 +소주)로 빚는다.

⑥ 달리 빚은 술[異釀]류

㉠ 청서주(淸暑酒)

《고사촬요》를 인용하여 양주방법을 기술하였다.

㉡ 봉래춘(蓬萊春)

《삼산방》을 인용하여 양주방법을 기술하였다.

㉢ 신선벽도춘(神仙碧桃春, 松腹釀)

《삼산방》과《증보산림경제》를 인용하여 양주방법을 기술하였다.

㉣ 죽통주(竹筒酒)

《증보산림경제》를 인용하여 양주방법을 기술하였다.

㉤ 지주(地酒)

《문견방》을 인용하여 양주방법을 기술하였다.

보통방법과 달리 빚은 술이 이양류이다.

[표 27] 《임원십육지》에 나타난 이양(異釀)류 양주법의 인용문헌

문헌		연대	술 종류
삼산방	三山方	원대 ?	봉래춘, 신선벽도춘
고사촬요	攷事撮要	조선, 1554	청서주
문견방	聞見方	조선	지주
증보산림경제	增補山林經濟	조선, 1766	신선벽도춘, 죽통주, 와송주

- 지주: (멥쌀밥+누룩가루+솔잎)을 항아리에 담아 밀봉한 후, 항아리를 땅 속에 묻어 7개월간 발효시킨 술이니 보통 양주법과는 다르다.
- 봉래춘:(청주+황랍+호추)를 항아리에 담아 밀봉하여 끓는 물에 넣고 중탕한 술이다.
- 신선벽도춘: 생소나무의 배를 도려내고 그 속에 (흰무리+누룩)을 넣는다. 진흙으로 밀봉한 뒤 둥구미로 싸서 14일간 발효시킨 술이다.
- 와송주: 자연적으로 누운 생소나무를 말구유모양으로 파낸다. 그 속에 (흰무리+누룩)을 넣고 밀봉한 뒤 황토 진흙을 발라 익힌 술이다.
- 죽통주: 생대나무 마디에 구멍을 뚫어 와송주법과 같이 빚은 술이다.
- 청서주: 여름에 (찐멥쌀밥+수국+물)을 항아리에 넣는다. 차가운 물에 담아 매일 2~3번씩 찬물을 갈아 주면서 6~7일 동안 익힌 술이다.

⑦ 10일 안에 익는 술[旬內釀]

㉠ 일일주(一日酒)

《사시찬요》와《증보산림경제》를 인용하여 양주방법을 기술하였다.

㉡ 계명주(鷄鳴酒)

《제민요술》과《거가필용》을 인용하여 양주방법을 기술하였다.

㉢ 삼일주(三日酒)

《사시찬요》와《삼산방》을 인용하여 양주방법을 기술하였다.

㉣ 하삼청(夏三淸)

《삼산방》을 인용하여 양주방법을 기술하였다.

㉤ 백화춘(白花春)

《음선요람》을 인용하여 양주방법을 기술하였다.

ⓑ 두강주(杜康酒)

《증보산림경제》를 인용하여 양주방법을 기술하였다.

ⓢ 칠일주(七日酒)

《증보산림경제》, 《주식의(酒食議)》, 《옹희잡지(饔餼雜志)》를 인용하여
양주방법을 기술하였다.

ⓞ 사절칠일주(四節七日酒)

《증보산림경제》를 인용하여 양주방법을 기술하였다.

ⓩ 급수청(急需淸)

《삼산방》을 인용하여 양주방법을 기술하였다.

[표 28] 《임원십육지》에 나타난 순내양(旬內釀)류 양주법의 인용문헌

문헌		연대	술 종류
제민요술	齊民要術	북위, 530	계명주
거가필용	居家必用	원대초	계명주
삼산방	三山方	원대 ?	삼일주, 하삼청, 급수청
음선요람	飮膳要覽	원대	백화춘
주식의	酒食議	명	칠일주
사시찬요	四時纂要	조선, 1470년 경	일일주, 삼일주
증보산림경제	增補山林經濟	조선, 1766	일일주, 두강주, 칠일주, 사절칠일주
옹희잡지	饔餼雜志	조선, 1800년대 초	칠일주

《제민요술》〈계명주〉와 《거가필용》의 《계명주》는 완전히 다른 술이
다. 차조로 만든 미음에 누룩과 물을 합하여 빚은 술이 전자라면, 후자
는 찹쌀죽에 누룩, 엿, 술밑(酒本)을 합하여 발효시키거나, 이외에 후
추, 양강, 세신, 감초, 천오, 천궁, 정향을 더 넣어 발효시킨 것이다. 오

늘 빚으면 내일 아침 닭이 울 때(鷄鳴)익는다 하여 계명주라 했다.

　우리의 고문헌을 인용하여 등장하는 술은 일일주, 삼일주, 칠일주, 두강주이다.

- 《사시찬요》〈일일주〉: 아침에 (멥쌀지에밥+술+누룩가루)를 항아리에 담아 따뜻한 곳에 두면 저녁에 마실 수 있는 술이다.
- 《증보산림경제》〈일일주〉: (찹쌀죽+누룩가루)를 항아리에 담아 온돌에서 익힌 술이다.
- 《사시찬요》〈삼일주〉: (멥쌀고두밥+수국+술)을 항아리에 담아 3일 동안 숙성시킨 술이다.
- 《삼산방》〈삼일주〉: (멥쌀가루죽+수국)을 항아리에 담아 3일 동안 숙성시킨 술이다. 《사시찬요》와 《삼산방》의 〈삼일주〉 모두는 수국을 쓰는 공통점이 있다.
- 《증보산림경제》〈칠일주〉: 찹쌀가루죽에 누룩가루를 넣어 밑술을 만들고, 하루 뒤 밑술에 찹쌀지에밥과 물을 합하여 덧술 한다(1차 덧술). 7일 후에 익는 이양주법 술이다.
- 《옹희잡지》〈칠일주〉: 멥쌀죽에 밀누룩가루를 넣어 밑술을 만들고, 2~3일 후 밑술에 찹쌀지에밥을 합하여 덧술 한다(1차 덧술). 4~5일 후에 익는 이양주법 술이다.
- 〈두강주〉: (멥쌀가루죽+누룩가루+밀가루)로 밑술을 만들고, 이틀이 지난 후 밑술에 (찹쌀지에밥+물)로 덧술 한다(1차 덧술). 7일 후에 익는 이양주법 술이다.

⑧ 홍주와 백주[醴醊]류

㉠ 천태홍주(天台紅酒)

《거가필용》을 인용하여 양주방법을 기술하였다.

㉡ 건창홍주(建昌紅酒)

《준생팔전》을 인용하여 양주방법을 기술하였다.

㉢ 하동이백주(河東頤白酒)

《제민요술》을 인용하여 양주방법을 기술하였다.

㉣ 백주(白酒)

《거가필용》과《신은서》를 인용하여 양주방법을 기술하였다.

㉤ 왜백주(倭白酒)

《화한삼재도회(和漢三才圖會)》를 인용하여 양주방법을 기술하였다.

[표 29] 《임원십육지》에 나타난 제차(醴醊)류 양주법의 인용문헌

문헌		연대	술 종류
제민요술	齊民要術	북위, 530	하동이백주
거가필용	居家必用	원대 초	천태홍주, 백주
신은서	神隱書	명대 초	백주
준생팔전	遵生八牋	명, 1591	건창홍주
화한삼재도회	和漢三才圖會	일본, 1712	왜백주

- 천태홍주: 절강성(浙江省) 천태현(天台縣)에서 빚기 시작한 홍주이고, 〈건창홍주〉는 요녕성(遼寧省) 건창현(建昌縣)에서 빚기 시작한 홍주이다. 이들 양자는 홍국(紅麴)을 starter로 한다.
- 왜백주: 이미 만들어 놓은 술에 찹쌀밥을 넣어 3~5일 동안 발효

시킨 술이다.

⑨ 탁주[醐醪]류

㉠ 이화주(梨花酒)

《사시찬요보》를 인용하여 양주방법을 기술하였다.

㉡ 집성향(集聖香)

《삼산방》을 인용하여 양주방법을 기술하였다.

㉢ 추모주(秋粹酒, 가을보리 술)

《삼산방》을 인용하여 양주방법을 기술하였다.

㉣ 백료주(白醪酒)

《식경》을 인용하여 양주방법을 기술하였다.

㉤ 분국백료주(笨麴白醪酒)

《제민요술》을 인용하여 양주방법을 기술하였다.

[표 30] 《임원십육지》에 나타난 양료(醐醪)류 양주법의 인용문헌

문헌		연대	술 종류
식경	食經	수	백료주
제민요술	齊民要術	북위, 530	분국백료주
삼산방	三山方	원대 ?	집성향, 추모주
사시찬요보	四時纂要補	조선	이화주

우리의 고문헌을 인용하여 등장한 술은 이화주이다. 이것에 대해서
는 앞서 기술하였음으로 생략한다.

⑩ 예주(醴酒)류

㉠ 감주(甘酒)

《증보산림경제》를 인용하여 양주방법을 기술하였다.

㉡ 청감주(淸甘酒)

《고사촬요》를 인용하여 양주방법을 기술하였다.

㉢ 왜예주(倭醴酒)

《화한삼재도회》를 인용하여 양주방법을 기술하였다.

㉣ 왜미림주(倭美淋酒)

《화한삼재도회》를 인용하여 양주방법을 기술하였다.

[표 31] 《임원십육지》에 나타난 예주(醴酒)류 양주법 인용문헌

문헌		연대	술 종류
고사촬요	攷事撮要	조선, 1554	청감주
증보산림경제	增補山林經濟	조선, 1766	감주
화한삼재도회	和漢三才圖會	일본, 1712	왜예주, 왜미림주

- 청감주: 찹쌀지에밥에 누룩가루와 술을 합하여 만든 술이다.
- 감주: 찹쌀가루를 익반죽하여 구멍떡을 만들어 삶아서 누룩가루와 합하여 밑술을 만든다. 5~7일후 밑술에 식힌 찹쌀지에밥을 합하여 항아리에 담아 익힌다. 이양주법 술이다.

⑪ 소주[燒露]류

㉠ 소주총방(燒酒總方)

《본초강목》을 인용하여 양주방법을 기술하였다.

ⓛ 내국홍로(內局紅露)

《문견방》을 인용하여 양주방법을 기술하였다.

ⓒ 로주2말법(露酒2斗)

《사시찬요보》를 인용하여 양주방법을 기술하였다.

ⓔ 절주(切酒)

《삼산방》을 인용하여 양주방법을 기술하였다.

ⓜ 관서감홍로(關西甘紅露, 평안도 감홍로)

《고사십이집》을 인용하여 양주방법을 기술하였다.

ⓗ 죽력고(竹瀝膏)

《증보산림경제》를 인용하여 양주방법을 기술하였다.

ⓢ 이강고(梨薑膏)

《증보산림경제》를 인용하여 양주방법을 기술하였다.

ⓞ 적선소주(謫仙燒酒, 신선이 마시는 소주)

《음선요람》을 인용하여 양주방법을 기술하였다.

ⓩ 삼일로주(三日露酒)

《음선요람》을 인용하여 양주방법을 기술하였다.

ⓩ 모미소주(麰米燒酒, 보리소주)

《증보산림경제》를 인용하여 양주방법을 기술하였다.

ⓚ 소맥로주(小麥露酒, 밀소주)

《문견방》을 인용하여 양주방법을 기술하였다.

ⓣ 교맥로주(蕎麥露酒, 메밀소주)

《삼산방》을 인용하여 양주방법을 기술하였다.

ⓟ 이모로주(耳麰露酒, 귀리소주)

《옹희잡지》를 인용하여 양주방법을 기술하였다.

ⓗ 송순주(松荀酒)

《증보산림경제》를 인용하여 양주방법을 기술하였다.

㉠′ 과하주(過夏酒)

《산림경제보》와 《증보산림경제》를 인용하여 양주방법을 기술하였다.

㉡′ 오향소주(五香燒酒)

《준생팔전》을 인용하여 양주방법을 기술하였다.

㉢′ 포도소주(葡萄燒酒)

《본초강목》을 인용하여 양주방법을 기술하였다.

㉣′ 감저소주(甘藷燒酒, 고구마소주)

《감저소》를 인용하여 양주방법을 기술하였다.

㉤′ 천리주(千里酒)

《고금비원(古今秘苑)》을 인용하여 양주방법을 기술하였다.

㉥′ 왜소주(倭燒酒)

《화한삼재도회》를 인용하여 양주방법을 기술하였다.

㉦′ 소주 많이 얻는 법[燒酒多取露法]

《증보산림경제》를 인용하여 양주방법을 기술하였다.

㉧′ 소로잡법(燒露雜法)

《증보산림경제》를 인용하여 양주방법을 기술하였다.

㉨′ 소번황주(燒翻黃酒, 맛이 변한 황주로 소주 내리는 법)

《고금비원(古今秘苑)》과 《증보산림경제》를 인용하여 양주방법을 기술하였다.

[표 32] 《임원십육지》에 나타난 소로(燒露)류 양주법의 인용문헌

문헌		연대	술 종류
음선요람	飮饍要覽	원대 ?	적선소주, 삼일로주
삼산방	三山方	원대 ?	절주, 교맥로주
준생팔전	遵生八牋	명, 1591	오향소주, 포도소주
본초강목	本草綱目	명, 1596	소주총방, 포도소주
고금비원	古今秘苑	명	천리주, 소번황주
감저소	甘藷疏	명	감저소주
사시찬요보	四時纂要補	조선	로주
문견방	聞見方	조선	내국홍로, 소맥로주
산림경제보	山林經濟補	조선, 1715	과하주
증보산림경제	增補山林經濟	조선, 1766	죽력고, 이강고, 모미소주, 송순주, 과하주, 소로잡법, 소번황주, 소주다취로법
고사십이집	攷事十二集	조선, 1787	관서감홍로
옹희잡지	饔饎雜志	조선 1800년대 초	이모로주
화한삼재도회	和漢三才圖會	일본, 1712	왜소주

우리의 고문헌을 인용한 소주류는 로주, 내국홍로, 소맥로주, 과하주, 송순주, 죽력고, 이강고, 감홍로, 소로잡법이다.

- 로주: 멥쌀과 찹쌀을 1:1로 하여 가루로 만든다. 끓는 물을 넣고 죽을 만들어 식혀 누룩을 합하여 밑술을 만든다. 3일 후 밑술에 식힌 찹쌀밥을 합하여 덧술 한다(1차 덧술). 7일 후에 불에 올려 고아 소주로 만든다. 이양주로 빚은 술을 소주로 만든 것이 〈로주〉이다.
- 내국홍로: 〈향온주〉 만드는 법대로 술을 만들어 불에 올려 고는

데 떨어지는 소주를 받을 때 썰은 지초를 병주둥이에 받치면 붉은 소주를 얻게 된다.

- 소맥로주: 푹 찐 밀을 찧어 반죽하여 떡을 만들고 햇볕에 반건한 다음 다시 찧는다. 이것에 누룩가루를 합하여 반죽해서 다시 떡을 만들어 식힌 물과 함께 항아리에 담는다. 5일 후에 불에 올려 곤다.

- 과하주: 찹쌀밥에 소주, 누룩가루를 합하여 항아리에 담아 익힌다. 밥알이 모두 삭으면 술을 짠다.

- 송순주: 삼해주(三亥酒)로 소주를 만들어 둔다. 식은 찹쌀죽에 누룩가루를 합하여 밑술을 만든다. 3~4일 후 끓는물에서 데쳐낸 소나무순을 식혀 밑술에 찹쌀지에밥과 합하여 덧술 한다(1차 덧술). 5~6일 후 삼해주로 만든 소주를 부어 숙성시킨다. 10일 후에는 마실 수 있다.

- 죽력고: 만들어 놓은 소주에 죽력(竹瀝, 벼과 솜대의 마디줄기를 태울 때 유출되는 즙, 혹은 푸른 대나무를 쪼개어 불에 구울 때 스며 나오는 진액)과 흰꿀을 합하여 그릇에 담아 끓는물에 넣고 중탕한다.

- 이강고: 소주에 배즙, 생강즙, 흰꿀을 합하여 그릇에 담아 끓는 물에 넣고 중탕한다.

- 감홍로: 꿀과 지초를 소주 받는 항아리에 넣으면 단맛이 나는 붉은 색깔의 소주를 얻을 수 있다.

- 소로잡법: 소주 받는 항아리 바닥에 꿀, 계핏가루, 설탕, 지초, 치자, 당귀를 두고 소주 받는 방법이다.

전통주 인문학

⑫ 약재로 빚은 술[藥釀]류

㉠ 도소주(屠蘇酒)

《소품방(小品方)》과 《준생팔전》을 인용하여 양주방법을 기술하였다.

㉡ 장춘주(長春酒)

《거가필용》을 인용하여 양주방법을 기술하였다.

㉢ 신선주(神仙酒)

《거가필용》을 인용하여 양주방법을 기술하였다.

㉣ 고본주(固本酒), 양주방법은 《보양지(葆養志)》에 있다 하였다.

㉤ 오수주(烏鬚酒), 양주방법은 《보양지》에 있다 하였다.

㉥ 신선고본주(神仙固本酒), 양주방법은 《보양지》에 있다 하였다.

㉦ 준순주(逡巡酒), 양주방법은 《보양지》에 있다 하였다.

㉧ 유학주(俞虐酒)

《제민요술》을 인용하여 양주방법을 기술하였다.

㉨ 홍국주(紅麴酒)

《본초강목》을 인용하여 양주방법을 기술하였다.

㉩ 거승주(巨勝酒, 흑임자술)

《산가청공(山家淸供)》을 인용하여 양주방법을 기술하였다.

㉪ 오가피주(五加皮酒), 양주방법은 《보양지》에 있다 하였다.

㉫ 선령비주(仙靈脾酒, 음양곽술), 양주방법은 《보양지》에 있다 하였다.

㉬ 의이인주(薏苡仁酒, 율무술), 양주방법은 《보양지》에 있다 하였다.

㉭ 천문동주(天門冬酒), 양주방법은 《보양지》에 있다 하였다.

㉠′ 백령등주(百靈藤酒)

《태평성혜방(太平聖惠方)》을 인용하여 양주방법을 기술하였다.

ⓛ′ 소자주(蘇子酒, 차조기술)

《삼산방》을 인용하여 양주방법을 기술하였다.

ⓒ′ 백출주(白朮酒), 양주방법은《보양지》에 있다 하였다.

ⓓ′ 지황주(地黃酒), 양주방법은《보양지》에 있다 하였다.

ⓜ′ 당귀주(當歸酒)

《본초강목》을 인용하여 양주방법을 기술하였다.

ⓗ′ 창포주(菖蒲酒), 양주방법은《보양지》에 있다 하였다.

ⓢ′ 구기주(枸杞酒), 양주방법은《보양지》에 있다 하였다.

ⓞ′ 인삼주(人蔘酒), 양주방법은《보양지》에 있다 하였다.

ⓩ′ 서여주(薯蕷酒), 양주방법은《보양지》에 있다 하였다.

ⓧ′ 복령주(茯苓酒), 양주방법은《보양지》에 있다 하였다.

ⓚ′ 국화주(菊花酒), 양주방법은《보양지》에 있다 하였다.

ⓣ′ 황정주(黃精酒), 양주방법은《보양지》에 있다 하였다.

ⓟ′ 상심주(桑椹酒), 양주방법은《보양지》에 있다 하였다.

ⓗ′ 밀주(蜜酒)

《천금방 (天金方)》을 인용하여 양주방법을 기술하였다.

ⓖ″ 요주(蓼酒, 여뀌술), 양주방법은《보양지》에 있다 하였다.

ⓛ″ 강주(薑酒, 생강술)

《식료본초(食療本草)》와《본초강목》을 인용하여 양주방법을 기술하였다.

ⓒ″ 장송주(長松酒), 양주방법은《보양지》에 있다 하였다.

ⓓ″ 회향주(茴香酒), 양주방법은《보양지》에 있다 하였다.

ⓜ″ 축사주(縮砂酒)

《본초강목》을 인용하여 양주방법을 기술하였다.

ⓑ 〃 사근주(莎根酒, 향부자술)

《본초강목》을 인용하여 양주방법을 기술하였다.

ⓢ 〃 인진주(茵蔯酒, 인진쑥술)

《본초강목》을 인용하여 양주방법을 기술하였다.

ⓞ 〃 청호주(靑蒿酒, 개똥쑥술)

《본초강목》을 인용하여 양주방법을 기술하였다.

ⓩ 〃 백부주(百部酒)

《본초강목》을 인용하여 양주방법을 기술하였다.

ⓧ 〃 해조주(海藻酒, 바닷말술)

《본초강목》을 인용하여 양주방법을 기술하였다.

ⓚ 〃 선묘주(仙茆酒)

《본초강목》을 인용하여 양주방법을 기술하였다.

ⓣ 〃 통초주(通草酒, 으름술)

《본초강목》을 인용하여 양주방법을 기술하였다.

ⓟ 〃 남등주(南藤酒, 마가목술)

《본초강목》을 인용하여 양주방법을 기술하였다.

ⓗ 〃 천금주(千金酒, 붉나무술)

《산림경제보》를 인용하여 양주방법을 기술하였다.

㉠‴ 송액주(松液酒), 양주방법은 《보양지》에 있다 하였다.

㉡‴ 송절주(松節酒), 양주방법은 《보양지》에 있다 하였다.

㉢‴ 백엽주(柏葉酒, 측백잎술), 양주방법은 《보양지》에 있다 하였다.

㉣‴ 송지주(松脂酒)

《취향일월기 (醉鄕日月記)》를 인용하여 양주방법을 기술하였다.

ⓜ‴ 초백주(椒栢酒)

《본초강목》을 인용하여 양주방법을 기술하였다.

ⓗ‴ 죽엽주(竹葉酒)

《본초강목》을 인용하여 양주방법을 기술하였다.

ⓢ‴ 괴지주(槐枝酒, 회화나무가지술)

《본초강목》을 인용하여 양주방법을 기술하였다.

ⓞ‴ 우방주(牛蒡酒, 우엉술)

《본초강목》을 인용하여 양주방법을 기술하였다.

ⓩ‴ 마인주(麻仁酒, 대마씨술)

《본초강목》을 인용하여 양주방법을 기술하였다.

ⓒ‴ 자근주(柘根酒, 산뽕나무술)

《태평성혜방(太平聖惠方)》을 인용하여 양주방법을 기술하였다.

ⓚ‴ 화사주(花蛇酒, 꽃뱀술)

《본초강목》을 인용하여 양주방법을 기술하였다.

ⓣ‴ 호골주(虎骨酒, 호랑이정강이뼈술)

《본초강목》을 인용하여 양주방법을 기술하였다.

ⓟ‴ 미골주(麋骨酒, 고라니뼈술)

《본초강목》을 인용하여 양주방법을 기술하였다.

ⓗ‴ 녹두주(鹿頭酒, 사슴머리술)

《본초강목》을 인용하여 양주방법을 기술하였다.

ⓖ‴′ 녹용주(鹿茸酒), 양주방법은《보양지》에 있다 하였다.

ⓛ‴′ 무술주(戊戌酒), 양주방법은《보양지》에 있다 하였다.

[표 33] 《임원십육지》에 나타난 약양(藥釀)류 양주법 인용문헌

문헌		연대	술 종류
소품방	小品方	남북조	도소주
제민요술	齊民要術	북위, 530	유학주
천금방	千金方	당대, 7세기 중엽	밀주
식료본초	食療本草	당대	강주
취향일월기	醉鄉日月記	당대	송지주
태평성혜방	太平聖惠方	북송, 992	백령등주, 자근주
산가청공	山家淸供	남송, 1266	거승주
거가필용	居家必用	원대 초	장춘주, 신선주
삼산방	三山方	원대 ?	소자주
준생팔전	遵生八牋	명, 1591	도소주
본초강목	本草綱目	명, 1596	홍국주, 당귀주, 강주, 축사주, 사근주, 인진주, 청호주, 백부주, 화사주, 호골주, 해조주, 선묘주, 통초주, 남등주, 초백주, 죽엽주, 괴지주, 우방주, 마인주, 미골주, 녹두주
보양지	葆養志	명대 ?	고본주, 오수주, 신선고본주, 준순주, 오가피주, 선령비주, 의이인주, 천문동주, 백출주, 지황주, 창포주, 구기주, 인삼주, 서여주, 복령주, 국화주, 황정주, 상심주, 요주, 장송주, 회향주, 송액주, 송절주, 백엽주, 녹용주, 무술주, 양고주, 울눌제주, 백화주
동의보감	東醫寶鑑	조선, 1613	주중지약법
산림경제보	山林經濟補	조선, 1715	천금주
고사십이집	攷事十二集	조선, 1787	주중지약법

ⓒ‴′ 양고주(羊羔酒), 양주방법은《보양지》에 있다 하였다.

ⓔ‴′ 올눌제주(膃肭臍酒, 해구신술), 양주방법은《보양지》에 있다 하였다.

ⓜ‴′ 백화주(百花酒), 양주방법은《보양지》에 있다 하였다.

ⓗ‴′ 주중지약법(酒中漬藥法, 술속에 약을 침지하는 법)

《동의보감》과《고사십이집》을 인용하여 기술하였다.

우리의 고문헌을 인용한 약재로 빚은 술은 주중지약법과 천금주이다. 《동의보감》의 〈주중지약법(酒中漬藥法)〉은 술에 한약재를 침지하는 방법이다. 한약재를 생(生) 견(silk) 주머니에 담아 봄에는 5일, 여름에는 3일, 가을에는 7일, 겨울에는 10일 침지한다.《고사십이집》의 〈주중지약법〉은《거가필용》의 방법대로 한약재를 넣고 양주해서 마시거나, 이 술을 소주로 만들어 마시는 방법이다.

〈천금주〉는 찹쌀볏짚 달인 물에 천금나무(붉나무)껍질을 넣고 다려서 식힌다. 독에 넣고 누룩가루를 합한 후 다음날 쌀죽을 넣어 숙성시킨 술이다.

(17)《양주방》, (찬자 미상, 1837)

소국주, 삼해주, 해일주, 청명주, 청명향, 포도주, 백화주, 당백화주, 백하주, 절주, 벼락술, 일일주, 삼일주, 오호주, 육병주, 부의주, 무술주, 삼합주, 닥나무잎술, 연잎술, 세심주, 소백주, 백탄주, 벽향주, 댓잎술, 솔잎술, 복사꽃술, 매화술, 층층지주, 황금주, 사절주, 오두주, 과하주, 석탄향, 배꽃술, 햅쌀술, 방문주, 향로주, 하향주, 점주, 감향주, 석술, 배수환동주, 경향옥액주, 솔순술, 천금주, 창출술, 창포술, 일두사병주, 녹파주, 황감주, 동파주, 백화춘, 솔방울술, 오미자술, 차조기술, 오가피술, 혼돈주(混沌酒), 구기자술, 옥로주, 만년향, 점성향, 호산춘

전통주 인문학

(18)《술방문》,(찬자 미상, 1800년대 초 또는 중엽)

송준술, 백화주, 향온주, 진장주, 석탄주, 홍나주, 두견주, 월곡사주

(19)《농정회요(農政會要)》, (최한기崔漢綺, 1830년 경)

두강주, 도원주(桃源酒), 향설주(香雪酒), 납주(臘酒), 건창홍주(建昌紅酒), 오향소주(五香燒酒), 산우주(山芋酒), 포도주, 황정주, 백출주, 지황주, 창포주, 양고주, 천문동주, 송화주, 국화주, 오가피삼두주(五加皮三散酒)

(20)《군학회등(群學會騰)》,(찬자 미상, 1800년대 중엽)

일일주, 삼일주, 백자주, 포도주, 상심주, 소자주(蘇子酒), 백화주, 도화주, 하향주(荷香酒), 하엽주, 연엽주, 송순주, 내국향온(內局香醞), 벽향주(碧香酒), 청서주(淸署酒), 지주(地酒), 로주, 두강주, 신선고본주, 백화춘(白花春), 죽력고, 이강고, 추모주

(21)《김승지택(金承旨宅) 주방문》, (찬자 미상, 1860)

사철소주, 소곡주, 내주, 찹쌀청주, 두견주, 녹자주, 삼월주, 건표항주, 소주, 황금주, 적성소주, 보리소주, 부의주, 지황주, 감향주, 이화주, 소자주, 송엽주, 절주, 도화주, 청명주, 백화주

(22)《술만드는 법》, (찬자 미상, 1700년대 또는 1800년대 말)

사절주, 삼일주, 일일주, 사시통음주, 사철소곡주, 두견주, 두강주, 청명주, 오병주, 방문주, 이화주, 부의주, 송엽주, 삼선주, 청감주, 벽

향주, 감주, 십일주

(23)《술빚는 법》, (찬자 미상, 1800년대 말)

과하주, 방문주, 백일주, 소국주, 두견주, 송절주, 송순주, 삼일주

(24)《조선무쌍신식요리제법(朝鮮無雙新式料理製法)》, (이용기, 1924)

국미주(麴米酒), 송순주, 백로주(白露酒, 方文酒, 白霞酒), 삼해주, 이화주(白雪香), 도화주, 연엽주(天上白玉醴), 호산춘, 경액춘(瓊液春), 동정춘(洞庭春), 봉래춘(蓬萊春), 송화주, 죽엽춘, 죽통주,(竹筒酒), 집성향(集聖香, 四節酒), 석탄향(惜呑香), 하삼청(夏三淸), 청서주, 자주, 매화주, 연화주, 유자주, 포도주, 두견주, 과하주, 향설주, 무릉도원주(武陵桃源酒), 동파주, 법주(法酒), 송자주, 감저주, 칠일주, 백료주(白醪酒), 부의주, 잡곡주, 신도주(新稻酒), 백화주(白花酒, 白花釀), 삼일주, 혼돈주(混沌酒), 청주, 탁주, 합주(合酒), 모주(母酒, 재강), 감주(甘酒), 능금술(林檎酒), 계피주, 생강주, 소주특방(燒酒特方), 수수소주, 옥수수소주, 이강고, 죽력고, 우담소주(牛膽燒酒), 상심소주, 관서감홍로

이상에서 본 고조리서[209]에서 나타난 술은 입에서 입으로, 가정에서 가정으로 전해져 내려온 것을 각 가정에서 후대에 전하기 위해 기술하

---

209 《需雲雜方》,《攷事撮要》,《芝峯類說》,《飮食知味方》,《酒方文》,《要錄》,《治生要覽》,《飮食譜》,《曆酒方文》,《山林經濟》,《增補山林經濟》,《攷事十二集》,《閨閤叢書》,《禹飮諸方》,《林園十六志》,《양주방》,《술방문》,《農政會要》,《群學會騰》,《김승지댁 주방문》,《술 만드는 법》《朝鮮無雙新式料理製法》.

여 간직한 것들이다. 때문에 같은 삼해주라 해도 각 조리서 마다 재료 분량이 획일적인 것이 아니라 조금씩 다르게 나타난다. 이러한 현상은 술의 명칭에서도 들어난다. 방문주, 백로주, 백하주는 동일한 술임에도 불구하고 가정마다 달리 씀으로서 구분을 어렵게 만든다. 또한 단양주, 이양주, 삼양주가 중구난방으로 섞여 있어 술 이름 만 보고 그것이 어떤 술인지 알 수 없다. 이 틀을 깬 것이《임원십육지》이다.

《임원십육지》를 쓴 서유구(徐有榘)는 영조 40년(1764)에 태어나서 헌종 11년(1845)까지 살았다. 대제학 서명응(《고사십이집》 찬자)의 손자이며, 규장각 직제학을 지내고《해동농서(海東農書)》를 지은 서호수(徐浩修)가 그의 생부(生父)이다. 또《규합총서》를 지은 빙허각 이씨의 부군 서유본(徐有本)은 그의 백형(伯兄)이다.

정조 14년(1790) 증광문과(增廣文科)[210]에 병과(丙科)[211]로 급제하고, 정조 16년(1792)에는 대교(待敎)[212]와 검열(檢閱)[213]을 역임했다. 정조 21년(1797)《향례합편(鄕禮合編)》을 편집했다.

순조 대에 와서 의주부윤(義州府尹),[214] 성균관 대사성, 부제학, 강화부유수, 형조판서, 예조판서, 대사헌을 거쳐 헌종 4년(1838) 다시 대사헌, 이어 상호군(上護軍),[215] 이조판서, 병조판서, 우참찬, 좌참찬, 대제

---

210 증광문과(增廣文科):조선왕조에서 나라에 큰 경사가 있을 때 기념으로 보이던 과거의 문관 시험.
211 병과(丙科): 문과 급제자의 제3급(第三級).
212 대교(待敎): 조선왕조 때 규장각의 정7품부터 정9품(正九品)까지의 한 벼슬.
213 검열(檢閱): 조선왕조 때 예문관(藝文館)의 정9품 벼슬.
214 의주부윤(義州府尹): 부윤이란 조선왕조 때 종2품의 외관직, 즉 의주의 부윤.
215 상호군(上護軍): 조선왕조 때 오위(五衛)의 정3품 벼슬.

학을 역임했다.

순조 34년(1834) 호남순찰사로 돌아보던 중 기근을 겪고 있는 백성들의 궁핍을 보고 나서, 일본으로 가는 조선통신사 편에 부탁하여 고구마종자를 구입하여, 각 고을에 나누어 주고 재배를 장려하였다. 동시에 《종저보(種藷譜)》를 저술하여 재배법을 널리 알렸다.[216]

영농법(營農法)의 개혁을 누차 역설하고, 만년에 전원에 묻혀 농사를 지으며 《산림경제》를 토대로 수십년의 각고(刻苦) 끝에 100여권에 달하는 《임원십육지》를 저술했다. 《임원경제지(林園經濟志)》라고도 하는 이 책을 저술하기 전에는 성균관 대사성으로 장기간 근무하면서, 국가의 도서를 참고하여 《행포지(杏蒲志)》, 《옹희잡지(饔饎雜志)》, 《금화경독기(金華耕讀記)》 등과 같은 저서를 내 놓았다.[217]

그는 《임원십육지》에서 농촌과 가정생활에 필요하고도 알아야 할 것들을 16부분으로 나누었는데, 우리가 보고자 하는 술 부분은 〈15 정조지(鼎俎志)〉에 있다. 그는 다른 고조리서와 달리 술을 이류(酏類, 맑은 술, 淸酒), 주류(酎類, 여러번 덧술 한 술), 시양류(時釀類, 계절술), 향양류(香釀類, 향료를 스며들게 하여 빚은 술), 과라양류(果蓏釀類, 실과로 빚은 술), 이양류(異釀類, 달리 빚은 술), 순내양류(旬內釀類, 10일 안에 익는 술), 제차류(醍醝類, 홍주와 백주), 앙료류(醠醪類, 탁주), 예류(醴類, 예주), 소로류(燒露類, 소주), 약양류(藥釀類, 약재로 빚은 술)로 분류하여 소개하고 이들 술

216 《한국인명대사전》, 신구문화사, 1980, pp342-343.
217 이성우, 《한국식경대전》, 향문사, 1981, p94.

은《삼산방(三山方)》《동의보감(東醫寶鑑)》,《산림경제(山林經濟)》,《증보산림경제(增補山林經濟)》,《고사촬요(攷事撮要)》,《본초강목(本草綱目)》,《화한삼재도회(和漢三才圖會)》,《거가필용(居家必用)》,《제민요술(齊民要術)》등의 다양한 문헌을 인용하여 발췌하였음을 기술하고 있다.

이렇듯 세세한 분류와 인용문헌을 밝힌 것은 서유구가 가진 이용후생(利用厚生)[218]의 실학(實學)[219]정신이 그 바탕에 깔려 있다고 생각되며, 중국과 일본을 포함한 다양한 문헌을 인용하여 제시한 서유구의 뜻은 다음의 서론 구절에서 들어난다.

사람이 사는 곳의 풍토 습속이 제각기 다르고 생활양식도 고금(古今)의 차이와 국내 외의 구분이 있는데 중국이 우리 보다 앞서 있다고 하여 생활양식을 그대로 도입해서 적용 할 수 있겠는가

이 책은 우리나라를 중심으로 하여 필요한 방법을 취하였다. 또 비록 좋은 방법이라 해도 실용성이 없는 것은 취하지 않았다. 그러나 좋은 제도가 있는데도 지금까지 강구하지 못한 것은 모두 수록하여 상세하게 설명하였다. 이것은 후세 사람들로 하여금 모방하여 발전시키라는 뜻이다.[220]

---

218 이용후생(利用厚生): 세상의 편리와 살림의 이익을 꾀하는 일, 곧 백성이 사용하는 기구 등을 편리하게 하고 의식(衣食)을 풍부하게 하여 생계에 부족함이 없도록 하는 것.

219 실학(實學): 실사구시(實事求是, 문헌학적인 고증의 정확을 존중하는 과학적, 객관주의적 학문태도)와 이용후생에 관하여 연구하던 학문.

220 徐有榘,《林園十六志》, 1827.

서유구(1764-1845)의 부인은 여산송씨(礪山宋氏, 1760-1799)이다. 슬하에 자보(子輔, 1795-1827)라는 아들 한 사람만 두었다. 자보는《임원십육지》의 편찬을 도왔다 한다. 그러던 그가 33세에 요절하니, 부인을 잃고 28년 후의 일이다. 서유구는《임원십육지》를 끝내고 말하기를 "나는 수십년의 각고 끝에 100여권의 저술을 이제 겨우 마쳤다. 그러나 한스럽게도 나는 무자(無子), 무처(無妻)이다. 이 책의 소장을 누구에게 부탁할 것인가. 어쩌다가 이 책을 다시 펼쳐 보니 절로 눈물이 흘러 그칠 줄 모르네."[221] 하였다.

이렇게 혼신을 다해《임원십육지》는 세상에 나오게 되었다.

《임원십육지》에 기록된 술은 비록 당시에는 양주는 하지 않는 것이지만 문헌을 인용하여 소개한 것도 많다. 그러나 이들 술은 1800년대 중엽 이후 술문화에 많은 영향을 주어 고조리서에 상당한 영향을 미쳤다.

예를들면 1924년에 간행된《조선무쌍신식요리제법》에서 보이는 백하주, 연엽양, 호산춘, 경액춘, 봉래춘, 석탄향, 하삼청, 포도주, 무릉도원주, 동파주, 법주, 감저주, 칠일주, 부의주, 잡곡주, 백화주, 삼일주 등은《임원십육지》의 술을 그대로 인용한 것이다.

《조선무쌍신식요리제법》술 중 이화주, 삼해주(백일주), 백하주(방문주, 백로주), 삼일주 등은《수운잡방》에서도 등장하는 술로, 이들 술의 역사는 조선시대에서 들어난 문헌으로만 국한해 보더라도 400년을 이어져 내려 온 술이다.

---

221 徐有榘,《林園十六志》〈鼎俎志〉, 1827.

전통주 인문학

2) 상용약주와 약용약주

(1) 상용약주(常用藥酒)

마시면 몸을 이롭게 하는 술이라 하여 상용약주라 했다.

alcohol 도수를 높게 만들기 위하여 빚은 술인 이양주(중양주), 삼양주, 사양주는 모두 상용약주 계열이다. 앞서 우리는 1500년대 초에 나온 《수운잡방》에서도 〈하일약주〉를 보았다. 이렇듯 이들 술을 조선시대에는 약주라고 칭했다. 혈액 순환을 도와주기 때문이다.

약산춘(藥山春)하면 서충숙(徐忠肅, 1558~1631)이란 사람이 등장한다. 서충숙의 본명은 서성(徐渻)이고 호는 약봉(藥峯)이다. 그는 선조 19년(1586) 별시 문과에 병과(丙科)로 급제하고, 병조좌랑이 되어 임진왜란 때 선조를 호종하였다. 그 후 암행어사, 제용감정, 경상도 강원도 함경도 평안도 경기도 관찰사, 호조판서, 형조판서, 공조판서, 판중추부사를 거쳐, 광해군 5년(1613) 계축옥사(癸丑獄事)에 연루되어 11년 동안 유배되었다. 인조반정(仁祖反正) 이후 형조판서와 병조판서를 지냈다. 이괄의 난(1624)과 정묘호란(丁卯胡亂, 1627) 때 인조를 호종했다. 충숙은 그의 시호이다.

《임원십육지》에 의하면 "서충숙(徐忠肅) 공(公)이 좋은 청주를 빚었는데, 그의 집이 약현(藥峴)에 있었기 때문에 그 집 술을 약산춘(藥山春)이라 한다" 했다.[222] 술 이름에 춘(春)이 붙는 것은 중국 당나라 때에 유행했던 것인데 여러 번 덧술한 alcohol도수가 높은 술을 가리키니, 약산

---

[222] 徐有榘, 《林園十六志》 鼎俎志, 1827.

춘은 곧 상용약주이다.

전통으로 내려오는 대표적인 상용약주를 보자.

① 백하주(白霞酒)

백로주(白露酒) 또는 방문주(方文酒)라고도 한다. 술 색깔이 흰 노을과 같다는 데서 붙인 이름이다. 《수운잡방》, 《고사촬요》, 《주방문》, 《산림경제》, 《증보산림경제》, 《임원십육지》, 《규합총서》, 《조선무쌍신식요리제법》에 양주법이 기록되어 있다. 고려말 이규보(李奎報)의 시(詩)에도 등장한다.[223] 이양주이다.

② 소국주(少麴酒)

이양주 또는 삼양주이다. 《수운잡방》, 《고사촬요》, 《음식지미방》, 《요록》, 《치생요람》, 《음식보》, 《역주방문》, 《산림경제》, 《증보산림경제》, 《고사십이집》, 《규합총서》, 《임원십육지》, 《양주방》, 《김승지댁주방문》, 《술빚는 법》에 양주법이 기록되어 있다. 누룩을 적게 사용하여 만든 술인 데에서 붙인 이름이다.

《수운잡방》의 〈소국주〉는 밑술에서 (죽+밀누룩가루+밀가루)를 재료로 하고, 덧술에서 (흰무리+물) (지에밥+물)로 덧빚어 21일 만에 마시는 삼양주이다. 그런데 1815년에 나온 《규합총서》의 〈소국주〉는 수국(水麴, 물누룩)을 쓰는 이양주 술이다. 누룩을 미리 물에 담가 두어 발효시켜

---

[223] 李奎報가 지은 《東國李相國集》에는 白酒가 나오지만 이것이 백하주인지는 확실치 않음.

서 이 수국을 흰무리에 혼합하는 방법이다. 수국을 사용하는 술은 앞서 기술한《제민요술》의 양주법,《거가필용》의 〈천태홍주〉와 〈천문동주〉 그리고 〈삼일주〉와 〈청서주〉 등에서도 보인다.

> 정월 첫해일에 냉수 8되를 항아리에 붓는다. 여기에 밀누룩가루 7홉을 담갔다가 사흘 만에 체로 받쳐 놓는다(수국).
> 멥쌀 5되를 가루로 만들어 쪄서 더운 김이 나가기를 기다렸다가 걸러낸 수국에 풀어 숙성시킨다(밑술).
> 멥쌀 1말로 지에밥을 만들어 밑술에 덧빚는다(덧술)《규합총서》.

누룩가루에 밀가루를 섞어 〈소국주〉술 빚는 방법은, 〈향온주〉에서 누룩가루에 엿기름가루를 섞어 술 빚는 방법과 같은 계열이라는 연구보고가 있다.[224] 물론 엿기름 넣는 방법이 밀가루 넣는 것 보다 훨씬 앞선 시기의 것이다.

어찌되었든 물누룩 수국은 효모를 증식시키는데 좋은 방법이지만 곰팡이 증식에는 유리하지 않다고도 한다. 수국의 기원은 맥아주(麥牙酒, 맥주)를 만들 때에 맥아즙을 미리 만들어 놓고, 그 맥아즙에 원료를 넣는 맥아주 제조방법에 기원이 있는 것으로, 곰팡이술 제조에도 맥아주 제조원리를 계속 답습해 온 결과물이라 하였다. 이것은 중국 화북(華北)의 영향으로 보고 있다.[225] 그렇다면《제민요술》에서 양주 starter로서

---

224 吉田集而,《東方アジアの酒の起源》, ドメス出版, 1993, p226.
225 吉田集而,《東方アジアの酒の起源》, ドメス出版, 1993, p227.

대부분 등장하는 물누룩 수국은 이 문화를 계승했다고 볼 수 있다.

단기간에 촉성으로 당을 ethylalcohol로 빨리 변화시키기 위하여 동원된 것이 수국이다. 〈약산춘〉도 수국으로 발효시킨다.

《규합총서》의 수국을 사용하는 〈소국주〉 제조 방법은 1837년에 나온 《양주방(釀酒方)》에서도 그대로 적용되지만,[226] 1800년대 말 경에 나온 《시의전서(是議全書)》를 보니 〈소국주별방〉이라 하여 다음과 같이 기술하고 있다.[227]

소국주별방

정월 첫 해일에 백미 5되로 가루를 만들어 끓인 물을 넣고 죽을 만든다.
이것에 밀누룩가루 5홉과 밀가루 5홉을 합하여 숙성시킨다(밑술).
다음날 찹쌀 3말로 지에밥을 만들어 밑술에 덧빚는다(덧술).
3, 4월이 되면 물을 푸듯 술을 퍼 쓰는데 오랫동안 맵고 향기롭다(《시의전서》).

이 방법은 《수운잡방》의 〈소국주〉법을 계승한 것이다. 다만 덧술에서 멥쌀밥을 찹쌀밥으로 대체하고 있는 것 만 다를 뿐이다. 시대는 조금 내려와서 1915년에 나온 《부인필지》에도 〈소국주〉법이 있는데, 여기서는 다시 수국을 쓰고 있기 때문에 같은 〈소국주〉라도 시대에 따라 만드는 방법을 다르게 함을 알 수 있다(〈표 34〉).

---

226 찬자 미상, 《釀酒方》, 1837.
227 찬자 미상, 《是議全書》, 1800년대 말 또는 1900년대 초.

③ 벽향주(碧香酒)

삼양주이다. 《수운잡방》, 《음식지미방》, 《주방문》, 《요록》, 《역주방문》, 《산림경제》, 《증보산림경제》, 《고사십이집》, 《임원십육지》, 《양주방》, 《군학회등》, 《술만드는 법》에 양주법이 기록되어 있다. 이양주법 술이다. 술 색깔이 깊게 푸른 빛이 나고 향기가 있다하여 붙인 이름이다.

④ 삼해주(三亥酒)

삼양주이다. 법주(法酒), 호산춘(壺山春), 약산춘(藥山春), 백일주(百日酒)가 삼해주와 같은 무리의 술이다.

음력 1월 첫 해일(亥日)에 밑술하여 12일 후에 맞이하는 다음 해일, 또 12일 후에 맞이하는 그 다음 해일에 덧술해서 덧 빚는다 하여 붙인 이름이다. 정월 첫 해일에 시작하여 버들개비가 날라 다닐 때 쯤 떠 마시기 때문에 유여주(柳絮酒)라고도 한다.

또 100일 만에 완성되면서 술맛이 너무 좋아 미주(美酒) 또는 춘주(春酒)라고도 불렀다. 여러 번 덧술하여 순후(醇厚)한 맛이 나도록 빚은 술이 춘주이다. 춘(春)자를 술 이름으로 삼은 것은 중국 당(唐)나라 식이다. 《지봉유설》에서도 "춘주는 의방(醫方)에서 말하는 미주이다. 오늘날의 삼해주이다(春酒醫方云美酒也, 疑今三亥酒之類)"라 했다.[228]

《수운잡방》에 등장하는 삼해주는 이보다 앞선 시기에 서거정(徐居正, 1420-1488)이 쓴 《태평한화골계전(太平閑話滑稽傳)》에서도 나온다.[229]

---

228 李晬光, 《芝峰類說》, 1613.
229 이성우, 《한국식품문화사》, 교문사, 1984, p245에서 인용.

[표 34] 고조리서 속에 나오는 〈소국주〉의 재료와 분량

문헌		밑술				덧술		
		멥쌀	끓인 물	누룩	밀가루	멥쌀	끓인 물	누룩
1500년대 초	수운잡방	3말로 만든 죽	3말	5되	5되	6말로 만든 흰무리 6말로 만든 찐밥	6말 6말	
1670년	음식지미방	7½말로 만든 죽	끓인 물	7되	7되	7말 7되로 만든 찐밥		3되
1800년대 초	주찬	2말로 만든 죽	3말	2되	2되	4말로 만든 찐밥	5½말	
1815년	규합총서	5되로 만든 흰무리	누룩 7홉+냉수 8되로 만든 수국			1말로 만든 찐밥	7말	
1837년	양주방	2되로 만든 흰무리	누룩 2되 8홉+밀가루 1되 3홉+물 3말 5되로 만든 수국			2말로 만든 찐밥		
1800년대 말	시의전서	5되로 만든 죽	끓인물	5홉	5홉	3말로 만든 찐 찹쌀밥		
1915년	부인필지	5되로 만든 흰무리	누룩 7홉+냉수 8되로 만든 수국			1말로 만든 찐 찹쌀밥	7말	

1700년대가 되자 삼해주는 춘주의 대표이면서 상용약주의 으뜸이 었던 까닭에 인기가 너무 높아져, 세수(歲首)에 술파는 집에서 삼해주를 너무 많이 빚으므로, 서울로 들어오는 쌀이 모두 술파는 집으로 쏠려 들어가, 서울에 쌀이 부족했다는 것이다. 이 일이 일어난 시기가 영조 9년(1733)의 일이다.[230]

1800년대에 들어서서 삼해주는, 본격적으로 고급 소주를 만드는 바탕술이 되었다. 헌종 4년(1838)의 기록에 의하면 "언제부터인지 정월의 첫 해일부터 빚은 삼해주가... 약주 보다 오히려 소주의 원료로 쓰

---

[230] 《秋官志》.

전통주 인문학

게 되고, 전년의 가을과 겨울에 담그는 소주의 밑술까지도 모두 삼해
주로 하게 되니 요즘은 삼해주하면 소주의 밑술을 가리킨다고 생각하
게 되었다"는 것이다.[231]

삼해주는 《수운잡방》, 《음식지미방》, 《주방문》, 《요록》, 《음식보》,
《역주방문》, 《산림경제》, 《증보산림경제》, 《고사십이집》, 《우음저방》,
《임원십육지》, 《양주방》, 《조선무쌍신식요리제법》에 양주법이 기록되
어, 거의 조선시대 전기(全期)에 걸쳐서 인기리에 고급술로 정착되어
면면히 이어져 왔다. 상용약주의 대명사가 되고, 다시 소주의 바탕술
이 된 대표적인 술이 백일주이다.

⑤ 사마주(四馬酒, 四午酒)

사양주이다. 술 빚는데만 1개월 이상 걸리고 3개월 이상을 땅 속에
묻어 발효시킨다. 빠르면 음력 3월 말 쯤에도 익어 마실 수 있음으로,
홍석모도 《동국세시기(東國歲時記)》에서 3월의 시식으로 다음과 같이
기술하였다.[232]

사마주(四馬酒)

오일(午日) 마다 4번 양주를 거듭해 두면 봄이 지나야 익는데 일년이
지나도 변치 않는다. 이름하여 사마주라 한다.

삼해주 보다 한 번의 덧술을 더함으로 익는데 시간이 많이 걸리는 까

---

231 《日省錄》
232 洪錫謨, 《東國歲時記》, 1849.

닭에 가장 귀한 술이 되어 집에서 집으로 전해지게 되었는데,《수운잡방》에 그 양조법이 나오는 것으로 보아 문헌으로 만 보더라도 조선 초로 거슬러 올라간다. 이 귀한 술은 1년 넘게 저장하여 마시는 것이 보편적이었던 듯 "그대의 집 이름난 술이 일년을 넘어 저장하였으니 술 빚는 법은 응당히 옥해(玉海)의 비전법(秘傳法)을 따랐으리라"는 〈사마주〉 시가 있다.[233]

(2) 약용약주(藥用藥酒)

약으로 마시는 술을 약용약주라 한다.

《거가필용》을 보니 〈동양주국〉〈만전향주국〉〈백주국〉은 누룩만들 때 각종 한약재를 넣고 만들고 있고, 이들 누룩을 사용하거나, 누룩은 분국을 사용해도 밑술 담글 때 많은 한약재를 넣고 담그고 있다. 이러한 양주법이 당시의 대세였던 것 같다. 〈동양주〉〈천문동주〉〈구기오가피주〉〈만전향주〉〈밀온투병향〉〈백주〉가《거가필용》속의 약용약주이다. 한약재를 술에 담가 침출시킨 〈장춘법주〉〈신선주〉등의 침출 약용약주도 보인다.

우리의 약용약주는 술을 빚을 때 한약재(漢藥材)를 넣거나, 완성된 술에 한약재를 넣어 약의 성분이 우려 나오게끔 만든 침출주이다. 대표적인 약용약주를 보자.

---

233 이성우, 《한국식품문화사》, 교문사, 1984, p246에 있는 글 인용.

① 구기주(枸杞酒)

《지봉유설》,《증보산림경제》,《고사십이집》,《규합총서》,《주찬》, 《임원십육지》,《양주방》에 양주법이 기술되어 있다.

구기자 나무의 열매인 구기자가 가진 해열, 강장, 허로(虛勞), 요통의 효능을 살려 치료를 목적으로 빚은 술이다. 장수하게 하는 술로도 유명하다. 그래서 구기주를 금액(金液)이라고도 한다.

숙종 때의 학자 김창협(金昌協, 1651-1708)[234]의 유고집인《농암집(農巖集)》에 의하면 "정방사(淨芳寺)에 가서 새로 빚은, 색과 맛이 매우 좋은 구기주를 가져 왔는데 스님이 이 술을 금액(金液)이라고 했다."라는 것이다.《지봉유설》에는 장수하게 하는 술로서 좀 과장된 표현이기는 하나 재미있는 글이 기술되어 있다.[235]

옛날 하서(河西)[236]로 가던 사신이 길에서 한 여인을 만났다. 16~17세 정도로 보이는 여인이었다. 그 여인이 80~90세로 보이는 노인에게 매질하고 있었다. 사신은 "나이도 어린 여자가 어째서 노인을 때리느냐"고 했다. 그 여인이 답하기를 "이 아이는 나의 셋째 자식인데 약 먹을 줄 몰라 나보다 먼저 늙었습니다." 라고 말하였다.

여인의 나이를 물었더니 395세라고 했다. 이에 사신이 말에서 내려 그

---

234 金昌協: 호가 농암(農巖). 교리(校理), 집의(執義), 대사간, 대사성, 청풍부사(淸風府使) 등을 역임.

235 李睟光,《芝峯類說》, 1613: 이성우,《한국식품문화사》, 교문사, 1984, p268.

236 하서(河西): 중국 황하(黃河) 서쪽 땅의 총칭. 주로 감숙성(甘肅省) 서부 지역으로 몽고의 사막지대를 북쪽에 둔 오아시스 지대. 하우(河右)라고도 함.

여인에게 절한 다음 그 약이 무엇이냐고 물었다. 그 여인은 구기주 만
드는 법을 가르쳐 주었음으로, 사신이 돌아와서 그 법대로 만들어 먹
자 300년을 살아도 늙지 않았다

허(虛)를 보하고 비건(肥健)케 하는 술로서 심히 보익(補益)한 것으로
알려진 구기자주는, 구기자 5되를 짓이겨서 약주 2말에 침지한 다음 7
일이 지난 후 걸른다. 찌꺼기는 버리고 마시는데 처음에는 3홉을 마시
고 나중에는 각자의 양 것 마시는 술이다.[237] 청주에 구기자를 넣어 우
려낸 침출주이다.

② 자주(煮酒)

《고사촬요》, 《주방문》, 《요록》, 《역주방문》, 《산림경제》, 《고사십이
집》, 《주찬》, 《조선무쌍신식요리제법》에 양주법이 기술되어 있다.

《동의보감》에는 민간에서 전해져 오는 〈속방(俗方)〉을 인용하여 " 황
랍(黃蠟)[238] 2전, 후추가루 1전을 봉투에 넣고 밀봉하여 물에 담근 쌀
약간을 봉투 아구리의 위에 얹어서 좋은 청주 1병에 넣어 중탕한다.
쌀이 밥이 되면 봉투를 꺼내어 식혀서 마신다." 하였다.

중국에서의 자주 출현은 당 송대이나, 자세한 양주법은 《거가필용》
에 기술되어 있다.

---

237 許浚, 《東醫寶鑑》, 1610.
238 황랍(黃蠟): 꿀벌의 집을 만드는 주성분, cerotin산, palmitin산, myricyl과의 혼합물.

전통주 인문학

③ 지황주(地黃酒)

《증보산림경제》, 《주찬》, 《임원십육지》, 《농정회요》, 《김승지댁주방문》에 양주법이 기술되어있다.

찹쌀 1되에 잘게 썬 생지황 3근을 넣고 쪄서 식힌 다음 백국(白麴)을 보통 법과 같이 넣어 숙성시키고, 술이 되면 조금씩 임의대로 마신다. 혈(血)을 화(和)하게 하고 얼굴빛이 좋아지는 술이다.[239] 《거가필용》에는 〈구기오가피주〉를 만들 때 많은 양의 생지황을 쌀밥에 합하여 만들고 있다.

생지황은 지황뿌리의 날 것으로 성질이 차서 열이 대단한 혈증(血症)에 쓰는 약재이다.

④ 천문동주(天門冬酒)

《증보산림경제》, 《고사십이집》, 《주찬》, 《임원십육지》, 《농정회요》에 양주법이 기술되어 있다.

천문동은 호라지좆의 뿌리이다. 성질은 차다. 해소, 담, 객혈, 번조(煩燥), 음(陰)이 허(虛)한 노채(癆瘵, 말기에 다다른 폐결핵)에 쓰는 약재이다.

그러니까 천문동주는 기(氣)를 보하고 연년(延年)하는데 쓴다. 천문동의 껍질과 심(心)을 버리고 찧어서 즙을 2말 취한 다음, 이것에 누룩 2되와 찹쌀 2말로 지은 차게 식힌 지에밥[強飯]을 합하여 술을 빚는다. 4~7일이 지난 뒤에 맑게 고인 액을 떠서 마신다. 천문동가루를 화합

---

239 許浚, 《東醫寶鑑》, 1610.

해서 마시면 더욱 좋다.[240]

⑤ 무술주(戊戌酒)

《증보산림경제》,《고사십이집》,《주찬》,《우음저방(황구주)》,《임원십육지》,《양주방》에 양주법이 기술되어있다.

무술이란 숫컷의 누런개[黃犬]를 말한다. 무술주는 양기(陽氣)를 크게 보(補)한다.

수컷 누런개 1마리를 잡아 껍질과 장을 제거한 다음 솥에 담아 아주 무르게 진흙과 같이 되게 익힌다. 이것을 국물과 함께, 찹쌀 3말로 만든 지에밥 식힌 것과 백국 3냥을 합하여 빚어서 27일이 지난 뒤에 공복에 1잔씩 마신다. 원기를 극히 보양하여 노인에게 더욱 좋다.[241]

⑥ 신선고본주(神仙固本酒)

《주찬》,《임원십육지》,《군학회등》에 양주법이 기술되어있다.

이 술을 마시면 백발이 검은 머리로 변하고, 노인이 젊어진다. 재료는 우슬(牛膝)[242] 8냥, 찧은 구기자 4냥, 거친 가루로 만든 하수오(何首烏)[243] 6냥, 천문동 2냥, 맥문동(麥門冬)[244] 2냥, 생지황 2냥, 숙지황(熟

---

240 許浚《東醫寶鑑》, 1610.
241 許浚《東醫寶鑑》, 1610.
242 우슬(牛膝): 소의 무릎지기.
243 하수오(何首烏): 새박뿌리. 강장제로 쓰임. 토우(土芋).
244 맥문동(麥門冬): 맥문동의 뿌리. 보음(補陰), 청폐(清肺), 거담(祛痰), 자양제(滋養劑) 등으로 쓰임.

전통주 인문학

地黃)[245] 2냥, 인삼 2냥, 당귀(當歸)[246] 2냥, 육계(肉桂)[247] 1냥, 찹쌀 2말, 백국 2되이다. 찹쌀을 쪄서 식혀 백국과 약재가루를 합하여 빚어서 마신다.[248] 《거가필용》의 침출약용약주〈신선주〉와는 다른 양주법이다.

몸을 가볍게 하고 연년(延年)한다.

⑦ 밀주(蜜酒)

《산림경제》, 《고사십이집》, 《임원십육지》에 양주법이 기술되어있다.

보익(補益)하고 풍진(風疹)[249]을 다스리는 술이다.

재료는 제일 좋은 꿀 2근, 물 1사발, 백국 1½되, 좋은 건효(乾酵)[250]3냥이다. 물에 꿀을 화합하여 끓여서 거품은 버리고 식힌 다음, 효(酵)와 누룩을 넣고 매일 세 번씩 저어서 흔들면 3일 만에 익는다.[251]

⑧ 계명주(鷄鳴酒)

하루만에 익는다 하여 계명주라 한다. 《제민요술》과 《거가필용》에 양주법이 기술되어있다.

《임원십육지》에도 양주법이 나오는데, 찹쌀 3되에 물 6되를 합하여 죽을 만들어서, 체로 내린 누룩가루와 맥아가루를 합하여 반죽하여 빚

---

245 숙지황(熟地黃): 생지황을 솥에 넣고 여러번 찐 약제. 보혈(補血), 보음(補陰), 강장제로 쓰임.
246 당귀(當歸): 승검초의 뿌리. 보혈제로 쓰임.
247 육계(肉桂): 계수나무의 두꺼운 껍질. 건위(健胃), 강장제로 쓰임. 관계(官桂).
248 許浚《東醫寶鑑》, 1610.
249 풍진(風疹): 발진성의 급성 피부 전염병.
250 건효(乾酵): 부본 죽 누룩밑.
251 許浚《東醫寶鑑》, 1610.

는다 했다. 겨울에는 5일, 봄, 가을, 여름에는 2일이면 술이 된다.[252] 소화를 돕는 술이다.

⑨ 창포주(菖蒲酒)

《고사십이집》, 《주찬》, 《임원십육지》, 《양주방》, 《농정회요》에 양주 법이 기술되어 있다. 풍비(風痺)를 다스리고 수명을 늘리는 창포의 효능 을 살린 술이다.

햇볕에 잘게 썰어 말린 창포뿌리를 명주주머니에 담아 청주 1말에 넣고 단단히 봉해 둔다. 3개월 후에 생동찰(청량차조) 1말을 푹 쪄서 익 혀 넣어 덧빚는다. 7일 후에 마실 수 있다.[253]

⑩ 오가피주(五加皮酒)

《음식지미방》, 《역주방문》, 《증보산림경제》, 《규합총서》, 《임원십 지》, 《양주방》, 《농정회요》에 양주법이 기술되어 있다.

오가피는 오갈피나무뿌리의 껍질이다. 성질이 따뜻하여 냉습, 풍 습, 팔다리저림증, 음위, 요통 등의 약으로 쓰인다. 또 근골을 튼튼하 게 한다.

오갈피나무의 뿌리껍질을 넣고 달인 물에 누룩과 쌀밥을 합하여 보 통의 술 빚는 방법대로 양주하여 수시로 마신다. 신선주(神仙酒)라고도 한다.[254]

---

252 許浚 《東醫寶鑑》, 1610.
253 《酒饌》, 찬자 미상, 1800년대 초.
254 《酒饌》, 찬자 미상, 1800년대 초.

⑪ 그 밖의 약용약주

㉠ 상심주(桑椹酒): 상심은 오디(뽕나무 열매)를 말한다. 오장을 돕고 귀와 눈을 밝힌다. 오디즙을 취하여 빚은 술이다.

㉡ 송엽주(松葉酒): 송엽은 소나무의 잎(솔잎)이다. 솔잎을 술에 침지한다. 각기와 풍비를 다스린다.

㉢ 송절주(松節酒): 역절풍(歷節風)[255]을 다스린다. 누룩과 멥쌀밥을 버무릴 때에 삶은 소나무마디즙[松節汁]을 넣어 빚는다.

㉣ 황련주(黃連酒): 황련은 깽깽이풀의 뿌리이다. 설사나 눈병의 약재로 쓰인다. 이 술은 주독(酒毒)을 풀고 사람을 상하지 않게 한다.[256]

㉤ 도소주(屠蘇酒): 백출(白朮: 삽주의 덩어리진 뿌리), 대황(大黃, 장군풀의 뿌리), 천초(川椒, 산초) 길경(苦莄, 도라지), 오두(烏頭, 바곳의 괴근), 호장근(虎杖根, 호장의 뿌리) 등을 곱게 가루내어 주머니에 넣고 상용약주에 담갔다가 끓인 것이다.[257]

㉥ 벽력주(霹靂酒): 새빨갛게 불에서 달군 철기(鐵器)를 상용약주에 담근 술이다.

㉦ 호골주(虎骨酒): 누룩과 멥쌀밥을 버무릴 때에, 구워서 가루로 만든 호랑이정강이뼈를 넣어 빚어 만든 술이다.

㉧ 양고주(羊羔酒): 《거가필용》〈양고주〉에 양주법이 자세히 기술되어 있다. 누룩과 멥쌀밥을 버무릴 때에 양고기즙을 넣어 빚는다.

---

255 역절풍(歷節風): 뼈마디가 아프거나 붓거나 접었다 폈다를 잘하지 못하는 풍증.
256 許浚, 《東醫寶鑑》, 1610.
257 洪錫模, 《東國歲時記》, 1849.

ⓩ 서여주(薯蕷酒): 누룩과 멥쌀밥을 버무릴 때에 산마가루를 넣고 빚는다.

ⓩ 기타: 도인주(桃仁酒), 호도주(胡桃酒), 상실주(橡實酒), 당귀주(當歸酒), 우슬주(牛膝酒), 인삼주(人蔘酒), 복령주(茯苓酒), 출주(朮酒), 요주(蓼酒), 회향주(茴香酒), 백엽주(柏葉酒), 백자주(柏子酒), 죽엽주(竹葉酒), 마인주(麻仁酒), 우방주(牛旁酒), 도피주(桃皮酒), 신국주(新麴酒), 복사주(蝮蛇酒), 포도주, 약용 꽃을 넣고 만든 술, 소주에 약재를 넣고 만든 술이 있다.

포도주와 꽃을 넣고 만든 술 및 약재를 넣고 만든 소주는 가향주(加香酒), 과실주, 소주 항목에서 후술한다.

3) 속성주, 탁주, 예주

(1) 속성주(速成酒)

단기간에 숙성되는 술이다. 《임원십육지》에서는 이를 순내주(旬內酒)라 했다. 10일 만에 익는 술로 탁주와 가까운 술이다. 일일주, 삼일주, 급시주(急時酒), 7일주, 하일점주 등이 속성주 계열인데, 이들 모두는 단양주 또는 이양주법 술이다. 《수운잡방》에 이상의 대부분 속성주가 기술되어 있는 것을 보면 속성주의 역사는 기록으로 만 보더라도 500년이 넘는다.

(2) 탁주(濁酒)

《임원십육지》에서는 이화주, 집성향, 추모주, 백료주를 탁주계열에 넣고 있다.

선조(宣祖, 재위 1567-1608)로부터 영창대군(永昌大君)의 보필을 부탁받은 유교칠신(遺敎七臣)의 한 사람이었던 신흠(申欽, 1566-1628)은 인조반정(仁祖反正, 1623) 후 이조판서와 대제학을 지냈다. 인조(仁祖, 재위 1623-1649) 5년 좌의정이 되고 이 해(1627) 정묘호란(丁卯胡亂)이 일어나자 세자를 모시고 전주로 피난하였다.

그는 글을 잘 썼는데 술에 관한 다음의 시조 한 수가 전해진다.[258]

술이 몇 가지요 청주와 탁주로다.

다 마시고 취할지언정 청탁(청주 탁주)을 관계하랴

달 밝고 풍청(風淸)한 밤이니 아니 깬들 어떠하리.

이 시로 만 보면 당시 술의 종류는 크게 청주와 탁주 두 가지로 분류하였음이 엿보인다.

한편 왜 탁주를 막걸리라고 했는가를 암시하는, 이름을 알 수 없는 문인이 쓴 조선시대의 시조도 있다.[259]

허리띠[帶] 없는 손님이 오거늘, 모자[冠] 없는 주인이 나선다.

---

258 《家村集》
259 이성우, 《한국식품사회사》, 교문사, 1984, p250글 인용.

나무 정자 아래 장기판 벌여 놓고

아해야 덜괸 술 막 거르고 외(오이) 따 안주 놓아 내거라

숙성된 술에 용수를 박아 용수 속에 괸 것을 떠내면 맑은 술 청주가 얻어지고, 체를 받쳐 주물러 막 걸러 내면 흐린 술 탁주가 얻어진다. 이런 경우는 이양주 이상의 것이고, 일반적으로 단양주 속성주는 원래부터 탁주를 만들기 위한 술이니, 막거르는 막걸리 탁주에도 등급이 있다. 이렇듯 처음부터 탁주를 목적으로 빚는 술을 순탁주(純濁酒)라 하는데, 이 순탁주는 탁주 보다는 상등의 술이 되겠다.

순탁주에 관해서는 다음의 고사(故事)가 있다.[260]

철종(哲宗, 재위 1849-1863)임금은 강화도에서 고달프게 지낸 분이시다. 왕이 된 후 궁중에서 아침, 저녁으로 올리는 수라상에는 산해진미(山海珍味)가 가득했고, 내소주방(內燒廚房)에 좋은 술이 많았으나, 강화에서 잡수셨던 막걸리와 우거지국을 잊지 못하셨다.

하루는 시중의 한 막걸리집에서 만든 막걸리가 특히 좋다는 소문을 듣고 이것을 구하여 올리니 오랜만에 좋은 술을 마셨다고 좋아하셨다. 소주방에서도 만들어 올렸지만 맛이 먼저 번 것만 못하다고 하셨다. 부득이 이 막걸리집 주인을 1년에 쌀 1000섬[石] 씩 주는 선혜청 창고지기로 삼아 선금을 주고 왕의 막걸리 만들기를 전담케 하였다.

---

260 이성우, 《한국식품문화사》, 교문사, 1984, p251글 인용.

전통주 인문학

전통적으로 내려오는 순탁주에는 어떤 종류가 있는지 보도록 한다.

① 이화주(梨花酒, 白雪香)

배꽃[梨花]이 흐드러지게 피었을 때 담그는 술이므로 이화주라 했다. 《수운잡방》, 《음식지미방》, 《주방문》, 《요록》, 《역주방문》, 《산림경제》, 《증보산림경제》, 《고사십이집》, 《주찬》, 《우음저방》, 《임원십육지》, 《김승지댁 주방문》, 《술만드는 법》, 《조선무쌍신식요리제법》에 양주법이 기술되어 이어질 정도로 1500년대 초부터 1900년대 초의 고조리서에 꾸준히 등장하는 술이다.

이 술은 쌀누룩을 쓰는 특징이 있다. 어쩌면 백제시대 때 만들어 먹었던 '숟가락으로 떠먹는 술'이지 않을까 한다. 이것에 관해서는 앞서 기술하였음으로 생략한다.

② 집성향(集聖香, 四節酒)

《임원십육지》, 《양주방》, 《술 만드는 법》, 《조선무쌍신식요리제법》에 양주법이 기술되어 있다. 멥쌀 1말로 고운 쌀가루를 만들어 쪄서, 누룩 2½되, 밀가루 5홉, 끓인물 3병을 합하여 버무려 숙성시킨다(밑술). 봄과 가을에는 4~5일, 여름에는 3~4일 후에 찹쌀 2말로 지에밥을 만들어 밑술에 합하여 덧빚으면 7일 만에 익는 술이다.[261] 이양주이면서 순탁주이다.

261 徐有榘, 《林園十六志》, 1827.

③ 점주(粘酒)

하일점주(夏日粘酒)란 이름으로 《수운잡방》에 등장하고 이어서 점주란 이름으로 《음식지미방》, 《주방문》, 《양주방》으로 이어진다.

찹쌀 2말로 찐 지에밥에 물과 밀누룩가루 4되를 합하여 숙성시켜 7일 후에 마시는 술이다.[262]

④ 부의주(浮蟻酒, 동동주)

《고사촬요》, 《음식지미방》, 《치생요람》, 《산림경제》, 《증보산림경제》, 《고사십이집》, 《주찬》, 《임원십육지》, 《양주방》, 《김승지댁주방문》, 《술만드는법》, 《조선무쌍신식요리제법》에 양주법이 기술되어있다. 《임원십육지》에서는 맑은술[醞]계열에 소속시켰다.

찌꺼기인 밥알이 뜬다(浮蟻)하여 부의주라 한다. 《산림경제》에는 '부의란 술 위에 동동 뜨는 흰 밥풀을 말함으로 동동주라고도 한다'라고 기술했다. 《고사십이집》에서는 이 술을 미주(美酒)의 계열에 소속시키고 있다. 맛있는 술이라는 뜻이다.

밀누룩가루 1되를 술 담기 하루 전에 끓여서 식힌 물에 담가 두었다가, 술 담그는 날 체로 걸러 놓는다(수국水麴). 찹쌀 1말로 지에밥을 만들어 차게 식혀서 수국과 합하여 숙성시키면 사흘밤 만에 익는다. 가라 앉은 뒤에, 술잔에 술을 담아 가라 앉은 것을 띄워서 쓰면 마치 하얀 개미알이 동동 뜬 것 같고, 맛은 달고도 톡 쏘아 여름철에 알맞은

---

262 金綏, 《需雲雜方》, 1500년대 초.

전통주 인문학

술이다.[263]

(3) 예주(醴酒)

① 예주(一宿酒, 一日酒, 甘酒, 淸甘酒)

《수운잡방》,《고사찰요》,《음식지미방》,《주방문》,《요록》,《치생요람》,《역주방문》,《산림경제》,《증보산림경제》,《고사십이집》,《규합총서》,《주찬》,《임원십육지》,《양주방》,《군학회등》,《술만드는법》,《조선무쌍신식요리제법》에 양주법이 기술되어 있다.

찹쌀 1말을 곱게 가루로 만들어 죽을 쑤어서 차게 식힌 다음, 밀누룩가루 3되, 밀가루 2되와 합하여 하룻밤 숙성시켜 마시는 술이다.[264]

② 향온주(香醞酒)

《고사찰요》,《음식지미방》,《요록》,《역주방문》,《산림경제》,《고사십이집》,《주찬》,《임원십육지》,《술방문》,《군학회등》에 양주법이 기술되어 있다.《임원십육지》에서는 맑은 술[酏]계열에 소속시켰다.《산림경제》〈내국향온법(內局香醞法)〉을 보자.

內局香醞法造麴以麥磨之不篩其末每一圓入一斗碎菉豆一合調和造作

白米十斗粘米一斗百洗蒸出用熟水十五瓶和待其水盡入于蒸飯然後

---

263 洪萬選,《山林經濟》, 1715.
264《酒饌》, 찬자 미상, 1800년대 초.

鋪於簟上寒之良久麴末一斗五升腐本一瓶調和釀之(攷事撮要)

대궐 안 약국에서 향온주 빚는 법

밀을 갈아 체로 내리지 않는다. 거친 밀가루 1말에 녹두 간 것 1홉을
합하여(100:1) 디뎌 병국을 만든다.

멥쌀 10말과 찹쌀 1말을 아주 여러 번 씻어 쪄서 지에밥을 만든다. 끓
인 물 15병을 부어 합하여 밥알에 그 물이 다 먹을 때까지 기다린 다
음 대자리 위에 펴서 차게 식힌다. 이것에 누룩가루 1말 5되에 부본(腐
本) 1병을 합하여 빚는다(《고사촬요》).[265]

《산림경제》〈내국향온법〉은 《고사촬요》를 인용하여 기술한 것인데
《산림경제》보다 45년 정도 앞서 나온 《음식지미방》의 〈향온주〉도 양
주법이 거의 일치한다.

밀을 갈아 체로 치지 않은 것 1말에 녹두 빻은 것 1홉을 섞어 물을 넣
고 되게 반죽하여 디뎌 병국을 만든다.

멥쌀 10말과 찹쌀 1말을 아주 여러번 씻고 또 씻어서 지에밥을 만들고
여기에 끓인물 15병을 섞어, 밥알에 그 물이 다 스며들면 삿자리에 널
어 차게 식힌다. 이것에 누룩가루 1말 5되와 서김가루 1되를 합하여
빚는다.[266]

---

265 洪萬選, 《山林經濟》, 1715.
266 《음식지미방》, 1670.

그러니까 차이점은《산림경제》의 부본(腐本)을《음식미지방》에서는 서김가루로 기술하고 있는 점 만 다르다. 부본이란 '삭힘의 원료' 라는 뜻인데, 삭힘의 원료가 되는 것을《음식지미방》시절에는 '서김가루' 라 칭했던 것 같다. 서김이란 주효(酒酵)란 의미로 '썩임' '삭힘'과 같다.

《임원십육지》에는《동의보감》을 인용하여 부본(腐本, 삭힘) 만드는 법을 다음과 같이 설명하였다.

> 멥쌀 10되를 깨끗이 씻어 겨울에는 10일, 봄과 가을에는 5일, 여름에는 3일 동안 물에 담가둔 다음 푹 익도록 쪄낸다. 이것에 누룩을 약간 넣고 손으로 충분히 비벼서 항아리에 담아 주둥이를 봉한다. 겨울에는 따뜻한 곳에 두고, 여름에는 서늘한 곳에 두었다가 삭아서 술이 되면 꺼내어 쓴다. 그 맛이 약간 시고 떫으면서 미끌거려야 좋다.

부본과 비슷한 것으로 주본(酒本, 술밑)도《삼산방》을 인용하여 설명하였다.

> 멥쌀 10되를 깨끗이 씻어 항아리에 담는다. 끓인 물을 따뜻할 정도로 식혀 붓는다. 3일 후에 맛이 시어지면 물을 없애고 다시 물로 깨끗이 씻어서 죽을 만든다. 이 죽에 누룩가루 1½되를 섞어 익으면 쓴다.

《태상지》〈조국(造麴)〉과 같이 밀가루에 녹두가루를 합하여 만든 병국에 부본을 합하여 이를 발효 starter로 삼은 술이 〈향온주〉이다.

하루 만에 빚어 마시는 술 〈예주〉는 밀누룩가루에 밀가루를 합하여 술을 만들고 있고, 〈향온주〉에서는 밀가루와 녹두가루를 100:1로 하여 만든 누룩가루에 부본을 합하여 빚고 있다. 이 부본을《음식지미방》에서 '서김가루'라 하고 있는 점에서《음식지미방》에서는 부본 대신 '엿기름가루'를 차용했을 가능성이 있다. 누룩에 엿기름을 섞어 술 빚는 방법은 누룩에 밀가루를 섞어 술 빚는 방법 보다 훨씬 앞선 시대의 양조법이라는 보고도 있다.[267]

다시 말하면 처음에는 엿기름을 합하여 술을 빚다가 점차 세월이 지나면서 엿기름이 밀가루로 대체되었다는 설이다.

이렇게 본다면 〈예주〉보다는《음식지미방》의 〈향온주〉 쪽이 역사가 깊은 술이다.

술을 빚을 때 부본 또는 엿기름을 써서 단양법(單釀法)으로 만드는 이 술은 다른 술 보다는 숙성 기간이 짧은 특징을 가진다.

4) 이양주, 가향주

(1) 이양주(異釀酒)

술의 숙성을 보통 법대로 하지 않고 다른 방법으로 양주한[異釀] 술을 이양주라 한다.

---

267 吉田集而,《東方アヅアの酒の起源》, ドメス出版, 1993, p227.

① 청서주(淸署酒)

《치생요람》,《산림경제》,《주찬》,《임원십육지》,《군학회등》,《조선무쌍신식요리제법》에 양주법이 기술되어 있다.

밀누룩가루 2되를 2병의 물에 담가 둔다. 다음 날 체로 받쳐 찌꺼기는 버리고 물누룩을 그릇에 담아 놓는다(수국). 찹쌀 1말로 지에밥을 만들어 끓인물 1/2병을 부어 지에밥에 물이 다 스며들도록 한다. 차게 식으면 수국을 합하여 숙성시킨다. 다음 날 저녁 찬물을 담은 커다란 그릇에 술이 들어 있는 항아리를 그 가운데에 놓는다. 매일 찬물을 2~3회 바꾸어 주어 6~7일간 계속한다.[268]

② 봉래춘(蓬萊春)

《임원십육지》,《조선무쌍신식요리제법》에 양주법이 기술되어 있다.

청주 1병 분량에 가루로 만든 황랍 7푼, 후추 1돈을 합하여 단지에 담아, 주둥이를 기름종이로 단단히 봉한 다음 물이 담겨 있는 솥 위 공중에 매단다. 센 불로 불을 때 아침부터 저녁까지 물을 끓여 술을 익힌다.

익은 술은 겨울에는 짚으로 술단지를 싸두고, 여름에는 얼음에 채워두는데 하루 이틀 만에 다 먹어야 되는 술이다.[269]

《거가필용》의 〈자주〉계열이다.

---

268 魚叔權,《攷事撮要》, 1554.
269 徐有榘,《林園十六志》, 1827.

③ 와송주(臥松酒)

《증보산림경제》에 양주법이 기술되어 있다.

스스로 누워있는 살아있는 소나무 둥치를 말구유 모양으로 파내어, 이 속에 (흰무리+누룩)을 넣고, 소나무판자로 뚜껑을 만들어 덮고는 진흙으로 봉한다. 다시 풀을 덮어 익힌 술이다.[270]

④ 죽통주(竹筒酒)

《증보산림경제》, 《임원십육지》, 《조선무쌍신식요리제법》에 양주법이 기술되어 있다.

생죽(生竹, 대나무)의 마디 사이를 뚫어 이 속에 (흰무리+누룩)을 넣어 와송주와 같은 방법으로 익힌 술이다.[271]

⑤ 지주(地酒)

《산림경제》, 《증보산림경제》, 《임원십육지》, 《군학회등》에 양주법이 기술되어 있다.

멥쌀 1말, 누룩가루 3되, 썰은 소나무잎 1되로 보통의 술 빚는 방법대로 빚어 항아리에 담는다. 땅을 파서 그 안에 소나무가지로 집을 짓고 이 속에 항아리를 묻는다. 흙을 덮어 7개월 간 숙성시켜 발효시킨 술이다.[272]

---

270 柳重臨, 《增補山林經濟》, 1766.
271 柳重臨, 《增補山林經濟》, 1766.
272 洪萬選, 《山林經濟》, 1715.

⑥ 동양주(冬陽酒)

《수운잡방》《음식지미방》에 양주법이 기술되어 있다.

멥쌀 2되를 가루로 만들어 가운데에 구멍을 뚫어 도넛 형태로 빚어서 삶아 식힌다. 이것에 밀누룩가루 2되를 합하여 숙성시킨다(밑술). 3일 후에 찹쌀 2말로 지에밥을 만들어 밑술에 덧빚는다(덧술). 여름철 술항아리를 냉수 속에 담아 익힌 이양주법 술이다.[273] 원래는 겨울에 빚는 술이나, 여름에 빚는 이양주가 되겠다.

《거가필용》의 〈동양주〉와는 사뭇 다르다.

(2) 가향주(加香酒)

《거가필용》에는 생견주머니에 말린 국화꽃을 넣고 이것을 청주 담은 술통의 술 표면에서 약손가락 하나 높이 정도로 떨어지도록 매달아 술에 꽃향기가 스며들도록 하는 입화향주(入花香酒) 〈국화주〉가 기술되었다.

곡주(穀酒) 만드는 재료에 가향(加香) 재료를 넣어서 빚거나, 이미 만들어진 곡주에 가향 재료를 침지하는 2종류의 방법이 있다. 향기가 나게끔 빚는 술로, 향양류(香釀類) 이다. 이 양주법은《거가필용》〈국화주〉와는 다르다.

술에 꽃 등을 넣어 빚는 일이 언제부터 시작되었는가는 지금으로서는 분명하지 않다. 다만 이규보(李奎報, 1168–1241)가 지은《동국이상

---

[273] 《飮食知味方》, 1670.

국집(東國李相國集) 시문에 〈화주(花酒)〉가 있고, 이색(李穡, 1328-1396)이 지은 《목은집(牧隱集)》에 〈중양국주(重陽菊酒)〉가 있다. 이 때의 술이 입화향주인지 국화 등의 꽃을 술에 넣어 양주하거나 침지한 것인지는 알려진 바가 없다.

① 두견주(杜鵑酒, 진달래술)

《규합총서》, 《주찬》, 《우음저방》, 《술방문》, 《김승지댁주방문》, 《술 만드는법》, 《술빚는법》, 《조선무쌍신식요리제법》에 양주법이 기술되어 있다. 술을 만들 때 진달래꽃을 넣어 양주한 술이다.

김윤식(金允植, 1835-1922)은 고종대에 황해도 암행어사, 강화부 유수, 병조판서 등을 역임했다. 고종 24년(1887) 민비의 친로(親露) 정책에 반대한 인물이다. 민영익과 함께 대원군 집권을 모의하여 민비의 미움을 사서, 일상차관(日商借款) 문제의 책임을 지고 면천(沔川, 충남 당진)에 유배되었다.

면천에서 한 동안 살았던 그는 그의 저서 《운양집(雲養集)》에서 '면천 두견주'를 소개하였다.

1000년 전 고려의 개국공신 복지겸(卜智謙, 생몰 연대 미상)은 궁예의 횡포가 심하자 배현경(裵玄慶) 등과 궁예를 몰아내고 태조 왕건을 추대하였다 복지겸이 원인모를 병에 걸려 면천에 와서 휴양할 때 그의 17세 된 딸이 꿈속에서 신선의 가르침을 받고 약주(藥酒)를 만들었는데 이 술이 두견주라는 것이다. 술빚을 때 사용된 물은 지금의 면천초등학교 옆에 있는 〈안샘〉의 물이었다 한다.[274]

1700년대 말 혹은 1800년대 초에 쓰인 《주찬》에는 〈두견주〉 만드는 법이 있다.

정월 첫 해일(亥日)에 멥쌀 $2\frac{1}{2}$말로 가루를 만들어 끓인 물 $2\frac{1}{2}$말을 부어서 진흙처럼 만든다. 차게 식혀서 밀가루 1되와 밀누룩 가루 1되를 합하여 숙성시킨다(밑술).

두견화(진달래꽃)가 필 때 찹쌀 3말과 멥쌀 3말로 지에밥을 만들어 끓인 물 5말을 합한다. 밥알에 물이 다 스며들게 한다. 이것을 차게 식혀서 밑술과 합하여 고루 버무린다. 꽃받침을 제거한 두견화를 항아리 바닥에 많이 깔고 다음 술밥을 깔고 다시 꽃을 까는 식으로 켜켜로 섞어 담는다. 맨 위에 두견화를 많이 덮는다(덧술).

술이 줄어들 것에 대비하여 술 뜨기 전 날 끓여서 식힌 물 5~6 되를 붓고. 다음 날 식 전에 술을 뜬다(《주찬》).[275]

다음은 《규합총서》 〈두견주〉를 보자

정월 첫 해일에 멥쌀 $2\frac{1}{2}$말을 가루로 만들어 끓인물 $2\frac{1}{2}$말을 부어서 갠다. 차게 식힌다. 이것에 밀가루 7홉과 밀누룩가루 1되 3홉을 합하여 숙성 시킨다(밑술).

3월에 두견화가 만개했을 때 찹쌀 3말과 멥쌀 3말로 지에밥을 만들어 끓인 물 6말을 합한다. 밥알에 물이 다 스며 들게 하여 차게 식혀

---

274 이성우, 《한국식품문화사》, 교문사, 1984, p258 인용.
275 《酒饌》, 찬자 미상, 1700년대 말 또는 1800년대 초.

서 밑술에 합하여 고루 버무린다. 진달래꽃은 꽃술을 제거하여 술 1
독에 1말을 넣도록 준비한다. 항아리에 술밥과 진달래꽃을 켜켜로 넣
는다(덧술).

덧술하고 14일이나 21일이 지나면 익는다(《규합총서》).[276]

《주찬》과《규합총서》의〈두견주〉양주방법은 별 차이가 없다. 《주찬》
은 누룩가루 1되와 밀가루 1되, 《규합총서》는 누룩가루 1되 3홉과 밀
가루 7홉을 넣고 있으니까. 《규합총서》쪽이 밀가루 양을 줄이고 그 줄
인 만큼의 누룩 분량을 늘리는 차이 밖에 없다. 《규합총서》의 물 분량
에서 1말을 더 늘였다고는 하지만, 《주찬》에서 술뜨기 전날 술에 물
5~6되를 합한다고 하였기 때문에 물 분량 차이는 4~5되 정도이다.
그런데 《규합총서》〈두견주〉의 양주법은 1924년에 나온 《조선무쌍신
식요리제법》〈두견주〉로 똑같이 이어진다.

쌀가루에 끓인 물을 부어 죽을 만들고 여기에 밀가루를 화합한 밀누
룩 가루를 넣어 밑술을 만든 다음, 3개월 후 진달래꽃이 활짝 필 때 물
을 합한 찹쌀지에밥과 멥쌀지에밥, 진달래꽃을 밑술에 합하여 덧빚는
방법이다.

진달래꽃을 넣고 양주하는 것을 제외하면 누룩을 넣을 때 누룩과 거
의 동량의 밀가루를 누룩과 합하는 점에서는 〈소국주〉담그는 방법과
유사하다.

---

276 憑虛閣李氏, 《閨閣叢書》, 1815.

② 도화주(桃花酒)

《치생요람》, 《산림경제》, 《증보산림경제》, 《고사십이집》, 《규합총서》, 《주찬》, 《군학회등》, 《김승지댁주방문》, 《조선무쌍신식요리제법》에 양주법이 기술되어 있다.

> 정월에 멥쌀 $2\frac{1}{2}$ 말로 가루를 만든다. 이것에 끓인물 $2\frac{1}{2}$ 말을 부어 죽을 만들어 차게 식힌다. 누룩가루 1되와 밀가루 1되를 넣고 숙성시킨다(밑술).
> 복숭아꽃이 활짝 피었을 때 멥쌀 3말과 찹쌀3말로 지에밥을 만들어서 끓인물 6말과 합하여 그 물이 다 스며들게 해서 차게 식힌다. 이것을 밑술에 더하여 버무린다. 항아리 밑에 복숭아 꽃 3냥을 깔고 술밥을 넣는다(《주찬》).[277]

《산림경제》의 〈도화주〉는 《고사촬요》(1613)를 인용하여 기술한 것인데, 《주찬》의 〈도화주〉는 《산림경제》의 〈도화주〉를 그대로 계승하였다.

> 정월에 멥쌀 $2\frac{1}{2}$ 말로 가루를 만들어 끓인 물 $2\frac{1}{2}$ 말을 부어 죽을 만들어 차게 식힌다. 이것에 누룩가루 1되와 밀가루 1되를 넣고 숙성시킨다(밑술).
> 복숭아꽃이 활짝 피었을 때 멥쌀 3말과 찹쌀 3말로 지에밥을 만들어서 끓인 물 6말과 합하여 그 물이 다 스며들게 해서 차게 식힌다. 이것

---

277 《酒饌》, 찬자 미상, 1700년대 말 또는 1800년대 초.

을 밑술에 더하여 버무린다.

항아리 밑에 복숭아꽃 2되를 깔고 술밥을 넣는다《산림경제》).**278**

그러니까 차이점은 복숭아꽃의 양에서 《산림경제》는 2되. 《주찬》은 3냥이라고 한 것만 다르다. 〈도화주〉 만들 때 총 들어가는 멥쌀과 찹쌀의 양은 8말 5되인데, 이 양에 들어가는 복숭아 꽃은 2되 또는 3냥(120g)에 불과하다. 이는 멥쌀과 찹쌀 8말 5되로 〈두견주〉를 만들 때 들어가는 '제한하지 않고 많이' 들어가는 진달래꽃 양과는 대조적이다.

어찌되었던 이양법으로 빚은 〈두견주〉 〈도화주〉 모두는 꽃이 가진 약성의 성질을 이용하여 만든 약용약주(藥用藥酒)이다. 《동의보감》에 나타난 꽃의 효능을 보면

복숭아꽃

성질은 평(平)하고, 맛은 쓰며[苦], 독이 없다.

석림(石淋)**279**을 부수고 대변과 소변을 이롭게 한다.

삼충(三蟲)을 내리고, 병의 전염을 막아준다.

황국화, 백국화

성질은 평하고 맛은 담백하며[甘], 독이 없다.

위장을 편히 하고, 오장을 이롭게 한다.

---

278 洪萬選, 《山林經濟》, 1715.
279 석림(石淋): 임질의 한가지. 신장이나 방광 속에 돌 같은 것이 생기는 병.

사지(四肢)를 고른다.

어지로움과 두통을 다스린다.

풍습비(風濕痺)[280]를 다스린다.

눈물을 거둔다.

철죽화

성은 따뜻하고 맛은 맵다(辛), 큰 독이 있다.

온학(溫虐)[281], 귀주(鬼疰)[282], 고독(蠱毒)[283]을 주치한다[284].

[표 35] 《주찬》, 《규합총서》, 《조선무쌍신식요리제법》의 〈두견주〉 제조방법

밑술 담그는 날		주찬, 1800년대 초	규합총서, 1815	조선무쌍신식요지제법
		정월 첫 해일(亥日)	정월 첫 해일	정월 첫 해일
밑술	쌀재료, 분량	멥쌀(2½말)가루로 만든 죽	멥쌀(2½말)가루로 만든 죽	멥쌀(2½말)가루로 만든 죽
	누룩과 밀가루 분량	누룩가루 1되+밀가루 1되	누룩가루 1되 3홉 +밀가루 7홉	누룩가루 1되 3홉 +밀가루 7홉
덧술 담그는 날		3월 진달래 꽃이 만개했을 때	3월 진달래 꽃이 만개했을 때	3월 진달래 꽃이 만개했을 때
밑술	쌀재료, 분량	찹쌀(3말) 지에밥 멥쌀(3말) 지에밥	찹쌀(3말) 지에밥 멥쌀(3말) 지에밥	찹쌀(3말) 지에밥 멥쌀(3말) 지에밥
	물 분량	5말	6말	6말
	꽃 분량	밑바닥에 깔고 켜켜로 덮은 후 맨위에도 많이 덮는다.	술 1항아리에 1말	켜켜로 넣는다.

---

280 풍습비(風濕痺): 습기를 받아서 뼈마디가 저리고 아픈 병.
281 온학(溫虐): 학질
282 귀주(鬼疰): 전염병
283 고독(蠱毒): 뱀, 지네, 두꺼비 따위의 독.
284 許浚, 《東醫寶鑑》, 1610.

고 하였다.

두견화는 철쭉과에 속하는 꽃이기 때문에, 철쭉화와 약효는 같아도 독은 없는 것으로 알려져 있음으로 철쭉화를 참고하면 될 것이다.

③ 국화주(菊花酒)

《요록》, 《고사십이집》, 《임원십육지》, 《농정회요》에 양주방법이 기술되어있다.

장수하게 하고 어지로움증을 다스리는 약용약주이다. 대개는 황국화를 넣어 도화주 빚듯이 양주한다.

④ 연엽양(蓮葉釀, 연엽주, 하엽주, 荷葉淸)

《주방문》, 《산림경제》, 《증보산림경제》, 《고사십이집》, 《규합총서》, 《임원십육지》, 《양주방》, 《군학회등》, 《조선무쌍신식요리제법》에 양주법이 기술되어 있다.

연엽을 하엽이라고도 한다. 연엽의 향과 효능을 살려 양주한 시기는 꽤 오래 전인 듯 보인다. 1600년대 말에 나온《주방문》에는〈연엽주〉에 대하여 "밥을 지어 식힌 다음에 좋은 누룩 한 줌 섞어 빚는다."고 했다. 여기에서는 연엽의 사용 방법을 기술하지 않았다. 연엽 사용 방법에 대한 구체적인 기록은 1715년의《산림경제》에서《사시찬요》를 인용하여 다음과 같이 적고 있다.

연엽주

찹쌀 1말로 지에밥을 만들어 끓인 물 2병을 넣어 차게 식힌 다음, 누룩가루 7홉과 합하여 섞는다.

먼저 독 밑에 서리 내리기 전에 잎이 마르지 않은 연잎을 깔고 그 위에 술밥 놓기를 켜켜로 한다《산림경제》.[285]

그런데 이렇게 빚는 방법 외에 다른 방법도 있다. 찹쌀밥 또는 멥쌀 가루로 만든 백설기에 누룩가루와 합하여 버무려서 주먹 크기로 빚 어 연잎으로 싼 다음 항아리에 담아 숙성시켜 7일 만에 익히는 방법이 다.[286]

《산림경제》의 〈연엽주〉는 《규합총서》의 〈연엽주〉로 이어져 똑같이 계승되었다. 《조선무쌍신식요리제법》에서는 《증보산림경제》를 이어 받아 〈연엽양〉 또는 〈천상백왕예(天上百王醴)〉라 하고 다음과 같이 소 개하였다.[287]

연엽양(蓮葉釀)

찹쌀 1되로 밥을 지어 흰누룩가루를 조금씩 섞는다.

연잎으로 쌀 수 있을 만큼의 밥을 연잎에 넣고 아무려서 나뭇가지를 좌우로 꽂아두면 2달만에 익는다.

또는 흰쌀가루로 백설기로 쪄서 식혀 누룩가루와 합하여 주먹 크기로 빚던가 표주막 크기로 빚어 연잎에 싸서 숙성시키면 7일 만에 익는다.

---

285 洪萬選, 《山林經濟》, 1715.
286 柳重臨, 《增補山林經濟》, 1766.
287 이용기, 《朝鮮無雙新式料理製法》, 영창서관, 1924.

연잎으로 술밥을 싸서 빚던, 술밥과 연잎을 켜켜로 빚던, 연엽이 가진 목마름증을 멎게 하고, 복통과 혈리(血痢, 피똥)를 다스리는 등의 효능을,[288] 술에 우려 향기가 있는 약주로서 마시고자, 단양법으로 빚은 술이 연엽주이다.

⑤ 송화주(松花酒)

《음식지미방》,《임원십육지》,《농정회요》,《조선무쌍신식요리제법》에 양주법이 기술되어 있다. 음력 3월에 쥐꼬리 크기로 자란 송화를 잘게 썰어 1되를 마련한다. 명주주머니에 넣고 뿌리를 동여맨 다음, 백주(白酒, 곡주)가 익을 때 넣었다가 3일 만에 꺼내어 걸러낸 술이다.[289]

⑥ 송순주(松荀酒, 솔순술)

《치생요람》,《증보산림경제》,《규합총서》,《주찬》,《임원십육지》,《양주방》,《술방문》,《군학회등》,《술빚는 법》,《조선무쌍신식요리제법》에 양주법이 기술되어 있다.

커다란 독에 한 가득 송순을 넣고 끓는 물을 독이 차도록 붓는다. 몇 일이 지나서 송순은 건져 버린다. 송순 우려낸 물을 체로 받쳐 찌거기는 버리고 물은 다시 독에 붓는다. 찹쌀 1말로 지에밥을 만들어 차게 식힌다. 밀누룩 1되와 합하여 송순 우려낸 물이 들어 있는 독에 넣어

---

288 許浚, 《東醫寶鑑》
289 徐有榘, 《林園十六志》, 1827.

숙성시킨다[290].

《임원십육지》〈송순주〉는 식은 찹쌀죽에 누룩가루를 합하여 밑술을 만들고, 3~4일 후 끓는물에 데쳐낸 소나무순을 식혀서 밑술에 찹쌀지에밥과 합하여 덧술한 다음 5~6일 후 삼해주로 만든 소주를 부어 숙성시키는 소주계열이다.

5) 과실주, 소주

(1) 과실주

① 약용과실주(藥用果實酒)

ㄱ) 포도주(葡萄酒)

《지봉유설》, 《산림경제》, 《증보산림경제》, 《임원십육지》, 《양주방》, 《농정회요》, 《군학회등》, 《조선무쌍신식요리제법》에 양주법이 기술되어 있다.

안색을 머무르게 하고 콩팥을 따뜻하게 하는 약용약주로 쓰였다. 익은 포도에서 즙을 취하여 이것에 찹쌀밥과 백국을 넣고 보통 술 만드는 법대로 빚어 마시는데 산포도(머루)도 좋다 했다.[291]

《조선무쌍신식요리제법》(1924)을 보니 〈포도주〉에 대하여 다음과 같이 기록하고 있다.

---

290 이용기, 《朝鮮無雙新式料理製法》, 영창서관, 1924.
291 許浚, 《東醫寶鑑》, 1610.

익은 포도를 따서 즙을 짜 밀누룩가루와 찹쌀지에밥을 합하여 숙성시킨다.

서양에서는 어떻게 만드는지 모르지만, 술 중에서 제일 일등으로 친다. 포도주가 2종류가 있다. 소주도 있고 양주한 술도 있다... 위문제(魏文帝)가 말하기를 포도만으로 빚은 술이 누룩과 쌀로 빚은 것보다 달고 취하는데, 쉽게 깬다 하였다.

혹은 포도를 오래두면 저절로 술이 되어 꽃답고 달며 혹독히 맹렬하다 하는데 이것을 참 포도주라 한다.

또는 포도즙 1말에 밀누룩 4냥을 가루로 만들어 함께 버무려 독에 담아 단단히 봉해 두면 저절로 술이 된다. 이상한 향기가 있다(《조선무쌍신식요리제법》).[292]

1924년에는 포도주를 술 가운데 가장 상등의 술로 여겼으며, 당시의 포도주 제조법은 포도즙에 누룩과 찹쌀지에밥을 합하여 만드는 것이었다. 이러한 양주법은 중국 당대(唐代)로 거슬러 올라간다. 당시에도 포도주는 (포도즙+누룩+지에밥)이었다. 홍만선은 《산림경제》(1715)에서 송(宋)대의 당신미(唐愼微)가 지은 《증류본초(證類本草)》를 인용하여 "포도 익은 것을 손으로 비벼 그 즙을 짜서 찹쌀지에밥과 흰누룩을 함께 섞어 빚으면 저절로 술이 되고 맛 또한 훌륭하다. 머루도 된다" 하였다.[293] 이 내용은 앞서 기술한 《조선무쌍신식요리제법》과 《동의보

292 이용기, 《朝鮮無雙新式料理製法》, 영창서관, 1924.
293 洪萬選, 《山林經濟》, 1715.

전통주 인문학

감》의 포도주 양주법과 같은 내용이기 때문에, 조선시대 전기(全期)에 걸쳐 포도주는 이러한 방법으로 빚어 마셨다고 볼 수 있다.

ⓛ 송자주(松子酒, 柏子酒)

《수운잡방》, 《고사촬요》, 《요록》, 《역주방문》, 《산림경제》, 《주찬》, 《임원십육지》, 《군학회등》, 《조선무쌍신식요리제법》에 양주법이 기록되어 있다.

모든 병을 물리칠 수 있는 술이다.[294] 《수운잡방》에서는 콩팥과 방광의 냉증을 치료하고 두풍, 백사, 귀매들린 것을 다스린다 했다.

껍질 벗긴 잣 2말에 누룩가루 1말을 합하여 밑술에 덧빚는다.[295]

② 기타과실주

㉠ 능금주[林檎酒]

익은 잉금의 껍질을 벗겨 짠 즙에 물을 합하여 일주일 동안 놔두었다가 위의 맑은 액체만 곱게 따라 단지에 담고 단단히 봉하여 일년간 숙성시킨 술이다.[296]

(2) 소주(燒酒)

《거가필용》의 〈남번소주만드는법〉은 시고 싱겁고 맛이 없는 술을 소

---

294 이용기, 《朝鮮無雙新式料理製法》, 영창서관, 1924.
295 洪萬選, 《山林經濟》, 1715: 이용기, 《朝鮮無雙新式料理製法》, 영창서관, 1924.
296 이용기, 《朝鮮無雙新式料理製法》, 영창서관, 1924.

주의 원료로 하는데 반하여, 이를 이어받은 조선시대의 소주는 최고의 고급주가 소주의 원료가 되었다.

고려 말기에 원(元)으로부터 전해져 조선왕조로 이어진 소주는 인기가 날로 높아갔지만 여름철에만 마시는 것이 통례였다. 고려 말 이미 소주를 즐기는 무리들이 있어 이들을 소주도(燒酒徒, 소주패거리)라고 불렀다. 이러한 소주가 조선왕조로 들어서자 귀한 술의 하나로 분류되어 오직 약으로만 쓰고 함부로 마시지 않았다.[297] 고급술인 〈삼해주〉가 소주의 원료가 되었기 때문이다.

문종(文宗, 재위 1450-1452)이 승하한 해, 상제였던 단종(端宗, 재위 1452-1455)이 몸이 허약해지자, 소주를 소량 드시고 회복하실 정도로 소주는 궁궐에서조차 약으로 쓰였다.

약으로 쓰였던 소주가 시대가 내려오면서 보급이 확산되는데, 중종 19년(1524)에는 가산(家産)을 팔아 소주를 관청에 바치고, 또 지방 관리들도 소주만을 마셔 쌀의 소비가 늘어 폐해가 심했다. 이 뿐만 아니라 성종 21년(1588)에 이르면, 사대부 집에서 보통의 연회 때에도 소주 만을 마심으로서 그 비용이 엄청나, 소주 마시는 것을 금하라는 진언을 왕에게 올릴 정도가 되었다.[298] 1613년에 《지봉유설》에서는

소주는 원대(元代)에 생긴 술인데, 오직 이것은 약으로만 쓸 뿐으로 함부로 마시지는 않았다. 그래서 풍속에 작은 잔을 소주잔이라고 했다.

297 李睟光, 《芝峰類說》, 1613.
298 이성우, 《한국식품문화사》, 교문사, 1984, p260인용.

전통주 인문학

근래에 와서는 사대부들이 호사스러워 마음대로 마신다. 여름이면 소주를 큰 잔으로 많이 마신다. 그리하여 잔뜩 취해야만 그만두니 그래서 갑자기 죽은 자도 많다.

명종 때 김치운(金致雲)은 교리(校理)로서 홍문관에서 숙직을 하다가 임금이 내린 자소주(紫燒酒)를 과도하게 마셔 그 자리에서 쓰러졌으니, 소주의 해독은 참혹한 것이다.

하였다.[299] 이리하여 쌀이 없는 북쪽 지방에서는 수수로 소주를 빚기도 하고,[300] 이렇게 빚은 소주로 사계절(일년) 내내 마셨다.[301] 한편 제

[사진 1] 소주 내릴 때 사용하는 소주고리.

주도에서도 소주의 인기는 날로 높아갔다.[302]

① 약용소주(藥用燒酒)

㉠ 감홍로(甘紅露, 紅露)

《고사촬요》, 《치생요람》, 《산림경제》, 《주찬》, 《임원십육지》, 《조선무쌍신식요리제법》에 양주법이 기술되어 있다.

감홍로는 평양의 명주로 알려져 있다. 소주를 만들기 위하여 청주를 곯 때 이슬[露] 받는 항아리 밑바닥에 꿀을 바르고 지초(芝草, 지치)를 넣어서 만든 소주이다. 따라서 맛이 극히 달고 빛깔이 연지(臙脂)와 같아 홍로주(紅露酒) 가운데에서 가장 상품으로 쳤다. 다른 방법은 홍국(紅麴),[303] 용안(龍眼),[304] 진피(陳皮),[305] 방풍(防風)[306] 등을 주머니에 넣어서 이것을 소주에 침지하여 우려내기도 하였다.

㉡ 죽력고(竹瀝膏)

《증보산림경제》, 《임원십육지》, 《군학회등》, 《조선무쌍신식요리제법》에 양주법이 기술되어있다.

---

299 李睟光, 《芝峰類說》, 1613.

300 《北塞記略》

301 《北關志》

302 徐命膺, 《攷事十二集》, 1787.

303 홍국(紅麴): 멥쌀로 밥을 지어 누룩가루를 입혀 띄워서 햇볕에 말린 누룩의 하나. 이것을 소주에 넣으면 소주의 색깔이 붉어짐. 《거가필용》에 만드는 법이 자세히 기술되어 있음.

304 용안(龍眼): 용안육(龍眼肉)이라고도 함. 완화자양제(緩和滋養劑)임.

305 진피(陳皮): 오래 묵은 귤껍질. 건위(健胃) 발한(發汗)의 약효가 있음.

306 방풍(防風): 방풍나물의 묵은 뿌리. 열을 내리는 약효가 있음.

전통주 인문학

푸른 대나무를 쪼개어 불에 구워서 스며 나오는 진액[竹瀝]에 꿀을 합한다. 이것을 소주가 담겨있는 병에 넣어 끓는 물에 넣고 중탕한 것이 죽력고이다. 이때 생강즙을 넣기도 한다.[307]

전라도의 명주이다. 죽력은 열담(熱痰)이나 번갈(煩渴)을 고친다.

ⓒ 이강고(梨薑膏)

《증보산림경제》, 《임원십육지》, 《군학회등》, 《조선무쌍신식요리제법》에 양주법이 기술되어있다.

껍질 벗긴 배[梨]를 기와돌[瓦石] 위에서 갈아 즙을 만들어 베보자기로 걸른다. 찌꺼기는 버리고 즙을 취한다. 생강도 갈아 배와 같이 걸른다. 이상 모두에 흰꿀을 합하여 소주가 담겨있는 병에 넣어 끓는물에 넣고 중탕한다. 이강고이다.[308] 전주의 명주이다. 객열(客熱)을 없애고 심번(心煩)을 그치게 하는 배의 효능과 위를 튼튼히 하는 생강의 효능을 소주에 넣어 우려내어 약으로 삼게 한 술이다. 한편 생강즙만 가지고 이러한 방법으로 만든 술을 새앙주[生薑酒]라고도 한다.

② 기타 약용소주

ⓐ 우담소주(牛膽燒酒), 소주에 소의 쓸개를 침지하여 우려낸 술이다. 속을 편안하게 한다.[309]

307 柳重臨, 《增補山林經濟》, 1766.
308 柳重臨, 《增補山林經濟》, 1766.
309 이용기, 《朝鮮無雙新式料理製法》, 영창서관, 1924.

ⓒ 상심소주(桑椹燒酒), 소주에 뽕나무열매(상심, 오디) 즙을 침지한 술이다. 눈을 밝힌다.[310]

ⓒ 박하로(薄荷露), 박하[311]를 넣고 내린 소주이다.

ⓒ 여소로(藜蘇露), 여소[312]를 넣고 내린 소주이다.

ⓒ 감국로(甘菊露), 감국을 넣고 내린 소주이다.

ⓒ 생강로(生薑露), 생강을 넣고 내린 소주이다.

ⓒ 모과로[木瓜露], 모과를 넣고 내린 소주이다.

ⓒ 산사로(山査露), 산사를 넣고 내린 소주이다.

ⓒ 인삼로(人蔘露), 인삼을 넣고 내린 소주이다.

ⓒ 계당주(桂糖酒), 계피가루와 설탕가루를 넣고 내린 소주이다. 평양의 명주로 알려져 있다.

이상의 약용 소주는 어떠한 경우에도 많이 마시면 사람을 상하게 함으로 소량 마시도록 해야한다.[313] [314]

③ 기타 소주

진맥(眞麥, 밀)소주[315], 모(麰, 보리)소주[316], 감저(甘藷, 고구마)소주[317],

---

310 이용기, 《朝鮮無雙新式料理製法》, 영창서관, 1924.
311 박하(薄荷): 박하의 줄기와 잎. 건위와 신경통 치료에 약효가 있음.
312 여소(藜蘇): 차조기?
313 徐有榘, 《林園十六志》, 1827.
314 許浚, 《東醫寶鑑》, 1610.
315 《需雲雜方》: 《增補山林經濟》: 《林園十六志》
316 《酒方文》, 《歷酒方文》: 《寓飮諸方》: 《林園十六志》: 《김승지댁주방문》
317 徐有榘, 《林園十六志》, 1827.

전통주 인문학

교맥(蕎麥, 메밀)소주[318], 포도소주[319], 출(秫, 수수)소주[320], 옥촉서(玉蜀黍, 옥수수)소주[321] 등이 있다.

318 徐有榘, 《林園十六志》, 1827.
319 徐有榘, 《林園十六志》, 1827.
320 이용기, 《朝鮮無雙新式料理製法》, 영창서관, 1924.
321 이용기, 《朝鮮無雙新式料理製法》, 영창서관, 1924.

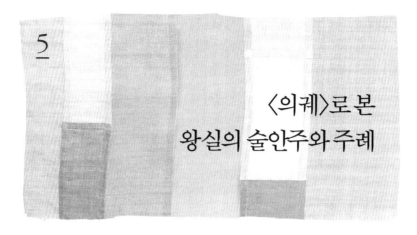

5

〈의궤〉로 본
왕실의 술안주와 주례

1) 개요

　조선시대 음식문화의 정수는 왕실의 음식문화로, 조선왕조에서 내
놓은 각종 〈의궤(儀軌)〉에 잘 드러나 있다. 〈의궤〉 속의 궁중음식은 일
상식(日常食), 영접식(迎接食), 혼례식[嘉禮食], 제례식(祭禮食), 상례식
(喪禮食), 생일잔치음식[進饌食 또는 進宴食]으로 나누어지는데, 이들
이 형성되게 된 배경에는 《국조오례의(國朝五禮儀)》가 그 바탕에 있다.

　〈의궤〉란 나라에 큰 일이 생겼을 때 후세에 참고로 삼기 위하여 그
상세한 내용을 좌목(座目)에 따라 기록해 놓은 책이다. 국가의 행사가
있을 때에는 그 행사를 주관하는 임시 관청을 설치하였다가 행사가 끝
나면 폐지한다. 이 임시 관청을 도감(都監)이라 하고, 행사의 종류에 따

라 영접도감(迎接都監), 가례도감(嘉禮都監), 진찬도감(進饌都監), 국장도감(國葬都監) 등이라고 했다. 도감에서는 행사 치루는 전 과정을 우선 날짜순으로 기록하고 이를 등록(謄錄)이라 했다. 이 등록에 근거하여 뒷날 〈의궤〉를 만들었다.

〈의궤〉의 종류에는 《풍정도감의궤(豊呈都監儀軌)》, 〈가례도감의궤(嘉禮都監儀軌)〉, 〈영접도감의궤(迎接都監儀軌)〉, 〈진연의궤(進宴儀軌)〉, 〈진찬의궤(進饌儀軌)〉, 〈국장도감의궤(國葬都監儀軌)〉, 《원행을묘정리의궤(園幸乙卯整理儀軌)》 등 많은 것이 있으나 태조 원년인 1392년부터 선조 33년인 1600년 이전 것은 임진왜란(1592-1598)으로 전부 불에 타 소실되고, 그 이후부터 1900년대 초기까지 약 300년 간의 것은 많은 양이 보존되어 있다. 따라서 조선왕조 초기의 궁중음식에 대하여 알 수 있는 문헌자료는 현재까지 거의 없는 것이 사실이다.

일상식은 《원행을묘정리의궤》, 혼례식은 〈가례도감의궤〉, 영접식은 〈영접도감의궤〉, 생일잔치음식은 〈진찬의궤〉나 〈진연의궤〉에 기용(器用), 찬품(饌品), 찬품의 재료 및 분량, 상화(床花), 의례(儀禮) 등이 상세히 기록되어 있고, 이들을 통하여야 만이 궁중음식문화의 구명(究明)이 가능하다.

각종 의궤가 가지고 있는 정신적 기반은 물론 예악관(禮樂觀)이다. 그러나 〈의궤〉 속에 들어있는 요소를 분석하면 불교적, 도교적, 유교적인 것이 합해져서 작성됨이 확인되고 음식문화도 예외가 아니다. 이러한 현상은 철기시대 이후 본격적으로 유입되어 발전한 유교문화 위에 도교와 불교문화가 더하여져 중첩되어 발전한 결과이다.

한반도에 유교가 본격적으로 들어온 시기는 B.C 108년 경 한무제

(漢武帝)가 한사군(漢四郡)을 설치하고 나서의 일이다. 그러나 문헌에 나타난, 국가가 주도한 숭유(崇儒) 정책은 최승로(崔承老)[322]에 의한 고려 성종(成宗, 재위 981-997) 때의 일이다. 그 후 충렬왕(忠烈王, 재위 1274-1308) 때의 학자 안향(安珦, 1243-1306)은 주자(朱子)를 숭모(崇慕)하여 백이정(白頤正), 우탁(禹倬) 등과 함께 성리학(性理學)을 연구하였고 이들은 고려말 정몽주(鄭夢周), 정도전(鄭道傳) 등에게 성리학이 계승되는 계기를 마련해 주었다.

조선왕조의 유교 국가적 기반은 고려 말에 세워졌다고 볼 수 있다. 최승로에 의한 불교 배척 이론이 빛을 본 것은 정도전 이후의 일이라고도 말할 수 있는데, 태조(太祖, 재위 1392-1398)는 본인 자신이 불교를 신봉하는 사람이었으므로 건국 이념에 불교에 대한 많은 반영을 보였지만 불교 배척 사상의 강한 시대적 조류로 인하여 불교 숭상 정책이 좌절되었다.

태조는 창업 중신과 유학자들의 빗발치는 척불(斥佛) 주장에도 불구하고 원년인 1392년 무학(無學) 자초(自超)를 왕사(王師)로 봉하고, 궁중에서 승려 200명에게 반식(飯食)하였다. 또 해인사(海印寺)의 고탑(古塔)을 중수(重修)하여 그 탑 속에 인성(印成)한 대장경을 안치함으로서 나라의 복과 백성의 평안함을 기원하였다.

6년에는 신덕왕후(神德王后) 강씨(康氏)를 위하여 흥천사(興天寺)를 세

---

322 崔承老(927-989): 성종의 명을 받아 시무책(時務策) 28조를 올려 중앙집권적 통치체제의 확립 등을 건의함.

웠지만,[323] 그의 아들 대에 완전히 무너져서 정종(正宗, 재위 1398-1400)과 태종(太宗, 1400-1450)의 불교 배척 정책에 이어, 이후 세종(世宗, 재위 1418-1450)은 전국의 사찰 수를 36사만 남겨 놓도록 하고, 선종(禪宗)과 교종(敎宗)을 없애서 합하도록 하였다.[324]

조선왕조 초기 왕실에서의 이러한 불교 배척은, 고려 말 불교에 의한 심각한 폐해를 유교로서 고쳐 보고자 하는 혁신적 풍조가, 유학자들의 이론적 근거와 맞물려 일어난 상황이다.

세종조 때 시작한 《의례》에 바탕을 둔 《국조오례의》는 예악관(禮樂觀)이라는 음양사상에서 나온 유학 정신이다. 조선왕조에서 펴낸 각종 〈의궤〉는 《국조오례의》에 준해 거국적인 국가행사로서 진행된 것을 기록한 것이다. 이러한 행사는 국가의 안위를 공고히 하고, 국위를 과시하기 위한 수단이기도 하였다. 〈의궤〉 속에 등장하는 장엄한 식의례(食儀禮)는 음양사상적 바탕 아래 정비된 《의례(儀禮)》가 그 기본 이념이다.

그러나 〈의궤〉 속에 깃들여 있는 사상이 유교적인 것만 있는 것이 아니다. 도교적, 불교적인 요소도 상당 부분 포함되어 있다. 이는 거듭 밝히지만 고려왕실의 것을 속례(俗禮)로서 받아들여 이것에 유교적인 부분이 다시 중첩되었기 때문이다. 조선왕조 초기 왕실 지도자들의 잠재된 의식구조에는 고려의 불교문화가 내재 되어 있었다.

---

323 金煐泰, 《韓國佛敎史》, 한국문화사대계 Ⅵ, 고대민족문화연구소, 1970, p274.
324 金煐泰, 《韓國佛敎史》, 한국문화사대계 Ⅵ, 고대민족문화연구소, 1970, pp284-285.

2) 작은 다연(茶宴)을 계승한 술상 반과상

반과상(盤果床)에 대한 기록이 처음 등장한 것은 《원행을묘정리의궤》(1795)이다. 이 의궤가 나오게 된 배경에 대하여는 Ⅱ-1에서 기술하였으므로 생략한다.

왕 일행은 을묘년(1795) 윤2월 9일 원행(園幸) 길에 올라 9일 아침 노량참, 9일 점심부터 10일 아침까지 시흥참, 10일 점심 사근참, 10일 저녁부터 15일 아침까지 화성참, 15일 점심 사근참, 15일 저녁부터 16일 아침까지 시흥참, 16일 점심에 노량참에서 수라를 드신 것으로 되어 있다. 이 중 윤2월 9일 노량참에서 자궁(혜경궁홍씨, 정조임금의 어머니)께서 드신 수라를 보니 조다소반과(早茶小盤果)와 조수라(朝水剌)이다.

조다소반과란 이른 아침[早]에 잡수신 반과상을 말한다. 다(茶)가 들어간 것으로 미루어 고려에 이어 속례로서 받아들여 이어져온 것이라고 본다. 이 반과상과 유사한 상차림이 《영접도감의궤》(1609)에 기술되어 있는데, 〈다담(茶啖)〉이 그것이다. 중국사신에게 간단히 차려올린 술상을 다담이라 했다. 사신 한 분에게 차린 찬품을 보니,[325]

잡과(雜果), 건실과(乾實果), 잡과소동계(雜果小童桂), 양색요화(兩色蓼花), 건정과(乾正果), 생실과(生實果), 수정과(水正果)

저두편(猪頭片), 소육(燒肉), 볶기[甫只], 숙전복(熟全鰒), 절육(切肉), 압

325 《迎接都監儀軌》, 1609: 김상보, 《조선왕조 궁중의궤 음식문화》, 수학사, 1995, p70.

란(鴨卵), 채(菜)

세면(細麵), 침채(沈菜), 저육장방(猪肉醬方), 생선탕(生鮮湯), 계염탕(鷄鹽湯)

의 19기를 2개의 상에 나누어 차렸다.

잡과에서부터 수정과까지는 차를 위한 것[茶果]이고, 저두편에서부터 계염탕까지는 술을 마시기 위한 안주감이다. 다담이란 다과상과 술상이 결합된 것이다. 고려시대 때 자주 등장하는 작은 연회 곡연(曲宴)에서의 상차림도 이와 같은 범주에서 크게 벗어나지 않았을 것이다. 즉 다담이란 작은 다연(茶宴)을 위한 상차림이다.

위에서 기록한 다담 찬품 내용 중 가장 중요한 술안주는 세면을 포함한 탕(저육장방, 생선탕, 계염탕)이다. 밥상차림에서 밥과 탕이 한 조이듯이, 술상차림에서는 술과 탕이 한 조가 되게끔 하였다.

세면은 칼국수 즉 전도면(剪刀麵, 切麵)이다. 칼국수는 칼과 도마를 사용하는 문화의 소산이다. 당(唐) 시대에 급격히 보급되면서 장수를 바라는 염원에서 가늘고 길게 만들기 시작하고, 가능한 한 길게 만든 칼국수를 장수면(長壽麵)이라 했다. 밥 대신 세면이 술안주의 으뜸이 된 것은 대접하는 사람이 손님의 장수를 바라는 간절한 마음을 전하기 위함이다.[326] 세면은 원래 녹두녹말로 만든 압착면인 발이 가는 국수를 지칭하는 것이었다. 점차 온면용의 메밀가루나 밀가루로 만든 칼국수

---

326 김상보 외, 《아름다운 접대상차림문화》, 어울림, 2020, p38.

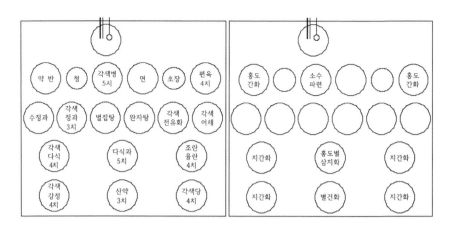

[그림 7] 흑칠족반 4립에 자기 16기로 차린 자궁께 올린 조다소반과(早茶小盤果)의
상차림과 상화도(《원행을묘정리의궤》, 1795)

또한 세면이라 부르게 되어 탕을 곁들였다.

다과(茶果)와 음식을 차려 풍악과 한거(閑居)를 즐기는 추상적 가치체
계를 보여주는 상차림이 다담이지만, 다담찬품의 주인공은 단연코 탕
을 곁들인 세면이다. 차를 마시면서 즐겼던 다담이 유교적 가치체계에
따라 술과 안주가 차와 과(果)를 능가하게 되었다.[327] 물론 다담에서의
술은 약주(藥酒)로서의 기능을 가진다.

〈그림 7〉은 윤2월 9일 노량참에서 자궁께서 드신 조다소반과이다.
《원행을묘정리의궤》에는 여러 반과상에 대한 기록이 있다. 조다소반
과 외에 주다소반과(畫茶小盤果), 주다별반과(畫茶別盤果), 만다소반과

---

327 김상보 외, 《아름다운 접대상차림문화》, 어울림, 2020, p160.

전통주 인문학

(晚茶小盤果), 야다소반과(夜茶小盤果) 등 아침 점심 저녁에, 또는 약간 화려하게 차릴 경우 명칭을 달리 하였다. 그러니까 아침 점심 저녁 진지를 드신 후 올리는 일상식에 속하는 간단한 술상차림인 셈이다.

9일에 올린 조다소반과 찬품은

각색병(各色餠), 각색강정(各色强精), 조란율란(棗卵栗卵), 산약(山藥), 각색다식(各色茶食), 다식과(茶食果), 각색당(各色糖), 각색정과(各色正果), 수정과(水正果), 약반(藥飯)

편육(片肉), 각색어채(各色魚菜), 각색전유화(各色煎油花)

면(麵), 완자탕(莞子湯), 별잡탕(別雜湯)

으로, 자기(磁器) 16기에 담아 흑칠족반 4립(立)을 이어붙여 차렸다. 이 상차림도는 필자가 작성한 것이지만, 본 장에서는 이와같은 상차림이 나올 수 있는 이론적 근거는 생략한다.

메밀가루와 녹두녹말을 7:1의 비율로 합해 칼국수로 만든 온면이 면(麵)이다.[328] 면에 완자탕과 별잡탕을 한 조가 되게 하여 편육에서부터 각색전유화까지는 술안주로 차리고, 각색병에서부터 약반까지는 차와 한 조가 되게끔 차린 찬품이니 앞서 기술한 다담과 그 맥을 같이 한다.

그런데 반과상에 올라가는 찬품은 3치에서 5치까지 높이 고여 담고, 고여 담은 찬품을 중심으로 소수파련(小水波蓮), 지간화(紙間花), 홍도간

---

328 《園幸乙卯整理儀軌》, 1795.

화(紅桃間花), 홍도별삼지화(紅桃別三枝花), 별건화(別建花)라고 이름 붙인, 종이로 만든 꽃 상화를 꽂았다.

반과상과 다담은 성격이 같음을 설명하였는데, 1607년 경섬(慶暹)이 일본에 다녀와서 쓴 《해사록(海槎錄)》에는 일본정부가 한국사신들에게 접대음식으로 내놓은 음식이 "떡 과일을 차리고 조화를 꽂은 것이 茶啖과 비슷하다"는 기록이 있다.[329] 왕실에서는 아주 작은 연회인 다담에서도 상화를 꽂았음을 암시하는 글이다.

이와 같이 음식상에 상화를 꽂는 일은 조선왕실에서 시작된 것은 아니고 고려왕실의 문화를 계승한 것이다.

> 공(公) 사(私)의 연회에 유밀과(油蜜果)와 사화(絲花) 사용하는 것을 모두 금지한다.[330]
> 잔치에 베[布]를 써서 꽃을 만든 것이 무릇 5,140여 필이다.[331]

공적인 연회이든 사적인 연회이든 유밀과를 고여 담고, 비단으로 만든 꽃[絲花]이나 모시[布]로 만든 꽃을 꽂았다는 이야기이다. 고려왕실에서 쓰인 조화의 재료는 금(金), 은(銀), 견(絹), 베[布, 모시]였으며, 조화는 각종 연회에서 찬품에 꽂는 꽃인 상화 뿐 만 아니라 머리에 꽂는 꽃, 꽃병에 꽂는 꽃 등 광범위하게 쓰였기 때문에 이것을 만들기 위한

---

329 慶暹, 《海槎錄》, 1607.
330 《高麗史節要》 23卷, 忠宣王 2年
331 《高麗史節要》 26卷, 恭愍王 2年

국고의 낭비가 심했다. 해서 왕은 영을 내려 공사 연회에 올리는 과안(果案)에 유밀과와 사화 사용을 금하였다.

> 왕이 금화(金花) 8가지를 강감찬의 머리에 꽂아주고, 오른손으로 금술잔을 들고,[332]
>
> 하청절(河淸節)이므로 만춘정(萬春亭)에 행차하여 재상 및 시신들과 더불어 연흥전(延興殿)에서 연회를 열었는데 … 채붕(彩棚), 준화(樽花), 헌선도, 포구락 등의 놀이를 갖추어 행하고[333]
>
> 별기은소(別祈恩所)를 세우고는 금(金)과 은(銀)으로 꽃을 만들고 금과 옥으로 그릇을 만들었다.[334]

상화의 유래는 불교에서 찾을 수 있다. 불교에서는 삼보(三寶, 불佛 법法 승僧)를 공양할 목적으로 향(香), 등(燈), 다(茶), 과(果)가 바쳐진다. 향, 등, 다, 과와 함께 꽃 또한 공양의 하나이다.[335]

공양물 중에서 음식에 해당하는 것이 다과(茶果)인데, 茶 옆에 果가 붙어 다과란 명칭이 생긴 것은 차와 과(生果나 造果)가 한 조가 되었기 때문이다. 차와 한 조가 되는 과일상을 큰 다연(茶宴)에서는 과안(果案)이라 했다. 과안에 대한 기록이 처음으로 등장하는 기록물은《고려사》

332《高麗史節要》3卷, 顯宗 10年
333《高麗史節要》11卷, 毅宗 21年
334《高麗史節要》11卷, 毅宗 24年
335 김현준,《사찰 그 속에 깃든 의미》, 교보문고, 1995, pp183-184, 187.

이다.[336] 굽다리그릇에 각종 유밀과를 고임으로 담고 이것에 꽃을 꽂아 발높은 상에 차리면 과안이 된다. 꽃이란 바로 견이나 모시 등으로 만든 조화(造花)를 가리킨다. 불교의 꽃 공양이 고려왕실의 연회에 도입되어 나타난 결과가 상화이다.

과안이 등장하는 연회를 다연(茶宴)이라 한다. 고려왕실에서 행했던 팔관회와 연등회는 대표적인 다연이다. 차와 과안이 연회 처음에 오르는 중요한 요소였으므로 고려왕실의 크고 작은 연회를 다연이라 한다. 과안은 그날 차린 연회상 가운데 가장 화려하고 핵심적인 상차림이었다.[337]

조선왕실이 만든 상화는 연꽃[水波蓮], 복숭아꽃[紅桃花], 월계화(月季花), 사계화(四季花), 목단화, 국화, 가지화[茄子花], 유자화, 복분자화, 포도화, 감꽃, 오이꽃 등으로, 이들은 수미산에 있는 길상(吉祥)을 상징하는 꽃들이다.[338]

조선왕조가 유교를 표방하였지만 다담이나 반과상과 같은 작은 술상에서도 고려왕실의 것을 속례로서 받아들여, 고여 담은 음식에 상화를 꽂았다고 볼 수 있다.

한편 작은 다연을 계승한 반과상에서 조차도 음식을 고임으로 차리는 것을 어떻게 설명할 수 있을까. 사치의 관점에서 보면, 고대사회에서 제 1단계의 사치는 많은 양을 갖는 것, 제 2단계의 사치는 무엇보

---

336 《高麗史》〈禮志〉
337 김상보, 《사상으로 만나는 조선왕조 음식문화》, 북마루지, 2015.
338 김상보, 《조선왕조 궁중의궤 음식문화》, 수학사, 1995, pp276–277.

다 진기한 것을 수집하는 것, 제 3단계의 사치는 양보다는 질을 추구하는 것, 제 4단계의 사치는 과학적 지식의 발달에 수반한 합리적 사치방법이라는 보고가 있다.[339]

이를 근거로 한다면 반과상에서의 고임음식은 제 1단계의 사치인, 양을 많이 갖이는 것에 해당될 것이다. 하나의 그릇에 음식을 많이 담기 위해서는 고여 담는 방법 밖에 없다. 이렇게 고여 담은 음식을 장식(裝飾)과 관련지어 검토하면 식(飾)은 '청결하게 장식하다, 나타내다, 공들여 기교를 부리다, 갖추어 가지런하다, 공경하다, 한 군데에 모아 밧줄로 단단히 묶다' 등의 뜻으로 해석된다. 공경을 다하여 공들여 기교를 부려 음식을 고여 담고, 상화를 꽂아 장식하여 가지런히 갖추어 배설한 것이 〈그림 7〉의 반과상이다.

3) 일상식과 의례식, 술안주

(1)《의례》의 상차림법과《제민요술》의 조리법을 계승하다

한반도의 일상식 차림에 영향을 미친 중국의 고문헌을 찾는다면《의례》와《제민요술》이다. 그 영향을 굳이 구분한다면《의례》는 상차림법에《제민요술》은 조리법일 것이다(2장-I-4-2)).

---

339 宮崎市定, 〈中国における奢侈の変遷〉,《アジアの研究》第Ⅰ, 東洋史研究會, 1957, pp4-16:
김상보,《조선왕조 궁중연회식의궤 음식의 실제》, 수학사, 1995, p15.

중국의 경우 당시대에는 조리도구로 철 냄비가 출현하고 송 시대에는 공업이 번성하였기 때문에 철기의 보급화가 이루어졌다. 조리법이 점차 복잡해지면서 남송(南宋)에 들어서서 음식의 종류도 다양해지고 튀김음식이 발달하여, 외견상으로는《제민요술》의 조리방법과는 다른 양상을 보인다.

[표 36] 조선왕실의 일상식 상차림 수라상과 《의례》 상차림의 찬품 비교

	반(飯)	갱	탕	채(菜)	수육	포	회	장	해(醢)	적(炙)	주(酒)	음료
《의례》	○	○	○	○	○	○	○	○	○	○	○	○
《원행을묘정리의궤》	○	○	○	○	○	○	○	○	○		○	○

〈표 36〉은《원행을묘정리의궤》에 기록된 일상식인 수라상의 찬품을 크게 분류하여《의례》에서 보여주는 찬품과를 비교하였다.[340] 〈표 36〉을 고구려시대 때의 밥과 국을 중심으로 차려 먹었던 배경까지도 넣고 본다면 우리의 밥상차림은 일찍부터《의례》의 차림법이 이어져왔다고 볼 수 있다. 이 후 도교 유입이나 불교 유입 등과 같은 내외의 강한 문화적 충격이 있었고,《제민요술》에서 나타난 조리법의 문화권 속에 있으면서 고려말 원(元)의 침입에 의한 육식의 부활과《거가필용》의 영향을 받게 되었다.

조선왕조에 들어서서는 주(周)나라에로의 복고주의(復古主義)로 흘러

---

340 김상보, 《조선왕조 궁중연회식의궤 음식의 실제》, 수학사, 1995, p19.

전통주 인문학

상차림법은 더욱더 유교적으로 정례화되었다.[341]

(2) 《거가필용》을 이어받아 육식이 부활되다

한 나라가 가진 음식문화는 지극히 강고한 보수적 성격을 지닌다. 그래서 음식문화가 가진 그 습관을 변화시키기 위해서는 내외로부터 강한 충격이 있어야 한다. 우리의 경우는 유교적 바탕 위에 도교와 불교의 유입, 삼국과 통일신라 그리고 고려와 조선이라는 시대의 교체기, 각종 전쟁, 한반도라는 지정학적 특성이 야기한 중국과 일본 문화의 유입 등이 충격적 요소에 해당될 것이다.

근세의 경우 만을 놓고 보더라도, 고려 말 원(元)나라의 침입은 1000년간 지속된 불교 문화권에서 육식의 부활이라는 식생활의 혁명을 가져다주었다. 고려는 원의 지배 하에 들어가고 제주도에 소와 말 사육을 위한 대목장이 개발되었다. 고려인들은 몽고인을 통하여 소의 이마에 일격을 가해 소를 단숨에 죽이는 도살법을 배우게 되었다.

원나라 초기 작품인 《거가필용》에 나타난 고기요리법은 그대로 전수되어 1715년에 나온 《산림경제(山林經濟)》에는 고기찬품의 60% 이상을 《거가필용》을 인용하고 있고, 이후의 고조리서에 거의 대부분 반영되었다.

원나라의 공주를 고려왕의 왕비로 삼았던 고려말 경이 궁중음식의

---

341 김상보, 《조선왕조 궁중연회식의궤 음식의 실제》, 수학사, 1995, p19: 고구려 동천왕 원년 (227) 왕비가 왕의 마음을 알아보기 위해 밥상을 올릴 때, 근시를 시켜 왕의 옷에 국을 엎지르게 하였다는 《삼국사기》의 기록이 있다. 즉 밥과 국이 한 조가 되게 차렸다는 이야기이다 (김상보, 《한식의 道를 담다》, 와이즈북, 2017, p108).

대전환 시점이다. 왕실 음식은 한 나라의 가장 높으신 어른이 잡수시는 음식이다. 음식 하나하나에 식치(食治)적 관점에서 원나라 왕비들은 남편들의 장수와 건강을 기원하는 마음으로 음식을 만들어 올렸을 것이다.[342] 원대(元代) 음선태의(飮膳太醫)였던 홀사혜(忽思慧)가 지은 관서(官書)《음선정요(飮膳正要)》(1330)가 고종(高宗, 재위 1213–1259)의 명으로 간행된《향약구급방(鄕藥救急方)》과 함께 식치에 적합한 궁중음식을 만들기 위한 참고자료로서 활용되었을 가능성이 크다.

지금까지 나타난 자료를 보면《음선정요》는 약선(藥膳)의 원전(原典)이다. 조선왕실에서 궁중음식을 만들기 위한 재료 구성을 이해하기 위해서는《음선정요》의 필독이 기본이다. 고려말 왕실의 조리방법이 조선왕실로 그대로 이어졌다고 보기 때문이다. 조선왕실에서 사용한 왕의 진지를 뜻하는 수라(水剌)라고 하는 말은, 원나라의 공주가 고려왕의 왕비가 되면서부터 사용되기 시작한 것으로, 수라는 그대로 조선조로 이어졌다. 이해를 돕기 위하여《음선정요》에서 기술한 술이 어떠한 형식으로 나타나고 있는지를 소개한다.[343]

술〔酒〕

성(性)은 열(熱)하다. 미(味)는 고(苦), 감(甘), 랄(辣)하다.

유독(有毒)하다.

약(藥)의 작용을 돕고 백사(百邪)를 죽인다.

---

342 김상보, 《조선왕조 궁중연회식의궤 음식의 실제》, 수학사, 1995, pp55–56.
343 忽思慧, 《飮膳正要》, 1330.

혈맥을 통하게 하고, 위장을 살찌우며, 피부를 매끄럽게 한다.

우울증을 없앤다.

지나치게 마시면 오래 살 수 없다.

신(神)을 거역하고 사람의 본성에 역행한다(《음선정요》).

조선왕실에서 만들던 탕(湯)류로 보면 《거가필용》식 조리법으로 만들면서 《음선정요》식 식치법을 참고하였다는 이야기이다. 〈의궤〉에 등장하는 탕류는 맹물에 양념[藥鹽, 약과 소금]과 함께 소의 내장이나 고기를 넣고 무르도록 끓인 것이 대부분이다. 식치(食治)적 관점은 부족하지만 오늘날 서민음식의 하나인 순대, 소머리곰탕, 설렁탕 등은 《거가필용》의 문화적 소산이다(4장-I-2) 참조).

(3) 〈연향식의궤〉로 본 술안주

① 일상식과 연향식의 찬품 비교

술안주를 살펴보기 전에 100% 술안주로 구성된 연향식이, 일상식과 무엇이 다른지를 먼저 검토하기로 한다. 물론 〈공식대부례〉에서도 보았듯이, 밥을 위주로 하는 일상식에서도 정찬으로 술이 올라간다. 그러나 조선왕실에서 펴낸 〈연향식의궤〉는 오로지 술과 술안주 만으로 구성되고 있기 때문에, 일상식과 연향식의 찬품 비교는 술안주가 지닌 성격을 더욱 분명히 할 것이다.

조선왕실의 일상식에 대하여 기록한 〈의궤〉는 지금까지로 보면 1795년에 나온 《원행을묘정리의궤》가 유일하다. 《원행을묘정리의궤》 속의 일상식은 죽수라상, 수라상, 반과상인데, 윤2월 13일 아침 화성에서 만들어 자궁께 올린 죽수라상, 수라상, 조다소반과(早茶小盤果)의 찬품을 비교 대상으로 한다.

연향식에 대하여 기록한 〈연향식의궤〉는 다음과 같이 현존하고 있다.

숙종 45년(1719)《진연의궤(進宴儀軌)》

영조 41년(1765)《수작의궤(受爵儀軌)》

순조 27년(1827)《자경전진작정례의궤(慈慶殿進爵整禮儀軌)》

순조 28년(1828)《진작의궤(進爵儀軌)》

순조 29년(1829)《진찬의궤(進饌儀軌)》

헌종 14년(1848)《진찬의궤(進饌儀軌)》

고종 5년(1868)《진찬의궤(進饌儀軌)》

고종 10년(1873)《진작의궤(進爵儀軌)》

고종 14년(1877)《진찬의궤(進饌儀軌)》

고종 24년(1887)《진찬의궤(進饌儀軌)》

고종 29년(1892)《진찬의궤(進饌儀軌)》

광무 5년(1901)《진연의궤(進宴儀軌)》

광무 6년(1902)《진연의궤(進宴儀軌)》

이상의 〈연향식의궤〉 중 1887년의 《진찬의궤》에 기록된 찬품을 비교 대상으로 한다. 고종 23년(1886)은 고종임금의 조모이신 대왕대비(大王大妃) 신정왕후(神貞王后) 조씨(趙氏)의 팔순(八旬)이었음으로, 이 해 초 봄 팔순 축복 진찬을 거행하고자 했으나, 조대비의 하교가 계심을 기다려 택일하였다. 다음 해 고종 24년 1월 13일 존호(尊號)를 올리고

전통주 인문학

1월 27일 만경전(萬慶殿)에서 진찬이 거행되었다. 1887년에 나온《진찬의궤》는 이 진찬에 대한 전말을 기록한 책이다.《원행을묘정리의궤》와《진찬의궤》와는 약 90년의 시대 차가 있지만 찬품 비교를 통하여 어떠한 결과가 돌출되는가를 살펴본다.

[표 37] 조선왕실의 일상식과 진찬식에서 주식류

		주식류			
		반	죽	면	만두
일상식 1795년, 2월 13일 《원행을묘정리의궤》	수라상	백반			
	죽수라상		백미죽		
	조다소반과			면	
진찬식 1887년, 1월 27일 《진찬의궤》	진찬			건면, 면	만두

〈표 37〉은 주식류에 대한 비교이다. 일상식이더라도 조다소반과는 작은 술상, 작은 다연적 성격이 있음을 이미 밝혔다. 조다소반과는 연향 정도의 규모는 아니라 할지라도 그 찬품 내용은 진찬에 가깝다. 그래서 그런지 수라상과 죽수라상은 백반과 백미죽인데 반하여 조다소반과와 진찬은 면, 건면, 만두로 구성되어 있다. 즉 조다소반과와 진찬은 다 술상인데 주식은 면류이다.

〈표 38〉은 갱 및 조치류에 대한 비교이다. 조치(助致)란 밥 먹을 때 도와주는 국물이 있는 초(炒), 증(蒸), 볶기[卜只], 자(煮), 탕(湯)으로 구성된 음식이다. 오늘날 초와 볶기는 조림으로, 증은 찜으로, 자는 국물이 거의 없게 끓여 조린 찌개로 표현한다. 현재 찌개는 국물이 많은 형태로 생각하지만 원래 국물이 거의 없게 바트러지게 끓인 것이었다.

[표 38] 조선왕실의 일상식과 진찬식에서 갱 및 조치류

		주식류		
		갱	탕	조치
일상식 1795년, 2월 13일 《원행을묘정리의궤》	수라상	생치연포	낙제탕	숙육초, 생복만두탕
	죽수라상	잡탕	금중탕	생합초, 수잔지
	조다소반과		어만두탕, 열구자탕, 금중탕	부어증, 연저증
진찬식 1887년, 1월 27일 《진찬의궤》	진찬		열구자탕, 해삼탕, 금중탕, 저포탕, 완자탕, 양탕, 잡탕, 골탕	전복초, 전복숙, 잡증, 계증, 생복증, 수어증, 해삼증

지금의 국물이 많은 찌개는 지짐이류이다.

> 지짐이 보다 찌개가 맛이 좋은 것은 적게 만들고 양념을 잘하며 먼저
> 밥솥에 쪄내어 모닥불에 바트러지게 끓여 그릇째 접시에 받혀 놓고 먹
> 어야지, 큰 그릇에 끓여서 덜어먹으면 지짐이이다.[344]

궁중의 조치류 중 초, 볶기, 자(煮)가 〈찌개〉라는 찬품명이 되어 밥상
에 오르고 있지만 80년 전만 하더라도 초와 볶기는 국물이 건더기의
절반 정도 있게끔 만드는 찬품류였다.[345] 그러니까 조치란 갱(羹)에서
분화 발전된 찬품류이다.

어쨌거나 밥 먹을 때 탕이 중요하듯이 술자리에서 국수에 곁들이는

---

344 이용기, 《朝鮮無雙新式料理製法》, 영창서관, 1924, p157.
345 방신영, 《조선요리제법》, 한성도서, 1942, p160.

탕의 중요함을 〈표 38〉은 보여준다. 일상식이든 진찬식이든 탕류는 골고루 분포되어 있다.

[표 39] 조선왕실의 일상식과 진찬식에서 수육, 회, 자반, 포류

		수육	회		자반	포
			어회	육회		
일상식 1795년, 2월 13일 《원행을묘정리의궤》	수라상		위어회		불염민어, 감복, 치포, 하란, 대구다식	
	죽수라상	양지두편육			담염민어, 대하, 반건전복, 우포다식, 육장	
	조다소반과					
진찬식 1887년, 1월 27일 《진찬의궤》	진찬	우육숙편, 양육숙편, 저육숙편, 편육, 족병, 전약	생복회, 동숭어회	각색갑회		문어절, 각색절육, 전복절, 각색연절육

〈표 39〉는 수육, 회, 자반, 포류에 대한 비교이다. 회와 수육은 공통분모이고 자반은 수라상과 죽수라상에서만, 포류는 진찬식에서 만 보여진다.

[표 40] 조선왕실의 일상식과 진찬식에서 적류

		적류			
		적	구이	전, 전유화	화양적
일상식 1795년, 2월 13일 《원행을묘정리의궤》	수라상	수어적, 세갈비적,	석화구이, 잡육구이	계란전	
	죽수라상	약산적, 두태적, 순조적, 연계적	침방어구이	골전, 족병	
	조다소반과			각색전유화	각색화양적
진찬식 1887년, 1월 27일 《진찬의궤》	진찬	전치적, 계적		해삼전, 각색전유화, 삼색전유화	각색화양적

〈표 40〉은 적류에 대한 비교이다. 적과 전은 공통분모이고, 생선구이는 일상식에서만, 화양적은 조다소반과와 진찬식에서만 보인다. 적(炙)은 꽂이구이이고, 구이(炙伊)는 석쇠구이이다.

[표 41] 조선왕실의 일상식과 진찬식에서 채류, 해류, 장류, 청

| | | 채류 | | 해(醢, 젓갈)류 | 장류 | 청(淸) |
		채(菜)	침채, 담침채, 장과		장	
일상식 1795년, 2월 13일 《원행을묘정리의궤》	수라상	생총, 수근채	청과, 치저	황석어회, 석화회	간장, 초장, 고초장	
	죽수라상	청근숙채	교침채, 동아담침채	해해(게젓)	간장, 초장	
	조다소반과	각색어채			초장	청
진찬식 1887년, 1월 27일 《진찬의궤》	진찬				초장, 개자	백청

〈표 41〉은 채류, 해류(젓갈류), 장류, 청에 대한 비교이다. 침채, 담침채, 장과, 젓갈류는 일상식에서만, 청(淸, 꿀)은 조다소반과와 진찬식에서만 보이며 채(菜)와 장(醬)류는 공통분모이다.

[표 42] 조선왕실의 일상식과 진찬식에서 조과류

| | | 조과류 | | | | | | | | |
		감사과	강정	연사과	빙사과	요화	정과	당	다식	약과
일상식 1795년, 2월 13일 《원행을묘정리의궤》	수라상									
	죽수라상									
	조다소반과		각색강정	삼색연사과			각색정과	각색당	각색다식	
진찬식 1887년, 1월 27일 《진찬의궤》	진찬	사색감사과	오색강정, 삼색매화강정, 삼색세건반강정	양색세건반연사과, 삼색매화연사과	삼색빙사과	양색세건반요화	각색정과	각색당	각색다식	대약과, 삼색한과, 만두과, 다식과

〈표 42〉는 조과류에 대한 비교이다. 다연(茶宴)적 성격이 있는 조다소반과와 진찬에서만 조과류가 분포되어 있다. 이러한 양상은 병(餠, 떡), 생과일, 음청, 차, 상화에 대한 비교를 보여주는 〈표 43〉도 같다.

[표 43] 조선왕실의 일상식과 진찬식에서 병류, 생과류, 음청류, 차류, 상화

		병(餠)류				생과류	음청류	차류	상화류
		조란	약반	조악	병				
일상식 1795년, 2월 13일 《원행을묘정리의궤》	수라상								
	죽수라상								
	조다소반과	조란, 율란, 강과			각색병	생이, 석류, 감자, 준시	수정과		상화
진찬식 1887년, 1월 27일 《진찬의궤》	진찬	조란, 율란, 강과	약반	각색 조약	각색점증병, 화전, 각색경증병, 각색병, 백자병, 녹말병, 단자병	생이, 석류, 감자, 준시, 대조, 송백자, 생률, 황률, 호도, 유자, 용안, 여지	이숙	작설차	상화

이상의 내용을 간추리면 다음과 같다.

일상식 상차림에 만 오르는 찬품

밥, 죽, 자반, 생선구이, 침채, 담침채, 장과, 젓갈

연향식 상차림에 만 오르는 찬품

면, 포, 화양적, 조과, 병, 생과, 음청, 차, 청, 상화

일상식과 연향식에 공통으로 오르는 찬품

탕, 회, 적, 수육, 전유화, 채, 장

그러나 반드시 이 기준이 적용되는 것은 아니다. 면[국수]을 차릴 때 침채를 곁들이는 경우도 보인다. 〈표 37〉에서 〈표 43〉까지는 1795년의 일상식[346]과 1887년의 진찬식[347]이라는 아주 작은 표본을 그 대상으로 하였기 때문에 약간의 변화와 수정은 있을 수 있다. 때문에 이를 뒷받침하기 위하여 앞서 기술한 1719년에 나온 《진연의궤》에서부터 1902년의 《진연의궤》까지의 술안주에 대한 검토를 하기로 한다. 이를 통하여 왕실에서의 술안주 문화가 분명히 밝혀질 것이다.

② 〈연향식의궤〉로 본 술안주

㉠ 국수[麵]류

면(麵), 목면(木麵, 메밀가루로 만든 국수), 냉면(冷麵), 건면(乾麵), 면신설로(麵新設爐), 도미면(道味麵)

㉡ 만두(饅頭)류

동아만두[冬果饅頭], 만두(饅頭), 어만두(魚饅頭), 골만두(骨饅頭), 양만두(胖饅頭), 생합만두(生蛤饅頭), 생치만두(生雉饅頭), 육만두(肉饅頭), 병시(餠匙)

---

346 《園幸乙卯整理儀軌》, 1795.
347 《進饌儀軌》, 1887.

ⓒ 탕(湯)류

과제탕(瓜制湯), 추복탕(搥鰒湯), 삼어탕(三魚湯), 생선화양탕(生鮮花陽湯), 해삼탕(海蔘湯), 용봉탕(龍鳳湯), 금린어탕(錦鱗魚湯), 홍어탕(洪魚湯), 당저장포(唐猪醬泡), 염수당안(鹽水唐鴈), 염수(鹽水), 저육장방탕(猪肉醬方湯), 완자탕(完子湯), 금중탕(錦中湯), 잡탕(雜湯), 열구자탕(悅口子湯), 칠지탕(七技湯), 골탕(骨湯), 만증탕(饅蒸湯), 초계탕(醋鷄湯), 칠계탕(七鷄湯), 저포탕(猪胞湯), 양탕(胖湯), 양숙탕(胖熟湯), 승기아탕(勝只雅湯), 갈이탕(乫伊湯), 임수탕(荏水湯), 계탕(鷄湯)

ⓓ 찜[蒸]류

부어증(鮒魚蒸), 전복숙(全鰒熟), 생복증(生鰒蒸), 해삼증(海蔘蒸), 생선증(生鮮蒸), 수어증(秀魚蒸), 홍합증(紅蛤蒸), 도미증(道味蒸), 연저증(軟猪蒸), 저증(猪蒸), 아저증(児猪蒸), 연계증(軟鷄蒸), 계증(鷄蒸), 잡증(雜蒸)

ⓔ 볶음[炒]류

생복초(生鰒炒), 전복초(全鰒炒), 생소라초(生小螺炒), 생합초(生蛤炒), 저태초(猪胎炒), 홍합초(紅蛤炒), 생치초(生雉炒), 연계초(軟鷄炒), 부아초[腑化炒], 우족초(牛足炒), 전복볶기(全鰒卜只)

ⓕ 수육[熟肉] 및 알[卵]류

우육편육(牛肉片肉), 저육편육(猪肉片肉), 저태편육(猪胎片肉), 우태율편육(牛胎栗片肉), 족편(足片), 우육숙편(牛肉熟片), 양숙편(胖熟片), 우설우낭숙편(牛舌牛囊熟片), 계육숙편(鷄肉熟片), 연계숙편(軟鷄熟片), 저육

숙편(猪肉熟片), 양육숙편(羊肉熟片), 생선숙편(生鮮熟片), 족병(足餅), 건
낭병(建囊餅), 란과(卵裏), 숙란(熟卵), 수란(水卵), 두제(頭蹄)

⊘ 적(炙) 및 전체소(全體燒)류

족적(足炙), 설야멱(雪夜覓), 전치적(全雉炙), 계적(鷄炙), 연계적(軟鷄
炙), 생치전체소(生雉全體燒), 연계전체소(軟鷄全體燒)

◎ 전(煎) 및 전유화(煎油花)류

해삼전(海蔘煎), 어전(魚煎), 양전(胖煎), 간전(肝煎), 생하전(生蝦煎), 생
게전[生蟹煎], 홍합전(紅蛤煎), 게란전[蟹卵煎], 생치전(生雉煎), 연계전
(軟鷄煎), 생선전유화(生鮮煎油花), 도미전유화(道味煎油花), 낙지전유화
[絡蹄煎油花], 석화전유화(石花煎油花), 생합전유화(生蛤煎油花), 골전유
화(骨煎油花), 간전유화(肝煎油花), 양전유화(胖煎油花), 천엽전유화(千葉
煎油花), 편육전유화(片肉煎油花), 저육전유화(猪肉煎油花), 연계전유화(軟
鷄煎油花), 생치전유화(生雉煎油花)

Ⓩ어음적(於音炙) 및 화양적(花陽炙)류

생복어음적(生鰒於音炙), 낙지어음적[絡蹄於音炙], 계란어음적(鷄卵於
音炙), 천엽어음적(千葉於音炙), 양어음적(胖於音炙), 황육어음적(黃肉於音
炙), 황적(黃炙), 잡적(雜炙), 화양적(花陽炙), 생복화양적(生鰒花陽炙), 어
화양적(魚花陽炙), 낙지화양적[絡蹄花陽炙], 압란화양적(鴨卵花陽炙), 양
화양적(胖花陽炙), 천엽화양적(千葉花陽炙), 동아화양적[冬瓜花陽炙]

ⓒ 포(脯)류

황대구절육(黃大口截肉), 백대구절육(白大口截肉), 광어절육(廣魚截肉), 홍어절육(洪魚截肉), 사어절육(沙魚截肉), 오징어절육[烏賊魚截肉], 문어절육(文魚截肉), 추복절육(搥鰒截肉), 전복절육(全鰒截肉), 강요주절육(江瑤珠截肉), 건대하절육(乾大蝦截肉), 황포절육(黃脯截肉), 편포절육(片脯截肉), 건치절육(乾雉截肉), 산포(散脯)

ⓚ 회(膾)류

동숭어회[凍秀魚膾], 숭어회[秀魚膾], 어회(魚膾), 생복회(生鰒膾), 생합회(生蛤膾), 천엽회(千葉膾), 두태회(豆太膾), 소고기안심육회[牛內心肉膾], 양령회(胖領膾), 각색어채(各色魚菜), 각색채회(各色菜膾), 어채(魚菜)

ⓔ 채(菜) 및 기타 찬(饌)류

도라지채[桔梗菜], 청포채(靑泡菜), 장침채(醬沈菜), 침채(沈菜), 감화부(甘花富), 생선문주(生鮮紋珠), 동아문주[冬瓜紋珠], 전약(煎藥)

ⓟ 장(醬)류

초홍장(醋紅醬), 고초장(苦椒醬), 소금[白鹽], 꿀[白淸], 겨자[芥子], 초장(醋醬)

ⓗ 조과(造果)류 및 음청(飮淸)류

• 찹쌀떡[粘米餅]류

녹두점증병(菉豆粘甑餅), 밀점증병(蜜粘甑餅), 석이점증병(石耳粘甑餅),

임자점증병(荏子粘甑餅), 초두점증병(炒豆粘甑餅), 신감초점증병(辛甘草粘甑餅), 백두점증병(白豆粘甑餅), 합병(盒餅), 석이밀설기(石耳蜜雪只), 약반(藥飯), 삼색병(三色餅), 잡과병(雜果餅), 생강산삼(生薑山蔘), 감태산삼(甘苔山蔘), 연산삼(軟山蔘), 화전(花煎), 석이단자(石耳團子), 청애단자(靑艾團子), 신감초단자(辛甘草團子), 황조악(黃助岳), 감태조악(甘苔助岳), 대추조악[大棗助岳]

• 멥쌀떡[粳米餅]류

백두경증병(白豆粳甑餅), 녹두경증병(菉豆粳甑餅), 신감초경증병(辛甘草粳甑餅), 석이경증병(石耳粳甑餅), 증병(蒸餅), 석이밀설기(石耳蜜雪只), 신감초말설기(辛甘草末雪只), 잡과밀설기(雜果蜜雪只), 밀설기(蜜雪只), 백설기(白雪只), 산병(散餅)

• 기타 떡류

녹말병(菉末餅), 서여병(薯蕷餅), 백자병(栢子餅), 오미자병(五味子餅)

• 유밀과(油蜜果)류

백은정과(白銀丁果), 홍은정과(紅銀丁果), 홍미자(紅味子), 백미자(白味子), 양면과(兩面果), 행인과(杏仁果), 홍세한과(紅細漢果), 백세한과(白細漢果), 매엽과(梅葉果), 황요화(黃蓼花), 홍요화(紅蓼花), 백요화(白蓼花), 백차수과(白叉手果), 홍차수과(紅叉手果), 전은정과(煎銀丁果), 약과(藥果), 연약과(軟藥果), 소약과(小藥果), 대약과(大藥果), 만두과(饅頭果), 다식과(茶食果), 홍매화연사과(紅梅花軟絲果), 백매화연사과(白梅花軟絲果), 백자

연사과(栢子軟絲果), 백세건반연사과(白細乾飯軟絲果), 홍세건반연사과
(紅細乾飯軟絲果), 청입모빙사과(靑笠帽氷絲果), 홍입모빙사과(紅笠帽氷絲
果), 황입모빙사과(黃笠帽氷絲果), 감사과(甘絲果), 홍세건반강정(紅細乾飯
强精), 백세건반강정(白細乾飯强精), 황세건반강정(黃細乾飯强精), 임자강
정(荏子强精), 계백강정(桂栢强精), 백자강정(栢子强精), 백매화강정(白梅
花强精), 홍매화강정(紅梅花强精), 오색령강정(五色鈴强精)

- 다식(茶食)류

황률다식(黃栗茶食), 송화다식(松花茶食), 흑임자다식(黑荏子茶食), 녹말
다식(菉末茶食), 강분다식(薑粉茶食), 계강다식(桂薑茶食), 청태다식(靑太
茶食)

- 정과(正果)류

건정과(乾正果), 연근정과(蓮根正果), 생강정과(生薑正果), 피자정과(皮子
正果), 모과정과[木果正果], 천문동정과(天門冬正果), 길경정과(桔梗正果)

- 당속(糖屬)류

청매당(靑梅糖), 문동당(門冬糖), 건포도(乾葡萄), 당행인(唐杏仁), 사당
(砂糖), 귤병(橘餠), 팔보당(八寶糖), 인삼당(人蔘糖), 옥춘당(玉春糖), 밀조
(蜜棗), 어과자(御菓子), 오화당(五花糖), 호도당(胡桃糖), 과멱당(苽覓糖),
포도당(葡萄糖), 진자당(榛子糖), 당밀(糖蜜), 이포(梨脯), 빙당(氷糖), 금전
당(金箋糖), 추이당(推耳糖), 설당(雪糖), 수옥당(水玉糖)

• 실과(實果)류

감자(柑子), 왜감자(倭柑子), 문단(文坦), 불수(佛手), 광귤(廣橘), 복귤(福橘), 평과(平果), 건시(乾柿), 조홍(早紅), 홍시(紅柿), 준시(蹲柿), 유자(柚子), 진과(眞瓜), 유월도(六月桃), 승도(僧桃), 자도(紫桃), 앵도(櫻桃), 단행(丹杏), 실은행(實銀杏), 산과(山果), 송백자(松栢子), 유행(柳杏), 서과(西果, 수박), 생율(生栗), 황률(黃栗), 연율(軟栗), 포도(葡萄), 산사(山査), 용안(龍眼), 여지(荔枝), 석류(石榴), 생이(生梨), 청이(靑梨), 적이(赤梨), 사과(楂果), 잉금[林檎], 대추[大棗], 호도(胡桃), 증대추[蒸大棗], 조란(棗卵), 율란(栗卵), 강란(薑卵)

• 음청(飮淸)류

세면(細麵), 청면(淸麵), 화면(花麵), 수면(水麵), 수단(水團), 수정과(水正果), 가련수정과(假蓮水正果), 화채(花菜), 이숙(梨熟), 상설고(霜雪膏), 작설다(雀舌茶), 어다(御茶)

이상의 검토는 조선왕실에서 개최한 생일잔치와 같은 대연향에서의 술 안주감이 국수, 만두, 탕, 찜, 볶음, 수육, 적, 전유화, 화양적, 포, 회, 조과, 실과, 차로 구성되고 있음을 분명히 한다.[348]

348 《進宴儀軌》, 1719: 《受爵儀軌》, 1765: 《慈慶殿進爵整禮儀軌》, 1827: 《進爵儀軌》, 1828: 《進饌儀軌》, 1829: 《進饌儀軌》, 1848: 《進爵儀軌》, 1868: 《進饌儀軌》, 1873: 《進饌儀軌》, 1877: 《進饌儀軌》, 1887: 《進饌儀軌》, 1892: 《進宴儀軌》, 1901: 《進宴儀軌》, 1902: 김상보, 《조선왕조 궁중의궤 음식문화》, 수학사, 1995, pp342-436.

안주감은 《임원십육지》에도 있다. 《임원십육지》에서는 명(明) 말에 나온 《상정(觴政)》을 인용하여 다음과 같이 안주론을 기술하였다.

論飮儲

下酒物色謂之飮儲

一淸品　如鮮蛤糟蚶酒蟹之類°

二異品　如熊白西施乳之類°

三膩品　如羔羊子鵝炙之類°

四果品　如松子杏仁之類°

五蔬品　如鮮芛早韭之類°

술안주를 논함

술에 따라오는 음식을 음저(술안주)라 한다.

가장 좋은 술안주는 신선한 대합회, 술지게미에 절인 살조개, 술에 절인 게 류이다.

색다른 술안주는 곰의 기름, 수컷 복어의 이리 류이다.

기름진 술안주는 어린 양구이나 어린 거위구이 류이다.

과일 술안주는 잣과 행인 류이다.

채소 술안주는 신선한 죽순, 어린부추 류이다.

대합, 살조개, 게, 곰기름, 복어이리, 어린 양, 어린 거위, 잣, 행인, 죽순, 어린 부추가 좋은 안주감의 재료라는 것이다.

4) 행주에서의 주례(酒禮)와 예주(醴酒)

주례란 연음(燕飮)의 도(道)이다. 즉 행주(行酒)에서 행하는 술 마시는 예법을 말한다. 조선왕실은 거의 전기(全期)를 《국조오례의》에 준하여 주례로 삼았다. 따라서 필자는 1630년의 기록물인 《풍정도감의궤(豊呈都監儀軌)》를 통하여 주례를 밝히고자 한다. 이 왕실의 주례는 1900년대 초까지 지속되었다.

인조(仁祖, 재위 1623-1649) 8년(1630) 46세를 맞는 인목대비(仁穆大妃)[349]를 위한 풍정연(豊呈宴)이 3월 22일 인경궁(仁慶宮)에서 거행되었다. 풍정연은 국가의 큰 행사였으므로 전례에 근거하여 행사 약 45일 전인 2월 3일에 풍정도감(豊呈都監)이 설치되었다. 풍정도감은 최선의 연향을 치르기 위하여 삼방(三房)으로 편성되었다.

예조(禮曹)에 소속된 장악원(掌樂院)[350]이 감독한 일방(一房)에서는 기생(妓生), 악기(樂器), 풍물(風物) 등을 맡고, 호조(戶曹)[351]가 감독한 이방(二房)에서는 찬선(饌膳, 음식)과 배설(排設) 등을 맡았다. 예조(禮曹)[352]가 감독한 삼방(三房)에서는 의주(儀註, 나라의 典禮 절차를 적은 책)와 의장(儀仗, 의식에 쓰는 무기 또는 물건)을 담당하였다.[353] 전개되는 연례(燕禮)

---

349 인목대비(仁穆大妃, 1584-1632): 조선왕조 선조의 계비(繼妃). 영창대군의 어머니. 광해군이 즉위하자 소북(小北)의 유영경 일파가 몰락함에, 영창대군과 인목대비의 아버지인 김제남이 피살되고 대비도 서궁(西宮)에 유폐되었다가 인조반정(仁祖反正)으로 풀려났음.
350 장악원(掌樂院): 조선왕조 때 음률(音律)의 교열(敎閱)을 맡아보던 관아.
351 호조(戶曹): 조선왕조 때 호구(戶口), 공부(貢賦), 전곡(錢穀) 등에 관한 일을 맡아보던 관아.
352 예조(禮曹): 조선왕조 때 예악(禮樂), 제사, 연향, 조빙, 학교, 과거의 일을 맡아보던 관아.
353 김상보, 《조선왕실의 풍정연향》, 민속원, 2016, p36.

는 삼방에서 담당한 의주를 기반으로 하였다.

연(燕)은 함께 어울려 마시는 합음(合飮)이다. 곧 행주례(行酒禮)가 연례이다. 9잔의 행주로 외명부(外命婦)[354]에게 접대하여 합음을 통하여 자혜스러운 인목대비의 뜻을 드러내고자 한 것이다. 행주례는 매 잔마다 헌작(獻爵), 초작(酢爵), 수작(酬爵)으로 진행되는《의례》〈연례〉에 기반을 두었다.

(1) 제1잔. 산화. 헌작, 초작, 수작

여기서 기술하고자 하는 합음(合飮)을 목적으로 하는 연례(燕禮)는 독단적으로 연례만 있는 것이 아니고, 연례에 앞서 북쪽에서 남쪽을 향하여 자리하고 계신 대왕대비 인목대비에게 전하, 왕비, 왕세자, 왕세자빈, 외명부반수가 각각 올리는 5작(爵)의 헌수주례(獻酬酒禮)가 있었다. 헌수주례가 끝나면 전선이 왕세자 및 왕세자빈의 상탁에 꽃을 나누어 주고[散花] 이어서 9잔(盞)의 행주(行酒) 의례가 있게 되는 본격적인 연례에 진입하게 된다.

행주 제1잔은 음악이 울리는 가운데 상식(尙食)[355]이 인목대비, 인조임금, 인열왕비에게 먼저 술안주인 탕(초미)을 올리고, 전선(典膳)[356]이 소현세자와 왕세자빈에게 탕을 올리고 나서 행한다.

---

354 외명부(外命婦): 조선왕조 때 왕족과 종친의 여자와 처, 문관과 무관의 처(妻)로서 그 남편의 직위에 따라 봉작을 받은 여자의 통칭.
355 상식(尙食): 내명부의 종5품 여관. 찬품을 갖추어서 올리는 총 책임을 맡음.
356 전선(典膳): 내명부의 종7품 여관. 조리에 관한 일을 맡음.

典膳供王世子及嬪以下卓散花

尙食進湯樂作。

王世子及嬪以下離位俯伏進訖還位(凡進盞進湯時同)典膳供王世子及嬪

以下湯樂止。

전선이 왕세자 및 왕세자빈의 상탁에 꽃을 나누어준다.

상식이(대왕대비, 전하, 왕비에게) 탕[술안주로서 미수(味數)를 지칭한 것

임. 즉 초미初味]을 올린다. 음악이 시작된다. 왕세자 및 왕세자빈 이하

가 자리에서 일어나 부복한다. 대왕대비에게 탕 올리는 것이 끝나면 자

리로 돌아온다. 무릇 잔 올릴 때와 탕 올릴 때는 모두 이와 같이 한다.

전선이 왕세자 및 왕세자빈 이하에게 탕을 올리면 음악이 멈춘다.

술의 행주 전에 대왕대비, 전하, 왕비, 왕세자, 왕세자빈에게 음악이

울리는 가운데 미리 술안주를 올리는 과정이다.

進第一盞°

尙宮導殿下´詣酒亭´東北向立°尙食以盞酌酒´樂作°進于殿下´殿下受

盞´詣大王大妃座前´跪進°尙食傳捧´跪進于大王大妃座前´大王大妃

執盞´殿下俯伏´大王大妃擧盞´訖´尙食受虛盞´以授殿下°殿下受虛盞´

退立于酒亭之西°尙食跪受盞´殿下從酒亭復還立其東´尙食又以盞酌

酒´進于殿下´殿下受盞´詣大王大妃座前´跪進´尙食傳捧´以大王大妃

座前´大王大妃執盞´還授尙食´尙食受盞´進于殿下°殿下受盞´擧飮訖´

俯伏興´從東偏´還至酒亭°尙食跪受虛盞´尙宮導殿下´就座°尙食進王

妃酒′典膳供王世子及嬪以下酒′訖′尙宮導殿下′入小次°

제 1잔을 올린다.

상궁이 전하를 인도하여 (대왕대비) 주정의 동쪽에 이르러 북쪽을 향하여 선다.

상식이 잔에 술을 따르면 음악이 시작되고 전하에게 나아간다.

전하가 잔을 받아서 대왕대비 좌석 앞으로 가서 꿇어앉는다.

상식이 나아가 (전하가 가진 잔을) 전해 받들고 무릎을 꿇고 대왕대비 좌석 앞에 올린다. 대왕대비께서 잔을 받으면 전하가 부복한다.

대왕대비께서 잔을 들고 다 마시면 상식이 빈 잔을 받아 전하에게 올린다.

전하가 빈 잔을 받아 물러나서 주정의 서쪽에 서면 상식이 꿇어앉아 잔을 받는다(헌작).

전하가 (전하의) 주정에 다시 돌아와 그 동쪽에 선다. 상식이 또 잔에 술을 따라 전하에게 올린다. 전하가 잔을 받아서 대왕대비 좌석 앞으로 가서 꿇어앉는다. 상식이 나아가서 전하가 갖고 있는 잔을 전해 받들어 대왕대비의 좌석 앞에 나아간다. 대왕대비께서 잔을 잡고 잔을 상식에게 다시 돌려준다. 상식이 잔을 받아 전하에게 올린다. 전하가 잔을 받아 마신다. 부복하고 일어나서 동쪽의 편계를 따라 들어와 주정에 이른다. 상식이 꿇어앉아 빈 잔을 받는다(초작).

상궁이 전하를 인도하여 좌석으로 나아간다. 상식이 왕비에게 술을 올린다. 전선이 왕세자 및 왕세자빈 이하에게 술 올리기를 마친다(수작).

상궁이 전하를 인도하여 소차로 들어간다.

제 1잔은 인조임금이 인목대비에게 헌작하는 것으로 시작된다. 인목대비의 수주정에 올려놓은 술단지의 술이 헌작용 술이다. 상식은 헌작을 인목대비에게 전달하는 역할을 담당한다. 음악이 울리는 가운데 상식이 술잔에 술을 따라 임금에게 드리면, 임금은 술잔을 받아 다시 상식에게 주고, 상식이 인목대비에게 올린다. 인목대비께서 술을 받아 마신 다음 빈 잔을 상식을 통하여 인조임금에게 준다. 이로서 헌작(獻爵)이 완성되었다.

다음은 초작이다. 인조임금의 주정에 올려놓은 술단지의 술을 빈 잔에 채워 상식을 통하여 인목대비에게 올린다. 인목대비는 그 술을 마시지 않고 다만 술잔만 잡은 상태에서 임금에게 돌려준다. 이를 초(酢)라고 한다. 인조임금은 초한 술을 마신다. 이로서 초작(酢爵)이 완성되었다.

이어서 상식이 인열왕비의 주정에 올려놓은 술단지의 술을 잔에 채워 인열왕비에게 술을 올리고, 전선은 소현세자, 세자빈, 외명부의 주탁에 올려놓은 술단지의 술을 잔에 채워 이들에게 순차적으로 술을 올린다. 수작(酬爵)이다.

정재기생(呈才妓生) 6명으로 구성된 무용단이 헌선도(獻仙桃)를 추면서 창한다.

(2) 제 2잔. 헌작, 초작, 수작

進第二盞°

尙宮導王妃'第二盞'並如上儀'訖°

제 2잔을 올린다.

상궁이 왕비를 인도하여 제 2잔을 행하는 것은 진 제 1잔과 같은 의례 대로 하고 마친다.

행주 제 2잔은 인열왕비가 인목대비에게 헌작하는 것으로 시작된 다. 제 1잔 때와 마찬가지로 음악이 울리는 가운데 상식이 인목대비, 인조임금, 인열왕비에게 술안주인 탕[二味]을 올리고, 전선이 소현세 자와 왕세자빈에게 탕을 올린다.

상식은 인목대비에게 헌작을 전달하는 역할을 담당하는 자이다. 음 악이 울리는 가운데 인목대비의 수주정에 올려놓은 술단지의 술을 술 잔에 따라 인열왕비에게 드리면, 왕비는 술잔을 받아 다시 상식에게 주고 상식이 인목대비에게 술잔을 올린다. 인목대비께서 술을 마신 후 빈 잔을 상식을 통하여 인열왕비에게 준다(헌작).

인열왕비는 왕비의 주정에 올려놓은 술단지의 술을 빈 잔에 채워 상 식을 통하여 인목대비에게 올린다. 인목대비는 그 술을 마시지 않고 다만 술잔만 잡은 상태에서 인열왕비에게 되돌려준다. 인열왕비는 초 한 술을 마신다(초작).

이어서 상식이 인조임금의 주정에 올려놓은 술단지의 술을 잔에 채 워 임금에게 올리고, 전선은 소현세자, 세자빈, 외명부의 주탁에 올려 놓은 술단지의 술을 잔에 채워 이들에게 순차적으로 술을 돌린다(수작).

정재기생으로 구성된 무용단이 수연장(壽延長)을 추면서 창한다.

(3) 제3잔. 헌작, 초작, 수작

進第三盞°

典賓引王世子′行第三盞′竝如上儀°訖′典賓引王世子′離位跪′尙食以盞
酌酒′進于王妃座前°王妃執盞′王世子俯伏°王妃擧盞′訖′尙食跪受虛
盞°典賓引王世子′還位°典膳供嬪以下酒′訖′典賓引王世子′入便次°

제3잔을 올린다.

전빈이 왕세자를 인도하여 제3잔을 행하는 것은 모두 위와 같은 의례
대로 하고 마친다.

전빈이 왕세자를 인도하여 자리를 떠나 꿇어앉는다. 상식이 잔에 술
을 따라 왕비의 좌석 앞에 올린다. 왕비가 잔을 잡으면 왕세자가 부복
한다. 왕비가 잔을 들고 마시기를 마치면 상식이 꿇어앉아 빈 잔을 받
는다. 전빈이 왕세자를 인도하여 자리로 돌아간다. 전빈이 왕세자빈 이
하에게 술 드리기를 마친다.

전빈이 왕세자를 인도하여 편차로 들어간다.

행주 제3잔은 소현세자가 인목대비에게 헌작하는 것으로 시작된
다. 제1잔 때와 마찬가지로 음악이 울리는 가운데 상식이 인목대비,
인조임금, 인열왕비에게 술안주인 탕[三味]을 올리고, 전선이 소현세
자와 왕세자빈 이하에게 탕을 올린다.

상식은 인목대비에게 헌작을 전달하는 역할을 담당하는 자이다. 음
악이 울리는 가운데 인목대비의 수주정에 올려놓은 술단지의 술을 술

잔에 따라 소현세자에게 드리면, 소현세자는 술잔을 받아 다시 상식에게 주고 상식이 인목대비에게 술잔을 올린다. 인목대비께서 술을 마신후 빈 잔을 상식을 통하여 소현세자에게 준다(헌작).

소현세자는 세자의 주탁에 올려놓은 술단지의 술을 빈 잔에 채워 상식을 통하여 인목대비에게 올린다. 이 때 인목대비는 그 술을 마시지않고 다만 술잔만 잡은 상태에서 소현세자에게 초한다. 세자는 초작의술을 마신다(초작).

이어서 상식이 인조임금과 인열왕비의 주정에 올려놓은 술단지의술을 잔에 채워 임금과 왕비에게 올리고, 전선은 왕세자빈과 외명부의주탁에 올려놓은 술단지의 술을 잔에 채워 이들에게 순차적으로 술을돌린다(수작).

정재기생 17명으로 구성된 무용단이 금척(金尺)을 추면서 창한다.

(4) 제 4잔. 산화. 헌작, 초작, 수작

典賓引外庭命婦′入就座°女執事設外庭命婦卓散花′尙食進湯′樂作°
典膳供王世子嬪湯′女執事設外命婦以下湯′訖′樂止′進第四盞′典賓引
王世子嬪′進盞並如王世子進盞儀°外命婦以下同°每行進盞後′尙食進
王妃酒′典膳供王世子嬪以下酒′進湯進盞′並如上儀°

전빈이 외정명부(外庭命婦)[357]를 인도하여 들어가 자리로 나아간다. 여

---

[357] 외정명부(外庭命婦): 외명부.

집사가 외정명부의 상탁에 꽃을 나누어 준다.

상식이 탕을 올리면 음악이 시작된다. 전선이 소현세자와 왕세자빈에게 탕을 올린다.

여집사가 외명부 이하에게 탕 올리기를 마치면 음악이 멈춘다.

제 4잔을 올린다.

전빈이 왕세자빈을 인도하여 잔 올리는 것은 모두 왕세자의 잔 올리는 의식과 같다. 외명부 이하도 같다.

잔 올린 것을 행한 후에 상식이 나아가서 왕비에게 술을 올린다. 전선이 왕세자빈 이하에게 술을 올린다. 탕 올리는 것과 잔 올리는 것은 모두 위와 같은 의식대로 한다.

행주 제 4잔이 있기 전에 여집사가 외정명부 상탁에 꽃을 나누어주고, 상식이 음악이 울리는 가운데 인목대비, 인조임금, 인열왕비에게 술안주인 탕[四味]을 올리며, 전선이 소현세자와 왕세자빈 이하에게 탕을 올린다. 여집사가 외명부 이하에게 탕을 올린다.

행주 제 4잔은 왕세자빈이 인목대비에게 헌작하는 것으로 시작된다. 상식은 헌작을 인목대비에게 전달하는 역할을 담당하는 자로 인목대비의 수주정에 올려놓은 술단지의 술을 술잔에 따라 음악이 울리는 가운데 왕세자빈에게 드리면, 왕세자빈은 술잔을 받아 다시 상식에게 주고, 상식이 인목대비에게 술잔을 올린다. 인목대비께서 헌작을 마신 후 빈 잔을 상식을 통하여 왕세자빈에게 준다(헌작).

왕세자빈은 왕세자빈 주탁에 올려놓은 술단지의 술을 빈 잔에 채워 상식을 통하여 인목대비에게 올린다. 이 때 인목대비는 그 술을 마시

전통주 인문학

지 않고 다만 술잔만 잡은 상태에서 왕세자빈에게 초한다. 왕세자빈은 초작의 술을 마신다(초작).

이어서 상식이 인조임금과 인열왕비의 주정에 올려놓은 술단지의 술을 잔에 채워 임금과 왕비에게 올리고, 전선은 소현세자와 외명부의 주탁에 올려놓은 술단지의 술을 잔에 채워 이들에게 순차적으로 수한 다(수작).

정재기생으로 구성된 무용단이 봉래의(鳳來儀)를 추면서 창한다.

(5) 제5잔에서 제9잔. 헌작, 초작, 수작

大王大妃′若入便次′則殿下及王妃起立於楹內東西′王世子以下離位 小退立°大王大妃′出陞座′俱還就位°殿下及王妃′若入便次′則座中暫 爲俯伏′出入°王世子以下離位立′同大王大妃出入儀°酒行九徧°

대왕대비께서 만약 편차로 들어가시면 전하와 왕비가 기둥 안의 동과 서에서 일어나 선다. 왕세자 이하는 자리를 뜨고 조금 뒤로 물러나 선다. 대왕대비께서 좌석에 오르시면 모두 돌아와서 자리로 나아간다. 전하와 왕비가 만약 편차[358]로 들어가면 좌중이 잠시 부복하고 출입한다. 왕세자 이하가 자리를 뜨고 서는 것은 대왕대비의 출입 때 의식과 같다. 행주는 9번이다.

---

358 편차(便次): 잠시 쉬기 위하여 마련된 장막을 둘러친 곳.

행주 제 5잔에서 제 9잔까지는 다섯 명으로 구성된 명부의 몫이다.

제 1잔 때와 마찬가지로 음악이 흐르는 가운데 상식이 인목대비, 인조임금, 인열왕비에게 술안주인 탕[五味, 六味, 七味, 八味, 九味]을 올린다. 이어서 전선이 소현세자와 왕세자빈 이하에게 탕(오미, 육미, 칠미, 팔미, 구미)을 올리고 여집사가 외명부 이하에게 탕을 올린다.

헌작하도록 선발된 명부 대표들은 인목대비의 수주정에 올려놓은 술단지의 술을 술잔에 따라 음악이 울리는 가운데 상식을 통하여 인목대비에게 헌작한다.

인목대비께서 헌작을 마신 후 상식이 빈 잔을 명부 대표에게 준다. 명부 대표들은 명부의 주탁에 올려놓은 술단지의 술을 빈 잔에 채워 상식을 통하여 인목대비에게 올린다. 인목대비는 그 술을 마시지 않고 다만 술잔만 잡은 상태에서 명부 대표들에게 초한다. 명부 대표들은 초작의 술을 마신다.

이어서 상식이 인조임금과 인열왕비의 주정에 올려놓은 술단지의 술을 잔에 채워 임금과 왕비에게 올리고, 전선은 소현세자, 왕세자빈, 외명부의 주탁에 올려놓은 술단지의 술을 잔에 채워 이들에게 순차적으로 수한다.

제 5잔에서는 정재기생 4명으로 구성된 무용단이 연화대(蓮花臺)를 추면서 창하고, 제 6잔에서는 정재기생 18명으로 구성된 무용단이 포구락(抛毬樂)을 추면서 창한다. 제 7잔에서는 정재기생 8명으로 구성된 무용단이 향발(響鈸)을 추면서 창하고, 제 8잔에서는 정재기생으로 구성된 무용단이 무고(舞鼓)를 춘다.

제 9잔의 행주가 끝나면 대선(大膳)을 올리고 처용무(處容舞)를 추어

신(神)께서 본래의 자리로 돌아가시는 길을 정화한다. 대선을 올리고 나면 찬안(饌案)과 찬탁(饌卓)을 철수한다.[359]

이상에 대하여 간추려 보면 다음과 같이 요약될 수 있다.

제 1잔

왕세자와 왕세자빈에게 산화(散花), 술안주로 진탕(進湯, 初味)

인조임금의 헌작, 초작, 수작. 헌선도 정재무용

제 2잔

술안주로 진탕[二味]

인열왕비의 헌작, 초작, 수작. 수연장 정재무용

제 3잔

술안주로 진탕[三味]

왕세자의 헌작, 초작, 수작. 금척 정재무용

제 4잔

외명부에게 산화, 술안주로 진탕[四味]

왕세자빈의 헌작, 초작, 수작. 봉래의 정재무용

휴식

제 5잔

술안주로 진탕[五味]

외명부의 헌작, 초작, 수작. 연화대 정재무용

제 6잔

---

359 《豊呈都監儀軌》, 1630: 김상보, 《조선왕실의 풍정연향》, 민속원, 2016, pp299-324.

술안주로 진탕〔六味〕

외명부의 헌작, 초작, 수작. 포구락 정재무용

제 7잔

술안주로 진탕〔七味〕

외명부의 헌작, 초작, 수작. 향발 정재무용

제 8잔

술안주로 진탕〔八味〕

외명부의 헌작, 초작, 수작. 무고 정재무용

제 9잔

술안주로 진탕〔九味〕

외명부의 헌작, 초작, 수작.

대선(大膳), 처용무

제 4잔 이후에 휴식을 할 정도로 오랜 시간 동안 지속되는 연회에서, 마시는 술은 예주(醴酒)였다. 조선왕실은 가례(嘉禮, 혼례) 때나 진연, 진찬 때 등의 커다란 행사에서 보편적으로 예주를 사용하였다.[360]

예주는 하루 만에 완성되는 술이라 하여 일숙주(一宿酒), 일일주(一日酒)라고도 하고 감주(甘酒) 또는 청감주(清甘酒)라고도 하였으며, 궁중에서는 향온주(香醞酒)라고도 하였다. 앞서도 기술하였지만 기록으로는 백제시대부터 꾸준히 등장하는 궁중에서 사용하는 의례용 술이다.

醴란 하룻밤 동안에 익힌 술이라는 의미를 갖고 있지만 禮와도 통

360 《御製國婚定例》, 1749: 《受爵儀軌》, 1765.

하여 빈객의 노고를 위로하기 위해 접대하기 위한 禮의 뜻도 갖고 있다.[361]

조선왕조에 들어서서 《수운잡방》(1500년대 초), 《고사촬요》(1554), 《음식지미방》(1670), 《산림경제》(1715) 등에 꾸준히 등장하여 《조선무쌍신식요리제법》(1924)으로 이어져 그 만드는 법이 소개되고 있다(Ⅱ-4-2 참조).

왕실의 예주 만드는 법은 《고사촬요》와 《산림경제》에 기술되어 있는 〈대궐 안 약국에서 향온주 빚는 법[內局香醞法]〉이 참고 자료가 될 것이다. 밀가루에 녹두가루를 합하여 병국을 만들어서 가루로 만들고, 이것에 찹쌀지에밥과 멥쌀지에밥 그리고 엿기름가루와 물을 합하여 양주한 술이다.[362]

361 김상보, 《조선왕조 혼례연향 음식문화》, 신광출판사, 2006, p136.
362 《攷事撮要》, 1554: 《음식지미방》, 1670: 《山林經濟》, 1715.

6

풍속화 속의 음주문화

1)《선묘조제재경수연도(宣廟朝諸宰慶壽宴圖)》

《선묘조제재경수연도》는 선조 조정의 70세 이상 노모(老母)를 모신 재신(宰臣)들이 1605년(선조 38) 4월 9일에 장흥동에 있는 크고 넓게 잘 지은 집, 혹은 삼청동의 관가 소유 건물에서 경수연을 연 장면을 그린 것이다. 2년 전인 1603년 9월에 열렸던 중추부동지 이거(李遽, 1532-1608)의 모친 채부인(蔡夫人, 1504-1606)의 100세 경수연이 계기가 되어 여러 제신[諸宰]들이 나이드신 부모를 받들어 모시는 계[奉老契]를 조직하여 시행하게 되었다. 계원 명단을 보면 강신, 박동량, 윤돈, 홍이상 등 13명과 입시자제(入侍子弟, 대궐에 들어가 왕을 알현하는 자제) 7명 등 총 20명이다.

102세의 노모를 모신 이거는 1552년(명종 7) 진사시에 합격하고, 이듬 해 문과에 급제하였다. 예조정랑, 홍문관부수찬, 예조참의 , 강화부사, 한성부우윤을 거쳐 경기감사를 역임하였다.

88세의 노모를 모신 권형(權洞)은 장악원첨정(掌樂院僉正)이다.

84세의 노모를 모신 민중남(閔中男, 1540-1605)은 1561년(명종 16) 진사시에 합격하고 1572년(선조 5) 별시문과에 병과로 급제하였다. 통정대부, 동부승지, 우부승지를 거쳐 예조참판을 역임하였다. 그의 사 후 병조판서에 증직되었다.

83세의 노모를 모신 강신(姜紳, 1543-1615)은 1567년(명종 22) 진사가 되고, 1577년(선조 10) 별시문과에 급제하였다. 함경도 순찰사, 도승지, 대사간, 경기도 감찰사를 거쳐 우참찬, 좌참찬을 역임하였다.

82세의 노모를 모신 윤수민(尹壽民, 1555-?)은 1583년(선조 16) 알성문과에 병과로 급제하였다. 서흥부사, 양주목사, 평안부사, 예조참의, 대사간 등을 거쳐 예조참판을 역임하였다.

80세의 노모를 모신 윤돈(尹曔, 1551-1612)은 1579년(선조 12) 생원과 진사 시험에, 1585년 식년 문과에 병과로 급제하였다. 대사간, 예조참판, 강원도 관찰사, 예조참판, 부제학, 이조참판, 도승지, 병조참판을 거쳐 동지중추부사를 역임하였다.

78세의 노모를 모신 홍이상(洪履祥, 1549-1615)은 1573년(선조 6) 사마시에, 1579년 식년 문과에 급제하였다. 병조정랑, 직제학, 동부승지, 예조참의 , 대사간, 형조참판, 대사성을 거쳐 대사헌이 되었다.

75세의 노모를 모신 박동량(朴東亮, 1569-1635)은 1589년(선조 22) 진사시에, 다음 해 증광 문과에 병과로 급제하였다. 병조좌랑 등을 거쳐

호조판서에 임명되었다.

74세의 노모를 모신 한준겸(韓浚謙, 1557-1627)은 인조의 비인 인열왕후의 아버지이다. 1579년(선조 12) 생원시와 진사시에 합격하고 다음 해 별시 문과에 병과로 급제하였다. 우승지, 대사성, 경상도 관찰사 등을 거쳐 예조참판, 호조판서가 되었다.

70세의 노모를 모신 남이신(南以信, 1562-1608)은 1590년(선조 23) 증광 문과에 병과로 급제하였다. 세자시강원 문학, 예조정랑, 사헌부지평, 병조참판 등을 거쳐 형조참판이 되었다.

1592년(선조 25)에 발발한 임진왜란이 7년 동안 지속되어 국가가 대혼란기에 있었기 때문에 선조는 연회에서 음악 사용을 금하였다. 이에 봉로계 계원인 진흥군 강신, 공조판서 윤돈, 동지중추부사 홍이상, 이조참판 한준겸, 형조참판 남이신, 여흥군 민중남, 병조참지 윤수민, 장악원첨정 권형 등이 예조에 경수연에서 음악을 사용하게끔 허락해 달라는 단자(單子, 성명을 적은 글)를 올렸다. 예조는 단자를 받고 선조임금에게 다음과 같은 글을 올렸다.

"중추부동지 이거의 어머니 정부인(貞夫人, 정·종2품의 문무관 아내에게 내린 봉작封爵, 숙부인淑夫人의 위, 정경부인貞敬夫人의 아래 품계임) 채씨(蔡氏)는 지금 연세가 102세로 예전에 없는 드문 일입니다. 노인을 존경하는 전하의 은혜를 특별히 받아 남다른 은전을 지금까지 거듭 내리셨습니다. 그리하여 은총과 영광이 비할 바가 없는 까닭에 온 세상이 칭송하고 있습니다.

전통주 인문학

강신의 어머니 정경부인 윤씨는 83세이고, 윤돈의 어머니 정경부인 남씨는 80세이며, 홍이상의 어머니 정부인 백씨는 78세입니다. 한준겸의 어머니 정부인 신씨는 74세이고, 남이신의 어머니 정부인 신씨는 70세이며, 민중남의 어머니 정부인 이씨는 84세입니다. 윤수민의 어머니 조씨는 82세이고, 권형의 어머니 김씨는 88세입니다.

그러므로 효도로서 나라를 다스리는 때에, 녹봉으로 봉양하는 영광을 받았습니다. 일찍이 봉로계를 조직하여 나라의 은덕을 함께 즐기고자 계획하였습니다. 이는 임금의 덕화를 받는 하나의 훌륭한 일입니다. 노인들이 움직이기가 쉬운 따뜻한 시기를 맞아서 여러 친분있는 사람들이 한 집에 모여 앉아, 채부인을 상석(上席)에 모시고 장수를 축하하여 술을 올리고자 합니다. 이렇게 함으로서 한편으로는 노인들의 마지막 회포를 위안하고, 한편으로는 자식들이 부모를 사랑하는 심정을 펼치고자 합니다.

이 달(4월) 9일에 여러 자손들이 힘을 합쳐 자리를 마련하여 술과 안주를 차리고자 합니다. 염려되는 것은 전하께서 지시한 연회에서의 음악 금지로 인하여, 이 때에 음악 한 곡조도 연주할 수 없습니다.

해서 강신 등은 음악을 사용할 수 있는 근거가 혹시 있나 예조에 문의하기에 이르렀습니다. 전례에 따라 지시하시어 부모를 위하는 자식들의 정성이 헛되지 않도록 해주시면 다행하기 그지없겠습니다.

이상이 단자의 내용입니다만, 대체로 사대부들이 나이 드신 부모를 위하여 장수를 축하하는 연회를 차릴 때에, 한 곡조의 음악을 사용하는 것은, 원래 전란(임진왜란) 전에 있는 일이었습니다. 그러니 비록 음악을 쓰지 않는 시기라 하더라도 허락하는 것은 원래의 옛 관례를 따르는 것입니다. 그러나 전란을 겪은 후라 전란 전과 판이하여 의리상 마음대로 할 수가 없습니다. 강신 등은 어머니들이 모두 세상을 떠날 연세가 되었기 때문에, 날을 받아가지고 모여 앉아 한 집에서 즐기려는 것이니, 이야말로 임금의 덕화를 받은 훌륭한 일입니다. 음악을 금지하지 않음으로서, 여러 사람들이 정성으로 부모를 사랑하는 심정을 펴게 하고, 효도로서 나라를 다스리는 덕화를 크게 밝히도록 하게 하는 것이 어떻겠습니까?"

하였다. 임금은 들으시고

"제의한대로 시행하라"

고 계하하였다.

이상과 같이 임금의 허락을 받아 개최된 뜻 깊은 연회가 선묘조(宣廟朝)의 수연(壽宴)이었다. 수연의 경사(慶事)가 이루어졌음을 후대에 남기고자 그림으로 남긴 것이 《선묘조제재경수연도》이다.

절목에 의하면 계원과 차부인(次夫人, 며느리)들은 진시(辰時, 7~9시)까지 대부인(大夫人, 시어머니)들을 모시고 행사장에 왔다. 여러 자제들은 해가 뜰 무렵에 모였다. 각 댁의 시비(侍婢)는 2명을 넘지 않았다. 모든 예절과 치사(致辭)들은 나이든 의녀가 주관하였다.

제 1장면은 잔치에 참석하기 위해 대문을 중심으로 사람들이 모여드는 모습이다. 자제들의 수행을 받으며 가마를 타고 왔으므로 두 분의 노모는 이미 안채로 들어가시고 수행원 일부는 바깥 대문과 안 대문

전통주 인문학

사이에 앉아 담소하고 있다. 아직 상투를 틀지 않은 어린 아이도 보인다. 바깥 대문에서는 말을 부리는 사람들이 서성거리고 있고 문을 지키는 두 명의 문지기가 몽둥이를 든 채 지키고 있다.

제 2장면은 임시로 만든 부엌[熟設所, 造饌所]에서 음식을 만들어 손님께 가지고 갈 음식상을 차리고 있고 이 차린 상을 남자 하인들이 운반하고 있는 모습이다.

차일을 치고 지의(地衣, 깔자리)를 깐 곳에서는 손님 접대가 한창이다. 갈색의 둥근 원반에 차린 음식에는 상화(床花) 2송이가 꽂혀 있는데 손님 마다 한 상씩 차지하고 앉아 있다. 여인 두 명은 손님 접대를 위해 차출된 기생이다. 여인 한 명은 동남쪽에 놓인 주준(酒樽, 술단지) 앞에 앉아 있다. 술단지가 2개인 것으로 보아 1개의 술단지에는 예주 또는 삼해주, 다른 1개의 술단지에는 차[茶]를 끓이기 위한 찻물이 담겨 있을 것이다. 다른 한 여인은 무릎을 꿇고 손님께 술을 올리고 있다.

숙설소 바로 옆에는 고기를 삶기 위한 정(鼎) 3개가 설치되어 있다. 그 바로 앞에는 삶은 고기를 썰어 담기 위하여 설치된 장탁(長卓)이 있고, 또 그 옆의 크고 작은 솥에서는 탕이 끓고 있다. 이 탕을 담기 위한 흰 사발이 옆에 수북이 쌓여 있다. 수육이든 탕이든 모두 술 안주감이다.

그러니까 숙설소 안에 차려진 음식상에는 수육, 탕, 떡 또는 유밀과(약과)가 안주가 되어 차려졌을 것이다. 수육과 유밀과에는 연꽃 또는 복숭아꽃의 상화를 꽂았다고 판단된다.

제 3장면에서 제 5장면까지는 경수연 모습이다.

제 3장면은 안뜰에 차일을 넓게 쳐서 흰 병풍으로 막아 벽을 만들고 지의를 아주 넓게 만들어 깔았다. 참석자들은 품계에 따라 동벽에서

서쪽을 향해, 서벽에서 동쪽을 향해, 그리고 남쪽에서 북쪽을 향해 앉아 있다. 북→동→서→남의 순서로 상석이 되니까 동벽에 앉아 있는 7명의 재신이 서벽에 앉아 있는 6명의 재신보다 서열이 높다. 또 동벽이나 서벽에 앉더라도 그 서열에서 북쪽이 가장 상석이 된다. 남쪽에서 북쪽을 향해 앉아 있는 사람들은 입시자제(入侍子弟)들이다. 이들 모두는 사모관대(紗帽冠帶)에 삽화(揷花, 꽃을 꽂음)하였다. 이 꽃은 종이로 만든 복숭아꽃이다.

북쪽에서 남쪽으로 향해 있는 붉은 칠한 상 위의 흰항아리에는 꽃이 꽂혀 있다. 준화(樽花)이다. 여악 2명은 가야금을 켜고 있고 남성 악공들은 비파, 해금 등으로 연주하는 가운데 무동(舞童) 2명이 향발을 공연하고 있다. 재신들과 입시자제 앞에는 갈색의 원반에 약과, 수육, 탕, 초장인 듯한 것을 차린 상화를 꽂은 술상이 놓여 있다.

동남쪽의 흰색 병풍 옆에는 커다란 술단지 주준이 2개가 놓여 있다. 하나에는 예주(醴酒) 또는 삼해주(三亥酒, 百日酒), 다른 하나에는 차를 끓이기 위한 물이 담겨 있을 것이다. 술단지 옆에는 발 높은 고족상이 있는데 여성 2명이 술주전자를 잡고 술을 술잔에 따르는 모습이다. 다른 여성 2명은 술잔을 올리기 위해 준비하고 있다.

무대 중앙에는 여성이 술잔 담은 쟁반을 눈썹 위까지 받들어 운반하고 있다. 북쪽의 여성은 무릎을 꿇고 술을 권하고 있으며, 서쪽의 서 있는 여성은 술잔을 재신에게 올리려고 막 무릎을 꿇으려고 하고 있다.

제4의 장면은 사모관대에 삽화한 자제들이 동벽에 4명, 서벽에 12명이 앉아서, 갈색의 원반 술상을 앞에 놓고 앉아 있다. 한 명이 중앙으로 나와 헌수(獻壽)하기 위해 앉아 있는 가운데 머리에 꽃을 꽂은 여

전통주 인문학

성이 술을 따라 올리고 있다. 남쪽에서 북쪽을 향해 있는 남성들로 구성된 악대와, 가야금을 타는 여악들이 음악을 연주하고 있다. 북치는 남자가 손을 들어 올려 막 북을 내리치려고 하고 있다.

제3의 장면에서와 마찬가지로 흰 병풍을 친 칸막이 동남쪽에는 술항아리 주준 2개가 놓여 있다. 이곳에서 마련한 쟁반에 받친 술잔을 여성 2명이 눈썹까지 받들어 올려서 나르고 있다.

제5의 장면은 경수연의 주인공인 부인들의 연회 장면이다.

차일을 친 큰 공간에는 정면에 4명, 그 앞에 좌우로 각기 8명씩 모두 20명이 좌정하여 음식상을 받고 있다. 이거의 어머니인 102세의 대부인 채 씨를 가장 상석(上席)에 모셨으므로, 북쪽 벽에서 남쪽으로 향하여 앉아 있는 2명의 여인 중, 동쪽에 앉아 있는 의녀의 시중을 받고 있는 여인이 대부인 채씨이다. 대부인 채씨의 오른편에 앉아 있는 여인이 권형의 어머니인 88세의 대부인 김씨가 아닐까 한다. 좌석의 상석 순서는 북→동→서이므로 나이에 따라 서열을 매긴다면 오른편 안쪽의 4분은 민중남의 어머니 대부인 이씨(84세), 강신의 어머니 대부인 윤씨(83세), 윤수민의 어머니 대부인 조씨(82세), 윤돈의 어머니 대부인 남씨(80세)이고, 왼편 안쪽의 4분은 홍이상의 어머니 대부인 백씨(78세), 박동량의 어머니 대부인 임씨(75세), 한준겸의 어머니 대부인 신씨(74세), 남이신의 어머니 대부인 신씨(70세)로 경수연의 주인공들이다.

주인공들의 각각 앞에는 원반이 놓여 있다. 원반 중앙에는 높게 고여 담은 떡 또는 약과(藥果)가 차려져 있다. 이들에는 상화(床花)가 꽂혀져 있다. 당시 격(格)이 있는 연회일 경우 연상(宴床)에 고임음식으로 차렸던 가장 품격있는 찬품은 떡이었고 다음은 약과였다. 유밀과의 대표는 약과이다. 그 밖의 찬품은 앞서와 마찬가지로 수육[熟肉]과 탕(湯), 초장이 아닐까 한다. 주인공들 뒤에는 머리에 꽃을 꽂은 며느리[次夫人]들이 자리 잡고 앉아서 시어머니[大夫人]를 보필하고 있다.

내외가 엄격하게 적용된 듯 무대의 중앙에는 2명의 기생이 술잔을 눈섶 위까지 받들어 나르고 있다. 이거로 보이는 사모를 쓰고 관복을 입은 한 남성이, 상수(上壽)를 올리고 절을 하고 있다. 중앙 무대 앞에는 꽃[紅桃花]를 꽂은 꽃병[花樽] 2개가 준대(樽臺)에 올려져 있는데 여성들로 구성된 해금, 거문고, 박(拍), 비파, 장구 등을 연주하는 5명의 여악(女樂)이 서쪽에서 동쪽으로 향하여 앉아 풍악을 울리고 있다.

남동쪽에는 북쪽으로 향하여 2개의 흰색 술단지[酒樽]가 놓여 있다. 하나에는 상수주(上壽酒)로 예주 또는 삼해주를 담고, 다른 하나에는 찻물을 담았을 것이다. 화준 앞에서 머리에 꽃을 꽂은 2명의 남자가 춤을 추고 있다. 상수(上壽)는 계원에 한하여 행하며, 상수가 끝난 후에는 두 사람이 짝을 이루어 춤을 춘다고 되어 있다.

《선묘조제재경수연도》는 연회에서 음악을 금지했던 임진왜란 후의 상황과, 사대부가의 연회에서조차 내외가 엄격하여, 남성들로 구성된 연회공간, 여성들로 구성된 연회공간이 별도로 존재하였음을 보여준다.[363][364]

결론적으로 말하면 1605년에 행한 이 경수연은 음식에 꽃을 꽂고(상

363 《宣祖實錄》.: 민속원, 《조선시대연회도》, 2001: 한국학중앙연구원, 《조선왕실의 행사그림과 옛지도》, 민속원, 2005.
364 김상보, 《화폭에 담긴 한식》, 한식재단, 2014, pp266-271.

화), 머리에 꽃을 꽂는 잠화(揷花)하는 장면에서 고려시대에 작은 다연

(茶宴)으로 지칭되었던 곡연(曲宴)의 연장선에 있는 연회라고 판단된다.

이 경수연은 일종의 작은 다연이다.

[그림 8] 《선묘조제재경수연도》 제 1장면, 1605년

[그림 9] 《선묘조제재경수연도》 제 2장면, 1605년

전통주 인문학

[그림 10] 《선묘조제재경수연도》 제 3장면, 1605년

[그림 11]《선묘조제재경수연도》제 4장면, 1605년

[그림 12] 《선묘조제재경수연도》 제 5장면, 1605년

2) 《기사경회첩(耆社慶會帖)》 중 〈본소사연도(本所賜宴圖)〉

1744년(영조 20) 갑자년(甲子年)은 영조의 춘추가 51세인 망6(望六)이 되는 해였다. 1719년(숙종 45) 기해년(己亥年)에 숙종이 기로소(耆老所)에 들어갔을 때의 나이는 59세였지만, 여은군(礪恩君) 이매(李楳)가 영조의 나이가 망육이라는 점에서 같으므로, 사마광(司馬光) 등의 고사를 인용하여 입기로소(入耆老所)를 청하는 상서를 올린 것이 계기가 되었다. 이에 영조는 기해년에 행한 숙종의 입기로소 예에 준한 의식을 거행하여 9월에 기로소에 들어갔다.

당시의 시임기로당상(時任耆老堂上)은 영중추부사 이의현(76세), 지중추부사 신사철(74세), 행부사직 윤양래(72세), 김유경(76세), 지중추부사 이진기(92세), 정수기(81세), 이하원(81세), 공조판서 이성룡(73세), 김환, 형조판서 조석명(71세)이었다.

9월 9일 익선관(翼善冠)에 곤룡포(袞龍袍)를 입고 영조는 세자(사도세자)를 거느리고 창덕궁에 가서 선원전을 배알하였다. 기로소에 거둥하여 영수각(靈壽閣)에서 직접 어첩 셋째 장에 본인의 존호와 기로소에 들어간 년월일을 썼다. 곧바로 상자에 넣어 감실에 봉안하였다. 그리고는 상의원제조가 궤장(几杖)을 받들었다. 무릎을 꿇고 예관(禮官)에게 주니 예관은 받아서 임금의 앉은 자리 앞에 놓았다. 다시 승지가 무릎을 꿇고 받들어 내시에게 주었다. 내시는 이것을 받아 궤(几)는 왼편에서 받들고 장(杖)은 오른편에서 받들었다.

영조의 기로소에 대한 애착은 대단하였다. 1752년(영조 28)은 아버님 숙종이 기로소에 들어간 나이와 같은 59세가 되는 해였으므로 영수각에 전배(展拜)하였다. 이후 태조가 기로소에 들어간지 세번째 회년(回年)이 되는 1754년(영조 30)과, 태조 탄신 70주년과 같은 계사년이었던 1773년(영조 49)에도 영수각에 전배하였다. 이외에도 일곱 번이나 전배하였다.

9월 10일에는 숭정전(崇政殿)에서 영조가 임어(臨御)하지 않은 상태에서 왕세자가 백관을 거느리고 하례를 올렸다. 기로신들도 전문을 올려 축하하였다.

10월 4일에는 광명전(光明殿)에서 대왕대비께 진연을 올려 예를 갖춘 후 10월 7일에 영조의 입기로소를 기념하는 외진연이 숭정전에서 다음과 같이 진행되었다.

전하 출궁, 여민악만(與民樂慢) 연주

진찬안(進饌案)·진화(進花)·진소선(進小膳), 진염수(進塩水), 여민악령(與民樂令) 연주, 선창(先唱), 존숭악장(尊崇樂章) 유성지곡(維聖之曲)

제1작: 여민악만 연주

제2작: 진탕(進湯), 여민악만과 천년만세(千年萬歲) 연주

제3작: 진탕, 오운개서조(五雲開瑞朝)와 청악곡(清樂曲) 연주, 무동 초무(初舞) 정재

제4작: 진탕, 정읍만기(井邑慢機)와 환환곡(桓桓曲) 연주, 무동 아박(牙拍) 정재

제5작: 진탕, 보허자령(步虛子令)과 하운봉(夏雲峰) 연주, 무동 향발(響鈸) 정재

제6작: 진탕, 여민악만과 낙양춘(洛陽春) 연주, 무동 무고(舞鼓) 정재

제7작: 진탕, 보허자령과 유황곡(維皇曲) 연주, 무동 광수무(廣袖舞) 정재

제8작: 진탕, 여민악령과 정동방지곡(靖東方之曲) 연주, 무동 향발 정재

제9작: 진대선(進大膳), 보허자령과 태평지악(太平之樂) 연주, 무동 광수무 정재

처용무

전하 환궁

그러나 이상의 의례 진행은 기해년의 예대로 계획한 것이고 이들 중 전하와 세자궁에게 올리는 소선, 염수, 대선은 검소하게 치루고자 하는 영조의 명에 따라 감했다. 그래서 찬안(饌案, 과반 또는 과상이라고도 함), 별행과(別行果), 7미수(味數), 만두로 구성된 연향상을 차리고 또 기해년에 올린 인삼정과(人蔘正果) 역시 영조의 명에 의하여 감하였다. 술 안주 미수는 매미(每味)마다 7기를 차렸다.

외선상(外宣床)은 약과 7되를 높게 고여 담고 상화로 수파련 1개를 꽂아 차렸는데 172상이었다. 이들에게도 미수를 7미로 차리고 매미마다 3기를 차렸다. 약과 5되를 높게 고여 담고 상화로 수파련 1개를 꽂아 차린 불승전자(不陞殿者)에 해당하는 외선상이 63상, 약과 3되를 고여 담아 차린 시위별선상 외에 약과 1되를 고여 담아 차린 지차상(之次床)이 37상이었으며, 예대로 군병 등에게도 술과 안주를 나누어 먹였다.

70세 이상 관원이 모두 참석한 가운데 찬품과 상차림에서부터 의례에 이르기까지 철저히 기해년(1719)의 예에 따라 외진연(外進宴)을 치룬 후, 영조는 기로신들에게 선온(宣醞, 술을 내림)하여 기로소에 가서 계

속 연회할 것을 명하였다. 이 자리에서 친히 칠언시 한 구절을 내리며 이에 화답하여 글을 올리게 하고 은배(銀盃)를 내려준 숙종대의 고사에 따라 은병(銀瓶) 한 벌을 내리어 기로소에서 잘 간직하도록 하였다. 이 것 역시 기해년의 예에 준한 것이다.

기로신들은 임금이 내려준 은병을 받들고 네 개의 수레에, 역시 임금이 내려준 악대와 함께 음식을 싣고 기로소에 가서 계속 연회하였다. 이를 그린 것이 〈본소사연도〉이다.

〈본소사연도〉의 광경은 이제 막 연회가 끝이 난 듯 5명의 무동이 처용무를 추고 있다. 숭정전외진연이 기해년의 예에 따라 행했으므로 본소사연 역시 기해년의 〈경현당석연도〉와 거의 비슷한 의례 구성을 하였다.

제1작	행주(行酒)	초무(初舞)
제2작	행주	아박(牙拍)
제3작	행주	향발(響鈸)
제4작	행주	무고(舞鼓)
제5작	행주	광수무(廣袖舞)
		처용무(處容舞)

횃불과 촛불을 환하게 밝힌 상태에서 야연(夜宴)이 이루어졌던 본소사연은 기해년의 사연도를 그린 〈경현당석연도〉와는 여기(女妓)가 등장하는 점, 작질(爵秩)에 따라 머리에 꽃을 꽂은 9명의 기로신들이 「자형으로 앉아 있는 점, 영조가 내린 음식을 차린 상탁이 동쪽에서 서쪽

[그림 13] 《기사경회첩》 중 〈본소사연도〉, 1744년

으로 향하고 있는 점 등이 다소 차이가 난다. 기로소의 기영관(耆英館) 대청과 서쪽의 온돌방이 연회장이다. 대청 북쪽에 남향하여 3명, 온돌 방에 6명이 앉아 있다. 기영관 뜰까지 덧마루를 설치하여 무동, 악공, 주탁 등등을 이곳에 배치하였다. 머리에 꽃을 꽂은 9명의 기로신들 앞 에는 둥근소반에 고임으로 담아 차린 약과가 놓여 있고 약과 위에는 수파련꽃이 꽂혀져 있다. 약과 옆에 약과 보다는 약간 낮게 고여 담은 음식은 아마도 대육(大肉, 돼지고기 수육)일 것이다.

　왕이 내린 법주(法酒)를 담은 흰 술단지가 동남쪽에 북향하여 주탁 위에 차려져 마련되어 있다. 이 술단지는 사옹원 관리들이 감독하고 있다. 단지가 두 개인 것은 하나는 법주, 다른 하나는 찻물이라고 판단된다.

머리에 꽃을 꽂은 2명의 여자기생들은 기로신을 위해 부지런히 음식을 나르고 있고, 서쪽의 온돌방에서 기생 1명이 무릎을 꿇고 기로신한 분에게 음식을 올리고 있다. 대청 중앙에는 여기 2명이 춤을 추고 있는데, 덧마루에는 5명의 무동이 처용무를 추고 있다.[365][366]

이 연회 역시 작은 다연(茶宴)의 연장선 상에 있다.

3)《수갑계첩(壽甲稧帖)》

1758년 무인년에 태어난 22명의 중앙 관서 서리들이, 57세가 되던 해인 1814년, 정윤상(丁允祥)의 한성 중부 약석방(藥石坊) 집에서 치룬 수갑계(壽甲稧)라는 모임을 그림으로 나타낸 것이《수갑계첩》이다.

저녁에 모여 앉은 22명의 동갑 계원들은, 대청 가장자리에 빙둘러 앉아 탕건 만 쓴 채 담배를 피우거나 부채를 들고 있다. 남쪽에서 북향하여 장고, 해금, 피리, 대금, 가야금을 연주하는 악공이 있고, 가야금을 켜는 사람 윗 편에는 한 쌍의 남녀가 앉아서 창을 하고 있는 장면이다. 뜰에는 붉은 칠을 한 원반에 차린 안주상을 3명의 남자 하인들이 운반하고 있는데, 대청 중앙에 4개의 안주상은 이미 차려진 상태이다.

---

365 《進宴儀軌》, 1719: 《進宴儀軌》, 1744: 《英祖實錄》: 국립광주박물관, 《조선시대풍속화》, 2002: 김상보, 《조선왕조 궁중의궤 음식문화》, 수학사, 1995.
366 김상보, 《화폭에 담긴 한식》, 한식재단, 2014, pp190-195.

서남쪽에는 갓을 쓴 남자가 무릎을 꿇고 술을 올리고 있다.

정윤상은 중인 계급의 하급 서리이다. 《수갑계첩》에서 보여주는, 넓은 대청마루를 갖춘 집은 거의 저택에 가깝다. 결코 하급 서리의 집은 아니다. 또한 중인들 앞앞에 놓여 있는 술안주를 차린 주칠(朱漆, 붉은칠) 원반에서의 주칠은 왕만이 사용할 수 있는 붉은색 칠임으로, 결코 중인 계급이 쓸 수 있는 기용이 아니다. 주택과 주칠 원반만으로 보더라도 정윤상의 부(富)가 어느 정도인지 파악된다.

정윤상은 결코 좋은 사람은 아니었던 것 같다. 정윤상은 제용감(濟用監)에서 하급 서리로 근무하면서 왕실 물품의 관리를 담당하였다. 1814년 정윤상은 집사 서경돈과 작간(作奸)하여 허위 장부를 만들어 20,000냥 가량의 돈을 빼돌렸다. 수갑계 모임은 이 사건이 터지기 전의 행사였을 것이다. 서경돈(徐慶敦)도 물론 수갑계 계원이었다.

당시 정통 양반 계급들은 결코 잘 살지 못하였다. 정윤상 보다 조금 일찍 태어난 이익(李瀷, 1681-1763)을 통하여 양반의 삶을 잠깐 조명해 보자. 이익은 영조 때의 실학자이다. 호는 성호(星湖)이고 본관은 여주이다. 부친 이하진(李夏鎭, 1628-1682)은 대사간까지 지낸 분으로 평생을 학문에 몰두하며 살았다. 그는 《성호사설(星湖僿說)》을 통하여 자신을 포함한 양반적 삶을 다음과 같이 피력하였다.

식소(食少)

나는 가난한 사람이다. 가난하다는 것은 재물이 없음을 말한다. 재물은 부지런히 힘쓰는데서 나오고, 부지런히 힘쓰는 것은 어릴 적부터 익히지 않으면 안된다. 그러니 내가 어찌 가난하지 않을 수 있겠는가. 오

696

직 씀씀이를 절약할 수 밖에 없다. … 비록 풀이나 지푸라기 같은 하찮은 물건이라도 쓸모가 있는 것은 모두 재물이다. 어느 물건인들 아깝지 않겠는가. … 곡식보다 더 중요한 재물은 없다. 하루 두 그릇의 밥은, 입이 있는 자는 누구나 다 먹어야 한다. 그런데 모든 사람이 다 부지런히 농사를 지어 곡물을 생산하는 것은 아니다. 그러므로 예전부터 재물이 부족한 것을 늘 걱정해 왔다. 손을 부지런히 놀리지 않으면서 입으로는 배불리 먹으려 한다면, 벌레나 짐승과 무엇이 다르겠는가.

나는 천성이 글을 좋아하여 온종일 글만 읽고 있다. 따라서 한 올의 베나 한 알의 쌀도 모두 내 힘으로 생산한 것이 없다. 어찌 이 세상의 한 마리 좀벌레가 아니겠는가. 다행히도 물려받은 땅이 조금 있어 몇 섬의 쌀을 받고 있다. 그런 빠듯한 살림살이 속에서 식량을 절약하여, 많이 먹지 않는 것으로 첫 번째 경륜(經綸)과 양책(良策)을 삼고 있다. 한 그릇에 한 홉의 쌀을 절약하는 것에 대해 사람들은 아무 도움이 되지 않는다고 말한다.

요즘 사람들은 새벽에 일찍 일어나 흰죽 먹는 것을 조반(早飯)이라 하고, 한낮에 배불리 먹는 것을 점심(點心)이라 한다. 부유하거나 귀한 집에서는 하루에 일곱 차례를 먹는데, 술과 고기가 넉넉하고 진수성찬이 가득하여, 하루에 소비하는 것으로 백 사람을 먹일 수 있다. 옛날 하증(何曾, 중국 진晉나라 때 사람으로 하루에 10,000전錢의 음식을 소비했다고 함)처럼 집집마다 사치하니 민생이 어찌 곤궁하지 않겠는가. 매우 탄식할 만한 일이다.

그러니까 성호는 하루 두 끼의 식사를 했던 분으로 그것도 절약해서

소식을 했다는 이야기이다. 성호가 살던 시절 하루에 일곱 끼니를 먹었던 부유한 집단이 있었고, 이들이 하루에 소비하는 것으로 100명은 먹일 수 있다는 것이다. 이렇듯 정통 양반은 성호처럼 절약하면서 살았는데, 일곱 끼니를 먹었던 부유층 집단은 누구였을까. 그들은 다름 아닌 일부의 고관대작을 포함하는 대부분의 중인 계급 집단이었다.

중인이란 정3품까지 승진할 수 있는 역관, 의관, 산원, 율관 등 상급 기술관과, 정7품이 한품(限品)인 천문관, 화원(畵員) 등의 하급 기술관 및 녹사, 서리 등을 말한다. 〈수갑계첩〉에 등장하는 수갑계 계원들은 대부분 경아전(京衙前)이다. 즉 중앙 관서의 행정 말단에서 문서와 전곡(錢穀) 등을 담당하는 하급 관리인 서리(胥吏)이다.

조선 전기(前期) 경아전은 지방에서 뽑아 올려 보냈지만 숙종 연간에 이르러부터 경아전직은 세습직이 되었다. 이들은 중앙 관서의 실무를 장악하여 부정을 저질러 축재(蓄財)하였다. 세습직이 되면서 종신 서리직으로 변하여 이들을 집사(執事)라 하였다. 조선 후기 상공업이 발달하고 생산력이 확대되었는데, 경아전은 여기서 생긴 잉여 생산을, 통치구조가 느슨해짐을 틈타 흡수하였다. 이들의 부는 소비와 향락으로 이어졌다.

다른 중인들의 경우는 어떠할까. 중인이란 명칭에 대한 가장 유력한 설명은 한성의 조시(朝市) 근처에 살았기 때문이라 한다. 고관 대작들이 살던 가회동이나 삼청동 등 북촌(北村)과, 세력을 잃은 빈한한 선비들이 살던 남산 회현동 등 남촌(南村)의 중간 지점인 청계천 일대(광교에서 장통교를 지나 수표교에 이르는 지역)에 거주했기 때문에 중인이라 불렀다는 설명이다.

전통주 인문학

이들은 청계천 일대의 시장 근처에 거주하면서 그들 본연의 직 외에 각종 이권에 개입하여 부를 축적했다. 특히 임진왜란 이후 일본과 청나라와의 활발한 무역 거래에 중인들이 개입되어 상당한 부를 축적했다. 그들은 고리대부에까지 손을 대어 한성의 금융계를 장악했다. 밀양변씨 변승업 집안, 안동장씨 장현 집안, 김해김씨 김근행 집안, 우봉김씨 김지남 집안 등 거대한 부를 축적한 중인 집안이 출현했다. 물론이들은 중인들의 생활 수준을 크게 향상시켰다.

비록 신분적으로는 양반 보다는 아래 계급에 속해서 많은 제약을 받았지만 각 자의 직업과 재능을 통해 경제력을 기른 그들은 주택과 음식소비 등의 일상생활에서는 상류층 양반들 조차 부러워할 정도로 부유한 생활을 할 수 있었다.

숙종, 영조, 정조, 순조 대를 이어오면서 부유한 생활을 했던 그들의 식생활 모습은 1800년대 말 경에 쓰여진 것으로 보이는《시의전서(是議全書)》에서 드러난다. 며느리에게 그 집안의 음식 비법을 전수하기 위하여《시의전서》를 쓴 시어머니는, 부유층 중인 계급의 전형적인 집안에 속한 분이었을 가능성이 크다. 왜냐하면《시의전서》와는 비록 100년의 시대적인 차이가 있긴 하지만, 음식문화가 가진 보수성을 감안할 때, 정조임금의 어머님 혜경궁홍씨 환갑연 때 가장 잘 차려서 정조임금께 올린 7첩반상과,《시의전서》에서 제시한 7첩반상의 규모는 너무도 다르기 때문이다. 정조임금께 올린 7첩반상을 기준으로 한다면《시의전서》7첩반상은 12첩반상에 해당된다.

이《시의전서》식 〈7첩반상〉은 1900년대 이후 한국의 식생활에 엄청난 영향을 미쳤다.《시의전서》식대로 임금의 일상식을 해석하여, 임

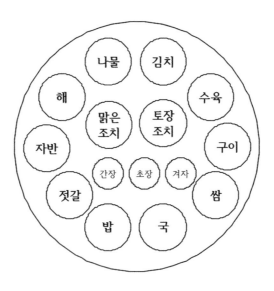

[그림 14] 《시의전서》 7첩반상.(1800년대 말경)

금의 일상식이라고 주장하는 〈12첩반상〉[367]은 《원행을묘정리의궤》
(1795)의 반상법대로 하면 무려 23첩반상 차림이 된다. 이 이론은 아직
까지도 적용되고 있다. 지금도 상다리가 부러질 정도로 많이 차려서
먹는 것이 부의 상징처럼 되어 세계에서 가장 음식쓰레기가 많이 배출
되는 나라가 되고 있고, 또 외식산업에서도 반찬을 많이 만들어 팔아
야하는, 인건비의 부담과 노력의 가중으로 더 이상 한식이 발전할 수
없는 발목을 잡고 있다.

《수갑계첩》에 나타난 중인들의 부유한 생활 모습은, 결코 성리학에

---

367 황혜성, 《조선왕조궁중음식》, 사단법인궁중음식연구원, 1993.

[그림 15] 《수갑계첩》, 1814년

서 추구하는 군자(君子)적 삶과는 거리가 멀다. 부의 과시를 식생활과
연계하여, 잘 차려 먹는 것이 부자들의 전유물로 여긴 그들의 사고방
식이, 지금까지도 이어져 그 영향 하에 여전히 우리의 식생활 문화는
노출되어 있다.[368]

368 《園幸乙卯整理儀軌》, 1795: 《星議全書》: 《星湖僿說》: 강명관, 〈조선후기 경아전 사회의 변
화와 여항문학〉, 《대동문화연구》 25, 성균관대학교 대동문화연구원, 1990: 김상보, 《조선
시대의 음식문화》, 가람기획, 2006: 김상보, 《우리음식문화이야기》, 북마루지, 2013: 김양
수, 〈중인생활〉, 《조선시대생활사》, 역사비평사, 2000: 국립광주박물관, 《조선시대풍속화》,
2002.

제5장

나가는 글

술[陽]과 술안주[陰], '술마심[飮酒]'의 의미

연향(燕享)이란 제향(祭享)에서 왔다. 제향을 통해서 신께 접대하고 이후에 신께서 잡수시고 남기신 술과 술안주로 그곳에 모인 사람들이 음복하는 것이 연향이다. 곧 음복연(飮福宴)이 연향이 되는 셈인데, 이러한 구조는 조선왕조가 한일병합이 되는 1910년까지 계속되었다.

제정일치 시대 신권을 가진 왕 무당은 신에게 술을 올리고, 그리고 음복을 통해 엑스터시(ecstasy)에 도달하여 신과 만나 길흉화복을 점쳤다. 이렇게 제사가 끝나면 제장(祭場)에 모인 사람들에게 음복연이라는 향연을 베풀어 신과의 화합을 도모하고자 했다.

시대는 내려와 음양(陰陽)사상이 정립된 약 3,000년 전의 주(周)나라 주공(周公)은, 술을 둘러싸고 있는 여러 문화적 요소에 음양사상을 결합하여 체계화시켰다. 제사 상차림에서 술은 양(陽)이고 술 안주감은 음(陰)이라는 틀 속에 넣고 '술마심'에 의미를 부여했다. 물론 제사 상차림에서의 음과 양의 짜임은 일상식 차림에도 적용되었으며 문헌으로 처음 등장한 것이 주공이 찬했다고 전해지는 《의례(儀禮)》〈공식대부례(公食大夫禮)〉이다. 이 차림법은 현재 우리의 일상식 상차림에도 적용되고 있다.

제사를 지낼 때 술로 음신을 불러 모시고, 쑥과 기장을 태워 그 연기로 하늘에 계시는 양신을 맞이한다. 이렇게 음신과 양신을 불러 모셔야 음기와 양기가 합해져서 비로소 존재(存在)하게 되어 신께서 음식을 잡수실 수가 있다는 것이다. 존(存)은 양이고 재(在)는 음이니, 존은 영혼이고 재는 육체에 해당된다. 양신 영혼과 음신 육체의 결합이 술과 기장이라는 매개체를 통하여 이루어져서, 비로소 후손들이 정성스럽게 대향(大饗)처럼 차린 제사음식을 드시게 된다.

음복연을 통해서 제장에 모인 사람들이 마시는 술은, 사람들로 하여금 천도(天道)와 지도(地道)를 깨닫게 하여 정신을 살찌우게 하는 매개체이다. 영혼을 맑게 하고 하늘을 우러러 부끄러움이 없는 삶을 살게 해주니, 사람의 덕(德)과 신의 뜻의 화합이 이루어진다.

그래서 술은 하늘의 도와 땅의 덕을 자각하는데 없어서는 안 될 음료로서 자리매김을 하여 반드시 한[大] 항아리에 술을 담아 신과 그 장(場)에 모인 사람들이 공음(供飮)을 하고 이를 통하여 신과 인간이 일심동체가 된다. 그것이 '술 마심'의 의미이며 목적이다.

술[陽]을 마실 때에는 반드시 술안주[陰]가 제공된다. 술은 정신세계 영혼을 살찌우며 술안주는 육체를 살찌우는 공음공식(供飮供食)이 이루어진다. 여기에 예(禮)와 악(樂)도 음과 양으로 나누어져 예는 음, 악은 양의 소산이 되어, 음식에 예와 악을 결부시켜, 음주 때에 지켜야 하는 향연(제사) 의례가 탄생했다.

다연의 출현

이렇게 음과 양의 세계관에 있었던 연향문화는 도교와 불교의 출현으로 새로운 국면에 접어든다.

중국의 위진(魏晋)시대에는 사회가 심한 혼란 속에 있었다. 이러한 시대 조류 속에서 후한(後漢) 때에 자리 잡은 도교가 성행함에 따라 현학(玄學, 老莊 학문)과 불교가 결합하여, 이 세계관에 적합한 해탈 방법과 인식 방법을 갖춘 하나의 종교 유파가 형성되니 선종(禪宗)의 출현이다.

마음이 곧 부처인 도리를 깨닫기만 하면 자기의 뜻에 맞는 구속이 없는 삶이 가능하다는 인생철학을 선종 스님들이 발전시키면서 선종은 급속히 일반 민중들 속으로 파고 들어간다.

선종이든 교종이든 열반의 경계에 들어가기 위해서는 공문(空門)에 들어가야 한다. 도교에서의 공문에 해당되는 것이 좌망(坐忘)이다. 도교는 좌망을 위해서 몸을 가볍게 하는 선인(仙人)식 중의 하나로 차[茶]라는 음료를 채택하였다. 차는 성(性)이 냉(冷)하고 머리와 눈을 맑게 하며 소변을 잘 나오게 하는, 해독(解毒)시키는 중요한 음료였다.

이 차의 효능이 수도하는 선종의 승려들 사이에 채택되어 선정(禪定)시의 정진(精進) 음료가 되어 신성한 음료로 상징되기에 이른다. 급기

전통주 인문학

야 재(齋)를 올릴 때 다게(茶偈)가 의례 중의 한 절차로 채택된다.

한편 차가 공문에 들어가기 위한 음료라면, 소식(素食)은 공문을 위한 음식이다. 살생금지라는 불교사상이 적용된 음식분야가 소식인데, 530년 경에 나온 《제민요술(齊民要術)》은 〈소식〉이라는 항목을 넣어, 일반 민중들의 불교생활에 도움을 주고자 하였다. 이 새로운 음식문화 분야는 한반도의 경우 1,000년이라는 역사 속에서 펼쳐져 왔다.

또 술은 도교 사회에서 몸을 가볍게 하고 신선과 만나게 해주는 음료로 차 다음으로 중요시 되었다. 도가(道家)에서 나온 양생학(養生學)에서 술은 성이 대열(大熱)에 속한다. 술을 마심으로써 몸을 따뜻하게 하는 까닭에 혈액순환을 돕는 약의 기능으로서 자리매김한다.

불교와 현학이 만난 선종사회에서 유심청원(幽深淸遠)한 임하풍류(林下風流)를 점차 추구하게 되고, 유심청원에 의하여 형성된 깊은 명상에서 나온 미감(美感)을 사물의 뜻[意象]에 부여하였다. 의상(意象)은 많은 명상의 내용을 포함하여 하나의 예술적 경지에 도달하게 되는데, 이 의상이 연향으로 표출된 것이 다연(茶宴)이다.

우리나라의 경우, 다연의 흔적은 백제시대에서 발견된다. 동진(東晋, 317-420)의 왕실 및 귀족들은 술을 깨기 위한 음료로서 찻잎에 쌀풀을 섞어 다병(茶餠)을 만들고, 차를 마실 때에는 다병을 볶아서 빻아 가루로 만든 다음, 닭머리 모양의 뚜껑이 있는 자기병인 계수호(鷄首壺)에 넣고 뜨거운 물을 부어서 파, 생강, 귤 등을 곁들여 다갱(茶羹)을 만들어 마셨다.

이 동진제 계수호와 함께 한 조가 되는 찻잔이 공주에 있는 백제 담로수장(檐魯首長)의 고분군에서 발굴되었다. 다연적 선풍(仙風) 생활을 엿볼 수 있는 부분이다.

백제사회의 이 다연 흔적은 문헌을 통해서 나타난 것 만으로 보아도, 잘 알려진 신라시대 경주 포석정에서 벌인 곡연(曲宴)으로 이어지고, 통일신라의 문화를 그대로 이어받은 고려로 넘어간다. 고려왕실에서 베푼 팔관회, 연등회, 곡연 등은 차와 술을 동반하는 다연이다.

소회(小會)와 대회(大會)로 나누어 진행된 팔관회로 예를 들면, 소회에서 법왕사(法王寺)에 가서 선조의 진전(眞殿)에 참배한다. 그곳에는 화안(花案), 과안(果案), 술단지가 차려져 있다. 과안은 각종 유밀과(油蜜果)를 고임으로 담아, 아름답게 견으로 만든 꽃을 꽂아 차린 발 높은 상이다.

법왕사에서 곤룡포를 갖추어 입은 왕은 진전에 절을 올리고 다과와 술을 올린 다음, 신이 드시고 남기신 차와 술로 음복(飮福)한다. 그런 다음 자황포로 옷을 갈아입고 군신 간의 연회가 이루어진다. 행사를 마친 왕은 법왕사를 떠나 궁으로 돌아와 대회를 맞는다.

대회가 펼쳐지는 날 선인전(宣仁殿)에서는 소회와 마찬가지로 화안, 과안, 술단지를 갖추는데 일체의 배열 배치는 소회 때와 같이 한 후, 진다(進茶), 헌수주(獻壽酒), 진화(進花), 반사(頒賜)로 연회한다. 헌수주에는 술안주로 삼미(三味)의 미수가 있게 된다.

소회이든 대회이든 신께 드리기 위하여 차려지는 과안(果盤이라고도 함)은 왕을 보살펴 주시는 선조신께 올리는 다례(茶禮)를 위한 상차림이다. 그 날 상차림 중에서 가장 중요하고 핵심이 되었으며, 각 연회의 성격에 따라 일정한 제도에 의하여 그 규모를 달리하였다.

차와 과안을 한 조가 되게 한 것은, 고려시대의 차는 말차(末茶)였기 때문이다. 말차는 대단히 쓴 맛이 강하였다. 그래서 말차만 마실 경우 위를 상하게 하여 차 외의 다른 음식이 요구 되었다. 그런데 단맛의 다식이나 유밀과와 함께 점다(點茶)할 때 말차의 쓴맛을 완화시켜 준다. 그래서 차와 과안이 한 조가 되고 다과(茶果)란 말이 생겨났다.

신께서 차와 함께 드시는 과안의 유밀과에는 아름답게 만든 꽃을 꽂아 화려함의 극치를 이루게하여 과안을 화려하고 우아하게 꾸민다. 그 이유는 과안에 차린 유밀과는 아름다운 피안(彼岸)의 세계에서 드시는 신을 위한 음식이기 때문이다. 그러니까 과안 자체도 피안의 세계에 있는 과안으로 나타내야만 했다.

그래서 연회 때 이 과안의 음식은 연회장에 모인 사람들이 절대로 먹을 수 없고, 그저 바라만 볼 수 있어, 과안을 간반(看盤), 간탁(看卓), 간식(看食), 정두(釘餖), 정좌(釘坐)라 했다. 신께 올리는 상에 미감(美感)을 넣어 뜻을 부여한 차림이 간반이다. 신께 올리는 상은 상(象)에 해당되며, 이 음식상에 뜻을 부여한 차림새는 의(意)에 해당된다.

간반이 문헌에 나타난 시기는 당(唐) 시대이다. '술안주로서 가장 핵심이 되는 것은 밀가루로 만들어 고여 담은 정두(釘餖)이다'라고 했다. 간반인 정두에 밀가루로 만든 당과자(唐果子, 유밀과)를 고여 담았다는 이야기이다.

당 문화를 고스란히 이어받은 북송의 연회 모습이《동경몽화록(東京夢華錄)에 기술되어 있는데 휘종(徽宗, 재위 1100-1125)의 상수연 진행을 보면, 휘종의 생일인 10월 10일에 먼저 상국사(相國寺)에 가서 차를 동반하는 공양을 올린 후 황제가 베푸는 연을 상서성(尙書省) 정청에서 가졌다. 이는 고려 팔관회의 소회 부분에 해당된다.

10월 12일에는 황제께 축수를 올리는 상수연(上壽宴)이 있었다. 참석자 전원에게 환병, 유병 등 외에 고여담은 대추를 검은 칠을 한 탁자에 차렸고, 이를 간반으로 하였다. 이 부분은 고려 팔관회의 대회 부분에 해당된다. 환병, 유병 등은 당 시대에 급속히 발달한 당과자류이다.

고려 팔관회 연회는 문헌으로 나타난 것만 보면 당→송→고려의 연속선에서 이루어진 다연이다. 팔관연은 신께 차와 술을 먼저 올리고 신이 드시고 남기신 것으로 음복하는 것이니, 다례 이후에 진행되는 왕과 신하가 함께 더불어 즐기는 연회는 음복연(飮福宴)인 셈이며, 다례(茶禮)를 중핵으로 하는 연회이기 때문에 이 연회를 다연(茶宴)이라고 한다.

팔관연의 다연문화를 나무로 비유하면 그 뿌리는 음양사상(유학)이고, 줄기는 신선사상(현학)이며, 가지를 친 것이 제석신앙(선종)이다. 굳건한 음양사상적 의례(儀禮) 구조 하에서 상차림, 정재무용, 기용(器用), 실내장식 등에 음양사상, 신선사상, 제석신앙이 표출되어 있다.

특히 선종에서의 살생금지 사상은 소식(素食, 素膳)이라는 새로운 음식문화를 창출하였다. 다연에 이 소선이 결합되어 차와 한 조가 되고 술 안주감이 되기도 하였다. 또한 과(果)가 차 및 술과 한 조가 된 까닭에 각종 유밀과와 떡의 발달에 박차를 가하였다. 이 기간이 약 1,000년의 소선문화(素膳文化) 시대이다.

조선왕조의 다연과 술안주

1392년 태조(太祖, 재위 1392-1398)는 조선왕조를 개국 후, 성리학적

전통주 인문학

이상사회를 추구하여 성리학적 가치로서 정치제도와 사회제도를 정비했다. 그러나 태조 본인 자신은 불교를 신봉하는 사람이었음으로 건국이념에 많은 반영을 보였지만, 불교 배척 사상의 강한 시대적 조류로 인하여 불교숭상 정책은 좌절되었다.

세종(世宗, 재위 1418-1450)은 허주에게 오례의(五禮儀) 편찬을 명하여 강희맹 등의 손을 거쳐 성종(成宗, 재위 1469-1494) 5년(1474)에 완성하는데 그것이《국조오례의(國朝五禮儀)》이다.《국조오례의》는 당(唐)나라의《통전(通典)》체제를 따르고《의례(儀禮)》를 기반으로 하였다.

길례(吉禮), 가례(嘉禮), 빈례(賓禮), 흉례(凶禮), 군례(軍禮)의 오례란 국가 차원에서 행한 제사예(길례), 손님맞이예(빈례), 혼인과 생일잔치예(가례), 상례(흉례), 군사의 예(군례)이다. 이들의 의례 예법은 음양사상이 기반이 되어 만들어졌음은 물론이다.

《국조오례의》는 예악관(禮樂觀)이라는 음양사상에서 나온 유학의 정신이 의례에 반영된 책이다. 길례, 가례, 빈례, 흉례에서 등장하는 장엄한 식의례(食儀禮)는 음양사상적 바탕 아래에서 정비된《의례(儀禮)》가 그 기본 이념이다. 그러나《국조오례의》가 기본이 되었다 하더라도 고려왕조의 것을 속례(俗禮)로서 받아들여 체계화시켰음은 물론이다.

이를테면 고려왕실에서 행한 다연적(茶宴的) 요소를 그대로 계승하여 가례와 빈례에 적용시키고 있음이 보인다. 즉 고려왕실의 것에 유교적인 부분 특히 의례 부분을 중첩시켰을 뿐이다. 이러한 조선왕실의 연향에서 보여주는 다연적 성격은 일상식의 하나로 알려진 반과상(盤果床)이나 손님 접대 때의 작은 연회상 다담상에서도 작은 다연으로 들어난다. 따라서 왕실의 혼례나 생일잔치 또는 손님 접대연에서는 '팔관회'에서 보여 주었던 차와 함께 올라가는 다과상인 간반(看盤)이 가장 화려하고 아름답게 진설되어 연향을 더욱 빛나게 하였다. 이러한 추세는 1910년 한일병합 때까지 지속되었다.

차가 불교와 함께 있었다는 이유로 고려사회에서 마시는 정도만큼은 마시지는 않았지만, 말차(末茶)는 엽차(葉茶)인 작설차 혹은 인삼차로 대체되어 왕실에서의 차문화는 그대로 존속되었다. 말차 음다풍이 사라졌음에도 불구하고, 고려사회에서 말차와 한 조가 되게 차린 과(果)는 그대로 상에 올라 술안주로서의 역할을 하게 되는데, 때때로 차가 누락된 상태에서 술만으로 다연이 벌어지기도 했다.

우리의 술안주 문화에 크게 영향을 미친 중국의 문헌은 530년 경에 나온 《제민요술(齊民要術)》과 고려 말 전해진 것으로 보이는 《거가필용(居家必用)》이다.

《제민요술》에는 식해류, 포류, 탕류, 찜류, 조림과 볶음류, 육류초절임류, 구이류, 국수류, 유밀과류, 단자류, 소식류, 김치류 등에 대한 조리법이 기술되어 있는데, 현재 우리의 음식문화는 《제민요술》에서 벗어나지 않는 틀 안에서 계승 발전하였다.

《제민요술》 이후 면면히 이어져 축적된 음식문화가 표출되어 나온 것이 《거가필용》이다. 《거가필용》은 고려인들이 정진(精進)하기 위해 선택했던 소선(素膳)이라는 음식문화의 틀을 깨트리고, 육식의 부활이라는 식문화사적 혁명을 가져다주었다. 《거가필용》의 영향으로 육류와 내장을 재료로 하여 만든 각종 탕이나 육류찬품이 주요 술안주가 된다.

조선왕조에서 펴낸 각종 〈연향식의궤〉를 분석한 술안주는 국수류,

만두류, 탕류, 찜류, 볶음류, 수육류, 구이류, 전유화류, 화양적류, 포류, 회류, 채류, 장류, 찹쌀떡류, 멥쌀떡류, 각종 유밀과류, 다식류, 정과류, 당속류, 실과류, 음청류로 분류된다. 이 중 찹쌀떡류, 멥쌀떡류, 각종 유밀과류, 다식류, 정과류, 실과류, 당속류, 국수류, 만두류는 고려왕실의 다연에 올랐던 찬품이라고 보아도 좋다.

물론 세월이 많이 흘러 그 만드는 법에서 약간의 변형은 있을 수 있다. 예를 들면 술안주로 올랐던 만두는 고려시대 때 쌍하(雙下)라 했다. 고려사회는 소선(素膳) 사회였음으로 소채류(버섯, 채소, 두부 등)로 만두소를 넣고 쌍하를 만들었다고 판단된다. 쌍하는 발효찐만두 계열이다. 이것이 조선시대로 넘어오면서 상화(床花)라는 명칭 변경이 이루어지고, 만두소도 고기를 넣게 된다. 상화 또한 발효찐만두 계열이다.

어쨌든 조선왕조는 연회 때 다과(茶果)와 술 및 술안주를 차려 풍악과 한거(閑居)를 즐기는 추상적 가치체계를 그대로 고려왕조로부터 이어받아 연회문화를 즐겼다. 이 땅에서의 다연은 계수호(鷄首壺)를 사용하여 차와 술을 즐겼던 백제 이후 약 1,500년 간 지속되었던 역사적 산물이다.

민중의 봉제사와 접빈객, 고조리서 속의 가양주

조선왕조의 오례는 민가에서 관혼상제의 통과의례로 정착되었다. 길례는 제사로, 가례는 생일잔치나 혼례로, 빈례는 손님맞이 예로, 흉례는 상례라고 불리어《사례편람(四禮便覽)》등과 같은 가례서(家禮書)

가 등장하게 된다. 가례를 최초로 사대부에게 신칙(申飭)하고 사당 건립을 명령한 왕은 태종(太宗, 재위 1400-1418)이다. 이후 조선사회는 급속도로 선회하여, 유교가 조선왕조의 종교로 군림하고, 모든 의식은 주자가례에 근거하여 행해졌다.

집집마다 가례를 존중하는 분위기에서 가장 신경을 많이 썼던 부분은 제사를 받들고(奉祭祀), 손님을 접대하는 일(接賓客)이었다. 이들을 위하여 최선을 다하는 삶을 살았기 때문에 봉제사와 접빈객은 가장 번거롭고 일이 많았다. 그래서 각 가정에서는 술접대와 술안주 마련에 무엇보다도 세심하게 신경을 썼으며, 맛있는 술과 맛있는 술안주는 각 가정의 비법이 되어 대대로 전수되었다.

각 가문은 이 비법들을 후손들에게 확실히 전하기 위하여 기록으로 남겼다. 이 기록이 〈고조리서(古調理書)〉라는 형태로 오늘날 우리에게 나타난다. 김수(金綏, 1481-1552)가 지은 《수운잡방(需雲雜方)》은 현재까지는 가장 오래된 조리서이다. 여기에는 단양주(單釀酒)로 백자주 삼일주 하일청주 하일점주 일일주 백출주 이화주, 이양주(二釀酒)로 만전향주 칠두주 감향주 호도주 상실주 하일약주 녹파주 오두주 정향주 백화주 유하주 십일주 동양주 동하주 남경주 진상주, 삼양주(三釀酒)로 삼해주 벽향주 두강주 소곡주 벽향주 별주, 사양주(四釀酒)로 사오주, 소주(燒酒)로 진맥소주, 약용약주(藥用藥酒)로 도인주의 양주법이 기술되어 있다.

《수운잡방》이 1500년대 초의 조리서이긴 하지만 음식문화가 지닌 보수성을 감안하면, 이 책에 기술된 술은 적어도 고려중기 이후부터 조선전기(前期)에 걸쳐서 만들어 마셨던 것이라고 추정할 수 있다.

전통주 인문학

《수운잡방》이후《고사촬요》(1554),《지봉유설》(1613),《음식지미방》(1670),《주방문》(1600년대 말),《요록》(1680),《치생요람》(1691),《음식보》(1700년대),《역주방문》(1700년대),《산림경제》(1715),《증보산림경제》(1766),《고사십이집》(1787),《규합총서》(1815),《주찬》(1800년대 초),《우음저방》(1800년대 중엽),《임원십육지》(1827),《양주방》(1837),《술방문》(1800년대 중엽),《농정회요》(1830),《군학회등》(1800년대 중엽),《김승지댁주방문》(1860),《술만드는 법》(1800년대 말),《술빚는 법》(1800년대 말),《조선무쌍신식요리제법》(1924)으로 이어지면서 각종 술의 양주법이 전해져 내려오는데, 입에서 입으로, 가정에서 가정으로 전해진 것을 기술한 것들이기 때문에 같은 명칭의 술이라도 책 마다 재료 분량, 만드는 법이 조금씩 다르게 나타난다.

이러한 현상은 술의 명칭에서도 드러난다. 방문주, 백로주, 백하주는 동일한 술임에도 불구하고 가정마다 달리 기술함으로서 구분을 어렵게 만든다. 또 단양주, 이양주, 삼양주가 중구난방으로 섞여있어, 술 이름만 보고 그 술이 어떤 술인지 알 수 없다. 이 틀을 깬 것이 서유구(徐有榘, 1764-1845)가 쓴《임원십육지(林園十六志, 임원경제지)》이다.

맑은 술, 여러 번 덧술한 술, 계절 술, 향료를 스며들게 하여 빚은 술, 실과로 빚은 술, 보통 양주법 대로 빚지 않은 술, 10일 안에 익는 술, 홍주와 백주, 탁주, 예주, 소주, 약재로 빚은 술로 분류하고 있고, 이들 술은《삼산방》《동의보감》《산림경제》《증보산림경제》《고사촬요》《본초강목》《화한삼재도회》《거가필용》《제민요술》등의 다양한 문헌을 인용하여 발췌하였음을 기술하였다.

《임원십육지》에 기술된 술은 1800년대 이후의 고조리서에 상당한 영향을 미쳤다. 예를 들면 1924년에 간행된 《조선무쌍신식요리제법》에서 보이는 백하주, 연엽양, 호산춘, 경액춘, 봉래춘, 석탄향, 하삼청, 포도주, 무릉도원주, 동파주, 법주, 감저주, 칠일주, 부의주, 잡곡주, 백화주, 삼일주 등은 《임원십육지》의 술을 그대로 인용한 것이다.

고조리서에 꾸준히 등장하는 술 중 이화주, 삼해주, 삼일주 등은 《수운잡방》에서도 등장하는 술이다. 따라서 이들 술의 역사는 조선시대에서 들어난 문헌으로만 국한해 보더라도 400년을 이어져 내려온 술이라고 말 할 수 있다.

누룩의 기원, 산국과 병국, 초국

조선시대는 밀, 쌀, 또는 밀에 녹두를 합한 것으로 만든 병국을 술 양주의 starter로 했다. 밀은 거칠게 분쇄한 밀가루를 쓰고, 쌀은 곱게 분쇄한 쌀가루를 쓰는 게 원칙이다. 이들 가루에 물을 뿌려 되게 반죽한 것을 틀에 담아 발로 밟아 디뎌 성형한다. 이것을 일정한 온도에서 발효시킨 다음 건조 과정을 거쳐 저장한 것이 소위 병국(餠麴, 떡누룩)이다.

그러면 누룩의 기원과 그 역사적 발달은 어떻게 전개되어, 조선시대에 와서 떡누룩 소위 병국이 양주의 starter가 되었을까.

누룩[麴]으로 술을 만들기 전 단계는 조, 기장, 보리의 발아 싹 소위 얼(蘖)을 이용해서 술을 만들어 마셨다는 설이 유력하다. 신석기 시대 중국 북부인 화북(華北)에서 곡물을 담아 저장했던 혈(穴)에 빗물이 침

전통주 인문학

투하여 자연발생적으로 싹이 생긴 것에서 유래하여 이 싹으로 신석기시대 알코올(alcohol) 도수가 낮은 술을 만들어 마셨다는 것이다.

화북의 주요 작물이 좁쌀과 기장인 반면, 중국 남부에 해당하는 화남(華南)의 주요 작물은 쌀이다. 습도가 높은 화남의 몬순기후 지역에서 찐 쌀밥을 방치하면 쉽게 곰팡이가 생긴다. 이것이 쌀로 만든 산국(撒麴, 흩임누룩)의 기원으로, 그 기술이 화북에 도입되어 처음에는 좁쌀과 기장으로 만든 산국, 뒤에 보리로 만든 산국이 생산되고, 이들 누룩을 이용한 양주는 적어도 기원전 1,000년 경에는 확립되어 있었다 한다.

전국(戰國, 453-221 B.C)시대 말 실크로드(Silkroad)를 경유하여 화북에 밀과 회전식 맷돌이 전해진다. 드디어 기원 전후에 밀제분이 보편화되고 거칠게 빻은 밀가루에 물을 약간 넣고 반죽한 후 덩어리 형태로 띄운 병국(떡누룩)이 만들어진다. 5세기에 기술된《방언(方言)》에는 병국 외에 좁쌀산국과 보리산국이 기술되어 있다. 이로 미루어 보면 5세기까지는 산국과 병국이 공존하였음을 보여준다. 그러다가 530년 경에 나온《제민요술》에는 30여 종의 술누룩 모두가 병국 일색이 되었다.

화북에서 기원 전후에 만들어지게 된, 밀가루로 만든 병국 제조 기술은 화남 도작 지대에 도입되고, 이곳에서 쌀가루를 이용한 병국이 만들어진다. 화남의 쌀가루병국을 초국(草麴)이라고도 한다. 이 쌀가루병국도《제민요술》에서 소개하고 있다.

《제민요술》에는 신국(보리와 밀가루로 만든 병국), 분국(거친밀가루병국), 백료국(밀가루병국), 대주백타병국(쌀가루병국)이 기술되어 있다. 이중〈분국(笨麴)〉은 거칠게 빻은 밀가루로 만든 병국이라는 점에서, 조선시대 고조리서에 나오는 술누룩과 같은 계열이다. 게다가〈경주법주〉등 우리에게 너무도 익숙한 술이《제민요술》에서는 분국을 starter로 해서 만드는데, 이 술을 〈갱미법주〉라 했다. 멥쌀 또는 찹쌀로 만든 법주이다.

현재 우리의 병국으로 만든 술과 분국을 이용하여 단양주 혹은 중양주법을 채택하고 있는《제민요술》의 술은 1,500년 전의 술이라고 생각할 수 없을 정도로 친숙하다.

초국 계열인 이화주국과 '숟가락으로 떠서 먹는 술'

〈대주백타병국(大州白墮餅麴)〉은 고운 쌀가루에 뽕잎과 쑥으로 만든 탕을 넣고 단자 모양으로 빚어 만든 일종의 초국이다. 대주(大州)는 지금의 사천(四川)으로 사천의 백타란 사람이 만들던 유명한 병국 제조법을《제민요술》에서 소개한 것이다.

이 〈백타병국〉과 비슷한 것이《수운잡방(需雲雜方)》(1,500년대 초)의 〈이화주국(梨花酒麴)〉이다. 〈백타병국〉은 찐쌀과 생쌀을 2 대 1로 해서 합하여 가루로 만들고, 이 속에 쑥탕 등을 넣고 반죽해서 단자 형태로 빚어 발효했다면, 〈이화주국〉은 생쌀로 가루를 만들어 오리알 크기로 빚어서 쑥꾸러미에 1개 씩 넣어 발효시키고 있다.

〈이화주국〉은 양자강 주변 도작지대에서 만들던 초국 계열이라고 생각된다. 이 국으로 만든 〈이화주(梨花酒)〉가《수운잡방》에 기술되어 있는데, 이화주는 백제인이 만들어 마셨던 '숟가락으로 떠먹는 술'이면서 이어져 내려와 이화주란 명칭이 붙었지 않았을까 한다.《수운잡방》을 지은 김수(金綏)는 단양주(單釀酒) 탁주 이화주는 너무도 걸쭉하여 냉수를 넣어 타서 마신다고 했다. 이로 미루어 보면, 이화주는 상당히 걸쭉한 술임에는 틀림이 없다.

일본의 고훈(古墳, 4~6세기) 시대부터 헤이안(平安, 794-1192) 시대에 걸쳐서 한반도로부터 전해진 수혜기(須惠器) 토기는 술을 담아 빨아 마시게끔 만든 용기이다. 당시의 한반도인과 일본인은 술을 마시는 것이 아니라, 빨아 먹거나 숟가락으로 떠서 먹었다는 이야기이다. 대형 양주용 용기가 발달하지 않은 단계에서는 물을 적게 넣고 발효시키는 쪽이 용량 당 알코올 생산량 효율이 좋다.

백제는 다루왕 6년(33)에 국가적인 차원에서 논을 만들게 하여 조세로 쌀을 거둘 정도로 쌀생산량이 높은 나라였다. 논농사를 위해서 김제 벽골제 저수지 공사를 한 사실은 잘 알려진 사실이지만, 밀이 귀하고 쌀이 보편화된 사회에서의 양주를 위한 누룩 starter는 쌀로 만든 병국이나 산국일 가능성이 높다. 일본 응신천황(應神天皇, 270-312) 때 백제사람 수수보리(須須保利, 仁番)가 누룩을 이용한 술 빚는 법을 가르쳐, 그는 일본의 주신(酒神)이 되었다. 현재 일본의 양주 starter가 쌀로 만든 산국임을 감안할 때 수수보리가 가르쳐 준 누룩은 쌀로 만든 산국일 가능성이 있다.

춘주(春酒) 삼해주로 만든 고급소주

녹주(綠酒), 홍주(紅酒), 죽엽청(竹葉淸), 아파청, 랑관청, 토굴춘, 석동

춘, 이화춘, 소춘 등 청(淸)과 춘(春)을 술이름에 붙였던 당(唐) 시대를
지나, 송(宋) 대에 이르면 병자주, 향약국주, 양고주, 무릉도원주, 냉천
주, 지황주, 약주, 녹두주, 나주, 자주, 소두국주, 밀주, 계주, 송료주,
천문동주, 매주, 여지주, 동정춘색, 만가춘, 라부춘, 장미로, 유향, 옥
련퇴, 사춘당(思春堂), 육객당, 황화당, 원자당, 유미당, 중화당, 청심
당, 유도춘, 황도춘, 십주춘, 부옥춘, 경화로, 은광, 옥배, 진주천, 설
배, 경원당, 청백당, 람교풍월, 자금천, 만상개춘 등 당대 풍의 "春"자
를 붙이기도 했지만 "堂"자를 붙여 술이름 쓰는 것이 훨씬 많다.

송대에는 《제민요술》의 양주법을 이어받은 주익중이 1117년에 쓴
《북산주경》이라는 걸출한 조주책이 나오고, 우리가 잘 아는 소동파
(蘇東坡, 1036–1101)가 쓴 《동파주경(東坡酒經)》도 등장한다. 《북산주
경》에는 〈조주법〉, 〈술빚기〉, 〈살균법〉 등이 자세히 기술되어 있고,
원(元)대에 나온 《거가필용(居家必用)》의 조주법은 《북산주경》을 기반
으로 하였다.

《거가필용》은 쿠빌라이칸(世祖, 재위 1260–1294) 시대의 책이다. 동양
주국(東陽酒麴), 만전향주국, 홍국 제조법 외에 동양온(東陽醞), 장춘주,
신선주, 천문동주, 구기오가피주, 천태홍주, 계명주, 만전향주, 밀주
(蜜酒), 양고주, 국화주, 백주, 소주 등의 양주법이 기술 되어 있다.

이들 양주법의 특징은 많은 양의 한약재를 넣고 빚는 약용약주가 두
드러지게 많고, 이것들은 조선시대의 약용약주 빚는 법에 많은 영향을
미쳤으며, 또 소주가 전래되어 감홍로, 죽력고, 이강고 등 약용 소주
빚는 법에도 기여하였다.

소주는 너무도 인기가 높아져 귀한 술의 하나로 분류되어 춘주(春酒,

고급 술에 당나라풍의 春을 붙임)의 대표이면서 상용약주의 으뜸이었던 고급 술 삼해주(三亥酒, 百日酒)가 소주의 바탕술이 되었다.

사대부집에서도 보통의 연회 때에 소주를 즐겨 마신 까닭에 쌀의 소비가 엄청나서 소주 마시는 것을 금하라는 진언을 왕에게 올릴 정도가 되었는데, 성종 21년(1588)의 일이다.

| 제1장 |

〔중국〕

· 《齊民要術》

· 《周易》

· 《漢書》

· 《梁書》

· 《隋書》

〔한국〕

· 《三國史記》

· 김상보(2015). 《사상으로 만나는 조선왕조 음식문화》. 북마루지.

· 김상보(1996). 《음양오행사상으로 본 조선왕조의 제사음식문화》. 수학사.

· 김상보(2012). 《약선으로 본 우리전통음식의 영양과 조리》. 수학사.

| 제2장 |

〔중국〕

· 《說文解字》

· 《史記》

· 《書經》

· 《周禮》

전통주 인문학

- 《周易》

- 《禮記》

- 《儀禮》

- 《論語》

- 《漢書》

- 《釋名》

- 《齊民要術》

- 《荊楚歲時記》

- 《戰國策》

- 《五湖賦》

- 《後漢書》

- 《三國志》

- 《梁書》

- 《北史》

- 《周書》

- 《隋書》

- 《新唐書》

- 《太平御覽》

- 陳舜臣(1984).《中國發掘物語》. 平凡社.

- 張光直(1989).《中國靑銅時代》. 平凡社.

〔한국〕

- 《三國史記》

- 《需雲雜方》(1500년대 초)

- 《攷事撮要》(1554)

- 《음식지미방》(1670)

- 《酒方文》(1600년대 말 경)

- 《要錄》(1680년 경)

- 《治生要覽》(1691)

- 《歷酒方文》(1700년대 초)

- 《山林經濟》(1715)

- 《增補山林經濟》(1766)

- 《攷事十二集》(1787)

- 《閨閤叢書》(1815)

- 《酒饌》(1800년대 초)

- 《林園十六志》(1827)

- 《釀酒方》(1837)

- 《群學會騰》(1800년대 중엽)

- 《술 만드는 법》(1800년대 말)

- 《朝鮮無雙新式料理製法》(1924)

- 김상보(1997).《한국의 음식생활 문화사》. 광문각.

- 김상보(1996).《음양오행사상으로 본 조선왕조의 제사음식문화》. 수학사.

- 김상보(2003).《조선왕조 혼례연향음식문화》. 신광출판사.

- 김상보(2017).《한식의 道를 담다》. 와이즈북.

- 김상보(2008).〈식생활〉,《한성백제사 5》. 서울특별시사편찬위원회.

- 박순발(1995).〈갑천의 고대문화〉,《갑천의 문화유산》. 대전서구문화원.

- 복천박물관(2005).《선사 고대의 요리》.

- 신의권(2003).〈풍납동 백제왕성 백제토기의 형성과 발전〉,《서울풍납동 백제왕
  성연구 국제학술세미나》. 동양고고학연구소.

- 이성우(1995).《한국 식품 문화사》. 교문사.

- 이성우(1992).《동아세아 속의 고대식생활사 연구》. 향문사.

[일본]

- 《古事記》

- 花井四郎(1992).《黃土に生まれた酒, 中國酒その技術と歷史》. 東方書店.

- 篠田統(1978).《中國食物史の研究》. 八坂書房.

- 篠田統(1977). 〈日本酒の原流〉, 《米の文化史》. 社會思想社.

- 篠田統(1998). 《中國食物史》. 柴田書店.

- 石毛直道(1998). 《酒と飲酒の文化》. 平凡社.

- 石毛直道(1990). 《魚醬となれずしの研究》. 岩波新書.

- 吉田集而(1993). 《東方アジアの酒の起源》. ドメス出版.

- 林巳奈夫(1975). 〈漢代の飲食〉, 《東方學報 48冊》. 京都大學人文科學研究所.

- 原田信男(2006). 《コメを選んだ日本の歴史》. 文化新書.

- 山碕耕子 外(1989). 《世界有用植物事典》. 平凡社.

- 中尾佐助(1993). 《料理の起源》. NHK BOOK.

| 제3장 |

〔중국〕
- 《齊民要術》

- 《周易》

- 《茶經》

- 韓顎, 《四時纂要》

- 《酉陽雜俎》

- 《北齊書》

- 《說文解字》

- 《居家必用》

- 《淸異錄》

- 《膳夫經手錄》

- 《東京夢華錄》

- 《夢粱錄》

- 《武林旧事》

- 《茶品要錄》

- 《北苑別錄》

- 《飮膳正要》

- 《茶錄》

- 《本草衍義》

- 《北山酒經》

- 《東坡酒經》

- 《事林廣記》

- 《新唐書》

- 《儀禮》

- 《高麗圖經》

- 《蒲桃酒賦》

- 《魏書》

- 《南史》

- 陶文台(1983).《中國烹飪史略》. 江前進印刷廠.

〔한국〕

- 趙在三,《松南雜識》

- 金綏,《需雲雜方》

- 《山林經濟》

- 《高麗史》

- 《高麗史節要》

- 《新增東國輿地勝覽》

- 《三國史記》

- 《三國遺事》

- 《本草拾遺》

- 《南海藥譜》

- 《東國李相國集》

- 《盎葉記》

- 《朴通事》

- 《朴通事新釋諺解》

- 《朴通事諺解》

- 《老乞大》

- 《老乞大新釋》

- 《老乞大諺解》

- 김상보(1997).《한국의 음식생활문화사》. 광문각.

- 김상보(1995).《조선왕조 궁중의례 음식문화》. 수학사.

- 김상보(2015).《사상으로 만나는 조선왕조음식문화》. 북마루지.

- 김상보(2007).〈통일신라시대의 식생활〉,《신라문화제 학술논문집》. 제28집.

- 김상보(1996).《음양오행사상으로 본 조선왕조의 제사음식문화》. 수학사.

- 김상보(2017).《한식의 道를 담다》. 와이즈북.

- 김창석(1991).〈통일신라기 田莊에 관한 연구〉,《한국사론》. 서울대출판부.

- 김현준(1995).《사찰 그 속에 깃든 의미》. 교보문고.

- 박남수(1996).《신라수공업사》. 신서원.

- 이병희(1988).〈고려전기 寺院田의 分給과 경영〉,《한국사론》. 서울대출판부.

- 이성우(1992).《동아시아 속의 고대 한국 식생활사 연구》. 향문사.

- 이성우(1984).《한국 식품 문화사》. 교문사.

[일본]

- 《日本書紀》

- 篠田統(1975).《中國文化と日本の風俗》, 13卷 4号.

- 篠田統(1998).《中國食物史》. 柴田書店.

- 田中淡(1985).〈古代中國畫像の割烹と飲食〉,《東アジアの食事文化》. 平凡社.

- 人矢義高, 梅原郁 譯, 孟元老著(1983)《東京夢華錄》. 岩皮書店.

- 原田信男(1999).〈精進料理と日本の食生活〉,《日本の食事の文化》. 味の素食の 文化センタ.

| 제4장 |

〔중국〕

- 《居家必用》

- 《儀禮》

- 《禮記》

- 《詩經》

- 《周禮》

- 《周書》

- 《後漢書》

- 《三國志》

- 《周易》

- 《齊民要術》(530년 경).

- 《飮膳正要》(1330).

〔한국〕

- 《林園十六志》(1827).

- 《園幸乙卯整理儀軌》(1795).

- 《迎接都監儀軌》(1609, 1643).

- 《需雲雜方》(1500년대 초).

- 《攷事撮要》(1554).

- 《芝峯類說》(1613).

- 《음식지미방》(1670).

- 《酒方文》(1600년대 말경).

- 《要錄》(1680년 경).

- 《增補山林經濟》(1766).

- 《山林經濟》(1715).

- 《治生要覽》(1691).

- 《飲食譜》(1700년대).

- 《曆酒方文》(1700년대).

- 《攷事十二集》(1787).

- 《閨閤叢書》(1815).

- 《酒饌》(1800년대 초).

- 《釀酒方》(1837).

- 《禹飮諸方》(1800년대 초).

- 《술방문》(1800년대 중엽).

- 《農政會要》(1830년 경).

- 《群學會騰》(1830년대 중엽).

- 《金承旨댁 주방문》(1860).

- 《술 만드는 법》(1800년대 말).

- 《술 빚는 법》(1800년대 말).

- 《朝鮮無雙新式料理製法》(1924).

- 《是議全書》(1800년대 말경).

- 《秋官志》

- 《日省錄》(1838).

- 《星湖僿說》

- 《東國歲時記》(1849).

- 《東醫寶鑑》(1610).

- 《家村集》(1600년대 초).

- 《北塞記略》

- 《北關志》

- 《宣祖實錄》

- 《英祖實錄》

- 《海槎錄》(1607).

- 《高麗史節要》

- 《高麗史》

- 《太常志》(1873).

- 《進宴儀軌》(1719, 1744, 1901, 1902).

- 《受爵儀軌》(1765).

- 《慈慶殿進爵整禮儀軌》(1827).

- 《進爵儀軌》(1828, 1873).

- 《進饌儀軌》(1829, 1848, 1868, 1877, 1887, 1892).

- 《朝鮮料理製法》(1942).

- 《豊呈都監儀軌》(1630).

- 《御製國婚定例》(1749).

- 국립광주박물관(2002).《조선 시대 풍속화》.

- 강명관(1990).《대동문화 연구》, 14, 성균관대학교대동문화연구원.

- 金敬琢(1970).〈한국 원시종교사〉,《韓國文化史大系 Ⅵ》. 고대민족문화연구소.

- 김상보(2016).《조선왕실의 풍정연향》. 민속원.

- 김상보(2017).《한식의 道를 담다》. 와이즈북.

- 김상보(1995).《조선왕조 궁중연회식의궤 음식의 실제》. 수학사.

- 김상보(1996).《음양오행사상으로 본 조선왕조의 제사음식문화》. 수학사.

- 김상보(2014).《화폭에 담긴 한식》. 한식재단.

- 김상보(1995).《조선왕조 궁중의궤 음식문화》. 수학사.

- 김상보 外(2020).《아름다운 접대상차림문화》. 어울림.

- 김상보(2015).《사상으로 만나는 조선왕조 음식문화》. 북마루지.

- 김상보(2006).《조선시대의 음식문화》. 가람기획.

- 김상보(2013).《우리 음식문화 이야기》. 북마루지.

- 김양수(2000).《조선 시대 생활사》. 역사비평사.

- 金烑泰(1970).〈한국 불교사〉,《韓國文化史大系 Ⅵ》. 고대민족문화연구소

- 金用淑(1970).〈한국 여속사〉,《韓國文化史大系 Ⅵ》. 고대민족문화연구소.

- 김일권 外(2015).《거가필용 역주 음식 편》. 세계김치연구소.

- 김현준(1995).《사찰 그 속에 깃든 의미》. 교보문고.

• 민속원(2001).《조선시대 연회도》.

• 朴桂弘(1971).《근세인의 무속신앙에 관한 고찰》. 통문관.

• 成樂勳(1970).〈한국 유교사〉,《韓國文化史大系 Ⅵ》. 고대민족문화연구소.

• 이성우(1981).《한국식경대전》. 향문사.

• 이성우(1995).《한국 식품 사회사》. 교문사.

• 이성우(1984).《한국 식품 문화사》. 교문사.

•《한국인명대사전》(1980). 신구문화사.

• 한국학중앙연구원(2005).《조선왕실의 행사그림과 옛지도》. 민속원.

• 황혜성(1993).《조선왕조 궁중음식》. 사단법인 궁중음식연구원.

〔일본〕

• 宮崎市定(1957).〈中國における奢侈の変遷〉,《アゾアの研究》篇 1. 東洋史研究會.

• 吉田集而(1993).《東方アゾアの酒の起源》. ドメス出版.

• 鄭大聲(1998).〈朝鮮半島の酒文化〉,《酒と飮酒の文化》. 平凡社.

• 篠田統(1993).《中國食物史》. 柴田書店.

전통주인문학

: 술[陽]과 술안주[陰], 술마심[飮酒]의 의미

초판 1쇄 발행 2022년 9월 19일
초판 2쇄 발행 2023년 10월 30일

지은이 김상보 **펴낸이** 황윤억
편집위원 정석태 김재형 윤정란
편집 김순미 황인재 **디자인** 홍석문(엔드디자인) **경영지원** 문현우
발행처 헬스레터/(주)에이치링크 **등록** 2012년 9월 14일(제2015-225호)
주소 서울 서초구 남부순환로 333길 36(해원빌딩4층) 우편번호 06725
전화 마케팅 02)6120-0258 **편집** 02)6120-0259 **팩스** 02) 6120-0257

● 값은 뒤표지에 있습니다. ISBN 979-11-91813-06-7 03380

글 · 사진 ⓒ 김상보, 2022

이 도서는 한국출판문화산업진흥원의 '2022년 우수출판콘텐츠 제작 지원' 사업 선정작입니다.

전자우편 gold4271@naver.com **영문명** HL(Health Letter)